Madame Donon

Madame
Donon
42 avenue Gabriel

Il faudrait avoir votre
plume, Madame, pour vous
remercier convenablement
de lignes si gracieuses que
vous venez de m'adresser;
j'en sens tout le prix
bien qu'elles ne soient pas
méritées. L'explication s'en
trouve dans votre indul-
gence qui vous fait tant
d'amis... Et pour que
vous ne doutiez pas du
sérieux de ma gratitude, j'ai
l'honneur de vous inviter

Consolez-vous,
vous tous qui
m'êtes chers, j'aban-
donne une vallée de misères
pour le royaume des cieux.
Ste Catherine de Sienne.

Dieu seul est le maître et le consolateur.
St François de Sales

*à Madame Donon
respectueux hommage
A. Mourier*

NOTES ET SOUVENIRS

D'UN UNIVERSITAIRE

1827-1889

AD. MOURIER

NOTES ET SOUVENIRS

D'UN UNIVERSITAIRE

1827-1889

ORLÉANS

IMPRIMERIE DE GEORGES JACOB

8, RUE SAINT-ÉTIENNE, 8

1889

A la mémoire de mon frère

LOUIS ATHÉNAÏS MOURIER

ANCIEN DIRECTEUR DE L'ENSEIGNEMENT SECONDAIRE
AU MINISTÈRE DE L'INSTRUCTION PUBLIQUE

INTRODUCTION

Notes écrites après la retraite ; sentiment qui les inspire. — Questions d'enseignement ; variété d'opinions. — Sur le fond, l'éducation, l'accord devrait être d'ordre social.

Ce que doit-être l'École. — L'idée religieuse. — L'École en Allemagne.

Formes changeantes de nos gouvernements ; intérêt supérieur que cette instabilité commande.

Enseignement et éducation dans l'Université. — Vocation.

Ce que veulent dans l'École quelques novateurs : indépendance de la science.

Politique à suivre : union des forces morales.

Dangers qui menacent. — La question sociale ; invasion ; l'Allemagne, l'Italie. — Paix de l'Europe ; la Russie. — Espérance.

Libre de mon temps depuis la retraite, et pouvant à loisir retracer les étapes d'une longue carrière (1), j'ai bien hésité cependant à en faire le récit. — Commencées, prises et reprises à de longs intervalles dans les tristesses de

(1) Le volume publié en 1879 ne donne qu'une période dans un sujet limité : *Conseil académique de Paris. Exposés.* 1862-78, in-8º, 439 pages.

l'heure présente et les craintes de l'avenir, les notes qu'on va lire, et qui devraient s'arrêter au jour où cessèrent mes fonctions actives (1), sont pleines d'impressions sur les faits accomplis depuis. Mais est-il moyen, en parlant du passé qu'on regrette, de fermer les yeux sur le présent, et n'est-ce pas un devoir de signaler ce qui semble une erreur et un péril ? — On court risque, il est vrai, de passer pour un esprit attardé; on peut même vous accuser de quelque complaisance dans le tableau que vous avez tracé de l'Université d'autrefois, où le personnel, au grand profit de la tradition, montait lentement les degrés de la hiérarchie (2). — Le récit, dans ses détails et son ensemble, ferait justice des deux reproches s'ils étaient exprimés; on n'y trouvera, j'en ai la confiance, ni regrets stériles, ni retour de quelque sentiment personnel, mais la pensée, l'unique pensée du but supérieur qu'il s'agit d'atteindre dans l'éducation de la jeunesse.

Sur nombre de questions, la diversité des avis est sans péril; elle peut et doit être féconde; ainsi la différence d'instruction selon les milieux; la variété, la diversité des programmes dans chaque degré d'enseignement; la place qu'y doit occuper la science; l'obligation et la gratuité; les mesures à prendre pour assurer la fréquentation de l'école sans que ni la liberté individuelle, ni la fortune publique

---

(1) 16 janvier 1879. — Sur le désir du Ministre, j'ai continué à gérer le service jusqu'à l'arrivée de M. Zevort, mon successeur, dans le courant de février.

(2) V. l'*Appendice*.

aient à en souffrir ; puis les questions de méthodes, celles qu'il faut préférer ; procédés à suivre ou à chercher pour perfectionner les moyens d'enseignement ; d'autres sujets encore soulevant une grande diversité d'opinions, sont et resteront longtemps à l'étude.

Mais sur le fond même de l'éducation, sur ce qui est d'ordre social, tous les esprits devraient s'unir dans le même sentiment. Les idées de *Dieu, Patrie, Liberté* (1), devraient être l'inspiration et le but de tout enseignement ; c'est là un intérêt d'une bien autre importance que, sur telle question controversée, les leçons de la pédagogie ; ce n'est pas que celle-ci n'ait sa valeur, mais valeur relative, dont on agrandit peut-être le rôle pour atteindre celui de la morale vivante par le précepte et par l'exemple.

L'école, avant tout, doit former l'âme de l'enfant, la pénétrer de ce qui est sain et juste, s'appuyant en ce dessein sur la religion et la famille. — Se dérober à ce devoir, sous prétexte de neutralité, de respect de la conscience, c'est vouloir édifier dans le vide et faire œuvre de sectaire. Malheur au pays où l'instruction du peuple et le maître chargé de la distribuer, pour servir les intérêts d'un jour, deviennent des instruments politiques ! L'indifférence, sinon la guerre à Dieu, devenue en quelque sorte obligatoire, ruine la société dans ses bases les plus saintes ; on ne saurait trop s'unir pour conjurer un tel péril. — Répu-

---

(1) Voir le livre de M. J. Simon ; in-8º, 1883. — Les Prussiens ont pour devise : *Piété. Bravoure. Fidélité.* — Voir *Appendice*.

blique ou monarchie, le gouvernement, quelles qu'en soient la forme et la constitution, a besoin de générations élevées à l'école du respect, et il ne saurait y avoir de respect là où la morale est indépendante. — La crainte de Dieu, comme préparation d'abord et sanction ensuite de la morale, a une tout autre vertu qu'un catéchisme civique, même appuyé par M. le Préfet. — Qu'on voie la politique d'un pays voisin, vainqueur et redoutable ennemi de la France, peu suspect de dévotion cléricale; même au temps du Kulturkampf, l'idée religieuse ne cessa pas d'être la vie de ses écoles, l'âme de sa mâle discipline; l'enfance y est pénétrée de l'idée divine, de la grandeur de la patrie; l'éducation ne les sépare pas du respect, de l'amour du souverain; l'Empereur est l'incarnation de la grande unité germanique, il est, sous la main de Dieu, le Dieu de la Patrie; les enfants, sur les bancs de l'école, font le serment de l'aimer et de le servir.

Si les formes trop mobiles de nos gouvernements (1), nos révolutions incessantes, nos destructions qu'on veut appeler des progrès, les fausses doctrines au service de ceux qui veulent détruire encore, sont autant d'obstacles pour que nous ayons au même degré toutes les forces d'une éducation aussi nationale, gardons à côté des constitutions changeantes le sentiment religieux qui ne passe pas comme elles, et défend le plus sûrement les intérêts conservateurs; que le savoir, dans tous ses enseignements,

---

(1) Voir l'*Appendice*.

soit un instrument de culture morale; demandons à l'histoire d'éveiller le culte des grandeurs et des gloires nationales; c'est la seule politique de salut qui préserve le présent et prépare l'avenir.

Telle était l'antique doctrine, celle de l'Université que j'ai servie; elle animait les leçons de la chaire; c'était la sève portant aux branches de l'arbre les bourgeons et les fleurs. On disait alors : « le sacerdoce de l'enseignement; » le mot était vrai; — il faut une « vocation » pour l'éducation de la jeunesse. — Le maître est chargé de *forger les âmes*, comme disait Montaigne; il a pour instruments les sciences et les lettres; l'école est l'éducatrice de l'âme; par là, sa place se trouve marquée à côté du temple et du foyer domestique.

J'entends la réponse : « Vieilles mœurs, vieilles coutumes; » gens de progrès, les novateurs ne s'arrêtent pas dans cette ornière; un grand nombre ont pris pour drapeau l'indépendance de la science, l'affranchissement de l'école. — La science, telle qu'ils l'entendent, ne reconnaît que la matière; l'école ne doit enseigner que le positif, ce qui est sensible, et, de là, cette lutte dont nous avons été témoin : le violent effort contre l'idée religieuse.

La vraie science ne pouvait être intéressée au triomphe de la doctrine qui n'admet que le laïque pour instituteur dans l'école publique, quel que soit le vœu de la commune et de la famille. Qu'on y pense, la politique a pu mener la bataille, agiter la robe du religieux pour ranimer les passions et répandre la bonne nouvelle ; en fait, elle s'est inspirée de l'esprit de négation que ne saurait satisfaire la ruine d'une communion particulière et de ses autels. — Le nom de Dieu doit disparaître ; le spiritualisme est traité de chimère. Le naturalisme fait le siège, mais le siège impuissant, grâce à Dieu, des hauteurs sereines (*templa serena*) où l'âme s'élève instinctivement, de même que par l'effort de la pensée, aux sources de l'idéal et de l'incréé, éternels besoins de la nature humaine.

Aux passions, aux entraînements du jour, le moment serait venu d'opposer les forces sociales de l'école, de la religion et de la famille, unies entre elles sous la main du pouvoir. — Le trouble est partout dans les faits ; il est surtout dans l'égarement des doctrines (1). — On méconnaît trop que l'idée sociale et l'idée divine se tiennent sous toutes les formes politiques. Nos gouvernants ont oublié les paroles prononcées par un fondateur de République, lorsqu'il prit congé de ses concitoyens : « La religion et la morale, dit Washington, sont les bases indispensables de toutes les dispositions et de toutes les habitudes qui conduisent à la prospérité publique (2). — Ces conditions sont plus nécessaires qu'ailleurs dans un pays livré sans contrepoids à l'anarchie des volontés individuelles, à l'heure où s'élève, avec la question sociale, le flot montant des grèves qui menace l'Europe industrielle. — C'est là qu'est

(1) Voir l'*Appendice*.
(2) *Id*.

le péril, et l'ennemi nous en accuse pour donner un prétexte à ses projets d'ambition et de conquête. Ici, derrière les Vosges, là, du haut des bastions de notre regrettée cité de Metz, — naguère épée de la France, aujourd'hui *pointe de lame enfoncée dans nos chairs* (1), les légions des Germains attendent, avides et frémissantes, le signal d'une nouvelle invasion. Au delà des Alpes, coalisée contre nous, l'Italie, affranchie de l'étranger par nos armes, nous attaquerait à revers pour avoir sa part des dépouilles ; il faut bien faire justice de ce peuple libérateur, dénoncé comme instrument de révolution, et dont le crime avoué est de regretter encore l'Alsace et la Lorraine.

Grâce à Dieu, un chef de race généreuse, un souverain qui lui aussi a la force, mais au service de la paix menacée, nous a défendus contre l'envahisseur ; nous lui devons d'avoir pu reconstituer nos forces militaires. — Il nous reste à nous relever au nom de la famille ; quand le foyer est désert ou brisé, les forces morales, les premières de toutes pour un peuple, sont atteintes ; l'intérêt prend la place du devoir ; il nous reste à nous unir au dedans pour être forts contre les dangers du dehors. — L'exemple que nous donnerions d'une ferme résistance à l'esprit de révolution, aurait pour notre sécurité une sérieuse influence au delà de nos frontières ; les sympathies publiques viendraient au gouvernement qui nous rendrait le sentiment

---

(1) Le mot est de M. Weiss dans son livre : *Le Pays du Rhin*, 1886. — Voir l'*Appendice*.

VIII

de la discipline, assurerait l'ordre dont toutes les classes ont besoin, et rapprocherait les cœurs dans l'amour de la patrie. — Tournons les yeux vers cette espérance pour dire, avec le poète :

Durate et vosmet rebus servate secundis.

Juillet 1889.

LIVRE PREMIER

ÉCOLE NORMALE ET PROFESSEUR.

CHAPITRE PREMIER

École normale (1827-1829)

Rétablissement de l'École normale en 1826. — L'école a quatre âges. — Ordonnance de 1828 ; ordonnances de 1830. — Pourquoi il faut les rapprocher. — Comment le roi Charles X rend les ordonnances de juillet. — Révolution de 1830. Influence excessive d'une Société religieuse. — Soin que doit avoir le clergé de s'isoler de la politique ; esprit du pays à cet égard. — Les libéraux de 1826 n'avaient pas la pensée de l'école laïque. — Comment l'ordonnance de 1828 fut interprétée à l'École. — Droits de l'État en matière d'enseignement. — La Monarchie les avait revendiqués avant la République. — Ce qu'il faut entendre alors par *Gallicans*. — Un élève nouveau, à son entrée à l'École, interrogé par ses camarades, et affirmant de vive voix et *par écrit* qu'il n'appartient à aucune congrégation religieuse non légalement établie en France. — Inspection scientifique d'Ampère à l'École. — Comment le même élève subit l'examen pour toute la section. — Satisfaction de l'illustre distrait. — Nos maîtres à l'École et à la Sorbonne. — Tableau de l'École par M. Michelet. — MM. Guizot, Cousin et Villemain. — Esprit de l'École. — Son rôle social. — Importance des doctrines. — L'Esprit de révolution. — Notre première demeure. — Nos amitiés. — Antoine de Latour. — Quelques noms des premières promotions ; dans les survivants, MM. Chéruel et Vacherot.

Il y a bien quelque cinquante ans (1) que j'entrais à l'École normale (2), rétablie sous le nom d'*École préparatoire*.

La réaction contre l'esprit du temps en avait fermé les portes (3) ; un souffle libéral devait les rouvrir (4).

(1) Ces lignes et une partie notable du livre étaient écrites en 1885.
(2) Promotion de 1827.
(3) Septembre 1822.
(4) Septembre 1826.

Ce fut un évêque, Mgr Frayssinous, évêque d'Hermopolis, ministre secrétaire d'État au département des affaires ecclésiastiques et de l'instruction publique, qui signa l'arrêté portant création de l'École (1). Un autre évêque, Mgr Feutrier, deux ans plus tard, tenait le portefeuille des cultes dans le cabinet qui soumettait au régime de l'Université les écoles secondaires ecclésiastiques.

L'ordonnance du roi (16 juin 1828) restée célèbre, contresignée par le comte Portalis, ministre secrétaire d'État au département de la justice, frappait une Compagnie célèbre dont le gouvernement redoutait l'influence. Malheureusement, ce n'était pas la fin du conflit qui, sous des formes diverses, à travers des accalmies et des orages, devait dans la politique générale se perpétuer jusqu'à nos jours. A deux ans de là, et sous la pression d'une réaction aveugle, Charles X, égaré lui-même par les souvenirs de la Révolution, tout entier aux passions des royalistes incorrigibles qu'avait écartés Louis XVIII, renversait le ministère libéral que lui avait imposé l'opinion (2), et rendait les fatales ordonnances (3).

A ce coup d'État et après trois journées sanglantes (4), il perdait sa couronne ; le trône était relevé par Louis-Philippe, qui acceptait le titre de *roi des Français* (5). Nous n'avions encore qu'une halte dans la Révolution (6). Le nouveau roi, quels

---

(1) L'École a eu quatre âges, dit M. Dubois : de décembre 1810 à septembre 1815 ; de décembre 1815 à septembre 1822 ; de décembre 1826 à septembre 1830 ; de décembre 1830 jusqu'à ce jour.

Les Écoles partielles, instituées en 1822 pour remplacer la grande École dissoute, par le fait ne furent pas organisées. (Voir le rapport du directeur à la séance de rentrée. Inauguration dans le nouvel établissement de la rue d'Ulm, 4 novembre 1847.)

(2) 9 août 1829.

(3) 25 juillet 1830.

(4) 26, 27 et 28 juillet 1830.

(5) 7 août 1830.

(6) M. de Salvandy, dès 1830, dans son écrit *Seize mois ou la Révoluion et les révolutionnaires*, cherchant d'où venait le désordre qui avait suivi la Révolution de 1830, en trouvait la cause dans « l'esprit révolutionnaire évoqué du chaos sanglant de notre première anarchie, au bruit de la rapide victoire du peuple sur la royauté, *esprit funeste qui pèse sur les destins de la France de 1830* comme son mauvais ange. »

qu'aient été son esprit libéral et sa sagesse, devait à son tour prendre un jour le chemin de l'exil (1).

On a trop oublié ces deux dates de 1828 et de 1830 qu'il eût fallu rapprocher. 1828 était déjà une révolution. Le gouvernement, en matière d'enseignement, proscrivait une Société religieuse qu'il estimait envahissante et hostile au pouvoir civil ; 1830 renversait la monarchie, qui en avait favorisé l'influence. La Société qui suscitait tant de colères avait eu le tort de se montrer agressive ; elle accusait l'État, l'Université, qui le représentait, de vouloir ruiner les principes religieux ; elle appelait autour d'elle, par tous les moyens dont la religion dispose, tout ce qui était naissance et fortune ; sa prétention de s'isoler de la nation, d'élever *à part* une jeunesse d'élite pour garder et répandre les traditions et privilèges du passé, irritait un pays passionné, travaillé de la fièvre égalitaire : ce que ce pays souffre le moins, c'est l'ingérence de la religion dans les choses civiles.

Que le clergé ait sa part dans l'éducation de la jeunesse, qu'il ait ses maisons scolaires pour pénétrer les jeunes âmes de la semence divine, rien de plus louable et qui fasse plus honneur au principe de liberté ; mais que l'école soit alors, comme dans le temple même, un sanctuaire ; que l'instituteur religieux écarte toute pensée de domination pour les choses de l'État, qui lui sont et doivent lui rester étrangères. Le prêtre, et dans sa personne la religion, gagne en autorité à raison même de l'attention qu'il prend à s'éloigner de l'arène des partis ; nous le redirons bien des fois dans le cours de ce récit.

L'esprit de révolution n'est que trop présent au milieu de nous pour saisir ardemment tout prétexte d'attaques et de persécutions tyranniques ; à l'heure qu'il est, nous sommes loin, bien loin de 1828. Les libéraux de ce temps ne pouvaient prévoir les violences dont nous sommes témoins. Ce qu'on appelle faussement neutralité, d'un nom officiel *laïcisation*, avec exclusion de tout principe religieux, n'eût rencontré chez eux que réprobation unanime. Cette assertion semble contredite par les scènes impies et sauvages du 14 et du 15 février 1831 ; mais en examinant les faits,

(1) 24 février 1848.

on doit reconnaître que de grandes imprudences ont peut-être provoqué une explosion inévitable.

J'ai l'impression très présente des sentiments qu'éveilla l'ordonnance de 1828; je n'y trouve pas trace de l'esprit d'intolérance et de haine qui poursuit aujourd'hui toute idée religieuse, toute congrégation religieuse, tout symbole religieux dans l'école. Ce n'était pas la religion qui se trouvait en cause, mais ce que l'on estimait une déviation de l'esprit religieux au service de la politique. Les établissements que l'on fermait aux Pères pour la forme étaient en petit nombre, mais très fréquentés. Par leurs études *d'enseignement secondaire,* ils ouvraient les carrières libérales, préparaient les esprits qui auraient une action dans la société ; on craignait leur influence, les regrets du *passé* qu'inspirait, disait-on, leur enseignement, au lieu de faire aimer la *France nouvelle ;* le patriotisme, dans la classe libérale, aspirait à ce qu'il appelait *l'unité morale du pays;* — on ne mettait en cause ni le caractère des Pères ni leur talent d'éducateurs; — l'exclusion était d'ordre politique, l'État la prononçait dans son droit et sa souveraineté, sous l'empire des *lois alors existantes.* Des hommes sincèrement religieux applaudissaient à la mesure prise, rendue contre une congrégation non légalement établie en France. Les évêques gallicans n'y avaient pas contredit. Je sais tout ce qu'on a dit et écrit sur le Gallicanisme : on peut le railler au nom de la liberté, sous la condition cependant qu'il n'y ait aucun lien entre l'Église et l'État. Dès qu'il y a lien, *Concordat,* l'État, sans toucher le moins du monde aux choses de la foi, a le droit, dans ses rapports avec l'Église, d'écarter et d'interdire toute ingérence ou pratique qui tendrait à infirmer ou affaiblir les pouvoirs civils. Dans ces limites, la République peut revendiquer les garanties dont la Monarchie n'a cessé en tout temps d'être jalouse.

L'École normale apprit avec sympathie l'ordonnance de 1828. Ce n'était pas par intérêt, — une jeunesse généreuse ne connait que l'émulation et n'aspire pas au *monopole ;* — ce n'était pas par hostilité, — le libre examen laissait place au sentiment religieux. — **Beaucoup de nos condisciples étaient ce qu'on appelle des prati-**

quants ; les promotions ultérieures ont donné au clergé plus d'un nom dont s'honore l'Église. La sympathie s'adressait à ce qui commande le respect : *l'exécution*, comme disait l'ordonnance, *des lois du royaume*.

Les rares survivants de ce temps n'auront pas oublié cette scène de tribunal jouée très sérieusement, mais avec un vrai comique, par de faux juges. Il arrivait de l'extrémité de la Provence, ce bon camarade, enveloppé dans une longue redingote qui lui battait les talons ; son col noir semblait fait pour un séminariste ; ses regards obliques rappelaient un Basile. Trois élèves, tout de noir habillés, s'assirent en juges autour de l'une de nos tables recouverte d'un tapis ; un quatrième représentait le ministère public. L'interrogatoire fut solennel. Ce fut très sérieusement que notre condisciple signa la fameuse déclaration qu'il n'appartenait à aucune congrégation religieuse *non légalement établie en France*. Un grand éclat de rire termina la comédie.

Entre temps et pendant la récréation, on prêtait l'oreille aux virtuoses de la troupe, ou bien un jour on se donnait encore une comédie, dont cette fois un autre qu'un élève faisait les frais.

L'inspection de M. Ampère nous était annoncée. La section scientifique, qui allait être examinée, projeta de donner pleine satisfaction au savant, qui aimait tant la science chez les élèves. Le plus mathématicien de la promotion se faisait fort de répondre pour tous ses camarades, sans que l'illustre distrait s'aperçût qu'il était toujours en présence du même élève. Il suffisait à chaque nouvel appel de changer un peu les inflexions de la voix. Ampère ne voyait pas l'élève, les traits lui importaient peu ; il suivait et admirait cet esprit si libre et si à l'aise au milieu des problèmes ; parfois il confondait son mouchoir et le linge blanc du tableau, et se maculait de craie. On voit d'ici les sourires sur les lèvres et dans les yeux du jeune auditoire. Inutile d'ajouter que toute la section fut parfaitement notée ; M. Ampère la félicita et s'étonna de n'avoir pu trouver chez aucun un moment de faiblesse.

Rien que d'innocent dans ce tour de Scapin. L'École au fond était respectueuse de la gloire d'Ampère ; c'était pour elle une expérience, une manière de savoir ce que pouvait avoir de vrai sur les distractions du savant la légende qui le montrait inscrivant des chiffres derrière un fiacre, et courant ensuite après le char, qui les emportait.

Notre vie, d'ailleurs, était remplie par l'étude. Avec MM. Gibon, Mablin, Lemaire, et notre cher directeur, M. Guigniaut, nous étudiions le latin et le grec ; à la Sorbonne, nous retrouvions les langues anciennes près de MM. Victor Leclerc et Boissonade, et assistions de plus au cours de M. Jouffroy, qui nous charmait par son talent de psychologue ; mais l'enseignement qui nous captivait et nous passionnait le plus était, à l'École même, celui de M. Michelet, chargé de l'histoire et de la philosophie. Nous aimions le maître, et il nous aimait (1) ; il a dit lui-même l'impression qu'il recevait de son auditoire. Dans l'un de ses premiers ouvrages, je relève ces lignes, dont le titre (*Originalités provinciales*) marque bien le caractère (2) : « Les élèves qui nous venaient de toutes les provinces, et qui en présentaient si naïvement les types, offraient dans leur réunion un assemblage de la France. C'est alors que j'ai commencé à mieux comprendre les nationalités diverses dont se compose celle de mon pays. »

Ici venait, tracée en traits saisissants, l'image de ces nationalités ; c'est la première esquisse de l'admirable tableau qui ouvre le deuxième volume de l'*Histoire de France* (3). Aucun de nous n'était oublié ; nos camarades d'Alsace se reconnaissaient dans ces lignes, alors si pleines d'espérance, et qu'on ne saurait aujourd'hui relire sans douleur : « Les yeux bleus et les têtes blondes me faisaient songer avec espoir à cette Allemagne française, jetée comme un pont entre deux civilisations et deux races. »

Après l'attrait des leçons de M. Michelet, rien n'égalait pour nous le privilège d'avoir notre place marquée, et au premier banc, dans cet auditoire d'élite qui venait chaque semaine se presser autour des chaires des Guizot, des Cousin et des Villemain. Avant l'arrivée du professeur, on s'était montré d'illustres auditeurs,

---

(1) « Peu m'ont oublié ; pour moi, vivant ou mort, je ne les oublierai jamais. » (Voir *le Peuple*, préface, page XXXIX, 1846, Hachette.)

Personnellement, je garde du maître, avec ses lettres, tous ses livres, qu'il n'avait cessé de m'adresser en y inscrivant une ligne d'amitié.

(2) Introduction à l'*Histoire universelle*, avril 1831, page 139, Hachette.

(3) *Histoire de France*, 2me volume, page 131. Hachette, 1853.

M. Sébastiani, le duc d'Orléans, Châteaubriand, et quand le maître paraissait, précédé de l'huissier, qui lui ouvrait difficilement passage, tant les rangs étaient pressés, quelle émotion, quelle ovation enthousiaste ! Ce sont les grands jours de la Sorbonne, c'est l'une des dates radieuses du siècle. Chaque enseignement avait son caractère et son attrait. On eût pu appliquer à M. Guizot ce que l'historien, l'homme d'État, a dit lui-même du catholicisme : ses leçons étaient une école d'autorité. Rien ne rappelait chez M. Villemain le geste sobre, le ton grave et austère de M. Guizot ; mais quel charme de l'entendre, avec sa voix harmonieuse, son admirable talent de lecteur, le rythme savant, peut-être trop savant, de la phrase, répondant au balancement de ses mouvements dans la chaire ; il animait l'assemblée de son amour, de sa passion pour les lettres. Aussi vive, et par d'autres effets, était l'action de M. Cousin sur son auditoire ; l'exposition, la discussion des systèmes, n'avaient jamais rencontré un plus lumineux, un plus chaleureux interprète ; qu'il mit en regard la religion et la philosophie pour leur assigner leur rôle, qu'il suivit la philosophie et ses écoles à travers les âges, sa parole éloquente excitait les esprits et leur ouvrait de nouveaux horizons ; debout, le regard illuminé, inspiré de Platon, il nous semblait voir le philosophe discourant au cap Sunium. On nous eût bien étonnés sur ces hauteurs sereines en venant nous parler du bien-être pour l'opposer aux biens de l'esprit ; nous ignorions le taux des traitements qui nous attendaient en province, sous les formes distinctes de fixe et d'éventuel (1) ; toute l'ambition alors était de rentrer un jour dans Paris, foyer des études, après un long et laborieux pèlerinage. L'âpre souci du gain, ou l'ambition prématurée des situations en vue, des postes supérieurs hantaient peu ces jeunes esprits.

M. Cousin disait avec quelque rudesse, mais non sans vérité : « Le professeur doit toujours être prêt à boucler sa valise pour aller là où l'Université l'appelle. » On dirait d'un soldat au bagage

---

(1) L'éventuel a depuis été supprimé, et le traitement, devenu normal, a reçu des augmentations successives. L'Université n'a pu que se féliciter de ces mesures.

léger pour faire campagne et répandre dans le pays, non par l'épée, mais par la parole, *la bonne nouvelle* de l'histoire, de la philosophie et des lettres.

En sommes-nous là aujourd'hui ?

Les idées et les besoins changent avec les années. La jeunesse en reçoit nécessairement l'influence. On a moins besoin de l'idéal que du réel dans un temps où l'expansion des intérêts matériels est la condition même de la société moderne ; on a hâte de se faire une place, et la meilleure possible ; les intérêts en concurrence ont suscité partout la lutte pour la vie. La matière est envahissante dans le domaine même de l'esprit. Le scalpel est en faveur ; pour quelques-uns, la vie organique explique la vie morale ; ce qu'il y a de certain, c'est que le spiritualisme n'a pas sur les âmes l'empire qu'il avait de notre temps. A la veille et au lendemain d'une révolution, nous croyions au progrès et à la liberté, nous avions la même foi ; aujourd'hui la science est plus répandue ; mais par suite, chez quelques esprits, de ses directions, on croit moins, et l'on doute plus de ce qui est immortel. Nous avons besoin que, dans ce trouble des esprits, la lumière reste aux sommets, et la lumière vient des idées premières, des idées nécessaires que la Faculté des lettres de Paris a enseignées avec tant d'éclat. L'École normale, j'en ai la confiance, quelles que soient les difficultés de l'heure présente, en transmettra le flambeau ; on peut voir, par l'exemple d'un Pasteur, que la science la plus haute s'unit à la philosophie, pour garder la flamme du divin, de l'idéal (1).

L'action délétère de nos révolutions peut se juger à distance. La libre-pensée, prise en son mauvais sens, celui de négation, est, dans les masses, compagne de l'anarchie ; pour en mesurer les ruines, il faut avoir traversé dans ce siècle les trois effondrements de 1830, 1848 et 1870 ; pour celui qui en a gardé la mémoire, ce sont autant d'étapes vers la chute, si un vigoureux effort moral ne nous relève.

De 1830 à 1848, le déclin des forces morales est visible ;

---

(1) Je développais l'idée dans un livre que j'avais ébauché et dont le titre était *l'École sans Dieu*. Le travail n'avait plus d'objet après l'œuvre éloquente de M. Jules Simon : *Dieu, Patrie, Liberté*.

1848 oppose cependant au désordre quelque résistance de l'esprit public, qui permet ensuite un coup de force pour rétablir extérieurement le principe d'autorité.

A qui s'en tient à l'apparence, 1870 peut laisser croire que notre grand péril nous est venu de nos défaites ; le péril était intérieur, bien autrement redoutable dans ses résultats que la perte de nos deux chères provinces.

On l'a bien vu à l'insurrection de la Commune, aux ruines qu'elle a faites ; les doctrines répandues en son nom, l'esprit de convoitise et de haine, le mépris de toute autorité qu'elles provoquent, sont d'incessants et violents appels à la guerre sociale. Nous en sommes affaiblis devant l'ennemi, et, au dedans, l'âme de la France se sent douloureusement atteinte.

Aucun de nous à l'École, parmi les plus prévoyants, ne craignait un pareil avenir ; rien n'interrompait le calme de nos études. Nous devions, en la quittant, porter en province nos confiantes espérances. Quelle sève, quelle généreuse ardeur dans les promotions que j'ai connues!

L'École, reconstituée sur des bases assez étroites, avait reçu provisoirement abri dans un vieux bâtiment du lycée Louis-le-Grand ; puis, logée au Plessis, on lui donnait un directeur ; c'était un commencement d'indépendance. Tout chez elle était obscur aux premiers jours, et le nom et la demeure, et jusqu'aux élèves, recrutés presque tous dans la province. Nous n'avions qu'un petit nombre de maîtres, mais l'ardeur au travail multipliait le fruit des leçons ; nous n'étions que peu d'élèves, mais plus d'un a laissé un nom ou un souvenir dans l'Université.

Ces premières promotions nous ont donné : dans la grammaire et les lettres (1), de Latour, Anquetil, Nicolas, Roux, Herbette,

---

(1) Il y aurait aussi des noms à relever dans la section des sciences :
Lefèvre, au collège Stanislas ; dans les facultés de province, Pinaud, Masson, Dupré, Morren, etc., Auguste Chevalier, le frère de Michel Chevalier, élève de l'École polytechnique, que nous voyions tous les mercredis à notre parloir ; notre camarade a fait sa voie plus tard dans l'industrie et la politique.

Les maîtres que l'École forma eurent pour caractère commun le talent, la clarté dans l'exposition ; c'est la qualité maîtresse dans tout enseignement et surtout dans les sciences. — V. *Appendice*.

Dumaige et Berger ; en philosophie, Bach et Vacherot, Mallet, de Lens et Bénard ; en histoire, Gaillardin, Chéruel et Lehuërou.

Il y aurait ici d'autres noms à citer ; mieux vaut dire qu'avec des différences de talent, il y avait égalité chez tous, dans le dévouement au devoir, que le lien de camarades les unissait tous dans la tendresse : *Animæ quales neque candidiores terra tulit.*

Ce sentiment était bien exprimé par l'un de nos plus chers camarades de l'École, dont je garde avec affection et les lettres et les livres, comme les lettres et les livres de notre maître commun et ami, M. Michelet.

Dans son essai de l'*Histoire de France au XIXe siècle*, composé pour la glorification du maître, M. Antoine de Latour écrivait en sa préface (1) : « Comment résister au désir de saluer publiquement une fois nos belles années de l'École normale ? Ces années de veillées laborieuses et de silencieux efforts, qui nous les rendra ?

« Cet essai s'adresse également à nos condisciples, à tous ceux qui ont assisté avec nous et depuis nous à ces précieuses leçons. Dispersés maintenant, ils sont allés enseigner à de plus jeunes ce que bien jeunes alors nous apprenions ensemble. Depuis le jour qui, avant de nous séparer, nous réunit dans une dernière lutte, combien de nous n'ont pu se revoir et s'exciter mutuellement à accomplir avec dignité cette mission pénible de leur vie ! Combien suivent encore solitaires et haletants ces voies austères de la science enseignée !

« Puisse ce livre leur porter de nos communes études un souvenir qui leur soit doux, et nous rendre à nous, un moment du moins, par une douce illusion du cœur, les heures fraternelles d'autrefois ! »

Que seraient devenus Bach et Lehuërou, si une mort prématurée n'avait mis fin à leur carrière ! Leur doux et mélancolique regard semblait dès l'École dire adieu à la vie ; l'avenir pour l'un et l'autre était plein de promesses. Bach, au sortir de l'École,

---

(1) Un vol. in-8, 1835, 374 pages. Paris, Soubert.

avait charmé et étonné par sa thèse sur Dante, qui pénétrait l'âme du poète et du penseur ; Lehuërou, après deux ans passés dans une classe de septième au collège Bourbon, où l'agrégé des lettres, d'un esprit si délicat, avait été un maître élémentaire accompli et s'était fait adorer des enfants, trouva bientôt dans l'agrégation d'histoire une seconde vocation. C'est en Bretagne, son pays natal, que ses rêves et ses regrets poursuivaient à l'École, que ce beau talent de lettré et d'historien se montra avec un incomparable éclat dans l'enseignement du Lycée et dans la chaire de la Faculté des lettres. Le nom de Lehuërou est à peine connu de nos contemporains ; les œuvres sorties de sa plume, et qu'il eût perfectionnées dans l'âge mûr, excitèrent alors l'attention du monde savant (1). On peut dire avec M. de Laborderie : « La France a perdu en lui, au moment même où il atteignait la plénitude de ses forces, non seulement un vrai savant, mais, ce qui est plus rare encore, un véritable écrivain. »

L'École normale de ces premières années a formé d'autres travailleurs, de vrais pionniers du champ historique, tel ce vétéran des chaires d'histoire de Paris, Gaillardin, doyen des professeurs de la capitale, qui mourut lorsqu'il lui fallut quitter sa chaire de Louis-le-Grand. Le grand prix Gobert est venu deux fois couronner son *Histoire de Louis XIV*. Un autre bénédictin de l'École, c'est M. Chéruel, honoré, comme Gaillardin, du prix Gobert pour son *Histoire de Mazarin*.

Et maintenant, s'il faut chercher dans l'ordre des lettres un professeur accompli, d'un esprit délicat, d'une rare érudition, qui mérita, en quittant la rhétorique de Charlemagne, de s'asseoir dans la chaire de Victor Leclerc, chacun a nommé Berger ; ce nom rappelle avec lui les esprits distingués qui sont l'honneur du lycée Charlemagne.

Ami de Berger, Vacherot donnait, comme lui, dès l'École, de sérieuses espérances ; en le voyant si laborieux, toujours dans l'étude de Platon et d'Aristote, on ne doutait pas de son avenir de philosophe. Ses publications n'ont cessé depuis de marquer et

---

(1) *Histoire des Institutions Mérovingiennes ; Histoire des Institutions Carlovingiennes ; Histoire de la Constitution d'Angleterre.*

d'élever sa place dans le monde des penseurs ; il est à cette heure l'un des plus forts esprits de notre temps. Libéral et démocrate avant l'avénement de la République, il a gardé le culte de la liberté, et il la défend avec un vrai talent d'écrivain, contre une majorité qui se croit républicaine, mais qui n'est qu'oppressive. Rien de plus honorable et de plus droit que son rôle dans l'Assemblée nationale. Il n'est plus député. Le peuple est ingrat ; il écarte ses amis, qui le conseillent, pour faire place aux ambitieux, qui le flattent. Noble esprit sur les hauteurs de la pensée, où l'on ignore ce qui s'agite de passions dans le monde inférieur, il aimait à construire en politique une cité idéale ; ses vieux camarades ne partageaient pas ses illusions, mais il ne cessèrent de tenir en grande estime son désintéressement et son caractère.

Je reviens encore pour ces premières années au condisciple que j'ai particulièrement aimé ; celui-ci, comme tant d'autres, a disparu. Nous ne le gardâmes qu'un temps fort court dans l'Université ; le roi connaissait son nom ; on lui avait dit, et c'était vrai, qu'il ne trouverait pas pour élever le duc de Montpensier, un jeune homme de plus de talent, de formes plus sympathiques, d'éducation plus distinguée, et Antoine de Latour fut nommé précepteur du prince. L'éducation achevée, il devint secrétaire de ses commandements.

De Latour m'avait donné à l'École en signe d'amitié bien des poésies *inédites* que j'ai gardées comme cher souvenir. Victor Hugo encourageait dès ce moment le poète de *La vie intime*.

Mon cher camarade compta d'autres amitiés. Lacordaire était l'une de ces grandes âmes qui avaient ses prédilections. Secrétaire des commandements du prince, les lettres occupaient tous les instants que ses devoirs laissaient libres. Les années qu'il passa en Espagne furent marquées par des études du goût le plus délicat sur les poètes et les prosateurs du pays de Calderon et de Cervantes.

De Latour est peut-être le seul des premières promotions de l'École qui n'ait servi que passagèrement l'Université, si c'est laisser le rang que d'être, avec Trognon et Cuvilier-Fleury, l'un des précepteurs des jeunes princes, élèves du lycée Henri-Quatre et préparés, comme le voulait le roi, à leurs devoirs d'héritiers du trône par l'éducation civique de l'Université.

Tous les autres normaliens de ces premiers temps firent la plupart un laborieux apprentissage de la vie professionnelle dans les collèges et Facultés de la province. L'École renaissante a donc renoué, dans son humble berceau, les vieilles traditions, rappelé l'ancienne École, et préparé l'École nouvelle, dont tant de noms ont jeté de l'éclat sur les sciences et les lettres.

CHAPITRE II

Angoulême. — Professeur (1829-1841)

Nomination de professeur à Angoulême. — Distribution de prix. Discours. — Esprit de la jeunesse. — Du rôle de l'Université. — M. l'Inspecteur général Dubois. — Instruction primaire : création d'un journal l'*Instituteur de la Charente*. — Quel était l'esprit de la loi de 1833. — Vie intellectuelle en province : la Société à Angoulême ; comment y sont reçus en 1835 M. Michelet et M. Duruy. M. Michelet étudiait l'état des archives ; sa visite rue François-Premier. — Lettres-patentes (1511) qui fondaient une Université à Angoulême, retirées par arrêt du Conseil (1523). — Création d'un collège royal à Angoulême (1840). — Agrégation de 1841. — Nomination au collège royal de Besançon.

Le tableau que je viens de tracer de l'École peut faire juger de l'esprit que nous portions en province. Ancien élève du collège d'Angoulême, c'est dans cet établissement que j'eus à faire mes premières armes comme professeur. Nouveau venu, et, comme on disait alors, *arrivant de Paris,* il fallait payer sa dette ; ainsi s'explique l'invitation qui me fut faite plusieurs fois d'avoir à porter la parole dans nos distributions de prix. J'ai sous les yeux ces allocutions ; on n'a pas besoin du millésime pour affirmer que ce sont bien des discours d'autrefois. Le lyrisme, l'exaltation de la liberté, la foi confiante dans l'avenir qui va s'ouvrir...

Magnus ab integro.....

sont bien les signes de l'ère nouvelle ; la critique appliquée à l'histoire et à la philosophie ouvrait de nouveaux horizons ; des étoiles se levaient au ciel de la poésie, pendant que l'école de Saint-Simon annonçait aussi un monde nouveau par les applications de la science à l'industrie.

Nous apportions nous-même quelque peu de la flamme que nous avait donnée l'École ; la communication des maîtres avec les élèves est d'autant plus vive qu'ils sont plus rapprochés par l'âge ; l'élève aime à trouver la supériorité du savoir chez le maître qui était hier son condisciple ; la vanité de son jeune âge en est flattée. L'action se marque particulièrement, nul ne le conteste, en un temps comme cette période de 1830, qu'animaient de si vagues, mais de si ardentes croyances dans les destinées de l'humanité. Notre âge critique ne trouverait pas, sous la plume d'un élève sortant du lycée, les strophes enflammées que m'adressait l'un de mes anciens élèves, qui s'est fait plus tard un nom dans la presse (1). Son premier coup de clairon retentit dans un volume de poésies ; le titre : *En avant !* marque sa confiance et son élan : *Excelsior*.

L'Université se montrait fière d'avoir à diriger la jeunesse dans ce courant d'idées généreuses ; l'un de ses inspecteurs généraux, qui garde une place à part dans le mouvement intellectuel de cette époque, l'un des fondateurs *du Globe*, M. Dubois, animait de ses convictions généreuses le personnel enseignant ; son improvisation chaleureuse faisait battre le cœur aux plus incrédules ; on ne doutait pas, en l'entendant, de l'expansion d'un progrès sans limites par l'union de la morale et de la science ; j'ai retrouvé cette impression dans un récit que je fis alors des directions données par M. l'Inspecteur général, après sa visite de tous nos cours (2).

L'instruction primaire était, dès ce moment, le grand, le généreux souci des pouvoirs publics ; la loi de 1833 est une date historique. La loi édictée, tous les efforts furent conviés à lui faire porter ses fruits ; inspecteurs, membres des commissions d'examens pour les brevets de capacité, pour les certificats d'aptitude aux fonctions d'Inspecteur d'écoles, de directeur d'écoles normales, membres des comités d'enseignement, aucun de nous ne ménageait ni son temps ni ses forces pour une œuvre de bien public. L'ardeur était d'autant plus vive qu'on était d'accord sur le but à poursuivre : éclairer les esprits et élever les cœurs. L'étude est avant tout un foyer d'éducation morale ; l'idée religieuse, à ce

---

(1) Edmond Texier.
(2) *Journal de la Charente*, 30 juin 1832.

titre, quelle qu'en soit la forme, ne doit qu'y trouver respect. — Pour laisser toutefois à la conscience sa pleine liberté, le législateur édictait sagement que « le *vœu des pères de famille sera toujours consulté et suivi en ce qui concerne la participation de leurs enfants à l'instruction religieuse.* » — Le libre-penseur avait ainsi pleine satisfaction sans qu'on eût à bannir Dieu de l'école, à jeter le trouble dans les âmes qui gardent la croyance. — Le vrai progrès de moralité, de paix sociale, serait de revenir à ces doctrines de 1833, doctrines de respect et de liberté ; nous cherchâmes alors, dans la mesure de nos forces, à les accréditer dans notre province ; la revue l'*Instituteur de la Charente,* autorisée par le Conseil royal, en fut l'organe dans les Académies de Bordeaux et de Poitiers.

L'*Instruction primaire* ne laissait pas pour nombre d'esprits d'être regardée comme un péril, si elle devenait universelle ; une publication faite avec conviction, sans passion de parti, avait pour le moment quelque intérêt d'opportunité.

C'est plus tard, et dans un second séjour à Angoulême, que je crus devoir intervenir dans la presse locale pour apporter un témoignage sur les questions d'*enseignement secondaire ;* ici la lutte était autrement vive ; les partis ou les convictions y trouvaient un champ clos pour le combat, soit qu'il s'agit d'idées philosophiques, de doctrine religieuse, soit qu'il y eût une conquête à faire, celle de la loi de liberté promise par la charte (1).

A l'époque où nous sommes, les passions dans le milieu où nous vivons ne sont pas encore allumées ; la Révolution menace bien, dans la capitale, l'ordre nouveau sorti des barricades, mais on est sans crainte dans notre province ; si le présent est agité, l'avenir n'a pas de nuages. La vie intellectuelle d'une petite ville mérite d'être rappelée comme une date. Il y avait bien là, comme ailleurs, deux courants politiques, l'un qui cherche en

---

(1) Par les livres et par la presse, les polémiques furent des plus vives ; j'indique seulement deux publications :

1° *Protestation de l'épiscopat français contre le projet de la loi de M. Villemain, 1841 ;*

2° *Recueil des Actes épiscopaux au sujet du projet de loi de 1844.* (Paris, Sirou, mars 1845.)

apparence à remonter vers le passé, l'autre qui court vers l'avenir, et qu'on appelait alors *les royalistes* et *les libéraux*. Mais combien de libéraux chez les royalistes, puisqu'ils voulaient une monarchie constitutionnelle ! La religion dans les choses d'éducation donnait matière à controverse ; les uns la prenaient pour drapeau, associaient comme autrefois et le trône et l'autel ; les autres protestaient au nom du droit moderne, mais sans mettre en question les choses de la foi ; la liberté de croire pour tout esprit qui a le respect n'est-elle pas l'une des formes les plus élevées de la liberté de conscience? Dans les deux camps, — et j'omets à dessein les violents, ceux-ci alors sans réelle influence et en très petite minorité, — la lutte était engagée au nom de principes, sans nul doute opposés, mais dans les conditions les plus généreuses. Les esprits pouvaient donc se rapprocher et s'entendre sur d'autres questions qui leur ouvraient de lumineux horizons. C'était le moment où l'art et les lettres rayonnaient sur le pays ; les nobles accents descendus de la tribune trouvaient partout des échos ; il semblait, en lisant Thierry et Michelet, que l'histoire retrouvait une puissance d'évocation inconnue ; on eût compté peu de foyers où le cercle, chaque soir, ne vint se former pour entendre une *Ode* de Victor Hugo ou une *Harmonie* de Lamartine. On retrouvait donc partout cette passion du beau et de l'idéal qui enflammait les âmes. Nous avions, nous aussi, dans le fond de notre province, un petit groupe d'artistes et de lettrés, qui se réunissaient, chaque semaine, pour discourir ou entendre l'un de nous sur le sujet de ses études. Heureux temps où la seule passion du beau enflammait les esprits, temps qui me rappelle avec de nobles émotions de bien chères amitiés !

Firmin Laferrière (1) commençait ses études sur l'histoire du droit et préparait son avenir ; Gaudichaud et Rouillaud, qui le précédèrent à l'Institut, avaient mérité par leurs travaux la place que nous leur donnions dans la galerie de nos hommes célèbres (2) ; notre bibliothécaire, M. Eusèbe Castaigne, et d'autres encore, répandaient le goût de l'histoire de l'archéologie de l'Angoumois ; sur les bancs

---

(1) V. *Appendice*.
(2) J'avais ouvert cette galerie dans le journal *le Charentais* pour éveiller chez mes compatriotes un noble orgueil : *gloria majorum*.

de l'École, Hillairet (1) et Abadie (2) promettaient le praticien et l'artiste ; élève de Franchomme (3), l'un de nos dilettantes, retenait au passage, avec notre jeune pianiste Prudent, les grands artistes qui se rendaient à Bordeaux, cette Athènes de la contrée ; nous avions un jour un festival, une de ces fêtes musicales si populaires sur les bords du Rhin ; la Société philharmonique nous donnait la jouissance de l'art des Mozart et des Beethoven (4). Dirai-je qu'on fondait des Revues (5), qu'on cherchait à trouver des artistes pour dessiner les vieux monuments dont les chercheurs évoquaient l'histoire ?

Nous en étions là du mouvement intellectuel et comme en une

(1) Membre de l'Académie de médecine.
(2) Membre de l'Institut (Académie des Beaux-Arts. V. *Appendice*).
(3) M. Hippolyte Sazerac, élève de Franchomme, avait fondé et dirigeait la société *Philharmonique*.
(4) Les salons de la préfecture étaient à la même époque un lieu privilégié pour la musique. M. Larreguy, administrateur des plus distingués, aimait à y réunir une société d'élite et à y faire entendre particulièrement l'une des œuvres de Rossini, lorsque le grand maestro, son ami, venait goûter l'hospitalité de sa charmante famille.
(5) Mon frère était alors au nombre des étudiants charentais qui rédigeaient l'*Album poitevin* ; la jeunesse pouvait-elle faire un meilleur usage de ses loisirs, que de se réfugier dans le commerce des lettres ? Après les cours de la Faculté de droit, on lui avait donné une part dans le *Jardin des Muses*, et il avait écrit ses premiers vers sous les *Marronniers en fleurs*. On l'eût dit à cette heure tout pénétré de l'accent de son compatriote, Bastier de La Péruse, dont il s'attacha plus tard à faire revivre la mémoire.
Dans d'autres voies et bien diverses, deux de ses condisciples, qu'il devait, après Poitiers, retrouver à Paris, cherchaient et obtenaient le succès. Pour l'un, M. Albéric Second, la note joyeuse devant le public, l'anecdote spirituelle au *Petit Journal*, les feux de la rampe au théâtre, étaient le grand attrait ; pour l'autre, M. Mathieu Bodet, l'étude du droit dans ses applications, la sûreté du jugement, l'entente des questions contentieuses, lui assuraient sans bruit une notoriété dans le monde des grandes affaires. Le ministère des Finances, qu'il eut un jour à gouverner dans des temps difficiles, garde le souvenir d'une administration exacte, laborieuse, attentive à prévoir, pratiquant sainement ce principe que dans un État bien ordonné, comme dans la famille, le budget doit en temps normal satisfaire à tous les légitimes intérêts et se solder en excédant sur les dépenses. D'autres gestions financières peuvent être plus bruyantes, le danger est qu'elles soient ruineuses pour le pays.

sève de renaissance, lorsque deux maîtres, dont les noms sont consacrés, — pour l'un d'eux la gloire était déjà faite, — vinrent séjourner dans nos murs. M. Michelet, qui m'avait gardé quelque amitié depuis mon passage à l'École normale, venait à Angoulême, accompagné de l'un de ses élèves préférés, voir le donjon où était née Marguerite. L'auteur de l'*Histoire des Romains et des Grecs* a gardé, comme l'écrivain de l'*Histoire de France,* le souvenir de notre chaleureux accueil; il en citerait volontiers la date (1835); j'aime à inscrire, pour ma part de dévoûment et de reconnaissance, toutes les années de son ministère de l'instruction publique, en y ajoutant les années écoulées depuis, et ce ne sont pas les moins chères pour la religion du souvenir.

M. Michelet avait mission de recenser les archives, de visiter les dépôts de manuscrits contenus dans les bibliothèques et archives des grandes villes du sud-ouest de la France; son rapport au ministre (1) mentionne avec bienveillance le dépouillement que je fis à son intention des registres et papiers de la mairie d'Angoulême. Son séjour parmi nous fut un évènement; son nom était populaire; ses livres avaient été plus d'une fois l'objet d'assez longues études dans la presse locale et les Revues de province (2). Nous habitions, rue François-Premier, une vieille maison; l'un de ses flancs portait tourelle; là un escalier de pierre assez étroit accédait, après nombreuses spirales, à une chambre carrée; les boiseries, sur les quatre faces, étaient ornées d'inscriptions et de dessins; M. Michelet lut au plafond *libris et liberis,* et en conclut que ce devait être un lieu de pieuse retraite pour la mère de François et de Marguerite. Nous étions trop flattés de l'ingénieuse hypothèse pour y contredire (3).

Quoi qu'il en soit, M. Michelet et M. Duruy furent très entourés, très goûtés et fêtés à Angoulême; ils y apprécièrent les esprits délicats de ces familles amies, les Rivaud, les Sazerac, les Laferrière, avec lesquels j'avais été heureux de les mettre en rapport;

(1) Rapport au ministre de l'Instruction publique sur les bibliothèques et archives, etc., etc., par M. Michelet, chef de la section historique aux archives du royaume. (Paris, 1er nov. 1835.) Imprimerie Ducessois, 1836.

(2) Je payai mon tribut dans *La Gironde,* revue de Bordeaux, 2e année, 1834-1835 p. 259-276, 271-290.

(3) Voir *Appendice.*

ils me souhaitèrent, au départ, d'achever et de poursuivre ma carrière dans un pays dont le charme les avait pénétrés. C'était bien ma résolution personnelle ; mon ambition n'allait pas au delà des horizons de la terre natale. On m'eût bien étonné en m'annonçant que bientôt j'aurais à partir et qu'après un prochain retour, il me faudrait, sans l'interrompre, faire, comme d'autres, un long voyage à travers l'Université.

Un évènement que j'avais désiré vint changer le cours de ma destinée.

Bien des villes recherchaient alors la faveur de l'érection de leur collège en collège royal ; très peu l'obtenaient. Je fis campagne, dans la presse locale, pour rallier des sympathies, populariser la dépense que l'État imposerait nécessairement au budget communal. Pouvait-on refuser un collège royal à cette ville et cité d'Angoulême dont une bienveillance royale voulut faire une Université, à cette ville et cité « eslevée et assise en haut lieu, doux, à air bénin et tempéré, sain, propre et très convenable pour *estude et exercice spirituel,* garnie de bois, campaigne, rivière et ruisseaux prochains, environnée de toutes parts de bon et doux pays (1) ? » Le poétique portrait serait vrai encore à cette heure ; mais on ne pourrait plus dire, comme au XVIe siècle, que la cité, traversée aujourd'hui par tant de routes et de chemins de fer, centre actif de commerce et d'industrie, est *hors de tout passage et négociation mondaine.* Mais ce mouvement et cette attraction, jointe au doux parler, sans l'accent des provinces voisines, qui déjà appelait les familles et faisait, pour une part, le succès du collège communal, ne pouvaient que seconder la fortune d'un établissement assuré de plus en plus par sa promotion d'un personnel d'élite (2). Le roi signait le 6 octobre 1840 l'ordonnance qui éri-

---

(1) Lettres-patentes de François 1er données à Amboise en décembre 1516 au duché qui lui avait donné *commencement* et *naissance.* Ces lettres furent retirées par un arrêt du Conseil (29 septembre 1625).

(2) Le succès et le renom actuel du lycée est surtout l'œuvre des maîtres de talent dont il eut la première fleur. Je relève entre autres, sur son livre d'or les noms de Ch. Lévêque, de l'Académie des sciences morales et politiques, G. Perrot, de l'Académie des inscriptions et belles-lettres, G. Boissier, de l'Académie française, Burnouf, ancien directeur de l'École d'Athènes, Deltour, inspecteur général, etc.

geait le collège communal en collège royal. Dès ce moment, j'avais à songer sérieusement au titre d'agrégé pour rester en sécurité dans ma chaire de philosophie ; j'étais loin de penser, en l'obtenant l'année suivante (1), que l'administration me l'opposerait avec bienveillance pour que j'eusse à la servir ailleurs, dans un autre établissement. Ce cas imprévu se réalisa. Le président du concours, M. Jouffroy, qui m'avait témoigné un intérêt marqué dans les épreuves, me demanda d'aller représenter la philosophie spiritualiste dans son pays, au collège royal de Besançon. Il était bien dur d'avoir à quitter ses parents, ses amis, des intérêts engagés et les affections de sa jeunesse ; mais l'honneur ne pouvait se décliner, le départ était obligé ; il fallait se faire plaisir du sacrifice pour aller remplir un devoir.

---

(1) AGRÉGATION : Sur vingt concurrents, dix-sept subirent toutes les épreuves. Le titre d'*agrégé* fut conféré à trois seulement dans l'ordre de mérite qui suit : M. Mourier, chargé de la philosophie au collège d'Angoulême ; M. Maurial, chargé de la philosophie au collège de Rodez ; M. Fernet, chargé de la philosophie au collège de Dijon.

« L'Université, disait dans son rapport M. Jouffroy, président du concours, peut en toute sûreté leur confier des chaires de philosophie ; ils y porteront la maturité du jugement et la sagesse d'esprit qui les ont distingués dans le concours. » (13 septembre 1841.)

CHAPITRE III

Besançon. — Professeur (1841-1842)

Encore l'Angoumois. — Souvenirs et regrets. — Mobilité dans le personnel. — Le collège d'autrefois. — Ses annales, ses examens, legs Chabrefy. — Contrastes de l'Angoumois et de la Franche-Comté.
M. Jouffroy; mission qu'il m'avait donnée. — Préoccupations au sujet de l'Université. — Droits de la famille. — Devoirs du professeur. — Enseignement de l'histoire et de la philosophie. — L'histoire contemporaine. — Les préoccupations sont moins vives aujourd'hui. Quelles en sont les causes? — De la famille. L'enfant quitte trop tôt le giron maternel. — Mouvement intellectuel en Franche-Comté. Son caractère. — Comment il est interrompu par un événement tragique. La politique. — La mission de M. Jouffroy avait été remplie; esquisse de son talent et de son caractère. — Études administratives. M. de Salvandy. — Départ. M. Tourangin préfet. — Avant le départ, lettre de M. Michelet.

On pouvait sincèrement regretter, tout en faisant résolument le devoir, les occupations qui remplissaient l'existence ; d'une part, les obligations de la classe, les communications de chaque jour avec un jeune auditoire qui s'inspirait, sans effort, de tous les sentiments généreux ; de l'autre, les relations les meilleures pour l'esprit et le cœur, des rapports par la presse avec l'opinion du dehors, et, de ce côté, les intérêts qui assuraient ultérieurement la fortune.

Mais puisqu'on me destinait à l'administration, je pouvais bien me demander si, à cette époque du moins, la mobilité du personnel, objet de tant de plaintes, était une bonne chose. L'observation ne s'applique pas au présent ; il s'agit d'une vérité d'autrefois. Qui se plaint maintenant de cette mobilité ? L'Université ressemble à ce qui l'entoure ; tout se meut, rien ne demeure. La société a perdu les vieilles attaches qui en faisaient un corps d'une unité si vivante au milieu des diversités provinciales ; elle se désintéresse plus qu'autrefois de ces petites patries, *dulces Argos*, où l'on savait si bien aimer et le pays et la grande patrie.

Le collège, tel que je l'ai connu dans ma jeunesse, était moralement le prolongement de la famille ; il en était aussi le complément intellectuel. Comme la famille, il gardait ses cadres ; les mutations ne s'y faisaient que par la maladie ou par la mort. Il y avait de ce fait une grande action morale sur la jeunesse. Quelles que soient ses faiblesses, et Dieu sait si notre âge était sans pitié, le maître reçoit de la durée une particulière autorité ; il pouvait être connu des pères, qui le recommandaient à leurs fils ; il faisait ainsi partie de la cité ; chaque classe pour nous était marquée par le nom du professeur.

Nous avions alors, chaque année, des examens publics qui n'étaient pas sans intérêt pour le progrès des études, et tenaient l'élève par avance dans l'attention et le respect pour le maître ; M. Jules Simon, dans son trop court ministère, eut la pensée de les rétablir. L'épreuve était vraiment solennelle. En dehors du chœur, isolé par des draperies, c'était la chapelle aux belles colonnes romanes, qu'on avait aménagée en salle d'examens. Des programmes imprimés, portant pour chaque classe le nom du maître, les noms des élèves et toutes les matières de l'enseignement, étaient distribués au public. J'ai retrouvé quelques-uns de ces programmes ; dans la période qu'ils embrassent, ce n'est pas moins que l'histoire même du collège. Le collège est une petite patrie ; heureuses les maisons qui en gardent le culte, et montrent aux générations présentes qu'elles ont des ancêtres. Le collège doit avoir ses annales ; avec ces diptyques que j'ai partout conseillés, avec l'inscription dans les salles d'honneur des succès qui recommandent l'établissement, la fête annuelle des associations des *anciens élèves*, qui relient entre elles les générations, la maison garde les traditions de son drapeau : l'*association* lui assure en particulier ce que rien ne saurait suppléer, le patronage de la famille ; c'est à la famille qu'il faut toujours revenir en matière d'éducation.

L'examen s'ouvrait ; les professeurs, les autorités du lieu, étaient assis autour d'une table décorée de son tapis vert. Une tribune pour l'élève, une vraie tribune ; il y montait à l'appel de son nom, répondait aux questions qu'il tirait au sort dans une urne, et ensuite aux questions subsidiaires que lui posaient ses juges. L'art de la lecture, la récitation intelligente étaient dès ce moment en honneur ; d'autres maîtres, et bien, bien plus tard, ont reçu les instructions de M. Villemain et le livre de M. Legouvé. La pratique, on le voit, était ancienne; sur ce point, comme sur bien d'autres, nous croyons innover ; les anciens sont nos maîtres en pédagogie.

Ces épreuves publiques, sérieuses, comme on le voit, et sans vanité, donnaient la fermeté dans l'expression, le respect dans la tenue ; on les retrouverait, si on cherchait bien, sous une forme ou sous une autre dans les temps antérieurs à la Révolution. Ces mâles ou brillants orateurs, aux sévères études, à la parole élégante, qui ont été l'honneur de la tribune dans nos premières assemblées, sortaient de nos anciennes écoles.

Cette salle d'examens devait, à la fin de l'année, être splendidement ornée pour la distribution des prix. On y gardait, à dessein, la galerie en bois ornée de peintures qui séparait la nef de la partie supérieure de la chapelle ; au centre rayonnaient les couronnes, et, sur les côtés, se lisait le nom de *Chabrefy*, avec cette inscription : *Des livres, un jardin, faisaient ses délices*. M. de Chabrefy, dans ses dispositions dernières, avait pourvu pour une part, et à perpétuité, aux frais de la distribution des prix.

Dans l'hospice et tout près du collège, nous lisions sur une plaque de marbre le nom d'un autre bienfaiteur ; celui-ci avait pensé aux pauvres, et avait voulu reposer près d'eux. Le nom de Balzac, consacré par ses lettres, nous eût été connu sans cet acte touchant de charité ; le nom de Chabrefy, comme tant d'autres, serait tombé dans l'éternel oubli ; un legs aux enfants du collège a gardé sa mémoire.

Les souvenirs de la ville natale, de son cher collège, me suivaient en Franche-Comté ; en touchant cette terre d'un si nouvel aspect, je songeais encore plus par contraste au pays d'Angoumois. Je ne sache pas de pays, si ce n'est l'Anjou, plus doux à l'œil que le nôtre, plus riant que nos vertes prairies parsemées de saules, baignées par le cristal de la Charente, que nos collines couvertes de vignes, orgueil et richesse de la contrée ; les pêchers, les jeunes chênes, se mêlent aux pampres verts, au déclin de l'été, lorsque le raisin va mûrir,

Mitis et apricis (1);

l'air et la lumière font flamboyer ce paysage ; c'est une vraie fête de la vie. Dans la baie de Naples, sur ces bords célèbres où quelques ruines marquent encore la place des palais avancés dans les flots, j'ai senti vivement l'antiquité, comme tous ceux qui ont lu Homère et Virgile ; la vie sensuelle, païenne, éclate partout, sous ce ciel éclatant, sur cette terre volcanique ; la fable enchantée va sortir de l'écume blanchissante sous les traits de Vénus. Mais nous sommes ici dans une contrée tempérée, dans le doux pays de Marguerite ; l'inspiration antique, dans les diverses formes de l'art, n'y est qu'à l'état de reflet des sources grecques et latines ; Octavien Mellin de Saint-Gelais, de la Péruse, à genoux comme Ronsard devant la muse de Virgile, écoutent ses chants dans ce qu'ils ont de sentiment et d'amour, et montent leur luth ; la Renaissance au XVIe siècle illumine l'Angoumois, comme l'Anjou (2) et le val du Loir (3).

Bien autre est l'aspect de la Franche-Comté ; des montagnes assez hautes, des vallées profondes, le Doubs encaissé, qui ne poursuit son cours qu'après s'être brisé dans un abîme, des forêts de pins suspendus aux roches ; la Suisse commence aux flancs du Jura. Les traits des habitants, fortement accentués, marquent une autre race ; leurs goûts et leurs caractères sont en plus grand contraste ; rien ne rappelle la gaieté et la grâce d'Aquitaine ; le Franc-Comtois est un penseur ; il est politique, mathématicien et philosophe. C'est sur ces cimes que l'un des plus illustres enfants du pays s'élevait par la contemplation au problème moral de la destinée. Génie doux et pénétrant dans les choses de l'âme, par le regard intérieur toujours à la recherche de l'invisible, il eut un

---

(1) Voir *Appendice*.
(2) J'ai décrit ailleurs l'Anjou tel que je le voyais et le sentais, dans le discours d'inauguration de l'École supérieure d'Angers (7 février 1856).
(3) Notre description de l'Angoumois, que l'étranger au pays pourrait croire flattée, est, en réalité, sans couleur près du tableau qu'en fait Étienne Pasquier, dans ses curieuses *Recherches* de la France (1560). Voir *Appendice*.

jour les angoisses du doute qui s'élève avec l'examen, et de là cette lutte entre la raison et la foi, dont le jeune René de la philosophie a tracé lui-même l'émouvant tableau. Avec les années, l'apaisement revint dans cette belle âme troublée ; la psychologie lui suffit comme étude ; elle avait elle-même trop de mystères pour qu'il poursuivît ailleurs ses recherches, et se demandât encore comment *les dogmes finissent*. Les choses de la foi ne sont pas du domaine de la philosophie. Chargé de ce département au Conseil de l'instruction publique, M. Jouffroy entendait que le personnel enseignant restât sincèrement dans la lettre et l'esprit des programmes, qu'il se gardât d'atteindre ou de troubler les croyances, soit par la doctrine, soit par des réserves sceptiques que l'élève ne manque pas de pénétrer ; il lui était venu, fondées ou non, des plaintes amères sur l'esprit des cours du maître que j'étais appelé à remplacer ; les familles s'inquiétaient, la philosophie était devenue suspecte, le collège royal en souffrait ; M. Jouffroy comptait sur moi pour ramener la confiance. « Une seule année d'enseignement pourrait suffire. Partez, m'avait-il dit, vous ne serez pas oublié ; l'Université vous tiendra compte de votre sacrifice. Quand vous arriverez à Besançon, mon témoignage vous aura précédé. »

L'incident a son intérêt ; il accuse à cette date (1841-1842) un certain état des esprits. On accusait ailleurs qu'en Franche-Comté notre enseignement historique et philosophique ; de la province et des journaux, les plaintes remontèrent bientôt à la tribune. M. Cousin y défendit en particulier la philosophie.

Écartant les passions, cherchons dans le débat deux moralités qui lui survivent :

La famille a le devoir de protéger la religion du foyer ; elle est dans son droit en réclamant de l'école le respect de tout ce que l'enfant a appris à aimer et à honorer sur les genoux maternels. D'autre part, le maître qui reçoit l'enfant au lycée ou à l'école n'est pas maître absolu de son enseignement ; sa liberté est limitée par le droit de la famille. Mais y a-t-il là gêne réelle pour la liberté ? On ne demande pas au professeur de philosophie de faire acte de croyant à une religion établie, mais de mettre en lumière les principes de la religion naturelle ; sa liberté, sa dignité, ne sauraient avoir à souffrir du mandat qu'il a reçu d'enseigner Dieu, la Providence, la loi morale, les trois vérités de raison sur lesquelles repose l'ordre social. Toute excursion dans le domaine des vérités révélées pour chercher à en infirmer le crédit serait plus que l'oubli d'un devoir. Je ne crois pas que l'Université, telle que je l'ai connue, ait mérité ce reproche.

Et de même pour l'enseignement de l'histoire, mis en cause à la même époque ; l'accusation n'était pas fondée ; l'administration eût fait justice des maîtres oublieux de la réserve et du respect, dont l'enseignement aurait été frondeur ou passionné.

J'ai à cet égard une preuve assez récente que les plaintes de ce temps ne devaient pas répondre à des faits sérieux. La leçon, même dans l'*Histoire ancienne*, peut donner au maître l'occasion de juger le présent avec passion ; la tentation est plus forte, peut-être périlleuse, s'il s'agit d'*Histoire contemporaine*.

Un ministre, M. Duruy (1), en 1863, j'étais alors son « lieutenant » à Paris, voulut avec raison que dans la classe de philosophie l'enseignement de l'histoire s'étendît de 1789 jusqu'à nos jours ; l'élève saurait ainsi de quelle manière le pays a jusqu'à présent vécu, et ne tomberait pas sans défense au milieu du conflit des doctrines. Le péril était dans la division des partis et la mobilité des pouvoirs qui se succèdent. Il eût été grave d'éveiller la passion dans un enseignement que devait au contraire animer un esprit *de paix et de justice*. L'opinion fit tout d'abord à l'innovation une assez vive résistance. Je réunis les professeurs ; l'accord fut unanime et se fit sans effort dans la pensée qui inspirait le ministre ; tous comprirent qu'une excessive prudence était d'obligation morale ; la leçon ne devait pas réveiller au collège les divisions qui séparent les familles. Je n'eus pas à signaler d'écart ; l'esprit de mesure est de tradition dans l'Université.

A cette heure, les préoccupations de la famille pour les choses de l'enseignement, ce que j'appellerai la doctrine, me semblent bien affaiblies, soit que les révolutions aient fini par fatiguer les plus

(1) V. Instruction du 29 septembre 1863. (Administration de l'instruction publique de 1863 à 1869, t. I, Delalain, p. 10 et 17 ; t. II, p. 24.)

forts esprits, soit que, dans l'incertitude du lendemain, la recherche de l'utile ait prévalu sur ce qui est d'ordre moral, soit que dans l'enseignement même le mouvement incessant des programmes efface la tradition. Cette sollicitude moins vive d'un grand nombre de parents, pour la direction des intérêts scolaires dans l'enseignement secondaire, doit tenir surtout au déclin de l'esprit de famille. La vie est de nos jours trop dispersée ; la spéculation et les affaires, quand ce n'est pas le plaisir, appellent le père au dehors ; la mère elle-même oublie trop souvent que sa place est au foyer. L'enfant est devenu une gêne ; on a grande hâte de le confier, dès ses plus jeunes ans, aux maisons d'éducation publiques ou libres. L'éclosion morale et les salutaires lenteurs manquent à ces chers petits ; il leur faudrait rester longtemps sous l'aile de la mère,... *matri longa decem ;* rien ne saurait remplacer sa tendresse. Avec la dispersion de la famille, la prière en commun a depuis longtemps disparu au foyer ; elle était partout une force, une consolation et une espérance, dans les grandes comme dans les humbles demeures. La science peut nous donner des satisfactions d'orgueil, elle étend nos horizons, multiplie la jouissance, accroît notre pouvoir, nous soumet la nature par la connaissance que nous avons de ses lois ; mais seule pourrait-elle suffire aux besoins et aux aspirations du cœur ? Je ne parle pas des esprits d'élite, qui s'élèvent aux sommets de la science et s'approchent d'autant plus du divin.

Tels étaient mes sentiments et mes idées en 1841, lorsque je vins à Besançon, et je n'ai pas changé depuis.

Un spiritualisme aussi convaincu n'était pas fait pour déplaire dans une cité religieuse par ses traditions, mais plus qu'une autre pénétrée par certaines influences de l'esprit libéral. Pour être ville de guerre, bastion de frontière, Besançon ne se désintéressait pas de la lutte des idées. Je n'ai pas vu ailleurs de foyer plus actif de controverses ; les doctrines de Fourier avaient des adeptes passionnés dans la cité qui a vu naître le maître ; le salon de la préfecture en était le champ clos. Combien l'hospitalité y était gracieuse, la discussion libérale et élevée, comme les maîtres du lieu ! Je revis plus tard M. le Préfet (1), qui était devenu sénateur,

---

(1) M. Tourangin.

nous revînmes sur nos communs souvenirs; il eût fallu à l'heure même et sur les lieux noter les interlocuteurs avec leurs entretiens; j'eusse ainsi trouvé dans mes papiers une page toute faite sur le mouvement intellectuel à cette époque, avec un esprit bien différent de l'Angoumois, dans l'une de nos provinces les plus éloignées de la capitale.

Mais les esprits étaient brusquement enlevés aux théories humanitaires; un tragique événement les rappelait à la politique, en montrant les périls qui pouvaient menacer encore le pays. Le prince royal venait de mourir d'une chute de voiture (13 juillet 1842). L'impression sur la population et dans tous les rangs fut profonde. Le ciel cessait d'être serein; les nuages s'élevaient à l'horizon. Le prince laissait, sans doute, après lui, des frères dignes de recueillir, un jour, l'héritage paternel; mais il était le seul à ce moment dont le nom fût populaire; ses opinions bien connues étaient une garantie pour la cause libérale; la monarchie de juillet, également menacée par la légitimité et la révolution, perdait en lui sa plus belle espérance. Je vois encore le jeune collègue, homme du midi, et qui en avait la passion marseillaise, accourir pour m'apprendre la fatale nouvelle; il ne doutait pas que le lendemain on ne proclamât la République; la monarchie resta encore debout; six ans nous séparaient de sa chute.

Je quittai Besançon aux vacances de l'année scolaire, heureux des témoignages que j'avais reçus, et qui devaient me suivre; ma mission était remplie dans l'esprit de respect et de liberté que recommandait M. Jouffroy. Aucun des devoirs de la classe n'avait été oublié, et ces devoirs remplis, je m'occupais des questions administratives en ce moment à l'étude, puisque l'administration devait être désormais ma carrière. L'une de mes communications à ce sujet fut accueillie avec une encourageante bienveillance, par un ancien ministre qui devait encore recevoir le portefeuille de l'Instruction publique, et laisser une mémoire chère à l'Université (1). Enfin l'affection d'un maître, bien que je n'eusse pas à me

(1) Lettre de M. de Salvandy :

« 28 mars 1842.

« J'ai reçu, Monsieur, et lu avec autant d'intérêt que d'empressement votre plaindre, était venue me consoler de ce qu'il appelait l'exil. Je n'ai pas le droit de garder pour moi seul cette lettre du 4 mars 1842 ; la note du cœur qui y est tracée est bien de la main qui a écrit la *Mer et l'Oiseau* :

« Je suis bien mal portant, mon ami, de cœur et de corps. Mon nid, refait à peine, s'en va au vent ; et moi aussi peut-être... Ne vous étonnez donc pas si je n'ai pu vous écrire. Je pense à vous pourtant, et quelle que soit ma préoccupation, mon cœur est mon cœur.

« Dites-moi bien ce que vous devenez dans cet exil.

« Mille compliments affectueux pour Monin.

« Croyez à mon amitié dévouée.

« Michelet. »

« Si vos amis de Besançon ont quelque chose d'inédit et d'important sur Charles-le-Téméraire, j'en profiterais volontiers en les nommant... »

opinion sur l'une des plus graves questions que les pouvoirs de l'État aient à régler. Je suis infiniment sensible à votre souvenir; je compterais sur celui de tous les membres de l'Université, s'ils avaient pu apprécier ma sollicitude pour les personnes, et mon respect pour l'institution.

« Recevez, Monsieur, avec une sincère assurance, celle de ma considération la plus distinguée.

Signé : « Salvandy. »

LIVRE II

PROVISEUR

CHAPITRE PREMIER

Angoulême. — Censeur (1842-1843). — Proviseur (1843-1846)

Nomination à Angoulême. Lettre de M Villemain. — Professeur et censeur. — La vie du censeur ; ses devoirs ; ses rapports avec les maîtres d'étude. — Le proviseur: ses devoirs; moralité d'une maison. — Avantages des conférences hebdomadaires, des réunions mensuelles. — Lecture des places en classe, des notes à l'étude. — Assistance à la classe. — Visite à l'infirmerie, au réfectoire. — Les récréations. — La gymnastique.
Lutte en 1843-1844 de l'Université et du clergé. — Opinion de M. de Tocqueville. — Rapport au roi sur l'instruction secondaire. — Compte-rendu dans la presse locale. — Remerciements de M. Villemain. — Défense de la philosophie. — M. Cousin à la Chambre des pairs. — Compte-rendu dans la presse locale. — Remerciements de M. Cousin.
Nomination de proviseur à Angoulême (M. Villemain). — M. Laurent, prédécesseur. — Difficultés de sa tâche. — Nomination de proviseur à Bordeaux (M. de Salvandy).

L'arrêté qui me rappelait à Angoulême était signé de M. Villemain. Le Ministre y avait joint une lettre bienveillante (1). J'avais à remplir deux fonctions, celles de professeur de philosophie et de censeur des études ; à défaut du provisorat, qu'on ne pouvait m'accorder immédiatement, mais qui ne devait pas longtemps se faire attendre, on m'en assurait, par ce double emploi, les revenus matériels ; ce pouvait être un avantage, un honneur devant l'opinion ; mais la fatigue qui en résulterait pouvait dépasser l'avantage et l'honneur. Il fallut s'armer de courage.

(1) Voir *Appendice*.

L'Université, en ce temps, dans les collèges de province, imposait volontiers le censorat comme condition de promotion au provisorat, qui est la fonction supérieure; le noviciat avait son intérêt, non qu'il y ait similitude entre les deux fonctions; le censeur n'est pas l'autorité responsable, il relève d'un commandement; son mérite est d'en assurer le respect; il n'atteint pas toujours à ces qualités maîtresses de jugement, de mesure et de fermeté, nécessaires pour gouverner une maison, et qui souvent sont un don de nature; mais il apprend par le détail le règlement, la discipline, la vie et les mœurs scolaires, toutes choses que le proviseur ne doit pas ignorer; son commerce incessant avec les élèves, s'il est intelligent et ne se renferme pas étroitement dans les faits matériels, vaut mieux que des livres pour leur enseigner la pédagogie.

J'aurais volontiers résigné le traitement de professeur pour être libre des soins qu'impose la classe; le censorat est assez occupant par lui-même, il est dur à qui tient à en remplir tous les devoirs.

La vie du censeur, c'est la renonciation à tout ce qui est personnel, c'est la vie même des maîtres et des élèves; il se lève avant eux, se couche après eux, les voit au dortoir, assiste à leurs jeux, à leurs repas, les voit dans leurs études, suit avec eux les cérémonies du culte, les accompagne ou les fait surveiller aux promenades; en un mot, il n'est pas un exercice dans la journée où sa présence ne soit réelle, ou ne doive être imminente; il n'a pas même le droit de se recueillir pour lui-même pendant le temps des classes et des études. C'est que le travail, dans les quartiers, dépend de sa vigilance, et qui dit travail, amour de l'étude, peut ajouter respect et conduite. Les heures de quartier, bien remplies, préparent fructueusement les heures de la classe; le travail écarte les mauvaises pensées. Pour l'élève laborieux, le maître ne paraît pas un ennemi; le collège, qui protège et règle son travail à toutes les heures, semble bien alors ce qu'il est réellement, un lieu de retraite et non une prison (1).

Mais toute cette sollicitude serait impuissante sans le concours des maîtres d'études. Ici, se placerait la grave question de cette partie du personnel, qui, depuis, m'a toujours préoccupé; elle

(1) V. *Appendice*.

retrouvera ultérieurement place au cours du récit. C'est sur ces maîtres que le censeur doit particulièrement agir ; ce sont eux qu'il doit pénétrer de son esprit ; plus que lui encore ils sont en contact avec les élèves, ils ont les difficultés du gouvernement des esprits et des caractères. Le censeur doit les convaincre de ce que lui a appris son expérience personnelle, à savoir : qu'un avertissement sans rudesse dans les fautes ordinaires a plus d'effet qu'une parole amère, que la discipline est lettre morte si le cœur n'est touché. Le grand art de l'éducation, cette médecine morale, est de varier les remèdes selon les tempéraments, d'en chercher toujours la source dans ce qui commande le respect, de savoir guérir en gardant l'affection. Pour une telle mission, des théoriciens exigeants auraient volontiers imposé au régent l'obligation du célibat, l'immolation de soi-même ; il ne faut retenir de cette prétention, impossible en dehors de la vie exclusivement religieuse, qu'une pensée toujours vraie, c'est que les fonctions d'enseignement et d'éducation sont un sacerdoce.

Aucun de ces devoirs d'éducation et de discipline n'est étranger au proviseur ; disons qu'ils s'imposent, qu'il est tenu de les pratiquer. N'a-t-il pas, avant tout, la garde du troupeau ? La famille lui a donné des esprits à diriger, des cœurs à former ; il est, dans sa sphère, un autre pasteur des âmes. Une discipline, strictement observée dans tous ces détails de la journée qui concourent à l'harmonie générale, peut, à la rigueur, faire honneur à la vigilance du censeur et des maîtres ; c'est l'ordre extérieur. Le proviseur ne saurait se tenir pour satisfait : plus qu'eux il doit aller au delà ; puisqu'il représente la famille dans une certaine mesure, il répond, devant elle, des penchants qu'il avait à combattre, des inclinations qu'il devait tourner vers le bien ; par cela même qu'il est un peu plus éloigné des élèves, il est plus frappé, quand il les observe, des changements heureux ou fâcheux survenus dans leurs habitudes ; les renseignements qu'on lui donne sur la mollesse du travail, certains signes qu'il relève lui-même et qui indiquent une altération dans la santé physique ou morale, éveillent sa sollicitude ; à lui de diriger la surveillance, parfois à surveiller lui-même ; il ne peut avoir de repos qu'après avoir prévenu ou guéri le mal. La moralité d'une maison, c'est la grande affaire en éducation ;

là où elle se trouve assurée, on n'aura pas à regretter les soins qu'on lui aura donnés pour les études ; la terre est bien préparée, ameublie par les pluies, réchauffée par le soleil ; à l'heure venue, elle sera parée de moissons.

Pendant sept ans, ma vie fut tout entière à ce labeur ; d'abord à Angoulême, ensuite à Bordeaux.

A Bordeaux comme à Angoulême, le proviseur n'eut qu'à se louer de ses rapports avec les professeurs et les maîtres : pour les uns la conférence hebdomadaire, pour les autres la réunion mensuelle, ces institutions, restées en honneur, que nous devons à la sagesse de nos règlements.

La conférence hebdomadaire est un cours de pédagogie appliquée ; chacun apporte ses observations ; les questions d'études, de travail ou de langueur, de faits divers relevés dans chaque quartier, sont autant de têtes de chapitres pour les conseils et les directions. Nul ne sortait de la conférence sans un sentiment plus vif de sa responsabilité, une nouvelle provision de ressources pour remplir ses devoirs.

La réunion mensuelle des professeurs était un autre critérium de l'état moral des élèves ; elle servait, d'autre part et très efficacement, l'intérêt des études. Dresser, d'accord commun, le tableau d'honneur pour chaque classe proposé par les maîtres de quartier, recueillir les observations de tous les professeurs intéressés, c'était suivre l'élève dans tous les mouvements de la vie scolaire, achever de le connaître, et se trouver mieux en mesure de le diriger et de le conduire. Les questions d'études venaient ensuite : quelles facultés se trouvaient en souffrance, quelles mesures prendre pour y remédier, sur quel point particulier porterait l'effort. L'administration pouvait être assurée que ses instructions seraient suivies, consacrées qu'elles étaient d'avance par la discussion et la libre adhésion de l'assemblée. On s'entendait sur les procédés, sur l'esprit des méthodes que réclamait chaque cours ; dans le programme général de chaque classe, on arrêtait les textes d'explication, les sujets de récitation, de telle sorte qu'il y eût bien, sous tous les rapports, nouveauté et progrès d'une classe à une autre, et que l'ensemble des classes constituât un organisme vivant. Étranger à cette pratique scolaire et pour ne l'avoir vue que dans la lettre des règlements, M. Jules Simon n'en a pas moins admirablement compris et recommandé les ressources : ses instructions, quand il était ministre, sont d'un éminent pédagogue. Le succès de la réunion mensuelle est à cette condition : qu'uniquement préoccupé de discipline et d'études, le proviseur saura écarter du débat toute question étrangère à ces deux intérêts ; l'union dans le personnel et son autorité propre y sont engagées.

Chaque semaine, la lecture des places de composition, des notes dans les quartiers, est encore un moyen de connaître les élèves sous les deux rapports de discipline et d'études, qui sont les grands aspects de la vie de l'écolier. Assister par intervalles à la classe, entendre le maître et l'élève, c'est témoigner à l'un comme à l'autre un actif intérêt ; on apprend *de visu* ce que sont devenues les directions arrêtées dans la réunion mensuelle ; la méthode se montre dans tout son jour, avec ses mérites ou ses imperfections ; on s'autorise des résultats pour encourager et donner, s'il y a lieu, un conseil.

Il n'est pas jusqu'à la visite quotidienne de l'infirmerie en compagnie du docteur, devoir aussi d'obligation, qui n'ait son importance ; l'élève, aux prises avec le mal, n'a pas de pensées mauvaises contre le travail et la discipline ; les soins qui l'entourent éveillent des regrets sur les fautes qu'il a pu commettre ; le proviseur plus d'une fois, au chevet du malade, en a recueilli l'aveu ; et c'est autant de gagné pour l'affection, qui vient en aide à l'autorité. Mais quel prestige à jamais, si, traversant une invasion de fièvres pernicieuses, il vient fréquemment au chevet des malades, et partage leurs dangers dans l'air qu'ils respirent ! De ce moment il devient, à leurs yeux, le père inquiet de la famille (1).

Dirai-je qu'il importe de se montrer attentif au bien-être des élèves, de prévenir les plaintes, le plus souvent sans fondement, dont les turbulents se font volontiers l'écho sur le chapitre de la nourriture ? La visite à la cuisine et au réfectoire n'est pas à négliger, en vue de l'ordre et de la discipline.

---

(1) La visite des malades en danger est également, en ce cas, un devoir du Recteur.

Suivre enfin du regard les moyens et grands élèves dans les récréations, y ramener — je m'y suis toujours appliqué — les courses, les jeux de paume et de barre, si salutaires pour des cerveaux fatigués, tous ces exercices de mouvements ardents et volontaires que nous avons connus, et que ne saurait remplacer la gymnastique règlementaire, c'est encore un devoir pour le chef de l'établissement. Les maisons ecclésiastiques ont gardé la tradition ; elles possèdent un sûr moyen d'exciter et d'entretenir l'ardeur des jeux pendant les récréations ; ce sont les maîtres eux-mêmes qui en donnent le signal, et grâce à leur robe peuvent y prendre une part personnelle.

Si cette pratique est difficile dans nos maisons laïques, on peut du moins s'ingénier pour encourager les jeux, interdire les petits comités qui causent à voix basse au lieu de jouer à l'air libre. Dirai-je que les promenades circulaires, à moins qu'il ne s'agisse des grands élèves, mathématiciens et philosophes, ne m'ont jamais paru une bonne chose, ni pour l'esprit ni pour le corps? En tous les cas, les jeux valent mieux. Les Anciens sont toujours la grande école ; nos pères la connaissaient ; elle est vivante à Oxford et à Cambridge ; dans l'Europe du Nord et chez nous, depuis des années on est retourné en Grèce et à Rome pour y apprendre comment l'éducation savait développer l'être humain dans toutes ses facultés. La gymnastique tient désormais une place importante dans nos programmes scolaires ; nous en parlerons encore au cours de notre voyage à travers l'Université.

A voir le croquis — le crayon en est sans surcharge, — de tous les devoirs qui incombent au proviseur et au censeur, — et j'omets, à dessein, ce qui est devoir religieux, (les chefs d'établissements n'interviennent en la matière que pour assurer, avec respect, le ministère des aumônier, rabbin, et pasteur,) — on peut juger combien la vie administrative, dans un lycée, est variée et surabondamment remplie.

Je venais d'entrer dans la carrière lorsque survint, avec un si grand retentissement, la lutte entre le clergé et l'Université, ces deux forces qui devraient s'unir. « Le clergé, écrit Tocqueville, prit l'offensive en attaquant violemment l'institution laïque ;

l'Université ou ses amis eurent un tort de leur côté; ils mirent en mouvement les passions anticatholiques et antireligieuses, en cherchant à raviver la philosophie du XVIII⁰ siècle. » Si des amis de l'Université ont joué ce rôle, ils n'en avaient pas reçu mandat ; loin de revenir au XVIII⁰ siècle, nos maîtres en ont combattu les doctrines ; le spiritualisme est le grand honneur du temps où vécurent Maine de Biran, Cousin, Jouffroy et Damiron ; on a vu, par un exemple obscur, le mandat que M. Jouffroy avait donné à un professeur pour enseigner la philosophie au Collège royal de son pays. L'Université ne toléra pas les écarts ; elle ne se défendit ni par le sarcasme ni par l'incrédulité, sachant très bien que « ce qui manque surtout à notre pays, ce sont les croyances et les mœurs (1). » Je ne doutais pas, pour ma part, dès ce moment, après les orages dont j'avais été témoin, que « la religion porterait la peine de tant d'imprudence, qu'on la replacerait dans la position où elle était en 1808, et dans celle où elle n'était plus depuis 1830 (2), » paroles prophétiques que je n'ai connues qu'incidemment, et après avoir conté ce que j'ai vu ; les faits marquent dans trop de pages, au cours du récit, que le penseur devançait l'histoire.

L'Université eut et saisit deux occasions officielles d'exposer sa direction et ses doctrines ; elle ne pouvait trouver d'organes plus autorisés que M. Villemain et M. Cousin, par la situation et le talent.

M. Villemain s'attache, dans son rapport au roi sur l'Instruction secondaire (3 mars 1843), à bien faire connaître l'économie de cet enseignement, dont on ne contestait pas la force à l'étranger ; c'est la clef de voûte de l'édifice, et, pour répondre aux agressions, il marque la place expressément faite à l'*enseignement religieux* sous la direction des aumôniers. « Tout, d'ailleurs, écrit-il, en dehors des conférences et des exercices religieux, est moral dans l'enseignement, et par l'objet même des principales études, et par le soin des maîtres à profiter de toutes les occasions qui se présentent pour rappeler aux élèves ce qu'ils doivent à Dieu, à leurs parents, au roi et à leur pays (3). »

En ce qui concerne la philosophie, le Ministre rappelle sa cir-

(1) Tocqueville, œuvres posthumes.
(2) *Id.*
(3) Statut concernant les collèges royaux et communaux.

culaire du 4 novembre 1842; le Conseil royal « a désigné comme la véritable règle des études philosophiques un choix de monuments consacrés par les plus beaux souvenirs de la science et de la religion. » Appuyé de tableaux statistiques commentés par une lettre des plus délicates, le *Mémoire au Roi* me servit de texte pour une série d'articles que la presse locale s'empressa d'accueillir; M. Villemain les lut avec bienveillance; je reçus ses remercîments (1).

M. Cousin reprit à la Chambre des pairs le thème de M. Villemain. Un orageux débat s'y était élevé à propos de la liberté d'enseignement. M. Merilhou défendit l'Université, et ce ne fut pas sans talent. Mais l'infatigable athlète qui devait bien des fois remonter à la tribune, en y portant toujours sa passion éloquente dans l'exposé des faits et des idées, ce fut M. Cousin. M. Villemain et M. Cousin avaient chacun leur manière de plaider une cause qui leur était également chère. « Les programmes, disait M. Cousin, recommandaient comme études ces penseurs du XVIIe siècle, qui se nommaient Descartes, Leibnitz, Malebranche, Fénelon; » on devait en conclure avec lui que la philosophie enseignée alors dans l'Université « puisait aux sources les plus pures, où la religion vient à puiser elle-même. » Y aurait-il eu des écarts, et on n'en citait pas, c'était l'esprit, la tendance, la doctrine qu'il fallait voir, et, de ce côté, la religion n'avait pas à en souffrir; la polémique contre le matérialisme n'avait pas été sans profit pour les idées religieuses; une âme acquise au spiritualisme est ouverte au souffle chrétien. Mais il ne suffit pas de lire des programmes; il convient d'entendre les maîtres chargés de les appliquer; le maître le plus obscur a le droit d'être entendu dans son témoignage. M. Cousin voulut bien prendre garde aux lignes que j'écrivis dès les premiers jours pour rendre compte des débats; sa lettre (26 juin 1843) marque le commencement de mes rapports avec le Maître (2).

(1) Voir *Appendice*.
(2) Le *Rapport au roi sur l'instruction secondaire* était la préface obligée des débats qui allaient s'ouvrir dans nos deux assemblées politiques; les doctrines philosophiques y furent mises particulièrement en cause. Je cherchai

LIVRE II. — ANGOULÊME. — PROVISEUR.

Maintenant, après ces souvenirs d'un temps évanoui, mais d'un intérêt supérieur, qui survit comme tout ce qui est d'ordre moral, deux mots seulement pour indiquer ce qui est d'intérêt personnel.

Le censorat ne dura qu'un an; M. Villemain, acquittant la promesse de M. Jouffroy, m'appelait aux fonctions de proviseur (25 août 1843). Je remplaçais M. Laurent, beau-père de M. Pasteur, administrateur des plus distingués, appelé par avancement au provisorat du lycée de Douai. La mutation fut, des deux parts, bien accueillie. La succession, après M. Laurent, réclamait des efforts; il y avait, par surcroît, à obtenir de la ville toutes sortes de crédits imprévus et naturellement peu populaires, pour assurer un aménagement convenable de nos services dans le lycée en construction, et présider ensuite à l'installation. La besogne fut ingrate; il y aurait mauvaise grâce à s'en rappeler les peines. Je fus récompensé deux fois : d'abord par une distinction (croix de chevalier, 27 novembre 1845), et bientôt, à un an de là (10 novembre 1846), par une promotion qui eût pu être le couronnement d'une carrière : M. de Salvandy, ministre, m'appela à gouverner le lycée de Bordeaux.

de mon mieux à en expliquer l'esprit devant notre public de province; M. Cousin m'écrivit après m'avoir lu :

« Mon cher Mourier,

« Je veux vous remercier de votre aimable et excellent article. Il est sage et ferme comme la philosophie doit l'être; vous me paraissez également propre à l'enseignement et à l'administration. Ce sera à vous d'en décider.

« Mille amitiés bien sincères.

« *Signé :* Victor Cousin.

« Paris, 26 juin 1843. »

Ce libre choix que laisse le Maître, entre l'enseignement et l'administration, s'explique par cette circonstance ci-dessus rappelée que j'avais provisoirement double charge; j'étais censeur des études et professeur de philosophie.

CHAPITRE II

Bordeaux. — Proviseur (1846-1850).

Départ d'Angoulême. — L'Aquitaine. L'entre deux mers. Dordogne et Garonne. — Bordeaux. Aspect de la cité. Esprit des habitants. — Le Lycée passe en des mains laïques. — Éducation par les lettres; discipline. — Religion. — Instruction scientifique. — Préparation aux écoles; conférences de calcul et de mathématiques; histoire et géographie; langues vivantes; cours de français et de mathématiques dans l'enseignement spécial. — Le tombeau de Montaigne.

Question d'un petit collège à Talence; ce qu'assure un petit collège. L'éducation par l'esprit religieux. — Améliorations matérielles. Pourquoi les négociations étaient difficiles. — Les temps sont bien changés. Excès dans les dépenses scolaires. Ce qu'il faut louer, ce qu'il faut respecter dans *le temps présent*. — En matière d'éducation, les améliorations matérielles ne sauraient suffire; affection chez le maître; l'École normale. — L'éducation est et doit être le grand souci du Proviseur; témoignage de l'inspection générale; sentiment de l'administration centrale. — M. de Salvandy recommande le lycée au maréchal Bugeaud. — Le Maréchal conduit son fils au Proviseur; entretien sur la discipline. — Récit des journées de Février. — Sur l'avis des parlementaires, le commandement est retiré au maréchal. Abdication et fuite du Roi. — Jugement d'un homme de guerre sur les politiques de ce temps. — Rapports du Maréchal avec le lycée. Sa mort. Médaille remise par la Maréchale. — La politique. Les *Journées* pouvaient-elles être prévenues? *L'adjonction des capacités*. Opinion de la province. — La garde nationale de Paris. Le cri : *Vive la réforme*. Le pays ne voulait pas de révolution. Proclamation de la République à Bordeaux. Consternation de la cité. — Journées de Juin. L'armée est cette fois avec elle la garde nationale. — La discipline au lycée. Comment elle souffre des agitations extérieures. Incident. — Un maître insurgé contre la règle. Avertissement. Scandale. Jugement du Conseil supérieur. — Nomination au Rectorat de Toulouse.

J'étais tout à la joie du départ, que, cette fois, ne suivaient aucuns regrets; c'était à peine quitter l'Angoumois que d'aller vivre sur cette terre voisine et amie d'Aquitaine, comme notre pays si riante d'aspect, mais l'effaçant par la splendeur des horizons et la fécondité du sol. La *région entre deux mers*, qu'on traversait alors sur le pont de Cubzac pour franchir l'immense bras de la Dordogne, est incomparable de richesse et de beauté ; l'air y garde la douceur des climats tempérés, mais le soleil est plus pénétrant, on vient d'entrer dans une zone nouvelle : c'est une porte ouverte sur le Midi. Et quand je touchais à Bordeaux les rives du grand fleuve, de l'autre mer qu'on appelle la Garonne, quel saisissant spectacle et quel émouvant souvenir ! Voilà bien la ligne de monuments qui entourent le port, les quais en demi-cercle dans leur immense étendue, tout vivants du mouvement du commerce, la forêt de mâts, avec pavillons divers de toutes nations, qui charge la rivière, et, par delà, les coteaux couronnés de pampres et de villas ; ainsi je les avais vus, lorsque je vins, après la classe de Philosophie, subir les épreuves du baccalauréat ; l'impression forte et naïve de l'écolier m'était restée ; je saluais d'un cri d'admiration, comme tant d'autres, cette capitale de l'Aquitaine. Je devais l'aimer plus encore que l'admirer, lorsqu'à des dates diverses et dans trois séjours (1840, 1852, 1861), j'aurais éprouvé tout ce qu'a de charme le génie des habitants, l'aménité de leurs relations, leur soin d'écarter toute difficulté qui pouvait troubler l'harmonie sociale ; la politique a, depuis, fait son œuvre néfaste en semant la division et la discorde.

La tâche qui m'était confiée avait son honneur, mais elle était délicate. J'ouvrais, à Bordeaux, la série *laïque* des proviseurs. Le lycée, depuis nombre d'années, était administré par des mains ecclésiastiques (1), dont on appréciait d'ailleurs et l'habileté et la fermeté ; un ministre libéral entendait que le personnel laïque eût désormais le bénéfice de la succession, encourageant ainsi l'émulation dans le corps, jaloux de faire la preuve que l'Université saurait maintenir par elle-même, dans le lycée, l'éducation religieuse, qui, pour une part importante, en faisait la fortune.

Il y avait donc sous ce rapport à maintenir la tradition ; la tâche me fut relativement facile. L'aumônier, le rabbin et le pasteur, dont elle intéressait particulièrement la responsabilité, étaient unis, bien que séparés de doctrine, dans un égal dévoûment au perfectionnement moral des élèves ; le bien se faisait sans bruit dans le respect mutuel des divers cultes ; les disciples ne connaissaient

---

(1) MM. les abbés Perret et Gattrez.

pas plus que leurs directeurs les mauvais sentiments qui divisent ; le lycée était bien l'image morale de la grande cité bordelaise.

Quant aux études, le proviseur pouvait compter sur un personnel dévoué et distingué pour en maintenir les traditions, et leur donner, autant que possible, une impulsion plus vive ; une population éprise du culte du beau, déjà lettrée au temps d'Ausone, qui inscrivait à bon droit, dans ses titres de noblesse, le nom de Montesquieu et les gloires de son barreau, seconderait de toutes ses sympathies le dévoûment qu'elle trouverait au service de l'éducation littéraire de la jeunesse ; par une singulière coïncidence, qui était comme une invitation à l'amour des lettres, le lycée se trouvait avoir la garde, dans sa chapelle, du tombeau de Montaigne, l'un des génies les plus spontanés des lettres françaises. Une autre bonne fortune, et celle-ci la meilleure, était d'avoir des maîtres dont le talent et la parole eussent le don de faire aimer les lettres ; ainsi nous trouvions en Rhétorique M. le professeur Garsonnet (1), d'un goût si délicat, qui avait, comme M. Villemain, le *trésor de la mémoire ;* il savait y puiser et les textes et les rapprochements ingénieux qui donnaient tant de lumière au texte expliqué ; en Seconde, M. le professeur Lebègue était l'un des maîtres que j'ai trouvés les plus fermes et les plus experts dans l'explication d'un ancien ; à ses leçons, dans l'exercice si fécond de la version, l'élève n'apprenait pas seulement à pénétrer la pensée de l'auteur et le génie de la langue *ancienne,* il se formait le jugement et acquérait autant de force que de souplesse pour écrire et construire la phrase *française.*

Les lettres restaient donc en honneur, et nous y portions tous nos soins, et par goût et par conviction qu'il n'y a pas d'éducation sans les lettres.

Ce n'était pas une raison de négliger les sciences, qui ont un si grand rôle dans l'instruction de la jeunesse. Un lycée de premier ordre, comme Bordeaux, à ses succès dans les lettres devait joindre des succès dans les sciences, prendre rang dans les préparations scientifiques. Ni le zèle ni la capacité ne faisaient défaut

---

(1) Il devint depuis Inspecteur de l'Académie de Paris (1865), et Inspecteur général (1874).

dans le personnel enseignant. Mais il fallait un courant vers les maîtres, et je m'appliquai à le faire naître ; nos classes de Mathématiques spéciales, jusqu'alors trop désertes, se peuplèrent ; le succès des élèves les accrédita près des familles ; le champ était bien ensemencé ; l'heure venue, il donna des moissons.

Il nous sembla aussi que, sans porter atteinte à nos règlements, l'administration pouvait combler des lacunes dans les lignes de l'enseignement classique. Nous ne trouvâmes pas d'objection en adjoignant aux classes élémentaires et de grammaire des conférences de calcul et de mathématiques, confiées à des licenciés-ès-sciences, de telle sorte qu'à tous les degrés de l'échelle scolaire, et dans une succession progressive, la science eut son enseignement ; il n'en résultait aucune surcharge pour l'esprit, qui recevait ainsi deux cultures, et se trouvait préparé à suivre avec fruit les cours scientifiques, à l'heure marquée par les programmes.

Même précaution et même système pour l'histoire et la géographie ; des conférences en complétaient l'enseignement dans les classes dépourvues de professeur spécial. Nous eûmes enfin des conférences, des classes de conversation pour les *langues vivantes ;* il importait de les mettre en honneur dans une ville, port maritime, qui vit des relations commerciales. Nous répondions enfin dans cet ordre d'idées aux besoins du pays bordelais en donnant les soins les plus attentifs à l'extension et au développement des cours de français, que la loi a, plus tard, institués dans l'Université, sous le nom d'*enseignement secondaire spécial.* Aucun effort ne coûta à l'administration pour établir ces cours sur des bases sérieuses, les accréditer auprès des parents. Plus rapprochés des sciences que des lettres, tournés vers les applications, ce grand objectif de la vie moderne, les cours spéciaux de sciences, d'histoire, de géographie, de langues vivantes et de français, occupèrent la place qui leur était due à côté de l'enseignement classique ; l'institution fut goûtée des familles dont elle servait les intérêts.

L'administration du lycée mit enfin à l'étude et ne cessa de poursuivre, pendant quatre années de provisorat, la question de la création d'un *petit collège* à Talence. Nous avions là, à quelques kilomètres de Bordeaux, dans un site ravissant, près de maisons de plaisance dont quelques-unes étaient des palais, et qui rappelaient les grandes fortunes faites à Saint-Domingue au siècle dernier, un vaste domaine égayé par des bois et des vignes. La maison pour l'administration et l'infirmerie était déjà construite dans de belles proportions. Il s'agissait d'élever successivement, avec les bonis du lycée urbain, les pavillons et services dont aurait besoin le collège rural. La cause fut gagnée auprès de l'autorité et des familles ; à quelques années de là, en rentrant à Bordeaux, je fus témoin de la fortune du petit collège de Talence.

L'ancien proviseur du lycée de Bordeaux, devenu Recteur, devait porter, dans les Académies qu'il administrerait, l'idée du petit collège comme institution des plus salutaires pour l'éducation ; l'expérience qu'il avait de la jeunesse, de ses penchants à surveiller pour les tourner vers le bien, l'avait convaincu que la première enfance, comme les jeunes plantes, avait besoin d'abris. « Tout pénétré des influences de la famille et s'y reportant sans cesse comme à la vraie source de la tendresse et de l'éducation, le petit collège devient pour le lycée ce qu'est l'asile pour l'école primaire, ce que sont les jeunes plantes pour l'agriculture, qui retire de sa pépinière leurs tiges droites et saines pour les transporter, robustes et fertiles, dans le vignoble et le verger (1). »

Le *Petit Collége* est maintenant populaire dans l'Université ; on s'attache partout à fonder à côté des lycées et des colléges, et, à défaut, dans une section particulière de l'établissement, un quartier spécial pour les enfants. Des règlements appropriés à leur âge et prévoyant les ménagements qu'ils réclament, des classes assez courtes, des récréations qui écartent la fatigue, des jeux qui apportent l'entrain et le plaisir, une discipline exacte mais sans rigueur, l'avertissement qui doit, autant que possible, y tenir lieu de punition, c'est bien dans son ensemble l'économie générale du Petit Collége. Rien de mieux, il en est ainsi dans les écoles libres rivales de l'Université ; mais il faut qu'à leur exemple la vie circule dans nos maisons par l'esprit religieux, seul garant du respect.

(1) Discours du Recteur à la distribution des prix du Lycée de Bordeaux, 17 août 1861.

J'admets, dans un temps comme le nôtre, si préoccupé de la libre-pensée, que le proviseur, en recevant l'enfant, demande aux parents s'ils entendent que le nouvel élève suive les cours et exercices de l'instruction religieuse; mais après leur réponse affirmative, qu'il se garde d'un excès de zèle; on m'en a cité un exemple récent qui doit être une exception. Avertir l'enfant qu'il sera libre, à seize ans, de suivre sa voie comme croyant ou incrédule, c'est atteindre une jeune âme de l'esprit de doute. Un tel avertissement est presque une mauvaise action.

Nous songions aussi, dans ce temps si loin de nous, à égayer nos cloîtres par des arceaux de verdure; nos vieux murs recevaient des réparations intelligentes; dans la cour des enfants, tout ensoleillée, nous avions de beaux arbres pour répandre l'ombrage et la fraîcheur; quelque étroit que fût l'espace, toutes les cours avaient leurs promenoirs qui abritaient les récréations dans les temps de pluie; on nous promettait enfin l'annexion d'une rue pour agrandir le collège. Mais que de soins, de négociations et de démarches pour obtenir quelque amélioration matérielle, non qu'on méconnût les intérêts dont nous plaidions la cause, mais l'instruction publique n'était pas entrée à cette heure dans le jeu de la politique. La commune et l'État ont depuis à l'envi et jusqu'à l'excès inséré à leur budget des dépenses ruineuses pour le présent et qui grèvent l'avenir; et si la commune, soucieuse de ses deniers, refusait de s'endetter pour un édifice scolaire, le préfet imposerait d'office la dépense à défaut du vote de la commune. Au point de vue politique, la pratique peut sembler singulière sous un régime qui prétend étendre la liberté des citoyens; que dire, sous le rapport économique, des aphorismes de nos nouveaux maîtres en finances : *plus on dépense et on emprunte, plus on s'enrichit?* On estimait sage, autrefois, de ne laisser à chaque exercice que le poids qu'il pouvait porter, de procéder par séries aux dépenses que permettaient les revenus; on assurait le progrès sans troubler l'équilibre des intérêts (1). Nous ne voulons plus de cette vieille sagesse, bonne à reléguer dans un livre, comme on rassemble au musée les vieilles armures. La construction simultanée de l'édifice

---

(1) C'était l'opinion de mon ami et compatriote, M. Mathieu-Bodet, qui a été ministre des Finances.

scolaire à grandes proportions, sur tous les points du territoire me fait l'effet du grand plan qui s'exécute en matière de chemins de fer. Pour l'école et le chemin de fer, il y a, des deux parts, ruine des finances sans création de richesses ; les voies ferrées et par petits tronçons disséminées dans un intérêt électoral ne reçoivent, la plupart, ni marchandises ni voyageurs ; ainsi, les édifices scolaires agrandis, multipliés au delà des besoins, ne comptent relativement qu'un petit nombre d'écoliers, bien que l'instruction soit *gratuite* et *obligatoire*. Trois causes expliquent le vide de l'école publique. La famille rurale n'a plus qu'un ou deux enfants ; partout sévit la misère de la crise agricole, et partout s'accentue le mouvement de la population vers les villes ; sur les points où les intérêts conservateurs peuvent réunir des ressources et fonder des écoles, l'école sans Dieu est désertée pour l'école religieuse.

Sans les excès de la politique financière appliquée à l'école, sans ce dessein médité de persécution religieuse, véritable inquisition au service des libres-penseurs, combien nous aurions à signaler comme un signe et l'honneur de notre temps la préoccupation du gouvernement et de l'opinion pour la diffusion de l'enseignement dans toutes les classes du corps social !

Le lycée, tel que nous le demandions et sollicitions pour Bordeaux, a été transféré sur de plus vastes terrains, reconstruit sur un plan qui satisfait à tous les besoins ; l'accord s'est fait sans lutte entre tous les intérêts ; la cause était gagnée près de l'opinion devenue souveraine. L'administration et les communes sont partout empressées à reconstruire les collèges sur des plans nouveaux ; elles réparent les bâtiments qui peuvent encore durer ; partout elles répandent à flots l'air et la lumière, sèment les gazons et plantent les arbres verts ; rien ne leur coûte pour assurer l'hygiène et donner aux lieux un riant aspect.

Suffira-t-il, cependant, de ces améliorations matérielles pour que dix ans passés à l'ombre de ces murs ne soient plus accusés d'être l'*éducation homicide* qu'on nous a présentée (1) avec quelque surexcitation des souvenirs ? Ne faut-il pas chercher à d'autres

---

(1) M. de Laprade.

sources ce qui peut et doit faire aimer le collège? On se souvient moins des vieux murs que des maîtres et des professeurs. Le vieux collége ne laisse pas à qui y a vécu l'impression d'une prison, si l'on a trouvé sous ses voûtes des maitres qui aimaient l'enfance, la réchauffaient et l'animaient de leur tendresse. Aimer l'enfance, l'aimer avec intelligence, c'est le principe de l'éducation, et cette sorte d'amour ne va pas sans une véritable vocation, sans le dévoûment, l'esprit de renonciation et de sacrifice. On disserte plus philosophiquement qu'au temps de Rollin sur les instincts et les facultés de la première enfance, on sait moins l'art de la gouverner, parce qu'on est plus personnel. Il faut être tout entier à ses élèves; chaque caractère demande une étude pour le dresser, le conduire, l'affermir dans la voie du bien. Le maître ne se trouve pas avoir l'autorité parce qu'il a le pouvoir, mais parce qu'il aime et qu'il est dévoué. J'ai connu quelques-uns de ces maîtres, auxquels il était si doux d'obéir; dans notre vie commune, nos yeux et nos âmes étaient avec eux; peu nous importaient les bancs vermoulus sur lesquels nous étions assis. Si j'avais un regret à exprimer au sujet de notre grande École normale, si admirablement organisée comme instrument de savoir pour préparer des savants et des lettrés, ce serait peut-être de n'avoir pas, au même degré, l'ambition de former des éducateurs. Nous sommes loin de la pensée du fondateur de l'Université disant avec quelque rudesse au directeur de l'ancienne École normale, M. Guéroult : *Formez-moi des cuistres.*

Le cuistre, je ne dis pas le pédant, n'a rien qui me déplaise. — J'entends ainsi, dans la classe, l'obscur travailleur tout entier à la besogne scolaire, et, à la tête de la maison pour la gouverner, l'homme de devoir dont l'unique ambition, comme celle de ses collaborateurs, est de bien élever la jeunesse. — La tâche la plus lourde incombe évidemment à celui qui est chargé de la garde du troupeau; Dieu sait quels soucis, quels devoirs l'*internat* en particulier lui impose!

Dans quelle mesure atteignait-on le but voulu par l'Université? L'inspection générale, par ses visites annuelles, avait pour mandat de nous l'apprendre, de nous encourager ou de nous avertir; on attendait sa venue avec quelque anxiété, elle laissait en partant une impression profonde (1). Soit dignité de la tenue, soit autorité pédagogique, soit renom scientifique et littéraire, par ces causes diverses les Ampère, les Gaillard, les Dubois, les Péclet, les Beudant, etc., laissaient à nos maisons, après les avoir visitées, le reflet de leur éclat personnel. — Je ne me rappelle pas, pour ma part, de tournée d'inspection générale qui n'ait servi les intérêts de nos collèges universitaires.

Le lycée de Bordeaux, comme maison d'éducation et d'études, était en bon renom auprès de l'Inspection générale (2), comme il l'était auprès des familles; on le tenait en la même estime dans les régions supérieures de l'Université. Nous dûmes à cette opinion favorable un client tout à fait inattendu. C'était au lendemain des journées de Février. Le maréchal Bugeaud avait demandé au dernier ministre de l'instruction publique, tombé la veille du pouvoir (3), dans quel établissement il pourrait, en toute confiance, placer son fils. — M. de Salvandy recommanda notre maison. — C'est ainsi que je reçus la visite de l'homme de guerre, du vainqueur des Arabes, dont la terre d'Algérie gardera la devise : *Ense et aratro*. « Je vous amène mon fils, me dit-il ; ce n'est pas un sujet modèle, vous aurez à le reformer : il n'a connu que des flatteurs. » Et sur l'exposé que je lui fis de nos règlements et de notre discipline : « Tant mieux, répondit le maréchal ; je vois avec plaisir qu'il en est dans l'Université comme dans l'armée, la règle s'impose à tous, c'est le principe d'autorité. Vous avez mieux que nous l'éducation préventive, dont M. de Salvandy m'a dit tant de bien. »

Toutes les conventions faites, et avec les détails intimes que le père donne au Proviseur pour mieux gouverner son fils, l'entretien pouvait, de la famille, se porter sur le pays ; de la famille au pays, la transition est facile ; c'était précisément la catastrophe de Février qui amenait le maréchal à Bordeaux. J'étais fort curieux d'entendre, de la bouche même du victorieux d'Isly, le récit des néfastes

---

(1) Les *missi dominici* du ministre n'ont pas, ce semble, aujourd'hui le même prestige ; ne mettons en cause ni leur dévouement, ni leur capacité ; le fait s'explique pas l'affaiblissement du principe d'autorité.
(2) V. *Appendice*.
(3) V. *Appendice*.

journées; le maréchal céda volontiers à ma prière. Je l'entends encore : l'âme du soldat et du patriote animait sa ferme parole, si bien faite pour le commandement. Je n'ai jamais mieux compris qu'il suffit d'une main énergique, vigoureusement armée, pour arrêter une révolution. Le commandement militaire entre les mains du duc d'Isly eût brisé toute résistance ; l'armée comptait sur le succès, l'insurgé ne doutait pas de sa défaite.

Mais au dernier moment, les parlementaires intervinrent; ils iraient devant le peuple, les palmes de la paix à la main ; et pour qu'il mît bas les armes, ils demandaient à porter cette bonne nouvelle « que le commandement était retiré au maréchal. » Le Conseil était assemblé, le maréchal fut entendu. « Sire, s'écria Bugeaud, si vous les écoutez, vous êtes f.... » Le mot, dit avec colère, était peu parlementaire ; malheureusement il était prophétique. Le roi, tout pénétré des idées constitutionnelles, écouta ses conseillers ; il désarma, et la révolution, triomphante, lui laissa à peine le temps de fuir et de sauver sa tête. Quant aux ministres qui portaient des paroles de paix, les huées et les projectiles les attendaient sur les boulevards; eux aussi eurent quelque peine à se dérober par la fuite à la reconnaissance populaire.

Le maréchal, si bon, si tendre pour les soldats, dont le cœur était pour les humbles, se gardait de voir des amis du peuple dans les tribuns et les avocats égoïstes ; sa parole avait contre eux des traits de feu. — L'un des hommes de ce temps, au premier rang par le talent et la dignité de sa vie, mais rude en ses manières, en politique trop personnel, sur les bancs de l'opposition, critique acéré de l'autorité, a prolongé sa carrière au milieu de nous jusqu'à ces dernières années. Arrivé au pouvoir, ni le talent ni l'énergie ne lui ont manqué pour défendre à son tour l'autorité contre les violents ; vaincu, il s'est retiré de la lutte et a fini ses jours au milieu de l'indifférence. L'opposant d'hier n'a pas qualité pour être demain l'autorité. L'homme d'État a sans doute grand besoin des ressources que donne le talent ; mais sa vraie force est dans le sentiment qu'il a toujours eu de l'autorité. Pour peindre cette nature ondoyante entre les partis, sans convictions arrêtées et sans grandeur, le maréchal disait de lui : « Dieu lui a mis une rave au côté gauche, à la place du cœur. » Le mot s'appliquerait-il à tout un parti, le plus déplorable de tous, soucieux de ses petites ambitions, oublieux des intérêts supérieurs du pays, flottant toujours entre l'ordre et la révolution, qui voudrait l'ordre, mais en flattant la révolution pour rester populaire? Il arrive que ses faiblesses en précipitent le cours, et qu'il disparaît dans l'orage; ce n'est pas de ses rangs que sortira jamais un sauveur, un Casimir Périer.

Les rapports du maréchal avec le lycée ne cessèrent d'être affectueux pendant l'éducation de son fils, et lorsque le pays eut le malheur de le perdre (10 juin 1849), la maréchale vint me remettre comme souvenir la médaille d'argent qui perpétue l'une des plus glorieuses vies militaires de notre pays : *Vélite à la garde impériale, 29 juin 1804. — Caporal à Austerlitz, 2 décembre 1805. — Maréchal de France, 31 juillet 1843.*

L'épée du maréchal eût vaincu la révolution en février; une politique avisée en eût prévenu ou tout au moins ajourné les périls. Céder, concéder, n'est pas en soi un bon système de gouvernement; mais la politique est fatalement progressive; son art est de donner, à l'heure voulue, les réformes que commande l'état de l'opinion; *l'adjonction des capacités* était de ce nombre; le moment était venu de leur faire une place à côté du cens et de la propriété. C'était un nouveau principe, il se fût étendu avec le temps; mais que de degrés à franchir avant d'arriver à cette extension aveugle et sans garantie appelée le *suffrage universel!* Nous pouvons y trouver un instrument de salut, mais seulement à ces heures historiques où le pays court un grand danger et se rattache à l'autorité par un grand courant d'opinion; la lumière est faite après tant d'épreuves, et elle projette ses rayons sur l'abîme qu'il faut éviter.

Nous étions, en province, pour l'*adjonction des capacités*; l'opposition trouvait là une habile plate-forme; les esprits modérés ne lui faisaient pas échec. Le gouvernement devait connaître cet état de l'opinion; l'intérêt politique semblait lui commander d'en tenir compte; il estima qu'il s'affaiblirait en laissant atteindre un principe; ainsi s'explique sa résistance, qui précipita le mouvement.

Loin de la lutte et pouvant mieux la juger, nous ne doutâmes pas, pour notre part, de l'imminence d'une révolution, lorsque les députés de l'opposition en appelèrent au *droit de réunion* pour faire pression sur le gouvernement; le droit de réunion, c'était l'appel à la multitude; les députés n'étaient plus les maitres des mouvements qu'ils avaient déchaînés. Les violents descendirent dans la rue; dans leur cri de *Vive la Réforme*, il fallait entendre *Vive la Révolution*. Les baïonnettes *intelligentes* de la garde nationale s'en tinrent au cri de *Vive la Réforme*, qu'elles se firent un devoir de protéger.

Le pays, à cette heure, ne voulait pas la République; le maréchal avait eu raison de croire que, de tous les points du territoire, on fût venu rejoindre l'armée pour combattre avec elle la Révolution. Le fait est qu'à la nouvelle des troubles qui menaçaient le trône, on eut foi dans la résistance, on mit en doute ce qui était dit de l'abdication du Roi. A Bordeaux, l'espérance ne prit fin qu'avec la nouvelle officielle, lorsque les troupes de la garnison furent convoquées aux Quinconces pour entendre proclamer le nouveau gouvernement... Je vis alors la consternation de la cité; la société se sentait atteinte dans ses fondements, tous les principes sur lesquels elle reposait allaient être mis en cause; nous n'étions plus qu'à quelques mois des journées de juin. Ce fut alors la République elle-même, et non la Monarchie, qui défendit l'ordre; et la République, il faut le dire à l'honneur du général Cavaignac, fut héroïque dans la lutte longue et sanglante contre les insurgés; cette fois, la garde nationale changea son fusil d'épaule, et fit bravement son devoir à côté de l'armée; le patron et le bourgeois se voyaient bien face à face de la Révolution sociale.

Le gouvernement d'une maison d'éducation reçoit, dans les temps de troubles, les contre-coups du dehors; l'étude est plus difficile à qui entend les bruits de la rue, ou qui en connaît les agitations; et lorsque l'élève, aux jours de sortie, est assourdi des cris de *liberté*, il est bien tenté de croire que la discipline qui le protège ressemble à la *servitude*. Plus grave encore est la tentation pour le maître chargé de la surveillance; l'autorité qu'il subit, et que cependant il représente, doit sembler tyrannique. Comme l'ouvrier qu'on égare dans ses revendications, il voudrait moins travailler, gagner davantage, surtout être plus indépendant et ne relever que de lui-même; et des deux parts s'impose au Proviseur le devoir de rendre la discipline plus exacte au moment même où elle est le plus difficile. Nous doublâmes cependant avec honneur ce cap des tempêtes ; l'ordre fut maintenu, le personnel resta fermement autour de son chef, dans l'accomplissement du devoir.

Je n'eus qu'une exception à signaler ; mais elle était grave et de nature à troubler profondément le lycée.

L'un de nos maîtres, gagné par l'esprit de révolution, soit qu'il prît au dehors des inspirations factieuses, soit qu'il se livrât aux emportements de sa nature, excitait ses collègues contre la règle et devenait un ferment de rebellion. Je le fis avertir par le Censeur qu'il eût à cesser sa propagande ou à quitter l'établissement ; les deux voies lui étaient ouvertes pour prévenir une mesure de rigueur. A l'invitation, il répondit par une explosion de colère, et pour montrer que l'*insurrection est le plus saint des devoirs,* il se fit un honneur de proclamer la résistance. On vint me prévenir à l'heure du dîner que M*** proférait à la table des maîtres les propos les plus violents. Je descendis au réfectoire, suivi de M. le Censeur, et invitai le maître à sortir d'une maison où il faisait scandale. Pour toute réponse, M*** s'arma d'un long couteau de cuisine et s'avança vers moi, la lame tendue, comme pour m'assassiner. Le devoir était rempli, je n'avais plus qu'à me retirer, et à requérir les mesures qui assureraient le départ d'un révolté. Dirai-je que l'administration académique, dont je réclamai l'assistance, montra peu d'empressement, espérant sans doute que son indulgence lui gagnerait quelque part une certaine popularité ? Mais ce fut autre chose au Conseil supérieur. Le Conseil jugea la cause, et prononça à l'unanimité contre le coupable la peine de la radiation. Au cours de l'instruction, l'un des conseillers, M. le baron Thénard, dit « qu'en pareille occasion, il se ferait un honneur de se conduire comme M. le Proviseur du lycée de Bordeaux.

Telle fut la fin de cette triste affaire ; on avait fait le possible pour la prévenir ; dans le lycée, l'impression en fut pénible, au jour du scandale, mais sans atteindre l'ordre général qu'elle laissait au contraire raffermi ; tribunal supérieur, le Conseil jugea au point de vue de l'autorité (juillet 1849). J'ai des motifs de croire que mention du fait et du jugement fut rappelée l'année suivante lorsque l'Inspection générale porta le Proviseur dans ses propositions pour l'un des Rectorats qu'instituait la loi du

15 mars 1850. Je comptais alors quatorze années d'enseignement, six années de provisorat ; la longue pratique du règlement dans le double fonctionnement de la vie scolaire parut une garantie pour la direction supérieure du service ; un arrêté en date du 10 août 1850 m'appela de Bordeaux à Toulouse en qualité de Recteur de l'Académie de la Haute-Garonne.

LIVRE III

RECTEUR.

CHAPITRE PREMIER

Toulouse. — Recteur. — Académie départementale (1850-1852)

Bordeaux et Toulouse. Aspect de la ville. Vie intellectuelle. Vie politique.

Mission du Recteur. — Loi de 1850. — Situation du Recteur à Toulouse. M. le ministre Giraud.

Enseignement primaire. — Conseil académique. — Le Recteur dans cette assemblée. — École normale primaire. — Observations de M. le Premier Président. — Rapports des Inspecteurs sur le service. — Surveillance des écoles. — Autorité tutélaire. — Difficultés pour ramener la confiance, et cependant progrès. — Académie départementale. — Écoles laïques de filles. — Écoles de Sœurs. — Un mot sur les futurs collèges et lycées de filles. — L'idée de Dieu. — Devoirs de l'État. — L'Unité de doctrine. — Morale civique. — Révolution de 1848. — Le progrès est en dehors des partis extrêmes.

Enseignement secondaire libre. — Un incident. — Droit d'inspection. — Comment ce droit est méconnu par une Congrégation. — Lettre de M. le ministre Crouseilhes. — Politique de parti. — Dangers qu'elle amène. — Où était le péril. — Démagogie. — Lettre de M. le Préfet Pietri. — Comment la loi pourrait assurer l'autorité et la liberté. — La religion sous Louis-Philippe.

Enseignement secondaire public. — Un journaliste, fils d'un professeur.

Enseignement supérieur. — Prestation de serment. — Instances près des professeurs qui le refusaient.

Évolution politique. — Le courant conservateur. — Le 2 décembre à Toulouse. — Prochaine arrivée du Prince-Président, et lyrisme d'un Préfet. — Rétablissement du principe d'autorité.

Le contraste est grand entre Bordeaux et Toulouse ; il l'était du moins en 1850. En arrivant de cette élégante et splendide capitale de l'Aquitaine, qui appelait et retenait par je ne sais quel charme, on éprouvait une vraie déception à l'aspect de l'antique ville languedocienne. Des rues étroites, sombres, tortueuses, hérissées de cailloux, bordées de maisons de briques sans aucun style, laissaient une impression de tristesse ; on eût dit un immense bourg en formation plutôt qu'une capitale. Il fallait aller à la recherche de ses monuments pour comprendre son rôle et sa grandeur dans le passé, parcourir ses boulevards aux larges et lumineuses percées pour entrevoir le caractère moderne qu'elle prendrait dans un prochain avenir. Les foyers intellectuels, entretenus par les Sociétés savantes, pouvaient et devaient avoir plus de flamme qu'à Bordeaux ; la Faculté de droit y était un centre d'études actif ; mais au dehors, et pour l'étranger qui voyait pour la première fois la ville de Clémence Isaure et des Mainteneurs, quelle rudesse bruyante, tumultueuse dans la population, en regard de l'aménité, de la gaîté rieuse des classes populaires au pays de Montaigne ! Toulouse était, autrement que Bordeaux, un foyer politique ; Bordeaux, mobile, peut se passionner et tomber aux mains d'un parti ; mais son action reste locale ; limitée au département, elle n'atteint ni les Charentes, ni le Périgord, ni le Gers, qui commence la Gascogne ; par tout un côté, à l'ouest, le département a pour ceinture le fleuve et l'Océan. Toulouse, au contraire, mieux au centre d'une vaste région habituée à s'inspirer de son esprit, se trouve dans des conditions supérieures de propagande. A l'heure où j'arrivais, le socialisme, se sentant menacé par la réaction de l'ordre, en avait fait sa place d'armes et rayonnait sur vingt départements ; une presse violente répandait les idées anarchiques et effrayait le pays. J'aurais pu souhaiter comme début un milieu moins orageux pour diriger un service à côté des autorités politiques ; je n'en eus pas cependant de regret. Le devoir a plus d'attrait lorsqu'il est plus difficile.

Au fond, quelle était la mission du Recteur ? Touchait-elle à la politique ? Pouvait-elle rester en dehors des partis au seul service des intérêts scolaires ? Serviteur de l'État, n'avait-il pas à en défendre la cause, que représentait l'Université, tout en protégeant avec équité les écoles libres ? Magistrat de l'enseignement, n'avait-il pas le devoir de considérer l'école comme instrument de paix sociale, et de lui mesurer ses sympathies, qu'elle fût laïque ou congréganiste, selon l'action qu'elle exerçait sur la jeunesse?

J'étais bien assuré de me trouver en communion d'idées avec M. le Ministre Giraud, qui m'honora de tant de confiance, et que je devais revoir dix ans plus tard avec les mêmes sentiments sur un autre théâtre (1).

La question pouvait se poser sous cette forme :

Quel était l'esprit de la loi de 1850? Quels tempéraments imposerait au nouveau chef de service la situation du département qu'il aurait à administrer au point de vue scolaire? — Cherchons la solution en dehors des instructions officielles, dont nul ne pouvait contester la modération et la sagesse.

Il y a deux parts à faire dans la loi de 1850, l'une que j'estime regrettable et qui rappelait, par représailles, la polémique autrefois engagée contre l'Université; l'autre excellente en son principe et qui était d'ordre social. L'institution de l'Académie *départementale*, et, conséquemment, la suppression de l'Académie en tant qu'autorité *régionale*, était une atteinte profonde à l'organisme universitaire; on voulait évidemment, en la dispersant, affaiblir son action au profit d'une influence rivale. Rien à objecter si l'intérêt social, qui est d'ordre supérieur, commandait la mesure. La loi était une loi d'autorité, une arme à deux mains préparée et forgée pour combattre la révolution. Ses principales dispositions étaient à l'adresse de l'instruction primaire. L'instituteur était visé par la Révolution : n'était-il pas un déclassé dans la commune? Relativement supérieur par le savoir, au bas de l'échelle par les ressources, on comptait bien exploiter ses besoins, et trouver en lui l'ennemi d'une société mal faite. Il fallait donc le protéger contre les entraînements. Qu'on songe au suffrage universel; l'instituteur en est un facteur considérable; on le trouve sur tous les points du territoire. Les lois qui se succéderont pourront avoir un tout autre esprit; mais l'opposition qui avait le plus combattu la loi de 1854, en tant qu'elle met l'instituteur entre les mains des préfets, le placera plus étroitement sous leur dépendance, quand elle aura à son tour le gouvernement des affaires; le pouvoir est toujours le

(1) Voir *Appendice*.

pouvoir, quand il ne se préoccupe pas de la liberté. La République, avec M. J. Ferry, n'a eu garde de laisser à d'autres qu'au chef politique, dans chaque département, l'instrument dont M. de Persigny avait armé l'Empire (1). Je ne songe donc pas à diminuer le péril que voulait combattre la loi de 1850 ; on n'oubliait pas 1848, et l'on entendait les menaces pour une prochaine échéance (1852). Cette loi était-elle nécessaire ? Nombre d'esprits estimaient qu'il eût suffi de quelques dispositions additionnelles pour mieux armer la loi de 1833, qu'on eût ainsi protégé l'école et contenu au besoin l'instituteur, qu'un inspecteur dans chaque département aurait eu autorité pour diriger le service ; on eût organisé le principe de liberté sans blesser un grand corps. Mais le dernier mot n'est pas aux sages dans les temps de lutte ; les partis ont leurs passions ; la raison près d'eux est impuissante. Quoi qu'il en soit, la loi était rendue ; il fallait l'appliquer sans faiblesse.

A Toulouse, le Recteur n'était pas sensiblement atteint par la loi nouvelle ; des Facultés importantes, un lycée de premier ordre y relevaient de son autorité ; les limites géographiquement réduites de sa juridiction le laissaient chef d'un grand corps. C'était une force pour traiter des questions d'enseignement primaire au sein du Conseil académique, où siégeaient l'archevêque, le préfet, le premier président, le procureur général de la cour d'appel, et le président du conseil général. Mais il fallait gagner sa confiance. Dans une contrée si prompte à prendre feu sous l'étincelle de la religion et de la politique, le Conseil académique était la force suprême pour le Recteur ; la diversité des avis peut s'y produire, c'est la condition, la vie même de toute assemblée délibérante ; la grande affaire est l'unité de confiance dans le chef du service. Il fallait que le Conseil crût à sa parole, qu'il acceptât pour lui-même et comme inspiration de ses délibérations, ce que le président s'était hâté de déclarer dans les premières réunions, à savoir que l'école ne saurait mériter la sympathie du Conseil qu'en servant le bien public de tout son concours.

(1) *Lois et Décrets de l'Empire:* Loi du 15 mars 1850, art. 33 ; du 9 mars 1850, art. 8 ; décret du 22 août 1854, art. 48.
Lois de la République : 28 mars 1882 ; 30 octobre 1886.

Sur cette parole, l'accord s'était fait ; l'esprit de doute n'en avait pas affaibli l'autorité morale.

En réalité, cependant, les prédilections du Conseil se portaient sur les congrégations ; on craignait l'instituteur *laïque* en tant que plus accessible que le *religieux* aux suggestions des hommes de désordre. Combien d'esprits libéraux (M. Thiers, M. Cousin, étaient de ce nombre) aimaient, dans le Frère des écoles chétiennes, l'habitude et le besoin d'obéir, la pratique du respect, le renoncement aux biens d'ici-bas, en vue des célestes récompenses ! C'étaient à leurs yeux autant de garanties sociales. L'esprit conservateur avait alors des ardeurs de combat dont notre époque, lasse et énervée, ne saurait donner l'idée ; le but pouvait être dépassé, mais on sentait du moins des forces vives qui défiaient la révolution et ne craignaient pas la lutte. La loi de 1850 répondait bien à leurs sentiments ; je pus en juger dans les premières réunions du Conseil académique. L'enseignement de l'*École laïque* était, je viens de le dire, le grand effroi du moment ; on redoutait surtout l'*École normale primaire* destinée au recrutement des instituteurs, et cet effroi était comme un pressentiment de l'école de l'avenir : *laïque, gratuite, obligatoire*. Quand il s'agit de nommer la commission chargée de la surveillance de l'école normale primaire, un des membres éminents du Conseil, le premier président de la cour d'appel, l'une des plus hautes influences que j'aie rencontrées dans ma longue carrière, exprima ses craintes et ses réserves ; à près de quarante ans de distance, il est curieux de rapprocher l'état des esprits.

« Une attribution considérable, disait M. Piou, vous est donnée par la loi du 15 mars 1850. Cette loi dit, en son article 35, qu'une école normale peut être supprimée par le Ministre, en Conseil supérieur, sur l'avis du Conseil académique. La loi prévoit les dangers que peut causer l'école. Le législateur a marqué d'ailleurs son doute, en laissant le département libre de recruter le personnel des maîtres en dehors des écoles normales. Les écoles normales ont-elles d'ailleurs produit tout le bien qu'on espérait ? J'ai lieu d'en douter. Et les instituteurs ont-ils rempli leur mandat dans l'esprit de la loi des écoles ? Ici, une négation est formelle ; c'est mon opinion mûrement réfléchie. Nous avons la conviction que le

Recteur fera ce qu'il faudra auprès du Directeur pour le pénétrer des sentiments qui nous animent. Sa présence ici a produit tant de bien que l'école normale devra s'en ressentir pour sa part.

« Je ne suis pas de ceux toutefois qui croient dangereux de faire pénétrer les lumières dans les classes inférieures. L'instruction est une arme qui peut faire du bien ou du mal, suivant la manière de s'en servir. L'éducation est encore plus nécessaire que l'instruction. La philosophie conduit à l'orgueil et au scepticisme.

« Je ne dis pas que l'éducation ne doive être confiée qu'aux *seuls ministres* des cultes reconnus ; je reconnais à d'autres hommes les qualités voulues pour remplir ce ministère ; nous en avons des exemples sous les yeux. Mais il faut une vocation toute particulière. L'éducation est un sacerdoce ; l'éducateur est un homme moral chargé de communiquer la moralité, l'élève sera l'image du maître.

« L'instruction secondaire offre une vraie carrière ; on s'y élève à des postes éminents : une ambition honorable y trouve des satisfactions légitimes. Les hommes n'y manquent pas. »

Ce procès fait à l'éducation laïque par le premier magistrat d'une Cour souveraine s'adressait à l'esprit de révolution qu'on eût voulu porter dans nos écoles ; une active propagande recherchait les humbles parce qu'ils avaient plus de besoins, et qu'elle pouvait mieux éveiller la convoitise et la haine par le tableau de leurs misères.

« L'École normale, pus-je répondre, aurait plus d'action sous la main de l'autorité que tout autre établissement pour former les instituteurs à la discipline et au devoir. L'administration académique y engage sa responsabilité. La surveillance du personnel et sa juridiction disciplinaire sont autant de garanties pour l'ordre. Il dépendra de l'État d'améliorer la situation matérielle des maîtres ; ce sera profit pour l'intérêt moral.

« L'exclusion de l'école laïque au profit de l'école congréganiste serait aussi impolitique qu'impopulaire ; mieux vaut leur concurrence et leur émulation. L'École normale peut et doit pénétrer l'école laïque du sentiment religieux. On a dit que l'élève est l'image du maître, l'École normale sera l'image de l'État, et portera, dans

---

(1) Voir *Appendice*.

la plus humble de nos écoles, les sentiments dont nous sommes animés.

« J'espère bien que mes rapports annuels présenteront des résultats qui répondront à la sollicitude du Conseil. »

Le Conseil ne repoussa pas ces espérances ; il fut heureux de les voir réalisées par l'application attentive que nous fîmes de la loi. L'un des inspecteurs s'exprimait ainsi, pour son arrondissement, dans son rapport de fin d'année (1851) ; les résultats étaient les mêmes dans les autres circonscriptions :

« La conduite des instituteurs est plus régulière, l'application à leurs devoirs plus manifeste, et leur docilité plus grande. Le prêtre et le maire ont reconquis la déférence que l'instituteur leur devait, et leur concours a déjà produit sur l'instruction primaire des résultats assez sensibles. Le maire ne retrouve plus en lui un détracteur de son autorité, mais, au contraire, un auxiliaire utile et éclairé.

« On ne le voit plus s'absenter le dimanche ou intervertir les jours de congé ; la fréquentation des marchés, des foires et des cabarets a cessé d'être une habitude dans cet arrondissement où malheureusement elle n'était que trop répandue.

« En un mot, d'accord avec les renseignements que j'ai pu recueillir auprès des personnes notables de l'arrondissement et du clergé, je regarde comme certain que la loi nouvelle a déjà produit sous votre administration, Monsieur le Recteur, des résultats incontestables, et que son application, continuée avec fermeté et persévérance, est destinée à produire beaucoup de bien. »

Ces lignes, nettement tracées par une main universitaire, donnent bien l'image vraie de nos écoles rurales sur un grand nombre de points du pays.

La loi de 1850, quelque jugement que l'on en porte, n'eut pas pour l'école laïque les conséquences que l'on pouvait craindre ; les surveillances qu'elle avait instituées étaient autant de garanties pour les familles, et, il faut bien le dire, il n'est pas jusqu'à l'amoindrissement du Rectorat qui ne servît alors la cause de l'enseignement primaire. Les *petits Recteurs*, comme on les appelait dans les quelques départements à peu près dépourvus d'*enseignement secondaire*, avaient pour étroit devoir de donner tous leurs soins aux *petites écoles*.

L'instituteur *congréganiste*, engagé par vocation dans la carrière de l'enseignement, trouve dans la vie commune, et la règle qui y préside pour le travail et la prière, tout ce dont il a besoin pour le diriger et le contenir; c'est bien le moins qu'une autorité, sévère en même temps que tutélaire, suive de sa surveillance et de ses avertissements le personnel dispersé des instituteurs laïques, pour mieux le protéger dans sa dignité.

Les difficultés pour le Recteur départemental venaient moins de la loi que de l'état de l'opinion; l'inspection signalait le nombre croissant des écoles confiées aux Frères des écoles chrétiennes, qui remplaçaient, dans les centres importants, les écoles tenues par des instituteurs laïques. Des dons, des legs, des donations spéciales, encourageaient la fondation de ces établissements. Nous avions bien quelques écoles laïques qui soutenaient avec honneur la concurrence; mais partout où les Frères s'établissaient sous le bénéfice d'une fondation, l'école laïque communale était abandonnée.

En quittant la Haute-Garonne, je retrouvai la même situation dans la Gironde; chaque année, toutefois, dans l'un et l'autre département, et on peut en dire autant des autres provinces académiques, le progrès dans le bien fut incessant; le personnel laïque, mieux surveillé, plus protégé dans tous ses intérêts, fut davantage pénétré du sentiment de ses devoirs, entra plus avant dans les sympathies publiques, fut mieux rattaché à la société parce qu'il appartenait davantage au pouvoir.

Il faut s'entendre, cependant. — L'École laïque n'avait alors ni le sens ni le rôle que lui donnent les lois édictées sous la troisième République; pour avoir un caractère plus civil que religieux, relevant de l'État plutôt que de l'Église, elle gardait néanmoins l'empreinte de l'esprit chrétien dans sa direction comme dans ses programmes. — C'était la tradition parfaitement d'accord avec le sentiment des familles. Il était donné à notre temps, sous prétexte de liberté, d'effacer, comme expression de servitude, ces belles paroles : *L'École n'est pas le temple, mais elle en est le portique* (1).

(1) M. Guizot avait la même pensée que Mgr Donnet, archevêque de Bordeaux, lorsqu'il traçait le portrait idéal de l'Instituteur : *Décidé à vivre et à mourir*

La liberté de conscience qu'on invoque n'est qu'un mensonge quand il s'agit des enfants ; le sectaire poursuit un but ; il laisse à dessein le vide dans les jeunes âmes pour les affranchir des croyances et préparer l'essor de la libre-pensée.

Les libéraux de ce temps, jaloux *de multiplier* et de fortifier les écoles *laïques* de garçons, laissaient volontiers *s'étendre,* sans la contester, l'action des congrégations enseignantes pour la création des écoles *primaires* de filles. Le nombre de ces écoles allait croissant chaque année, et toujours au profit des congrégations ; les dons et legs affluaient de toutes parts. Nombre d'écoles laïques de jeunes filles étaient, sans doute, confiées à des personnes irréprochables ; on y trouvait le dévouement et l'esprit de piété ; elles méritaient, quelques-unes obtenaient la confiance des familles. Mais la sympathie générale était pour l'école congréganiste ; la mère aimait et recherchait pour sa jeune fille ces soins tendres et inquiets de la Sœur, veillant sur un troupeau, dont elle se croit responsable devant Dieu, attentive aux gestes, aux discours, réprimant les mauvaises inclinations, enseignant sous toutes les formes les devoirs et les vertus de la femme de l'Évangile.

Que la Sœur, à travers l'école, voie surtout le sanctuaire, qu'elle se détourne de la science qui ne mène pas à Dieu, sa préoccupation pieuse mérite bien quelque indulgence, en présence des cynismes affichés par les Louise Michel de la libre-pensée. Aujourd'hui encore, la mère, dans les classes populaires, garde ses tendresses pour la maison des Sœurs ; elle redoute l'école laïque, gratuite, obligatoire ; dans ce qu'on appelait les classes moyennes, nous ne la voyons pas empressée de confier ses enfants aux lycées et collèges de jeunes filles. Ce que la jeune fille y gagnera en sa-

---

au sein de l'École, au service de l'instruction primaire, qui est pour lui le service de Dieu et des hommes... (Exposé des motifs du projet de loi sur l'école primaire. — 2 janvier 1833. — V. *Bulletin universitaire*, t. III, p. 255.)

Et dans la circulaire aux instituteurs (28 juin 1833), le législateur philosophe montre encore l'homme religieux dans l'instituteur : « Le maître *travaille pour les hommes et n'attend sa récompense que de Dieu. La foi dans la Providence, la sainteté du devoir, la soumission à l'autorité paternelle, le respect dû aux lois, tels sont les sentiments qu'il s'attachera à développer. Partout où l'enseignement primaire a prospéré, une pensée religieuse s'est unie dans ceux qui le répandent au goût des lumières et de l'instruction.* » (V. *Bulletin*, p. 271-273.)

voir pour la mécanique, l'algèbre, la physiologie et la chimie, dont elle n'aura que faire comme mère de famille, nul ne le conteste; mais ce qu'elle perdra en modestie, ce qu'elle peut oublier de ses humbles devoirs, frappe aussi tous les yeux. Ce qu'on appelle l'émancipation de la femme par la science semble, à qui mûrement réfléchit, une atteinte au lien social. Élevez l'instruction de la femme, rapprochez-la davantage de l'homme par la communauté du savoir, mais gardez, à côté de la science, la foi à l'idée du Dieu vengeur et consolateur.

Un gouvernement qui élèverait la femme en vue de l'incrédulité ferait courir au pays de bien grands périls; nous reviendrons et insisterons sur cette question si grave. — L'école de filles a surtout besoin de l'idée divine; l'enfant apprend à connaître et à aimer Dieu sur les genoux de sa mère :

Incipe, parve puer, risu cognoscere matrem.

Nous faisions donc notre œuvre à Toulouse, dans ces questions toujours délicates de l'enseignement primaire : respectueux du principe de liberté, nous cherchions à étendre l'action et l'autorité de l'État; un pays monarchique par ses traditions et ses mœurs a besoin de sentir cette autorité. En France, le gouvernement, quelle qu'en soit la forme, ne saurait abdiquer; donnons-lui toujours pour devoir le respect de la liberté. Supprimer la famille comme le voudrait certaine école, la supprimer en lui enlevant ses enfants pour la pénétrer de l'orthodoxe doctrine, par ce motif que *l'individu n'est rien, l'État est tout*, c'est terriblement dépasser les excès de la monarchie qu'on a détruite; celle-ci, du moins, croyait au droit divin; elle croyait, les yeux en haut, que la force de l'État et le règne de Dieu demandaient l'unité du symbole; les protestants furent odieusement persécutés pour ce chimérique idéal. En ce temps, l'opinion était avec les persécuteurs.

Nous estimions, dans toute la ferveur d'une foi sincère, qu'en matière d'éducation et pour tout ce qui intéresse soit la foi, soit les traditions de la famille, l'État n'avait à intervenir que pour en maintenir le respect, qu'il n'avait à apporter en son nom ni morale, ni religion d'État. Nous croyons, à cette heure, après bien des années passées dans le gouvernement des écoles, nous croyons, plus fermement qu'aux premiers jours, qu'en dehors de cette pratique il n'y a que trouble et servitude. La morale ne s'enseigne pas pour le jeune âge, comme on l'expose à des lycéens de dix-huit ans dans un cours de philosophie; elle est mêlée à toute la vie de l'école, à toutes les leçons de l'enseignement, sans qu'il y ait corps de doctrine; elle jaillit des exemples, elle est la morale en action. En aucun cas, le *manuel civique* ne saurait remplacer comme autorité la tradition religieuse gardée dans la famille; il présente d'évidents périls pour la première enfance, si son but est précisément de faire justice des traditions et d'éteindre les croyances, sous prétexte d'apporter la lumière. En morale *religieuse*, le catéchisme s'impose à ceux qui croient, assure la transmission des vérités de la foi; le rayon vient d'en haut. Rien à dire de la *morale civique* (1), — bien qu'en dehors de la foi, — si elle ne s'inspire ni des passions, ni des calculs de la politique. Un livre puisé aux sources platoniciennes de Dieu et de la liberté ne jetterait pas le trouble dans les consciences, mais serait-il à la portée des enfants? aurait-il sur eux autorité, quelle que fût la pureté de la doctrine? serait-il, en tous cas, le *Manuel* que voudrait l'intolérance, qui aurait les faveurs du maître ambitieux de se montrer à la hauteur des idées nouvelles?

La révolution de 1848, combattue dès le lendemain par l'opinion publique, n'avait eu ni le temps ni les moyens d'édicter le *Manuel civique*, ni d'organiser l'enseignement laïque, que nous devons à la troisième République. La loi de 1850, quelle qu'en fût l'autorité, eût été impuissante contre de tels instruments de négation.

---

(1) La question était prévue dans l'exposé de motifs de la loi de 1833. (V. *Bul. univ.*, t. III, p. 244.)

« En substituant dans les écoles ce qu'on appelle la *morale civique* à l'instruction morale et religieuse, on commettrait d'abord une faute grave envers l'enfance, qui a besoin de morale et de religion, et ensuite on soulèverait des résistances redoutables. »

M. Guizot était bon prophète. L'État, de nos jours, a fait le vide dans ses *écoles publiques* en y instituant comme exclusivement obligatoire l'enseignement de la *morale civique;* les familles, dans nombre de communes, ont retiré leurs enfants de l'école *laïcisée* pour les confier à l'école *privée*, où l'idée de Dieu trouvait asile. Mais il n'est pas donné à tous de résister; il faut en avoir les moyens; la création d'une école privée demande bien des ressources et des sacrifices.

Le bien était donc possible à Toulouse, comme ailleurs, dans le domaine de l'éducation ; seulement il fallait chercher le progrès en dehors des partis, chercher le lien qui pût unir l'école et l'Église, sans qu'il y eût, de l'une à l'autre, sujétion ; sur ce point encore il y avait alors accord entre tous les esprits modérés ; on ne pensait pas que l'école dût nécessairement tomber dans l'un de ces excès, être athée ou cléricale ; la religion et la liberté ne sont pas, fatalement, ennemies ; elles se concilient admirablement, si la charte de l'enseignement inscrit, en ses premières lignes, *le droit et la liberté du père de famille*. La vérité, la paix est là ; on la chercherait vainement dans les solutions extrêmes. Notre pays, si violemment agité, trouvera-t-il jamais l'équilibre ? Ainsi que l'homme ivre dont parle Luther, penchera-t-il tantôt d'un côté, tantôt de l'autre ? La foi et la négation seront-elles toujours un instrument de parti ? L'idée religieuse ne peut-elle, dans toute contrée, rester principe d'éducation, sans qu'il y ait domination pour les uns, et, pour les autres servitude ?

Ces vœux et cette conviction sincère me vaudront peut-être quelque indulgence pour ce que j'ai à dire d'une congrégation qui aurait toutes les vertus si elle n'était atteinte, en matière religieuse, de l'*hérésie de la domination*.

Nous étions en 1851. J'avais reçu mission d'affirmer, en *pratique*, le droit pour l'État d'inspecter les écoles libres de toute origine ; dans ce cas particulier, il s'agissait des cours libres d'enseignement secondaire, dirigés à Toulouse par les Pères de la Compagnie de Jésus. On sait, du reste, que la loi de 1850 n'avait pas été faite contre le clergé ; les égards et la bienveillance qu'on observait dans l'inspection ne pouvaient faire doute. La maison était parfaitement famée ; elle était en particulier renom près des familles aristocratiques du pays et près des bourgeois opulents qui espéraient en recevoir un reflet de blason. Le droit n'était pas douteux ; pour juger si un enseignement n'est pas contraire à *la morale*, à *la constitution* et *aux lois* (art. 21), il faut lire les cahiers des élèves, les interroger, assister surtout aux leçons des professeurs pour en juger l'inspiration et l'esprit (1). Il est de droit que l'État

(1) La *lettre* de l'enseignement pouvait être correcte dans cette maison de

ait toute sécurité sur les doctrines ; *ses institutions* ne sauraient, sans péril pour son avenir, être raillées ou discréditées près de la jeunesse. Et si le droit était douteux, une société qui n'aurait eu d'autre mobile que le sentiment religieux eût dû s'empresser de le reconnaître. A ce moment surtout où la démagogie menaçait la société de l'échéance de 1852, M. le Préfet Pietri réclamait tous les concours (1); toutes les forces sociales devaient s'unir sous le drapeau de l'État. Mais on pensait bien que l'État, jaloux de la paix publique, n'irait pas jusqu'aux extrémités de son droit; il eût ainsi donné lui-même un aliment aux colères politiques. Le plan de résistance qui pouvait se faire avec impunité fut

---

Montault (Loire), dont on a beaucoup parlé sous l'empire, mais l'*esprit* qui l'animait laissait à désirer. Il fut établi que pendant la récréation les élèves s'exerçaient au tir sur le buste de l'empereur, sous les yeux par trop indulgents des maîtres chargés de la surveillance. Par décret (29 septembre 1853) l'Établissement fut fermé. « Considérant, disait le décret, que dans l'établissement particulier d'instruction secondaire de Montault, arrondissement de Saint-Étienne, et connu sous le nom de *Collège de Saint-Michel*, on a toléré, sans répression, des désordres qui sont non seulement une infraction grave à la discipline, mais un *véritable outrage à la Constitution et aux lois de l'Empire*, et qu'on y a laissé éclater le dessein d'entretenir le souvenir et les passions de la guerre civile (1)... » (Voir *Réforme de l'enseignement supérieur*, Imprimerie Paul Dupont (1854, tome Ier, p. 808.)

Sur les instances de l'Impératrice et à la demande d'une députation de négociants notables de Saint-Étienne, l'Empereur autorisa (18 mars 1854) la réouverture du *collège Saint-Michel*.

(1) M. le préfet Pietri écrivait au Recteur :

« 3 décembre 1851.

« Monsieur le Recteur,

« Les instituteurs seront le point de mire des démagogues dans la prochaine et solennelle manifestation de la volonté publique.

« Permettez-moi d'espérer que votre puissant et loyal concours ne me fera pas défaut dans cette circonstance décisive pour le repos et la prospérité de la France.

« Agréez, Monsieur le Recteur, l'assurance de ma haute considération.

« Le Préfet de la Haute-Garonne,
« *Signé* : Pietri. »

La confiance de M. le Préfet ne fut pas trompée. Averti, conseillé, le personnel remplit en toute liberté ses devoirs électoraux, et ne se livra nulle part aux agitateurs.

arrêté; je n'en avais pas un moment douté; j'avais averti le Ministre. L'inspection, une fois officiellement annoncée, à moins d'être fermement poursuivie, ouvrirait le conflit qu'on voulait éviter. Le Directeur, prévenu du projet d'inspection, me fit savoir que l'inspection serait d'ordre purement matériel; le représentant de l'Université serait reçu avec toutes sortes d'honneurs au parloir, dans les cours, aux dortoirs, près des fourneaux de la cuisine; on le prierait de s'arrêter au seuil des classes; s'il le franchissait, l'enseignement serait interrompu; à ses questions, professeurs et élèves garderaient le silence. L'humiliation n'était pas ménagée; pour l'inspection, telle qu'on la limitait, il suffisait d'une commission d'hygiène. Le Ministre fut de cet avis, et invita le Recteur à s'abstenir (1).

Ainsi les Pères tenaient désormais de la loi le droit d'enseigner, et c'était justice; mais la liberté ne leur suffisait pas, ils voulaient le privilège. L'État a rouvert leurs écoles, mais elles lui seront fermées si, dans le droit que lui reconnaît la loi, il veut en inspecter l'enseignement.

« La maison est à moi; c'est à vous d'en sortir. »

La question est moins scolaire qu'il ne semble; c'est, au fond, la lutte politique de conflits qui a rempli le XVIIe et le XVIIIe siècles;

---

(1) Voici la réponse du Ministre :

« 7 mai 1851.

« Monsieur le Recteur, j'ai reçu votre rapport du 3 mai et la pièce qui y était jointe.

« Les faits dont vous me donnez connaissance sont graves, mais avant de prendre une détermination, avant que vous procédiez à quelque nouvel acte de vos fonctions qui peuvent rencontrer quelques difficultés du même ordre, je désire que vous attendiez l'arrivée de Messieurs les Inspecteurs généraux, avec lesquels je me suis particulièrement entretenu de cette nature d'affaires.

« Recevez, Monsieur le Recteur, l'assurance de ma considération très-distinguée.

« Le Ministre de l'Instruction publique et des cultes.
Signé : « T. DE CROUSEILHES. »

Inutile d'ajouter que l'inspection générale approuva mes réserves et jugea qu'il n'y avait pas lieu de rappeler l'affaire; le gouvernement, qui l'avait engagée, ne se sentait pas pour l'heure la force de la poursuivre. Mieux valait alors s'abstenir que de remuer des passions qui troubleraient la paix publique.

l'État veut rester maître en son domaine; la Déclaration du clergé de France (19 mars 1682) portait, entre autres articles, cette disposition souveraine, que « l'Église n'a reçu de puissance de Dieu que sur les choses spirituelles, et non sur *les choses civiles et politiques.* » Nous n'avons pas à intervenir dans les controverses qui divisèrent alors, et surtout au XIX° sièle, le monde religieux. Les Pères restèrent fidèles aux doctrines ultramontaines. Dans la question d'inspection par l'autorité civile, ils ne remarquèrent pas assez combien les temps sont changés. L'avènement du suffrage universel, les troubles incessants de nos révolutions et les menaces de guerre sociale auraient dû les avertir que le passé ne saurait revivre.

Des vieux débats je ne veux rappeler que le reproche fait autrefois aux Pères de tendre à la domination, tout en combattant les privilèges, de ne pas se lasser dans leurs efforts, de mettre au service de leur cause une politique subtile qui a gardé leur nom.

Ainsi, grand émoi dans l'Université, lorsque les lettres-patentes du roi Henri IV (12 octobre 1609) reconnaissaient aux Révérends Pères le droit « de faire, quant à présent, *lecture publique de la théologie* en leur collège de Clermont. » Toute l'Université assemblée le 16 octobre, après une messe du Saint-Esprit, s'associa aux doléances de Richer, son orateur (1).

« On ne voyait que trop que le dessein des Pères, après avoir enseigné la théologie, était d'enseigner aussi les humanités, et par là de *renfermer chez eux toute l'Université ;* qu'en effet les Jésuites avaient pour maxime, dans tout ce qu'ils faisaient, de *se glisser subrepticement, de ramer comme les matelots, le dos tourné vers la proue,* et de faire toujours voile jusqu'à ce qu'ils fussent entrés dans le port où ils souhaitaient depuis longtemps d'arriver. »

A près d'un siècle d'intervalle, les luttes ardentes entre l'Université de Paris et les Jésuites semblaient près de renaître. Au mois d'août 1698, Pourchot, syndic de l'Université, demanda et obtint le renouvellement du statut « qui faisait défense à tout écolier, habitant un collège de plein exercice, de suivre les classes d'un autre collège. » Quelques élèves de rhétorique et de philoso-

---

(1) *Histoire de l'Université de Paris,* par C. Jourdain, au XVII° et au XVIII° siècles, page 50.

phie domiciliés au collège Louis-le-Grand, dit M. C. Jourdain, les hôtes par conséquent et les élèves de la Compagnie de Jésus, fréquentaient les cours du collège de Plessis ; c'était contre eux principalement que la mesure était dirigée. Les Jésuites s'émurent et présentèrent une requête au Parlement ; dans notre temps de liberté, la requête nous semblerait fondée. Mais il n'eût pas fallu qualifier d'*entreprise* le statut que l'on dénonçait. Écoutons la réplique de Pourchot ; elle est autrement passionnée que la doléance de Richer, en 1609.

« S'introduire humblement dans les villes par le crédit et la faveur ; n'y demander qu'un pouce de terre pour s'établir ; s'étendre peu à peu et envahir les maisons voisines en dépit des véritables possesseurs ; absorber, dans ses vastes bâtiments, des collèges que la piété des fondateurs avait destinés à bien d'autres usages ; malgré ses constitutions, malgré les arrêts de la Cour, malgré les conditions de son établissement et de son rétablissement, usurper le droit d'enseigner publiquement : voilà ce que l'on peut appeler des *entreprises*. »

A part la liberté d'enseigner, qui est restée le droit des Pères depuis la loi du 15 mars 1850 jusqu'aux regrettables décrets du 29 mars 1880, qui sont une atteinte violente à cette liberté, j'ai entendu sur nombre de points et dans plusieurs Académies, les plaintes que formulait Pourchot à la fin du XVIIe siècle. Les voies détournées des Pères étaient de nos jours les mêmes qu'autrefois : une infiltration habile et méthodique qu'on peut blâmer, mais qu'aucune juridiction ne saurait empêcher, leur assurait de vives sympathies, et, par suite, les moyens de fonder leurs maisons et de s'étendre. La veille on ignorait leur venue ; le lendemain ils étaient propriétaires et disposaient de capitaux considérables ; l'État se trouvait en présence d'une maison rivale qu'il n'avait pas même soupçonnée.

Un ancien Procureur général près la Cour de Lyon, très religieux, mais pénétré de la doctrine des anciens Parlements, m'a dit plus d'une fois que sous le règne de Louis-Philippe, M. Martin du Nord, garde des sceaux, l'invita à s'enquérir de la situation des Pères Jésuites à Lyon, lui demanda s'il était vrai que quelques-uns eussent pris domicile dans cette grande cité. La réponse ne se fit pas attendre, et le gouvernement s'étonna fort d'apprendre que la Compagnie était devenue légion, que les ressources étaient abondantes et s'élevaient à bien des millions récoltés dans les maisons de banque et dans les grandes familles. Mais que faire contre eux? Mieux valait les ignorer que de les combattre. La guerre des rues, le danger social, ne viendraient pas de leur côté.

Et l'Université, plus tard, qu'aurait-elle à faire? Une fois promulguée la loi d'enseignement, en accepter sans crainte le principe, garder le drapeau libéral qui lui assurait de précieuses sympathies, retenir la vieille clientèle en étendant encore le renom de son enseignement, appeler à elle de nouvelles familles par un soin particulier donné à l'éducation chrétienne. Pour ma part, et de complet accord avec mes chefs, j'ai toujours suivi cette conduite; l'Administration ne m'en a pas fait de reproche.

En ce qui concerne les Pères, ai-je besoin de dire qu'en remuant des cendres mal éteintes, je n'apporte aucun sentiment d'hostilité, et que je suis avec les victimes contre les persécuteurs? On doit le respect aux Compagnies animées de l'esprit de dévoûment et de sacrifice; nous n'avons pas trop de toutes les forces vives du pays pour combattre l'invasion des mauvaises doctrines. Les luttes en champ clos de l'Université et du clergé, dont M. Jourdain, écrivain catholique, nous a fait le récit, pouvaient s'animer et se prolonger sous la monarchie autoritaire sans que l'État en fût troublé; la loi — et la loi seule — peut protéger tous les droits dans un régime démocratique. Je comprends que, dans l'espèce, la loi à intervenir pour les *écoles privées* devrait, d'une part, préciser les droits de l'inspection, pour qu'ils ne soient pas une vaine formule, et, de l'autre, les infractions qui tomberaient sous la juridiction des Conseils de l'Instruction publique. Ainsi seraient conciliés les droits réciproques de l'autorité et de la liberté. C'est à ce prix que l'éducation reste libre en respectant les gouvernements établis, et que les décrets arbitraires ne viennent pas diviser le pays et troubler la paix publique.

J'ai retrouvé ailleurs qu'à Toulouse cet esprit cauteleux et résistant de la congrégation. Qu'elle prenne une petite place au foyer, et le lendemain elle y est maitresse (1); hier pauvre et sans abri, le lendemain tous les biens lui arrivent; pour elle, bien souvent, les dons et les charités se détournent du presbytère. Un archevêque que j'ai beaucoup connu, devenu plus tard cardinal, qui avait fondé et dirigeait une maison rivale de notre lycée, et que j'entretenais un jour du projet qu'avaient les Pères de venir fonder une maison au chef-lieu de l'Académie et du diocèse, me répondit : « Oh! je connais ce projet. Mais ils ne viendront pas. Je veux rester maître chez moi. » Oui, c'est bien le mot de la situation. La congrégation ne reconnait pas l'ordinaire. L'archevêque de Paris l'aurait appris à ses dépens, s'il est vrai que pour avoir affirmé son droit en visitant leur maison, il fut frappé de blâme par le chef de l'Église. Telle est donc, dans la vérité, cette politique fatale du *sint ut sunt, aut non sint :* ne relever que de Rome, mais à la condition encore d'en inspirer la politique ; mettre en échec au besoin l'autorité diocésaine ; tenir en dédain la loi civile : c'est là, soit dit sans passion aucune, le *sint ut sunt, aut non sint.* Dans les choses scolaires, cette pratique est une politique de parti ; ses succès sont suivis d'expiations et de revers ; le présent lui échappe ; elle ne saurait avoir d'avenir. Nous avons bien des fois prévu les orages, la barque ne résistera pas au flot comme celle de saint Pierre. Il eût été facile de les prévenir : la puissance de la Compagnie n'eût pas été diminuée parce qu'elle aurait reconnu l'État, sollicité son autorisation, que ses maisons seraient restées largement ouvertes à l'inspection civile. Les Pères auraient gardé leur foi, leur dévoûment, leurs vertus et leur esprit de sacrifice, leur talent d'éducateurs et leur influence ; ils n'auraient rien perdu en rendant à César, selon la recommandation du divin Maître, ce qui est dû à César, la révolution n'eût pas trouvé de *prétextes* avouables pour les poursuivre en ennemis. Bien des convulsions peut-être nous auraient été épargnées. La religion devient suspecte si elle se mêle à la politique. Une propagande religieuse suscite une réaction d'incrédulité. Le *Voltaire* (édition Touquet) répondait, sous la Restauration, aux missions du Père Rauzan et à ses plantations de croix. Le parti des violents n'a pas pardonné à Louis-Philippe d'avoir voulu que la religion restât au

---

(1) V. *Histoire de l'Université*, par M. Jourdain, t. Ier, page 50 et 281.

pied des autels, et la religion lui doit cependant la paix et le respect dont elle jouit sous son règne. Cette politique valut au clergé, en 1848, l'honneur imprévu de bénir les *arbres de la liberté* (1).

L'incident des Pères ne fut pas connu à Toulouse ; l'administration fit silence sur une regrettable méconnaissance de la loi ; le péril du moment était ailleurs.

Un autre incident qu'il me faut raconter avec détail jette quelque lumière sur les temps difficiles que nous traversions ; il s'agit ici d'un fonctionnaire de l'enseignement secondaire.

J'ai dit que Toulouse était, pour le Midi, le foyer central de la Révolution. Les feuilles incendiaires faisaient leur œuvre. M. le Préfet vint un jour m'apprendre que l'un des rédacteurs les plus violents était le fils de l'un de nos professeurs ; il me demanda de faire en sorte qu'un nom universitaire disparût d'une polémique qui excitait à la guerre civile. Je n'avais aucune espèce d'action, même par voie de conseils, sur le journaliste, qui m'était tout à fait inconnu. Le père, professeur au lycée, fort digne homme sous tous les rapports, pouvait seul être mandé à l'Académie. Mes observations furent accueillies avec une parfaite déférence ; le père ne s'étonnait pas que l'administration eût pensé qu'il pourrait avoir quelque action sur son fils ; mais il avait plusieurs fois tenté de le détourner de la voie où il était engagé ; ses remontrances, comme ses prières, avaient été vaines ; depuis longtemps majeur, affolé par les polémiques, son fils ne relevait que des partis et n'écoutait plus la famille. M. X... ne refusait pas de faire une nouvelle démarche, mais il était assuré de l'insuccès, et craignait de donner un texte aux déclamations et aux violences ; l'autorité, dirait le journal, se vengeait d'un écrivain indépendant, en cherchant à exercer une pression sur un père tout à fait étranger aux passions de la presse locale.

Je ne pouvais garder un doute après cet entretien ; j'exprimai le ferme avis qu'il ne pouvait y avoir lieu d'aller plus loin. Telle ne fut pas l'opinion du premier magistrat du département ; « l'intérêt politique réclamait la nomination immédiate de M. X... dans

---

(1) Voir *Appendice*.

un autre lycée ; il fallait un exemple. Il allait insister auprès du Ministre de l'intérieur. »

Le renvoi de M. X... du lycée de Toulouse me semblait une véritable iniquité, et, le jour même, j'adressai mon rapport au Ministre de l'instruction publique ; j'y exposais tous les faits, et le suppliais de maintenir ce professeur dans les fonctions où il n'avait jamais démérité ; l'opinion publique protesterait contre une disgrâce, et c'était l'intérêt politique même qui réclamait le maintien du professeur à Toulouse.

Des jours s'écoulèrent, l'affaire était engagée devant deux ministres saisis chacun de deux rapports de conclusions bien opposées ; l'un, sans exclure les considérations politiques, invoquait surtout ce principe d'éternelle morale, qu'on ne saurait en équité frapper celui qui n'est pas responsable ; l'autre, exclusivement politique, comme me l'avait dit M. le Préfet, tout aux questions contingentes du moment, se réclamait du principe d'autorité ; il fallait, au milieu du choc des passions, l'affirmer par un acte de vigueur.

Cependant aucune mesure n'était prise ; le retard, dans l'espèce, me laissait espérer le succès de ce que je regardais comme la bonne cause. Qui m'apprit, et à mon grand étonnement, le résultat final? Ce fut M. le Préfet lui-même. Quinze jours et plus s'étaient écoulés ; un soir, vers cinq heures, un grand bruit de voiture retentissait dans la cour, et M. le Préfet, tout effaré, entrait dans mon cabinet ; il venait me prier de demander à M. le Ministre de l'instruction publique de maintenir M. X... dans sa chaire de professeur au lycée de Toulouse. « Mais, monsieur le Préfet, la chose est faite ; il y a longtemps que M. le Ministre a reçu mon rapport dans le sens que vous désirez actuellement. — Ah ! tant mieux, vous avez été bien inspiré ; je ne savais pas que M. le Ministre de l'intérieur eût connu le professeur, qu'il avait vécu quelque temps sous son toit, et avait eu à se louer de son hospitalité ; c'est M. Léon Faucher, lui-même, qui vient de m'écrire pour me donner ces détails, et recommander ce fonctionnaire à tout mon intérêt. » Tout est bien qui finit bien.

M. le Préfet n'eut pas à regretter qu'à côté de lui un chef de service, dans une région secondaire par rapport à lui de la hiérarchie, ait défendu une opinion contraire à la sienne ; une mesure politique qui viole le principe de justice ne saurait servir un gouvernement.

Je ne dirai qu'un mot sur une autre difficulté qu'il me faudrait exposer avec de bien autres détails. L'affaire ici était autrement grave. Il s'agissait du serment obligatoire pour tous les fonctionnaires (1). Plusieurs professeurs de Facultés se refusaient à le prêter. J'eus à faire auprès d'eux de pressantes démarches ; enfin je fus entendu ; ils gardèrent avec dignité la chaire où les avaient placés le travail et le talent ; la paix et l'aisance restèrent au foyer de la famille. L'opinion libérale me tint compte du résultat ; le fonctionnaire est tenu d'accepter les évolutions politiques qui viennent de la volonté du pays ; il n'y engage ni sa dignité ni sa conscience.

C'était bien la volonté du pays qui avait suscité de toutes parts un mouvement conservateur pour résister aux factions ; on gardait le souvenir de la première République, et l'opinion s'arrêtait avec espérance d'un nouveau salut sur l'héritier de Napoléon. J'ai vu de près cette anxiété et ces espérances des populations qu'on menaçait de 1852 ; l'histoire doit leur faire une part de complicité dans le coup de force qu'elles souhaitaient et qu'elles ont acclamé, et qu'on appelle le crime du 2 décembre 1851. La Révolution fait si bien les affaires de l'anarchie que le dernier mot est la dictature ; après les Jacobins vient un César.

Aucun des conflits engagés entre le Président et l'Assemblée nationale n'échappait à l'attention publique ; on pressentait un lendemain. Je dînais chez M. le Premier Président avec M. le Procureur général (2), lorsque nous vint la nouvelle du coup d'État. Quelles en seraient les suites ? le pays allait-il tomber dans les convulsions de la guerre civile ? Le champ s'ouvrait aux controverses dans un salon fermé, mais le doute cessait en descendant sur la voie publique et en abordant la place du Capitole. La population se pressait dans les avenues gardées par la troupe et l'artillerie ; on n'entendait pas un cri d'improbation, l'expression d'un regret ; les regards ouverts témoignaient de la détente des

---

(1) Voir *Appendice*.
(2) MM. Piou et Fauconneau-Dufresne.

esprits; on assistait à la fin d'un drame. Le pays était ostensiblement heureux d'avoir retrouvé un maître.

J'étais encore à Toulouse lorsque M. le Préfet de la Haute-Garonne annonçait à ses administrés la prochaine arrivée du Prince-Président. « Accourez, leur disait-il, avec fifres et tambours; ornez-vous de rubans et de fleurs. » — C'est le même préfet qui, dans son adulation lyrique, commandait des tables de bronze pour toutes les communes avec invitation d'y inscrire les suffrages donnés par le peuple français au descendant de Napoléon. Des tables de bronze dans un pays mobile qui écrit ses constitutions sur le sable! La flatterie rappelait les temps qu'a flétris Juvénal.

Quoi qu'il en soit, le principe d'autorité reparaissait comme au commencement du siècle et sous le même nom tutélaire. Nous étions au Consulat; je devais voir, quelques jours après, à Bordeaux, la première journée de l'Empire.

CHAPITRE II

Bordeaux. — Recteur. — Académie départementale (1852-54).

Départ de Toulouse. — Dans quelle situation on laissait les services. — Lettre de M. Féral, membre du Conseil général et Président du Conseil général. — M. le Préfet avait demandé le changement. — Lettre de M. le ministre Fortoul.

Situation à Bordeaux. — Union dans le Conseil académique. — Accord de l'Université avec la magistrature et le clergé.

Enseignement secondaire. — Rapports avec le lycée. — Dîner de la première communion. Le plan d'études. — Décret d'avril 1852. — Le Prince Président goûtait peu nos Instituts scolaires. — Dangers que courait l'Université. — Témoignage de M. Maxime du Camp à l'Académie. — L'heure de la justice doit être venue pour M. Fortoul.

Enseignement primaire. — Différence entre Bordeaux et Toulouse. — Rapports du Recteur avec les délégués. — Question de l'émigration des campagnes dans les villes. — L'instruction primaire en est-elle cause ? — Visite à l'École normale primaire de la Sauve : l'Archevêque et le Recteur. — La campagne et le sentiment religieux.

Enseignement supérieur. — Voyage de MM. Dumas et Laferrière à Bordeaux. — Projets d'une Université pour cette ville. — M. Dumas entendu au sein du Conseil municipal. — Mission qu'il donne au Recteur. — Lettre qu'il écrit à son retour. — Avenir du haut enseignement. — Organisation projetée : les Recteurs devront être docteurs.

Administration académique. — Voyage à Paris. — Promesse tenue ; le Recteur appelé à Rennes.

Politique. — Banquets de Bordeaux (1852) et de Rennes (1858).

Ma mission s'était brusquement terminée à Toulouse, sans avis aucun qui me fît pressentir un prochain départ. Le personnel enseignant me rendait en sympathie ce que je lui donnais en dévoûment. Une paix profonde régnait dans nos écoles primaires ; au lycée le nouveau régime d'études fonctionnait sans entraves ; je venais d'obtenir de la ville un nouvel amphithéâtre destiné à la Faculté des lettres ; le Conseil académique nous gardait tout son concours (1). Je fus donc tout surpris, à mon retour d'une tournée d'inspection, d'apprendre que j'avais un successeur. M. le préfet m'en donna la nouvelle en y ajoutant de vives félicitations ; il avait rappelé, me dit-il, à M. le ministre, que, l'année précédente, j'avais reçu une promotion ; la voie des récompenses se trouvant fermée à Toulouse, une nomination à Bordeaux, que j'aimais, et où j'avais laissé des souvenirs, serait un nouveau témoignage du prix qu'on attachait à mes services. — M. le préfet ne pouvait, à mon insu, plaider plus chaleureusement une cause dont le beau zèle cachait un intérêt personnel ; on voulait près de soi un instrument docile, *persona grata*, qu'on avait éprouvé ailleurs, et qui se prêterait aux volontés du maître. — M. le ministre Fortoul ne s'était pas mépris sur les instances qu'on avait portées plus haut sur lui ; il résista d'abord et céda ensuite, contraint par *des nécessités administratives*. La lettre par laquelle il m'informait de sa décision me donnait l'assurance de sa bienveillance (2).

C'est ainsi que je revins à Bordeaux, après deux années difficiles (1850-52). — On m'avait donné Toulouse comme poste de combat ; je revenais sans avoir été diminué par l'épreuve. L'autorité pouvait s'accroître à Bordeaux dans un milieu où l'on était déjà connu ; la douceur des mœurs, et, à cette époque, l'apaisement des esprits, pouvaient y rendre l'administration plus facile.

A Bordeaux, comme à Toulouse, je m'attachai, dans ma sphère, à maintenir l'accord entre l'Université, la magistrature et le clergé, ces trois forces sociales qu'un lien intime devrait toujours unir ; le clergé tenait, c'était son droit, à son influence ; mais il n'engageait pas de lutte et ne méconnaissait pas les droits de l'État. Il était touchant, au Conseil académique, de voir la mutuelle déférence de l'archevêque, du président du Consistoire et du grand rabbin dans toute question qui intéressait les écoles de leur culte ; dans la diversité des opinions, ils ne voyaient que ce qui devait les unir, ce qui leur était commun, le principe religieux que menaçaient également, sans distinction de culte, l'indifférence des

---

(1) Voir *Appendice*.
(2) Voir *Appendice*.

esprits fatigués et l'intolérance des libres-penseurs. Les membres laïques du Conseil n'avaient garde de faire objection à cette politique de concorde ; on peut dire que ce Conseil, tout entier, se trouvait uni dans le sentiment du bien public et de la paix sociale. Dès lors il ne pouvait y avoir lutte au dehors ; la confiance des familles allait, selon le mouvement de l'opinion, au lycée ou aux institutions secondaires libres. En fait, le lycée croissait en renom pour la discipline et les études ; d'autre part, la population, ainsi que la fréquentation des écoles *primaires*, s'élevait chaque jour, bien que l'enseignement ne fût, de par la loi, ni laïque ni obligatoire : temps heureux où ce double résultat ne coûtait rien à la conscience, et laissait au Trésor public la liberté de ses ressources ; la pensée s'y reporte volontiers dans les tristesses du présent.

Mes rapports avec le lycée se renouaient naturellement ; deux années d'absence n'effacent pas les souvenirs ; j'étais en présence du personnel que j'avais connu et qui retrouvait son ancien chef dans le nouveau Recteur. Je lui apportais un cordial dévoûment, qu'on payait au delà de son prix par l'affection et le respect. Nous reprimes et animâmes d'une vie nouvelle, de concert avec M. le Proviseur, la tradition du dîner de la première communion, qui réunissait chaque année les autorités civiles et religieuses, l'Académie, les Facultés et les fonctionnaires du lycée ; dans ce banquet vraiment fraternel, on n'entendait que paroles de concorde, l'union était parfaite ; les rares survivants de cette fête d'autrefois ne l'ont pas oublié.

J'avais à poursuivre à Bordeaux, en matière d'études secondaires, l'application du règlement du 10 avril 1852, étudié et expérimenté à Toulouse ; la réforme est restée aussi célèbre qu'impopulaire. L'Université ne pardonne pas à la mémoire de M. Fortoul le régime d'études qu'on a appelé d'un mot barbare, *bifurcation* ; elle ignore les graves difficultés que le ministre eut à surmonter.

Le Prince-Président, dont la jeunesse s'était passée à l'étranger, au milieu d'Universités rivales qui avaient leur régime libre et leur constitution, n'admettait pas cette centralisation de toutes les forces de l'enseignement dans les mains d'un corps qui relevait du Gouvernement ; il ne voyait pas en son jour la pensée politique qu'avait eue l'Empereur, après les orages de la Révolution, de rapprocher les esprits par l'unité de l'éducation, et de faire ainsi de l'Université un instrument de règne ; *de toutes les institutions de mon oncle*, disait-il, *c'est celle que je comprends le moins*. L'Université, par un autre côté, lui semblait d'un autre âge et comme un débris du passé. Comment admettre que, dans une société transformée par la science et l'industrie, la culture littéraire, honneur des siècles précédents, restât le fonds principal de l'éducation publique? — Faut-il ajouter que le Président était mis en garde contre l'esprit de l'Université, réfractaire, lui disait-on, à son pouvoir, et, comme preuve, les officieux mettaient sous ses yeux une page de vive critique écrite par un professeur. — Soit conviction que le bien de l'État commandait un nouveau régime, soit ressentiment personnel, le Président pouvait être tenté d'ordonner une mesure de rigueur. Rien ne gênait alors sa volonté. Acclamé par des millions de suffrages qui saluaient en lui le sauveur, il pourrait, sans être impopulaire, briser, au nom de la liberté, une institution accusée par maints libéraux d'esprit de monopole. Les luttes du clergé et de l'Université ne lui étaient pas inconnues ; la suppression de l'État en tant qu'*enseignant* ne lui vaudrait-elle pas, près du clergé, l'une des plus grandes forces sociales, une sympathique reconnaissance particulièrement précieuse pour un nouveau règne? Sur ce point encore, le Prince ne connaissait pas notre pays. Ce furent les évêques eux-mêmes qui s'associèrent à la résistance du ministre ; ceux d'entre eux dont on pressentit les avis refusèrent les présents d'Artaxercès ; ils ne voulaient pas d'une domination *officielle* qui les rendrait odieux et impopulaires ; la *liberté* leur suffisait telle qu'ils l'avaient reçue de la loi de 1850.

Voilà un ensemble de faits généralement ignorés, mais des plus certains ; j'en tiens le récit, au point de vue universitaire, d'un savant illustre (1) qui eut toujours la confiance du Prince-Président et de l'Empereur, sous le rapport religieux, d'un archevêque (2)

---

(1) M. Dumas.
(2) Mgr Gousset, cardinal-archevêque de Reims.

dont le nom est resté en honneur dans l'Église par l'érudition et la haute dignité du caractère. Je fus même témoin de l'anxiété du ministre, à la veille du décret de 1852; le fait se renouvela en 1854; on attendait la signature du prince pour savoir si l'Université subsisterait encore comme grand corps de l'État.

Le décret du 10 avril 1852 permit de franchir l'écueil; l'Université était tolérée, sinon acceptée, parce qu'elle changeait son système d'études, qu'en faisant plus de place à la science, elle répondait mieux aux besoins de l'esprit moderne. Par cette mesure le ministre sauvait l'Université d'un péril; et à deux ans de là, après l'avoir sauvée, il lui rendait sa force et son prestige. Nous lui devons, en effet, la loi et les décrets de 1854, qui ont réorganisé les grandes Académies. C'est le premier retour offensif contre la loi de 1850, qui disloquait l'Université et en jetait les tronçons épars dans les quatre-vingt-six Académies départementales.

Il y aurait justice, ce semble, pour le futur historien de l'Université, de remettre en lumière, à l'honneur de M. Fortoul, les graves circonstances politiques au milieu desquelles il eut à exercer le pouvoir; on lui tiendrait mieux compte et du mal qu'il a empêché et du bien qu'il a fait; son dévoûment à l'Université serait apprécié comme il le mérite. Ce n'était pas seulement le prince qui était hostile à l'institution; on trouvait le même sentiment chez ceux qui l'assistaient de leurs conseils; ils estimaient que dans ses tendances, elle était trop peu favorable au principe d'autorité qu'il fallait avant tout rétablir et sauver de nouveaux orages. Les récriminations, sous ce rapport, étaient un écho de vieilles plaintes. Je crois savoir qu'au temps même de M. de Salvandy et sous le gouvernement parlementaire, le ministre du roi avait fort à faire dans le cabinet pour défendre le personnel accusé de créer des difficultés incessantes; l'éternelle question de deux influences rivales était le fond du débat. Le terrain de la lutte était autrement difficile pour M. Fortoul; les circulaires, impératives dans la forme sur la règle et la discipline, qu'on lui a tant reprochées, n'étaient qu'une réponse officielle à nos détracteurs.

Telles sont les raisons historiques du nouveau plan d'études; M. Fortoul sauva l'Université par une réforme scolaire qui ne fermait pas la porte à l'avenir (1). Témoin de près des périls que nous avions courus, j'écrivais, il y a des années, ces lignes très sincères que ma reconnaissance pour le ministre pourrait rendre suspectes; un solennel hommage rendu de haut au sein de l'Académie française les a confirmées (2).

« Après le coup de force de décembre, dit M. Maxime du Camp, et surtout après le plébiscite de 1852, l'Université fut en péril; tout un parti s'était soulevé et criait *haro* sur elle. On était injuste comme toutes les fois que la passion gonfle les cœurs et en chasse l'esprit de clairvoyance. On la rendait responsable des excès dont on avait été menacé et des billevesées qui hantent les cervelles sans pondération. — Elle était devenue la mère des iniquités et l'on rêvait à la détruire. — Par fortune, le ministère de l'instruction publique était dirigé par un fin lettré, qui était un homme habile et convaincu. Si l'Université n'a pas sombré dans cette tempête plus violente que l'on ne peut croire, c'est à Hippolyte Fortoul qu'elle le doit, et jamais elle n'aura assez de gratitude pour sa mémoire; car c'est lui, c'est lui seul qui l'a sauvée. Il fallait se modifier ou disparaître : le mot a été dit. Sous prétexte de donner une impulsion plus vive aux études, on inaugura une sorte de système mixte entre les humanités et les sciences : c'est ce que l'on nomma la *bifurcation*. — Vous vous souvenez encore du tumulte qui s'éleva autour de cette nouveauté..... »

Les malveillants baptisaient le décret d'un mot nouveau, celui de *bifurcation*, emprunté à ce qu'il y a de plus matériel, et qui, de ce fait, près des lettrés était nécessairement impopulaire. Le mot était nouveau en matière d'études, la pratique était *ancienne*, et je ne sache pas qu'elle ait disparu; bien avant le décret, nombre d'élèves quittaient les lettres pour entrer en mathématiques élémentaires.

Pour ce qui est de l'enseignement, si l'on cédait aux préoccupations politiques sur tels points et, notamment, en philosophie

---

(1) L'œuvre administrative de M. Fortoul dans toutes les branches de l'enseignement est exposée dans la publication de M Dupont, imprimeur, librairie Delalain, 1851-56, 4 volumes. — Ce volumineux recueil laisse, à qui le parcourt, l'impression d'une très intelligente activité qu'anime la passion du bien.

(2) Séance de réception de M. Hervé (10 février 1887).

pour les questions ou la succession des chapitres, si la philosophie s'appelait *logique*, on n'effaçait pas du programme les questions qui sont l'honneur de l'intelligence humaine ; un libre champ restait ouvert pour l'exposé de la doctrine. Encore une fois, ne voyons dans ces mesures scolaires, et, ailleurs, à tous les degrés de la hiérarchie des pouvoirs, que l'effroi des pères, la préoccupation souveraine pour le maintien du principe d'autorité. Un autre ministre que M. Fortoul, quelle que fût sa valeur personnelle, eût été impuissant pour mieux faire ; nous voyons bien de nos jours et dans un sens contraire, combien il y a des courants qui *entraînent;* le juste et le vrai sont dans la mesure, *in medio virtus*.

Le tort réel du nouveau plan d'études était de trop *préciser* l'heure au cadran scolaire pour s'engager dans l'une des deux voies, scientifique ou littéraire ; les familles étaient troublées d'avoir à faire un choix ; pour l'élève médiocre ou paresseux, la tentation était forte de rompre bail avec les longues études.

La réforme eut, en retour, ce mérite incontesté de donner à la science une plus grande part dans l'instruction de la jeunesse, et de répondre ainsi aux besoins du temps ; à un point de vue supérieur on peut dire, avec un philosophe, que l'éducation ne doit laisser dans l'ombre aucune faculté ; la culture qu'elles reçoivent chacune d'une sage pondération des sciences et des lettres concourt à l'harmonie de l'intelligence (1).

L'harmonie, l'équilibre, rien de mieux ; mais on ne saurait prétendre à l'universalité des connaissances dans un même esprit. Il y aura des goûts et des vocations pour une culture particulière ; l'éducation doit également la satisfaire. En fait, l'enseignement littéraire n'avait pas à souffrir de la part agrandie qui était faite à la science ; il n'était atteint ni dans la tradition, ni dans les doctrines ; sur tels points critiqués on pourra en raffermir les bases, rendre à la philosophie son nom et ses programmes ; les réformes

(1) C'est la thèse, à l'appui du plan d'études, que prit pour sujet de discours M. Charles Levêque, à la distribution des prix du Lycée de Toulouse (31 août 1852). Le jeune professeur la développa avec talent ; on pouvait prévoir, en l'entendant, sa fortune philosophique et littéraire. M. Levêque est professeur au Collège de France (1862), membre de l'Académie des Sciences morales et politiques (1864).

qui s'accompliront s'inspireront, et peut-être avec excès, en ce qui concerne les sciences, du décret de 1852.

L'application du plan d'études ne trouva pas à Bordeaux de résistance ; dans l'enseignement, comme en toute chose, les règlements valent par le personnel qui les applique. — Nos maîtres étaient capables et avaient l'émulation du bien ; les résultats répondaient à leurs efforts ; l'inspection générale en rendit les meilleurs témoignages.

C'était bien d'assurer la marche de l'enseignement secondaire ; l'instruction primaire restait toutefois la tâche principale du Recteur départemental. — On en marquerait par un mot la différence à Bordeaux et à Toulouse : à Toulouse elle était surtout politique, et sociale à Bordeaux.

Dans les temps de trouble et au lendemain d'une révolution, c'est une tâche sérieuse d'avoir à veiller sur un personnel qu'il faut ramener ou contenir, qu'il faut, en tout état, préserver des politiciens qui le flattent dans ses besoins pour s'en faire un instrument de leurs intérêts personnels. C'est la tâche particulière que j'avais eu à remplir à Toulouse. La Haute-Garonne, bien autrement que la Gironde, était un foyer de propagande anarchique. Je rentrais, en revenant à Bordeaux, dans la région tempérée. Le lien entre les autorités était plus facile, les rapports moins tendus entre les classes, les mœurs plus aimables ; la douceur du climat était pour quelque chose dans l'harmonie des habitants.

Mais par une raison ou par une autre, soit que le pays fût plus riche, soit que la campagne connût davantage la ville et en eût goûté les plaisirs, Bordeaux présentait plus que Toulouse un phénomène affligeant, aujourd'hui généralisé, du mouvement des populations rurales vers les villes. Le rural n'a plus, comme autrefois, l'amour des champs qui l'ont vu naître. Bien des causes concourent à ce résultat. L'instruction primaire serait-elle l'une de ces causes ? L'esprit de l'enfant s'élevant et s'affranchissant par la culture de ses facultés, s'éloignerait-il d'autant du travail de la terre comme œuvre servile? Mais l'abandon des champs se trouve même chez ceux qui ne *savent ni lire ni écrire*. Une instruction horticole dans toutes les écoles primaires, avec un champ d'expériences et surtout une vigilante direction donnée dans cette voie aux écoles normales primaires, détournerait-elle de ce courant? On aime ce que l'on connaît le mieux; la science ne pourrait-elle donner le goût des habitudes rurales qu'emportent les mœurs nouvelles, réveiller l'amour des champs sensiblement affaibli dès ce temps au foyer domestique, bien avant l'invasion des maladies de la vigne et les ruines des crises agricoles? Quelles mesures prendre pour répandre et propager l'instruction primaire, et y retenir cependant la jeune population? c'était là et c'est encore, avec un caractère plus grave à notre heure, le problème social. Nous mettions à l'étude et nous traitions ces questions, avec MM. les délégués, dans nos réunions mensuelles. Je recueillais leurs avis et j'entrevoyais leurs craintes. « Le travail des champs, leur disais-je, n'est, pas plus qu'un autre, œuvre servile. Gardez confiance; l'instruction primaire laissera chacun dans son milieu, à son foyer, lorsqu'elle sera devenue universelle; les campagnes garderont leur attrait pour la population saine et robuste qui est la force et l'honneur du pays. »

On m'écoutait avec déférence, mais on ne semblait pas convaincu; combien de fois ma parole, respirant la confiance, arrêta sur leurs lèvres le mot écrit, des années plus tard, par un curé de village :

« Tout campagnard qui apprend à lire et à écrire renonce dans son cœur à la campagne. »

La formule a ceci de grave qu'elle nous vient d'un solitaire vivant au fond d'une bourgade, ayant tout le temps d'observer, et qui a qualité, comme pasteur des âmes, pour sonder les reins et les cœurs.

En conclura-t-on qu'il faut fermer l'école, laisser les esprits à leur rusticité, à l'image des champs déserts que n'a pas entr'ouverts le soc de la charrue?

L'homme des champs, comme le citadin, a reçu de Dieu l'intelligence qui cherche la lumière; les pouvoirs publics ont le devoir de lui apporter le flambeau qui dissipe les ombres. L'instruction bien dirigée a cette vertu d'affermir dans l'âme la notion du bien, et d'élever, avec le sentiment de la liberté, la conscience de la dignité humaine ; pour l'homme des champs et le citadin, elle n'accroît pas seulement la puissance morale ; elle donne au travailleur, au commerçant, à l'industriel, des forces nouvelles pour s'élever dans sa condition, soutenir la lutte ouverte dans le domaine de la production et le champ de la concurrence.

« Rien n'affirme, disais-je encore à MM. les délégués, que ce qui, pour notre pays, et à l'heure présente (l'émigration des campagnes vers les villes), semble un mouvement fatal, soit la loi de l'avenir. Ailleurs, l'agriculture et l'industrie sont également florissantes ; dans telle contrée au delà des mers l'émigration apporte à la terre, pour la défricher ou l'ensemencer, des centaines de mille de travailleurs. Les mouvements mêmes de l'industrie peuvent, chez nous, déplacer l'ouvrier ; les bras dont elle ne saurait que faire au jour des excès de la production pourraient bien retourner à la terre ; où trouveraient-ils mieux leur emploi ? L'inclémence des saisons peut tromper les labeurs de l'homme des champs, elle égare moins les calculs que la pléthore des produits industriels. — L'usine a de longs chômages et éteint souvent ses fourneaux ; la terre, toujours assurée du soleil et de la pluie, n'attend que la main de l'homme pour produire des moissons et le mettre à l'abri du besoin. — Le cours des ans, les évènements qui s'y produisent, ont bien leur leçon comme expérience ; l'éducation publique viendra s'y joindre pour donner une direction aux esprits, réaliser en France ce que nous voyons aux pays étrangers où l'instruction primaire est en honneur et se répand chez les plus humbles, sans mettre en discrédit le travail agricole. »

Avais-je pleinement raison dans ma thèse (1), et, si l'on pouvait en contester les détails, ne pouvait-on affirmer, en toute vérité, que l'instruction primaire n'est pas la cause, comme on l'en accuse, du mouvement des populations rurales vers les villes ; il faut, pour l'expliquer, remonter à une cause supérieure : une évolution dans les idées et les mœurs.

Je m'attachais donc, près de MM. les délégués, à écarter leurs

---

(1) Nous retrouverons la question dans une autre académie (*Paris, Enseignement horticole*).

doutes pour mieux assurer leur concours à une œuvre qui devait nous être commune; si quelques-uns gardaient des craintes pour l'avenir, tous se montraient confiants, dans le présent, au sujet de la direction donnée aux écoles tant laïques que congréganistes il résultait de leur témoignage que, des deux parts, et on faisait peu de réserves, il y avait émulation dans le bien. — Les enfants étaient élevés religieusement, ainsi que le voulaient les familles; *la crainte de Dieu est le commencement de la sagesse*. Pas de conflit entre l'École et le Presbytère; on estimait alors, sans cesser d'être libéral, selon le mot déjà cité, que *l'école n'est pas le temple, mais qu'elle en est le portique*. Nous voulions — il n'y avait pas de dissidents — que l'enseignement sous toutes ses formes pénétrât l'âme de respect pour tout ce qui doit lui être sacré; c'est bien de perfectionner les méthodes et de mettre ainsi le savoir à la portée de tous les esprits; le vrai progrès, en matière d'éducation, se mesure à la diffusion de ces vérités toujours anciennes, toujours nouvelles : *Dieu, Patrie, Liberté* (1). Le vrai progrès ne s'accuse pas par des chiffres dans des tableaux statistiques qui donnent, avec le chiffre croissant des écoles, le mouvement ascendant de leur population; l'examen attentif des écoles par l'autorité compétente, la visite des délégués qui sont sur les lieux, peuvent seuls rendre témoignage. Les deux inspections, grâce à Dieu, ont toujours constaté que les écoles les plus avancées par le savoir étaient au premier rang pour leurs habitudes d'ordre et de discipline.

Le meilleur moyen d'assurer l'un et l'autre résultat était d'en porter l'esprit au sein de l'institution qui formait les maîtres et préparait l'avenir des écoles. Nous n'épargnions pas nos soins pour visiter fréquemment l'École normale primaire; pour cela il fallait aller à la campagne. L'institution se trouvait à la Sauve, à plusieurs kilomètres de Bordeaux, dans une vraie retraite au milieu des coteaux et des vergers (2). Rien de mieux qu'un pareil sé-

(1) V. livre de M. J. Simon. — Lévy, éditeur, 1883.
(2) Je me suis trouvé un jour à la Sauve avec Mgr le cardinal Donnet, archevêque de Bordeaux. Cette visite simultanée — et, à cet égard, des deux parts imprévue — n'en fut pas moins un grand honneur pour l'école. Les élèves écoutèrent en grand respect le prélat et le recteur, et se montrèrent émus de

jour pour de futurs instituteurs de campagne. — Il est bon pour eux d'avoir sous le regard l'aspect des champs, des horizons familiers à l'enfant. On jouit mieux de soi et de Dieu, loin de l'agitation des villes ; Rollin a dit en parlant de la campagne :

..... *Incola tranquillus meque Deoque fruor.*

C'est qu'on est plus près de Dieu ; on comprend mieux la grandeur de la création en présence des merveilles de la terre et du Ciel ; devant la souveraine harmonie de toutes choses, l'esprit s'élève sans effort à la divine Providence. — Qu'on ne craigne rien de la science, pourvu qu'elle ne soit pas au service de passions malsaines. « Plus elle s'élèvera, ainsi que le dit Bacon, plus elle fortifiera la pensée religieuse. » — Et cette paix des champs n'est-elle pas pour le Directeur lui-même un moyen puissant d'agir sur les esprits, de les retenir dans l'amour de l'étude et la pratique du bien, d'éveiller l'ambition généreuse de servir la famille en se dévouant à l'enfance, d'ignorer les partis, d'être tout entier à tous, comme dans un sacerdoce, pour n'appartenir à personne, de montrer, en récompense du devoir, l'auréole du serviteur de l'enfance honorée de tous, sa vieillesse entourée de respect après une vie de dévoûment et de labeur.

C'est là, dira-t-on, un idéal, mais sans idéal on ne saurait élever les esprits et les cœurs ; la jeunesse, en particulier, qu'on a su garder studieuse et pure, aime qu'on lui parle de ses devoirs et de sa destinée ; elle aime l'idéal qui demande un effort ; le laïque et le religieux doivent également le montrer comme but à atteindre sur les hauteurs. Il se peut que cette vieille morale de bien, de juste, d'intérêt supérieur, enseignée par la religion et par la science humaine, ait moins d'attrait que la recherche du bien-être, la hâte de jouir, l'excitation des plaisirs matériels que promet la ville, l'ambition d'acquérir vite, par l'intrigue et la faveur, ce que l'on

---

leur union dans les questions d'avenir de l'instruction primaire. Ce qu'il y eut d'effusion de cœur dans les paroles adressées au représentant de l'Université n'est pas tombé de mon souvenir ; à quelques années de là le recteur de Rennes remerciait à Saint-Brieuc le vénéré cardinal, archevêque de Bordeaux, d'évoquer avec une grâce touchante leurs souvenirs communs de l'Aquitaine.

gagnerait lentement par le mérite et le travail ; a-t-elle moins de vertu parce qu'elle est ancienne ; elle reviendra dans sa force si elle est affaiblie, rapportant avec elle, après des épreuves, le respect de l'autorité ; ce qui porte le salut est immortel.

Je ne pense pas sans émotion à ces jours il y a longtemps passés ; ils me rappellent l'étroite union des cœurs dans une cause généreuse. — Pour aucun de nous, Recteur, Inspecteurs, Délégués, l'instruction primaire, je puis l'affirmer, n'était un intérêt d'influence ou de parti ; on voulait le bien pour le bien lui-même ; on y travaillait avec ardeur, espérant fortement les fruits de moralité, de progrès et de paix que donnerait la ruche laborieuse :

Fervet opus, redolentque thymo flagrantia mella.

Nous en étions là de nos pérégrinations et de notre labeur, lorsqu'un savant illustre vint à Bordeaux avec mission spéciale du ministre de l'instruction publique ; il ne s'agissait pas d'*instruction secondaire ;* le régime d'études, décrété en 1852, était au lycée en pratique paisible et régulière ; il n'était pas question d'*instruction primaire*, c'était cause gagnée chez les grands et les petits, mais des intérêts de *l'enseignement supérieur ;* là il y avait beaucoup à faire, beaucoup à demander à la ville, beaucoup à réclamer du Recteur, pour qu'à force d'instances, d'influence et de patient dévoûment, il obtînt, en retour, les votes et les sacrifices que réclamait l'intérêt de la science dans les Facultés. L'administration académique aurait à provoquer en ce sens le mouvement des esprits. La cause ne pouvait être portée devant l'opinion par une parole plus autorisée que celle de M. J.-B. Dumas, assisté de M. l'inspecteur général Laferrière. M. Dumas fut entendu au sein du Conseil municipal dont j'avais demandé et obtenu la réunion. L'impression fut profonde ; on était sous le charme d'une parole qui rappelait Martignac. Quels tours heureux, quelle abondance d'images, et quels mouvements passionnés dans le tableau que traça le maître de la science et de ses conquêtes, pour conclure ensuite et accréditer l'idée que Bordeaux, patrie d'Ausone et de Montesquieu, devrait tenir à honneur de devenir le siège d'une grande Université (1)!

Nous étions à la veille de la loi et des décrets de 1854; les projets à l'étude reconstituaient, sur des bases plus larges, les circonscriptions académiques antérieures à la loi de 1850, marquaient plus fortement le lien intime qui doit réunir tous les établissements d'enseignement supérieur, les associaient à une vie commune, et créaient ce qu'on appelle des Universités; le gouvernement voulait rétablir au sommet de toutes les forces de l'instruction publique, jusqu'alors isolées, dispersées et partant frappées de langueur, une autorité supérieure qui pût porter dans les écoles, avec l'ascendant d'une vraie magistrature de l'enseignement, l'empire salutaire de la règle et l'esprit des meilleures méthodes.

« C'est à ce prix, disait alors le *Journal Officiel*, que non seulement les hautes et fortes études fleuriront en France, mais encore qu'une vie régulière et qui pourra constamment se suffire à elle-même découlera du sommet de l'Académie dans les collèges qui en composent le degré secondaire, et jusque dans les petites écoles qui en forment la base lointaine et étendue. »

Pour ce qui est de la science dans les Facultés, des chaires qu'elle réclame, de l'outillage indispensable aux laboratoires, une part seulement des sacrifices nécessaires a pu être effectuée sous l'Empire; on eût voulu que l'enseignement supérieur en fît les frais.

---

(1) M. Dumas, au retour de son inspection à Bordeaux, écrit au Recteur :

« Mon cher Recteur,

« Je profite du premier jour de calme que j'ai depuis mon retour à Paris pour m'entretenir en courant avec vous de nos intérêts communs.

« Je ne peux trop vous répéter combien j'ai été sensible au bon accueil qui m'a été fait à Bordeaux et que votre prudente sagesse m'y avait préparé. L'Université y a gagné plus que je ne pourrais vous dire, et je serais bien surpris si la cérémonie de Bordeaux n'était la première pierre dans une voie qui devînt sérieusement féconde pour les académies départementales.

« Elle a du moins assuré le succès d'une mesure tendant à mêler plus fréquemment et plus étroitement les Inspecteurs généraux aux travaux des Facultés de département. On finira par se connaître, et on en viendra à se serrer les uns contre les autres au lieu de rester isolés et séparés.

« Compliments très affectueux.
« DUMAS. »

La République, plus généreuse, — et c'est son honneur, — a inscrit à son budget des chiffres énormes pour tous les degrés de l'enseignement; la sagesse politique eût commandé peut-être de répartir progressivement la dépense sur une assez longue période; le bien eût été assuré sans qu'il y eût dommage pour les finances; la fortune d'un pays réclame quelques ménagements.

Avons-nous à ce prix de vraies Universités? Si les Académies sont moins nombreuses qu'autrefois, le nombre des sièges de Facultés ne dépasse-t-il pas encore les besoins? Il y aurait un sérieux intérêt pour les études, de même que pour le Trésor public, à ne garder que cinq ou six foyers scientifiques et littéraires, où une jeunesse, devenue ainsi plus nombreuse, eût trouvé tous les instruments du savoir, se fût animée et eût animé ses maîtres d'une émulation féconde. Disperser ses forces, c'est les affaiblir; il eût importé à la science, et peut-être à la politique, que, sur quelques points éloignés et en dehors de la sphère d'action de Paris, la province eût sa vie propre intellectuelle. Nous savons qu'après des années, en 1876, c'est-à-dire longtemps après 1854, un ministre (M. Waddington), qui voulait de vraies Universités, songea sérieusement à cette *concentration* de nos forces universitaires; mais les villes dépossédées réclamèrent, les députés représentant leurs intérêts avaient pour les défendre une arme terrible : sur une question donnée, mettre le ministère en échec devant le Parlement. Le projet ne tint pas devant la menace.

En fait, quel que soit le nombre des sièges de Facultés, nous n'avons qu'un très petit nombre de points où la vie soit réellement active, et sur ces points encore, quelle que soit notre imitation de l'étranger, trouvons-nous ce qui se voit ailleurs : un corps qui ait ses traditions, sa vie propre et ses doctrines? Les Écoles de droit, de médecine et de pharmacie, écoles de caractère professionnel, ont seules un auditoire libre et qui leur est propre; voilà bien ce qu'on appelle des étudiants. — Nous ne saurions donner ce nom aux rares amateurs qui, par désœuvrement ou plaisir intellectuel, fréquentent les Facultés des sciences et des lettres; là le véritable auditoire, celui qui écoute et travaille, est rétribué par l'État pour suivre les cours à titre de boursier de licence, de doctorat et d'agrégation; nous sommes encore loin des Universités étrangères, rivales entre elles, où l'étudiant concourt pour une part aux revenus des professeurs; mais une vie nouvelle, il faut le reconnaître, anime désormais le haut enseignement, grâce à l'action incessante et vraiment féconde des directeurs successifs du service : MM. Du Mesnil, Dumont et Liard.

M. Dumas, ai-je besoin de le dire, s'était gardé de toucher aux questions d'application de toute nature toujours délicates; il lui avait suffi, pour intéresser l'auditoire, de tracer les grandes lignes des projets à l'étude, et de faire une place à l'idée de l'Université bordelaise qu'il me chargeait de vulgariser (1). La semence était bien jetée. La ville, l'heure venue, fit tous les sacrifices que demandait le gouvernement pour la création des Facultés de droit et de médecine. A l'heure actuelle, Bordeaux possède toutes les chaires du haut enseignement; c'est l'un des centres privilégiés que je mentionnais tout à l'heure, où les étudiants sont en nombre et luttent d'émulation dans le travail, sous la direction d'un personnel d'élite.

M. Dumas ne me fit pas connaître une disposition particulière, qu'il ignorait sans doute et qui avait un caractère personnel; les décrets à l'étude imposaient le *doctorat* comme condition de nomination aux fonctions de Recteur dans les seize Académies projetées. Si l'avis qu'on m'en donnait était fondé, je me trouvais, faute d'un grade imprévu, en dehors de la carrière. M. le ministre pouvait seul me renseigner.

Je me rendis à Paris. M. le ministre me fit le meilleur accueil; « il ne doutait pas, me dit-il, du but de mon voyage; il tenait à me rassurer; sa ferme intention était de me garder dans l'administration; il créerait et j'aurais auprès de lui la *direction de l'enseignement primaire à Paris.* » — Et sur le désir que j'exprimais de rester dans la carrière rectorale, de subir les épreuves du doctorat : « C'est très bien, me répondit M. Fortoul..... Tous mes vœux, bon courage, et si vous êtes heureux, vous serez des nôtres. » J'avais à peine deux mois pour préparer des thèses; mon travail

---

(1) L'ancien Recteur de Bordeaux eut la bonne fortune d'appuyer à Paris la demande de création des Facultés de Droit et de Médecine; il affirma par avance le succès qu'obtiendraient les deux écoles professionnelles dans la capitale de l'Aquitaine; le *Comité supérieur* ne contredit pas son témoignage.

hâtif fut accepté ; la soutenance me valut un verdict favorable. Le ministre n'oublia pas sa promesse. Reçu docteur ès lettres le 31 juillet 1854, j'étais nommé, un mois après, Recteur de l'Académie de Rennes (28 août) (1).

J'allais quitter encore Bordeaux, ce n'était pas sans regret ; on eût été trop heureux d'y rester avec l'autorité d'un plus grand ressort. Si cette joie m'était refusée, quelle satisfaction de continuer sa carrière, d'y continuer ses goûts et ses habitudes ! Pour combattre les difficultés qui pourraient se présenter dans un nouveau ressort, on apporterait avec soi l'expérience de quatre années de vie administrative. Les deux années que je venais de passer à Bordeaux avaient été marquées par l'affermissement de plus en plus sensible de la paix publique en Aquitaine ; j'espérais bien que dans le pays breton, que l'Empereur devait appeler *monarchique, catholique* et *soldat* (1), je trouverais à côté des passions qui divisent ce qui rapproche et unit, le sentiment très vif de l'autorité.

J'emportais de Bordeaux, en le quittant, le souvenir des premiers jours de mon arrivée lorsque je revins de Toulouse. Il m'avait été donné, en compagnie de M. l'inspecteur général Artaud en mission pour inspecter le lycée, d'assister à l'entrée du Prince-Président ; ce fut une entrée royale. La ville, au 16 mars, acclamait un Bonaparte. Un soleil radieux éclairait la fête, M. Haussmann était préfet ; M. Alphand était déjà le grand ordonnateur que je devais revoir à Paris, associé à l'œuvre du grand administrateur. Il me restait bien le souvenir de février 1848, où, sur cette place des Quinconces, fut proclamée la République ; témoin déjà de tant de journées, j'avais le pressentiment que les épreuves pourraient revenir. Tous ces mâts vénitiens, ces ornements divers qu'une agence de fêtes publiques venait d'envoyer de Paris et de dresser dans la ville, me faisaient une impression pénible ; il me semblait voir les maisons de bois dressées pour un jour et que le vent emporte. Cette impression s'effaça dans une autre fête, dans ce banquet solennel de la Bourse, où le Prince-Président traçait à grands traits le magnifique programme que l'Empire aurait à remplir et qui donnait cette promesse : *L'Empire c'est la Paix*.

---

(1) Voir *Appendice*.
(2) 9 octobre 1852. Banquet de la Chambre de Commerce de Bordeaux.

J'ai donc vu et entendu le Prince à l'heure où le suffrage universel allait l'appeler sur le trône ; je devais le revoir à Rennes, après la tournée triomphale en Bretagne, dans un autre banquet célèbre (1), à l'apothéose du règne, en 1858; l'Empereur allait, l'année suivante, faire la campagne d'Italie qui portait dans ses flancs la chute de l'Empire, la mutilation de la France, et l'unité de deux grands pays menaçante pour son avenir.

(1) 20 août 1858. Banquet de la ville de Rennes.

LIVRE IV

RENNES. — RECTEUR.

CHAPITRE PREMIER

Rennes. — Recteur. — Académie régionale (1854-61).

Observations générales. — Loi de juin 1854; transaction avec la loi de 1850. — Prévention de l'Épiscopat. — L'Empereur. — Affirmation nouvelle de ce que l'Université doit à M. Fortoul. — Inspection des écoles libres. — Craintes qu'on eut à la mort du Ministre (Juillet 1856).

M. Fortoul et M. Rouland. — Politique de concorde peu goûtée d'abord dans la province académique. — « Le clergé seul est la Cité de Dieu. » — M. Dumas recommandait l'accord.

Questions politiques que soulève l'école. — Lois de 1850 et de 1854. — Caractère de la province académique. — Nomination de Recteur à Rennes; Lettre de M. le Ministre et de M. Jules Simon.

Enseignement supérieur. — Attention du Ministre pour le développement du haut enseignement. — Les Facultés. — Conférences, bibliothèque académique, outillage scientifique; limites qu'impose le budget. — Écoles médicales de Rennes, Nantes et Angers.

Création d'écoles supérieures à Nantes et à Angers. — Concours à Nantes de M. Colombel, membre du Conseil municipal, à Angers de M. le Préfet Vallon et de M. l'Inspecteur de Lens. — Difficultés, solution. — Satisfaction de M. le Ministre; ses lettres; inauguration par le Recteur des deux écoles (Nantes, 3 novembre 1855; Angers, 4 février 1856).

Administration centrale. — Réunion des Recteurs à Paris; conférences; circulaire du Ministre (avril 1856).

Administration académique. — Union du Recteur et des Inspecteurs. — Conseil académique : incident; contestation sur l'art. 4 du décret du 22 août 1854; comment sont conciliés tous les droits. — Lettre de M. l'Inspecteur Hauriot sur des temps difficiles.

La loi du 14 juin 1854 et les décrets rendus pour son exécution sont l'œuvre de M. Fortoul; son nom doit y rester attaché. Le

LIVRE IV. — RENNES. — RECTEUR. 95

ministre eut la bonne fortune de rencontrer pour ses projets l'appui tout-puissant de son collègue de l'Intérieur. M. de Persigny trouvait dans les questions à l'étude un intérêt politique pour son département ; il tenait, en effet, à placer sous la juridiction des préfets le personnel des instituteurs publics, véritable milice dispersée sur tous les points du territoire, qui pouvait avoir son rôle dans le fonctionnement du suffrage universel. Les Recteurs perdaient les attributions, qui leur étaient déférées par le décret du 9 mars 1852, attributions difficiles dans le rectorat départemental et qui deviendraient impossibles avec l'extension des Académies. M. Fortoul obtint par transaction, en échange d'un droit nominal, un bénéfice réel, sans parler du prestige : l'institution des grandes Académies. Certes l'Université ne s'attendait pas à un pareil retour de faveur ; libérale, nous l'avons dit, elle était *suspecte ;* les statuts de son fondateur portaient bien qu'elle était chargée *de répandre partout le même esprit, d'assurer l'unité de l'éducation et de former la jeunesse au respect et à l'amour du souverain* (1). Pour le prince régnant, cette conception, bien que marquée si profondément de l'esprit de l'Empire, avait fait son temps ; puisqu'il s'agissait de rétablir l'autorité morale dans les esprits, l'héritier de Napoléon n'estimait pas que ce fût l'œuvre de l'Université ; il eût voulu s'en remettre exclusivement au clergé, au corps dépositaire de la tradition divine et qui est la grande école d'autorité. Le Prince garda ses convictions tout en acceptant les propositions de son gouvernement ; que de fois il dit à un savant éminent, l'honneur et la lumière de l'Université dans ses conseils : « Vous devriez garder pour d'autres œuvres votre temps si précieux et votre haute intelligence.... » C'est de ce savant même que je tiens le mot, et je le reproduis pour montrer une seconde fois les difficultés que rencontrait le ministre. L'Université devrait bien oublier la *bifurcation* de 1852 et garder en mémoire la loi de 1854. M. Fortoul avait tout fait pour lui rendre autorité, force et prestige, et cependant, à sa mort prématurée (7 juillet 1856), on ne fut pas

---

(1) Le ministère de M. Fortoul, et, après lui, M. Rouland, remplissait les sept années que je passai en Bretagne ; ainsi s'explique la division du récit en deux chapitres afférents, l'un à M. Fortoul (1854-56), l'autre à M. Rouland (1856-61).

sans crainte pour l'avenir de l'institution. Je trouve l'expression de cette crainte dans une lettre que m'écrivait un inspecteur d'Académie, devenu depuis inspecteur général (M. Garsonnet); l'accent en est des plus sincères.

Dijon, le 18 juillet 1856.

. . . .

J'ai appris la fin du ministre.

Pour ce qui me concerne, je n'avais pas à me louer infiniment de son administration; mais enfin je me trouvais bien de la situation qui m'était faite, et l'inconnu m'effraie toujours. Sans être personnellement intéressé à la conservation de M. Fortoul, je n'ai pas lu sans en être touché les détails qu'on nous a donnés sur ses derniers moments. C'était vraiment une scène douloureuse et attendrissante. Je n'ai pu m'empêcher de faire un retour sur moi; je ne connais rien de plus triste que de mourir ainsi loin des siens, seul ou presque seul, dans un hôtel, en pays étranger. S'il m'arrivait d'être pris par la mort dans quelque auberge de chef-lieu de canton quand je suis en tournée, je ne conçois rien de plus affreux à penser. *Que va maintenant devenir l'Université?* Tout le monde s'accorde à la trouver très malade et l'on craint qu'elle ne survive pas à M. Fortoul, au moins dans la forme qu'il lui avait donnée. M. Cournot a toujours dit qu'il serait le dernier ministre de l'instruction publique. Après lui on s'attend à nous voir devenir une direction générale du ministère de l'intérieur ou même, à ce qu'on dit, du ministère d'État ou de la maison de l'Empereur. Ce qu'il y a de certain, c'est que le silence du maître est un symptôme des plus fâcheux. Selon les bruits qui courent, tout serait ajourné à son retour de Plombières, qui paraît devoir se faire attendre encore; notre existence serait alors mise en question et discutée dans un conseil de cabinet. On nous accordera peut-être comme grâce de revivre sous un Grand Maître.

Si la mort de M. Fortoul éveillait tant de craintes chez un fonctionnaire *qui n'avait pas à se louer infiniment de son administration*, si un Recteur éminent comme M. Cournot, craignait qu'*il ne fût le dernier ministre* de l'instruction publique, que conclure, sinon que M. Fortoul avait cherché et voulu avec dévouement le bien de l'Université, qu'il l'avait poursuivi fermement à travers les difficultés les plus graves.

L'œuvre qu'il fonda lui a survécu; elle est debout comme administration au milieu des débris de nos institutions scolaires, c'est la meilleure réponse à faire aux détracteurs. Quant à dire, pour diminuer son mérite, qu'il déserta par faiblesse le droit d'inspection des écoles secondaires libres, j'oppose à l'assertion, en ce qui me concerne, une dénégation absolue. Sous le ministère de M. Fortoul comme sous celui de M. Rouland, l'inspection des établissements, laïques ou religieux, n'a pas cessé de se poursuivre avec les ménagements bien entendus que réclamaient, à tel moment donné, les difficultés politiques. Au lendemain d'une révolution, on pourrait dire dans tous les temps, le grand intérêt d'un gouvernement est d'unir, dans une défense commune, toutes les forces sociales.

« Évitons, m'écrivait le vice-président du Conseil de l'instruction publique, tout ce qui amène des conflits; les forces morales du clergé, de la magistrature et de l'Université, ne sont pas de trop pour faire face au péril. »

Malheureusement les pays d'Anjou, de Mayenne et de Bretagne avaient trop d'éléments de résistance pour goûter cette politique d'union et de concorde; le prélat le plus remuant, le plus influent de ces provinces n'admettait pas de partage en matière d'éducation; pour lui le *clergé seul était la Cité de Dieu.* C'est là cependant que j'étais appelé aux fonctions rectorales; M. le ministre me donnait cette mission dans les termes d'une flatteuse confiance (1); la bienvenue m'était en même temps souhaitée par l'un des illustres enfants de la Bretagne qui devait un jour être mon ministre (2). Les deux témoignages m'étaient une force. Bien convaincu que je gagnerais en autorité ce que je donnerais en dévoûment, je me mis fortement à l'œuvre. On pouvait rester sincèrement respectueux de la religion, et servir utilement l'Université; le but du moins était noble à poursuivre; je songeais pour l'atteindre à cette devise du primat d'Aquitaine : *Ad finem fortiter, omnia suaviter.*

L'Académie de Rennes, comprenant sept départements (3) (Bretagne, Mayenne et Anjou), avec l'esprit de foi qui animait encore

---

(1) Voir *Appendice.*
(2) Voir *Appendice.*
(3) Côtes-du-Nord, Finistère, Ille-et-Vilaine, Loire-Inférieure, Maine-et-Loire, Mayenne, Morbihan.

la population, l'union étroite de la noblesse et du clergé, l'une et l'autre en défiance contre l'action de l'État dans les choses scolaires, était un vrai champ d'activité pour le magistrat de l'instruction publique. Les questions d'enseignement s'y liaient aux questions politiques prises dans leur sens le plus élevé. Les écoles de l'État, d'une part, et les écoles libres, de l'autre, continueront-elles d'élever les générations dans des principes opposés et avec de contraires espérances ; on préparerait ainsi, au péril même de l'unité du pays, deux Frances ennemies ; les rapprocher par l'éducation, étendre les pouvoirs de l'État, sans rien ôter à la liberté, ce serait servir un intérêt national.

Nul ne s'y trompait ; la loi du 14 juin 1854, qui instituait les nouvelles Académies et brisait les petits ressorts départementaux, considérés comme *la dislocation irrémédiable de l'Université*, était bien une réaction, une épée de combat. L'État s'armait contre les envahissements qui, sur nombre de points du territoire, avaient suivi la loi de 1850. A peine cette loi proclamée, le clergé *régulier* entrait en campagne, associait à sa cause toutes les élites dans l'armée, la magistrature, et la riche bourgeoisie ; la noblesse tenait le premier rang dans la croisade. Le résultat ne se fit pas attendre ; et même après 1854, il fallait quelque effort pour trouver dans les lycées et collèges un fils de magistrat, d'officier supérieur ou de grand propriétaire. La situation numérique des écoles de l'État, il est vrai, n'était pas diminuée ; elle s'accroissait, au contraire, de cette foule de plus en plus nombreuse qui veut aller au delà de l'enseignement primaire et puiser à des sources supérieures. Ce progrès, dont il faut se louer, saurait-il suffire à l'État ; peut-il lui être indifférent de voir se recruter, en dehors de son esprit et de son influence, les générations qui recrutent l'armée et la magistrature ; n'a-t-il pas à craindre, au dommage de son influence et sans profit cependant pour la religion, la prépotence de tel Ordre dominateur ? C'est à ce point de vue qu'il faut se placer pour comprendre ce qu'on a appelé les luttes de l'Université et du clergé.

L'enseignement primaire dans ses modestes écoles, présentait le même courant d'opinion que l'enseignement secondaire. Que ce fût parti politique ou sentiment sincère du besoin religieux, des dons et legs affluaient aux écoles libres congréganistes ou relevant du clergé ; les biens de mainmorte s'étendaient ; le pays se couvrait de congrégations qui avaient pour elles les hautes influences de la naissance et de la fortune. Nous étions cependant sous l'Empire. Le Conseil d'État pouvait voir un instrument de salut dans le développement des congrégations ; les dons et legs qu'il approuverait, provoqueraient d'autres fondations pieuses, qui seraient autant de remparts contre les mauvaises doctrines. Ceux qui vivaient en province, mais en dehors, bien entendu, des partis, qui pouvaient mieux connaître le pays, ne se dissimulaient pas le péril. On eût voulu, pour la paix des esprits, que la religion restât dans le temple au pied des autels ; toute prépotence des partis religieux pouvait soulever des colères et provoquer des haines. Le prêtre, le religieux doit se garder de la foule, éviter de paraître ambitieux des choses civiles, sous peine de devenir impopulaire ; le passé rappelle sous ce rapport de pénibles leçons (1).

C'était le sujet de nos entretiens intimes dans ce qu'on appelait la *colonie de Rennes*, c'est-à-dire dans le cercle des fonctionnaires chargés des grands services ; nous avions tous le même sentiment sur le présent, la même crainte du lendemain. Quelque trente ans se sont passés depuis ; trente ans sont un court intervalle dans la vie d'un peuple ; l'Empire est tombé ; sur ses ruines a surgi la République ; à ce moment les partis religieux ont trop profité du trouble des esprits pour reprendre l'autorité sous le nom de *liberté d'enseignement* ; c'était donner un prétexte à la révolution, bien assurée de soulever les passions hostiles en poussant plus tard ce cri : *Le cléricalisme, c'est l'ennemi.*

Nous voyions dès ce moment le danger ; nous avertissions le gouvernement comme c'était notre devoir.

Je relève ce passage de l'un de mes rapports (janvier 1860) :

« Partout on s'inquiète de la multiplicité des congrégations. Il y a là un excès qui ne saurait profiter à la religion, qui doit éveiller des passions mauvaises. »

---

(1) Voir l'*Appendice*.

L'État reprenait donc son domaine avec la loi de 1854.

C'est l'honneur de M. Fortoul d'avoir revendiqué les droits de l'État et de les avoir affirmés sans mettre en cause le principe de liberté inscrit dans la loi de 1850. Après lui, M. Rouland pouvait en poursuivre l'application avec plus d'énergie; il avait à son bénéfice le fait accompli, deux ans de pratique de la loi; la défense des droits de l'État était dans ses traditions et son tempérament de magistrat. En somme, sous l'un et sous l'autre, respect du principe de liberté, dévoûment à l'Université, même politique scolaire avec degrés divers d'intensité; des divergences sur des points secondaires, ou plutôt des instructions nouvelles sur des questions qui ne s'étaient pas posées aux premiers temps de l'application de la loi, ne sauraient altérer les lignes générales de la voie qu'ont suivie les deux ministres. Je les ai servis de mon mieux, m'inspirant de leur esprit; je crois les avoir bien servis puisqu'ils m'ont honoré, l'un et l'autre, de leurs témoignages.

La loi de 1854 constituait les centres académiques; les décrets rendus pour son exécution donnaient une attention particulière aux Facultés. L'esprit de liberté ne pouvait, de ce côté, recevoir ou avouer aucun ombrage; la loi de 1850 n'avait en effet pourvu à la liberté que pour les écoles secondaires et primaires, l'enseignement supérieur était réservé.

Dans la séance de rentrée des Facultés (15 novembre 1854), je m'attachai à faire connaître l'esprit de la loi qui instituait seize grandes régions académiques; Rennes était l'un des centres intellectuels que le gouvernement voulait fortifier et agrandir au cœur de la province; un lien intime unirait désormais les établissements d'enseignement supérieur; aux leçons de la chaire viendraient se joindre, ici, les conférences qui prolongeraient et compléteraient l'enseignement des professeurs, là cette instruction pratique et de vif attrait, les travaux du laboratoire. Tout ce que, sous ce rapport, je devais demander à l'État reçut un accueil empressé; j'obtins bientôt de la ville de Rennes les crédits nécessaires pour réunir toutes les bibliothèques des Facultés dans une salle ouverte aux étudiants, et le jour et le soir; ce fonds commun s'accroîtrait des ressources assurées chaque année par le ministre au budget spécial de la Bibliothèque académique. Ainsi, enseignement magistral, conférences, allocutions, laboratoires, bibliothèques, tout était réuni pour appeler et retenir la jeunesse, lui faire aimer l'étude et la soustraire aux désœuvrements du dehors.

L'enseignement supérieur se trouvait donc pourvu, dès l'origine, au chef-lieu de l'Académie, de ses moyens d'action, de ses organes nécessaires, dans les limites toutefois qu'imposaient les prévisions de ressources. Il faut tenir compte du temps. L'équilibre du budget était alors un sujet de préoccupation sérieuse chez les gouvernants. Quel ministre eût osé proposer aux Chambres la *gratuité* (1) des inscriptions pour ajouter aux charges de l'État en diminuant celles des familles, l'octroi de bourses de licence et d'agrégation incombant encore au Trésor, mais avec cet avantage d'assurer ainsi un auditoire obligé aux Facultés, particulièrement à celles des sciences et des lettres? Le socialisme d'État semble contraire à l'esprit des Universités, que l'on veut prendre pour modèles; les mœurs faites ailleurs par la tradition et des chartes séculaires ne se créent pas par mesure administrative. Mieux vaut confesser qu'après tant de ruines de tout ce qui a vécu autrefois, l'État, qui, dans notre pays, centralise toutes les forces, fait, comme toutes choses, l'enseignement à son image, le distribue, en accroît inégalement les ressources, et l'inspire de son esprit suivant les besoins de sa politique.

Nos écoles supérieures de Rennes suffisaient-elles à un si vaste ressort? S'il ne pouvait être question d'instituer ailleurs de nouvelles Facultés, c'eût été une grave faute d'affaiblir ainsi le centre universitaire; ne pouvait-on créer, sur quelques points, des *écoles préparatoires à l'enseignement supérieur?* Ces écoles étaient prévues dans la loi de 1854; elles répandraient, comme les Facultés, le goût et le besoin de la grande culture scientifique et littéraire.

Le choix n'était pas difficile. Rennes, la ville parlementaire de la Bretagne, était le siège même des Facultés; il lui manquait seulement une Faculté de médecine pour avoir tous les organes du haut enseignement. Quels seraient ses satellites? On ne pouvait songer à Brest, le grand port de notre marine militaire, qui

---

(1) Cette gratuité, accordée ces dernières années, n'a été que temporaire.

avait sous ce rapport sa vie propre et ses besoins..... Restaient Nantes et Angers, autrefois sièges d'Université, et qui entretenaient encore des écoles de médecine et de pharmacie, débris du haut enseignement. Un mouvement intellectuel était très marqué dans les deux villes, plus scientifique à Nantes au profit du commerce et de l'industrie, plus littéraire à Angers avec la prédilection du beau, le goût particulier de la statuaire, de la musique et du dessin ; les deux villes pouvaient donc, sans qu'il y eût mécompte, redevenir des foyers de haut enseignement. M. le ministre les signalait lui-même dans son exposé des motifs du décret du 22 août 1854 sur l'organisation des Académies.

« Des cours municipaux fort importants existent à Angers et à Nantes ; ils peuvent encore prendre une forme plus régulière et constituer un ensemble digne de l'attention et de l'appui bienveillant du gouvernement. En assimilant ces cours municipaux aux cours préparatoires de médecine et de pharmacie, on crée des écoles intermédiaires d'enseignement supérieur qui n'imposent à l'État aucun sacrifice et qui, cependant, ont des chances certaines de durée. »

M. le ministre avait été mal informé ; il n'existait ni à Nantes, ni à Angers de cours municipaux *rétribués* par la commune. Donc l'*École* serait tout entière à créer ; il faudrait lui trouver un local, la doter d'un mobilier usuel et scientifique, assurer le traitement des professeurs, instituer un gros budget de dépenses auquel ne répondrait aucune recette.

J'adressai cependant des instructions à MM. les inspecteurs dès le 21 septembre 1854, pour préparer l'opinion ; ils devaient rappeler dans les deux cités de caractères différents, mais également animées d'esprit libéral, qu'elles furent l'une et l'autre sièges d'Universités ; une École d'enseignement supérieur y rallumerait l'antique flambeau. Les sociétés académiques, les journaux et les revues de la province seconderaient le projet de création auprès des autorités locales ; qu'un mouvement se produise dans l'opinion, et le Recteur s'empressera de venir sur les lieux conférer avec les magistrats de la cité et le Conseil municipal.

Ce fut là notre première campagne ; il fallait y trouver un point d'appui dans l'opinion pour poser ensuite les questions de dépenses.

A Angers, d'excellents articles pleins du souvenir de l'Université de cette ville furent très remarqués ; la plume qui les écrivait avec une correction qu'on pouvait donner comme modèle, une admiration pour les célébrités angevines qui trahissait un enfant du pays, ne portaient pas de signature ; j'en fis honneur devant M. le ministre à notre cher collaborateur, M. de Lens. Rien n'empêche à cette heure de faire cesser l'anonyme, de livrer à la publicité le nom d'un homme de bien ; nous allons le retrouver dans un autre ordre d'enseignement ; c'est un moyen d'honorer sa mémoire.

Nous avions rencontré à Nantes, dès les premiers jours, un esprit généreux, passionné pour toutes les cultures de l'esprit ; c'était aussi un enfant du pays, l'une des célébrités du barreau, très populaire dans la grande cité, qui nous seconda puissamment de ses écrits dans les journaux, de sa parole dans le Conseil municipal ; j'aime à inscrire dans ces souvenirs le nom de M. Colombel.

La question des Écoles Supérieures était donc posée ; M. le ministre remarqua la mention qui en était faite dans mes rapports mensuels ; il m'écrivait le 21 février 1855 :

Monsieur le Recteur,

Vous me faites connaître par votre rapport mensuel du 6 février courant que, par suite des instructions données, la question des cours de sciences appliquées préoccupe sérieusement les esprits dans les villes de Nantes et d'Angers. Vous m'informez en même temps que des amis de l'institution nouvelle lui ont consacré un certain nombre d'articles dans les journaux des deux localités.

Veuillez, monsieur le Recteur, m'adresser des exemplaires de ces journaux ; je désire pouvoir apprécier la manière dont a été comprise cette question, qui offre aux villes de Nantes et d'Angers un intérêt tout particulier. Je ne me dissimule pas qu'un certain embarras financier peut être, en ce moment, la difficulté la plus sérieuse. Néanmoins je verrais avec peine l'ajournement d'une organisation dont on doit attendre les plus heureux résultats, et je ne saurais trop vous recommander de ne rien négliger, pour en préparer et hâter le succès.

C'est à Nantes (1) qu'il fallait, ce semble, porter en toute hâte un premier effort. La ville allait mettre en vente son hôtel des Monnaies, si bien disposé dans son ensemble pour le service d'une Faculté des sciences. J'obtins l'ajournement de la mesure, et je restai à Nantes durant quelques semaines négociant avec le maire, les conseillers municipaux influents et particulièrement M. Colombel. Il fallait bien reconnaître que la création et l'entretien de l'École se traduisaient en gros chiffres. Nous n'avions pas à donner en échange tels diplômes portant privilège, ouvrant l'entrée des carrières libérales. C'est un grand honneur pour une ville dont le commerce est la vie, qui porte son pavillon sur les mers (*favet Neptunus eunti*), — ainsi qu'il est écrit sur ses armes, — d'avoir traité avec l'Université sur cette base idéale d'une grande culture intellectuelle. J'eus à défendre cette cause devant une commission du Conseil municipal, à mettre en lumière les services qu'une École de lettres et de sciences rendrait à la cité ; mon exposé fut écouté avec une vive sympathie, et, lorsque la question fut portée devant le Conseil, au nom de la commission, par M. Colombel, rapporteur, le vote d'adhésion fut unanime.

Le décret impérial ne se fit pas attendre. M. le ministre m'en adressa ampliation, le 30 mars, avec les instructions pour son exécution. L'École fut inaugurée la même année par le Recteur, (3 novembre 1855) (2).

De Nantes, j'allai à Angers, où le succès était plus difficile ; mais je pouvais m'appuyer d'un premier résultat. La bonne nouvelle me précédait. Le *Journal de Maine-et-Loire* (20 mars) disait à ses lecteurs :

« Nous avons lu ces jours derniers, dans le *Courrier de Nantes*, que M. le Recteur de l'Académie de Rennes a été entendu au sein d'une Commission municipale au sujet de l'organisation projetée d'une École préparatoire à l'enseignement supérieur des sciences et des lettres dans cette ville. Il s'est attaché à faire connaître à

---

(1) Voir *Appendice*.
(2) Le livret de la séance contient le discours du Recteur, de M. Favre, maire de Nantes, et de M. Ach. Comte, directeur de l'École.

la Commission l'esprit et les détails de cette importante institution, destinée à exercer une si précieuse influence sur l'avenir commercial, industriel, artistique et littéraire des cités qui en seront dotées, et sur la direction morale de la jeunesse.

« Nous ne sommes pas étonnés d'apprendre que l'administration municipale de Nantes ait accueilli de ses plus vives sympathies cette création d'enseignement supérieur. Il résulte de nos informations que, sur le rapport éloquent de M. Colombel, membre du Conseil, et sur l'exposé habile et chaleureux de M. Cuissard, premier adjoint, faisant fonction de maire, le Conseil municipal, s'associant avec un généreux empressement aux sentiments qui lui étaient exprimés par son président et par son rapporteur, a voté à l'unanimité toutes les dépenses qui lui étaient demandées par le chef de l'Académie pour l'organisation d'une École de sciences appliquées. Ainsi il a décidé que le spacieux et élégant hôtel des Monnaies, dans ces derniers temps Palais de justice, serait affecté exclusivement à la nouvelle institution ; il s'est engagé à faire toutes les appropriations nécessaires pour l'installation des amphithéâtres et des laboratoires, à acheter le mobilier usuel, scientifique et littéraire de l'établissement ; il a accepté les bases du budget de l'école, personnel enseignant, préparateurs, gens de service, préciput du directeur, frais matériels et divers ; enfin il est convenu d'inscrire annuellement à son budget les crédits que demanderont l'entretien des collections et l'achat d'instruments nouveaux.

« La nouvelle de cette décision a été reçue dans toute la ville avec des marques de la plus vive satisfaction. Certes, on ne pouvait fonder une grande institution avec une plus intelligente libéralité. L'administration et le Conseil municipal attachent de la manière la plus honorable leur nom et leur initiative à la première fondation des Écoles Supérieures, dont le principe est inscrit dans le décret du 22 août 1854. Nul doute que le gouvernement ne s'empresse d'accueillir le vœu qui lui est exprimé par le Conseil pour que l'école soit immédiatement décrétée, et que les cours en soient ouverts à la rentrée de la prochaine année classique.

« Nos lecteurs n'ont peut-être pas oublié les articles que nous avons consacrés à l'étude de la même question dans son application à notre ville, siège d'une Cour impériale, autrefois chef-lieu célèbre d'une Université, qui garde encore, de ses anciennes institutions universitaires, un lycée impérial et surtout une École préparatoire de médecine et de pharmacie, dont la prospérité serait si heureusement maintenue et développée par la création d'une École de sciences appliquées. Nous avons eu soin de le faire remarquer, le cadre qu'embrasse le règlement du 26 décembre se prête à tous les développements. On appliquerait d'une manière spéciale, à l'école d'Angers, les parties de l'enseignement qui seraient le mieux en rapport avec les besoins de la cité. La question même des dépenses pourrait très facilement être subordonnée, dans ses détails, à l'état financier de la ville. Le grand intérêt, c'est de former l'institution dans le plus bref délai. »

Et le même jour, le premier adjoint faisant fonction de maire recevait ma visite ; il m'assurait de ses bonnes dispositions, mais ajoutait qu'il ne pouvait engager la question ; le maire (1), député au Corps législatif, absent en ce moment, pourrait seul à son retour saisir le Conseil, la question engageant les finances de la ville.

Je revins à Angers. Les négociations se succédèrent ; le ministre, informé de leurs phases diverses, les suivait avec un intérêt marqué ; il y eut enfin vote favorable.

Nous n'en avions pas fini cependant avec les difficultés ; et ici se place une autre dette de gratitude. Le Conseil le mieux intentionné, bien qu'engagé par un premier vote, peut éluder, ajourner l'effet de sa délibération ; un intérêt d'économie le défendrait près des contribuables contre la pression de l'opinion. Le préfet (M. Vallon) n'admit pas les motifs qu'on voulait invoquer ; esprit élevé, cœur généreux, ami des sciences et des lettres, il défendit de son autorité la cause de l'École, qui serait à sa place dans la patrie du roi René ; pour qu'il n'y eût pas d'objections sur la question du local, le département cédait à la ville les bâtiments et terrains de l'ancien Petit Séminaire. Le Conseil votait, d'autre part, les crédits que nécessitait l'appropriation du local ainsi que

---

(1) M. Dubois, alors député, plus tard Premier Président de la Cour d'Orléans.

l'achat du mobilier usuel et scientifique; le décret impérial put enfin intervenir, il porte la date du 7 juillet 1855.

Le Recteur eut l'honneur de présider à l'inauguration des Écoles, à Nantes le 3 novembre 1855, à Angers le 7 février 1856 (1). Dans les deux villes, l'évêque, le préfet, le maire, les autorités civiles et militaires, les présidents des sociétés savantes témoignèrent par leur présence de toute leur sympathie. Les professeurs n'auraient qu'à maintenir l'enseignement dans la voie que traçait le président, pour garder à l'institution, dans l'avenir, l'adhésion unanime qui l'accueillait à son berceau (2).

Les deux Écoles supérieures étaient donc fondées dans l'esprit et avec les instruments de savoir que voulait le ministre; les trois écoles de médecine, d'autre part (3), obtenaient les crédits que que nous avions sollicités pour accroître leur enseignement et mieux rémunérer les professeurs; un décret (30 mai 1855) réorganisait l'école de Nantes avec des chaires aussi nombreuses qu'à l'école de Lyon, devenue depuis une Faculté; Nantes était, comme Lyon, école de plein exercice.

Un mot encore sur les deux Écoles supérieures pour faire honneur de leur création aux villes d'Angers et de Nantes : elles ne donneraient aucun revenu et ne conféreraient pas de diplôme portant privilège ou recommandation pour tel emploi public ou libre, l'accès possible et de plein droit dans telle administration publique, ainsi qu'on vient de le décréter en faveur des diplômés et bacheliers de l'enseignement secondaire spécial ; le vœu des deux villes à cet égard méritait d'être entendu (4). Une grosse dépense que ne rachète aucun avantage matériel, au premier abord, n'est pas faite pour séduire.

Les budgets, en regard de la dépense, portaient bien une colonne de *recettes* qui représenteraient le prix des inscriptions. Mais quel intérêt pouvait engager à prendre des inscriptions d'une

---

(1) Voir les livrets qui contiennent les discours. — Nantes. Imp. de Vincent Forest. — Angers. Imp. de Cosnier et Lachez.
(2) Voir l'*Appendice*.
(3) Nantes, Angers, Rennes.
(4) Voir l'*Appendice*.

valeur tout idéale? Nous n'aurions pas ce qu'on appelle des étudiants, mais un auditoire bénévole ; les écoles de droit et de médecine, jusqu'en ces derniers temps, avaient seules des auditeurs *obligés*, parce que seules elles ouvrent des carrières. Dans ce chimérique espoir de *recettes*, on voyait trop les pratiques et les mœurs de l'étranger ; ailleurs les villes se disputent le professeur qui doit faire le renom de l'Université, et les élèves qui se pressent à ses cours concourent par leurs rétributions à lui faire comme revenus une situation exceptionnelle. L'administration escomptait donc des recettes impossibles.

L'objection ne pouvait échapper à des villes intelligentes comme Nantes et Angers. Ce fut ma plus sérieuse difficulté. Je m'attachai à l'écarter en insistant sur l'intérêt que présentait la diffusion du savoir. Nantes et Angers avaient, au grand profit de la contrée, de précieux foyers de haute culture littéraire et scientifique; l'argument suffisait dans la cause près d'esprits libéraux et éclairés. Un éclatant succès fut acquis dès les premiers jours à l'enseignement ; il n'a pas cessé jusqu'à ce jour ; c'est la meilleure preuve que les Conseils se sont inspirés, dans leur vote favorable, du besoin et de l'esprit des populations.

Ainsi l'action académique s'était affirmée dans l'esprit de la loi de 1854; le ministre en témoignait satisfaction au Recteur par une promotion dans la Légion d'honneur, qu'accompagnait une lettre des plus bienveillantes.

La même année, en octobre, et toujours dans cet esprit de la loi qui est son œuvre, M. Fortoul réunissait les Recteurs à Paris et les entretenait, dans plusieurs conférences, de tous les intérêts de l'enseignement. Sans infirmer dans son principe de liberté la loi de 1850, qu'un moine éloquent a appelée l'*édit de Nantes* en matière d'enseignement, l'État avait bien le droit, dans son domaine, d'accroître ses forces et d'étendre son influence ; quels seraient les moyens d'atteindre ce but? Le ministre posa la question et provoqua les avis. Sa ferme parole, son intelligence des besoins scolaires et son dévoûment à l'Université, firent une vive impression sur l'assemblée. — Les Recteurs, de retour dans leurs provinces académiques, auraient à faire enquête sur les points divers traités dans les conférences. — La circulaire ministérielle

(19 avril 1856) rappelle tous ces points et mentionne le travail fait dans l'Académie de Rennes (1).

M. le ministre n'ignorait pas les sentiments que soulevait la loi nouvelle au sein du haut clergé ; c'était la méfiance ou l'hostilité. Ainsi une plainte tout à fait imprévue m'était adressée le lendemain de la séance de rentrée des Facultés ; on pouvait y pressentir un orage. Et bientôt, dans l'une des premières sessions du Conseil académique, deux prélats avec lesquels j'entretenais d'ailleurs les meilleurs rapports, s'ils ne mettaient pas expressément la loi en cause, contestaient les décrets rendus pour son exécution ; ils n'admettaient pas cet article, par exemple, que les délibérations fussent limitées aux matières énumérées en l'article 4 du décret du 22 août 1854, qu'en dehors le Conseil n'eût à traiter que les questions *qui lui étaient soumises par le Recteur*, en vertu de l'article 4 de la loi du 14 juin 1854 ; le même droit d'initiative devait également appartenir à tous les membres du Conseil. Rien de plus légitime, si l'on n'eût voulu en faire un terrain de combat, discréditer à son origine le principe d'autorité que réservaient la loi et les décrets dans un intérêt d'éducation nationale. Les droits de l'État furent maintenus par l'administration académique, mais de manière à prouver au Conseil qu'un libre champ lui restait pour ses discussions ; les questions scolaires se trouvaient en effet soit à l'étude, soit traduites en résultats, dans les rapports des doyens et des inspecteurs, et sur chacune le Conseil exprimerait librement son avis et ses vœux ; l'opinion de la majorité du Conseil serait recommandée à toute l'attention du ministre. Sous cette forme, la proposition réunit à peu près l'unanimité des suffrages. L'incident fut écarté. Le prélat qui avait particulièrement porté dans le Conseil l'esprit de lutte comprit l'inutilité de ses efforts ; sans donner sa démission, il cessa d'être des nôtres, et ne revint plus prendre part à nos travaux. Nous eûmes, devant l'opinion, le bénéfice de la modération qui est toujours une force ; on nous sut gré d'avoir maintenu le droit sans éveiller au dehors la colère des passions et le feu des polémiques.

Le souvenir de ces temps difficiles m'était retracé dernièrement, mieux que je ne le fais ici, par un ancien inspecteur d'Acadé-

---

(1) Voir l'*Appendice*.

mie, aujourd'hui professeur honoraire de la Faculté des lettres de Poitiers, dont l'amitié et la collaboration me furent précieuses (1). Agrégé, docteur ès lettres, ancien élève de l'École normale et de l'École d'Athènes, d'une culture particulièrement délicate, comme en témoignent ses travaux sur l'*art grec*, et, ce qui se voit rarement avec cette culture, d'un dévoûment profond aux plus obscurs intérêts scolaires, M. Hanriot avait la passion de la vie administrative qui nous était commune. Je ne sache pas que jamais Recteur ait trouvé pour l'assister dans sa tâche un personnel plus éclairé, plus dévoué que M. Hanriot, M. de Lens, et leurs collègues dans l'inspection ; ce n'est que justice de rappeler leur souvenir et de leur faire une large part dans le bien qu'on a pu faire.

(1) Voir *Appendice*.

LIVRE IV. — RENNES. — RECTEUR. 111

CHAPITRE II

Recteur. — Rennes.

M. Rouland succède à M. Fortoul ; il offre au Recteur une autre résidence. — Maintien à Rennes. — Sa lettre ; ses instructions. — Ce qu'il faut entendre par son *gallicanisme*. — La politique d'union, mais chacun dans son droit. — Cette politique profite à l'Université.
Instruction supérieure. — Comité consultatif ; conférences près la Faculté de Droit.
Instruction secondaire. — Le clergé et ses écoles. — Principe religieux dans l'éducation. — Instructions ; concours académique. — Question des maîtres d'études ; M. le premier Président Boucly, rapporteur ; maîtres auxiliaires. — Maîtres auxiliaires. — Inauguration du nouveau Lycée de Rennes par M. le Ministre ; de la chapelle du Lycée de Saint-Brieuc par le Cardinal-Archevêque de Bordeaux.
Instruction primaire. — Conférences entre les Instituteurs. — Retraite pédagogique en Maine-et-Loire. — M. l'Inspecteur de Lens, ses mérites. — Direction donnée aux écoles ; on signale les intelligences d'élite. — Pas besoin d'instruction intégrale. — Écoles primaires supérieures. — L'idée religieuse ; respect de la conscience ; pas besoin de neutralité.
Le voyage de l'Empereur et de l'Impératrice en Bretagne. — Apogée du règne ; difficultés qui surgirent ensuite. — Au départ de Rennes, distinction accordée au Recteur de l'Académie. — Témoignages.
Questions administratives. — Politique. — La question romaine ; brochures politiques ; interdiction. — Autorisation retirée à un maître qui entretenait les élèves de politique. — Agissements signalés. — Demande de création dans un département d'un nouveau Petit Séminaire. — Opposition à un projet d'ouverture d'école par un *prête-nom*. — Menace de rupture de la part d'un prélat à propos du nom de collège réservé aux établissements universitaires.
La politique en province. — L'observateur voit de près le jeu des partis. — Mémoires adressés à M. le Ministre : la Bretagne, la Mayenne et l'Anjou sous le rapport politique et universitaire. — Description de ces provinces. — Clergé, noblesse et bourgeoisie. — Les chemins de fer. — Questions sociales. — *Rapports mensuels*. Intérêt qu'attachait M. le Ministre à ces rapports. — Communication des mémoires à M. Billaud, ministre de l'Intérieur. — Entretien avec cet homme d'État sur la Bretagne ; le suffrage universel. — Dangers d'une lutte nouvelle. — Les devoirs du gouvernement.
Nomination à Bordeaux. — Témoignages.

On jugera peut-être, après avoir lu les pages précédentes,

que cette politique de paix et d'union, si sagement recommandée par le gouvernement, coûtait quelques efforts en Bretagne. M. le ministre Fortoul nous avait su un gré particulier de l'avoir pratiquée sans relâche. Arrivé au pouvoir après M. Fortoul, M. Rouland voulut nous en témoigner sa satisfaction, et nous offrit, à cet effet, un poste moins difficile. Mais l'œuvre n'était pas achevée; il y avait quelque honneur à la poursuivre. Je demandai à rester à Rennes; M. le ministre n'eut que des éloges pour cette résolution; il voulut bien m'écrire :

Paris, 6 octobre 1856.

Monsieur le Recteur,

Je m'empresse de vous annoncer que, prenant en considération les motifs qui vous faisaient désirer de ne pas changer de résidence, je vous ai maintenu dans le Rectorat de l'Académie de Rennes.

Vous continuerez, par votre administration ferme et conciliante à la fois, de justifier, dans ce poste de confiance, la bienveillance du gouvernement, et je ne négligerai pas l'occasion de reconnaître, par un avancement mérité, les services que vous êtes appelé à rendre encore.

Cette bienveillante promesse fut deux fois tenue; une distinction honorifique précéda l'avancement.

Nous restâmes donc à Rennes, poursuivant notre mission dans la voie qu'avaient tracée les deux ministres. Partout difficile, puisque dans tous les ordres d'enseignement il s'agit d'influence, la tâche était particulièrement délicate dans l'instruction secondaire. Le clergé recrutait les élèves de cet ordre d'établissements dans les familles qui avaient le nom, le crédit ou la fortune, et tenait naturellement à garder les influences que lui assurait une pareille clientèle. Aussi, tout progrès sérieux des collèges universitaires lui était un sujet de crainte; il ne laissait pas, en ce qui le concerne, de montrer quelque émoi de l'insuccès qui pouvait, par intervalle, atteindre ses maisons dans les épreuves du baccalauréat. Il y eut, de la part d'un archevêque, comme une menace de rupture au jour où le ministre décida que les établissements universitaires pourraient seuls porter le nom de *Collèges*; il fallait cependant, en gardant son terrain, en l'étendant même dans les conditions d'une émulation loyale, éviter les luttes, maintenir les bons rapports ; l'autorité était à ce prix.

M. Rouland, comme M. Fortoul, voulait sincèrement la paix ; il excellait à donner, dans ce sens, les meilleurs conseils.

« Il ne faut pas croire, m'écrivait-il (10 novembre 1858), qu'on serait approuvé, en définitive, si l'on voulait à dessein établir *une lutte inutile*. Chacun chez soi avec ses droits, sa liberté, et, entre tous, égards et bienveillance de formes, il faut toujours en revenir là.

« Je crois ainsi vous donner les meilleurs conseils ; je suis convaincu que votre excellent esprit partage mes idées.

« N'allez pas trop vite ; mettez le temps, cet habile maître, et les formes, cet adoucissement à tant de choses. Car il ne faut pas oublier que, dans votre religieuse Bretagne, on ne peut rien faire de solide et de durable si l'on se sépare de l'élément religieux. »

Quel accent de vérité et de modération ! Rollin eût donné les mêmes conseils. Oui, le temps en toutes choses est le grand maître ; les œuvres qu'il a lentement préparées sont les seules durables ; quant à l'élément religieux, sa place n'est pas seulement en Bretagne ; partout l'éducation le réclame comme principe d'obéissance et de respect ; que le maître soit sceptique ou incrédule, il y a probité pour lui de s'interdire toute parole qui atteindrait dans l'enfance les croyances de la famille.

Nous pensons encore aujourd'hui que l'Université pratiquait alors une bonne politique scolaire ; l'Académie de Rennes n'eut pas à s'en plaindre. Ses établissements gagnaient en renom, trouvaient une clientèle là où ils n'avaient pas encore pénétré, sans perdre les sympathies des classes libérales, dont ils représentaient l'esprit ; nous obtenions, des villes et des départements, le vote des crédits que nous leur demandions pour leurs écoles de tout degré (1).

L'étendue du ressort et, par suite, le nombre de ses établisse-

(1) Je regrette de n'avoir pas publié, ainsi que je l'ai fait en 1879 pour l'*Académie de Paris*, les *Exposés du Recteur au Conseil académique de Rennes*, session de juin 1855 jusques et y compris la session de novembre 1860 ; on y eût trouvé l'indication précise des travaux accomplis et des résultats obtenus dans cette période pour les trois ordres d'enseignement. — Un travail analogue n'eût pas été sans intérêt pour faire connaître les délibérations

ments, facilitaient l'émulation des études ; le concours académique, institué à cet effet dès les premiers jours, mit en regard les lycées et les collèges ; et de là, ces deux résultats, l'un et l'autre importants : accroissement de travail chez les maîtres et chez les élèves, moyen nouveau donné à l'administration de mesurer le niveau de l'enseignement, d'avertir et de diriger. Nos autres sources d'information résultaient de nos visites personnelles, des examens du 5° mois, des deux inspections annuelles faites par les inspecteurs d'Académie, de nos rapports enfin avec les Facultés, après les examens du baccalauréat.

Les questions d'étude de l'enseignement secondaire n'étaient pas oubliées dans nos réunions du Comité consultatif de l'enseignement supérieur ; l'enseignement supérieur n'était-il pas en cause dans l'enseignement secondaire ; peut-il être efficace, s'il ne s'adresse à des esprits bien préparés. Les sujets couronnés dans nos concours devenaient plus tard, et sont encore aujourd'hui, les lauréats des Facultés.

Le Comité suivit, dès l'origine, avec une vive sympathie, les conférences établies près la Faculté de droit ; il était précieux pour l'étudiant de poser des questions après ces cours, et d'obtenir la lumière sur les parties de la leçon restées obscures ; l'affection d'une part, de l'autre le respect, gagnaient aux rapports plus intimes du maître et de l'élève.

Un régime qui assurait ces deux bienfaits méritait d'être étendu à toutes nos grandes écoles. Avec le temps, nos Facultés des sciences et des lettres sont devenues, sous ce rapport, de vrais collèges d'enseignement supérieur ; l'auditoire *obligé*, aujourd'hui *rétribué* pour suivre assidûment les conférences et ce qu'on appelle les *cours fermés*, doit apporter des travaux personnels, faire des leçons, préparer des expériences ; les Facultés sont ainsi devenues, comme l'École normale, une pépinière de professeurs (1).

Préoccupé de la grave question des maîtres d'études, nous sou-

---

mensuelles du *Comité de perfectionnement de l'enseignement supérieur.* — Les Facultés trouvent aujourd'hui, dans *leurs assemblées*, un moyen des plus efficaces pour mettre leurs forces en commun, exprimer leurs vœux et signaler leurs besoins.

(1) V. M. Lavisse, *Études d'enseignement national.* — Colin, éditeur, 1885.

mettions au Conseil académique de Rennes, dans sa session de juin 1857, un ensemble de mesures qui auraient pour effet d'assurer à ce personnel, dans le lycée du chef-lieu académique, les moyens d'instruction dont disposent les Facultés.

Rapporteur de la question, M. Boucly, premier Président de la Cour impériale, s'exprimait ainsi au nom du Conseil :

Le Conseil n'ignore pas que l'une des plus graves difficultés qui se présentent dans l'administration des établissements d'enseignement secondaire, c'est le choix des maîtres d'études (on les nomme maîtres-répétiteurs), qui se recommandent au respect des élèves par leur instruction et leur bonne tenue, et qui soient capables d'apporter à l'enseignement et à l'éducation un utile concours. Vous connaissez aussi les efforts qui ont été déjà tentés pour relever, à ses propres yeux et aux yeux de tous, cette classe de fonctionnaires subalternes, qui achètent par un si rude labeur une si médiocre existence. Le succès n'a pas été aussi complet qu'on pouvait le désirer. C'est que le problème est difficile à résoudre. Une situation qui n'assure pas, par elle-même, une existence convenable, ne peut être recherchée par un homme bien dévoué que si elle est le premier degré d'une position meilleure, un premier pas vers un avenir acceptable. Cette perspective a été ouverte aux maîtres d'études, mais dans des conditions où le but qu'on leur présente reste trop difficile à atteindre. Dans la plupart des établissements où ils sont placés, ils n'ont ni le temps ni les ressources qui leur seraient nécessaires pour mériter le diplôme de *licencié*, qui seul peut leur ouvrir la carrière du professorat. D'un autre côté, les jeunes gens qui, au sortir de leurs études, se sont montrés animés pour l'enseignement d'une vocation qui les poussait à aborder les difficultés de cette situation, ont souvent échoué par inexpérience et pour avoir été mis à l'épreuve sans y avoir été préparés par un apprentissage suffisant.

Ces considérations ont fait concevoir à M. le Recteur la pensée dont il vous a fait part dans le rapport qu'il vous a adressé à l'ouverture de cette session, et qu'il a soumis à vos délibérations. Pour assurer ou pour faciliter, du moins, le *recrutement* des maîtres-répétiteurs, il a l'opinion qu'il pourrait être utile de créer un corps plus ou moins nombreux d'aspirants, qui, placés dans *le lycée établi dans la ville où siège l'administration supérieure de l'Académie*, n'y seraient employés qu'à remplacer momentanément, dans leurs divers services, les titulaires empêchés, qui s'initieraient ainsi au grand art de la pédagogie sous une direction éclairée, et qui, cependant, n'y seraient pas assez complètement absorbés pour qu'ils ne pussent pas avancer leurs études personnelles, suivre les cours des Facultés, et devenir enfin *licenciés* avant le moment où ils seraient nommés maîtres-répétiteurs.

Cette mesure a paru, à votre Commission, ne pouvoir produire que de bons effets, et elle vous *propose de l'appuyer.*

Ainsi, nous demandions ce que nous obtînmes plus tard dans l'Académie de Paris, qu'un certain nombre de jeunes gens, choisis après examen, attachés au lycée sous le titre de *maîtres-auxiliaires*, et prenant part éventuelle, sous ce nom, à la direction des quartiers, eussent tout le temps et tous les moyens, au lycée et près des Facultés, de compléter leur enseignement et de se préparer aux grades. Il manquait aux *conférences* établies dans les lycées, institution excellente par elle-même, le moyen de leur faire produire tous les résultats désirables ; le devoir professionnel ne laissait pas aux maîtres assez d'heures libres pour le travail personnel. Et cependant, malgré ces difficultés, nombre de maîtres qui suivaient les conférences ont obtenu le diplôme de licencié ; ceux qui n'ont pas atteint le but ont du moins augmenté leur savoir ; tous, en prenant le goût de l'étude, ont aimé à rester au lycée pendant leurs heures de liberté, et ont ainsi échappé aux tentations et dangers de toute sorte que le désœuvrement rencontre au dehors.

Cette institution des conférences, si heureusement éprouvée dans l'enseignement supérieur et l'enseignement secondaire, devait donner des résultats dans l'enseignement primaire ; nous portâmes dans son application l'ardeur d'une conviction personnelle. Nos espérances ne furent pas trompées. A Rennes, comme ultérieurement dans les Académies de Bordeaux et de Paris, les instituteurs réunis au chef-lieu de canton, sous la présidence de l'inspecteur d'Académie, firent preuve du meilleur esprit. Sur les questions posées, chacun s'empressait d'apporter, de mettre en commun ses observations et son expérience ; l'accord se faisait ensuite sur la solution.

L'inspecteur profitait de la réunion pour dire ce qu'il avait trouvé de bon ou d'imparfait dans les écoles qu'il avait visitées ; il se gardait de désigner *nominativement* celles qui appelaient le blâme ou méritaient l'éloge ; ses instructions portaient avec elles une efficacité pratique ; le caractère général qu'elles affectaient ne pouvait éveiller de sentiments personnels de nature à troubler l'union et les bons rapports des instituteurs. On revenait à l'école connaissant mieux sa route, avec le désir de mieux faire, un sentiment plus vif du devoir professionnel ; on rapportait, accru par la réunion, cet esprit de dévoûment que donne le service sous le même drapeau.

Mais ce ne fut pas tout que d'organiser les conférences cantonales. De canton à canton variait l'observation, par suite même de l'état de variété dans le degré d'avancement des écoles ; il y avait sérieux intérêt à reprendre, pour tout l'enseignement, l'unité de direction que donne l'École normale primaire ; une *retraite pédagogique* nous vaudrait ce résultat. Nous trouvâmes appui et sympathie auprès de M. le préfet de Maine-et-Loire et du Conseil général ; les crédits nécessaires furent votés. Tous les instituteurs publics du département furent réunis, à Angers, par deux séries successives. M. de Lens, inspecteur d'Académie, eut sous son autorité la direction des cours et des conférences ; cette direction lui fit grand honneur. Le livre qu'il publia ensuite, sur l'avis du Recteur, mit à la portée de toutes les écoles les instructions données, et les divers résultats de la *retraite* (1).

Agrégé de philosophie, élève de l'École normale, M. de Lens avait été un de mes condisciples ; il fut l'un de mes plus chers et plus dévoués collaborateurs. Esprit distingué, d'un jugement droit, d'une érudition sûre, ses exposés étaient des modèles de méthode et de correction ; au lycée comme à l'école supérieure, ses avis faisaient autorité. Dans l'enseignement primaire, sujet fréquent de nos entretiens, et qui nous était une passion commune, peu de questions qui ne lui fussent familières. Nous avons pu ainsi, sur plusieurs points, devançant les temps, assurer au sein de l'école la direction de la méthode, bien régler l'emploi du temps, donner des soins particuliers au dessin, au chant, à la comptabilité, vulgariser la gymnastique, répandre dans les écoles de filles l'enseignement, soit de la coupe, soit des travaux d'aiguille ; pour ces

---

(1) La réunion eut lieu, en 1857, dans les bâtiments de l'École normale primaire. Le livre fut publié, en 1858, sous ce titre : *Guide des Instituteurs de Maine-et-Loire.*

derniers, l'un de nos inspecteurs primaires était l'auteur de procédés ingénieux.

Je souhaitais vivement qu'en récompense d'une carrière des plus honorables, si utilement consacrée à l'Université, M. de Lens fût promu à l'Inspection générale; je lui demandai, à cet effet, un mémoire sur l'*enseignement spécial*, pour lui en faire un titre auprès de l'autorité supérieure. C'était ici encore une anticipation des temps; l'année 1861 venait de s'ouvrir; la loi sur l'enseignement spécial est bien postérieure, elle porte la date de 21 juin 1865. M. de Lens a rédigé le mémoire, mais je n'étais plus à Rennes; d'un Recteur à son successeur, les intentions ne se transmettent pas toujours comme héritage; j'eus le regret de partir de Rennes sans avoir pu atteindre le but que je poursuivais. M. de Lens avait bien obtenu la première classe de ses fonctions; en 1852, il recevait la croix de chevalier; mais la récompense me semblait incomplète.

Au cours de ce récit, et dans une autre Académie, j'exprimai le même regret pour un autre Inspecteur, digne également d'une haute situation (1).

Mais revenons à l'enseignement primaire pour rappeler quel en était alors l'esprit. Nous avons dit qu'au lendemain d'une révolution, le grand soin d'un gouvernement conservateur est de rétablir le principe d'autorité. Dans cette œuvre sociale, l'école primaire a son rôle; c'est l'école du peuple, l'école universelle qui doit, à ce titre, assurer à tous les premiers éléments du savoir, et former l'âme au respect par le sentiment du devoir. « Je veux, écrivait un ministre (M. Fortoul), que nul enfant ne sorte de l'école primaire que sachant lire, écrire et compter, animé des *convictions chrétiennes* qui doivent être la règle de la vie. » En matière d'instruction et lorsqu'il s'agit de *tous*, le grand intérêt est le nécessaire; il faut, avant tout, y pourvoir. Rien n'interdit d'aller au delà, de varier et d'étendre l'enseignement pour répondre aux besoins réels; l'administration aidait de son concours les écoles *primaires supérieures*, créées sous l'empire de la loi de 1833, et en suscitait de nouvelles, là où elles pouvaient rendre service. Eût-il été sage de lui demander davantage; n'était-ce pas satisfaire, dans

(1) M. Tranchau, Inspecteur d'Académie à Orléans.

une convenable mesure, au progrès et à la conservation, même dans les écoles les plus humbles, l'inspection signalait, là où elles les rencontrait, les intelligences d'élite qu'il y avait lieu d'appeler pour recevoir une instruction supérieure. Tous les intérêts étaient ainsi conciliés. Mais étendre l'enseignement au delà des vrais besoins, sous un faux prétexte d'instruction *égalitaire*, égarer l'opinion en la flattant par des passions mauvaises, susciter des vocations factices, et, avec elles, le péril des décevantes ambitions, provoquer vers les villes le courant des populations rurales, semer le vent, comme le dit la parole sacrée, pour recueillir la tempête, tel ne pouvait être le programme d'un pouvoir jaloux d'assurer la concorde entre les citoyens et le bienfait de la paix publique. N'y eût-il que ces deux intérêts à sauvegarder, la religion, qui enseigne l'amour du prochain et la charité, méritait la place que lui avait réservée le législateur (1). L'administration, comme c'était son devoir, maintenait à sa place le principe religieux, mais sans qu'il y eût abus ou prépotence ; elle ne cessa d'être libérale, c'est l'esprit même de l'Université ; nous n'eûmes pas besoin, pour défendre la conscience de toute atteinte, d'avoir à demander ce que plus tard on a appelé la *neutralité de l'école*, grand mot séduisant et pompeux, qui, sous prétexte d'écarter l'influence de telle idée confessionnelle, pourrait bien, comme but à atteindre, être l'exclusion de toute idée *religieuse*.

La philosophie sociale nous donnait autant d'arguments que la religion lorsque nous allions plaider, auprès des communes, la cause des *salles d'asile*, mieux appelées maintenant *écoles maternelles*. La cause était sainte entre toutes ; il s'agissait de l'enfant

(1) L'enseignement primaire comprend l'instruction morale et religieuse (art. 23 de la loi du 15 mars 1850).
Il est curieux de voir dans un pays voisin, qui n'est pas suspect de *cléricalisme*, les raisons d'ordre public qu'oppose le gouvernement à la suppression de l'enseignement religieux dans l'École. — Le ministre italien de l'instruction publique, M. Roselli, vient de faire approuver, par décret royal (octobre 1888), un nouveau règlement scolaire ; nous lisons, dans son rapport :
« Convaincu, comme je le suis, que l'*enseignement religieux, contenu dans de justes limites, constitue un puissant moyen d'éducation et une garantie de la paix et de la prospérité sociale*, je ne saurais consentir à l'exclure de l'École. »

du pauvre, d'un devoir de charité. L'excursion ne laissait pas de fatigue, si l'on comptait au retour les écoles dont on avait obtenu la création, celles pour la création desquelles on avait des promesses; on n'aurait jamais trop de ces asiles tutélaires pour abriter l'enfance, veiller à sa faiblesse, et la pénétrer de saines influences. Combien de fois j'ai pu voir tous ces bons sentiments qu'éveillaient, au cœur du peuple, ces petites écoles, qu'elles fussent fondées librement par la commune ou instituées par des associations charitables; le lien social en profitait. Ce qu'on donne au peuple, sans calcul et en vraie tendresse, est payé de retour; fraternité et charité, disons *assistance*, — le mot est moins suspect, — vont bien ensemble.

Ainsi, considérée au point de vue social tel qu'on l'entendait à cette époque, et plus encore que comme préparation scolaire, l'École maternelle était digne de toutes les sollicitudes; le public était de moitié dans les sympathies de l'administration. Nous pouvons en donner deux exemples.

L'administration peut multiplier ses soins pour une solennité scolaire; ce qui fera toujours l'intérêt de la fête, c'est l'empressement, le concours des populations; le public seul peut donner à la réunion officielle le caractère d'une manifestation populaire. Je garde en particulier le souvenir très vivant des réunions d'Angers et de Napoléonville (1), consacrées aux salles d'asile. Je venais, au nom du ministre, récompenser publiquement les directrices dont les écoles méritaient le titre d'*asiles modèles* (2). Quel concours et quel éclat dans l'une et l'autre ville! L'assistance fut immense; les autorités étaient sur l'estrade; au pied, les pauvres et les riches, et combien tous suivaient du regard, animaient de leurs sympathies le Président de la fête, dans le tableau qu'il traçait de l'asile, de ses joies enfantines et de son action morale; l'auditoire est de moitié dans le succès de la parole quand elle tombe sur des cœurs émus, unis par le même sentiment (3).

---

(1) Angers, 1856; Napoléonville, 1857.
(2) Le mot indique le but de l'institution. Les aspirantes et directrices viendraient chercher dans l'*asile modèle* une direction pédagogique et des exemples d'ordre matériel. C'est la pensée que le *cours pratique*, établi plus tard à Paris, mit en pratique et généralisa, on sait avec quel succès.
(3) Voir *Appendice*.

L'asile, premier berceau de l'éducation populaire, et l'instruction primaire d'une manière générale, représentaient un intérêt social; l'instruction secondaire, par suite de diverses causes, semblait répondre plutôt à un intérêt politique. On conçoit que M. le ministre de l'Instruction publique et des Cultes ait tenu à faire entendre la parole du gouvernement dans un pays tel que la Bretagne.

Nos négociations avec la ville de Rennes, pour la reconstruction partielle du lycée, venaient d'aboutir ; M. le ministre vint présider à l'inauguration des nouveaux bâtiments. Nous étions au 6 juin 1859, au lendemain du jour où Mgr Brossais de Saint-Marc, depuis cardinal, avait reçu l'investiture de l'archevêché de Rennes. L'Université avait sa fête après l'Église. Le nonce, les évêques de la province, entouraient le ministre. Le discours de M. Rouland fut acclamé. J'emprunte au *Moniteur* l'affirmation officielle qui marque bien où en était la question politique entre toutes en Bretagne, celle des rapports de l'Université et du clergé :

Je remercie l'Empereur d'avoir bien voulu me donner la double mission de présider, en son nom, à la consécration du nouvel archevêque de de Bretagne et de poser la première pierre du nouveau lycée.

Messieurs, l'Empereur a fondé parmi nous la liberté de l'enseignement. Vous savez qu'elle est respectée comme le bien le plus précieux des familles.

. . . .

Hier, j'ai visité avec bonheur les établissements créés par les soins de votre vénérable archevêque. Aujourd'hui, le premier pasteur du diocèse est à mes côtés; tout le monde applaudira les touchantes paroles qu'il me disait hier : *Pastor unus et unum ovile* (1).

Une autre cérémonie religieuse, l'année suivante, affirmait *extérieurement* sur un autre point de la Bretagne le rapprochement sinon l'union de l'Université et du clergé. Nous avions obtenu du Conseil municipal de Saint-Brieuc les crédits nécessaires pour ériger une chapelle nécessaire au nouveau lycée de cette ville; comme à Rennes, l'État donnait son concours. Mgr Donnet, arche-

---

(1) Voir l'*Appendice*.

vêque de Bordeaux, que j'avais connu et que je devais revoir dans son diocèse, voulut bien, à la prière de l'évêque, Mgr Martial, son ancien grand-vicaire, venir bénir la première pierre de la chapelle. A Saint-Brieuc comme à Rennes, la cérémonie eut un caractère de grandeur; le clergé et les autorités civiles étaient assistés de toute la population. Le Recteur eut l'honneur de recevoir le prélat, et, en le remerciant, rappela la pensée du fondateur de l'Université sur l'union de la science et de la religion; la cérémonie de ce jour en montrait la trace vivante. L'archevêque, dans sa réponse, eut de tendres paroles pour notre maison, pour le Recteur un souvenir touchant d'Aquitaine. Le Maire remercia ensuite l'Académie pour l'œuvre menée à si bonne fin (1).

La journée du 28 mai 1860, comme celle du 6 juin 1859, eut un grand retentissement; ce fut un évènement dans la Bretagne politique et universitaire.

Mais la paix était-elle bien assurée? On était encore, en Bretagne, sous l'impression du voyage triomphal de l'Empereur et de l'Impératrice. Un mot sur ce voyage, où je reçus une haute distinction (2), avant de marquer les points noirs qui se levaient à l'horizon.

A Rennes comme à Bordeaux, et plus tard à Paris, j'ai assisté à toutes les fêtes du règne. Pour la Bretagne, les bulletins de l'époque, bien qu'officiels, n'ont pas exagéré l'enthousiasme des populations, ils en ont même faiblement rendu l'accent universel et spontané. L'expédition de Crimée jetait un rayon de gloire sur le nouveau règne; le Prince l'avait faite pour assurer la paix, il se croyait le droit de dire, qu'ajourner la question d'Orient, c'était rester fidèle au programme de Bordeaux; la lutte engagée sous les murs de Sébastopol avait préservé l'Europe d'un long et sanglant conflit. Quelle longue acclamation au banquet de Rennes et de là dans toute l'Armorique, à cette parole de l'Empereur : *le Breton monarchique, catholique et soldat!* Dans les campagnes et dans les villes, il n'y eut qu'un cri d'admiration pour la rayonnante beauté de l'Impératrice.

Nous sommes bien au sommet du règne : l'autorité a gardé son

(1) Voir l'*Appendice.*
(2) *Id.*

LIVRE IV. — RENNES. — RECTEUR.   123

prestige et sa force. La Révolution aura son tour ; elle reprend bientôt à son compte, en le couvrant de fleurs, l'ancien affilié des sociétés secrètes de la péninsule, et lui fait cortège à son départ pour l'Italie ; le cri de guerre a retenti : *L'Italie libre des Alpes à l'Adriatique.*

Vainement le Prince voudra s'arrêter à Villafranca, projeter une confédération pour éviter les périls de l'unité. Le pouvoir est aux mains de ceux qu'il a affranchis ; l'ère des difficultés commence, et parmi tant d'autres, d'avenir prochain redoutable, se trouve pour l'heure celle de la *question romaine.*

Nous suivions les évènements en province, l'impression qu'ils faisaient sur les esprits, l'empressement du parti légitimiste auprès du clergé pour le détacher de l'Empire, auquel il s'était rallié.

J'écrivais d'Angers à M. le ministre (21 février 1861) :

Les renseignements que je recueille, les impressions que je reçois dans le cours de mon inspection, confirment les observations que j'ai eu l'honneur de vous soumettre dans mes derniers rapports. C'est toujours la *question romaine* qui remue les esprits.

N'avait-on pas cherché à passionner nos écoles sur cette question de *pouvoir temporel?* Ce serait bien le moins que les enfants, sur les bancs de l'école, n'apprennent pas à connaître les divisions qui séparent leurs pères. Un tel égarement ne se trouve pas chez nos voisins, les terribles ennemis héréditaires : c'est que chez eux l'École est tout à la patrie ; les révolutions ne les ont pas divisés, comme nous, en partis qui se disputent l'enfance pour se réserver l'avenir.

M. le ministre donna toute son approbation (20 février 1860) aux instructions que j'adressai à MM. les Inspecteurs pour interdire l'introduction, dans les *Écoles publiques,* de tout livre ou brochure non autorisée par l'Université ; il approuva la mesure par laquelle je retirai à M. l'abbé *** (1), pour cause d'entretiens politiques avec ses élèves, l'autorisation provisoire que je lui avais donnée d'exercer les fonctions de maître d'étude dans un collège du ressort ; il

---

(1) Voir l'*Appendice.*

ordonna lui-même (3 avril 1860), l'interdiction, dans un autre département de la Bretagne, de deux éditions bretonnes et françaises d'une brochure publiée par M. l'abbé *** *contre la volonté de son évêque* (1).

Rien que de sage et de légitime dans ces mesures prévues par les règlements, dans l'intérêt de la paix publique, qui écartaient le clergé de l'arène des partis. L'arrêter, d'autre part, dans un excès de prépotence, c'était le protéger contre lui-même et le défendre des réactions : l'abus de domination appelle en retour les violences.

Je me plaçai à ce point de vue dans les observations que je soumis à M. Rouland (3 mars 1860), en sa qualité de ministre des Cultes, sur la question de l'ouverture d'un *nouveau* Petit-Séminaire, dans le département de ..... « Le Séminaire *existant*, répondais-je, faisait plus qu'assurer le recrutement du clergé ; il abusait de son privilège en recevant un grand nombre d'élèves, que, de notoriété publique, les parents ne songeaient nullement à diriger vers la carrière ecclésiastique. » — Un *nouveau Petit-Séminaire* serait, en fait, un nouveau collège libre soustrait à l'inspection administrative. — Quatre collèges communaux, depuis la loi de 1850, étaient passés des mains de l'Université dans celles du clergé ; un seul nous restait dans le département, et il était ardemment convoité. Sous un régime de liberté, il faut savoir accepter la concurrence ; mais l'État ne saurait avoir intérêt à favoriser chez les autres le *monopole* dont on lui avait fait le reproche.

. . . .

M. le ministre, donnant suite à mes observations, écarta la demande comme n'étant pas fondée sur de véritables besoins. Cette politique en valait bien une autre ; elle maintenait la paix, fortifiait les pouvoirs publics, sans troubler les croyances ; l'autorité savait alors tout ce qu'elle perdrait elle-même si elle mettait en cause la liberté de conscience.

Si la loi de 1850 avait valu aux petits séminaires, en matière d'*enseignement secondaire*, un accroissement notable de clientèle,

---

(1) Voir l'*Appendice*.

ce n'était pas une raison pour eux d'étendre leurs privilèges et de faire appel à la population des classes primaires. La tentative fut faite cependant, et j'en fus informé par l'envoi d'un journal, dont je reproduis l'annonce :

Petit Séminaire de..... — Classes de français. — Afin de répondre aux sollicitations des familles, le Petit-Séminaire de..... ouvre des *classes de français.* Cette maison est assez connue; il serait superflu de dire que les enfants y seront l'objet d'une surveillance attentive et des soins les plus dévoués, qu'ils y recevront une éducation vraiment chrétienne, et que l'instruction, donnée par des maîtres spéciaux et favorisée par tous les moyens dont dispose un grand établissement, ne laissera rien à désirer.

Les parents qui désirent que leurs enfants soient admis à suivre les classes sont priés d'adresser leurs demandes le plus tôt possible.

Ainsi le Petit-Séminaire, *institution d'enseignement secondaire,* allait ouvrir une classe *primaire,* sans la déclaration voulue par la loi, et lorsque le principe même de son institution lui interdisait même cette déclaration. Je m'empressai de transmettre à M. le Directeur un arrêté d'opposition dûment motivé; je ne doutais pas qu'averti de l'illégalité, il ne retirât l'invitation adressée aux familles, et ne me dispensât de poursuivre l'affaire devant le Conseil départemental. Mon espoir ne fut pas trompé.

Inutile d'ajouter que M. le ministre, dont je connaissais la doctrine et la fermeté, m'appuya de son autorité; sa lettre, bien que spéciale et qu'elle étende un peu mon récit, doit être reproduite dans toute sa teneur; elle a fait, je crois, jurisprudence jusqu'en ces derniers temps, où le Conseil supérieur a refusé d'admettre comme valables des certificats de stage délivrés par les Petits-Séminaires, ces établissements n'étant pas des *écoles libres* au sens de la loi du 15 mars 1850 :

Paris, le 28 novembre 1860.

Monsieur le Recteur,

Vous avez porté à ma connaissance un article publié dans....., et qui avertissait les familles que des classes de français allaient être ouvertes dans le Petit-Séminaire de..... Vous avez pensé que cette extension de l'enseignement secondaire ecclésiastique n'était pas visé par la législation actuelle, et vous avez provisoirement donné, dans ce sens, des instructions à M. l'inspecteur d'Académie.

Je ne puis qu'approuver, Monsieur le Recteur, ce que vous avez fait, et vous engager à persévérer dans la même doctrine. Vous avez sainement interprété l'article 70 de la loi du 15 mars 1850.

En effet, lorsque cet article a déclaré que les écoles secondaires ecclésiastiques existantes étaient maintenues, sous la seule condition de rester soumises à la surveillance de l'État, il a clairement indiqué qu'elles continueraient à être régies par les règles spéciales alors en vigueur, auxquelles il n'était pas notoirement dérogé. C'est donc à l'ordonnance du 16 juin 1828 qu'il convient de se reporter.

On ne saurait, à cet égard, concevoir aucun doute en présence des termes de la circulaire du 10 mai 1851, qui, en traçant aux anciens Recteurs des Académies départementales les règles à suivre pour l'exercice de leur droit d'inspection dans les écoles secondaires ecclésiastiques, leur rappelle que ces établissements sont des écoles spéciales destinées, avant tout, au recrutement du sacerdoce ; qu'ils ne sauraient être complètement assimilés à des Écoles libres, puisqu'ils appartiennent à des diocèses et non à des particuliers ; qu'enfin le régime intérieur en est entièrement réglé par les évêques, que la loi reconnaît comme chefs supérieurs des mêmes établissements.

C'est en vertu de ces principes, que les Directeurs des Écoles secondaires ecclésiastiques ont continué à être choisis par les évêques, sans être astreints aux conditions exigées par l'article 60 de la loi du 15 mars, et qu'aucun élève externe ne peut y être admis, conformément à l'article 3 de l'ordonnance du 16 juin 1828.

En accordant aux Écoles secondaires des immunités dont ne jouissent pas les autres établissements d'instruction publique, la loi n'a pas entendu encourager l'abus et laisser dégénérer ces écoles en établissements mixtes, où, à côté de l'enseignement secondaire, qui leur est spécial, qui est la condition même de leur existence, il serait donné un enseignement primaire au profit d'enfants qui ne seraient pas destinés au sacerdoce. Ainsi s'établirait, auprès de chaque école ecclésiastique, une école primaire, élémentaire ou supérieure, qui en dénaturerait la spécialité et se soustrairait aux obligations de la loi du 15 mars.

. . . .

Recevez, etc.

Signé : ROULAND.

Même approbation de M. le ministre dans une question de *prête-*

nom. L'affaire était difficile ; il fallait la porter devant le Conseil départemental ; la déclaration étant maintenue malgré nos avertissements. M. le préfet inclinait à penser qu'il convenait d'attendre l'ouverture de l'établissement, pour juger si la direction de M. l'abbé *** serait *réelle*, et si les Pères y seraient en effet les *Directeurs* et échapperaient à l'administration par un stratagème. Mais nous aurions atteint difficilement l'école lorsqu'elle aurait été régulièrement ouverte ; mieux valait prévenir. Nous avions la preuve que la déclaration n'était pas sincère, et que sous le nom de ....., les Pères voulaient diriger un établissement dont l'administration leur avait été interdite.

Cette preuve fut faite avec évidence devant le Conseil ; l'arrêté d'opposition fut confirmé.

Je pourrais multiplier les exemples ; chacun d'eux prouverait surabondamment combien la ligne suivie par le Ministre était droite et ferme, soit qu'il donnât directement ses ordres, soit qu'il couvrît de son autorité les mesures prises par l'administration académique, tout inspirée, d'ailleurs, de son esprit ; les difficultés nous venaient de divers côtés du clergé pour rompre l'union, sincèrement proclamée, lors de l'inauguration du lycée de Rennes. La *question romaine* avait évidemment soulevé les nuages entre les pouvoirs civils et l'autorité religieuse. Il eût été sage de laisser à l'Italie le soin de régler, politiquement et religieusement, ses destinées : *Italia fara da se*. Le péril d'une immixtion dans les affaires d'Italie avait été signalé avec autorité à la tribune.

C'est cette question romaine qui avait mis en guerre contre le gouvernement ce prélat, comblé de ses faveurs et qui lui avait jusqu'à ce jour donné son concours.

« Je regrette, disait-il (1) dans un entretien particulier qu'il eut avec un Proviseur, d'être venu en aide à la politique de l'Empereur.

« 1° Je me refuse désormais à admettre le partage avec l'Université dans le gouvernement des Écoles.

« 2° L'éducation de la jeunesse ne doit appartenir qu'au clergé.

---

(1) L'entretien est reproduit dans mon rapport (4 juillet 1860).

« 3° Les collèges de l'État ont donné, sous la Restauration des libéraux, des républicains sous le gouvernement de Juillet; ils donneront des socialistes sous l'Empire.

« 4° On veut nous humilier par le décret du 25 février; nous ne demanderons pas le nom de *collège* pour nos institutions.

« 5° On conduit l'Empereur à l'abîme. La Révolution monte. Le clergé *seul* peut sauver la société. C'est lui *seul* qui est la *Cité de Dieu*. »

« Voilà bien, écrivais-je à M. le ministre, dans leur vérité et dans leur tristesse, l'attitude et les dispositions que je vous signalais dans mes rapports, non pour Mgr *** en particulier, mais pour l'ensemble du clergé de nos trois provinces. »

Autour de Mgr ***, qui se montrait irrité, la satisfaction fut vive dans un parti politique; *on avait, disait-on, un manteau de moins sur les épaules*. Et les déférences pour Sa Grandeur se multipliaient sous toute forme.

On eût bien voulu une rupture ouverte avec l'État; l'administration ne se prêta pas au calcul. Il lui suffit de maintenir son droit, d'en appeler à la loi et aux règlements, pour empêcher les empiètements et prévenir les abus, d'écarter soigneusement la passion, qui est mauvaise conseillère, et, en ce qui la concerne, d'assurer le maintien de la discipline et la direction morale de l'enseignement dans l'école. Ainsi était écarté tout grief légitime; les bons rapports furent *extérieurement* maintenus.

Ministre des cultes, M. Rouland voulait l'Église respectée; l'hommage qu'il lui rendait n'allait pas à laisser dépérir aucun des droits que l'État garde traditionnellement comme siens; ministre de l'instruction publique, il entendait que le gouvernement, maître chez lui, ne relevât que de lui-même dans le gouvernement des écoles publiques. On l'appelait *Gallican*. Mais l'Église fut-elle jamais plus honorée qu'au temps où Saint-Sulpice enseignait les maximes formulées par Bossuet; Louis-Philippe aussi avait été *gallican* (1). Cette prévoyante politique, qui *ajournait* la liberté d'enseignement, défendait la religion contre la politique. La religion, engagée dans les passions des partis, en court tous les périls.

(1) Voir *Appendice*.

M. Rouland avait prévu et il voyait ces périls. Son gallicanisme n'était que la saine tradition de la politique de l'État, maître en son domaine, sans immixtion aucune aux choses de la foi. L'esprit de l'Empereur était fermé à cette doctrine. Étranger, — nous l'avons dit, — à notre pays, par son éducation, témoin à l'étranger, où il avait vécu, d'un régime tout autre pour les Universités, les Écoles et les Gymnases, il eût volontiers, aux premiers jours de son règne, supprimé l'Université pour rendre les conflits impossibles. Les collègues du ministre de l'instruction publique n'avaient pas, au même degré que lui, le sentiment des rapports de l'Église et de l'État. Si le gouvernement n'eût pas craint de le suivre dans l'application des *lois existantes* (1), maintes congrégations *non autorisées* se seraient mises en règle, auraient reconnu le droit de l'État; bien des passions et des violences auraient été écartées, et n'auraient pas trouvé d'arène pour la lutte. Un gouvernement qui voit au delà de l'heure présente assure pour le lendemain ce qu'il y a de juste dans tous les intérêts, et défend la paix publique.

C'est dans ce but supérieur que M. le ministre attachait tant d'importance aux rapports qu'il recevait des Recteurs sur l'état et le mouvement des esprits dans les provinces académiques.

A Paris, l'attention est appelée par mille objets divers; la politique courante ne se dessine pas comme en province. Ici, le théâtre est étroit, on voit mieux le jeu des acteurs; les autorités locales sont pour ainsi dire toujours en scène; constamment sous les yeux du public, elles peuvent perdre le prestige, qui demande la distance; mais on voit mieux ce qu'elles veulent, on juge mieux de leur action, de l'influence qu'elles exercent et des résistances de l'opinion. L'observateur, étranger aux passions locales, se trouve là dans d'excellentes conditions pour juger sainement une situation politique. Ce n'est pas la province qui fait les révolutions, mais elle les seconde ou les paralyse, selon l'esprit qui l'anime.

De toutes les provinces de l'ancienne France, la Bretagne, la

---

(1) Dans un cas grave, à Paris, je dus laisser en instance une déclaration d'ouverture d'école secondaire faite par une congrégation non autorisée. Le déclarant eut à s'expliquer devant le ministre de l'Instruction publique, qu avait pris l'avis de son collègue de la Justice.

Mayenne et l'Anjou, marquées en tant d'endroits par les souvenirs de la guerre civile, mais surtout la Bretagne, étaient un champ d'études pour l'observateur. Sur quelques points encore, on ne parlait que *bas-breton;* le costume, cet autre signe de nationalité, se gardait avec la langue. Est-ce un vrai progrès pour un peuple de perdre ses traditions, et de se confondre dans l'unité administrative? Bien des superstitions tombent, sans doute, mais combien aussi peuvent tomber de saines croyances! Les plus ardents dans la croisade pour l'unité et contre l'ignorance, — et nous étions du nombre, — ne se doutaient pas que la politique, un jour, n'entendrait ouvrir des écoles à la science que pour en bannir toute idée religieuse, l'enseignement du foyer, et la foi qui console. C'est sur ces points alors clairsemés, fortifiés et étendus depuis par l'effet de la persécution, que la Bretagne résiste encore. Pour bien juger cette province, il faut se garder d'un jugement d'ensemble, mais la suivre et l'étudier, pour ainsi dire, par fragments. Plus varié est son état moral en présence des *blancs* et des *bleus,* des influences du château et du presbytère, que l'image physique de la contrée dans ses aspects si divers : ici l'abondance des moissons sur la *ceinture dorée;* là ce qu'on appelle la *lande,* une terre légère, triste et rêveuse, parfois de grâce poétique avec ses bruyères et ses ajoncs en fleurs; sévère, plus loin, au pied de la chaîne des monts d'Arès; partout méditative, dans les vallées comme aux bords de l'Océan. On y reconnaît bien la patrie de J. Simon, de Brizeux et de Renan, de Châteaubriand, du prêtre Lamennais et du soldat La Tour d'Auvergne.

La Mayenne, qui fait suite à l'Ille-et-Vilaine, prolonge et rappelle la Bretagne; elle est pour elle, avec ses prairies aux épais talus plantés de chênes, un autre bocage vendéen. Maine-et-Loire confine à la Mayenne. Nous entrons ici dans l'Anjou : le pays ne manque pas de traditions et d'influences qui lui sont communes avec la Mayenne et une partie de la Bretagne; mais dans son aspect et ses mœurs, quel contraste! Nulle part, dans son long parcours, la Loire, qui l'arrose, n'a de plus séduisants aspects, tant de villes et de villages pour égayer ses rives, tant de demeures somptueuses dont les tours se profilent à travers les grands arbres; l'Anjou, plus que Blois, par ses grâces et ses enchantements, semble attendre une cour des Valois.

Je revois ainsi le pays à travers mes souvenirs. Le tableau que je viens de tracer, ai-je besoin de le dire? ne figurait pas dans les deux *mémoires* que j'adressai spontanément à M. le ministre, dès l'année 1856, sur la Bretagne, la Mayenne et l'Anjou politiques et universitaires.

J'indiquais à peine, — il fallait attendre des années pour porter un jugement, — la transformation que subissait la province par suite de l'action des chemins de fer, ces agents du monde moderne. Les travailleurs de la voie, à mesure qu'elle s'engageait dans les terres, répandaient dans les cabarets les idées les plus anarchistes. Singuliers pionniers de la civilisation que ces nomades, venus de l'étranger pour la plupart, qui payaient ainsi à leur manière l'hospitalité française. « La campagne se gangrène à leur contact, » me disait, dans nos entretiens intimes, le colonel de gendarmerie, devenu depuis général de division (1), en situation tout exceptionnelle, par les rapports quotidiens des brigades, pour connaître le pays et me renseigner, en ce qui le concernait, sur l'état moral du pays. L'ouvrier agricole, qui n'avait pas de propriété, voyait fuir avec la voie ferrée la vie *à bon marché;* c'était payer un peu cher ce qu'on lui donnait en échange : la rapidité des transports.

J'espérais, pour ma part, que le trouble ne serait que passager, que les salaires s'élèveraient et accroîtraient l'aisance de l'ouvrier, qu'en somme, la révolution économique serait au profit de la richesse générale, et laisserait debout, comme dernier résultat, les idées morales et l'équilibre des intérêts.

Les questions sociales n'étaient pas à aborder pour l'heure présente; ce que le gouvernement, issu du suffrage universel et pouvant en redouter la mobilité, devait chercher à connaître, c'était l'état, la force, les dispositions des partis qui le secondaient, les influences occultes ou manifestes qui lui étaient contraires, les voies à suivre pour garder le prestige en restant populaire, les moyens de protéger tous les droits, toutes les forces sociales pour maintenir l'autorité.

(1) M. le général d'Argentolle.

La pensée ne pouvait m'être venue de remplir un pareil programme; mais des pages écrites sans passion, sur les lieux mêmes où s'agitaient les influences et qui en montraient les agissements, pouvaient être utiles à l'administration comme *mémoire à consulter*. M. Rouland en porta ce jugement, plein de bienveillance, puisqu'il communiqua mon travail à son collègue de l'Intérieur; j'étais, à quelques jours de là, mandé à Paris pour être entendu. Le portefeuille politique était alors aux mains de M. Billaut. J'avais eu occasion de voir et d'entretenir cet homme d'État de nos intérêts, lorsque, venu à Rennes, il voulut bien, sur ma demande, visiter le palais universitaire et recevoir les hommages des Facultés. L'accueil de M. le ministre fut gracieusement empressé. Originaire de la Bretagne, l'un des députés de la province, il voulait, après m'avoir lu, m'interroger et m'entendre sur un pays qui lui était cher à ces deux titres ; ses questions furent pressantes et nombreuses, et, pour que j'eusse toute liberté, elles ne portèrent jamais sur les *personnes*; les *choses* suffisaient, et je signalai tout particulièrement celles qui me semblaient renfermer des périls.

L'esprit libéral des anciens, des parlementaires du temps de la monarchie de Louis-Philippe, disais-je au ministre, n'avait pas autant disparu qu'on affectait de le croire sous l'Empire autoritaire. Cette classe libérale, il importerait de la ménager, de l'appeler à soi, de lui témoigner quelques égards qui ne coûteraient rien à l'autorité. La bourgeoisie, quoi qu'on fasse, qui a eu pendant dix-huit ans une part notable dans le gouvernement du pays, reste une force; sortie du peuple par le travail, et quels que soient ses défauts, peut-il y avoir intérêt politique, pour le Prince, à favoriser contre elle les méfiances populaires? Bien des cœurs étaient ulcérés; sur plus d'un point de la province, j'avais reçu d'amères confidences.

Le gouvernement n'assumait-il pas une trop lourde tâche en poursuivant partout, et de parti pris, la ruine des influences locales? Un préfet peut, en un jour de péril, tenir en main et diriger toutes les forces, par ce seul fait qu'il est délégué du gouvernement; il lui est bon, dans les temps calmes, de trouver l'appui des familles qui ont gardé quelque autorité. Le pouvoir même, qui est au sommet, pourrait avoir besoin de ces forces locales, seules roches restées debout au milieu des courants du suffrage universel.

J'avais déjà, plusieurs fois, fait observer dans mes *rapports mensuels* (1), au sujet de ce *suffrage* évidemment impatient de n'avoir à apporter que des notes marquées du timbre officiel, que le gouvernement serait intéressé à laisser aux électeurs la dignité que donne l'initiative ; dans chaque arrondissement, les *amis de la première heure* pouvaient provoquer les candidatures qu'on savait agréables au pouvoir. Les nouveaux élus apporteraient un concours d'autant plus utile qu'ils représenteraient mieux la liberté des suffrages.

Si le gouvernement avait besoin de ménager l'opinion dans ses rapports avec la bourgeoisie, devait-il descendre dans l'arène, visière baissée, contre la noblesse et le clergé ; devait-il permettre à un préfet, dans une visée d'ambition toute personnelle, de croiser le fer devant la population ? L'administration a ses moyens d'avertir, de réprimer les abus sans bruit au dehors. Cette lutte ouverte, comme dans un cirque, est ce qu'il y a de moins digne et de plus impolitique ; elle peut décréditer le presbytère et le château sans qu'il y ait profit aucun pour l'autorité civile. Le lieutenant du gouvernement s'en ira un jour, mais le souvenir du conflit reste, et avec ce souvenir le ressentiment dans la noblesse et le clergé, le scepticisme railleur dans la bourgeoisie, l'incrédulité dans les masses. Un gouvernement issu du suffrage universel doit, dans la mesure du juste, satisfaire à tous les intérêts : l'ordre ne se fonde qu'avec l'ordre, le bien se fait en silence, avec des vues arrêtées d'avance, poursuivies sans relâche, et dont les populations recueilleront les fruits.

Et sur cette observation, qu'il semblait goûter, M. le ministre ajouta, pour la confirmer de son autorité personnelle :

« L'office du gouvernement est celui de ces machines formidables dont on n'entend pas les ressorts, et qui pénètrent et divisent les plus durs métaux : ainsi le fil tranche et sépare, selon les besoins, une motte de beurre. »

Et après cette image évoquée de la Bretagne, M. le ministre prit plaisir à m'interroger encore, et à connaître mes impressions sur son cher pays.

(1) Voir l'*Appendice*.

M. Rouland nous laissa des années encore dans cet important service; l'œuvre se poursuivait selon sa pensée, et quand on l'estima suffisamment remplie, le Recteur de Rennes fut nommé dans une autre Académie, avec avancement de classe (27 février 1861). Quitter ainsi un pays où l'on avait été deux fois récompensé, laisser nos écoles florissantes, notre personnel considéré, en haute estime près des écoles rivales, avec lesquelles il n'avait connu d'autre lutte que celle de l'émulation et du savoir, éveiller au départ quelques regrets (1), quelle ambition, à ce prix, ne serait satisfaite? Je quittais Rennes pour une grande cité que j'allais revoir pour la troisième fois, dont j'avais élevé les enfants et gouverné les écoles. C'était presque me rappeler sur la terre natale; j'étais nommé Recteur à Bordeaux.

(1) Voir l'*Appendice*.

CHAPITRE III

Bordeaux. — Recteur. — Académie régionale (février-novembre 1861).

Introduction. — L'Académie, étendue du ressort. — Importance de l'inspection.
Instruction secondaire. — M. le recteur Dutrey. — L'université, ses traditions, le respect. — Étude des langues anciennes; la langue latine; M. Saint-Marc Girardin. — Fausse politique égalitaire. — Culture morale, but de l'éducation. — Danger de l'excès dans les programmes; ne pas trop apprendre à la fois; Aulu-Gelle, Montaigne et Michelet.
Affaires administratives. — Négociations engagées à Bordeaux, Mont-de-Marsan, Agen, Pau et Bayonne. — Nouveaux foyers d'enseignement.
Enseignement supérieur. — M. Dumas à Bordeaux (1861), pour l'installation du Recteur. — Son discours; pensée de l'Empereur en fondant l'Université.
Les Universités (1888). — Encore la France et l'Allemagne. — Ce qu'est l'Université en Allemagne; son autonomie, ses traditions, foyer de grandeur nationale. — Ce que le gouvernement a fait en France pour les Facultés; leur mission, idées qu'elles doivent défendre. — La vraie science, l'idée de la patrie. — Rapports et différences des deux pays. — Séance de rentrée de la Faculté des Lettres à la Sorbonne. — Confiance de M. Dumas dans nos universités provinciales.
Mission du Recteur. — Programme à remplir. — Situation politique; l'Aquitaine et la Bretagne. — Le but à atteindre; comment l'œuvre est interrompue.
Nomination de Vice-Recteur de l'Académie de Paris. — Sentiments qu'exprime le corps enseignant. — M. de Wailly nommé Recteur; Installation par par M. Dutrey.
Bordeaux en 1861 et en 1888. — État du pays à l'heure présente. — Où est son salut.

Des cinq départements formant le ressort de l'Académie de Bordeaux (1), je ne connaissais que la Gironde. A peine arrivé, j'eus à faire campagne sur tous les points de ma province pour en tracer la carte morale et universitaire.

---

(1) Gironde, — Dordogne, — Lot-et-Garonne, — Landes, — Basses-Pyrénées.

Rien ne supplée à une inspection personnelle ; rien ne vaut la vue directe des hommes et des choses ; on prévient le mal, on encourage le bien ; le maître dont vous avez entendu les leçons sent mieux sa responsabilité ; les autorités locales que vous avez visitées sont moins indifférentes pour les établissements scolaires; elles en reconnaissent les mérites et en défendent les intérêts. Enfin le Recteur, de retour au chef-lieu, se trouve mieux pourvu et renseigné pour diriger efficacement le service ; ce qu'il a vu lui permet d'entrevoir l'avenir ; il avisera aux difficultés pour les écarter, au besoin les trancher d'une main sûre ; une inspection bien faite, avec le sentiment du devoir, aura sensiblement accru son autorité personnelle.

Mon prédécesseur, M. Dutrey, me laissait une tâche relativement facile ; je n'avais qu'à maintenir ses excellentes traditions. M. Dutrey, si vénéré, si populaire dans toute l'Université, ami intime de M. Patin, était de cette vieille école qui met au sommet le respect, bien assuré par une longue expérience que le travail s'accroît ou s'affaiblit selon que la discipline est plus forte ou plus languissante. Ce n'était pas comme exercice de *mémoire* qu'il recommandait l'étude des langues et particulièrement de la langue latine pour les exercices du jeune âge ; le maître devait en faire un instrument pour la culture de l'esprit et l'habitude de juger, et dans les exercices mêmes de mémoire, éviter, ce que craignait Montaigne, de laisser l'*entendement vide*. M. Dutrey pratiquait l'enseignement classique dans le sens de M. Saint-Marc Girardin.

Je pose en principe, a dit ce fin humaniste de la vieille école (1), qu'il faut l'étude d'une langue pour développer l'intelligence des enfants ; c'est le meilleur exercice des esprits ; c'est le meilleur moyen de développer les idées, d'arriver à une véritable instruction. . . . .

L'étude des langues est la meilleure étude pour cultiver et développer l'esprit, parce que c'est l'*étude qui le fait plus travailler sur soi-même.*

… Le défaut des langues modernes, c'est qu'elles n'offrent pas assez de résistance et qu'avant de les apprendre nous en savons déjà une grande partie.

. . . .

---

(1) Saint-Marc Girardin, *Instruction intermédiaire en Allemagne.*

Venons maintenant à la préférence que le latin a jusqu'ici obtenue dans l'éducation. Sans exclure les langues modernes et particulièrement l'allemand, il est particulièrement propre au travail d'intelligence, qui est la véritable éducation de l'esprit. Le latin a avec toutes les langues de l'Europe moderne les justes rapports de ressemblance et de différence que je désire.

. . . .

Le latin, au moyen âge, était la langue naturelle des savants et des ecclésiastiques. C'est par le latin que le moyen âge touchait à l'antiquité, et il n'y avait pas moyen de connaître l'antiquité sans savoir le latin. Or, l'étude de l'antiquité fait à juste titre une grande partie de l'éducation des peuples modernes : nos pensées [sont nées des pensées de nos devanciers.

Mais ne peut-on connaître l'antiquité sans savoir les langues anciennes ? N'avons-nous pas les traductions ?..... La seule manière que nous avons de visiter l'antiquité, c'est d'étudier ses langues et sa littérature, c'est de converser par l'étude avec ses poètes, ses orateurs, ses historiens.....

M. Saint-Marc Girardin eût insisté peut-être sur la connaissance intime que donne du génie et de la structure de la langue française l'étude comparative du latin et du français ; il eût montré quelle fermeté et souplesse donne cette étude pour manier et écrire notre langue, s'il avait prévu que, sous prétexte de progrès, on en viendrait presque à demander la suppression de l'idiome de Cicéron dans notre enseignement classique. Ne serait-ce pas une manière de prendre le pas sur les Universités étrangères si florissantes, et qui cependant maintiennent en grand honneur l'enseignement des *langues anciennes* ? La prétendue réforme serait d'autant plus singulière, que l'Université en France ne saurait être suspecte de préférence exclusive pour les études grecques et latines ; il y a longtemps que dans les programmes des lycées et collèges les *langues vivantes*, les sciences, l'histoire et la géographie, ont une place marquée et de plus en plus progressive, et qu'à côté, sous des noms divers, l'administration encourage ou fonde les divers enseignements qui peuvent satisfaire aux besoins de la société moderne. M. Saint-Marc Girardin disait avec vérité dès 1847 : « L'Université ne doit pas être immobile ; elle doit être diverse dans son enseignement, parce que la société moderne est essentiellement diverse dans ses travaux. » Dans cette diversité on ne saurait méconnaître la place que réclame l'enseignement des langues anciennes ; l'esprit y trouve à sa source l'idéal du beau et du vrai, l'éducation du goût dans des modèles immortels, la *préparation* aux études supérieures, et ce besoin, honneur de la nature humaine, de s'élever sur les hauteurs, dans l'intérêt même de la science, pour en embrasser tous les horizons. « Mais de nos jours, écrivait encore l'humaniste, il y a des années, on aime bien être fondateur, et pour mieux l'être, on commence souvent par détruire ce qui est, sous prétexte que tout cela était imparfait et incohérent. »

Si j'osais dire toute ma pensée, cette idée, encore à l'état vague, de la suppression du latin, vient d'une tout autre cause que d'une question scolaire. On veut, qu'on le sache ou qu'on l'ignore, faire honneur à une fausse démocratie. Le passé n'a que faire dans un siècle qui ne veut que relever de lui-même ; dans l'éducation, comme dans toutes nos institutions qui rattachent le présent au passé, il faut bien montrer sa marque et sa force en faisant des ruines. Le livre de la *Démocratie et de l'Armée* nous montre admirablement ce qu'on voudrait faire de l'armée ; c'est encore à l'heure actuelle une force sociale qui vit par le respect et le principe d'autorité. C'est ce principe qui effraie la Révolution. Si l'armée allait encore nous donner une épée qui défendrait et sauverait la société ! On préviendrait le péril et l'on flatterait des foules inconscientes en brisant les cadres et l'économie de nos institutions militaires ; peu importe que l'ennemi rentre par l'invasion dans un pays livré sans défense ; ce lendemain ne saurait inquiéter l'école que nous avons vue à l'œuvre et qui a incendié Paris, sous les yeux et aux applaudissements du Prussien vainqueur. Cette fausse démocratie, qui veut ruiner l'armée en tant que principe *d'autorité*, poursuit nos institutions universitaires en tant que principe de *supériorité*. Puisqu'il serait par trop absurde de chercher à universaliser l'étude des langues anciennes, rien de plus simple que de la supprimer partout afin qu'il y ait pour tous égalité. Ici, le péril est dans les études qui affinent les esprits et peuvent créer des supériorités (1). Que la science soit à la portée de tous ; que les lampes qui éclairent soient pour tous au ras du sol,

---

(1) V. le discours de M. Pasteur; observations sur ce qu'on entend par *démocratie*. Réception à l'Académie française. — Séance du 10 décembre 1885.

montrant à chacun ce qu'est la réalité, le phénomène ; pas de lustre au sommet qui illumine l'édifice et marque l'horizon de quelques traits de feu ; restons dans le *concret*, dans le présent ; gardons-nous de l'*abstrait ;* il n'y a de vrai que la vie pratique ; la démocratie, telle que nous l'entendons, n'a que faire des études qui peuvent égarer vers les régions supérieures.

M. Dutrey estimait aussi, et nous croyons comme lui, qu'on ne saurait trop retenir l'enfant dans les régions morales ; qu'ainsi l'Histoire avec ses exemples d'actions généreuses, ses patriotiques récits, est un foyer de nobles sentences, que la source supérieure de l'éducation est dans l'idéal ; Henri IV, pour rappeler un illustre exemple, aimait à citer Plutarque, qui lui avait enseigné dès ses jeunes ans à chercher ce qui est noble et généreux.

La culture morale, c'est le grand but que doit poursuivre la première éducation de l'enfance ; bien dirigées, toutes les branches de l'enseignement, lecture, histoire et géographie, chant, dessin, lui apportent un précieux concours. Un maître habile qui a façonné l'esprit de ses élèves par le calcul, et les a pénétrés du besoin de l'exact et du précis, qui leur a appris l'art de voir autour d'eux, de bien observer la nature, sait trouver dans les leçons de choses un appel aux vérités morales qui sont au delà des phénomènes. Les leçons de choses, les notions de sciences physiques et naturelles, sont et doivent être, bien entendu, d'ordre tout élémentaire. La mesure, la proportion, la date pour chaque culture est un art dans l'éducation. Ce qu'on appelle la *science* serait prématuré pour de jeunes enfants ; la science, pour être sûrement abordée, demande une intelligence exercée, réclame une intensité d'efforts dont l'enfant n'est pas capable, et qui produit énervation et fatigue. L'enfant dont on fait prématurément un savant est vieux avant l'âge ; le fruit artificiellement mûri et dont on a hâté la fleur sèche sur la branche et tombe à terre.

La mesure, disons mieux, la simplicité rend seule l'éducation féconde. Nous croyions, au temps des Dutrey et des Saint-Marc, à ce mot de la sagesse antique :

$$\text{Πολυμαθία νέον οὐ διδάσκει}\ (1).$$

(1) Aulu-Gelle.

Si nous voulons bien savoir, n'apprenons pas trop de choses à la fois, parce que, selon le mot de Montaigne, « tout cela fait un peu de chaque chose, et rien du tout, à la française (1). » Versez la liqueur goutte à goutte dans le col étroit du vase que vous tenez à remplir. « La quantité de travail fait moins qu'on ne croit, a dit Michelet (2). Les enfants n'en prennent jamais qu'un peu tous les jours ; c'est comme un vase qui est étroit ; versez peu, versez beaucoup ; il n'y entrera jamais beaucoup à la fois. » On peut dans l'esprit des enfants mettre tout ce qu'on veut et tant qu'on veut, car le tonneau se vide à mesure qu'il s'emplit : il n'a plus de fond (3).

A trop charger l'enfant, à trop exciter son cerveau, vous tarissez la vie intellectuelle ; les forces physiques mêmes s'étiolent ; ne forçons pas ses facultés, laissons-leur le temps de croître pour qu'elles soient vraiment fécondes ; il en serait d'elles, autrement, comme de ces fruits et de ces fleurs, produits artificiels, sans goût et sans odeur, qui n'ont connu pour croître, venir à l'éclosion et à la maturité, ni la fraîcheur de la pluie ni les feux du soleil.

La tradition restait donc maintenue dans l'Académie de Bordeaux, la tradition sur le fond des choses sans exclusion aucune des progrès qu'amène le perfectionnement des méthodes. L'inspection tendait partout à assurer ces deux résultats, sans méconnaître

---

(1) V. le rapport d'un maître en pédagogie, Mgr l'évêque d'Orléans. (Conseil supérieur de l'Instruction publique. — Séance du 1er juillet 1873. — Projet du décret pour les épreuves du baccalauréat ès lettres.) C'est dans la même séance (24 juin) que M. Patin, doyen de la Faculté des lettres, présenta un intéressant rapport sur les questions d'études.

(2) *Le peuple.* — Préface, p. xxvii, in-18, Hachette, 1846.

(3) Saint-Marc Girardin. « Croit-on de bonne foi que l'esprit des enfants soit comme un sac élastique où l'on peut entasser, sans danger, les connaissances les plus immenses ? (*Moniteur*, 29 et 30 mai 1835.) Lorsqu'on veut trop enseigner, lorsqu'on veut faire entrer dans son cerveau trop de choses, on peut dire avec le poète :

> Ce qu'on apprend de trop est fade et rebutant ;
> L'esprit rassasié le rejette à l'instant.
>
> (*Moniteur*, 31 mai 1836.)

toutefois, dès ce moment, les difficultés qu'oppose au fruit des études la surcharge des programmes (1).

Nous avions, comme ailleurs, dans toute inspection et après la visite des établissements de tout ordre, à solliciter le bon vouloir des autorités départementales ou communales pour obtenir la réfection ou l'amélioration des bâtiments et des services scolaires, et, sur quelques points, la création de nouveaux foyers d'enseignement. Ainsi le lycée d'Agen était encore incomplet dans plusieurs de ses services ; le lycée de Pau avec son parc admirable, son panorama de la grande chaîne des Pyrénées aux sommets noirs ou blancs de neige, réclamait des constructions nouvelles, des aménagements en rapport avec le confort moderne ; une longue instance fut engagée avec la ville de Mont-de-Marsan pour la reconstruction du collège (2). Nous demandâmes à Bayonne, cette gracieuse ville frontière (3), aux deux horizons, la montagne et l'Océan, de jeter les fondements d'un lycée international pour la France et l'Espagne ; il y aurait profit à réunir sur les bancs de l'école les enfants des deux pays issus l'un et l'autre de la souche latine. Les voies ferrées rapprochent et secondent les intérêts économiques ; autrement féconde, à un point de vue supérieur, est l'union morale au sein du gymnase par les amitiés du jeune âge et la communion des langues.

Au chef-lieu, j'avais à poursuivre bien des projets mis depuis longtemps à l'étude et qui promettaient enfin d'aboutir : la reconstruction *intra-muros* du lycée de Bordeaux, qui avait désormais à Talence son collège des champs ; l'édifice central et ses annexes demandés par les Facultés ; l'École de médecine, si remarquable par la distribution de ses services, ne demandait que des compléments. Il y avait là, dans toutes ces œuvres, matière à satisfaire la plus exigeante activité ; mon très court séjour ne me permit pas de les voir réaliser. Un premier résultat était obtenu pour l'enseigne-

---

(1) Cette question fut, plus tard, l'objet de tous nos soins dans l'Académie de Paris. — M. le ministre porta devant le Conseil les observations que je lui avais soumises, d'accord avec MM. les Proviseurs.

(2) La négociation aboutit ; elle eut pour résultat le traité du 20 août 1861. — La ville et l'État concourraient à la construction du lycée. — C'est là que M. Duruy fonda la première grande école d'enseignement secondaire spécial.

(3) Le lycée de Bayonne a été ultérieurement créé.

ment supérieur; après une négociation longue et difficile, l'important legs Fieffé était acquis à la Faculté des sciences (1).

Bordeaux allait entendre une voix qui lui était connue tracer le programme de son Université. Le ministre, en confiant cette mission à M. Dumas, ne pouvait choisir un savant plus célèbre et dont la parole eût plus d'autorité; un tel choix donnait un éclat particulier à l'installation du nouveau Recteur. Ancien magistrat, M. Rouland voulait que l'Université eût, comme la magistrature, les honneurs d'une audience solennelle pour l'investiture de ses chefs, et y gagnât, comme elle, en prestige dans l'opinion. — Quelle était la pensée de l'Empereur en fondant l'Université? Écoutons le Président : « Napoléon Ier disait : « Il n'y a eu jusqu'à « présent, dans le monde, que deux pouvoirs : le militaire et l'ec« clésiastique. Je veux constituer, en France, l'ordre civil... » Et il ajoutait : « L'ordre civil sera fortifié par la création d'un corps « enseignant; il le sera encore plus par celle d'un grand corps de « magistrats. »

« C'est l'Université qu'il chargeait de préparer la société nouvelle à comprendre et à pratiquer ces grandes vues. C'est pour cela qu'il voulut constamment les mettre en connexion étroite, et qu'il s'efforçait d'établir entre les deux institutions tutélaires des liens que le temps a de plus en plus consolidés. »

Le Président entrevoit ensuite l'avenir des Universités provinciales, mais en pose les conditions :

« Les Académies des départements ne seront sérieuses et définitivement fondées que lorsque les Facultés qui les représentent pour la partie éclairée du public auront été adoptées par lui; qu'on en verra les professeurs entourés d'hommages et placés au premier rang dans l'estime; que l'on mettra enfin parmi les évènements principaux qui puissent émouvoir le départ ou l'arrivée d'un maître renommé. »

Bordeaux réunit aujourd'hui toutes les chaires du haut enseignement; son École préparatoire de médecine a été élevée au rang de Faculté; aux Facultés des sciences et des lettres est venue s'ajouter par création spéciale une Faculté de droit. Une jeunesse

(1) V. *Appendice*.

nombreuse en suit les cours et se prépare aux grades qui ouvrent les carrières libérales ; un personnel des plus distingués instruit la jeunesse par ses livres de même que par ses leçons ; nous avons bien là ce que voulait M. Dumas, un vrai centre intellectuel.

Verrons-nous toutefois les villes, selon une illusion généreuse, se disputer les maîtres de renom et les appeler à elles par l'attrait de la fortune et des honneurs ; avons-nous dans les départements, et aurons-nous demain, quelles que soient les charges du budget, quelques Universités rappelant, par l'esprit et la force, les institutions similaires allemandes que l'on veut prendre pour modèles ? On ne revient pas en un jour à la vie provinciale dans un pays dont le progrès, heureux ou regrettable, a été marqué par un mouvement de plus en plus unitaire ; il faudrait pour cela des coutumes, des traditions, des mœurs, qui ont disparu. Le gouvernement, centralisant toutes les forces, désintéresse en dehors de lui les initiatives individuelles et l'esprit d'association, si peu actif, d'ailleurs, dans notre pays ; on attend et l'on reçoit l'esprit qu'il veut bien inspirer.

La *gratuité* est désormais, dans l'enseignement supérieur comme dans l'enseignement primaire, le fond de nos institutions scolaires ; favorisée dans la mesure possible au temps de l'ancienne monarchie, elle devient désormais une dette nationale sous la démocratie. Nos musées, comme nos grandes écoles, sont *gratuitement ouverts* à tous, au Français comme à l'étranger ; cette libéralité répond au génie de notre pays. — L'État ne perçoit de rétribution que pour les inscriptions et les examens des *Écoles professionnelles*, et encore s'impose-t-il de justes charges pour que l'étudiant pauvre, mais méritant, puisse, comme le riche, conquéquérir les diplômes, et se faire un nom dans les carrières libérales. Nos Facultés de droit et de médecine étaient seules, jusqu'à ces dernières années, assurées d'un auditoire ; seules elles étaient fréquentées par de vrais étudiants suivant les cours, subissant les épreuves en vue d'une profession future. L'État a trouvé aussi le moyen de donner un auditoire sérieux aux Facultés des sciences et des lettres : c'est d'entretenir près d'elles un certain nombre de boursiers qui se préparent aux grades, et concourent ainsi, avec l'École normale supérieure, au recrutement du personnel enseignant. La création, si on le veut, est bien artificielle; elle ne jaillit pas du cœur du pays comme dans nombre d'Universités étrangères; nous n'avons pas là un rameau naturel de l'arbre universitaire; mais le bienfait, même sous cette forme, est d'universaliser le haut enseignement, de répandre une grande culture intellectuelle; le péril pourrait être d'exciter à tous les degrés, depuis l'École primaire jusqu'à l'Université, un excès de production intellectuelle qui serait sans emploi; on sait, dans un autre ordre de matières, ce qui résulte de la surabondance des produits pour les crises économiques et industrielles.

Ailleurs que chez nous, la science éclaire sans égarer; on reste, en général, calme et laborieux; la question du salaire n'éveille pas sans cesse le fléau des grèves, si bien vu de l'ennemi, qui nous menace d'un *Sedan industriel;* on jouit du présent parce qu'on est sûr du lendemain; de l'ouvrier jusqu'au souverain, un lien hiérarchique (quoi qu'en pense le socialisme grandissant) coordonne et relie toutes les classes de la population; on a la force parce qu'on a gardé le respect. La science, chez nous, accroît l'instabilité; à mesure qu'elle se répand, on est impatient de changer de place, de quitter le sillon et l'atelier pour s'égarer au pays des chimères, dans les mirages de la politique; sous prétexte d'égalité, c'est à qui gravira un échelon supérieur pour se distinguer de la foule et appeler à soi les regards publics. Mais écartant ces misères, nous ne voulons voir de la science que son action féconde, l'affranchissement de la pensée, la puissance qu'elle donne sur la nature, les forces que le génie de l'homme lui dérobe et dont l'application est une des merveilles de notre temps; nous oublions ces recherches passionnées qui vont fouillant partout la terre et les mers, pour marquer l'évolution des espèces, cherchant à écarter la main de la Providence, à effacer notre céleste origine. Ce parti pris est repoussé par la vraie science, qui cherche la vérité avec une ardeur sincère, et n'admet pas la passion des sectaires. Président de l'Académie des sciences, M. l'amiral Jurien de la Gravière exprimait naguère la pensée de l'illustre assemblée dans sa séance annuelle (1).

(1) 22 décembre 1885. — « La sélection n'a pas, que je sache, réussi à créer, depuis que le monde existe, un animal qui cherchât le vrai; elle a pu se

Grâce aux nouvelles Universités, le savoir sera plus universellement répandu, le niveau scientifique des pays que sépare l'Alsace-Lorraine se fera mieux équilibre ; on comprend même que nous gardions, dans cette lutte pacifique, l'ascendant de la clarté, de la lumière dans l'exposition ; c'est la marque, par excellence, de l'esprit français.

Cette clarté, ce don qu'a l'esprit français de mettre la *science* à la portée de tous, cette chaleur communicative que chez nous ont les *Lettres* pour remuer le cœur, exciter les sentiments généreux, répandre les enseignements de la philosophie et de l'histoire, éviter dans la critique les excès de l'érudition, — que tous ces dons, notre pays les garde, et reste français sans devenir germain ; nous avons là un ascendant qu'il dépend de nos Universités de retenir et d'accroître.

Mais où l'Allemagne, jusqu'à cette heure, garde sa supériorité, et la première de toutes pour une nation, c'est que ses Universités, quels que soient en dehors les progrès du socialisme, restent plus que jamais le foyer de la grandeur nationale, du respect pour le Souverain qui en est la vivante image. — Chaque Université est bien l'expression d'un ensemble régional ; mais chacune a la même aspiration commune : la grandeur de la patrie. Ce sont autant d'unités vivantes dont chacune a ses traditions, ses coutumes séculaires, mais qui se confondent dans le même amour, dans le même esprit de sacrifice pour la grande patrie ; tous ces rameaux appartiennent au même arbre, c'est la même sève qui remonte aux verdoyantes branches où viennent chanter les oiseaux du ciel.

Si nos Universités pouvaient avoir le souffle patriotique, qui est l'âme d'une grande nation, le pays ne saurait faire trop de sacrifices pour en vivifier les foyers. A voir sur les bords du Rhin cette nation armée, unie, déjà pénétrée de l'esprit de guerre contre nous dans ses petites écoles et dans ses Universités, forte de notre isole-

---

flatter d'embellir les espèces, de multiplier les races ; elle n'a pu jusqu'à présent inculquer à aucun ce désir de réduire le domaine de l'inconnu, *désir immatériel où se manifeste si bien l'instinct particulier qui nous distingue.*

« Cet instinct n'est pas d'ailleurs le seul qui nous soit propre ; tous les êtres ont horreur de la mort ; *nous avons de plus qu'eux l'horreur du néant.* »

ment et de ses alliances, nation formidable qui multiplie et confectionne encore des engins destructeurs, on serait tenté de se demander si elle aurait subi quelque défaite. En deçà des Vosges, chez le peuple vaincu, les politiciens, toujours ardents aux vaines querelles, se divisent et se déchirent ; il arrive un jour, s'il s'agit du dehors, que le parti, maître du pouvoir, croit faire grande politique en dispersant nos bataillons d'élite dans les aventures coloniales de l'Extrême-Orient ; nos frontières de l'Est avaient, il paraît, assez de forces pour se défendre.

Nos Universités devraient prendre pour devoir et comme vertu souveraine d'ignorer, autour d'elles, les divisions qui font notre faiblesse ; à qui vit dans les régions supérieures de la science et des lettres, il est facile de ne reconnaître, en politique, que l'idée généreuse de patrie. Cette unité autour du drapeau leur serait un prestige, pour le pays une force ; l'union autour du symbole sacré, voilà ce que nous devons emprunter à l'Allemagne.

L'heure du réveil national, sur les bancs de nos grandes écoles, semble venue pour la France. A la dernière séance annuelle de la Faculté des lettres de Paris (5 novembre 1888), M. Lavisse, directeur des Études historiques, qui connaît à fond l'esprit des Universités allemandes, a vivement excité le patriotisme de son auditoire en montrant ce que l'enseignement y prépare contre nous, et comment, sur le terrain de l'histoire, nous avons à nous défendre. — Je ne puis mieux faire que d'emprunter à un publiciste pseudonyme (Parisis) son émouvant récit de la solennité de la Sorbonne :

« Les douze cents étudiants inscrits se pressaient dans le grand amphithéâtre, où les voix éloquentes des Cousin, des Villemain, des Guizot, des Caro, etc., se sont fait entendre tour à tour.

. . . .

« La Sorbonne, en se mêlant à la vie générale, prouvera qu'elle n'a pas peur des modernes, pas même des contemporains.

. . . .

« Elle doit encore *défendre la France contre les calomnies érudites propagées par les professeurs des Universités d'outre-Rhin, qui ne savent pas être généreuses ni même justes dans la victoire.* — Il s'est formé là-bas une école d'historiens qui, dans la passion de dénigrement de notre pays, pratiquent *l'erreur volontaire*, et cherchent à convaincre leurs disciples qu'un voyageur, franchissant notre frontière, passe de la civilisation à la barbarie, comme l'explorateur descendu d'un navire européen sur la côte de Zanzibar. C'est une *coalition morale* qui s'est faite contre nous la complice de la *coalition politique*. C'est contre elle qu'il faut réagir, et c'est à la nouvelle Sorbonne de prendre la tête de ce mouvement.

« Un tonnerre d'applaudissements, ajoute le publiciste, a salué ces paroles patriotiques..... Et, à la sortie de cette belle séance, chacun se disait à part soi :

Il n'est que temps de mettre nos écoles, comme nos frontières, sur la défensive.

Avant 1870, les Universités allemandes accréditèrent la guerre en revendiquant l'Alsace et la Lorraine, et maintenant que la France est mutilée, c'est des Universités encore que part un nouveau cri d'hostilité ; il serait utile, jusqu'à la nouvelle invasion qu'on projette, d'enlever à ce pays le rayon moral de sa couronne, qui la laisse grande entre les nations : la calomnie va bien avec *le droit prime la force*.

Nous sommes revenu encore une fois aux grandes écoles de l'Allemagne pour marquer, par des traits généraux, en quoi elles se rapprochent de nos Facultés, et surtout comment elles en diffèrent ; on voit comment, dans un pays qui veut rester ennemi, la politique et les haines nationales troublent la paix de l'enseignement. — M. Dumas, en venant à Bordeaux, en 1854 et 1861, accréditer de son autorité la cause du haut enseignement, se gardait bien d'une note belliqueuse ; on croyait et l'on estime encore aujourd'hui, que partout les Facultés, sans écarter ce qui, dans chaque pays et surtout chez les nôtres, tend à relever le sentiment national, devraient, par la science, unir et rapprocher les esprits : la *République des Lettres* ne devrait pas connaître de frontières.

L'illustre savant ne doutait pas de l'avenir de nos Universités provinciales, et exprimait ainsi sa ferme confiance :

« Serait-il plus difficile en France qu'en Angleterre et en Allemagne, d'exciter l'esprit public au nom des glorieux souvenirs de son histoire intellectuelle, de passionner notre nation au nom des lettres qui ont fait sa splendeur, au nom des sciences qui font son autorité ? »

De retour à Paris, M. Dumas s'était fortifié dans cette espérance, et me témoignait toute la satisfaction que lui avait donnée sa mission à Bordeaux.

Bordeaux, de son côté, n'oubliait pas M. Dumas. On s'y était montré sensible comme dans une cité grecque aux harmonies de sa parole ; pour ce peuple athénien, délicat et lettré, la science avait un véritable attrait lorsqu'on la présentait avec toutes les séductions du langage. Le Recteur n'avait qu'à entretenir les sentiments attachés à ce souvenir ; la confiance que lui avait témoignée publiquement M. Dumas pouvait avoir un excès de bienveillance; elle n'en restait pas moins une impression favorable à son autorité (1). Près des fonctionnaires supérieurs de tout ordre, de la ville et du département, près du clergé et de la magistrature, je ne voyais qu'adhésion à la création de deux Facultés nouvelles (droit et médecine) ; je retrouvais encore l'esprit de concorde et d'union dont j'avais été témoin à une autre époque.

La situation politique était loin d'être aussi accusée dans l'Aquitaine que je l'avais laissée en Bretagne ; à peine çà et là — mais il fallait chercher — de faibles traces de la *question romaine*... Et encore la Bretagne s'était singulièrement modifiée, renouvelée dans ses aspects pendant les sept années que j'y avais passées ; d'une année à une autre, le costume breton, la coiffure bretonne, si variée et curieuse de village à village, disparaissaient emportant un débris du passé ; sur bien des points de la Bretagne bretonnante, la langue, cette autre et plus forte gardienne de la tradition, s'effaçait devant le français de l'école. L'Aquitaine gardait moins que la Bretagne l'empreinte d'un autre âge, et d'abord, par ses riants aspects, elle faisait plus d'appel à la vie, *nunc est bibendum* ; c'est dire qu'elle se dérobait volontiers à la lutte pour mieux jouir du plaisir ; dans ces conditions, les grandes influences ont moins d'empire, l'esprit de résistance trouve moins de points d'appui.

La création de deux Facultés à Bordeaux avec tout l'ensemble d'une grande institution universitaire, œuvre, plus tard, du gouvernement autant que de la ville, me semblait devoir coûter moins

(1) V. *Appendice*.

d'efforts que le récent établissement, prospère dès le premier jour, des Écoles supérieures à Nantes et à Angers; je pouvais aussi avoir quelque confiance dans les résultats qu'il s'agissait d'obtenir pour nos écoles d'enseignement secondaire et primaire.

Une œuvre accomplie laisse après elle quelque joie intérieure, l'ardeur de la poursuivre donne peut-être une satisfaction plus vive. C'est que l'action a par elle-même son prix, que l'effort vers un but élève le sentiment de la dignité personnelle, et l'accroît d'autant plus que l'idéal est loin et désintéressé. J'étais loin de penser que l'œuvre commencée allait passer en d'autres mains. Le décret qui m'appelait à Bordeaux portait la date du 27 février 1861, et le même ministre, M. Rouland, de chère et regrettable mémoire, qui l'avait contresigné, m'honorait encore de sa confiance, et m'appelait auprès de lui; par décret du 11 novembre 1861 j'étais nommé Vice-recteur de l'Académie de Paris. Ainsi, à quelques mois d'intervalle, je remerciais la ville de Bordeaux, les Facultés et le lycée, de leur cordial accueil à mon arrivée (1), des sentiments exprimés à mon départ (2), et qui seraient rappelés avec tant de bienveillance dans l'installation de M. de Wailly, mon successeur. La vie voyageuse, à travers l'Université, trouvait sa dernière étape à Paris, et celle-ci la plus longue, la plus laborieuse, la plus mêlée aux questions d'études, la plus exposée aux outrages des partis, parce qu'on défendait l'École contre la politique; elle dura plus de dix-sept ans, bien au delà des *quindecim annos* dont parle Tacite; elle eût pu se prolonger encore si l'on n'était devenu suspect; ce pays n'aime la durée ni dans les hommes ni dans les institutions; depuis tantôt un siècle, l'instabilité de toutes choses est le péril et la faiblesse de cette terre de France, a dit un publiciste (3), *où tout apparaît et rien ne demeure*. — Dans cette dernière étape à Paris, j'eus la douleur de voir encore une révolution (4). La République, de conservatrice devenue jacobine, a fait bien des ruines; d'autres et plus graves dangers nous menacent; l'ordre social lui-même est en péril. Sans lien, sans foi, sans autorité, sans aucun de ces ressorts qui donnent à un peuple

---

(1 et 2) V. *Appendice*.
(3) M. Alfred Nettement.
(4) Voir l'*Appendice*.

la force de disposer librement de ses destinées, la France, livrée aux entrainements du suffrage universel, cherche à l'horizon le *labarum* d'où viendra le salut; dans un tel état, la démocratie est la rouille qui ronge le fer. Il nous faudrait, à défaut d'un sauveur, un grand réveil national pour nous rendre confiance en nos destinées ; nous avons dit ce que peut la jeunesse en vue de cet avenir.

LIVRE V

VICE-RECTEUR.

CHAPITRE PREMIER

Paris. — Vice-Recteur. — Académie régionale (1861-1879).

Nomination à Paris; accueil fait au Vice-Recteur. — Importance exceptionnelle de l'Académie.

Enseignement primaire. — Situation particulière du service des écoles primaires du département de la Seine; centralisation à l'Hôtel-de-Ville; le Conseil municipal; le Vice-Recteur vice-président du Conseil départemental.

Maintien de la politique scolaire jusqu'en 1879; la liberté respectée. — Dangers qui la menaçaient : 1° écoles instituées à Paris avec interdiction de l'enseignement religieux; condamnation prononcée par le Conseil départemental; — 2° propagande dans les Écoles normales primaires; mesures prises par l'Administration; — 3° pamphlet d'un chef d'établissement; condamnation par le Conseil supérieur.

L'Administration n'accepte pas les prête-nom; ses motifs.

Progrès annuels de l'enseignement : accroissement des écoles, Écoles normales, Cours normaux; conférences aux instituteurs; commissions d'examens, cours pratique des salles d'asile.

Comment le gouvernement voulait une instruction simple, appropriée aux besoins des populations; dangers d'une instruction *intégrale*, égalitaire.

Mission de l'École normale; enquête (1866) sur l'instruction agricole dans ses rapports avec l'enseignement primaire. — Mal social; causes générales.

Le remède serait-il dans la suppression du principe religieux?

Je n'eus pas à me plaindre de l'accueil que je reçus à Paris (1); arrivant de la province, j'étais le premier à rompre la tradition qui, précédemment, avait réservé le siège de Vice-Recteur à l'un des hauts fonctionnaires résidant au chef-lieu de l'Université. De

(1) Voir l'*Appendice*.

bienveillants témoignages me vinrent de mes anciens maîtres et de mes anciens condisciples ; j'avais pour appui la confiance du ministre. — On ne pouvait en demander davantage pour se mettre résolument à l'œuvre, s'efforcer de remplir tous les devoirs des fonctions académiques dans le poste le plus délicat, le plus laborieux de l'Université. — J'apportais naturellement de la province, après tant d'années consacrées au service dans des emplois divers, une somme d'expérience acquise qui trouverait son emploi dans les neuf départements du ressort (1). Paris, à lui seul, avec ses facultés de tout ordre, ses grands lycées et ses collèges d'enseignement secondaire, ses légions d'écoles primaires, les Commissions et les Comités dont le Vice-Recteur fait nécessairement partie, eût suffi à constituer le plus grand service de l'Instruction publique.

Une part toutefois de ce service, de grand intérêt mais absorbant en ses détails *l'instruction primaire dans le département de la Seine*, était confiée aux soins d'un inspecteur d'Académie ; j'eus bientôt et saisis l'occasion de proposer à M. le Ministre, pour remplir ce poste auprès de M. le préfet, l'un de mes collaborateurs les plus capables et les plus laborieux, qui devait s'y préparer une brillante carrière.

Il me restait à connaître, comme Vice-Président du Conseil départemental, des matières contentieuses et disciplinaires et des divers intérêts prévus par la loi et les règlements. — Cette attribution toute particulière pour le représentant direct du Ministre — on ne la trouve pas dans les Académies de province, en ce qui concerne les Recteurs (2) — avait quelque prix pour l'autorité centrale, sans infirmer toutefois le vice constitutionnel d'une centralisation excessive. — Sous l'Empire, avec un Conseil municipal émanant de l'autorité, cette centralisation pouvait être sans péril ; sous la République même, avec un Conseil élu directement par le suffrage universel, l'administration supérieure pourrait garder quelque action sur une assemblée jalouse de conquérir l'auto-

---

(1) L'Académie de Paris comprend les départements du Cher, d'Eure-et-Loir, de Loir-et-Cher, du Loiret, de la Marne, de l'Oise, de la Seine, de Seine-et-Marne, de Seine-et-Oise.

(2) C'est l'inspecteur d'Académie, dans chaque département, qui est membre du Conseil départemental.

nomie; mais n'y avait-il pas lieu de craindre, pour un prochain avenir et dans la perpétuelle instabilité du régime démocratique, que le Conseil, recruté un jour et en très grande majorité dans les partis extrêmes, ne prît de plus en plus, aux dépens de l'autorité centrale, qu'elle y consentit ou qu'elle résistât, le gouvernement de l'instruction primaire; le service des écoles serait au pouvoir de la ville au même titre que celui des travaux publics; l'inspecteur universitaire deviendrait en fait un agent des volontés du Conseil à côté d'un Préfet dont la résistance serait impuissante. — Il y eut toujours dans le Conseil municipal, même sous la monarchie de Juillet, une prétention marquée à la direction et même à la nomination des fonctionnaires, lorsque les écoles et collèges auxquels ils appartenaient étaient inscrits au budget de la ville. Force matérielle et force morale, la Commune de Paris voudrait aujourd'hui tout centraliser, devenir un État dans l'État; ses prédilections en particulier pour l'école tiennent moins au désir de répandre l'enseignement que de le diriger et de l'inspirer; animée d'un vrai fanatisme contre toute idée religieuse, elle voudrait façonner l'âme de l'enfant, la pénétrer de son esprit, dans l'enfant préparer le sectaire qui ferait un jour la révolution sociale. Trop d'actes et de manifestations ont malheureusement, en ces dernières années, témoigné de ses desseins; nous verrons bientôt dans quelle mesure les nouvelles lois scolaires peuvent les combattre.

Sorti des fonctions rectorales en 1879, c'est-à-dire à la veille d'une politique scolaire toute nouvelle qu'annonçait plus d'un symptôme, j'ai pu rester à Paris fort heureusement jusqu'aux derniers jours dans la voie que j'avais suivie en province.

La République, en ses premières années, laissa debout les principes et les traditions dont on nous avait fait un devoir sous l'Empire. La République pouvait-elle être plus libérale que l'Empire au temps où un Duruy tenait de l'Empereur le portefeuille de l'Instruction publique; l'Empire avait-il été plus respectueux que la République des droits de la conscience et de la liberté religieuse si dignement maintenues par M. le ministre Jules Simon? — On nous demandait également, sous l'un et l'autre gouvernement, de propager l'enseignement, de lui gagner des sympathies, de maintenir partout le principe de liberté, d'encourager l'émulation dans les écoles de tout degré, publiques ou libres.

La paix publique était maintenue ; le pays se relevait des épreuves de l'année terrible. — Le progrès des écoles laïques s'affirmait sans qu'il y eût persécution des écoles congréganistes.

Pouvions-nous douter cependant des périls qui menaçaient le principe de liberté ? — Nous avions eu fort à faire, même sous l'Empire, pour garder l'école contre les attaques de la libre-pensée. — L'instruction morale et religieuse, aux termes de l'article 13 de la loi du 15 mars 1850, faisait partie obligatoire de l'enseignement. — Au mépris de cette prescription, au siège même de l'Académie, une Société de libres-penseurs fondait des écoles privées avec interdiction aux maîtres de prononcer le nom de Dieu ; ces hommes de progrès devançaient les temps. L'enquête faite par nos Inspecteurs au nom du Conseil constata la réalité des faits. Les instituteurs et institutrices cités devant lui reconnurent avoir appliqué des statuts particuliers qu'ils savaient contraires aux formelles prescriptions de la loi ; ils s'inclinèrent devant le blâme qui leur fut infligé, et promirent de rentrer dans le devoir. Nous croyions, et le Conseil croyait avec nous, qu'en maintenant l'observance de la loi, nous faisions œuvre de défense sociale ; l'accord sur ce point était unanime ; les représentants des divers cultes, comme les magistrats, estimaient qu'on ne saurait trop pénétrer l'enfance de la *crainte de Dieu*, qui est le *commencement de la sagesse;* ils réprouvaient également les doctrines nouvelles, qui, sous le nom de *liberté*, s'inspiraient d'une espèce de *Credo* au profit de l'athéïsme.

Aux mêmes temps, nos écoles normales dans les départements réclamaient une active vigilance ; dans l'une d'elles, surtout, l'esprit de secte cherchait à pénétrer sous des formes diverses pour éveiller la haine des futurs maîtres, et jeter la flamme entre l'École et le Presbytère. — Nous cherchions au contraire à les unir par les sentiments de concorde et de bien public que doit répandre une éducation généreuse. Ce résultat fut obtenu par voie d'avis et de conseils, par l'action de la parole que rien ne saurait suppléer dans l'éducation, sans qu'il y eût bruit au dehors, alarme dans l'opinion ; mais ici le Recteur n'avait pas à porter la cause devant un Conseil, il était maître en son domaine et ne relevait que de l'autorité du Ministre.

Nous étions alors sous l'Empire ; plus tard, sous la République conservatrice qui en continuait les pratiques scolaires, on put réprimer, mais non prévenir le scandale que fit la *lettre-circulaire d'un chef d'établissement*. — L'écrivain versait à plaisir l'ironie et le sarcasme sur la religion, ses pratiques et ses mystères ; sa lettre, répandue dans le département avec réclame des feuilles publiques, était, il est vrai, *anonyme,* mais chacun en nommait l'auteur, et cette notoriété était évidemment cherchée. Il fallait bien mander, interroger ce maître de la jeunesse qui oubliait ainsi ses devoirs, le mettre en demeure de nier ou d'avouer la paternité de la brochure ; il ne pouvait avoir double bénéfice, l'impunité devant l'administration tenue de lui demander compte de ses attaques contre l'*instruction religieuse*, l'une des matières de l'enseignement, et, d'autre part, le renom que lui faisait le pamphlet auprès des sectaires de la libre-pensée. — L'enquête était confiée aux soins de l'inspecteur d'Académie, que recommandaient également sa remarquable capacité et la dignité du caractère ; on pouvait être sûr qu'elle ferait la lumière. — Le prévenu eut à répondre sur les faits divers qui le mettaient en cause ; il reconnut, devant l'évidence des charges, que c'était bien lui qui avait écrit la lettre, l'avait fait imprimer et publier, mais son aveu n'était pas sans orgueil : « Il n'avait pas de regrets à exprimer parce qu'il avait exercé un droit. — L'instituteur et l'écrivain ne sauraient se confondre. — L'écrivain est bien libre de tenir au public un autre langage que le maître parlant dans sa classe à ses élèves, de dénigrer dans un livre ce qu'il a entouré de respects dans ses leçons. » Une pareille morale, ou plutôt une telle casuistique était bien un signe des temps, l'annonce des *idées nouvelles ;* dans un pays moins troublé, tous les partis se fussent unis pour la flétrir. — On peut différer sur la doctrine, être croyant ou incrédule, regretter même que la loi ait donné place dans l'école à l'enseignement religieux, mais tant que la loi n'est pas rapportée, l'instituteur est tenu partout au respect de ce qu'il doit enseigner. — A cette logique, il n'y avait pas de réponse à faire sur la question du devoir ; l'inculpé, dans sa diatribe imprimée contre un culte reconnu par l'État, n'avait pris conseil que d'un sentiment de haine ou d'une ambition personnelle; mais il se sentait soutenu par les passions du dehors. — Comme conclusion de l'affaire, il voulut bien consentir à l'expression d'un regret, mais *à huis clos*, dans l'espoir d'escompter à son heure une popularité naissante. L'affaire ne laissait pas d'être difficile. Je la portai devant le Conseil départemental, duquel elle relevait, et qui avait à en juger comme fait et doctrines. Le Conseil fut unanime, il n'y eut pas hésitation dans le blâme... Mais quand il s'agit de prononcer une *peine*, et cette peine, la plus légère, la simple *réprimande*, l'inspecteur d'Académie s'abstenant de voter, il y eut partage égal de voix, ce qui équivalait à l'acquittement. L'administration académique en appela devant le Conseil supérieur. M. de Fourtou (1) était ministre; j'eus son énergique appui dans cette question de morale et d'autorité. La commission était présidée par M. le premier président de la Cour de cassation. Le Conseil prononça la peine de suspension du chef d'établissement pour un mois. Cette peine suffisait pour la répression de la faute et comme avertissement aux maîtres de la jeunesse; elle eut un salutaire retentissement.

Nous avions ainsi pour nous la morale et la loi dans notre incessante poursuite des *prête-nom* qui faisaient trafic de leur diplôme. La société a besoin partout, et surtout dans les maisons d'éducation, de trouver devant elle de vraies responsabilités. Combien de fois le *déclarant*, sur le simple avis d'une menace d'*opposition*, est venu retirer ses pièces soit à la mairie, soit à l'Académie, selon la nature de l'établissement, primaire ou secondaire, qu'il voulait ouvrir; tout jugement, toute pénalité se trouvait écartée. L'essentiel pour l'administration, à moins de cas grave, est de savoir prévenir, empêcher ce qu'on appelle des *affaires*.

Inutile d'ajouter que ces questions de discipline tout accidentelles, mais de gravité particulière comme symptômes, ne détournèrent pas l'administration des soins qu'elle devait au développement de l'instruction primaire. Sous l'Empire et la République, l'Université suit les mêmes traditions de progrès et de liberté, et cela, jusqu'en 1879; on peut dire que la vieille Université finit à

(1) Voir l'*Appendice*.

cette date, et avec elle le règne des vieilles doctrines. La statistique est là avec ses chiffres pour dire si la diffusion de l'enseignement demandait qu'on changeât de voie. En plein régime de liberté, sans qu'il y eût gratuité absolue, sans que l'enseignement fût obligatoire, sans que la commune fût privée de son droit de marquer par un vote ses préférences pour le choix de l'instituteur laïque ou congréganiste, le nombre des écoles, le nombre des élèves et leur assiduité allaient croissant chaque année par l'effet salutaire de l'exemple et la libre adhésion des familles ; l'État, le département et la commune n'avaient pas à souffrir de la surcharge financière qu'entraîne la suppression de toute rétribution pour tous, pauvres et riches, sous prétexte d'égalité ; rien n'eût empêché d'ailleurs d'imposer à tous l'obligation de suivre l'école ; l'égalité n'est nullement intéressée à ce que les parents aisés soient dispensés de payer leur dette pour l'éducation de leurs enfants ; c'est là une charge de devoir social. Cette gratuité obligatoire, qu'on y prenne garde, n'est qu'apparente ; en réalité, tout le monde en fait les frais sous les formes variées des contributions et de l'impôt ; l'indigent se trouve venir en aide au riche dans une dépense que celui-ci était seul à acquitter ; l'idée démocratique est pour le moins singulière (1).

Les écoles étaient donc en progrès sans innovation qui en changeât le régime ; la liberté était partout, l'obligation nulle part, et ce qu'il faut retenir surtout à l'honneur de ces temps puisqu'il s'agit d'éducation, c'est que la loi scolaire protégeait la conscience de l'enfant ; la morale religieuse avait sa place dans l'enseignement de l'école ; c'est la question grave entre toutes que nous aurons bientôt à traiter. Que si naguère les libres-penseurs craignaient sincèrement que la liberté de conscience ne fût gênée par l'obligation de la morale religieuse, il eût été bien simple de revenir à la loi de 1833 et d'en faire revivre cette disposition :

« Le vœu des pères de famille sera toujours consulté et suivi en ce qui concerne la participation de leurs enfants à l'instruction religieuse. »

La prescription eût dû satisfaire, à moins de parti pris, les religieux et les incrédules.

(1) Voir l'*Appendice*.

Le progrès scolaire, au point de vue des méthodes, trouvait sa source dans les Écoles normales, les Cours normaux et les commissions d'examen; les conférences avaient leur prix, sous ce rapport, comme moyen auxiliaire.

Les Écoles normales, je n'ai pas besoin de le dire, prenaient une bonne part de nos soins; j'eus quelque peine dans les premiers temps pour en assurer le recrutement. Elles furent toutes singulièrement améliorées sous le rapport matériel; ici des reconstructions partielles (Bourges, Chartres, Châlons), là des reconstructions totales (Blois, Orléans, Versailles), demandèrent de longues négociations; dans toutes nous eûmes des gymnases et des jardins d'expérience horticole.

Les Écoles de Chartres et Châlons pouvaient être données comme modèles pour l'éducation horticole; la première eut un prix d'honneur dans l'Exposition de Vienne.

Nous avions des cours normaux laïques ou religieux dans chaque département pour former des institutrices. Je les ai tous visités. Le cours congréganiste de Juilly (1), que M. Duruy m'invita à inspecter avec détail, fut, sur mon rapport, doté d'un certain nombre de bourses de l'État; il méritait toute la sympathie du Ministre. J'obtins, sous le ministère de M. J. Simon, la création d'une école normale primaire laïque à Chartres; notre autre École normale (Orléans) était congréganiste.

Ainsi tous les départements se trouvaient pourvus d'Écoles normales et de cours normaux, pour l'un et l'autre sexe.

Dans chaque école et dans chaque cours, l'instruction proprement dite et l'éducation pédagogique étaient l'objet de soins attentifs.

De l'École normale, qui surveille et dirige le travail des élèves, à la Commission des examens, qui en jugeait, en séance publique, les résultats, le lien est intime et logique, et l'une et l'autre sont

---

(1) La supérieure était M*me* la baronne de Vaux, qui gardait sous sa coiffe religieuse le ton et les habitudes du grand monde. Esprit libéral et des plus distingués, elle gouvernait à merveille son ordre, les Dames de Saint-Louis. Son grand souci dans les choses scolaires était de préparer pour nos campagnes des institutrices qui en auraient l'esprit et les mœurs, et formeraient leurs élèves à la piété, aux habitudes et pratiques de la vie agricole et domestique.

sous l'action immédiate des Recteurs. L'examen s'élève à mesure que l'École se perfectionne. Les candidats libres subissent dans l'examen les mêmes épreuves que les élèves des cours normaux; l'enseignement libre reçoit ainsi l'action bienfaisante des progrès réalisés dans les écoles de l'État. L'attention du Ministre se portait avec intérêt sur les résultats que lui signalaient les rapports annuels de l'administration académique.

La valeur du brevet de capacité suivait donc une marche progressive; mêmes résultats dans les sessions d'examen pour la délivrance des certificats d'aptitude à la direction des salles d'asile. Nous n'étions pas absolument étranger à ce résultat. Le Ministre connaissait sans doute notre vieille affection pour les écoles maternelles, lorsqu'il nous confia la présidence de la Commission de surveillance du Cours pratique des salles d'asile. Sous la direction de Mme Pape-Carpantier et de Mlle Dosquet, ce cours mérita à tous les points de vue les encouragements de l'autorité; les institutrices qu'il a formées ont porté partout les plus intelligentes pratiques et les meilleurs principes de l'éducation maternelle.

Rappelons les conférences, dont nous avons eu tant à nous louer, qui réunissaient les instituteurs; l'inspecteur, après sa visite des écoles du canton, y portait les observations qu'il avait faites sur le progrès ou l'imperfection des méthodes, et provoquait la libre discussion : l'émulation et l'unité de direction y trouvaient profit sans laisser place aux mécomptes ou à l'orgueil qu'ont parfois provoqués les concours. Le bien, en matière d'éducation, se fait sans bruit et sans éclat. Le certificat d'études peut suffire pour bien marquer dans chaque école la valeur réelle de l'enseignement. Ce que nous devions à nos collaborateurs dans les départements, sur ce point particulier, ainsi que sur les autres détails du service, était annuellement signalé à l'attention du Conseil académique (1); j'aime à rappeler entre autres, avec vive affection, l'actif concours de l'un des serviteurs les plus dévoués et les plus capables de l'Université, M. Tranchau, inspecteur d'Académie, résidant à Orléans (2).

(1) V. *Conseil académique de Paris. Exposé du Vice-Recteur, 1862-1878.* Un vol. in-8.
(2) *Id.*, p. 195 et 322.

Le gouvernement voulait alors un enseignement simple, élémentaire, dans les Écoles normales ; les Recteurs avaient mission d'en surveiller l'action éducatrice et morale, d'y répandre le goût des choses agricoles, d'en varier les directions selon les besoins des populations ; on était loin de ces rêves d'instruction égalitaire, redoutable chimère des revendications sociales; on ne s'était pas encore épris de l'instruction intégrale, faussement démocratique, qui romprait l'égalité en excitant par voie de concours, jusqu'au fond des hameaux, les intelligences qui *sommeillent ou s'ignorent* comme disent les auteurs du projet de loi (1), et réserverait aux élus les privilèges de l'enseignement supérieur. « Une société ainsi classée, a dit un éminent publiciste (2), serait la plus antisociale de toutes les sociétés ; d'une part, tous les gens ayant l'intelligence un peu active ; de l'autre, tous ceux qui ont une intelligence incapable de se dégrossir ; d'un côté toutes les parcelles du métal précieux, toutes les scories de l'autre : ces scories, ce serait le peuple. »

Dans cet appel aux *esprits*, vous cherchez vainement la place des *travaux manuels* (3), soit aux champs, soit à la ville, qui devraient être tenus en si grand honneur dans une société démocratique. S'il n'y a d'ardeur que pour le travail de la pensée, la charrue s'arrête dans le sillon, les métiers cessent de battre, le flot des campagnes se porte vers les villes, et dans les villes surchargées de population, d'ouvriers sans travail ou qui ne donnent au labeur que le temps obligé pour gagner le salaire des plaisirs, toutes les mauvaises passions s'enflamment ; une foule enfiévrée acclame les Catilina qui déclarent la guerre à l'ordre social. Voilà bien le dernier mot de l'instruction égalitaire ; ce n'est pas une évolution qui pourrait être un progrès, mais une révolution sociale, une destruction sans lendemain.

(1) Proposition de loi : MM. les députés Charonnat, Legludic et Anatole de la Forge.
(2) M. Paul Leroy-Beaulieu.
(3) Cette lacune est maintenant comblée ; la loi du 11 décembre 1880 et le décret (18 janvier 1887, chap. IV) rendu en exécution de la loi organique du 30 octobre 1886, fixent et réglementent le régime des *écoles manuelles d'apprentissage*.

Nous entendons autrement l'égalité, l'obligation et le progrès. Que l'État répande partout l'instruction, qu'il l'universalise, qu'il en diversifie les leçons pour satisfaire à la variété des besoins ; que l'école soit ouverte à tous, c'est le pain de vie, la dette du pays envers tous ses enfants ; que l'école soit même obligatoire, nous n'y contredisons pas, sous réserve du droit de la famille pour ce qui est de l'instruction morale et religieuse. Mais y a-t-il vraiment intérêt à inscrire, par exemple, le *modelage* au même titre obligatoire dans l'école rurale que dans l'école d'une grande cité artistique et industrielle (1)? Pour un Bastien Lepage, — et l'enfant sut faire sa voie, bien que de son temps l'enseignement du dessin fût inconnu au village, — combien d'ambitions vaines, de fausses vocations peut éveiller un genre d'instruction sans rapport aucun avec la vie rurale.

A défaut de l'instruction égalitaire, des *sélections* de l'instruction intégrale, qu'on se repose sur l'État du soin de rechercher et de prendre dans les milieux les plus humbles, sans l'excitation des concours, les aptitudes et les intelligences d'élite qu'il y aurait lieu d'encourager et d'appeler sur un plus grand théâtre ; une inspection permanente a pour devoir de les signaler.

En principe, *pour ce qui est de la vie des champs*, l'intérêt social, la vraie mission de l'école de village est de faire aimer la vie rurale, de répandre les notions qui la rendront familière ; c'est bien assez que le courant du temps moderne et comme le torrent des mœurs nous en détourne, sans que l'enseignement vienne y ajouter d'autres entraînements. L'avenir de l'enseignement primaire, on peut dire l'avenir du pays, est à ce prix. C'est du moins une vieille conviction qui ne s'est pas affaiblie avec les années. Je l'exposais dans un rapport en 1833, après une inspection des écoles primaires d'un arrondissement riche et populeux, qui trouvait sur son sol l'attrait du paysage et de la richesse. Dévoué de cœur à l'enseignement primaire, je cherchais dès ce moment à montrer d'où pouvait venir le péril ; dès ce moment, on pouvait craindre qu'une instruction mal entendue n'éloignât du village, que le travail des champs ne fût considéré comme œuvre servile. Mon

(1) Voir l'*Appendice*.

enquête à Bordeaux (1), bien des années plus tard, auprès des délégués, plus tard encore (2) l'information du gouvernement auprès de Commissions spéciales dans chaque département, n'offraient pas de résultats qui pussent rassurer.

Si généralement l'ambition de l'agriculteur, qui devait aux champs sa fortune, était de faire de son fils un *Monsieur* pour la ville, quel exemple pour le monde de valets, ouvriers, fermiers, qui s'agite autour de lui. Pourquoi n'irait-on pas à la ville à l'exemple des fils du maître? On aurait moins de fatigue, on gagnerait davantage et l'on aurait plus de plaisir.

L'école de village, on le voit, a fort à faire pour retenir le regard et la pensée dans l'horizon de la terre natale. Mais il faut que l'instituteur (3) soit le premier à aimer les champs, que l'enfant apprenne à mettre en culture le petit coin de terre qui lui est réservé dans le jardin de l'école, qu'il apprenne la greffe, la taille des arbres qui lui donneront des fruits savoureux, qu'enfin les promenades sur les coteaux et dans les guérets soient partout un enseignement plein d'attraits qui lui fasse aimer la terre nourricière et le Dieu qui donne les moissons.

« Instruire les enfants des cultivateurs, écrivait, en 1859, notre maître d'agriculture à l'école de Rennes, leur faire aimer leur état, leur rendre le service de les consacrer à l'agriculture, telle est, ce nous semble, l'humble mais utile mission de l'instituteur placé dans une commune rurale (4).

« Si l'instruction qu'on donne au fils du laboureur a pour but d'en faire un commerçant ou un industriel, nous comprenons qu'on lui parle commerce.

(1) 1852-1853.
(2) 1866.
(3) Nous sommes loin de compte avec l'instituteur rural, s'il est vrai qu'il a lui-même la passion de la ville, qu'il veut du moins pour ses enfants une autre destinée que la profession de maître d'école et la vie obscure des champs. Dans les nominations de boursiers faites après les derniers concours de l'instruction secondaire, on relève plus d'un tiers de fils d'instituteurs. L'ambition n'a rien que de généreux. On veut arriver à Saint-Cyr, et surtout à l'École polytechnique! Le poète gardera pour lui son invocation : *O fortunatos nimium...*
(4) *Journal d'Agriculture pratique d'Ille-et-Vilaine*, 16 février 1859.

« Mais si l'on veut faire des agriculteurs, ce serait un contresens de ne pas baser toute l'instruction primaire sur les opérations agricoles. »

Ces simples paroles n'ont rien que de vrai ; l'enseignement à la campagne sort de sa voie si l'on pratique une autre doctrine. L'enquête agricole ordonnée en 1866 donne bien la même conclusion.

Ainsi la Commission de . . . . (Loir-et-Cher) juge que « l'enseignement primaire, tel qu'il est donné, tend plutôt à éloigner de la profession agricole. »

Je lis pour un autre département (Eure-et-Loir) : « On considère généralement que l'instruction primaire..... exerce une influence contraire à l'agriculture, et que les élèves intelligents de nos écoles embrassent de préférence les professions libérales ou industrielles. »

Ailleurs (Seine-et-Marne) :

« A l'école, on s'occupe trop peu de notions agricoles ; il serait urgent d'y faire des cours élémentaires et pratiques d'agriculture. »

Le député, président de l'enquête, dépose également « que les instituteurs ne donnent pas ou donnent rarement des leçons élémentaires d'agriculture. »

L'observation n'est pas fondée ; les instituteurs préparés par l'École normale donnaient avec tout le soin possible des leçons d'horticulture ; nombre d'entre eux, en Seine-et-Marne comme sur les autres points du ressort, recevaient annuellement en récompense de leur zèle des prix et mentions que décernaient les Sociétés et les Comités locaux d'agriculture.

Le président ajoute :

« L'influence de cet enseignement est presque nulle. Les plus forts élèves ont une certaine tendance à aller dans les villes exercer une industrie quelconque. »

Le fait n'est que trop vrai ; il est, dans un moment donné, tel courant d'idées qui résiste aux meilleures directions ; l'entraînement et les mœurs sont plus puissantes que l'éducation. C'est le cas de répéter le mot du curé philosophe :

« Tout campagnard qui apprend à lire et à écrire renonce dans son cœur à la campagne. »

Écoutons une autre Commission dans un département du ressort (Oise), renommé, comme la Marne et l'Eure-et-Loir, pour l'excellent enseignement pratique (horticole et agricole), donné aux élèves-maîtres, futurs instituteurs :

« L'instruction primaire tend à diriger les enfants vers des professions autres que l'agriculture. Plus un enfant a de dispositions naturelles, plus elles sont exploitées au profit des carrières et situations qui ont des villes pour milieu.

« Il serait à désirer que l'éducation publique fût dirigée dans un sens plus agricole, et que l'enseignement spécial de l'économie rurale fût introduit dans les divers établissements d'instruction publique.

« Il faudrait généraliser l'enseignement agricole, le répandre et l'encourager dans les écoles primaires en le rendant *élémentaire*, pratique, approprié aux exigences locales. Il devrait faire partie, sauf pour les villes, des matières *obligatoires* de l'enseignement. »

Je retiens le vœu: l'instruction horticole, à titre *obligatoire*, serait mieux à sa place que le modelage dans l'école de la campagne.

Les Commissions sont donc partout d'accord sur ce fait que le mouvement des populations rurales se porte vers les villes, que l'instruction primaire peut y avoir sa part en donnant à l'école rurale la même instruction qu'à l'école urbaine. L'éducation agricole aurait-elle la vertu de retenir un tel courant? Si l'on doute quelque part de l'efficacité absolue du remède, on est partout d'accord pour dire qu'il *atténuerait* le mal.

Nous sommes en présence d'un vrai mal social. L'instruction primaire n'y est pas en cause, mais on a bien le droit et le devoir de lui demander ce qu'elle pourrait faire pour en diminuer les ravages. Les populations rurales sont la force physique et morale d'un pays; gardons-nous par de fausses doctrines d'atteindre leurs goûts, leurs habitudes et leurs croyances. Comme les rois, le peuple a ses flatteurs; je crains que des créations trop nombreuses d'écoles *supérieures*, uniquement instituées pour un intérêt de plus haute culture, sans rapports avec les besoins à desservir, n'accélèrent encore le flot grossissant des villes. Je vois nos campagnes condamnées à la misère, si elles ne trouvent plus de vignerons, de pâtres et de laboureurs. Le prix de la main-d'œuvre s'élève nécessairement lorsqu'il y a manque de bras, la terre ne produit que dans des conditions très onéreuses, les produits étrangers viennent disputer et prendre nos marchés; c'est ce qu'on appelle la *crise agricole*. Une instruction mal entendue, trop uniformément appliquée à des milieux divers, n'est pas seule coupable, je le répète, de cet entraînement vers les villes ; bien d'autres causes y concourent : les passions égalitaires, le désir de jouir, le rapprochement des distances par l'électricité et la vapeur, la diffusion par la presse de ce qui fascine et démoralise, le rayonnement de la grande cité sur la cabane qui ne connaissait que les splendeurs du Ciel. Chaque époque a ses grandeurs et ses misères. Il faut accepter résolûment son temps et prendre ses mesures, notamment en matière d'instruction, pour que les jeunes générations reçoivent une plus forte culture, et aussi plus de vigueur et de moralité. Il y a bien longtemps qu'ami passionné de l'enseignement populaire, je poursuivais le problème (1) ; nous croyions fermement, comme M. Guizot en 1833, comme l'Allemagne de nos jours, que ce n'est pas trop de la science et de la foi pour le résoudre ; nos convictions n'ont pas changé, et bien que règne actuellement une autre doctrine, je répéterai avec un philosophe (2), dont un prélat libéral vulgarisa plus tard la maxime :

« L'École n'est pas l'Église, mais elle y prépare et y conduit ; quelquefois elle en tient lieu. »

Un autre penseur, M. Royer-Collard, n'avait-il pas dit à la tribune avant M. Guizot et M. Cousin :

« La religion est la base de la morale populaire ; c'est elle qui sanctionne les devoirs qui lient les citoyens entre eux et avec le corps de l'État. »

Voyons cependant les *lois nouvelles* (3), que nous ne connaissons que théoriquement, comme le public, sans les avoir personnellement pratiquées ; cherchons et les intentions qui les ont inspirées et le but qu'elles poursuivent ; nous ne refuserons pas d'y applaudir si elles assurent mieux que la législation précédente les progrès bien entendus de l'enseignement, le bien-être et la moralité des classe populaires.

(1) Voir ma circulaire aux délégués de la Gironde (10 mars 1854). Instructions et documents. Brochure de v-142 pages.
(2) Victor Cousin, *Instruction publique en Hollande*. Un vol. in-8, 1837.
(3) En voici les dates : 27 février 1880, 21 décembre 1880, 28 mars 1882, 30 octobre 1886.

CHAPITRE II

Les nouvelles lois scolaires. — Leur dessein et leur but. — M. Jules Ferry.

I. *Neutralité politique.* — L'instituteur relève du préfet. — Thèse libérale : M. Bardoux. — L'instituteur sous l'autorité du recteur. — L'instituteur homme politique. — La politique dans l'école. — Morale civique. — Les manuels.

II. *Neutralité religieuse.* — L'État laïque, l'école laïque. — La religion et la science. — Place de la science dans l'éducation. — Thèse religieuse : M. Jules Simon. — Dieu dans l'enseignement. — L'école ne connaît que la science, elle est sans Dieu. — Morale indépendante. — Vote motivé d'un sénateur.

III. *Neutralité dans les pays étrangers.* — Suisse, Hollande, États-Unis. — Comment elle y est entendue et pratiquée. — Esprit religieux.

IV. *Neutralité en France.* — Son caractère. — La science, unique objet de l'école. — Le divin n'est qu'hypothèse. — École publique : laïcité, gratuité et obligation.

V. *Ses origines.* — La franc-maçonnerie dans ses rapports avec l'école. — L'idée religieuse. — La ligue d'enseignement. — Prédications dans les Loges; ce qu'elles voulaient, ce qu'a proposé le gouvernement. — Entrée en scène du principe laïque. — *Le cléricalisme est l'ennemi.* — Dieu lui-même doit être mis en cause. — Fausseté de toutes les religions.

La ligue et la maçonnerie. — Action commune. — Ligue de l'enseignement; maçonnerie extérieure. — But poursuivi : guerre à l'autorité politique et à l'autorité religieuse. — Expédients et aveux.

Les lois de 1882 et de 1886 ont le même esprit. — Compléments de la laïcité. — Bataillons scolaires.

VI. *Ses conséquences.* — Pour la défendre, on répond que l'État n'interdit pas l'ouverture des écoles religieuses, et que la religion reste dans la famille. — Mais la famille s'en remet le plus souvent à l'État de tout ce qui est éducation. — Aux siècles passés, la neutralité eût été sans dangers. — Périls actuels : ménage de l'ouvrier. — Jeune fille libre-penseuse. — Un Conseil municipal efface impunément le nom de Dieu dans les livres classiques. — Entrée de l'église et du temple fermé aux troupes en armes.

Le retour à l'idéal serait dans la famille : la mère et la religion. — Obstacles que lui oppose la *neutralité* dans les écoles de filles. — Esprit hostile de cette neutralité.

Ce que serait une *vraie* neutralité. — Comment la neutralité dans l'école est impossible. — Conséquences voulues de la réforme scolaire. — Instituteurs égarés ; le *Conseil supérieur* leur marque la voie à suivre en rendant sa place à la morale religieuse dans les programmes d'enseignement. — L'instituteur pourrait-il enseigner le spiritualisme ? — Comment le spiritualisme et la religion combattent l'un et l'autre les doctrines négatives.

Le progrès, dans ses diverses expressions, est l'inspiration et le but de l'esprit moderne ; en matière d'enseignement primaire, on ne saurait contester à notre pays tout ce que, en ces dernières années, il a consacré d'incessants efforts, de savoir pédagogique, non sans quelque imprévoyance financière, pour répandre en toute hâte, universaliser l'enseignement, améliorer le régime des écoles ; lois, règlements, arrêtés, circulaires, crédits et budgets, programmes et examens pour mesurer dans une sorte d'échelle scolaire les progrès et la variété du savoir, pousser à la production (1) qu'attestent les diplômes, tout s'est succédé avec une activité fiévreuse. Le temps est cependant un facteur qui a son prix dans les choses humaines ; il donne aux œuvres la durée en assurant leur marche, à mesure qu'elles s'élèvent, par les résultats de l'expérience. L'Université, sous ce rapport, avait des traditions de prudente lenteur qui servaient mal les besoins d'une éclosion hâtive. Les politiciens mirent la main sur l'institution scolaire pour lui imprimer le mouvement ; il s'agissait moins encore de faire vite que de répandre un certain esprit ; l'école, avant tout, était pour eux un instrument politique. — C'est M. Jules Ferry qui, ambitieux du premier rôle, après Gambetta, prit au tribun enflammé la formule le *cléricalisme, c'est l'ennemi*, pour l'appliquer à l'école (2) ; c'est lui qui mena la campagne, et porta dans la lutte autant d'ardeur que de ténacité. Qu'il ait ou non subi telles influences, servi les passions plus qu'il ne les a inspirées, son nom est au premier rang et doit rester attaché à cette ère nouvelle où, après des années de paix publique, la conscience a été si profondément troublée sous prétexte de liberté, et l'État s'est fait oppresseur au nom de l'autorité. — La lutte s'est ouverte avec l'article 7 (3), et les décrets qui ont suivi la résistance du Sénat ; puis sont venues les lois scolaires

(1) Voir l'*Appendice*.
(2) *Id.*
(3) *Id.*

acclamées par la majorité de la Chambre des députés. Trois fois (1) ministre de l'instruction publique, deux fois président du Conseil, gardant quatre ans le même portefeuille, sauf de courts intervalles, M. Jules Ferry a pu suivre et reprendre son œuvre, qui s'est achevée dans le même esprit (2) ; ferme en ses desseins, fécond en ressources, il n'a pas dévié de la voie où il s'était depuis le premier jour engagé; nous pourrions en marquer les étapes et reconnaître toujours la même unité de doctrine ; ainsi la loi de 1882 sur l'enseignement primaire, qui reçoit en 1886 sa forme organique, s'inspire de ces deux pensées : « L'instituteur public sera désormais *laïque* et servira la politique ; la neutralité religieuse dans l'école publique servira les intérêts de la libre-pensée. »

I

L'instruction primaire est, de tous les services de l'Université, celui dont le personnel est sans droit bien précis ; sous l'œil du maire, du juge de paix, et, dans la main du préfet, qui le nomme et peut le révoquer, il se trouve subir avec le plus d'intensité l'action délétère de la politique. Un gouvernement respectueux de la liberté se fût ingénié, sous une forme ou sous une autre, à le tenir sévèrement en dehors des partis. L'école est ouverte à tous, aux enfants de toutes les familles, quelles que soient leurs opinions ; le maître n'a pas à en connaître ; éducateur de l'enfance par les idées générales, il doit rester étranger aux passions qui divisent ; dans l'école il est et doit rester éducateur, se garder d'être jamais un homme politique.

Mais on n'échappe pas, qu'on soit Empire ou République, aux préoccupations électorales ; c'est la conséquence, du moins jusqu'à cette heure, du suffrage universel, tel qu'on le pratique dans notre pays. Le grand intérêt est de vaincre au scrutin, d'obtenir la majorité des suffrages, et, pour cette fin, on veut dans chaque com-

(1) Voir l'*Appendice*.
(2) *Id*.

mune un intermédiaire intelligent qui puisse sans bruit, et par incessantes influences, agir sur l'électeur. Le maître qui instruit l'enfant peut avoir quelque autorité sur le père de famille, et, s'il fait preuve de zèle, M. le préfet pourra lui tenir compte, pour son avancement, des peines qu'il se sera données pour que la commune soit bien pensante.

La neutralité de l'instituteur dans les élections, c'était la thèse chère au parti libéral ; l'opposition fit grand bruit, elle n'avait pas tous les torts lorsque M. de Persigny, chargé de l'Intérieur, réclama pour son département, en 1854, le personnel des instituteurs ; nous avons vu que tel était le prix de la constitution des grandes Académies. Devenus à leur tour maîtres du pouvoir, les opposants d'autrefois ont oublié leurs colères ; à part des philosophes soucieux des principes et quelques libéraux attardés, la République, en ces derniers temps, trouva bon à garder l'instrument dont avait usé l'Empire.

La thèse libérale eut, il est vrai, devant le Sénat, les honneurs de la tribune ; un grand nombre d'instituteurs, lors de la discussion de la loi organique en 1886, demandaient à relever des Recteurs, vrais magistrats de l'enseignement, pour échapper à la politique. Ancien ministre de l'Instruction publique, M. Bardoux avait autorité pour appuyer leur vœu ; la cause ne pouvait être en meilleures mains. « Il s'agit, disait l'orateur (séance du 16 février), de savoir si la politique rentrera dans l'école. » — La loi de 1854 fut combattue par les libéraux, notamment en 1867. Le cabinet de M. Dufaure, en 1878, proposa de donner aux Recteurs l'autorité qui jusque-là appartenait aux préfets.....

« Si l'on veut respecter la neutralité religieuse, il faut respecter aussi la neutralité politique. » — M. de Pressensé vint à son tour soutenir cette doctrine : « Le parti libéral a toujours eu pour tradition de soustraire l'instruction publique à la politique militante. » M. le ministre ne contredit pas au principe, on verra plus tard à le faire revivre ; c'est la politique même qui lui fait une loi de rester armé. « Une opinion contraire a prévalu depuis 1882 dans la Chambre des députés ; le gouvernement, quant à présent, n'a qu'à la suivre. » M. Goblet en repoussant l'amendement, restait bien dans l'esprit de la loi de 1882, que M. Jules Ferry avait fait prévaloir. L'instituteur ne saurait être neutre; il représente bien un parti, le parti, si l'on veut, du gouvernement; son rôle est tout tracé dans les divisions qui partagent la commune; il est l'agent du préfet dans le conflit des intérêts et des passions qui divisent; il n'est pas l'homme des pères de famille. La neutralité absolue, que réclament ses fonctions, serait cependant son honneur comme elle est le devoir du prêtre, du rabbin et du pasteur.

L'amendement de M. Bardoux fut écarté; eût-il assuré réellement, en cas d'adoption, la *neutralité* qu'il semblait promettre pour l'instituteur? Le Recteur est sans doute, par ses services et ses grades, le chef tout indiqué du personnel enseignant; par tradition et tempérament, il mesure les mérites du maître à la direction de son enseignement; l'homme politique s'efface devant l'éducateur, sous la réserve toutefois qu'une impulsion contraire ne vienne pas du Ministère de l'Instruction publique. — Chefs de service révocables sous un gouvernement autoritaire, les Recteurs auraient à témoigner par leurs actes, s'ils avaient en mains le personnel, que la République, en leur confiant de hautes fonctions, n'a pas égaré ses choix. Mieux vaut pour eux et dans l'intérêt des études qu'ils ne soient pas mêlés à la politique, et n'aient pas à sortir de leur rôle d'éducateurs.

Le gouvernement n'a donc pas voulu de neutralité politique; il entend retenir directement sous ses ordres une milice plus prête qu'une autre à servir, plus docile parce qu'elle a plus de besoins, mais qui pourrait bien un jour faire ses conditions si on la pénétrait plus de ses droits que de ses devoirs. Dans cette voie néfaste de la politique, combien d'instituteurs égarés voudront se faire un nom, marquer leur place aux rangs les plus avancés. L'un d'eux tout à fait étranger, bien entendu, aux choses de l'armée, mais non aux passions révolutionnaires, n'a-t-il pas annoncé *par affiches* une conférence sur la réduction du service militaire?

« Deux castes, le clergé et l'armée, sont nuisibles au peuple; leur influence doit être rendue nulle. J'indiquerai les moyens d'y parvenir. » On cite même une circulaire d'inspecteur qui prescrit aux instituteurs publics de son ressort d'ouvrir la classe par le chant de la *Marseillaise*. La *Marseillaise* remplaçant la prière désormais interdite, c'est moins édifiant, mais c'est plus national.

L'administration aura désavoué un si beau zèle; elle n'entend pas, dans la paix de l'école, donner une traduction troublante à l'enseignement obligatoire de la morale civique; c'est bien assez des difficultés que soulèvent les doctrines exposées dans certains manuels.

Près de tout jeunes enfants, un enseignement *civique* ne laisse pas d'être délicat; on peut douter de son action sous la forme didactique, se rappeler même avec quelque crainte les temps où, pour la première fois, il fut institué; mais le principe est irréprochable. Sous la plume d'écrivains philosophes tels que MM. Jules Simon, Janet, Bouillier, Vacherot et Beaussire, un livre de *morale civique* ne répandrait que de saines idées et des sentiments généreux; respectueux du gouvernement que s'est donné le pays, il n'aurait garde de chercher dans le passé des sujets de violence et de haine, montrerait ce que de tout temps la France eut de gloire à côté de misères, exposerait le devoir qui s'impose sous toutes les formes du gouvernement. — Cette *morale civique*, en dehors des partis, qui n'a que des paroles d'union et de concorde, est bien celle qui convient à la jeunesse; l'enfant est respecté; ni le livre ni la parole du maître qui doit le commenter ne l'atteignent dans les opinions et les traditions de sa famille. — Il n'en est pas ainsi dans quelques manuels composés tout exprès pour vulgariser des idées et servir des desseins politiques. L'écrivain qui ne reconnaît la France qu'après la Révolution entend bien redresser chez l'enfant les préjugés paternels; que si son livre, intentionnellement ou par inadvertance, est admis comme livre de classe, il devient *obligatoire* comme l'était autrefois le *catéchisme*, quelles que soient les réclamations de la famille. La politique vient à la suite avec ses divisions dans la région sereine où le maître et l'élève devraient ignorer la lutte des partis.

Nous sommes donc loin d'avoir la neutralité de l'école en matière *politique*; sommes-nous assurés de la *neutralité religieuse?* — La *laïcité* absolue de l'école publique, l'interdiction de tout enseignement *confessionnel* par les soins du maître ou d'un pasteur, répondent-elles à un principe sincère de liberté?

II

L'État laïque, comme on l'a dit excellemment, ne veut pas dire l'État athée ; l'école laïque n'est nullement de ce fait l'école irréligieuse. L'État veut, à bon droit, rester maître en son domaine, mais son intérêt comme son devoir est de protéger l'idée religieuse. L'idée religieuse unit les esprits ; elle est dans l'État un lien social, une force pour les gouvernants et la loi civile ; dans l'école elle est souveraine, pénètre le cœur, et par l'émotion inspire le respect qui rend la leçon du maître possible et féconde.

La science à côté de la religion a sa place obligée dans l'éducation de l'enfance, mais combien elle réclame de prudence et de mesure pour qu'il y ait équilibre entre les idées et les croyances. Le maître, en ces premières années, à part ce qui est enseignement matériel, ne doit lui demander que des inspirations morales : « J'ai vu Dieu, dit le grand Linnée, passer dans une fleur. » La science s'adresse en effet à la raison plus qu'à l'imagination ; sur bien des points elle donne moins de solutions qu'elle ne pose de problèmes ; elle pourrait prématurément habituer l'esprit à la recherche des forces de la nature, le désintéresser de l'idéal qui est l'éternelle poésie ; une planche anatomique peut être un danger pour de jeunes enfants ; elle y éveillerait une curiosité malsaine. On n'aurait donc pas eu tort de dire que la science est le pain des forts ; elle réclame une intelligence exercée pour donner des résultats sérieux ; elle peut, ce qui est plus grave, éveiller le doute dans l'âme, qui ne doit connaître que la foi. L'enfant n'appartient pas à l'État, quoi qu'en disent les sophistes ; il est à la mère, qui lui doit, après le sein nourricier, le lait des croyances et des doctrines. L'éducation morale doit précéder la culture scientifique ; le maître n'aura pas à se plaindre, dans l'intérêt de son enseignement, de trouver un auditoire attentif et docile, pénétré du respect sans lequel il n'y a pas d'éducation. A cette vieille pratique de l'éducation traditionnelle on ne saurait opposer avec quelque bonne foi ni les droits de la conscience ni l'intérêt de la science. Les droits de la conscience chez un enfant dont la raison n'est pas formée, mais saurait-on les placer sous une autorité plus sûre que la famille. Quant à la science, dont on réclame aussi les droits à l'encontre de la famille, il est trop facile de voir qu'elle n'est ici qu'une machine de guerre contre toute éducation religieuse. M. Jules Simon, dans la discussion de la loi scolaire, demande qu'on enseigne Dieu aux enfants. « Mais quel Dieu? » répond le ministre.

Nous ne sommes plus au temps où le philosophe Joubert disait avec quelque autorité : « Ce qu'on regrette dans l'ancienne éducation, c'est ce qu'elle avait de moral et non d'instructif. » Avant tout, on veut la science, et cette science qui, sous la variété des systèmes physiologiques et même psychologiques, voudrait effacer de l'homme toute trace de sa divine origine ; seule elle peut répandre la lumière parce qu'elle seule atteint les réalités ; au delà, dans l'invisible, il n'y a qu'imagination et chimère.

C'est pour assurer le règne de la science que l'instituteur public, l'institutrice publique, seront *laïques*. L'enseignement religieux est interdit dans l'école. Aucun signe religieux n'y est toléré. Le prêtre, pasteur ou rabbin, n'y sera pas reçu même en dehors des heures de classe. Même interdiction dans les écoles normales qui préparent les futurs maîtres et maîtresses de l'enfant. Et pour qu'il soit bien reconnu que c'est là une politique d'État, on prendra des mesures pour que l'hospice soit laïque comme l'école ; on mettra en question le serment au tribunal devant *Dieu* et devant les hommes. L'État ne veut ni de la foi qui enseigne, ni de la foi qui console, ni de l'appel par delà le monde à un juge supérieur.

S'il n'y a plus de souveraineté qui vienne d'en haut, je cherche le principe de la loi morale (1) et demande quel en est le vengeur ; une morale « sans dogmes, ont dit Portalis et le Premier Consul, c'est une justice sans tribunaux. » La morale dite *indépendante* est au service des passions et des intérêts ; aucun lien supérieur ne l'oblige ; l'humanité est enfin affranchie, une ère nouvelle s'ouvre pour elle. Blanqui a eu raison de dire : *ni Dieu, ni maître* (2). Rien à craindre ni de Dieu ni d'une autre vie ; pour le matérialiste, les deux idées sont des chimères. Avec la mort,

(1) Voir l'*Appendice*.
(2) *Id.*

tout est fini, tout rentre dans le néant, ainsi que conclut un poète latin : *nil igitur mors est.*

C'est bien là, quoiqu'on s'en défende, le but qu'on voudrait atteindre et qu'ont poursuivi certains inspirateurs des nouvelles lois scolaires. Qu'on se rappelle (1) l'apothéose, en Sorbonne, du positivisme d'Auguste Comte à la place où Cousin et Jouffroy ont parlé de la divine morale ; le tribun tout-puissant invitait les maîtres héritiers de leurs doctrines à changer d'idéal ; en province, dans ses courses triomphales, sa parole enflammée prêchait la cause de la vérité et de la science contre l'esprit de superstition (2). — La loi qu'il voulait, et qu'il a pour sa part inspirée, est bien l'*École sans Dieu.* — M. le sénateur Schœlcher a eu le droit d'expliquer et de motiver son vote sans que le gouvernement proteste : « Je vote la loi parce que je suis *athée*. »

III

L'athéisme est une traduction singulière du principe de neutralité que défendait le ministre au nom même des droits de la conscience, du respect que doit l'État à la liberté, à toutes les opinions ou doctrines philosophiques ou religieuses. La neutralité, c'est la région supérieure entre les dogmes et les systèmes ; M. Jules Ferry, il faut le reconnaître, la concevait autrement qu'on ne l'entend en Hollande, qu'on ne la pratique en Suisse et aux États-Unis, ces deux terres de liberté.

Les pays mêmes, dit un juge bien compétent (3), et qui ne saurait être suspect, « où a prévalu le principe de la laïcité de l'école, ne se sont pas inspirés d'un esprit d'indifférence ou d'hostilité contre le christianisme. » — Les instructions insistent dans ces pays sur la possibilité pour les instituteurs de laisser de côté l'enseignement *dogmatique*, tout en se préoccupant de développer le

---

(1) Voir l'*Appendice.*
(2) *Id.*
(3) Voir la législation et la pratique pour l'enseignement primaire dans les divers pays. — Rapports de M. Buisson, directeur de l'enseignement primaire. Exposition de Vienne en 1873 et en 1875.

sens moral et le sens religieux de leurs élèves par une éducation *foncièrement chrétienne*. On lit, par exemple, dans l'exposé des motifs de la plus *radicale* des législations suisses, celle de Neuchâtel : « L'école publique doit être non confessionnelle, mais chrétienne dans l'acception la plus large du mot, c'est-à-dire que l'instituteur ne doit pas se borner à donner à ses élèves des notions arides de science, mais qu'il doit s'efforcer de tourner leurs cœurs vers toutes les choses belles, bonnes, morales. Il y a heureusement assez de points communs à toutes les confessions religieuses : la croyance en un seul Dieu, les principes éternels de la morale, et cette vertu suprême du christianisme, la charité, pour qu'il ne soit pas restreint dans ses moyens éducatifs. »

De même en Hollande, l'école est neutre, c'est-à-dire qu'elle n'appartient à aucun culte particulier, mais elle est pénétrée de l'esprit du christianisme. M. Buisson ne parle pas autrement que M. Cousin (1) à plus de quarante ans de distance. « La loi impose le devoir de développer de bonne heure dans les élèves la pratique des vertus sociales et chrétiennes. » La base de toutes les communions était l'histoire de la Bible ; on y joint toutes les maximes morales que provoque la lecture des textes sacrés. « L'absence de tout enseignement dogmatique s'explique, dit M. Cousin, chez l'un des peuples les plus moraux et les plus religieux de la terre (2). »

Même pratique aux États-Unis, même sollicitude pour les traditions religieuses ; c'est là que nous trouvons dans toute sa précision le principe de la séparation de l'Église et de l'État, comme conséquence de la séparation de l'Église et de l'École. Et ce fait s'explique à l'honneur de la jeune République. « N'ayant pas comme nous, dit encore M. Buisson, (3) débuté par une grande unité religieuse, ils ne voient rien que de naturel dans la diversité infinie de leurs sectes. » C'est pour les respecter dans la variété de leur foi que l'école

---

(1) *L'Instruction publique en Hollande*, par V. Cousin. 1 vol. in-8.

(2) M. Cousin préfère toutefois la pratique allemande. « Pas une école primaire en Allemagne, dit le philosophe, où, sous les formes les plus simples, la vérité chrétienne, qui est faite pour les pauvres d'esprit comme pour les savants, ne soit enseignée dans ses principes dogmatiques les plus généraux et dans ses conséquences morales, comme le ferme fondement des mœurs privées et publiques. »

(3) *Rapport sur l'instruction primaire à Vienne en 1875.*

n'est pas *confessionnelle,* ce qui pour personne ne signifie *irréligieuse.* « L'école, ajoute le rapporteur de l'Exposition de Pensylvanie, ne pouvait être confessionnelle qu'en devenant le monopole de quelques-unes des sectes concurrentes. » La séparation se fait ici au nom même de la conscience et dans l'intérêt de chaque communion. « Mais la pratique ne laisse pas de faire encore quelques infractions au principe (1). Si convaincus qu'ils soient de l'excellence de leur principe, les Américains ont une certaine peine à faire deux parts de leur être, à se placer tour à tour au point de vue de l'État, qui ignore la religion, et au point de vue de l'individu, qui en vit. »

Où la religion retrouve librement son expansion et ses droits, c'est dans les écoles du dimanche. Actif instrument de propagande, l'école du dimanche fonde ou entretient les églises. C'est ainsi que se renoue le lien de l'école et de l'Église. « Par l'école du dimanche nous pouvons atteindre, disent les fondateurs, les enfants des incrédules et des catholiques dont les parents ne viennent jamais à nos exercices religieux. »

Ainsi, dans les rares pays où la leçon de dogme est confiée exclusivement au prêtre ou au pasteur, l'enseignement religieux n'est nullement en cause. La neutralité de l'école, en ce qui tient à la diversité des croyances, est un hommage rendu à la religion, au pasteur qui la représente, seul gardien pour chaque communion de la pureté du dogme et de la sûreté de la foi. Quant à l'enseignement du maître, le souffle chrétien, l'esprit spiritualiste qui l'anime prépare l'âme de l'enfant pour la semence de l'Évangile.

IV

La neutralité ainsi entendue et pratiquée respecte la conscience sans favoriser l'esprit de critique et de négation. En est-il ainsi

---

(1) « Ainsi, nous trouvons encore dans la plupart des écoles une courte prière et la lecture sans commentaire de quelques passages de la Bible ; c'est le seul exercice religieux qui se pratique en commun, l'enseignement confessionnel se faisant en dehors des classes par les soins des diverses Églises. » (Rapport précité, p. 145.)

chez nous, dans notre législation nouvelle, si peu soucieuse du principe de liberté, et qui met l'école au service de la politique et de l'incrédulité? La science et non l'éducation, *qui est cependant la vraie fin de l'instruction* (1), semble l'unique objectif de l'école. Toutes les prédilections sont pour la science, dont le domaine est le réel; elle seule peut donner des affirmations, le *divin* n'est qu'hypothèse. Dieu, en fait, n'a pas sa place à l'école; il faut l'en exclure pour séparer un jour l'Église de l'État. Une exclusion conduit à l'autre. Il faut bien procéder, comme on dit, avec méthode, scientifiquement, opportunément. Nous sommes ici en pleine politique, dans l'arène des partis. Rien ne rappelle les États-Unis, leur école non confessionnelle, mais religieuse; nous avons l'école sans Dieu des libres-penseurs de notre pays. Dans cette école, on nous l'assure, la conscience garde tous ses droits, et lorsqu'elle aura été assez longtemps éclairée par la science pour distinguer la vérité de l'erreur, elle pourra, en toute liberté, choisir sa voie, préférer la science avec sa lumière, ou la religion avec ses ténèbres.

C'est dans ce dessein que l'instituteur et l'institutrice seront laïques. Seuls ils relèvent de l'État et sont inscrits au budget; l'enseignement religieux est sévèrement interdit dans leurs écoles : ainsi le veut la neutralité. Le prêtre et le pasteur ne peuvent même, sur le vœu des familles, y apporter leur parole; ce serait troubler, dans le sanctuaire même, l'enseignement de la science.

Ajoutons que l'instruction est *gratuite*, *obligatoire* pour tous, avec le *Manuel* également *obligatoire;* on ne peut s'y dérober qu'en fondant à grands frais des écoles libres soumises, d'ailleurs, à toutes sortes de conditions difficiles. Peut-on faire davantage, plus loyalement, pour la science et la liberté, montrer plus de tendresse à ces masses profondes endormies dans l'erreur et qu'on veut à tout prix amener à la lumière?

---

(1) Voir *Instruction publique en Hollande*, p. 30. Parole de M. l'inspecteur général Van der Ende.

V

La neutralité chez nous a donc pris un faux nom ; c'est au contraire la guerre à l'idée religieuse, et cette guerre, prêchée par toutes les Loges avec la même ardeur, depuis que le *grand architecte* a disparu du code maçonnique, est commandée par l'esprit de la doctrine. Le franc-maçon met partout en regard la religion et la science ; seule la science, et la science des choses expérimentales, peut atteindre le vrai ; seule elle explique le commencement et la fin des choses ; seule elle rend l'homme à lui-même et l'affranchit de toute servitude, et de là cette lutte, cette propagande, cette part active de la maçonnerie dans les révolutions qui troublent depuis un siècle notre malheureux pays. L'autorité s'est sans doute affaiblie sous le bélier de la Révolution, mais elle résiste encore ; Dieu et le prêtre ont encore des croyants ; le naturalisme a des ruines encore à faire pour atteindre son idéal égalitaire.

Et l'un des pontifes les plus autorisés de la société maçonnique (1) déclare, comme l'ont fait ses frères dans plusieurs réunions, que le surnaturel est une chimère et n'a pas de rôle dans les faits humains. La morale, au dire des positivistes, dont les maçons adoptent la doctrine, « a ses garanties, ses racines dans la conscience humaine ; elle peut enfin jeter ses *béquilles théologiques* et marcher libre, même à la conquête du monde.

« La morale est un fait essentiellement humain et distinct de toute croyance sur le commencement et la fin des choses. La morale est un fait social qui porte en lui-même sa conséquence et sa

---

(1) *La Franc-maçonnerie sous la troisième République*, par Adrien Leroux. 2 vol. in-18, édit. Letouzey. — *Discours de M. Jules Ferry*, t. Ier, p. 76. — Voir, en outre de ce curieux livre, les ouvrages de M. Léo Taxil. — *La Ligue de l'enseignement, histoire, doctrine*, etc., par J. de Moussac. 1 vol., 1881. Librairie de la Société bibliographique. — Le livre de M. Claudio Jannet sur les *Sociétés secrètes*. — *Histoire du buste et du piédestal de la République*, dans une étude de M. de Moussac : *Bulletin de la Société générale d'éducation*. (15 octobre 1882.)

fin ; et la morale sociale devient ainsi partout une question de culture, non seulement la culture que donne l'éducation primaire ou supérieure, mais celle qui résulte de législations bien faites. »

Dans ces paroles d'apparence modérée, vous voyez l'enterrement civil, l'abolition du serment devant Dieu, la suppression de l'immortalité de l'âme désormais sans objet, l'homme étant le commencement et la fin de toutes choses.

Plus loin, l'orateur entrant dans la politique militante, met en cause le « sentiment aristocratique qui survit aux révolutions les plus profondes, les plus radicales, et même, dans notre société démocratique, sait revêtir tant de formes ingénieuses pour cacher de réels et profonds dédains.

« Le mysticisme est notre ennemi héréditaire. » N'est-ce pas appeler la haine entre les classes et les opinions que de signaler ainsi les hommes de religion et d'autorité? Le socialisme le plus violent se trouve ailleurs sous la plume d'un publiciste de la société (1).

« La Révolution eut un tort, elle laissa surnager Dieu.... Dieu, c'est le passé, le droit divin, le droit à la superstition, c'est l'iniquité, la force brutale, le despotisme odieux. Soyons notre foi et notre Dieu, plaçons notre foi dans la science et dans la raison, ne soyons plus des croyants, mais des citoyens.

« Donc plus de Dieu, plus d'Église, et il n'y aura plus ni prêtres ni rois ; plus de rois, plus de dirigeants, et il n'y aura plus de charges inutiles, mais *une égale répartition des richesses sociales.* »

Nous avons ici l'appel à la guerre.

Le socialisme serait en pleine possession à cette heure des richesses et les partagerait, à parts égales, entre tous les enfants des hommes ; les socialistes ont bien raison de ne pas pardonner à ce bon M. de Robespierre, qui a *décrété l'existence de l'Être suprême.* Ce qu'un décret a institué, un autre pourrait le détruire; un moyen plus sûr de faire justice d'une croyance enfantée par la crainte et que l'éducation a perpétuée, c'est de prendre l'enfant dès ses premiers ans, et d'éclairer son entendement avec les rayons de la science. Les maçons se sont particulièrement donné

(1) *Franc-maçonnerie*, t. I, p. 105.

la mission d'expulser de l'école, au nom de la science, tout élément religieux : le principe laïque leur appartient.

Le gouvernement, dans ses lois scolaires, n'a fait que traduire le commandement des Loges.

Que disent les Loges ?

L'école doit enseigner la vérité ; la science tient le flambeau qui dissipe les ténèbres.

La religion, sous des noms divers, qu'elle change de forme et de couleur selon les pays, « qu'on l'appelle catholicisme, protestantisme, judaïsme, mahométisme, boudhisme, ou autrement, c'est toujours l'erreur encadrée, enjolivée dans ce culte quelconque (1). »

L'esprit clérical est l'ennemi de la nature humaine ; l'éducation religieuse fait des êtres rampants « tombés dans la poussière ; l'éducation laïque va faire des citoyens libres et indépendants. Donc, il faut soustraire les enfants à l'éducation religieuse, à l'influence cléricale ; le prêtre doit être banni de l'école (2). »

Sans laïcité, il ne saurait y avoir d'enseignement démocratique ; la République doit en faire l'obligation dans les écoles de garçons et de filles ; elle fera particulièrement appel au concours de la femme pour la prise des bastilles cléricales.....

Et que prescrivent les lois scolaires ?

L'École officielle est désormais laïque, elle ne connaît que la science. L'État n'appelle à lui pour la transmettre que le maître laïque, pénétré de l'esprit des sciences humaines, dégagé de tout lien religieux ; le prêtre ne saurait trouver place dans l'école ni comme professeur, ni comme interprète des intérêts de la foi. L'État n'entend pas attaquer l'Église, mais assurer la liberté et défendre la conscience de l'enfant contre les traditions d'une autorité extérieure et fondée sur des mystères.

Le principe laïque est donc bien nettement formulé dans la loi telle qu'on l'entend dans les Loges ; le législateur prescrit de plus, ainsi que l'ont voulu les Loges, que l'école sera gratuite pour être accessible à tous, que la fréquentation sera obligatoire. La science

(1) *Franc-maçonnerie*, t. I, p. 131.
(2) *Id.*, t. I, p. 357.

sera un vrai pain de vie pour les générations élevées jusqu'à ce jour dans la superstition et l'erreur; des mesures de police administrative écarteront des regards de la jeunesse et les Vierges et les Christs, et tout emblème religieux dont l'école laïque officielle n'a pas à connaître. Quant à la femme, si portée aux penchants religieux, si nerveuse et mystique dans sa nature, et dont l'influence agit puissamment sur l'enfant et la famille, on lui ouvrira des lycées et des collèges; sans être obligatoire, l'enseignement que distribuent ces écoles d'un ordre supérieur renouvellera les idées; de religieuse, la femme deviendra scientifique; en laissant les dogmes, elle pourra bien passer à l'incrédulité; on peut compter qu'elle rayonnera autour d'elle et vulgarisera sa foi nouvelle.

Préparé par les Loges, le principe laïque devait être expliqué devant l'opinion, avant d'être soumis aux Chambres pour entrer dans la loi; la majorité républicaine, — ses sympathies étaient bien connues, — l'acclamerait d'autant plus bruyamment qu'il aurait reçu le baptême populaire. Nul n'avait au même degré l'autorité de M. Gambetta pour passionner l'opinion et répandre la bonne nouvelle.

« Nous reporterons *au dehors*, avait-il dit à la réception de M. Littré (1), la grande et souveraine parole qu'il nous a été donné la faveur d'entendre tout à l'heure, parole de liberté luttant contre l'oppression des ténèbres, parole de justice protestant contre les accusations malsaines, mensongères, viles et malveillantes des disciples de l'obscurité. »

Son premier cri de guerre au dehors eut un immense retentissement. *Le cléricalisme est l'ennemi*. Et pour qu'il n'y ait pas d'équivoque sur le sens qu'il faut attacher au mot de cléricalisme, un franc-maçon de talent prend soin de le définir (2) :

« La distinction entre le *catholicisme* et le *cléricalisme* est purement officielle, subtile pour les besoins de la tribune; mais, ici en Loge, disons-le hautement et pour la vérité, le catholicisme et le cléricalisme ne font qu'un. »

Nous disons *catholicisme*, aurait pu ajouter l'orateur, parce que

---

(1) *Franc-maçonnerie*, 1er vol., p. 20. Séance du 8 juillet 1875.
(2) Conférences faites en 1880 au sein de la Loge *l'Étoile du Nord*.

c'est la religion de la majorité des Français, autrefois religion d'État, qui avait et garde encore l'autorité et le prestige dans un État social que nous voulons détruire; en fait nous ne voulons d'aucune religion, d'aucun culte. « Qu'est-ce donc que cet être incompréhensible dont le nom varie suivant les temps et suivant les lieux : Jéhovah pour les uns, Dieu pour les autres, Allah pour ceux-ci, Brahma pour ceux-là, tous ayant eu leurs prophètes, Christ, Mahomet ou Confucius, pour célébrer leurs louanges et faire des prosélytes (1)? L'éducation doit être exclusivement laïque et dégagée de toute idée religieuse; non, il n'y a pas de morale divine, mais bien une morale dont l'essence se trouve dans la constitution même de l'humanité; qui dit éducation religieuse ne dit-il pas éducation faite de préjugés, d'erreurs, de superstitions? »

L'ennemi qu'il faut combattre, qu'il faut détruire, c'est Dieu lui-même; la vraie formule dans la pensée même de Gambetta, tout inspirée de la franc-maçonnerie, est celle-ci :

Dieu, voilà l'ennemi (2).

C'est sous ce titre parfaitement logique que le F∴ H. Gaston cherche à établir que Dieu est un ennemi, que l'humanité peut le rendre responsable des malheurs qui l'assiègent; le bulletin maçonnique ne trouve pas assez d'éloges pour ce livre, qu'il estime excellent, comme fond et comme forme; il conclut avec l'écrivain :

« Si toutes les religions ne se sont établies et perpétuées que par le mensonge, la violence, l'extermination, et cela pour donner à l'humanité des notions fausses dont les despotes et les prêtres ont seuls profité, les religions doivent disparaître et emporter avec elles l'idée de Dieu. »

Mais un ministre de l'instruction publique, s'adressât-il à une assemblée de sectaires, est retenu par un certain respect; il n'oserait braver l'opinion et qualifier officiellement de son vrai nom l'École publique qu'il veut fonder; il l'appellera *neutre* entre les croyances; en réalité, c'est l'École que veulent les maçons, c'est l'École sans Dieu que prépare depuis longtemps la Ligue, *vraie*

---

(1) *L'éducation religieuse, ses dangers*, conférences faites par le F∴ Fleury dans la Loge *Les Philanthropes réunis*. — *La Franc-maçonnerie*, t. I, p. 321.

(2) Voir *Franc-maçonnerie*, t. I, p. 173, 175. — *Bulletin maçonnique*, mars 1882, p. 379. R∴ M∴, 9 avril 1882.

maçonnerie extérieure, ainsi que l'appelle son fondateur. Dans la loi, la neutralité n'est qu'un expédient; dans la Ligue, la diffusion de l'enseignement n'est qu'un prétexte, la neutralité n'est qu'une enseigne pour tromper les naïfs. « Ce n'est pas une ligue pour l'enseignement, écrivait un prélat, vaillant polémiste et toujours sur la brèche (1), c'est une ligue contre la religion. L'enseignement, c'est le masque; l'irréligion, l'antichristianisme, c'est le but. » Les francs-maçons, alliés aux Ligueurs, nous disent aujourd'hui : « Nous « avions l'air de faire la guerre à l'ignorance, nous la faisions au « christianisme. » — On pouvait craindre, d'autre part, que la campagne scolaire n'eût un but politique, et l'on signalait le danger bien des années avant la chute de l'Empire (2). Mais un ministre qui répandait à flots l'instruction dans les classes populaires pouvait-il écarter comme suspect le concours d'une société qui poursuivait, en apparence, la même tâche ? — Sur ce point encore, des aveux sont venus plus tard lorsqu'ils étaient sans péril ; l'Empire avait fait place à la République, et les amis des Ligueurs étaient au pouvoir. « L'an dernier (1885), disait le président de la Ligue au Congrès de Lille, nous affirmions encore que la Ligue n'était pas une institution politique et antireligieuse. — Aujourd'hui il n'en est plus ainsi. Aujourd'hui nous pouvons ne plus mentir, et il faut bien affirmer que la Ligue est une institution maçonnique (c'est-à-dire politique et antireligieuse). Oui, ce que nous faisons est une œuvre maçonnique, et la Ligue est une maçonnerie extérieure. »

Le président de l'assemblée générale du Cercle parisien s'était vanté, dès 1877, d'avoir « pu, sous les yeux de l'Empire, qui laissait faire, préparer les voies à la République, à la condition de n'en pas parler. »

Notre vrai but, dit-on plus tard, était de « renverser l'Empire et de nous mettre à sa place. Si la Ligue tient tant à la forme républicaine, c'est pour satisfaire toutes les aspirations, » et parvenir à sa fin dernière (3).

(1) Mgr Dupanloup, évêque d'Orléans.
(2) *La Franc-maçonnerie*, t. II, p. 102. — *Nécessité de la Maçonnerie pour la préparation des révolutions*, par le F.˙. Songeon, sénateur.
(3) Nombre de textes que nous avons cités, en ce qui concerne la *Ligue de*

Cette fin, disait-on en 1876, est la destruction de la religion catholique. « On a compris ce que nous faisons, et nous le savons « parfaitement nous-mêmes. Cet appel que nous faisons à la raison, « cette prédication du jour à faire dans les esprits, c'est là le danger « sérieux pour les hommes du *syllabus*. »

On organisait en même temps le pétitionnement en faveur de l'instruction gratuite, obligatoire et laïque, sur tous les points de la France, et l'on fondait l'œuvre du *petit sou* des écoles laïques. Les troncs envoyés de Paris pour recevoir des offrandes sont (1) « autant d'urnes de scrutin où chaque sou qui tombe est un bulletin de vote contre l'école congréganiste. »

M. Jules Ferry, en arrivant au pouvoir (2), trouve donc toute préparée, non dans son texte, mais dans son esprit, la loi nouvelle qui devait changer le régime scolaire ; il servait, en la présentant, la cause qu'il avait défendue lui-même dans les Loges. A tous les considérants de science et de liberté qu'il invoquait à la tribune et qui n'étaient qu'expédients de casuiste, on peut répondre, appuyé sur les textes, à moins qu'ils ne soient menteurs : *mentiris impudentissimè*.

La loi était si peu l'œuvre personnelle du ministre, que le président de la Ligue a pu dire, et cette fois avec vérité, lorsqu'elle fut publiée au *Journal Officiel* (3) : « La nouvelle loi est un peu à nous, et il nous appartient de la défendre. Je vous demande aussi de saluer de vos applaudissements le nom de M. Jules Ferry, qui a eu l'honneur de mener en *haut* la campagne que nous menions en *bas*. »

Mais la loi du 28 mars 1882 n'a pas achevé l'œuvre ; un nouveau ministre y mettra la dernière main ; il faut obéir. « C'est nous, a dit M. le président du Congrès de 1884, qui sommes le gouvernement. » Et ce gouvernement anonyme exige que la laïcité soit définitive ; la loi (1886) devant les Chambres, préparée par M. Goblet, satisfait à cette volonté. On réclamait la suppression

---

l'enseignement, sont extraits d'un excellent article de M. Paul Rabaud de Monvalier. (Journal *Le Charentais* du 11 mars 1885.)

(1) Rapport du 12 juin 1879.
(2) Voir l'*Appendice*.
(3) *Id.*

des emblèmes religieux, c'est chose faite ; on voulait le *bataillon scolaire* (1), il est en pleine activité ; mais on voudrait en outre le *bataillon d'adultes* jusqu'à l'entrée au régiment : c'est la force des nouvelles couches sociales qu'on armerait en regard de l'armée permanente, devenue suspecte : « Il faut que cette loi se fasse ; j'ai annoncé aux enfants du bataillon scolaire de Mouthiers qu'elle se ferait, et elle se fera. »

L'injonction, cette fois, est restée sans effet ; le gouvernement a refusé d'obéir à une menace de guerre civile.

VI

Mais la loi, peut-on nous répondre, qu'il faut seule consulter, ne porte pas trace de ces menaces ; rien de tyrannique ni dans son esprit ni dans son texte. — La loi laisse aux particuliers le droit d'ajouter à leurs charges, de s'imposer librement pour fonder des écoles dans lesquelles s'enseigneront leurs croyances ; l'esprit de foi doit se plaire aux sacrifices (3). A chacun son œuvre ; l'État donc ne peut que distribuer la science ; il n'intervient pas au foyer domestique et n'empêche pas la famille d'enseigner, de perpétuer la tradition religieuse ; droits et devoirs sont ainsi mutuellement respectés. L'État, restant rigoureusement *neutre*, n'aura pas à se reprocher d'avoir agi sur l'enfant par aucun enseignement religieux ; il ne saurait traiter l'enfance avec trop de respect..... *Maxima debetur puero*..... Un philosophe, pour construire son système, commence par se dégager de toutes les opinions reçues ; il ne

---

(1) Voir l'*Appendice*.
(2) Discours du président de la Ligue. — Congrès de Tours, 1884.
(3) L'Œuvre libre des écoles chrétiennes a trouvé des coopérateurs dans tout le pays. On peut juger en particulier de ce qu'elle a produit à Paris par le livre de M. Eugène Rendu : *L'Enseignement primaire à Paris*, 1880-86, librairie Didier. Ancien directeur de l'instruction primaire au ministère de l'Instruction publique, l'écrivain apporte une compétence particulière dans les questions scolaires. Ses nombreuses publications, depuis la loi de 1850, témoignent d'un talent toujours jeune qu'animent les sentiments les plus généreux.

connaît que le *doute* avant d'arriver à l'*évidence*. Les enfants, devenus hommes, n'auront pas à faire ce travail. La loi, je ne dis pas les programmes, proscrit l'idée de Dieu dans l'école et en laisse la charge à la famille.

Reste à savoir ce que fera la famille ; nous rentrons dans le domaine des faits tenus en dédain par nos législateurs.

Ici se place le récit que faisait hier une domestique, et ce récit s'applique, dans les villes surtout, à un bien grand nombre de familles. Sans dévotion aucune, sans participation aux pratiques, n'ayant en matière religieuse que les souvenirs et les respects que lui avait laissés son éducation au village, sous la direction des *sœurs*, elle mettait en regard le présent et le passé, et m'interrogeait en ces termes :

« Comment donc, Monsieur, élève-t-on aujourd'hui les petites filles ? Je viens de chez ma marraine ; elle tient avec son mari un débit de vins près des..... ; la petite fille, qui a neuf ans, était là ; elle venait de l'école, et elle s'est empressée de m'exprimer sa joie.

« — Ah ! nous sommes bien contentes maintenant à l'école, nous n'avons plus de bon Dieu. (Cela voulait dire que M. le préfet avait fait décrocher le Christ et la Vierge.)

« — Mais, cependant, vous faites bien la prière ?

« — Ah ! mais non, cela nous ennuyait assez de marmotter des prières.

« — Mais c'est ici que tu fais ta prière ?

« Et avant que l'enfant ait eu le temps de répondre, le père, intervenant, ferme ainsi l'entretien :

« — *Cela ne nous regarde pas.* J'ai mon commerce à soigner. L'école sait mieux que nous ce qu'il faut apprendre aux enfants. »

Cette réponse du commerçant traduit bien chez nous l'état des esprits au sein des villes et des classes populaires ; soit défaut de culture, soit indifférence, soit absorption par les intérêts matériels, nombre de pères se désintéressent de l'éducation ; l'État, pour eux, est le grand maître ; il sait pourvoir à tous les besoins ; on n'a rien à voir après lui lorsqu'il s'est donné lui-même le soin d'organiser l'école obligatoire ; la mère, heureusement, résiste le plus souvent à cette doctrine,

Aux siècles passés, un enfant aurait pu sans danger fréquenter une école dépourvue d'enseignement religieux et qui n'avait pour toute science que d'apprendre à lire, à écrire et à compter ; il trouvait chez lui la vieille foi de nos pères et la prière en commun. Quels sont, de nos jours, les foyers qui ont gardé la prière? Où sera-t-elle si l'enfant ne l'entend plus à l'école? C'est quelque chose encore que l'enfant en rentrant trouve le père et la mère : la mère aux soins du ménage, le père revenu de l'atelier pour être tout à sa famille. Mais dans combien de ménages d'ouvriers l'enfant est privé de cette influence morale de la présence du père et de la mère ! Le père, égaré par des fréquentations mauvaises, désapprend au cabaret les joies de la famille, se désintéresse du travail en écoutant au club le sectaire; l'heure ne va-t-elle pas sonner, pour le prolétaire, d'avoir la jouissance des biens matériels sans l'acheter par le travail, d'atteindre la vraie Jérusalem ? On s'y partagera les biens que d'autres ont acquis par l'hérédité et le labeur.

Où serait l'obstacle s'il n'y a ni Dieu ni croyance ? Cette jeune fille, si heureuse tout à l'heure de la suppression de la prière, nous promet tout ce que peut donner plus tard une libre penseuse. Son frère, élevé comme elle dans ce qu'on appelle par un insigne mensonge la doctrine de la *neutralité,* semble bien, à dessein scientifique, laborieusement préparé pour devenir à son heure un instrument de révolution. Cette école sans Dieu me remet en mémoire ces sages réflexions du directeur d'une petite école normale de Prusse, citées par M. Cousin : « Ainsi qu'on ne peut recueillir des raisins sur les ronces, ni des figues sur les chardons, on ne peut rien attendre de bon du maître négligent pour la morale et la religion. »

Nos législateurs ont-ils sérieusement pensé à l'avenir que nous prépare l'invasion à outrance de leurs principes laïques dans les choses d'éducation? Avertissements, protestations et prières au nom de la famille et de la liberté, rien ne les arrête dans leur œuvre de destruction. Cette guerre à Dieu, qui est au fond l'inspiration de la *neutralité,* ils ne la poursuivent pas seulement à l'école, mais dans tous les actes de la vie publique où l'État peut intervenir. Le Ministre laisse un Conseil municipal (à Paris) effacer le nom de *Dieu* des pages d'un Racine et d'un La Fontaine, sans les défendre, au nom de l'Université, contre une telle épuration; et, pour montrer qu'il est complice de ces insanités, l'État interdit aux troupes d'entrer dans l'Église ou le temple quand il s'agit de rendre hommage à une mémoire honorée; nos légions auront l'arme au pied en dehors de l'église; elles pourront subir les rigueurs des saisons, mais les francs-maçons, les maîtres de nos maîtres, seront satisfaits : l'État aura donné la preuve que l'armée est *laïque*. On supprime l'*infini* devant la tombe. L'hommage à Dieu reste encore en pratique dans la marine de l'État. Cette prière à bord du vaisseau, toujours en péril sur l'océan, est une consolation, une force et une espérance, mais à la maintenir n'y a-t-il pas un vrai péril? On pourra croire qu'il y a en ce monde autre chose que les forces de la nature. Le positivisme est devenu doctrine d'État, il est la foi nouvelle; le marin, pas plus que le soldat des armées de terre, n'a besoin de la Providence pour apprendre à braver la mort.

Une fausse science, au service des sectaires, nous a conduits à ces tristes négations. Notre grand ennemi, c'est Dieu; c'est à lui qu'on fait la guerre, sans penser à la Prusse qui nous a vaincus et nous menace. L'idée de Dieu reste chez notre ennemi le grand ressort de ses armées. L'Empereur invoque Dieu avant et après la victoire; son Grand maréchal l'inscrit dans ses ordres du jour aux légions germaniques. Metz et Strasbourg, que nous avons perdues, sont bien près de notre nouvelle frontière; nos gouvernants peuvent y aller se donner le spectacle de ces régiments admirablement disciplinés, qui vont chaque dimanche dans les églises et dans les temples assister avec recueillement, sous la conduite de leurs chefs, à l'office divin. Une armée ainsi conduite marche avec confiance à la mort. La France a connu par elle-même cette force morale; l'exemple des vainqueurs serait fait pour la ramener à ses traditions, et lui montrer le péril d'avoir chassé Dieu de l'école et de l'armée.

Mais comment sortir de la négation pour rentrer dans l'idéal? La femme peut beaucoup pour ce relèvement, en attendant qu'un gouvernement nouveau ait repris en mains son rôle de restaurateur et de défenseur de l'ordre social.

Quelque affaiblis que soient les liens de la famille, quelques ruines qu'y ait faites le souffle de scepticisme qui dessèche les âmes, la femme, laissée à elle-même, suit sa nature de sentiment et de tendresse, elle cède au besoin de croire et d'aimer ; marquée du signe du Rédempteur, la femme chrétienne n'attend pas de la science l'égalité dont on veut la flatter ; elle a, dans les familles chrétiennes, le gouvernement moral avec le rayonnement de ses vertus ; elle est assise sur le trône d'or. C'est elle, en maints foyers, qui garde comme une vestale la flamme du sanctuaire ; avec elle l'enfant récite la prière et bégaie le nom de Dieu sur ses lèvres. Tant que la femme a la foi, le mari fût-il libre penseur, la religion reste dans la famille, les enfants en reçoivent les leçons ; quelques-uns en garderont la divine semence. La femme qui croit, en un mot, est une défense sociale ; la femme incrédule est un auxiliaire de la révolution. C'est la femme, et la femme seule, — le mari n'y est pour rien, — qui vient peupler de ses enfants les écoles chrétiennes de Frères et de Sœurs, partout où d'intelligentes et pieuses libéralités peuvent ouvrir ces asiles et ports de salut contre une laïcisation fanatique. C'est la femme encore, dans les bourgades obscures où M. le Préfet apporte le flambeau de la laïcisation, qui vient défendre les chères écoles chrétiennes et qui invoque la liberté contre la violence.

Le gouvernement ne doutait pas de ces résistances ; il n'en méconnaissait pas le péril, et, pour le conjurer, il a organisé la neutralité dans les écoles de filles, la diffusion de la science dégagée de tout idéal, au même titre que dans les écoles de garçons.

On peut discuter la neutralité dans l'école de filles, l'intérêt social qu'elle peut présenter, la nature et la mesure de l'extension que doit y recevoir l'enseignement pour servir efficacement les besoins et l'avenir de l'éducation féminine ; une question supérieure domine l'une et l'autre thèses : dans quel but se fait la *neutralité ?* Ce qu'on redoute, c'est tel esprit de la science et non la science elle-même. La neutralité s'est faite ailleurs avec un respect sévère de la conscience ; ailleurs aussi l'éducation de la femme ne coûte rien à la famille et aux croyances ; tous ces progrès peuvent s'accomplir sans toucher aux bases de l'ordre social.

La neutralité n'est pas ainsi comprise par les inspirateurs de la loi de 1882. On exclut Dieu de l'école pour séparer un jour l'Église de l'État; une exclusion conduit à l'autre; il faut bien procéder, comme on dit, avec méthode, scientifiquement, opportunément. Le nom de Dieu ne sera pas prononcé dans l'école, parce qu'on espère bien désintéresser la jeune fille d'un chimérique idéal, porter toute sa curiosité sur les découvertes de la science, telles qu'on les entend en dehors de toute providence; plus instruite, plus initiée aux forces de la nature, elle comprendrait mieux et croirait moins, laisserait le sentiment qui égare pour suivre le flambeau de la raison qui éclaire, se rapprocherait ainsi de l'homme en ne cherchant le vrai, comme lui, s'il est libre penseur, que par les voies humaines. Plus tard, et comme fruit de la neutralité, l'union des époux gagnerait à l'égalité du savoir; il n'est pas bon que la foi soit d'un côté, de l'autre l'incrédulité ou l'indifférence.

Les sophistes oublient volontiers l'histoire. Il y a des siècles que l'Évangile a affranchi la femme; l'union des époux dans le mariage chrétien laisse à l'un et à l'autre des droits et des devoirs qui répondent à leur destinée, droits et devoirs sacrés, parce qu'ils ont pour principe et sanction la loi divine; si l'un protège parce qu'il est plus fort, l'autre aime et console parce qu'elle est plus tendre. Les inégalités de nature sont un lien de plus pour l'égalité et l'union de la famille. L'histoire dirait aussi tout ce qu'a fait le christianisme pour l'éducation de la femme. L'Église ne craignait jamais pour elle les enseignements de la science. Non, je ne sache pas qu'au XVIIe siècle elle ait troublé dans leur culte des lettres les femmes illustres qui allaient entendre Bossuet et Bourdaloue après la lecture d'Homère et de Virgile; les monastères, au moyen âge, furent un asile de science en même temps que de foi; les saintes femmes pouvaient suivre la science sans crainte; leur foi en Dieu leur donnait confiance dans les œuvres du génie humain; elles y cherchaient la trace d'une inspiration divine, bien assurées par leur foi de ne pas s'égarer : « Celui qui me suit ne marche pas dans les ténèbres, » dit le Seigneur (1).

Il n'y a qu'un moyen pour l'instituteur de rester *neutre* au sein de la diversité des croyances religieuses et des doctrines philosophiques et scientifiques, c'est de s'enfermer étroitement dans le

---

(1) *Imitation de Jésus-Christ*, liv. I, chap. Ier.

domaine de ce qu'on appelle l'enseignement concret et matériel ; le maître ne sera ni croyant ni incrédule, ni savant ni philosophe, en vue de certaine doctrine ; il se gardera de toucher à cette fleur délicate qu'on appelle la conscience par aucun des sentiments, aucune des convictions qui l'animent ; il n'aura à aucun degré le rôle d'éducateur.

La chose à la rigueur est possible, tant qu'il s'agit d'écriture, de calcul et de lecture matérielle. Mais la lecture intelligente ne saurait être un vain assemblage de voyelles et de consonnes, un simple exercice de prononciation. Toute lecture choisie avec soin porte un enseignement. Il est difficile que le sujet n'éveille ou ne rappelle les traditions et les croyances. Pour bien lire, il faut pénétrer la leçon que donne le livre, et s'en inspirer ; l'art vient, mais à la suite, pour conduire les mouvements, les repos et les inflexions de la voix dans l'expression de l'idée générale, des nuances, des sentiments ; rien n'est vivant, émouvant, éducateur, et ne laisse impression comme une bonne lecture ; ni l'élève ni le maître ne sauraient être *neutres*.

Est-il, d'autre part, un moyen pour le maître d'exposer les faits de l'histoire sans en donner la leçon morale, qui est le but de l'éducation ? L'histoire de France, à toutes ses pages, soulève des questions de patriotisme et de foi ; telle figure radieuse sous ce double rapport retient et charme, et semble providentielle, appelée pour le salut du pays. Quel sera le rôle de l'instituteur ? Son choix doit se faire entre la jeune fille pieusement inspirée de Dieu, ou entraînée par l'hallucination ; son accent, à défaut d'une affirmation positive, traduirait le fond de sa pensée. « La neutralité lui serait impossible, a dit une voix éloquente à la tribune du Sénat (1) ; quiconque serait neutre serait nul. Le maître ne peut pas être neutre ; d'ailleurs, mettez un livre quelconque dans la main d'un enfant, et la neutralité est violée.

« J'ajoute que je ne veux pas de cette neutralité, c'est une chose déshonorante ; ou le maître a une croyance et il la cache, ou il n'en a pas, et alors, quel est donc cet homme qui prétend faire des hommes sans avoir une conviction ?

(1) M. Jules Simon. — Séance du Sénat, 17 mars 1886.

« Mais on veut faire de ce maître un professeur de morale.

« C'est impossible, répond le philosophe ; il peut apprendre la morale aux enfants, mais en leur inculquant certains enseignements, certains principes, comme on leur apprend à marcher et à lire. — Il faut que l'éducation du foyer se continue dans l'école. »

Le maître qui enseigne des enfants ne saurait, je le répète, rester *neutre* entre les doctrines ; il a besoin de croire à ce qu'il enseigne pour que son émotion soit communicative. L'enfant, de son côté, croit naturellement, et c'est là une facilité admirable pour l'éducation du premier âge ; il croit surtout à la parole du maître qui lui a témoigné de l'affection ; il a besoin d'aimer ; l'éducation de l'enfant se fait moins par la science que par la confiance et l'amour.

Près d'un auditoire adulte, la science peut être un suffisant prestige. Le maître tient son autorité de la supériorité du savoir ; ses élèves ont la passion du vrai qui féconde son enseignement.

Mais sur les hauteurs mêmes où l'idéal de la science semble suffire sans l'éducation de l'âme, le maître qui enseigne ne saurait se dérober à ses convictions, à sa doctrine personnelle ; la neutralité lui est impossible.

Ainsi le philosophe qui atteint par la raison aux sources du vrai, du beau et du bien, tient le monde sensible en dédain, et veut qu'on le suive sur les sommets lumineux. — Le savant sectaire qui ne voit au monde que la matière veut tout ramener à ses lois ; l'un allume le divin flambeau, l'autre cherche à l'éteindre pour faire dans l'âme, lorsque Dieu en a disparu, la nuit dont parle Lamartine. Malheur donc à la jeunesse élevée dans les idées et les pratiques du matérialisme ! je la vois au sortir de l'École, aride, desséchée, sans souffle vivifiant ; on peut craindre qu'elle n'ait pas de printemps.

Il faudrait être de bonne foi. L'instituteur peut-il être neutre en matière religieuse (1), ainsi que semble le vouloir la lettre de la

---

(1) Pour l'école nouvelle, en dehors des phénomènes, tout n'est qu'hypothèse ; on comprend qu'un républicain de vieille roche, comme M. Barthélemy-Saint-Hilaire, accuse nos gouvernants de fanatisme aveugle, qu'il les accuse de substituer aux croyances l'irréligion et l'athéisme.

loi, lorsqu'il en a suivi la discussion, qu'il en entend les commentaires, qu'un discours du ministre de l'Instruction publique au Sénat, placardé dans toutes les communes, met au rang des superstitions l'enseignement de l'Église? N'est-ce pas inviter l'instituteur à faire la guerre aux faux dieux?

Les vieux maîtres, attardés dans les vieilles croyances, pourront ne pas entendre l'appel, mais il est difficile que plusieurs parmi les jeunes ne se montrent jaloux, au nom du progrès, d'affranchir l'enfant des traditions séculaires. Si une enquête sérieuse était ouverte, — et nous voudrions la voir confier, pour qu'elle fût moins suspecte, aux républicains modérés des deux Assemblées, — le pays pourrait juger de tout le mal qu'a répandu une neutralité mensongère, des périls qu'elle nous prépare. Une lettre que j'ai sous les yeux, écrite d'une station thermale le 2 juillet 1885, pourrait en être une preuve. On y lit : « Tous ceux que je rencontre ici me parlent de l'instituteur qui révolutionne la commune : c'est l'actif organisateur des mariages civils ; savant incontesté du village, il se fait honneur, au nom de la science, de chercher à briser tout lien religieux dans la famille humaine. Un maître aussi convaincu, et qui répand au dehors, avec cette ardeur, la *bonne nouvelle*, ne saurait être *neutre* dans son école ; c'est presque un devoir pour lui d'éclairer ce jeune auditoire réuni *obligatoirement* pour l'entendre. Pour l'enfant, la négation est aussi facile que la croyance, bien que l'une aille mieux que l'autre à sa nature. Un mot, un sourire à travers la leçon peut suffire à défaut de leçon directe. Les mères se plaignent de trouver leurs enfants indociles ; le nom de Dieu, qu'elles invoquent pour commander le respect, inspirer le regret des fautes commises et porter aux bonnes résolutions, est accueilli par un sourire. *Dieu ne le veut pas*, a dit la mère ; Dieu te punira, mon enfant. Et l'enfant répond : « *Dieu, ma mère, n'existe pas;* l'instituteur nous l'a dit. »

En serait-il ainsi dans nombre d'écoles? Je veux croire le contraire, bien que la crainte soit permise. En présence d'une propagande systématique, effrénée, encouragée par la main même qui devrait la contenir, l'instruction primaire, si l'on n'y avise, portera des fruits de dissolution et de mort. Les lois nouvelles assureront les résultats que poursuivent les sectaires.

« La réforme scolaire, disait l'un d'eux dans une réunion électorale, a été la plus grande évolution accomplie depuis 1789.

« Elle prépare, pour un avenir qui n'est pas loin, des générations délivrées du joug de la superstition.

« Laissez les lois scolaires faire leur œuvre, et la séparation de l'Église et de l'État s'effectuera sans résistance et sans danger. »

Le législateur, en 1882, justifiait la *neutralité* de l'école par ce fait que la religion s'enseigne dans la famille ; quatre ans écoulés, le Ministre, dans la discussion de la loi organique de 1886, a pu dire que l'idée religieuse s'enseigne dans l'école. La contradiction s'explique. Le rejet de la proposition de M. Jules Simon laisse bien à la loi le caractère que lui a assigné M. Schœlcher, mais la *morale civique* restait inscrite dans les matières obligatoires, et sur ce terrain le Conseil supérieur, maître des programmes, gardien des traditions, a formulé les droits et les devoirs qui s'y rattachent.

Dieu, mis en minorité dans le parlement politique, et expulsé de l'école comme un simple congréganiste, y est rentré par la main de l'autorité scolaire, mais en vertu de quels principes ? Au nom même des instincts, des besoins irrésistibles de la nature humaine, des croyances que le spiritualisme perpétue à travers les âges, et dont le positivisme, le naturalisme veut faire justice. Nous touchons à une seconde contradiction, celle-ci entre l'esprit de la loi et les prescriptions des programmes ; la première était la négation même du principe de neutralité, tels que l'entendaient des politiciens fanatiques.

Sommes-nous rentrés cependant dans la morale religieuse qu'ont réclamée les philosophes ; les instructions, émanant de l'autorité centrale, recommandées à la vigilance des administrations académiques, sont une règle sans doute pour l'instituteur ; mais le courant de l'opinion, suscité par le gouvernement lui-même, est plus fort que les *circulaires*. L'instituteur, élevé généralement à l'école du doute et du scepticisme, tenant pour simple hypothèse tout ce qui échappe au tact, à la vue, à l'expérience sensible, ne semble pas préparé pour la défense de l'incréé, de l'éternel, du plan moral de l'univers dans les desseins de la Providence ; il ne saurait voir ce qui est par delà les rivages glacés : la vie de l'âme et ses destinées immortelles.

Les amis de l'éducation religieuse peuvent donc avoir des doutes sur l'action qu'exercera l'instituteur, fût-il réellement pénétré des instructions que lui donne M. le ministre *sur la bonne et antique morale que nous avons reçue de nos pères* (1).

« La morale philosophique, dit M. Caro, peut commencer sans Dieu, elle ne peut s'achever sans lui. » Ainsi la réalité objective qu'atteint ultérieurement l'esprit est en Dieu. Mais pour l'enfant sur les bancs de l'école, Dieu doit être le premier mot de l'enseignement, comme source de la loi morale et de ses fins dernières. Dieu doit lui être donné tout d'abord, non par la science, mais par la foi. On a dit avec raison : « Comment parler à l'enfant de Dieu, d'âme libre et de vie future quand il n'est sûr ni de Dieu, ni de l'âme, ni de l'autre vie ? » — L'éducation, même pour la science, commence par un acte de foi : *Oportet discentem credere*. Le spiritualisme scientifique, qu'on veut donner à l'école dans les plus louables intentions et avec les plus saines doctrines, dépasse la portée de l'enfant, et devient ainsi stérile. Et de son côté, l'instituteur, quelle que soit la direction donnée par les instructions et les circulaires, est-il bien en mesure de pratiquer cet enseignement ? Il faut une culture assez avancée pour devenir un familier de la philosophie ; la religion lui eût été nécessaire pour l'*accoutumer à vivre dans les liens invisibles du spiritualisme* (2) ; son instruction a été surtout scientifique ; ce n'est pas que « les sciences concluent au matérialisme, mais elles donnent l'habitude exclusive du positif. »

L'instituteur n'a donc ni l'autorité ni la compétence pour être un prédicateur du spiritualisme ; ses sympathies sont ailleurs, s'il est pénétré de l'esprit que donne une éducation toute positive. Il

---

(1) « Il est impossible que vous voyiez chaque jour tous ces enfants qui se pressent autour de vous, écoutant vos leçons, observant votre conduite, s'inspirant de vos exemples, à l'âge où l'esprit s'éveille, où le cœur s'ouvre, où la mémoire s'enrichit, sans que l'idée vous vienne aussitôt de profiter de cette docilité, de cette confiance, pour leur transmettre, avec les connaissances scolaires proprement dites, les principes mêmes de la morale, j'entends simplement de cette bonne et antique morale que nous avons reçue de nos pères et que nous nous honorons tous de suivre dans les relations de la vie sans nous mettre en peine d'en discuter les bases philosophiques. » (Circulaire de M. Jules Ferry, 17 novembre 1883.)

(2) M. Doudan.

n'ignore pas la défaveur dont la doctrine est frappée chez les politiciens et les naturalistes; la science qu'il a reçue, la critique qu'il a lue dans bien des livres, font l'une et l'autre justice des religions ainsi que des philosophies humaines. C'est contre ce double travail que le spiritualisme oppose à la négation, appuyée sur des faits extérieurs, l'énergique affirmation de ce qu'il y a de plus intime dans les croyances et dans les besoins de notre nature. La religion soutient le même combat, mais en invoquant de plus, pour ses enseignements, la parole et les commandements de l'autorité divine.

La lutte peut être longue et difficile, elle laissera bien des ruines; mais je crois au retour du principe de liberté, je crois fermement, comme un philosophe (1) qui vient d'en présenter l'émouvant récit, qu'après la négation reviendra la croyance sous une forme librement acceptée par la science; le *dogmatisme renaîtra;* j'aime mieux dire qu'il vit toujours, qu'au fond de la conscience il est éternel : *perennis quœdam philosophia.*

(1) M. Caro.

LIVRE VI

VICE-RECTEUR.

CHAPITRE PREMIER

Enseignement secondaire des filles.

Enseignement secondaire. — Loi du 21 décembre 1880. — Cours secondaires créés et dirigés par l'État. — Deux degrés d'enseignement pour les filles de même que pour les garçons. — Les cours ne sont ni gratuits ni obligatoires. — Intérêt auquel ils répondent.

I. M. le ministre Duruy. — Première organisation *administrative* de cet ordre d'enseignement. — Instruction du 30 octobre 1867. — Cours de la Sorbonne; cours institués dans la province académique. — Alarmes de l'épiscopat. Programme d'un évêque; recommandations du ministre. — L'accord eût dû se faire. — Ce que pensait M. Cousin.

II. Avant M. Duruy, cours secondaires *libres* florissants. — Science et tradition. — Maisons *laïques* qui avaient le concours du clergé. — Pourquoi troubler l'accord? Excès de plume et de parole. — La science affranchit la femme et rapproche les époux; les générations seront désormais nourries à une source plus généreuse; congé donné à la morale chrétienne. — But que poursuit une certaine école. — Inspiration laïque, libre pensée, la femme auxiliaire de la Révolution. — Même intérêt aux deux degrés de l'enseignement. — Avant de juger, attendre les résultats de l'épreuve.

III. Préventions favorables. — Jugement d'un critique allemand. — Ce qu'il admire. — Ses illusions. — Ce qui est vrai. — Le progrès scolaire.

IV. Préventions contraires. — Précieuses, M. Camille Rousset; émancipées. — Déclassées, M. Delpit, M. Maxime du Camp. — Anémiques, M. Hochard. — — Sceptiques, M. Octave Feuillet.

V. Intérêt auquel répond l'enseignement des filles; l'administration lui devait des encouragements. — La société. — La femme n'a pas de nos jours à travailler seulement la laine et le lin. — La femme studieuse. — Action morale de la femme : observations de M. de Tocqueville. — Instruction donnée à la femme en vue de la République. — Erreur de croire que les femmes sont ignorantes. — Ce qu'elles ont été dans le cloître et dans le monde. — Portraits de femmes dans la société contemporaine. — Respect dû à la femme dans ses ignorances. — Patriotisme chez la femme du peuple comme dans la femme du monde ; il n'a pas attendu les lois scolaires.

VI. Conclusion. — Un fait reste acquis : diffusion plus régulière de l'enseignement. — Réponse à ce qui est dit du *relèvement* de la femme. — Question du programme : l'algèbre. — Égalité chimérique. — Solution rationnelle : l'égalité dans la différence (M. Legouvé). — Ce que pense un philosophe (M. Jules Simon). — Application délicate du nouvel enseignement. — Ce qu'il faut espérer.

L'instruction *primaire,* telle que l'ont instituée les nouvelles lois scolaires, est laïque, gratuite, obligatoire pour les *filles* comme pour les garçons dans les écoles *publiques;* à part les écoles *libres,* elle s'étend au peuple tout entier dans ses masses profondes. — Il ne peut en être ainsi de l'instruction *secondaire* pour les *filles.* Nous entrons ici dans une région supérieure ; l'enseignement y répond à des situations de fortune, de condition sociale, à des besoins, à des intérêts de tout ordre qu'il importe de satisfaire, mais qui ne sauraient impliquer, comme au premier degré de l'école, dans lequel il y a universalité, ni l'obligation pour l'État d'instituer la *gratuité absolue,* ni l'obligation pour la jeune fille de suivre les cours; la preuve de capacité, au sortir de l'école, n'est imposée que pour le premier degré de l'enseignement. Le gouvernement ne pouvait donc, quel que fût son désir, proposer aux Chambres d'instituer à titre obligatoire l'enseignement *secondaire* des filles, comme il devait le faire et l'obtenir pour l'enseignement *primaire;* mais il lui était libre de montrer comme exemple à suivre l'organisation des lycées et collèges de l'Université, qui constituent, on sait avec quel succès, le second degré de l'enseignement pour les garçons ; les deux voies primaires et secondaires des deux parts seraient parallèles ; on aurait, dans une certaine mesure, l'unité d'éducation, pour quelques esprits seule garantie du vrai progrès ; au sommet, les mêmes conditions de succès se trouveraient libéralement assurées aux deux sexes dans la fréquentation des cours et des laboratoires de l'enseignement supérieur qui couronnent l'ensemble des institutions scolaires. Le pays ne pourra que profiter de l'accroissement de forces et de lumières que la femme, plus instruite, d'un jugement plus sûr, apportera dans le milieu social où son influence a tant d'action et est si légitime. — Ainsi entendue, la loi du 21 décembre 1880, qui organise l'enseignement *secondaire* des filles, pourrait bien soulever plus d'une objection ; dans ses lignes générales elle ne mérite que sympathie ;

on ne doit pas regretter, si elle est *sincère*, les charges onéreuses qu'impose au budget la création d'un service dont le fonctionnement exige tout un ensemble de bâtiments, de mobilier, de cours et de jardins, la préparation et l'entretien d'un nombreux personnel.

Les cours secondaires de jeunes filles, en tant qu'institution d'État, n'étaient organisés que dans les maisons de la Légion d'Honneur ; mais ailleurs, sous des noms divers et à des degrés divers de développement, dans nombre de pensionnats, d'externats et cours libres dont le nom est resté célèbre, l'enseignement était florissant ; les couvents n'en avaient pas le monopole.

I

M. Duruy est le premier ministre de l'Instruction publique qui, sans recourir à des règlements et par mesure administrative, ait mis la main de l'État dans la direction des cours secondaires, non qu'il en édictât les programmes, mais il en marquait la voie en prenant sous le patronage de l'administration les associations qui se formeraient pour répandre cet enseignement (1). Les Recteurs étaient invités à se concerter avec les autorités municipales pour le choix des professeurs, « afin que ceux-ci fussent dignes en tout point de la confiance des familles, et se présentassent devant elles sous la double responsabilité du chef de la cité qui les appelle et de l'autorité supérieure hiérarchique qui les autoriserait à répondre à cet appel. » Pour bien marquer le caractère de ces cours, écarter les craintes et les ombrages qui pouvaient s'élever sur la question religieuse, M. le ministre, après les avoir fondés, en exposait l'esprit et les résultats à l'Impératrice (2).

« La confiance des autorités municipales a été partout justifiée dans l'enseignement donné aux jeunes filles; pas une parole sujette à critique n'a pu être relevée. Le tact, la convenance, le savoir

---

(1) 1867, Instruction du 30 août.
(2) 1868, Rapport à l'Impératrice, 25 octobre. V. *Circulaires et Instructions officielles*, 1863-69, p. 542. — *Ministère de M. Duruy*, p. 648, 2 vol. gr. in-8°. Imprimerie Delalain.

de nos professeurs, étaient pour moi, à l'avance, une garantie sérieuse de succès; ils le seront encore pour l'année qui va commencer. *Sans exposer leurs croyances à aucun danger*, les jeunes filles françaises pourront à l'avenir, sous la direction constante de leurs mères, exercer et fortifier leur intelligence par le même enseignement que leurs frères reçoivent au lycée.

« ..... La gloire de ce progrès reviendra à la Souveraine qui, sachant si bien allier les *données de la foi et les droits de la raison*, a dissipé, par l'auguste sympathie qu'elle a témoignée à une idée juste, des préventions qui n'ont pas été et qui ne seront pas justifiées. »

Nous avions fait diligence, dès les premiers jours, pour organiser les cours dans tout le ressort; notre grand souci fut d'en assurer l'avenir par le choix des professeurs. Ce choix n'était pas difficile dans un personnel d'élite où les mérites pouvaient être divers, mais où chacun avait également l'esprit de prudence et le sentiment du devoir; nous n'avions pas à craindre que le maître éclairant l'esprit cherchât à jeter l'ombre du doute sur ce qui n'était pas la science. Nous pouvions donner, comme modèle à suivre, les cours libres de la Sorbonne dont M. le ministre encouragea vivement l'institution; j'étais membre de la Commission qui les organisa. De nobles dames du Faubourg Saint-Germain vinrent près de moi prendre conseil; elles n'eurent pas à regretter l'inscription de leurs jeunes filles au tableau de nos étudiantes. Ces cours existent encore; ils ont gardé, à bien juste titre, la confiance des familles.

La circulaire du 30 octobre 1867 ne donnait pas à penser que l'administration, dans son désir d'étendre l'éducation intellectuelle de la jeune fille, voulût s'écarter de la voie tracée par Fénelon, porter la moindre atteinte à l'instruction religieuse dont les premières leçons, écrivait le ministre, données *au foyer domestique dans le sanctuaire de la famille, s'achèvent et se poursuivent au temple ou à l'Église*, et cependant, en province, il y eut un cri d'alarme au sein de l'épiscopat. Dans la presse, des commentaires passionnés avaient prêté à la circulaire des intentions hostiles à l'Église : l'État, disait-on, allait donc enfin, par cette nouveauté, lui enlever les âmes. — Un prélat éloquent, toujours au premier rang pour défendre la foi, s'autorisait de ces commentaires et provoquait chez ses collègues une vraie croisade contre les Cours qu'on voulait mettre en honneur ; sa parole enflammée avait d'autant plus d'autorité qu'il était loin « de reconnaître à l'homme, par droit divin, la propriété exclusive du domaine de l'intelligence », mais qu'il cherchait dans les saintes Écritures les passages « qui montrent que les sciences naturelles, les lettres sacrées, la poésie, l'éloquence, n'étaient pas étrangères à l'éducation des jeunes filles israélites et à l'existence des femmes juives (1). » N'est-ce pas une femme, la mère de Samuel, qui, dans un admirable cantique, a proclamé que Dieu *est le Seigneur des sciences*, et que c'est lui qui donne l'intelligence à nos pensées ?

L'éducateur voulait dans le ménage « des femmes intelligentes, judicieuses, attentives, instruites de tout ce qu'il leur est utile de savoir comme mères, maîtresses de maison et femmes du monde, ne dédaignant jamais le travail des mains, et toutefois sachant occuper leur esprit et leur âme tout entière. » — Ce qu'il fallait craindre, à l'égal des plus grands maux, « c'étaient les femmes ennemies de tout travail et presque de tout devoir, incapables de toute étude, et par là même hors d'état de prendre aucune part réelle à l'éducation de leurs enfants... » — Il voulait enfin que « le regard, la beauté, qui ornent et embellissent tout dans une maison, soient illuminés d'en haut : *Sicut sol oriens mundo, sic mulieris bona species est ornamentum domûs ejus.* » — Le programme, pour être tracé d'une plume chrétienne, ne laissait pas d'être libéral ; il allait au delà d'une généralité célèbre :

Je consens qu'une femme ait des clartés de tout.

L'union eût pu se faire en ce moment (1867) entre les deux autorités civile et religieuse ; l'une et l'autre voulaient pour la jeune fille placée dans certaines situations un degré plus élevé de culture, assurer dans certains milieux ce qui pouvait n'être pas assez général, une instruction plus étendue qui rapprochât mieux la femme de son mari comme « compagne intellectuelle », augmentât pour la mère les moyens de diriger les enfants dans leurs études pour

(1) *Lettres sur l'éducation des filles*, par Mgr Dupanloup, *passim*.

affermissait le jugement, ornait l'esprit, et laissait à la jeune personne la supériorité qu'elle tient du sentiment; c'est par le sentiment qu'elle incline à la religion et s'élève sans effort au dévoûment et au sacrifice. Être l'âme du foyer, au dehors répandre le charme, croire et se dévouer, n'est-ce pas le besoin et la vocation de la femme qui doit être la mère de famille, la femme du monde et la sœur de charité?

La vieille tradition, respectueuse de tous les intérêts scolaires comme religieux, laissait donc à la science et au progrès leur libre essor; c'était l'affaire des institutions de rivaliser entre elles à grands frais pour assurer à la jeunesse toutes les conditions d'une saine hygiène, d'une riche culture, de la santé physique et morale, et mériter ainsi la confiance des familles. La loi, il faut le reconnaître, donne au progrès de plus fermes assises, instituant, d'une part, un système d'études, de l'autre, inscrivant au budget tout un nouvel ordre d'établissements et mettant l'enseignement, par la modicité des rétributions, à la portée des familles peu aisées qui voudraient en réclamer les bénéfices.

D'où viennent donc les résistances qu'elle a rencontrées, les craintes et les défiances qu'elle excite encore? Le législateur de 1880 a cependant repris, pour la codifier, l'intention, par elle-même excellente, exprimée dans la circulaire du 30 octobre 1867, d'assurer à la femme par les mains de l'État, au profit même de la famille, une « certaine moyenne d'idées générales que l'enseignement secondaire donne aux hommes, et qui constitue la raison politique de nos jours (1). » La question, ainsi présentée, est d'intérêt social; des excès de plume ou de parole chez ses défenseurs ou ses promoteurs ne peuvent qu'en compromettre le caractère : ainsi un lettré, d'esprit cependant délicat, croit pouvoir dire sans paradoxe, en parlant de l'union de l'époux et de l'épouse, en notre siècle : « C'est un composé bizarre et fort hétérogène qu'un pays où l'homme et la femme représentent deux faces différentes de l'humanité, et où l'enfant ne sait à qui entendre, de son père ou de sa mère (2). »

---

(1) M. Paul Janet, *Revue des Deux-Mondes*, 1er septembre 1883.
(2) M. Valbert, *Revue des Deux-Mondes*, Janvier 1886.

en faire des hommes ; il s'agissait seulement d'observer la mesure pour rester dans le vrai, d'écarter les passions qui sont mauvaises conseillères. L'évêque, et c'était son droit, voulait garder la foi de toute atteinte ; le ministre témoignait à cet égard de tous ses respects ; sur le fond il y avait donc accord, le but à atteindre méritait une communauté d'efforts. Le temps viendrait trop tôt où l'exclusion de l'enseignement religieux dans l'école, sous le prétexte de neutralité, deviendrait pour un parti un système de gouvernement.

Cette question de l'enseignement des filles, de sa nature toujours si délicate, avait été plus d'une fois le sujet de mes entretiens avec M. Cousin. — *Ne touchons pas à cette fleur*, me disait le philosophe, appliquant sans doute aux jeunes filles le mot de Platon sur les poètes : « Ce sont des êtres légers, ailés et sacrés. »

II

Nous désirions donc, en cette matière, l'accord des forces vives qui pouvaient assurer le succès ; on pouvait tendre au même but, lutter pour la même cause, sans être sous le même drapeau. M. Duruy a marqué administrativement, de son nom et de son initiative, l'organisation des cours secondaires. Avant lui, le fait est connu, et en dehors des maisons congréganistes, nous avions des maisons *laïques* dans lesquelles l'enseignement, d'un ordre tout à fait supérieur à l'instruction élémentaire, représentait l'ensemble le plus varié de leçons dans la grammaire, les lettres et l'histoire ; la science y occupait une place importante. Nombre de ces maisons avaient le concours de nos professeurs, et étaient en grand honneur auprès du clergé. — La jeune personne y devenait lettrée et même assez savante, sans cesser d'être chrétienne ; plus tard elle tenait dignement sa place à côté de l'homme instruit qui l'avait choisie pour compagne. On pouvait dire de ces maisons, — nous en avons connu plusieurs, — qu'un souffle religieux, même par des bouches laïques, animait l'enseignement. « La religion, dit Bacon, a des aromates qui, mêlés à la science, l'empêchent de se corrompre. » Une éducation si libérale étendait l'horizon,

Voilà bien la thèse officiellement soutenue sous une autre forme au nom du gouvernement. M. Chalamet, sous-secrétaire d'État au Ministère de l'Instruction publique, président, en 1881, à l'inauguration du Collège des jeunes filles d'Auxerre, a développé le vieux dicton de nos pères, qu'il *faut des époux assortis*. La paix du ménage est troublée le jour où se pose l'éducation des enfants ; les dissentiments éclatent. « L'avis de la mère prévaut ; si vous demandez au père pourquoi il a confié ses fils à des maîtres dont les idées, dont les croyances et le costume lui répugnent, il répondra tristement : *Que voulez-vous ? Il faut bien conserver la paix dans le ménage.* »

Pour le choix de l'éducateur, le dissentiment entre époux est moins fréquent que ne le prétendait M. le sous-secrétaire d'État. Dans la plupart des maisons qui se rattachent au passé et représentent les traditions de la naissance, l'accord se fait, il est fait sans que la question se soulève ; de ce côté les institutions religieuses sont assurées de leur clientèle. Pour ce qui est de l'Université, la population toujours croissante des lycées témoigne bien que généralement la mère n'oppose pas de « veto » à la volonté du chef de famille.

Si nous descendons aux couches inférieures, c'est un fait, sous le régime actuel de l'instruction laïque obligatoire, que l'homme du peuple, quelles que soient les excitations de la politique et de la misère, laisse sa femme maîtresse dans l'éducation des enfants ; il la laisse libre de les confier à l'école religieuse. Nul trouble encore de ce côté et par cette cause dans la paix du ménage.

Mais restons dans la thèse chère au gouvernement ; son ambition est tout à l'honneur de la famille ; il voudrait rapprocher les époux, les unir davantage dans le lien commun des idées. Plus avancée dans la science, plus initiée aux secrets de la nature, la femme, il l'espère, verrait mieux et croirait moins ; elle serait plus près du cœur de l'homme lorsqu'elle lui ressemblerait davantage par le savoir. Il n'est pas bon que la foi soit d'un côté, l'indifférence de l'autre, si ce n'est l'incrédulité.

Ce serait bien là le but à atteindre dans l'esprit des nouvelles lois scolaires. Écoutons la réponse de M. le président du Conseil, auteur ou inspirateur de ces lois, à M. le maire de Lillebonne. Ce magistrat sollicitait un secours du gouvernement pour l'amélioration des écoles de la commune, et M. le président motivait ainsi l'accueil qu'il faisait à la demande :

« Il faut activer et perfectionner les écoles, et particulièrement celles des *petites filles*, les écoles de celles qui seront les mères des générations futures, lesquelles seront plus heureuses et meilleures que nous parce qu'elles auront été nourries à une *source plus généreuse*. Les générations à venir pourront faire ce que nous n'avons pu accomplir nous-mêmes. »

M. Jules Ferry avait un précurseur : avant lui, M. Gambetta, dans son parcours de la campagne normande, s'était fait l'apôtre de l'école laïque dans un langage plus net et plus agressif. La pensée est la même ; *la source plus généreuse*, c'est un autre idéal. Sous des termes voilés, c'est donner congé à la *morale chrétienne;* l'ère du progrès commence avec la *morale scientifique*. L'histoire se serait trompée en faisant honneur au christianisme de la réhabilitation de la femme, de l'égalité entre les époux, de la souveraineté même qu'il donne à la mère au foyer de la famille ; il nous fallait attendre un autre avènement, celui de la science, pour lui donner la vraie liberté, l'affranchir des superstitions, des influences qui accréditent l'erreur, et cette heure serait venue.

C'est sur ce point que les esprits se divisent ; pédagogues d'autrefois et novateurs du jour sont d'accord, s'il ne s'agit que d'étendre et d'élever l'enseignement. L'accord cesse, ou, du moins, les défiances s'élèvent si l'on craint que les novateurs ne poursuivent un autre but qu'un progrès scolaire. L'union, la paix sociale, cette première condition de la vie régulière d'un État, n'est assurée qu'autant que la science et la religion gardent chacune leur domaine ; la science qui s'adresse aux esprits n'aurait aucun intérêt à porter le trouble dans les croyances. — Personne n'entend aujourd'hui prendre à la lettre l'instruction mémorable de Napoléon à Lacépède (1) (mai 1807) : « Élevez-nous des croyantes et non des raisonneuses. » On veut seulement que la raison n'éloigne pas de la foi. La science prend une place de plus en plus importante

(1) Voir l'*Appendice*.

dans la société moderne ; on ne saurait en interdire les lumières à la jeune fille ; il faut qu'elle puisse lire dans les mêmes livres que ses frères, nous verrons bientôt dans quelle mesure. Nul ne contredit à ce que la jeune fille reçoive une instruction scientifique ; avant les lois nouvelles, l'administration et la libre initiative, secondées par l'opinion, ont cherché de leur mieux à l'assurer et à l'étendre ; qu'il s'agisse d'institutions, de cours libres, de cours patronés par le gouvernement, de diplômes qui attestent le degré des études, les statistiques accusent des chiffres progressifs qui ne sauraient être contestés. — Il y a longtemps que les brevets de capacité sont le couronnement de l'éducation ; les jeunes filles appartenant aux classes supérieures de la société se font un honneur de les conquérir, bien assurées cependant, par leur fortune, de n'avoir pas à en faire usage : c'est là un titre de noblesse qui ne saurait faire ombrage à la démocratie.

La science n'était donc pas, elle ne saurait par elle-même être suspecte ; rien n'est plus louable que d'en mettre les leçons à la portée des familles peu aisées qui ont besoin, pour leurs enfants, de l'instruction secondaire. On craint seulement une science sans contrepoids, dont les données expérimentales pourraient à la longue affaiblir l'autorité extérieure des traditions ; on redoute l'école qui voudrait assurer le règne de la pensée *laïque* aux divers degrés de l'enseignement. — L'institutrice laïque tient la petite classe *primaire* sans avoir à prendre souci du sentiment religieux ; on peut le regretter, mais nous sommes aux premières années de l'enfance ; ce n'est pas l'âge du doute, et les notions élémentaires ne sont pas faites pour l'inspirer. La chose deviendrait plus grave dans un degré plus élevé de l'éducation, au degré secondaire, si la jeune personne appelée à diriger les cours y portait l'esprit de la libre pensée. L'enseignement scientifique tel que le voudrait la même école, — disons bien vite que l'Université lui refuserait son concours, — serait le redoutable auxiliaire du règne jacobin ; la femme scientifique, plus que l'homme, aurait des colères contre ce qui reste du vieux monde, sentiments et croyances, que la science, au nom de la loi, condamne à périr.

Nous venons d'exposer, trop longuement peut-être, mais sincèrement, en dehors des partis, et nous y reviendrons encore, l'état réel de l'opinion ; la dissertation la plus ingénieuse sur l'éducation d'une certaine classe de jeunes filles d'autrefois, au temps et avec les idées de Mme de Maintenon, ne saurait répondre aux problèmes de l'heure présente, dans les conditions si différentes qui viennent de la démocratie, de l'opinion et des mœurs ; le nom même de Fénelon, donné au lycée de jeunes filles, qui tiendra à le justifier, ne saurait écarter les craintes ; la question est plus haute que celle d'un progrès scolaire. Il s'agit, pour des sectaires de temps nouveaux, de ruines à faire encore dans les institutions et les mœurs, pour élever sur leurs débris une société nouvelle. La démocratie est emportée en aveugle par des entraînements divers ; mais il n'est pas un de ces courants, si une main forte et sage ne le modère, qui ne conduise à une révolution. — La politique de haine en particulier, ennemie de la liberté et des droits de la conscience, a semé le trouble et la défiance ; donnons aux esprits le temps de se rassurer ; laissons aux cours secondaires le temps de s'asseoir pour les juger sûrement d'après leurs résultats.

III

L'épreuve des années serait une justice ; mais on ne l'attend pas pour exalter ou condamner l'institution.

Les objections et les craintes ne laissent pas d'étonner si l'on s'arrête au tableau flatteur qu'un critique étranger vient de tracer des progrès accomplis chez nous, depuis 1871, dans le domaine *de l'enseignement secondaire ou supérieur des jeunes filles;* l'écrivain est allemand ; il ne saurait être suspect de complaisance ou de partialité pour la France (1).

« La France, qui s'était laissé devancer par plus d'un peuple, a fait un vigoureux effort pour rattraper le temps perdu ; ses voisins peuvent lui envier quelques-unes de ses récentes fondations dont la prospérité semble désormais assurée. »

Ailleurs : « Depuis 1871, les Français ont fait un pénible et

---

(1) Voir l'étude de M. Valbert déjà citée : *Enseignement secondaire des jeunes filles en France.*

courageux retour sur eux-mêmes ; ils ont recherché sans ménagement leurs défauts et les moyens de les corriger ; l'enseignement sévère et viril que la France donne aujourd'hui à la jeunesse de ses écoles primaires est propre à modifier heureusement l'esprit de la nation, à la guérir de ses préjugés et des dangereuses fatuités qui ont causé ses malheurs. »

Ces lignes, on le voit bien, sont écrites par un étranger qui ignore les mœurs et les évolutions de notre pays ; chez lui, l'autorité est forte. L'instruction, répandue partout d'une main libérale, n'atteint le peuple ni dans sa foi ni dans ses mœurs ; l'administration n'a garde d'en faire un instrument de secte et de parti ; les diverses communions sont également suspectées ; le Kulturkampft n'a duré qu'un moment, le protestant M. de Bismark l'a retiré pour désarmer les catholiques, pendant que, chez nous, un parti qu'eût dû avertir cette haute et prévoyante politique, se faisait persécuteur.

L'enseignement « sévère et viril » que nous donnons à la jeunesse des écoles primaires, nous dit le critique allemand, est propre à modifier heureusement l'esprit de la nation ; mais jamais la jeunesse dans nos écoles de garçons, si nous en croyons quelques maîtres, n'a été plus étrangère au sentiment viril, plus prompte à la rébellion, plus tentée de mauvaises lectures que des malfaiteurs intéressés lui offrent à bas prix avec l'attrait des mauvaises images ; jamais, après les années de l'école, elle n'offrit une proportion plus douloureuse dans la statistique de la justice correctionnelle, et ces résultats s'expliquent : dans nombre d'écoles le respect a disparu. Un écrivain qui n'est pas suspect a pu dire : « Il n'y a plus d'éducation. »

En ce qui concerne le degré d'avancement que demande l'enseignement de la jeune fille, l'Allemand voit trop son pays pour bien juger ce qui convient à la France. — Chez lui, Gœthe et Schiller distraient, sans qu'il y ait surexcitation, les loisirs des gouvernantes ; chez nous, une culture un peu élevée éloigne de tout ce qui semble œuvre servile, et de là une crise morale autrement grave qu'une crise économique.

Je goûte peu ce qu'admire le critique dans une école préparatoire à l'enseignement des filles : la méditation recommandée par la directrice, le recueillement en face d'un texte ; on dirait un procédé emprunté aux usages religieux de la contemplation. « La directrice, nous apprend-on, réunit chaque matin les élèves pour méditer avec elles quelques passages d'un grand moraliste. » — On peut craindre que cet exercice spirituel n'affine trop les intelligences ; on n'y a pas songé, que je sache, à l'École normale supérieure pour nos agrégés, pour nos docteurs, qui recruteront les Lycées et les Facultés. — Je redoute toujours les excès de la libre pensée. L'École normale supérieure a donné à l'Église des apôtres éloquents de la foi ; on peut douter qu'au sortir du gymnase, il y ait des jeunes filles, ornées de la science laïque, qui soient tentées d'entrer en religion.

L'appréciation du critique n'a rien qui ne soit de tout point fondé au point de vue scolaire ; nul doute qu'il n'y ait progrès dans les méthodes, émulation dans les études ; l'instruction est plus répandue, le niveau de l'enseignement s'est élevé ; les administrations qui s'étaient succédé avant 1871 avaient à l'envi concouru à ce double résultat ; le progrès, depuis cette époque, est encore plus accusé, mais dans quel sens et à quel prix depuis les nouvelles lois scolaires ?

Il faut attendre, pour juger, une plus longue épreuve, et, ainsi que le dit un philosophe moraliste en parlant des cours secondaires de filles, « nous ne sommes qu'au début de l'instruction. — Il n'y a encore que des plans. — L'édifice commun a peine à s'élever ; ce sera à l'expérience à prononcer (1). »

IV

Les préventions contraires s'expliquent toutefois chez des esprits distingués, formés aux leçons du passé, qui, pour juger de l'avenir, ont l'autorité des lumières.

Ainsi l'on craint qu'enivrées d'érudition, les jeunes filles ne tombent dans la préciosité littéraire, et, ce qui est pire, dans la préciosité scientifique. Trissotin avec son sonnet vaudrait encore

(1) M. Paul Janet, *Étude sur l'éducation des femmes.*

mieux que M. Paul Bert avec son laboratoire. A la réception de M. Pailleron à l'Académie française (1), M. Camille Rousset a eu le bon goût et le courage de dénoncer le péril.

« Qu'est-ce au fond que le *Monde où l'on s'ennuie?* — C'est une comédie satirique comme les *Femmes savantes*, ajustée à notre temps, avec toutes les différences qui distinguent le XVIIe siècle du XIXe, et l'hôtel Rambouillet du lycée de jeunes filles. — La science est utile; elle est digne d'estime et de respect; elle est admirable, à condition toutefois qu'elle n'envahisse pas tout, surtout les cerveaux féminins. Précieuses pour précieuses, les scientifiques me semblent plus ridicules encore que les littéraires. »

M. Pailleron a mis en scène la pédante du grand monde; le lycée ou collège nous prépare, comme on l'a très bien dit, la pédante demi-bourgeoise.

Du pédantisme à l'orgueil il n'y a qu'un pas. La pédante ou précieuse n'est que ridicule; mais ne serait-elle pas en droit, au nom de son éducation virile, de réclamer, à défaut de souveraineté, une part de droit au moins égale dans la direction des affaires publiques. Aristophane allait plus loin dans sa raillerie; sa Praxagora ne prétendait à rien moins qu'à donner désormais aux femmes le gouvernement des affaires de la République, en souffrance dans les mains des hommes. Cette émancipée, qui fit tant rire les Athéniens, a reparu sous nos yeux dans la *Ligue d'émancipation des femmes;* l'État minotaure serait remplacé par l'*État mère de famille.* — L'heure de cette révolution n'est pas venue; l'utopie est de tous les temps; ce qu'elle a d'excès finit toujours par tomber dans le vide...

Mais à trop remuer une société, on y jette plus souvent le trouble qu'on n'obtient le progrès; ainsi l'instruction primaire, dont on ne saurait contester ni le besoin ni le principe, pour avoir dépassé la mesure, a trop éveillé d'ambitions et frappé de dédain les professions manuelles; c'est toute une révolution dans les mœurs. « Chaque année, écrit M. Albert Delpit, toute une armée de jeunes filles combat pour conquérir son brevet. La pauvre fille, il y a dix ans, rêvait le Conservatoire, les lauriers de l'Opéra ou de la

---

(1) Janvier 1884.

Comédie. — A présent, elles s'imaginent toutes qu'un parchemin timbré et paraphé suffit à assurer l'existence. »

M. Maxime du Camp estime, dans son étude sur la *Charité privée à Paris*, que la moitié des institutrices aptes à faire une éducation tombent dans la misère, ou, pour vivre, dans le vice.

Si l'attrait du parchemin laborieusement obtenu après les études primaires fait tant de victimes, quelles espérances plus hautes encore et par là même plus décevantes n'éveillent pas le diplôme et le baccalauréat de l'enseignement secondaire? Les diplômées et agrégées pourront être appelées en qualité de chargées de cours et de professeurs dans les collèges et lycées de jeunes filles; mais combien encore, ayant déserté l'outil et le métier qui les eût fait vivre, seront errantes par les rues, battant le pavé, cherchant une place, ou, en attendant, sollicitant un secours. Ici encore la vérité, la vérité sans conteste est dans cette étude de M. Albert Delpit que j'ai déjà citée :

« On en fait des institutrices qui n'ont pas d'élèves, des déclassées qui n'ont pas de famille, des ouvrières de la pensée qui crèvent de faim. Toujours prévoyante, la société semble ne les instruire que pour leur montrer leur néant. C'est une charité de plus. Celle qui ne sait pas souffre moins du vice que celle qui sait. L'une ignore son abjection, l'autre en mesure la profondeur. En donnant à de pauvres filles le diplôme sans les élèves et l'outil sans le travail, on ne fait que crier à l'institutrice le mot féroce des vieilles sociétés : « Meurs de faim ou vis de honte. »

Le gouvernement a-t-il songé sérieusement au péril social d'augmenter le nombre des déclassées du sexe féminin? Une démocratie vraiment intelligente répand l'instruction, la met à la portée de tous, mais surtout la proportionne aux besoins, et, sans repousser personne, se garde d'éveiller des vocations factices. L'instruction supérieure, pour nombre de jeunes personnes appelées et recrutées par les bourses, n'est pas ce qu'on appelle un bienfait; elle les désintéresse trop du milieu modeste dans lequel elles étaient appelées à vivre, éveille des goûts et des ambitions sans rapport aucun avec le ménage et la vie de famille.

Leur donne-t-elle au moins par une haute culture cette joie intense de mieux se posséder, de mieux vivre et de soi et de Dieu, selon le mot de Rollin : *meque Deoque fruor?* Produirait-elle au contraire dans l'organisme même les troubles nerveux dont s'inquiètent les docteurs? La question, sur ce dernier point, s'est débattue devant l'Académie de médecine. Pour faire justice de l'*excès* intellectuel, de ce qu'on appelle le surmenage, auquel seraient condamnées les élèves dans les écoles normales primaires, on s'est prévalu de cas nombreux d'aliénation mentale constatés dans le personnel enseignant en Suisse et en Angleterre; d'autres ont répondu que les affections qui sévissent sur nos établissements ont un autre caractère, qu'elles ont aussi une autre cause; elles seraient moins le fait d'un excès d'activité intellectuelle que d'une curiosité malsaine qui développerait chez les jeunes filles des névroses anémiques et chlorotiques. L'assertion est-elle vraie, est-elle fausse? Le remède au mal, au cas où l'imputation serait fondée, on le trouverait dans le retour aux procédés moraux d'enseignement qui nous donnaient autrefois des générations saines d'esprit et de corps; sans cette réaction nécessaire, écrit un publiciste, « la société périrait dans un accès d'hystérie; ainsi, de toute façon, les laïcisateurs auraient étrangement débilité la génération qui va venir. »

Un membre de l'Académie de médecine (1), M. Jules Rochard, dans une étude d'un haut intérêt, a traité la question de l'éducation des filles sous ses divers aspects; nous lui empruntons ce passage, dans lequel ses observations ont une particulière compétence :

« On a fait, depuis quinze ans, des efforts considérables pour perfectionner l'enseignement, pour porter au même niveau l'instruction des deux sexes; mais en consacrant ainsi leur égalité, on a constamment oublié qu'ils n'avaient ni les mêmes aptitudes ni la même mission. On leur a imposé des programmes aussi touffus et des diplômes équivalents. Il en est résulté, pour celles qui ont voulu prendre les examens au sérieux, une fatigue que le sexe féminin supporte encore plus difficilement que l'autre. — Cette vie de labeur forcé, à l'âge où la constitution de la femme subit

---

(1) *L'Éducation des filles*, par M. Jules Rochard, de l'Adadémie de Médecine. — *Revue des Deux-Mondes*, 1er février 1888, p. 679. — Voir au même recueil (15 mai 1887) : *L'Éducation hygiénique et le Surmenage intellectuel.*

une transformation complète, exerce une influence fatale sur la vie tout entière, et les résultats s'en feront plus vivement sentir à mesure que les générations ainsi élevées arriveront à la maturité de la vie. Il est à craindre que le nombre des mères chétives, valétudinaires, incapables de donner le jour à des enfants robustes, de les bien nourrir et de les bien élever, n'aille en s'accroissant d'année en année. C'est un péril auquel il est temps d'aviser. »

Voilà pour la vigueur du corps ; quant à la paix de l'âme, bien qu'il soit parfaitement vrai de dire que « développer la raison n'est pas contraire à la foi », la demi-science peut y porter un trouble profond si elle enlève la croyance. Dans une nature délicate, d'une imagination vive et sur laquelle le sentiment a tant d'empire, le doute vient avec les problèmes, et rien n'égale ses ravages. Une admirable étude d'Octave Feuillet (1) nous montre ce que peut être le scepticisme chez une femme élevée dans le commerce intime d'un savant, homme de bien sans doute, mais songe-creux et utopiste. Ses idées désespérantes en font un monstre d'égoïsme et de sensualité ; en fait de matérialisme, elle est bien du temps présent, du siècle en décadence qui n'a plus que des appétits : « De haut en bas la jouissance est aujourd'hui la loi unique et l'unique foi. » L'auteur met en regard l'idéale créature qui vit au contraire dans le passé, garde la croyance au plus profond du cœur, et remue l'âme, étant morte, par le souvenir de ses vertus ; du contraste vient cette conclusion, que la foi naïve et consolante vaut mieux que la philosophie hautaine étrangère à toute espérance.

V

Il semble bien, à qui vient de lire les observations des médecins et des moralistes, que M. Cousin n'avait peut-être pas tort de dire en parlant de l'éducation de la femme : *Ne touchons pas à cette fleur.* L'État, sans y mettre directement la main, pouvait acquitter sa dette sociale. L'institution des cours secondaires n'était pas à

---

(1) *La Morte* : 1 vol. à la librairie Calmann-Lévy.

créer, mais à répandre et à soutenir; il y avait intérêt et devoir à provoquer entre eux une émulation généreuse, tout au profit d'une plus haute culture appropriée aux besoins divers de la vie moderne; l'inspection d'une part, et de l'autre surtout la confiance des familles, auraient signalé au ministre les maisons qui méritaient ses libéralités; on eût pu même, sans trop sortir de cette voie, fonder quelques établissements comme modèles à suivre pour la direction des études. Mon avis ici n'est pas sans réserve; je n'oublie pas le mot profond d'un professeur de nos anciennes Facultés à Strasbourg, qui s'était chargé de l'instruction de sa fille : « Il me faut beaucoup de soins pour être *mère* dans mon enseignement. » — Sur le fond des choses, à savoir l'obligation d'assurer l'éducation de la jeune fille dans des conditions progressives, l'accord est fait depuis longtemps entre tous les esprits; nul ne conteste que cette instruction soit un besoin et une force, et qu'elle doive suivre dans une intelligente mesure les mouvements de la vie moderne. Je ne sache pas que personne aujourd'hui demande à la femme ce que voulait cependant l'Écriture, « la femme forte a travaillé la laine et le lin, » ce qu'on voulait à Rome : « elle garda la maison et fila de la laine. » — Le travail à l'aiguille, le soin du ménage, la garde du foyer, sont restés en honneur comme dans la vie antique; mais la femme ne perd pas ses vertus en laissant par instants le foyer, elle en porte le charme au dehors dans le monde auquel elle se mêle; la culture qu'elle a faite de son esprit, de ses facultés délicates, est un charme, un lien pour la société, un profit moral pour la famille. Que de femmes à citer, après un prélat, ami saintement passionné de la femme studieuse (1), qui, dans le cloître (2) et dans le monde, ont laissé leur nom dans les lettres, et que l'histoire met aux premiers rangs pour leur judicieuse et ferme gestion des affaires publiques! Là, même dans cet ordre d'intérêt où l'action de la femme n'apparaît pas, elle ne laisse pas d'être réelle. « Rien ne m'a plus frappé, écrit M. de Tocqueville, dans l'expérience assez longue que j'ai faite des affaires publiques, que l'influence

---

(1) Mgr Dupanloup, *Lettres sur l'éducation des filles*. Voir en particulier les sept premières lettres.
(2) M. Jourdain, membre de l'Institut, *Mémoire sur l'éducation des femmes*.

qu'exercent toujours les femmes en cette matière, influence d'autant plus grave qu'elle est indirecte. Je ne doute pas que ce ne soient elles surtout qui donnent à chaque nation un certain tempérament moral, qui se mêle ensuite dans la politique. »

On ne saurait dire avec plus d'autorité ce qui est le vrai, l'influence de la femme dans la société française. — Un gouvernement qui n'a pas pour lui cette influence manque d'action sur l'opinion publique ; la République, dit-on, dans la langue un peu triviale du jour, manque de femmes... La loi sur l'instruction secondaire, — nous ne dirons pas dans son texte, mais dans son esprit, — prétendrait-elle associer la femme à ce qu'il y a de plus contingent au monde, à savoir une certaine forme politique, au lieu de rester dans la région sereine d'un intérêt de culture qui réunit toutes les sympathies? Voudrait-on atteindre par la doctrine les parties de la population appelées autrefois classes moyennes, et qui se trouvent affranchies par l'aisance et la fortune du joug irritant de l'enseignement laïque obligatoire? — Le promoteur de la loi, dans un sentiment que je ne tiens pas pour suspect, a écrit (1) :

« C'est une chimère de vouloir le relèvement de la patrie sans vouloir en même temps le relèvement de la femme.

« . . . .

« Nos adversaires ne nous pardonnent pas d'associer *le sort de la femme à notre jeune République.*

« Notre loi est une loi de liberté. — C'est une loi *politique*, c'est aussi une loi sociale. »

Mais ce n'est pas relever la femme que de vouloir la mêler par la doctrine aux luttes des partis; il faut au contraire lui laisser le soin de les rapprocher pour le bien du pays; si vous voulez gagner son cœur, respectez-la même en son ignorance. — Je ne sais où j'ai lu : « On croit, on espère, — c'est pour cela peut-être qu'on espère et qu'on aime. — Les hommages et les souvenirs vont au delà de la vie. » — Mais c'est une vraie chimère de

---

(1) M. Camille Sée. Préface du livre *Lycées et Collèges de jeunes filles.* 1 vol. in-8°, Léopold Cerf, éditeur, 1884.

croire les femmes ignorantes; sans parler de celles qui tiennent la plume avec distinction, et, en particulier, dans le genre épistolaire, dont elles ont gardé le secret, on nomme les salons où elles excitent l'attrait par la supériorité de l'esprit instruit et délicat; en dehors du monde, et dans les milieux plus obscurs parce qu'ils sont plus intimes, que chacun connaît par ses relations, ce qui étonne et est toujours un charme nouveau, c'est la variété des natures bien plus marquée que chez les hommes, et dont chacune a ses dons divers; et, dans cette diversité, l'air de famille qui fait reconnaître des sœurs : *qualem decet esse sororum;* dans toutes, le mouvement de l'imagination; chez plus d'une, l'étendue du savoir et une singulière fermeté de jugement. Il n'est pas question sans doute, en fait de relèvement, de réveiller le sentiment de la patrie; les femmes, plus que nous et à tous les rangs, ont souffert des douleurs et des humiliations du pays; elles sont de la terre de Jeanne d'Arc. Pendant le siège, la femme du peuple a cru à la résistance; elle a souffert sans se plaindre des tortures de la faim. La femme du monde, aux ambulances, a été la rivale de la sœur de charité au lit de nos soldats pour panser leurs blessures, et, à l'heure de l'agonie, pour les consoler et leur fermer les yeux. Ce qui fait grande l'âme d'un peuple n'avait pas attendu les lois scolaires.

VI

Quoi qu'il en soit, un fait reste acquis, c'est la diffusion plus régulière de l'enseignement; le succès comme nombre est assuré, la fréquentation des nouveaux lycées et collèges s'accuse par des chiffres toujours croissants; l'intérêt de l'œuvre est surtout dans le résultat intellectuel et moral, et ce résultat dépend lui-même d'une sage concordance des leçons avec les besoins et l'aptitude de la jeune fille. — Je n'examine pas si le Conseil supérieur, qui a tant de lumières, aurait dépassé la mesure, comme l'en accuse le promoteur même de la loi. « Le législateur, dit-il, a voulu cultiver et élever l'esprit des femmes, Nous pensions qu'il y avait lieu de les initier de plus près aux charmes de la littérature, aux pénétrantes leçons de l'histoire, aux règles de la morale; nous pensions qu'il y avait lieu de leur enseigner, — ce sont les termes mêmes de la loi, — l'arithméthique, les éléments de la géométrie, de la chimie, de la physique et de l'histoire naturelle; qu'elles y gagneraient quelque chose sans rien perdre de leur grâce; que leur commerce en deviendrait plus aimable; qu'elles développeraient plus complètement leurs facultés, et qu'elles en seraient de meilleures compagnes pour leurs maris, de meilleures maîtresses pour leurs enfants; nous voulions leur apprendre à être à la fois des femmes charmantes et des femmes utiles. Le Conseil supérieur, par ses exagérations, court le risque de faire de certaines d'entre elles des hommes incomplets qui n'auront jamais ni la force ni le rôle d'un sexe, et qui auront perdu toutes les grâces et toutes les aptitudes de l'autre... (1). »

Mais voilà un programme, à part les illusions dont nous croyons avoir tout à l'heure fait justice, qui ne semble pas manquer de sagesse. Je cherche par exemple, pour ma part, ce que peut « l'algèbre » chez la jeune fille pour le bonheur du ménage. — En matière d'éducation, il faut toujours viser le but social. Le « latin », que l'on pourchasse ailleurs, comme langue morte, est plus vivant et autrement fécond pour les lycées que l'algèbre et la chimie pour les jeunes filles, qui ne seront pas ingénieurs.

Rien n'empêche, sur les points où il y aurait dissidence et lacune, de rapprocher les sexes par une communauté d'idées; mais on se gardera d'affaiblir ce que chacun d'eux a de supérieur en sa nature : chez l'homme l'autorité, que la raison éclaire; chez la femme, le sentiment qui la porte à se dévouer; la grande mission de la femme est dans la famille. Avant l'Évangile, la dame romaine montrait ses fils comme sa plus belle parure.

« L'égalité dans la différence, » a dit M. Legouvé, qui, d'un mot aussi spirituel que vrai, a donné la formule; et après ce lettré délicat, n'est-ce pas un philosophe, M. Jules Simon, qui a écrit :
« Le système d'éducation qu'on peut employer pour les garçons ne saurait donner de bons résultats si on l'applique aux filles;

---

(1) M. Sée. Préface déjà citée.

avec leur esprit subtil, s'il s'agit de philosophie, elles se plairont à agiter les plus redoutables problèmes. Ce qu'elles y gagneront, c'est que la folie les atteindra à bref délai, ou qu'elles deviendront athées. Peut-être le veut-on? Les femmes supérieures qui se sont occupées de philosophie n'ont été sauvées que par la religion. »

Revenons, pour rester dans la mesure, « à l'égalité dans la différence. » Il ne peut être vrai que l'unité absolue d'éducation entre les sexes soit le but à atteindre lorsqu'il y a des deux parts diversité de destinée; qu'il y a pour la femme tout un monde d'idées, de sentiments et de devoirs qui lui sont propres, et lui font un rôle tout particulier dans la société et la famille. Une différence dans le degré et sur tels points dans la nature de l'instruction ne constitue pas une infériorité : *sexus sequior*. —

L'expérience ne pourra que confirmer ce qu'il y a de sagesse dans les dissemblances; elle apportera ses tempéraments et ses conseils.

L'enseignement secondaire des filles réclame une attention délicate et une singulière habileté de main. Chargées d'appliquer les programmes, les jeunes personnes de l'Ecole normale de Sèvres, formées au professorat par les maîtres d'élite que lui a donnés l'Université, sauront garder la doctrine spiritualiste de notre École normale supérieure; elles feront au sentiment, parce qu'elles sont femmes et gardiennes du foyer, la part qui lui revient dans l'éducation de la jeune fille. — C'est par ce mot d'espérance que je veux terminer un chapitre tout rempli de craintes : c'est un rayon après les ombres.

LIVRE VII

ENSEIGNEMENT SECONDAIRE SPÉCIAL

I. **Loi du 21 juin 1865**. — Enseignement secondaire spécial. — La loi du 21 juin porte le nom de M. Duruy : son but, son importance. — Exposé de motifs.

II. Ses antécédents avant la Révolution. — Opinion favorable à un nouvel ordre d'enseignement : Richelieu, Fleury, Diderot ; reproche fait à Rollin. — Le Président Rolland.

Réforme; Écoles centrales. — Durée éphémère. — Une réforme scolaire veut d'autres temps qu'une Révolution. — Les grands esprits, leurs vues supérieures en éducation ; Richelieu, Napoléon.

III. Après la Révolution, suppression des Écoles centrales. — La réforme interrompue ; reprise ensuite : 1º Statut du 4 septembre 1821 ; 2º M. de Vatimesnil, 26 mars 1829; 3º M. de Salvandy, 1847; 4º M. Vaulabelle, 1848 ; 5º M. Lanjuinais, 17 septembre 1849 ; 6º M. Rouland, 1861 ; 7º M. Duruy, programmes provisoires, 1863.

IV. La loi du 21 juin. — Soins de M. Duruy pour qu'elle soit efficace ; institutions pour l'assurer et la développer ; école normale de Cluny, diplôme d'études, agrégation. — Bourses.

Difficultés que la loi rencontre à l'origine : 1º Dispersion des forces ; il eût fallu n'instituer qu'un très petit nombre d'écoles dans chaque Académie ; 2º rivalité de quelques villes avec l'État ; 3º plusieurs refusent de transformer leurs petits collèges ; un Conseil municipal ; préférence donnée aux études latines ; 4º insuffisance des privilèges attachés au diplôme d'études ; 5º durée des études trouvée trop longue ; 6º défaveur pour le personnel, infériorité des traitements. — Mouvement ascendant, quoi qu'il en soit, de la population scolaire.

Soins donnés à cet ordre d'enseignement dans l'Académie de Paris.

V. Situation aujourd'hui changée ; mais on ne poursuit plus le même but.

Institution d'un nouveau baccalauréat spécial ; privilèges qui y sont attachés pour l'admission aux divers concours. — Pour Saint-Cyr et l'École polytechnique, pourquoi ne pas conserver une élite ? — Le principe d'égalité, la politique.

L'enseignement spécial serait désormais l'enseignement secondaire français. — Mêmes lignes que l'enseignement classique ; commence par le latin et finit par la philosophie. — Le baccalauréat ès-lettres reste exigé pour le droit et la médecine.

I

L'enseignement secondaire spécial garde, comme les cours secondaires de filles, le nom de M. Duruy ; la loi (21 juin 1865) qui l'institue est son œuvre personnelle. Si la loi relative aux cours de filles (21 décembre 1880) porte un autre nom, il en a donné la pensée et accrédité l'intérêt par la circulaire du 21 décembre 1867; on trouve encore sa marque dans les programmes que les cours de filles ont empruntés à l'enseignement secondaire spécial.

Cet enseignement est parallèle aux cours classiques, mais par des voies différentes avec d'autres méthodes, avec d'autres desseins pour répondre à d'autres besoins, sans aucune intention d'hostilité, bien entendu, contre l'étude des langues anciennes.

L'enseignement classique ne saurait avoir la prétention de satisfaire aux besoins qui sont l'expression de l'utile; il y a longtemps que les institutions mêmes dites « écoles latines » faisaient une place à part à tout un ensemble de cours de « français et de mathématiques appliquées », suivis par une partie notable de la population écolière.

La variété dans l'enseignement s'impose par la diversité des conditions et des intérêts dans la société. L'auteur de la loi de 1865, et qui en préparait le succès par ses instructions, adressait aux Recteurs, dès 1863 (2 octobre), une circulaire alors fort remarquée :

« Lorsqu'il n'y avait chez nos pères, écrivait le Ministre, qu'une forme de la richesse, — la propriété foncière, — que la France tenait dans Versailles, il était naturel que l'on ne connût qu'un système d'éducation, celui par lequel s'est formée cette société polie, élégante, raffinée, qui donna le ton à toutes les cours de l'Europe. »

II

Mais à cette époque même, cette société n'était qu'une élite; au temps de Colbert et de Sully, le commerce et l'industrie marquaient de leurs progrès l'avènement de l'esprit moderne, et réclamaient un enseignement approprié à leurs besoins. — Richelieu écrivait dans son Testament politique les lignes si souvent et justement citées comme autorité : « Comme la connaissance des lettres est tout à fait nécessaire à une République, il est certain qu'elles ne doivent pas être enseignées à tout le monde. — Ainsi qu'un corps qui aurait des yeux à toutes ses parties serait monstrueux, de même un État le serait-il si tous les sujets étaient savants. Le commerce des lettres humaines bannirait absolument celui de la marchandise qui comble les États de richesses, et ruinerait l'agriculture, vraie nourricière des peuples. C'est par cette considération que les politiques veulent, en un État bien réglé, plus de maîtres ès-arts mécaniques que de maîtres ès-arts libéraux pour enseigner les lettres. »

Rien n'est plus vrai ; le génie d'un grand politique nous marque, en traits précis, la nécessité de deux ordres d'enseignement. On songe involontairement, en lisant sa formule, au grand esprit d'un autre temps et d'un autre ordre, au génie militaire qui émerveillait le Conseil, l'État et les pédagogues, qu'il s'agit de droit public ou d'éducation ; des deux parts il y avait intérêt social. Les instructions de l'Empereur sur les maisons de la Légion d'honneur et l'Université restent des pages à consulter. — Les grands esprits ne se désintéressent pas des questions scolaires; ils ne s'en dissimulent pas l'intérêt, et y portent leurs supériorités de vue. On ne s'étonne pas que les maximes de Richelieu, inscrites dans son testament, soient restées après lui comme un héritage, qu'elles aient été admises comme aphorisme dans les livres avant d'être traduites en faits par la pratique. Ainsi, Claude Fleury écrivait à bon droit dans son *Traité du choix et de la méthode d'Études* : « Les praticiens, les financiers, les marchands et tout ce qui est au dessous, peuvent se passer de latin ; l'expérience le fait voir. » — Mais il y en a bien d'autres encore : les ingénieurs, les industriels de tout ordre, les navigateurs, les agriculteurs, qui n'ont pas besoin de latin et qui se trouvent de nos jours intelligemment préparés à leurs professions par l'organisation de l'enseignement secondaire spécial.

Rollin eût-il dit le contraire? Diderot lui reproche au XVIIIe siècle « de chercher à former surtout des prêtres ou des moines, des poètes ou des orateurs. » L'auteur du *Traité des Études* eût pu répondre qu'il était resté dans la sphère d'un certain ordre d'enseignement, tel qu'on l'entendait dans les vieilles traditions de l'Université. Dans ce cadre étroit, mais de haute culture, l'enseignement professionnel n'avait pas de place. Il n'en restait pas moins une lacune à combler; M. le président Rolland l'avait précisée dans un rapport célèbre après l'enquête faite, en 1762, sur l'état des études dans les collèges (1).

La réforme se trouvait donc préparée par les livres, les rapports et le mouvement de l'opinion ; pour passer dans les faits, elle devait attendre jusqu'à la Révolution. — Mais la Révolution, « qui nous tient suspendus entre l'admiration et l'horreur, « puits « de l'abime d'où s'échappaient les vapeurs qui obscurcissaient le « ciel (2), » n'était guère l'heure propice aux institutions scolaires Les passions étaient trop ardentes; comment mesurer l'instruction aux besoins de la jeunesse? Le vieux régime, construit lentement par la sagesse de nos pères, peut et doit périr sans qu'on ait élevé sur ses ruines le grandiose édifice digne des temps nouveaux. — Ainsi s'expliquent le trouble profond et l'interruption des études qui marquent les années de la Révolution.

III

La Convention créait bien les Écoles centrales; le décret du 15 septembre 1793, qui les fondait, répondait au besoin de réforme par l'institution d'un enseignement professionnel. Mais ces écoles, par des causes diverses, n'eurent pas le succès qu'on espérait; le décret du 17 mars 1808 mettait fin par cela même au degré d'enseignement qui devait, après des années, retrouver sa place dans le régime de nos études. La pensée en fut reprise en 1821; il fut alors décidé, — c'est une première forme de la bifurcation, — que « les élèves pourraient, au sortir de la troi-

---

(1) « On s'étonne de voir les élèves suivre tous le même cours de classes dans le même nombre d'années, tendre tous au même genre et au même degré de connaissances. » La critique est de tout point fondée ; sous une forme moins en relief, M. le Président Rolland exprime la même pensée que Richelieu.

(2) M. Renan. Discours à la réception de M. Claretie à l'Académie française. — Séance du 26 janvier 1888. — V. *Appendice*. M. Taine.

sième, entrer dans un cours spécial (1). » Nous avons, en 1829 (26 mars), le rapport au roi de M. de Vatimesnil, qui expose les vrais principes. « Le plan d'études des diverses maisons d'éducation, dit le ministre, a le défaut d'être trop *uniforme*. — Il convient aux jeunes gens qui se destinent aux professions dont l'instruction classique forme la base naturelle; il n'est nullement approprié aux besoins des professions commerciales, agricoles, industrielles et manufacturières. Déjà, dans quelques collèges royaux, on a remédié avec succès à ces inconvénients en établissant des sections particulières d'élèves qui étudient d'une manière spéciale les sciences et leur application à l'industrie, les langues modernes la théorie du commerce, le dessin. » Et le rapport conclut aux mesures déjà adoptées : « Donner à l'enseignement de l'histoire le degré d'importance et d'utilité qu'il doit atteindre, introduire dans les collèges celui des langues vivantes, varier l'instruction publique de manière à l'approprier à toutes les situations de la vie. »

M. Cousin n'avait pas d'autre doctrine lorsqu'il réclamait plus tard « des établissements intermédiaires entre les simples écoles élémentaires et nos collèges. » M. Saint-Marc Girardin soutenait la même cause avec éclat (2) : « Comment voulez-vous donner la même instruction à tout le monde? Comment voulez-vous avoir pour tout le monde le même type et le même genre d'écoles?

« Le devoir de l'Université est de varier et d'étendre son enseignement d'une manière conforme aux divers besoins de la société. »

Ainsi, variété des programmes pour répondre à la variété des esprits et des vocations, c'était là un principe acquis par la décision de 1829, et qui, sous des formes diverses, fut appliqué dans nombre d'établissements. Il y avait lieu d'aller plus loin.

Un ministre, M. de Salvandy, dont le nom, comme celui de M. de Vatimesnil, est resté cher à l'Université, instituait par statut,

---

(1) Statut du 4 septembre 1821, art. 193. « Les élèves qui, d'après le vœu de leurs parents, ne sont pas destinés à prendre des grades dans les Facultés, peuvent, après la troisième, passer aux cours de philosophie et de sciences mathématiques et physiques. Ils reçoivent des leçons particulières d'histoire. »

(2) *L'instruction intermédiaire*. (Voir les publications 1835-1839-1847.)

en 1847 (1), l'enseignement spécial dans tous les collèges royaux et communaux, à partir de la quatrième; la même année, était publié le programme du cours de la première année, et l'année suivante, les cours des trois années. La monarchie tomba, mais sans entraîner dans sa chute le principe de l'enseignement intermédiaire. Un ministre de la République, M. Vaulabelle, qui rappelle aussi un cœur généreux, faisait honneur du statut du 4 septembre, au ministre de la monarchie, à ce moment en exil (2). Les programmes de 1848 étaient révisés le 17 septembre 1849 (M. Lanjuinais, ministre) (3); ils portaient comme considérants « la haute utilité de cet enseignement institué pour les élèves qui se destinent à la pratique de l'agriculture, de l'industrie, du commerce et des arts, et, d'autre part, les résultats obtenus depuis deux années dans les établissements où il a été mis en exercice ».

M. Rouland, sous l'Empire, en 1862, provoque de nouvelles études pour compléter et perfectionner « cet enseignement moderne, qui prend pour base la langue nationale et les langues vivantes, l'histoire du pays et la géographie pratique, les sciences appliquées, les notions de l'industrie et du commerce, le dessin. (4) »

IV

Tous ces textes sont formels et visent l'enseignement secondaire spécial; on eût pu y ajouter l'article 62 de la loi du 15 mars 1850, qui fait obligation au ministre d'instituer des jurys spéciaux pour

---

(1) Voir *Bulletin universitaire*, 1847, Statut du 4 septembre 1847, page 46. — Circulaire, 16 août 1847, pour l'exécution du décret, page 132. — Programme pour la première année, 22 septembre 1847, page 181. — *Bulletin universitaire*, 1848, Programmes pour les trois années, page 303.

(2) M. de Salvandy, Concours général de 1848. Discours de M. le ministre Vaulabelle.

(3) *Bulletin universitaire*, 17 septembre 1849, page 189.

(4) *Bulletin universitaire*, 1862, rapport à l'Empereur, 14 juin 1862, p. 103 Institution d'une Commission, présidée par M. Dumas, page 115.

l'enseignement professionnel. L'enseignement intermédiaire n'était donc pas chose nouvelle, et M. Duruy cependant mérita le renom d'en être le créateur. Successeur de M. Rouland, il reprit la question en 1863 (1), dans un rapport à l'Empereur, publia des programmes provisoires qui distribuaient l'enseignement sur une période de quatre années, et obtint, après délibération du Corps législatif et du Sénat, la loi du 21 juin 1865 portant organisation de l'enseignement secondaire spécial. — On ne pouvait mettre plus d'intelligente ardeur pour défendre la cause auprès de l'opinion et des pouvoirs publics. L'enseignement classique avait ces deux forces : l'École normale supérieure de Paris pour former l'enseignement des maîtres, l'agrégation pour en éprouver la valeur. Le ministre fonda l'École normale de Cluny et institua pour ses élèves un nouvel ordre d'agrégation. — Le baccalauréat était le dernier terme de l'enseignement classique ; le diplôme d'études, dont les privilèges devaient s'accroître avec le temps, fut le couronnement de l'enseignement secondaire spécial. Cet enseignement eut ses boursiers comme l'enseignement classique. Enfin, un Conseil supérieur de perfectionnement (2), institué près du ministre, reçut mission d'étudier les observations et les vœux des Conseils de perfectionnement établis près de chaque lycée et collège, ainsi que tous les documents de nature à intéresser ce nouvel enseignement. Le ministre faisait appel à tous les dévoûments pour une cause qui intéressait le pays.

L'œuvre, toutefois, comme toute institution qui se fonde, devait rencontrer plus d'un obstacle. Peut-être le succès eût-il été plus marqué dès l'origine, si l'administration, comme l'avis en fut exprimé, eût concentré sur quelques points tous ses efforts, si, surtout, elle avait eu des ressources pour créer elle-même, en

(1) *Bulletin universitaire*, 2 octobre 1863, rapport à l'Empereur, p. 325; programme, p. 334.
(2) Ce Conseil, dont j'eus l'honneur de faire partie, avait pour vice-président M. Dumas, sénateur, membre de l'Institut, Inspecteur général pour l'enseignement supérieur, fondateur de l'École centrale des Arts et Manufactures. M. Dumas, dès l'origine, et sous MM. de Salvandy et Rouland, fut l'inspirateur des programmes ; il continua son œuvre avec M. Duruy. Entre l'École centrale des Arts et Manufactures et la création de l'enseignement spécial, le lien ne saurait être contesté. Le Conseil fut constitué par décrets des 26 août et 1er novembre 1865. — Voir le rapport à l'Empereur.

province, des institutions modèles, des *realschulen* qui auraient eu leurs locaux propres, leur personnel, leur régime, leurs méthodes, des écoles Turgot avec leurs directeurs. Mais il lui fallait le concours des villes, et dans plusieurs du ressort de l'Académie de Paris, Reims en particulier, la mieux désignée par son caractère industriel pour le nouvel enseignement, la commune y avait pourvu à grands frais par la fondation d'un établissement; ce que nous ferions au lycée pour développer l'enseignement spécial pouvait nuire au succès de l'œuvre municipale, et, sous ce rapport, écartait la sympathie.

En matière d'enseignement, les communes regardent l'enseignement primaire comme chose tout à fait de leur domaine; l'enseignement spécial leur en semble le degré supérieur, même sous la dénomination de « secondaire », et elles entendent le gouverner si elles en font les frais. Plus une commune a d'écoles sous la main avec des couches diverses de population, plus elle retient d'influences, qui peuvent dans tous les rangs accroître leur crédit près de l'électeur. Les libéralités de la ville et de l'État, réunies sur une seule maison, en feraient une institution prospère et par le nombre des élèves et la variété des enseignements; cette préoccupation, d'un but supérieur, ne saurait prévaloir contre un intérêt d'influence locale. On comprend que, pour telle commune qui déjà possédait ou allait fonder une école supérieure, l'organisation de l'enseignement spécial au lycée lui faisait ombrage; les deux écoles, portant l'attache, l'une de l'État, l'autre de la commune, s'affaiblissaient par leur rivalité; je sais quelque chose des difficultés que rencontrait en ce cas la demande d'un concours fait à la ville pour l'enseignement spécial du lycée. M. Duruy, qui avait créé l'École normale de Cluny, eût voulu, s'il avait eu des ressources, fonder en province quelques écoles Turgot; des maisons, sur ce modèle et sous une autorité comme celle de M. Marguerin, que M. Cousin aimait à citer comme un maître, eussent été le vrai type de l'enseignement spécial. Mais le ministre de l'Empire ne trouvait pas au budget de l'Instruction publique les crédits ouverts plus tard, sans compter, au ministre de la République.

C'est bien en matière d'instruction publique d'obtenir le concours de la commune, mais on n'obtient pas toujours les mesures qui serviraient le mieux tous les intérêts. La petite ville à faibles ressources, qui gagnerait à les réserver pour un collège d'enseignement spécial en renonçant aux études latines, se refuse à ce qui lui semble une déchéance; elle veut garder l'enseignement classique pour quelques familles, ou renonce au collège; ses ressources, disséminées sur l'un et l'autre enseignement, sont des deux côtés insuffisantes. Il faut bien tenir compte aussi des préventions populaires. Je garde le souvenir d'une ville importante dont j'obtins le concours pour l'enseignement classique et l'enseignement secondaire spécial. Le Conseil municipal assemblé, je plaidai l'une et l'autre causes; les libéralités devaient être plus élevées pour l'enseignement nouveau : création de laboratoires, chaires nouvelles, tous les crédits que je sollicitais furent accordés. Le maire me dit le lendemain, en grande confidence, que certains indépendants du Conseil suspectaient l'envoyé de M. Duruy d'avoir introduit l'ennemi dans la place; il avait fait l'affaire des Jésuites, qui gardaient exclusivement l'enseignement classique.

Cet enseignement n'avait-il pas le privilège d'ouvrir les grandes écoles, et, par les diplômes qu'elles confèrent, l'entrée des fonctions libérales? Dans un pays où la Révolution est une « carrière », l'obstacle aux ambitions est impopulaire, et, de là, à ce moment du moins, certaine défaveur pour l'enseignement spécial. Aussi les vrais logiciens de la Révolution réclament-ils l'instruction intégrale pour tous. L'État donne à tous l'instruction primaire gratuite; mais ce n'est qu'une partie de la dette; tous les enfants du pays doivent trouver gratuitement accès dans les écoles secondaires et supérieures. On peut bien opposer à cette prétention que le Trésor public ne saurait supporter une pareille charge; que les écoles, par leurs degrés divers, répondent à la diversité des besoins et des esprits; qu'enfin la société est un organisme vivant, dont l'unité se trouve assurée par la diversité même des états et des professions. Mais une politique égalitaire ne saurait hésiter: les principes valent mieux pour elle que l'équilibre des budgets et le fonctionnement de l'état social.

Le nouvel enseignement, d'une si évidente nécessité, rencontrait donc au dehors certains obstacles; au dedans, sa constitution même lui créait des difficultés. Ainsi, pour des esprits de moyenne culture, le but à atteindre pouvait sembler trop élevé; l'enseignement classique, dont on avait eu raison de prendre les lignes administratives, consacrées par la tradition, avait pu fixer une durée d'études pour assurer le succès des leçons; les enfants qui fréquentent le collège appartiennent à des familles aisées et peuvent rester longtemps sur ses bancs. L'enseignement spécial, pour produire des fruits, demande également un temps d'études; les règlements instituent quatre années. Mais combien d'enfants furent retirés, par leurs parents peu aisés, avant le diplôme d'études; nos instances furent vives pour les retenir. La statistique nouvelle accusait, en même temps que le progrès d'ensemble de la population écolière, un déficit sensible pour la troisième et la quatrième année. Une plus longue pratique des besoins de la jeunesse, les progrès de l'école primaire, la création des écoles supérieures, ont dû profiter à l'enseignement secondaire spécial et contribuer à diminuer les résistances des familles.

D'autres causes encore retardaient alors les progrès de l'enseignement spécial, celle-ci entre autres, d'ordre tout moral. Les maîtres, et, en particulier, ceux qu'on appelait les « Clunysiens », aspiraient aux grades, ambitieux de prendre rang à leur tour dans le personnel classique; ils lui empruntaient, en attendant, ses méthodes et ses procédés; c'était s'accuser soi-même d'une infériorité relative que semblait marquer la différence des traitements. L'administration ne peut qu'être félicitée d'avoir inscrit au budge les crédits destinés à rémunérer convenablement le personnel. Le maître assuré d'une suffisante aisance se sent élevé en dignité; il a plus aussi le sentiment du devoir, et travaille avec plus de cœur au progrès des études.

V

Rien ne ressemble aujourd'hui aux temps que nous avons traversés, où il nous fallait tant d'efforts pour accréditer l'enseignement spécial dans l'Académie, lui assurer les concours dont il avait particulièrement besoin dans les collèges; là, il fallait tout obtenir de la commune : chaires nouvelles, matériel scientifique, laboratoires; le succès des nouvelles études était à ce prix. L'État va maintenant au-devant des besoins, ses libéralités assistent efficacement les communes; il n'est pas de charges, après les dépenses de l'Instruction primaire, qui soient plus en faveur auprès des pouvoirs publics. La cause était plus que gagnée devant l'opinion; la politique semble bien avoir sa part dans l'espèce d'ovation que lui font aujourd'hui nos gouvernants. Les partisans de l'enseignement classique ne pouvaient qu'applaudir à l'expansion de l'enseignement qui satisfaisait à des besoins particuliers, et devait former, selon le mot de Richelieu, « des maîtres ès-arts mécaniques », — c'est la pensée traduite par la loi du 21 juin 1865; — mais est-ce bien le but qu'on poursuit désormais? L'enseignement classique semble mis en cause et devoir faire les frais des progrès que l'on veut pour un autre ordre d'enseignement, devenu plus qu'un rival, et c'est ici que la question scolaire touche à la politique.

L'enseignement spécial a maintenant son baccalauréat comme l'enseignement classique; sous un régime d'égalité, il a droit aux privilèges conférés depuis longtemps à l'enseignement classique; c'est un moyen infaillible d'appeler les familles et de retenir les élèves. Il s'agit seulement d'étendre encore les programmes, d'augmenter la durée du temps d'études, d'assimiler les deux enseignements, et de prouver, par de nouvelles réformes, que « l'enseignement spécial n'est marqué d'aucun caractère d'infériorité. » M. le directeur de l'enseignement secondaire, dans son rapport au ministre de l'Instruction publique (5 mars 1886) (1), expose que, de l'avis des ministres compétents, il a été décidé que « ce baccalauréat serait assimilé à ceux de l'enseignement classique, pour l'admission à certaines carrières ressortissant aux ministères de l'Agriculture, du Commerce et de l'Industrie, de la Guerre, de la Justice, de la Marine et des Colonies, des Postes et Télégraphes. » M. le directeur oublie, dans cette énumération, « l'ad-

---

(1) Une Commission est en même temps nommée pour reviser les programmes. — Voir à l'*Appendice* les vœux de révision exprimés par le Conseil académique.

mission aux concours pour l'École polytechnique et l'École spéciale militaire (1). » C'est cette dernière assimilation qui est regrettable. Nous avons besoin d'une élite pour commander dans les armées de terre et de mer, et recruter les services civils auxquels pourvoit l'École polytechnique. — Nul n'avait droit de se plaindre d'une exigence tout au profit de la culture générale, et qui était la loi de tous ; on peut juger, par les promotions de l'École, qu'elle n'était pas une barrière pour les enfants du peuple ; plus d'un nom, parmi eux, y est inscrit chaque année aux premiers rangs. La démocratie méconnaît ses vrais intérêts en cherchant toujours en bas ce qui peut flatter ; on n'élève pas un pays en lui épargnant la fatigue et l'effort. C'est précisément parce qu'il est pénétré jusqu'en ses moelles du principe de l'égalité qu'il faut au sommet réserver les places aux plus forts, aux plus dignes de les occuper avec honneur.

Dans l'incessant remaniement de l'enseignement classique, et par suite d'une aspiration, inconsciente ou non, à l'égalité des intelligences par une apparente égalité du savoir, l'enseignement spécial se rapproche de plus en plus de l'enseignement classique par l'extension donnée à l'enseignement littéraire ; l'enseignement classique descend de plus en plus dans l'enseignement spécial, en lui empruntant le trop-plein de son bagage scientifique. Si l'enseignement spécial, ce qui est douteux, ne perd rien à cette imitation, peut-on en dire autant de l'enseignement classique ? On voit bien que l'un d'eux, dans une certaine école, a toutes les prédilections des novateurs, que l'autre subit leurs dédains comme un débris du passé ; ils ont un mot pour le caractériser : « C'est l'enseignement des langues mortes. »

— Mais à cette heure (2), et depuis que j'ai écrit ce chapitre, il

---

(1) Une décision du Ministre de la Guerre porte qu'à compter de l'année 1887, le diplôme du baccalauréat de l'enseignement secondaire spécial sera assimilé au baccalauréat ès-sciences, pour les deux écoles ; un avantage de points est réservé aux candidats pourvus du baccalauréat ès-lettres.

(2) L'administration de l'Instruction publique publie la note suivante (avril 1886) :

« La Commission chargée de reviser les programmes de l'*enseignement*

n'est plus question d'enseignement spécial, mais « d'un enseignement secondaire français », parallèle à l'enseignement secondaire des langues anciennes ; c'est l'enseignement rival dont j'avais le pressentiment ; ils sont l'un et l'autre classiques ; c'est dans ce sens que la Commission chargée de reviser les programmes a arrêté ses résolutions. Il n'y a pas d'un côté l'esprit de pratique,

secondaire français vient de s'ajourner après avoir adopté plusieurs résolutions, dont voici le résumé :

« 1° Le nouvel enseignement sera général et classique, tout en ayant un caractère essentiellement éducateur ; il devra être organisé de manière à répondre aux nécessités de la société moderne et à attirer tous ceux qui n'ont ni le goût ni le besoin de se livrer à l'étude des langues mortes ;

« 2° Il sera séparé de l'enseignement classique proprement dit à l'issue des classes élémentaires ;

« 3° Le cours préparatoire sera maintenu pour permettre aux élèves qui sortent des classes primaires ou de leur famille de se mettre au niveau des autres, notamment en ce qui concerne l'étude des langues vivantes ;

« 4° Le cours normal des études sera de six ans au lieu de cinq ;

« 5° Les élèves qui quitteront le lycée après la quatrième année pourront recevoir un certificat donnant le résumé de leurs notes, et indiquant le rang qu'ils occupaient dans leur classe. Le certificat sera délivré sans examen, après avis du professeur ;

« 6° Les programmes scientifiques seront rédigés de telle sorte que les *bacheliers* puissent entrer en mathématiques spéciales ou dans le cours préparatoire à l'École centrale ;

« 7° Les heures de classe par semaine seront réparties ainsi qu'il suit, dans chaque année :

MATIÈRES.	Année préparatoire.	1re année	2e année	3e année	4e année	5e année	6e année
Français	7	7	5	4	4	4	2
Philosophie	»	»	»	»	»	»	4
Langues vivantes	7	5	5	4	3	3	3
Histoire et Géographie	3	3	3	3	2	2	2
Législation et Économie politique	»	»	»	»	1	1	1
Mathématiques	3	3	4	4	4	6	6
Physique et Chimie	»	»	2	4	4	4	4
Histoire naturelle	»	2	1	»	1	1	1
Comptabilité	»	»	»	1	1	»	»
TOTAUX	20	20	20	20	20	21	23

et de l'autre la préoccupation de l'esprit; ils sont l'un et l'autre classiques; ils sont également généraux avec un caractère éducateur. — L'enseignement secondaire français comprend une période de sept ans, si l'on tient compte de l'année préparatoire ; avec les privilèges assurés déjà au baccalauréat de l'enseignement spécial, il offre un particulier attrait aux candidats aux grandes écoles qui redoutent les épreuves du baccalauréat ès-lettres; c'est de ce côté que se fera le recrutement. — Peu de familles seront disposées à engager leurs enfants dans cette longue voie, relativement difficile, de l'enseignement secondaire français pour les préparer au commerce et à l'industrie; elles trouvent, à cet effet, dans des conditions mieux à leurs convenances et à leur portée, des cours libres, des écoles libres de commerce et d'industrie répondant à leurs intérêts. — Deux traits rapprochent les deux enseignements : les classes de français auront désormais « une base latine », celle des « classes élémentaires ».

Une proposition en ce sens fut soumise à l'ancien Conseil de perfectionnement, qui ne lui fit pas accueil, non qu'il n'en reconnût la justesse au point de vue des sources et du génie de notre langue; mais il considérait, et, ce semble, à bon droit, que l'obligation d'apprendre les premiers éléments de la langue latine écarterait de l'enseignement spécial les parties de la population scolaire qui avait besoin de recevoir, dans un temps relativement limité, une éducation commerciale et industrielle. Le point de vue est évidemment changé avec les programmes actuellement mis à l'étude ; les premiers étaient déjà trop chargés. Pour atteindre un autre but, il faut ouvrir des voies nouvelles. De l'enseignement spécial on ne gardait plus que le nom ; on fait bien d'en proposer un autre, c'est un hommage à la vérité. — L'enseignement secondaire français s'ouvre, comme l'enseignement classique, par des classes élémentaires; comme lui il s'achève par une classe de philosophie; on voit qu'il en prend les grandes lignes et dans une voie parallèle.

L'institution des agrégations de lettres et de sciences pour les professeurs, d'un baccalauréat pour les élèves, préparait les voies pour assimiler « dans la mesure possible » les deux enseignements. — A l'heure présente, le plus démocratique d'apparence doit trouver particulière faveur.

L'enseignement classique, quoi qu'il en soit, traversera l'épreuve ; il a pour lui l'exemple et le souvenir des fortes générations qu'il a formées, et, par une heureuse fortune, deux Facultés d'ordre supérieur gardent elles-mêmes le foyer de ses études. Le diplôme de bachelier ès-lettres, malgré son grave défaut d'être trop encyclopédique, est le témoignage d'une éducation classique ; la production en est obligatoire pour les étudiants qui aspirent aux grades dans le droit et la médecine.

LIVRE VIII

ENSEIGNEMENT SECONDAIRE CLASSIQUE.

CHAPITRE PREMIER

Études. — Réformes.

I. **Lois scolaires.**
Encore les lois et réformes scolaires à propos de l'enseignement classique; leur dessein et leur but; esprit qui les unit. — Un politicien sectaire devenu Grand-maître de l'Université.
Les lois nouvelles : Conseil supérieur; l'élection. — Loi proposée pour l'enseignement supérieur, l'élection. — Rejet de l'article 7; les décrets, l'unité morale du pays. — Enseignement secondaire des filles. — Enseignement secondaire spécial. Enseignement classique. — Laïcité dans l'école primaire.

II. **Enseignement classique.**
Question religieuse dans ses rapports avec l'enseignement classique. — Ce qu'a produit l'école sans Dieu. — Obstacles à la laïcité dans l'instruction secondaire. — Nos vieux règlements; aucune difficulté en province; incidents à Paris et à Versailles. — Quelles seraient les pratiques nouvelles. — L'unité morale dans le lycée.
Comment il est une école de haute culture morale. — M. Boissier. — Reproches cependant qui lui sont adressés. — Méthode, esprit; on l'invite à changer d'idéal. — Ce que pensait Érasme. — Le positivisme. — Luttes regrettables entre l'Université et le clergé : opinion de M. de Tocqueville.

III. **Programmes d'enseignement.**
Remaniements successifs : ministères de MM. Rouland, Duruy, J. Simon. — M. Caro.

IV. **Les réformes en 1880.**
Observations qui furent faites. — Excès dans la science, la science dans la grammaire; critique littéraire, économie politique; prétention d'apprendre beaucoup en peu de temps. — Les réformes jugées insuffisantes.
Jugements portés par des écrivains : M. Francisque Bouillier, M. Albert Duruy.
Appréciations des professeurs de Lycées : M. Lebaigue, M. Legouez (Lettres); M. Bernès, M. Vintéjoux, M. Ferruz (Sciences).
Regrets des professeurs du haut enseignement : M. Paul Janet, M. Couat; réserves de M. Bréal.
Épreuves du baccalauréat : Facultés des lettres : Paris et Poitiers.

Baccalauréat maintenu : M. Paul Bert en projetait disait-on, la suppression.
V. Question du latin.
Pourquoi il faudrait le supprimer : il est désormais inutile, sans rapport avec la démocratie ; — pourquoi il faut le conserver : lien entre les âges, maintient l'aristocratie de l'intelligence : M. Ferdinand Brunetière.
Conclusion : le latin nécessaire à la langue française ; M. Boissier. — Mesurer progressivement la science dans le cours des études.

I

L'institution de l'*enseignement spécial* avec les écoles propres, à types divers, qu'il y aurait eu lieu de créer pour répondre intelligemment à tous les besoins, eût résolu, si l'on avait été sincère, sans trouble aucun pour la conscience et pour les intérêts, les questions soulevées ou controversées pour l'*enseignement classique*. Mais les questions de cet ordre demandaient à qui les traiterait l'autorité du savoir et l'expérience scolaire des Guizot, des Cousin et des Villemain ; tombées aux mains d'un politicien dépourvu de toute compétence, mais, à défaut, plus qu'aucun autre tenace en ses desseins, fécond en expédients, ardent à éveiller les haines, habile à flatter l'instinct démocratique au profit de son élévation personnelle, elles devaient fatalement se poursuivre en vue d'ambitions étroites, tyranniques, de secte et de parti. M. Jules Ferry fut un maître en la matière ; polémiste de talent, visant toujours au but et toujours sur la brèche, il mena la campagne avec l'habileté d'un stratégiste et la passion d'un sectaire, soutenu, d'ailleurs, par la majorité ardente, dont il exaltait l'esprit hostile à toute influence religieuse. Toutes les lois, toutes les réformes scolaires dans l'ordre primaire ou secondaire, depuis 1879 jusqu'à ces derniers temps (1), qu'elles portent ou ne portent pas son nom, sont son œuvre ou s'inspirent dans leurs parties regrettables d'un faux esprit de démocratie ; il eût été si facile de rester libéral sans être persécuteur, d'applaudir et de concourir aux

(1) M. Ferry a été Ministre de l'Instruction publique du 4 février au 20 novembre 1883. — Dans cette période deux courts interrègnes : M. Paul Bert, 14 novembre 1881-30 janvier 1882 ; M. J. Duvaux, 7 août 1882-21 février 1883.

progrès de la science moderne sans répudier et proscrire les traditions et les grandeurs du passé !

De la base au sommet, depuis 1879, l'administration, comme l'enseignement, est tout entière renouvelée, moins encore dans sa forme que dans son esprit, et de telle sorte que l'État, en toute question et à tous les degrés de l'échelle, soit et reste le maître, et que la liberté rencontre partout des entraves, — qu'il s'agisse de fonder des écoles, ou de les mettre en garde, une fois établies, contre le mauvais vouloir des autorités qui devraient les protéger.

Rapprochons les faits, même ceux que nous avons plusieurs fois cités, pour montrer une fois de plus dans leur ensemble le dessein qu'on poursuit, le but que l'on veut atteindre. L'accord entre tous, il faut le répéter, serait facile s'il s'agissait d'améliorations à obtenir, de perfectionnements à poursuivre; le progrès est, de sa nature, la préoccupation généreuse de quiconque a autorité ou devoir dans les choses scolaires. Les amis de la vieille Université n'ont pas été les derniers à reconnaître ce qui s'est fait de bien, à l'heure présente, dans l'intérêt des méthodes et des études; leur concours n'a pas fait défaut. — Mais il s'agit d'une œuvre de haine et de destruction, qui se poursuit méthodiquement sous des noms trompeurs.

Ainsi la loi du 27 février 1880, qui reconstitue sur des bases toutes nouvelles le Conseil supérieur, n'a de la démocratie que les apparences ; le principe d'élection qui le recrute en grande partie laisse à l'administration une action et une influence plus d'une fois souveraines, dans une assemblée nombreuse, où plusieurs, étrangers aux questions à l'étude, et par suite de la sphère relativement étroite où ils ont vécu, ne sauraient apporter ni des indications ni des vues supérieures, où d'autres peuvent se trouver gênés dans leur indépendance par leur situation et leurs intérêts.

En l'état, l'impulsion vient, et c'est à bon droit, si l'on ne veut que le bien, de la section permanente, nommée directement par le ministre, qui discute dans l'intervalle des sessions les projets élaborés par l'administration, et qui ont grande chance de succès près d'un Conseil où la loi semble avoir préparé la majorité. — On peut regretter, sous ces divers rapports, les Conseils que nous avons connus; les uns, avant 1850, réunissaient les plus grands noms de l'Université; les autres, depuis, étant donné le principe de liberté, représentaient avec l'Université les forces morales du pays. On pouvait, s'il y avait lieu, en modifier sur tel point les éléments, accroître le nombre des sièges réservés à l'enseignement public pour lui donner plus d'importance; l'essentiel était qu'ayant à statuer en dernier ressort sur les institutions libres, en matière contentieuse et disciplinaire, le Conseil gagnât sa cause devant l'opinion, comme tribunal qui rend des arrêts et non des services. — On cite à son honneur plus d'un jugement rendu par les Conseils académiques de province, que le Conseil supérieur a mis à néant ou réformés; la minorité, qui représente particulièrement l'Institut et l'enseignement supérieur, n'a pas fait un vain appel au sentiment de justice de la majorité. — Espérait-on qu'avec le nombre, de sa nature assez tyrannique, le sentiment de prépotence facile à éveiller contre des institutions rivales, on trouverait des instruments dociles pour donner gain de cause aux persécutions que susciterait l'application des lois scolaires? Le Conseil, s'élevant au-dessus des passions, ne s'est préoccupé que du droit.

Quel qu'ait été le résultat, la loi relative au Conseil supérieur sert mieux l'esprit de domination que celui de liberté.

Nous ne saurions voir qu'une pensée de proscription dans la loi proposée pour l'enseignement supérieur; il y était dit à l'article 7, sous prétexte d'assurer l'unité morale du pays, que, « à l'avenir, nul ne sera plus admis à participer à l'enseignement public ou libre, ou à diriger un établissement de quelque ordre qu'il soit ou à y donner l'enseignement, s'il appartient à une congrégation religieuse non autorisée. » — C'était supprimer le principe de liberté, qu'on estimait sans doute un résultat acquis par la loi de 1850, puisqu'on proposait une loi nouvelle pour en détruire les effets.

L'ère des proscriptions allait s'ouvrir pour toute une classe de Religieux dont le crime était de n'avoir pas été autorisés, — lorsque l'amnistie, dans un appel à la concorde, avait rouvert les portes de la France aux condamnés de Nouméa qui avaient brûlé Paris sous les yeux du Prussien et déchaîné la guerre civile, — les religieux, frappés par des lois anciennes, ne pouvaient trouver la même pitié près des pouvoirs publics; il fallait bien défendre le pays contre les souvenirs du passé, que leur enseignement perpétuait dans la jeunesse ; les familles, dûment averties du péril et qui gardaient néanmoins leur confiance aux congrégations non autorisées, seraient libres de les suivre avec leurs enfants sur la terre d'exil. — Les religieux seraient-ils un obstacle à l'unité morale du pays ; mais il faudrait faire la preuve qu'ils éteignent, au cœur de la jeunesse, l'amour de la patrie, négligent même d'entretenir le foyer sacré des passions généreuses, et, au premier rang, celle du dévoûment, du sacrifice de la vie que nous devons au pays à ses heures de péril. — L'unité morale n'est pas en danger parce que quelques-uns ont des regrets fondés ou non pour le passé, et qu'ils en gardent les croyances ; on peut refuser le droit de l'invoquer à ceux qui croient préparer l'avenir en excitant les colères et en répandant dans le pays le dénigrement, la haine et le scepticisme. — Nous plaçons plus haut l'unité morale ; on ne saurait la trouver dans la séparation des deux grands partis qu'a laissés fatalement après elle la Révolution, dans les divisions d'intérêts et de sympathies après chaque gouvernement qui a croulé, dans l'avènement des questions sociales qui sont le danger de cette fin du siècle ; nous concevons une aspiration d'émulation vers un but supérieur, où l'âme et l'intérêt de la patrie sont seuls en cause. Nous n'avons pas trop de l'union de tous pour résoudre pacifiquement les problèmes terribles qu'imposent la concurrence des productions de la terre et de l'industrie, les souffrances du monde des travailleurs, les menaces de la Révolution. — En ce qui concerne le pays menacé dans son existence, comme nation, par les lignes ennemies dont les mailles sont serrées autour de nous, nous n'avons pas trop, en matière d'éducation, de toutes les forces scolaires pour préparer la jeunesse aux luttes qui l'attendent. — Lycées de l'État, collèges libres, nous avons également nos morts sur les champs de bataille de l'année terrible (1) ; une politique générale qu'eût inspirée un vrai sentiment national n'eût pas invoqué, pour proscrire, un faux prétexte d'unité morale ; que les uns croient, que les autres doutent, la grande affaire est qu'ils aient, les uns comme les autres, l'amour du pays et le sentiment du sacrifice.

(1) Dans les institutions libres comme à l'École normale supérieure, dans les Lycées et Collèges, des tables de bronze ou de marbre rappellent les noms des maîtres et des élèves morts pour la patrie.

On connaît l'épilogue de l'article 7 ; le sophisme de l'unité morale, bien qu'énergiquement soutenu, trouva résistance ; mais le Sénat étant une « quantité négligeable », le gouvernement n'avait pas à tenir compte d'un vote hostile à ses desseins ; à défaut d'une loi nouvelle, il rend des décrets en vertu de la législation existante, et les fait exécuter par la force, à main armée : *manu militari*.

Nous n'avons pas à revenir sur le but que poursuit l'institution des cours secondaires de filles, l'extension de cours parallèles de français qui remplaceraient l'enseignement classique ; la question reviendra encore dans le présent chapitre. — Sous prétexte d'élever la femme en dignité, on espère, en lui assurant une plus grande participation à la science, affaiblir d'autant en elle le sentiment religieux dont elle est la meilleure auxiliaire ; devant la démocratie, le principe d'égalité gagnera à tout ce que perdra l'enseignement classique qui prépare l'aristocratie des intelligences.

Au fond, sous des formes diverses, lois, décrets et règlements, l'idée religieuse à proscrire, le niveau égalitaire à obtenir, c'est dans le double but l'unité de la législation nouvelle ; c'est la politique de M. Jules Ferry et de ses successeurs, la doctrine radicale sous le nom d'opportunisme ; les groupes de la gauche et du centre se sont entendus et concentrés sur elle du jour où la République conservatrice eut perdu le pouvoir. — L'évidence n'est que trop faite sur l'unité de dessein ; on peut en particulier, dans le domaine de l'instruction primaire, mesurer les étapes qu'ont parcourues nos gouvernants pour atteindre à leurs fins : la gratuité (16 juin 1881) ; l'obligation (28 mars 1882), pour arriver à la laïcité (30 octobre 1886), avec un personnel qui suffise aux plus pressants besoins. — Qu'il y ait excès dans les charges qu'imposera par la gratuité absolue l'entretien du personnel, ruine par la construction de luxueuses maisons d'école ; que les communes soient privées du droit d'exprimer leur avis sur le choix à faire de l'instituteur avec caractère laïque ou religieux, et que, de ce fait, s'élèvent des ressentiments et des résistances, un gouvernement fort et qui a le sentiment de ses devoirs ne saurait s'arrêter à ces considérations d'ordre inférieur. On veut un monument scolaire, un maître laïque, pour les opposer au temple et au pasteur ; il est grand temps d'affranchir l'enfant, de lui assurer la liberté de la conscience. Les haines et les passions contraires qu'a soulevées l'application de la loi sont connues; les partis qui l'ont obtenue n'en expriment pas de regrets; ils ont leur manière à eux d'entendre l'unité morale et de travailler au relèvement du pays.

II

Nous avons peut-être mis en suffisante lumière les périls de l'école sans Dieu; l'histoire, au besoin, nous en eût tracé le tableau. « L'homme sans Dieu, disait Napoléon, je l'ai vu à l'œuvre depuis 1793. L'éducation créatrice ne peut se passer du Dieu créateur. » Et reprenant ensuite la pensée de Leibnitz, il ajoutait : « Donnez-moi l'instruction publique pendant un siècle, et je changerai le monde. » C'est bien le dessein que poursuit la Révolution, mais dans des voies tout autres que celles du Premier Consul; la société, qu'elle voudrait faire à son image, serait affranchie des vieilles croyances et de l'autorité qu'elles imposent. L'instruction primaire est l'éducation du peuple, de l'immense majorité du pays. La commune et la famille avaient naguère leurs voix au chapitre; l'État les remplace désormais et règne sans partage dans toutes les écoles *publiques* de garçons et de filles; toutes les écoles inspirées de ce qu'on appelle l'esprit nouveau seront laïques, gratuites et obligatoires, dans leur personnel de même que dans leur enseignement. L'enseignement libre ne peut avoir à côté qu'une place étroite et bien difficile à défendre; il a fallu et il faudra des efforts surhumains de sacrifices, de dévoûment et de charité pour fonder et entretenir des écoles chrétiennes sur quelques points privilégiés. Le budget, aux mains des sectaires, peut épuiser les ressources de l'État, des départements et des communes; mais pour eux ce n'est là qu'une question d'argent, d'intérêt tout secondaire, en présence du grand but à poursuivre, l'affermissement de la République par l'essor de la libre pensée.

On eût bien voulu appliquer le système à l'instruction secondaire, que fréquentent particulièrement les classes aisées ; mais ici on se heurtait à plus d'un obstacle.

1° La gratuité, pour l'enseignement du bourgeois, cet odieux détenteur du capital, n'eût été rien moins qu'une monstruosité sous un régime démocratique.

2° Les charges imposées de ce chef au Trésor dépasseraient toutes ses possibilités financières ; en l'état, l'extension des bourses, les remises croissantes des frais de pension et de frais d'études, l'accroissement des chaires et des annuités du personnel enseignant, les réfections des bâtiments, et surtout le luxe des constructions nouvelles, laissent en déficit tous les lycées ; la Caisse des écoles doit combler les différences, qui sont énormes et supérieures à toutes les prévisions.

3° Le lycée ou collège, fût-il *gratuit*, perdrait une partie notable de sa population du jour où, par la doctrine, il serait exclusivement laïque, c'est-à-dire une école sans Dieu ; toute cette population, dont l'appoint est considérable au budget de l'établissement, et qu'on appelle demi-pensionnaires et pensionnaires libres, déserterait le lycée ou le collège qu'on aurait privé du pasteur et de l'aumônier, et afflueraient dans les écoles libres. Les classes qui ont l'aisance et la richesse, qui font les frais de l'éducation de leurs enfants, n'accepteraient pas pour eux la négation et l'athéisme en échange d'immunités scolaires. Il doit suffire pour l'État de rester maître de son enseignement, et d'exercer ainsi une action morale sur la portion des classes moyennes qui fréquentent ses établissements ; l'État n'a besoin ni de la gratuité ni de l'obligation. — L'obligation s'explique et se justifie en matière d'enseignement primaire ; l'État est dans son plein droit ; l'instruction élémentaire pour tous est un devoir social. L'obligation eût pu être maintenue sans impliquer pour tous la gratuité absolue ; c'est la néfaste politique qui en a imposé la charge. La Révolution s'est mise à l'aise avec les classes populaires ; la gêne du plus grand nombre les met sous ce rapport en servitude. La Révolution prend l'âme de leurs enfants en échange de la rétribution scolaire, qui pèse surtout sur la propriété ; elle est tout simplement tyrannique. Avec les Jacobins, le dernier mot est toujours servitude. Maîtres de toutes les écoles *publiques*, ne voudront-ils pas fermer un jour les écoles *privées*, dernier asile de la liberté, et dont la population croissante, partout où elles sont établies, fait sur nombre de points un contraste accusateur avec le désert de l'école publique?

L'État ne saurait donc, à son gré, laïciser le lycée et le collège ainsi qu'il le fait pour l'école primaire; mais il peut modifier ses règlements. Ces règlements, dans leur sagesse, n'admettaient pas d'exception en matière d'instruction religieuse; les élèves étaient tenus de suivre les exercices de leur culte; ils restaient libres pour ce qu'on appelle les pratiques. Ainsi se conciliaient l'ordre et la liberté. Les règles générales sont l'âme d'une maison bien ordonnée; elles s'imposent à tous; un établissement vit par l'exemple. Gardons au collège le respect des vieilles croyances; le moment serait prématuré pour ouvrir la carrière aux libres penseurs. Ainsi se perpétue l'unité morale d'une maison; je ne sache pas avoir jamais rencontré en province aucune espèce de réserve ou d'objection; les familles s'empressaient d'accepter la règle, elles l'eussent réclamée si elle n'eût été édictée et constamment pratiquée; il nous fallait venir à Paris pour l'entendre contester; nous y trouvâmes plus d'une fois, à mesure que s'affaiblissait l'autorité, un signe des « temps nouveaux ». J'ai particulièrement le souvenir d'un laïcisateur fanatique, dont l'heure n'était pas encore venue, et qui, plus tard, marqua de son nom l'avènement de l'école primaire affranchie au point de vue religieux; sa prétention était de n'accepter du lycée que ses exigences pour la discipline et les études, et de soustraire son fils à tout ce qui, de près ou de loin, touchait aux cultes; sur notre refus motivé, il retira l'élève de l'internat; c'était son droit. Mêmes objections et mêmes résultats pour deux autres élèves au lycée de Versailles. Dans l'un et l'autre établissement, l'affaire fut toute pacifique; elle n'eut aucun retentissement ni au dedans, ni au dehors; les meilleures solutions sont toujours dans la liberté.

Le règlement n'a pas été retiré, mais les pratiques sont changées. A cette heure on demande, dit-on, à la mère, lorsqu'elle vient confier son fils au lycée, si elle a une résolution pour l'instruction religieuse; sur sa réponse que je suppose affirmative, l'enfant est prévenu qu'à tel âge, la résolution de cesser ou de continuer devra venir de lui; il aura pris la robe virile. Je reproduis le récit tel que je le tiens d'une mère de famille, que le questionnaire avait troublée dans sa piété. La pratique n'est peut-être pas générale; le chef d'établissement a pu vouloir faire preuve de zèle.

Quoi qu'il en soit, je ne vois rien de mieux en soi, comme le voulait la loi de 1833, « que de consulter la famille sur la participation des enfants à l'instruction religieuse, » bien que « l'internat » d'un lycée ne puisse être assimilé à un « externat » d'école primaire. Mais des questions de cette nature délicate ne sauraient être posées en présence de l'enfant; elles provoquent sa curiosité et peuvent éveiller son doute sur la vérité religieuse. D'autre part, les élèves, peu nombreux encore, des classes supérieures qui restent au quartier, parce qu'ils le veulent, à l'heure où leurs condisciples assistent à la prière du temple ou de la chapelle, posent en « incrédules » devant leurs camarades qui semblent croire; le doute est le propre de cet âge; il n'est pas bon que l'élève « interne » en trouve dans ses rangs l'exemple délétère et comme le témoignage officiel. Il faut n'avoir pas vécu dans un lycée pour ignorer combien la jeunesse, à moins d'un sentiment religieux qui l'ait profondément pénétrée dès la plus tendre enfance, est prompte à secouer les chaînes qui gênent l'indépendance de sa pensée. — Après l'âge critique où les sens s'éveillent, vient celui de l'orgueil de la raison; l'écolier se croit fort parce qu'il doute; la pente au scepticisme est sensiblement marquée dans les classes supérieures. — Heureuses les maisons où l'éducation, habile et prévoyante, sait donner à la passion un noble cours, où les maîtres sont tout au soin d'élever les esprits, de leur montrer par delà les ombres les régions où règne la pleine lumière, d'entretenir dans les âmes, avec l'amour du bien et du beau, les aspirations généreuses qui seront toujours le printemps de la jeunesse.

III

L'enseignement classique, sous ce rapport, avec sa religion du foyer dans l'antiquité grecque et romaine, le rayonnement du génie sous toutes les formes de l'art, de l'éloquence et de la poésie, est une école de haute culture morale. « Rien ne vaut, au dire d'un esprit des plus délicats (1), l'étude des deux antiquités d'après la méthode des vieux humanistes français. — Ce beau mot « d'humanités » n'a pas trop de noblesse pour désigner les arts qui font un homme. » — « Aucun pays, » nous dit un autre écrivain, qui a toutes les grâces, l'éclat et la clarté de l'esprit français, « n'a tiré plus de profit que le nôtre de cette éducation littéraire et humaine. Nous lui devons nos deux grands siècles classiques : aux poètes et aux orateurs du XVIIe siècle, elle a donné, ce qui est l'âme de la poésie et de l'éloquence, un public qui pût les comprendre ; elle a préparé des disciples aux penseurs du XVIIIe siècle : elle a fait notre Tiers-État, et par lui notre révolution (2). » Aujourd'hui l'enseignement classique garde encore la tradition ; ses prédilections sont pour les lettres, sans qu'on puisse dire, comme Montaigne au XVIe siècle : « Je n'ai goûté de toutes les sciences que la crouste première, un peu de chaque chose, à la française. » La place faite à la science, dans le système actuel de nos humanités, peut, au contraire, être regardée comme excessive, particulièrement aux premières années où la mémoire est la faculté dominante ; trop d'attention, trop d'effort dans la réflexion et le calcul, peut énerver un cerveau délicat ; à trop disperser l'esprit sur des sujets variés de culture, on peut en affaiblir la force. — Mais les lettres seules ne sauraient suffire dans une société que la science a transformée ; l'instruction publique, pour être digne de ce nom, doit suivre le progrès des temps, répondre aux besoins qu'il faut desservir. Dans la lutte ouverte entre les pays qui se disputent l'influence et la richesse, le vainqueur sera celui qui, gardien de la tradition littéraire, devancera les autres par l'activité scientifique. — Le succès est dans la mesure.

L'Université, quoiqu'on ait dit le contraire, n'a pas fermé les yeux aux besoins de la société moderne ; ses programmes, tant de fois remaniés et le plus souvent accrus par de regrettables surcharges, témoignent qu'elle en a suivi les évolutions ; la place de plus en plus grande réservée à l'histoire, à la géographie, au dessin, aux sciences et aux langues vivantes, l'extension donnée

---

(1) Anatole France, *Le livre de mon ami*.
(2) Boissier, *La réforme des études au XVIe siècle*.

aux bibliothèques de quartier, aux collections, aux laboratoires, aux exercices pratiques, aux conférences qui mettent à la portée de tous, par l'entretien familier, l'enseignement des chaires magistrales, l'organisation d'un enseignement spécial parallèle à l'enseignement classique, sont autant de faits qui répondent aux détracteurs. Seulement, comme toute institution forte d'un long passé et qui a fait ses preuves, l'Université a défendu ce que le temps a consacré; entre le présent et le passé, il y a des liens qui les unissent; dans l'instruction, comme en toutes choses, il faut de vieilles assises pour fonder sûrement des institutions nouvelles. Ceux qui font table rase courent risque de n'avoir que des ruines quand ils veulent édifier.

Voilà pour l'enseignement; ce reproche fait à l'Université de n'avoir pas su perfectionner, renouveler ses méthodes et ses procédés, est encore moins fondé. La leçon de choses, l'enseignement par l'aspect, l'image qui exprime l'idée, l'instrument qui la rend pratique, ce sont autant de moyens de saisir l'esprit; on pourrait même dire que dans cette voie on a trop supprimé l'effort, qu'on regardait autrefois comme la condition de la vraie connaissance. Les procédés les plus habiles ne sauraient supprimer cette loi de l'intelligence, à savoir que l'étudiant ne retient bien que ce qu'il apprend lentement, qu'à trop le répandre sur les variétés du savoir, on épuise la sève, qui, çà et là dispersée au lieu d'être portée sur une branche nourricière, ne projette que des rameaux stériles. Avec ces méthodes perfectionnées, l'esprit apprendrait beaucoup plus, en moins de temps, et échapperait à la fatigue. La prétention n'est pas chose nouvelle; Érasme disait de son temps, pour en faire justice :

« Je ne connais pour moi d'autre méthode que le travail, l'amour de l'étude, et l'assiduité. »

Sur le terrain politique, les attaques contre l'Université furent autrement vives; c'est l'esprit même de son enseignement que ses adversaires mettaient en cause, accusaient de préparer au pays des générations sceptiques (1); c'était le grief particulier du parti

---

(1) *Ego autem artem notoriam non novi quam curam, amorem et assiduitatem.* Ces paroles d'Érasme sont rappelées par un Inspecteur général de l'Université, qui a autorité dans les choses scolaires. (Voir le discours pro-

catholique. L'école naturaliste lui reproche aujourd'hui de rester un foyer de spiritualisme ; on lui a dit son fait en pleine Sorbonne, il faudra qu'elle « change d'idéal (1). » Le positivisme exclut nécessairement toute idée religieuse. C'est du positivisme que doit s'inspirer l'Université nouvelle, pour être digne de la science et du pays. L'Université de la Restauration et du règne de Louis-Philippe ne se doutait pas que son libéralisme passerait un jour pour servitude ; le libéralisme qui lui fut tant reproché reste son honneur au milieu des luttes des partis. M. Cousin et M. Villemain surent la défendre sans mettre en cause les idées religieuses. D'obscurs combattants reprenaient en province, et dans le même esprit, la thèse que les maîtres illustres soutenaient avec tant d'éclat à la tribune ; tout le corps enseignant aurait dû suivre cet exemple. Mais une fois la lutte engagée, la passion est seule conseillère ; aux polémistes du clergé dont l'attaque va jusqu'à la calomnie, des écrivains, amis de l'Université, trouvent bon pour répondre de faire appel à la philosophie anticatholique, antireligieuse du XVIII° siècle. « C'est la religion, écrivait prophétiquement M. de Tocqueville en 1844 (2), qui portera la peine de tant d'imprudence. Ils l'ont replacée dans la position où elle était en 1828, et dans celle où elle n'était plus depuis 1830. »

IV

Je devais retrouver à Paris, dès les premiers jours, la question des programmes, de la réforme des études, que nous avions connue en province sous le nom de « bifurcation » ; j'eus à la suivre dans ses évolutions à travers plusieurs cabinets. Le vieux fonds classique y fut maintenu ; ce n'est qu'après ma retraite que furent

---

noncé par M. Glachant, président de l'association pour l'encouragement des études grecques. — 9 avril 1885.)

(1) Discours de M. Léon Gambetta à l'occasion du centenaire de l'Association polytechnique (12 décembre 1880).

(2) *Correspondance et œuvres posthumes d'Alexis de Tocqueville*. — 1860, page 454.

édictées des innovations graves; elles étaient le signe d'une nouvelle politique et d'un esprit nouveau.

L'œuvre de M. Rouland me semble avoir été bien jugée par l'un de mes collègues; je tiens à lui laisser la parole; après lui, mon hommage sera moins suspect d'un sentiment personnel (1).

« Quand M. Rouland arriva aux affaires, il trouva les *études classiques* peu favorisées par les programmes officiels, et, reconnaissons-le franchement, peu sympathiques à la majorité de l'opinion publique, toujours trop prompte à pousser à l'excès toute tentative de réforme.

« Mais il était convaincu qu'en matière d'enseignement comme en politique, s'il est d'un gouvernement sage de tenir compte des aspirations légitimes des masses et de les prévenir au besoin, il y a souvent prudence et devoir à résister à propos, à ne pas céder aux impatiences qui s'érigent en de dangereuses utopies.

« La *langue latine*, mère et nourrice de la nôtre, semblait avoir fait son temps, son enseignement était sapé par la base; c'est à peine si une seule de nos trois classes élémentaires conservait la permission de s'en occuper.

« M. Rouland rendit les études latines à la Huitième, mesure modeste en apparence, mais féconde en réalité.

« A Paris, la Quatrième était exclue de nos grandes luttes du Concours général; M. Rouland lui rouvrit les portes de la Sorbonne.

« Il les rouvrit également aux vers latins de Troisième, car il connaissait toute l'importance de cette faculté, qui, la première, initie nos élèves aux secrets du style, leur enseigne le rythme, l'harmonie, etc., fait briller en eux les premières lueurs du sentiment littéraire (2).

« Comme complément de ces mesures réparatrices, et suivant

---

(1) Discours de M. A. de Wailly, recteur de l'Académie de Bordeaux, à la distribution des prix du Lycée, le 20 août 1863.

(2) Le vers latin n'a plus maintenant que de rares fidèles. « Nous l'avons vu, écrit M. Boissier, souvent cultivé avec passion dans les classes : il avait charmé des esprits curieux et distingués; et pour n'en citer qu'un, j'ai entendu Sainte-Beuve s'irriter contre ceux qui attaquaient les vers latins et prétendre que rien n'avait plus servi à exercer son goût et à former son jugement. » (Le nouveau plan d'études, *Revue des Deux-Mondes*, 1er septembre 1880.)

le vœu unanime du corps médical, le baccalauréat ès-lettres fut replacé, comme autrefois, sur le seuil de nos Facultés de médecine.

« L'École normale supérieure se trouvait humiliée et découragée de ne pouvoir présenter ses élèves aux concours de l'agrégation, après trois années de patientes et solides études.

« L'obligation du stage de cinq ans fut abolie, et la lice leur fut ouverte au sortir même de l'École.

« Les agrégations diverses, pour les sciences d'un côté, pour les lettres de l'autre, étaient confondues en une seule. Le concours perdait sa force en perdant sa spécialité. Notre ancien ministre rétablit successivement les épreuves distinctes et séparées pour les sciences mathématiques, pour les sciences physiques et naturelles, pour les langues vivantes, l'histoire, la grammaire, et les classes supérieures de lettres.

« Enfin sa sollicitude pour les intérêts matériels du corps enseignant, aux degrés divers de l'ordre hiérarchique, lui fit obtenir des améliorations importantes, bien que moins complètes qu'il ne les eût désirées. »

On peut trouver que, pour un magistrat, c'était montrer quelque entente des choses scolaires que de toucher d'une main si sûre aux restaurations de l'édifice universitaire ; une ou deux questions seulement pouvaient appeler la controverse. C'est que M. Rouland n'échappait pas à ses souvenirs, qu'il avait gardé la mémoire de ses études classiques, et qu'aux heures du barreau, des questions d'affaires, des devoirs de défense sociale qui s'imposent au Procureur général, des difficultés et des controverses de la politique, son esprit, admirablement formé par une haute culture, avait changé sans effort de champ d'études, tant il est vrai qu'en matière d'éducation, c'est avant tout l'esprit, c'est-à-dire l'instrument, qu'il faut longtemps forger. Le premier soin de M. Rouland, quand je vins prendre ses ordres, fut de me réclamer un rapport sur l'état de l'enseignement et ses besoins, l'action qu'il avait reçue de la bifurcation ; il voulut aussi entendre les professeurs. Les Commissions instituées à cet effet, et dont je partageai naturellement les travaux, eurent à parcourir les questions diverses posées par l'administration dans les diverses branches d'études. Le ministre recueillit les avis avec une bienveillance affectueuse ;

au cours des discussions particulières, en matière littéraire, ses observations et ses questions témoignaient d'une compétence qu'appréciait fort cette assemblée de maîtres. Il n'est pas besoin d'ajouter, après ce que j'ai dit de son éducation première, qu'il goûtait médiocrement ce qu'il y avait de pratique, et, comme on dit, d'utilitaire dans le partage des études classiques par la bifurcation; la culture générale de l'esprit lui semblait le meilleur moyen d'arriver à l'*utile*. Il fût revenu volontiers à ces temps où, dans le champ classique, le système d'études libérales et désintéressées était le même pour tous; avant d'entrer en Seconde, on était libre de passer en mathématiques élémentaires pour se préparer aux grandes écoles de l'État. Mais la grande majorité tenait à parcourir tous les degrés de l'enseignement littéraire, et tels d'entre eux couronnés au concours général, en venant trouver sur les bancs des Spéciales leurs camarades, leurs vétérans en études mathématiques, formaient une élite qui gagnaient les premiers rangs pour l'entrée à l'École polytechnique, et surtout pour la sortie. Les professeurs de science se complaisaient dans cet auditoire, si bien préparé par les lettres à ce qu'offraient d'abstrait et de délicat les théories des nombres. L'un de mes meilleurs amis dans la Faculté des sciences, devenu plus tard secrétaire perpétuel de l'Académie, délicat dans les lettres, et dont celles-ci avaient dû, pour une bonne part, préparer l'admirable talent d'exposition, M. Jamin (1), m'a dit bien des fois combien les savants avaient de prédilection pour les lettres, dans l'intérêt de la science. M. Jamin était physicien; avant lui le géomètre Fourier rendait le même hommage aux lettres comme nourricières de l'esprit, l'assouplissant, le rendant propre à tout étudier et à tout comprendre. « Voulez-vous former, disait-il, un mathématicien : commencez par le nourrir de fortes études littéraires. Quand il sera pénétré des beautés de Virgile et d'Homère, de Cicéron et de Démosthènes, c'est alors que vous pourrez l'appliquer avec plus de fruit à la géométrie (2). »

(1) Les conférences de M. Jamin dans les soirées de la Sorbonne, avant qu'il eût pris place à l'Institut, popularisèrent son nom et jetèrent un grand éclat sur l'institution.
(2) Notes biographiques pour faire suite à l'éloge de M. Fourier, par M. Cousin. — Paris, 1831, in-4º, p. 31.

Mais aux temps que je rappelais tout à l'heure, l'Université n'éprouvait aucune gêne dans ses pratiques; la liberté d'enseignement est venue lui imposer des obligations nouvelles. Il fallait bien, en regard des écoles libres, chercher la voie qui assurerait le meilleur moyen d'ouvrir aux candidats la porte des écoles, et, de là, tout cet ensemble de secours supplémentaires, interrogations et conférences, à côté du champ régulier des programmes; les vieux cadres s'étaient étendus et modifiés par suite même de la concurrence. Sous un autre rapport, et au point de vue politique, l'État tenait à recruter lui-même les grandes écoles, dans la mesure possible, de sujets formés à son enseignement et animés de son esprit.

Puisqu'il était question tout à l'heure de l'ancienne Université, rappelons qu'au temps où M. Rouland était écolier, — et il ne l'avait pas oublié, — le baccalauréat n'était pas, comme aujourd'hui, la terreur des familles ; on n'en remettait pas sans cesse les programmes sur le métier. On savait à peine qu'au terme des études, il faudrait faire ses preuves dans un examen public. Chaque classe bien faite était un degré sûr pour arriver à Corinthe; aucune préoccupation chez l'élève, aucune préparation artificielle en dehors de la classe; les programmes étaient simples et limités comme l'enseignement lui-même; l'insuccès était chose rare après un travail régulier dans la succession des classes.

Les questions d'enseignement, de sollicitude pour les personnes, d'amélioration également dans les services matériels, dont il n'est que juste de faire honneur à M. Rouland, ne sont pas les seules à marquer, chez nous, son passage aux affaires ; je lui trouve ailleurs et plus haut une action personnelle qui doit perpétuer sa mémoire. Je puis en témoigner après avoir été son lieutenant nombre d'années, honoré que j'ai été de sa confiance dans les affaires les plus délicates. Le ministre gardait, sous l'Empire, l'esprit de libérale sagesse qui distingua le gouvernement de Louis-Philippe ; il voulait l'État libre en même temps que la religion respectée. Nous pûmes voir, en province, les défiances s'éloigner de l'Université ; le corps enseignant trouvait en particulier, près de la magistrature, la sympathie qu'inspirait l'ancien magistrat, devenu le grand-maître de l'Université; la chaîne des temps se renouait auprès des Cours impériales, héritières des Parlements, les anciens défenseurs de l'Université. Que le clergé soit plus libéral, l'Université plus religieuse, et l'État se trouve armé de deux forces puissantes contre le péril social. Ministre de l'instruction publique et ministre des cultes, M. Rouland poursuivait, en homme d'État, l'un et l'autre desseins; l'opinion, si légère en notre pays, ne semble pas y avoir pris garde comme il eût fallu; je crains bien que l'État n'ait pas attaché à ses services le prix qu'ils méritaient.

M. Rouland, en matière d'études, ne toucha pas à la bifurcation ; le temps lui manqua; à ses yeux, le grand tort du système était de fixer prématurément au calendrier scolaire l'heure des vocations pour les sciences ou pour les lettres. C'est trop tôt faire appel, on l'a dit avec raison, aux mauvaises passions de l'écolier médiocre et paresseux.

Le régime, sous ce rapport, avait fait son temps. M. le ministre Duruy répondait aux vœux du personnel enseignant en supprimant la bifurcation (1); mais il en gardait, sous une autre forme, le bénéfice en organisant plus fortement dans les lycées des cours préparatoires aux écoles du gouvernement (2). Les lycées de Paris n'eurent que peu de compléments à recevoir; Saint-Louis, cependant, fut particulièrement doté et devint le modèle des Écoles préparatoires.

Même adhésion à la mesure réparatrice qui rendait à la Philosophie son nom et son importance.

Nous n'eûmes ou plutôt nous ne pressentîmes quelque résistance, mais du côté des familles, que pour une certaine extension donnée à l'enseignement de l'histoire; les élèves, arrivés en philosophie, auraient désormais un cours « d'histoire contemporaine ».

(1) Décrets des 2 septembre 1863 et 4 décembre 1864.
(2) Le Ministre maintenait pour les candidats le système d'études littéraires complètes; mais il faut bien subir les nécessités qui s'imposent. La bifurcation se trouve rétablie dans ces lignes (Instruction du 15 juin 1865) : « Quant à ceux qui, *plus âgés ou trop impatients*, seraient autorisés par leurs familles *à quitter les études littéraires après la troisième ou la seconde*, il leur sera loisible d'entrer dans une classe préparatoire. » Ce qu'on donne là comme une exception est la règle générale pour la très grande majorité des candidats.

— J'ai déjà dit un mot de l'incident. — N'allait-on pas éveiller chez les enfants les passions qui divisent les pères, et mettre pour ainsi dire, sur les bancs du collège, des partis en présence ? L'instruction officielle (1) exposait, avec une grande élévation, dans quel esprit se donnerait le nouvel enseignement ; mais le sujet était de nature si délicate, qu'il y avait sérieux intérêt à s'entendre. M. le ministre m'autorisa à réunir les professeurs d'histoire pour voir avec eux la question sous toutes ses faces, m'assurer de leur libre adhésion aux mesures qui devaient écarter les difficultés ; un même esprit anima partout leur enseignement ; je ne reçus pas une plainte ; le nouveau cours fut, comme le voulait l'instruction, « une école de moralité, de respect et de modération. »

Nous croyons avoir activement secondé le ministre dans les mesures qu'il prit pour développer l'enseignement des langues vivantes ; nous enseignons à nos enfants, comme il le dit si bien, « les langues mortes pour leur apprendre à penser, les langues vivantes pour leur apprendre à les parler. » Les langues vivantes sont le besoin et l'instrument de la société moderne. Parler, converser, forcer l'élève de parler l'anglais, l'allemand, etc., dans tous ses rapports avec les professeurs, étendre cette pratique aux élèves dans leurs relations mutuelles, c'est la seule méthode qui puisse donner des résultats efficaces. M. Bréal a cité l'exemple d'un savant français qui faisait voyage avec des ouvriers de sa nation dans les contrées rhénanes ; il possédait bien la grammaire allemande, mais n'entendait pas un mot de la langue parlée. A quelques jours de là, pendant qu'il revoyait encore et méditait la grammaire, les ouvriers, dont la journée s'écoulait en dehors du livre, à la brasserie ou dans l'atelier, commençaient à entendre la langue et se faisaient comprendre, prouvant ainsi ce que peuvent la pratique et la nécessité. Commençons par la pratique dès les premières classes de langues vivantes, et continuons-la toujours lorsque sera venue l'heure de la grammaire rationnelle ; c'est ce que nous avons fait au lycée de Vanves ; la grammaire a sa place, il ne s'agit pas de l'exclure. Croirait-on que j'eus à multiplier mes instances auprès de certains maîtres pour bien établir, comme

---

(1) Instruction du 24 septembre 1863.

méthode, la nécessité de la langue parlée? Ils ne pouvaient en douter; mais la lecture ou l'explication d'un texte demande moins d'efforts au professeur, et l'élève, de son côté, se dérobe volontiers au travail de traduire sa pensée dans un idiome étranger.

D'autres questions d'études occupaient le Ministre (1); sa pensée, sans se lasser, poursuivait en même temps les réformes scolaires propres à bien conduire et féconder le travail : discipline, durée des classes, récréations et emploi du temps. Un certain nombre étaient mises en expérience dans l'Académie de Paris; M. Duruy remerciait le Vice-Recteur de sa diligence; il l'invitait ensuite à prendre connaissance des diverses propositions qui lui étaient soumises (2); il avait en mains un premier rapport résumant, avec l'avis personnel du chef de l'Académie, les observations des Proviseurs et des Principaux, au sujet des modifications que pourrait recevoir le régime de l'*enseignement secondaire classique*.

M. Jules Simon, arrivant au pouvoir un an après M. Duruy, après la suspension forcée, par le malheur des temps, de toutes les questions scolaires, restait dans l'esprit des réformes et des innovations de celui qui, comme lui, avait été professeur; ses instructions et ses vues sur la *gymnastique*, les langues vivantes, l'histoire et la géographie en sont la preuve.

On demandait autour de lui de faire en une fois dans l'Université de grandes réformes, et il répondait avec la sagesse d'un philosophe et l'autorité du pédagogue : « En matière d'enseignement, il vaut mieux procéder par des améliorations successives. C'est là surtout qu'il faut agir à coup sûr, et qu'il n'est pas permis de risquer des expériences. Nos enfants verront d'assez grands changements dans le monde; accoutumons-les, du moins pendant leurs premières années, à aimer ce qui dure. » M. Cousin disait avant M. Jules Simon, son disciple, « les progrès lents sont les seuls durables. » M. Cousin et M. Jules Simon étaient de l'école de Bacon, qui lui-même répétait la sagesse antique.

M. Jules Simon renonçait donc, comme il le disait avec sa grâce

---

(1) Voir *Appendice*.
(2) Le rapport, en date du 25 août 1868, fut imprimé, mais resta en *épreuve*.

spirituelle, « à la gloire de transformer l'Université d'un seul coup ; » il voulait aviser aux améliorations de détails, mettre à l'étude pour un temps ultérieur des réformes plus décisives. De là, cette circulaire du 27 septembre 1872 (1), dont on peut contester quelques assertions, mais au fond si pénétrée du vieil esprit classique dans ce qu'il a de fécond et de durable, sans méconnaître ce que réclament la science et l'esprit modernes. Aussi libéral que modéré, vrai représentant de la République athénienne, qu'il rêvait dans une généreuse chimère, M. Jules Simon n'imposait rien ; il ouvrait enquête et souffrait des contradicteurs ; il s'agissait de supprimer le thème grec et le vers latin ; d'autres ont imposé plus tard et de haute autorité un système d'ensemble autrement fatal à l'enseignement classique ; nous le rencontrerons à la fin de ce chapitre ; il a fallu déjà le remanier sur les doléances répétées des maîtres et surtout des familles, et il reste encore à l'étude.

M. Jules Simon eût mérité de trouver tous les concours au moins dans le corps enseignant ; après lui, et quand il quitta le pouvoir, il y avait des égards à observer envers l'ancien ministre. Une circulaire peut être modifiée par une autre circulaire ; j'ai profondément déploré, dans le temps, que l'autorité supérieure ait cru devoir en appeler à un jugement solennel.

M. Patin, rapporteur de la Commission d'enseignement supérieur, apporta du moins dans son exposé la modération et les formes qu'on devait attendre d'un esprit aussi mesuré que délicat ; son rapport concluait ainsi (2) :

« Une grande difficulté du système, c'est d'attribuer une place suffisante à tant d'études, tant d'exercices divers qui s'y trouvent réunis (3). Le sentiment de cette difficulté, qui s'est révélée cons-

---

(1) Voir son livre : *La réforme de l'enseignement secondaire*, 1874, in-8º.
(2) Rapport au Conseil supérieur par le rapporteur de la deuxième commission sur les principales dispositions de la circulaire ministérielle du 27 septembre 1872. (Séance du 24 juin 1873.)
(3) Ici, en vérité, ce n'est pas M. Jules Simon qui est en cause, mais le *programme* qu'il a lui-même reçu, programme sans cesse remanié pour être chaque fois démesurément étendu. Ce qui prévaut près des novateurs, c'est le système encyclopédique substitué à la simplicité du vieux plan d'études.

tamment à la Commission pendant toute la durée de son travail, l'a déterminé à demander une double révision :

« 1° Celle de la distribution du temps de la journée entre les diverses études prescrites aux élèves des lycées ;

« 2° Celle du plan d'études lui-même et des programmes qui y correspondent. »

L'administration académique eut sa part dans ce travail. Les programmes et les propositions de l'emploi du temps, préparés par la sous-commission qu'elle présidait, reçurent l'approbation du Conseil supérieur (1).

Nous sommes arrivé au plan d'études de 1874. Je m'attarde peut-être en ce récit, mais on en comprend l'intérêt. Dans ces programmes qui se succèdent, et à leur incessante surcharge, on voit bien la pensée de donner satisfaction à ce qu'on appelle l'utile ; en fait, deux écoles restent en présence, l'une de l'idéal, l'autre du réel ; il y a, comme le dit excellemment M. Caro (2), « deux sortes d'esprit éternellement aux prises sur cette grande question de l'enseignement ; il y a les utilitaires, qui veulent que tout serve immédiatement et trouve son emploi ; il y a les idéalistes ; ceux-ci pensent que former l'esprit et l'élever est bien quelque chose qui a son prix, qu'apprendre à penser en voyant comme pensent les grands écrivains, n'est pas un emploi trop déraisonnable des années du collège. » L'Université voulait évidemment satisfaire à l'un et à l'autre esprit ; avait-elle trouvé la juste mesure ? Mon rapport au ministre (14 janvier 1879), après enquête dans les lycées et collèges du ressort, présentait une observation commune à tous les établissements :

« On convient, dans tous les lycées, que les élèves, surchargés de devoirs et d'exercices de toute nature, n'ont pas assez de temps pour la lecture et l'explication des textes ; et, de là, chez la plu-

---

(1) Voir la note : Révision des programmes, 18 mai 1874. — Circulaire de M. le Ministre de Cumont, 17 août 1874 : Application du plan d'études. — Quelques pages du rapport de la sous-commission sont à lire ; elles offrent peut-être, même à l'heure actuelle, l'intérêt d'un document sérieusement étudié. On ne s'en étonne pas en lisant les noms de MM. Caro, Fustel de Coulanges, etc., que l'administration avait pour collaborateurs.

(2) *La fin du XVIII° siècle ; Études et Portraits.* In-18, tome Ier, page 252.

part, l'indigence d'esprit, l'absence d'idées qu'on leur reproche. Il faudrait leur ménager les moyens d'entretenir avec les auteurs classiques un commerce plus assidu, plus intelligent. Mais quelles mesures prendre (1)? »

V

Si le mal était avoué de tous, on n'était pas unanime sur le remède.

La question posée, on pouvait prévoir qu'un nouveau plan serait mis à l'étude. Sorti de l'administration en février 1879, je ne connais aucune des discussions qui préparèrent les nouveaux règlements; mais les programmes en disent suffisamment l'esprit.

Je prends les pages que j'écrivais à cette époque :

« C'est bien le propre d'une époque sans croyance, de vouloir que tout relève de la science. Le mot est magique. Et puisque la science, avec les vérités découvertes, est le flambeau des vérités à découvrir, qu'on se hâte de l'enseigner à l'enfant, dût son esprit y perdre la naïveté qui est la grâce du jeune âge, et y trouver l'énervement. La science sera partout, même dans les connaissances littéraires.

« La vieille Université enseignant la grammaire par des exemples, *breve iter per exempla*, aucune fatigue pour l'esprit. Mais ce n'était pas la grammaire savante, telle que l'entendent quelques novateurs, la science de la langue dans ses évolutions progressives, qui est bien à sa place dans une conférence de Faculté, dans tel autre cours supérieur. Malheureux enfants! on ne respecte pas votre faiblesse. L'entraînement scientifique aura bientôt usé vos cerveaux. Quant aux forces physiques, fourbues avant l'éclosion, qu'amènent les années, elles ne sauront se relever dans les exercices salutaires de la gymnastique.

« C'est de la science aussi que l'enfant apprendra l'histoire. L'histoire, telle qu'on l'enseignait dans notre enfance, était surtout une

---

(1) Rapport du vice-recteur au ministre.

leçon morale. C'était aussi la morale enseignée par l'exemple. Les légendes qui flottent sur le berceau des peuples charmaient l'enfance, éprise du merveilleux. Une action héroïque portait l'esprit aux sources de la grandeur morale. Le temps viendra d'étudier un peuple, dans sa vie intérieure, ses mœurs et ses institutions. Mais pour des enfants, Rollin vaut mieux que Montesquieu. »

La pédagogie du jour a de bien autres prétentions scientifiques.

On n'essayait pas la jeunesse dès les premières années à la composition proprement dite, au développement d'un sujet; on attendait jusqu'à la Seconde pour faire un récit, à la Rhétorique pour une question littéraire ou un discours. Un long commerce avec les écrivains classiques ornait, mûrissait l'esprit, y semait les idées et les sentiments qui seraient un jour la moisson; il n'est pas jusqu'à la succession méthodique des récits qui, avant la Rhétorique, ne donnât l'art de la composition. Cette vie familière avec les grands écrivains en révèle mieux le génie que la critique la plus savante. Dans quelques familles, qui ont la vie du salon, les entretiens d'une société d'élite agissent sur l'enfant; on voit à sa tenue et à son langage qu'il y a reçu une éducation supérieure.

Si la *composition* est prématurée, que dire des essais de critique réclamés à des écoliers d'humanités? Rien de plus délicat, de plus difficile; la critique littéraire ne saurait être trop longtemps ajournée; j'en marquerais volontiers la place au delà de l'enseignement secondaire et lorsque la jeunesse s'assied sur les bancs de l'École supérieure. Pour l'élève de l'enseignement secondaire, il suffit de vivre avec la muse d'Homère et de Virgile, de se pénétrer des sons de la double flûte; le vers qui vous reviendra à l'aspect de la nature, dont le poète est le peintre immortel, le vers que vous composerez vous-même en vous inspirant de son chant harmonieux, vous en apprendra plus sur le poète que la métrique savante enseignée à l'enfant qui ne sait pas scander.

Disons, d'un mot, que cette science grammaticale, historique, littéraire, bonne en elle-même et propre aux érudits, ne saurait convenir à l'enfant : *Est modus in rebus*. Trop apprendre, apprendre avant le temps, il y a là deux périls dont il faut se garder, si l'on veut éviter la confusion, l'ignorance, et la présomption, plus fâcheuse encore que le défaut de savoir.

Oserai-je dire que, même la géographie, si intéressante pour l'enfance, et qu'il faut apprendre de bonne heure en ses principaux éléments pour les retenir toujours, manque de simplicité, qu'elle est trop chargée de connaissances, soit économiques, soit géologiques, soit industrielles et commerciales? Une succession s'impose dans ces connaissances; les notions astronomiques, bien placées dans une classe de rhétorique, sont un non-sens dans une classe élémentaire.

A-t-on du moins donné pleine satisfaction aux partisans de l'enseignement utilitaire?

Un journaliste écrit, et le journal fait souvent l'opinion :

« N'est-il pas évident que le mode d'enseignement public est absolument insuffisant, et qu'il vaudrait mieux moins « rabâcher » Xénophon avec Virgile, et moins ignorer Adam Smith ou Turgot ? »

On voit bien que l'écrivain parle du plan d'études sans en avoir lu les programmes, et surtout qu'il ignore les pratiques actuelles de l'enseignement. Dans le vieux temps, comme on dit, le maitre s'arrêtait longtemps sur un texte, et le rendait familier à l'élève dans son esprit et dans ses beautés; les pages d'un Tacite ou d'un Démosthène, qu'on cherchait à traduire, étaient une haute école de style et de pensée : la méthode n'était pas si mauvaise; on sait quels écrivains elle a formés. Cette poésie d'Homère et de Virgile, qu'on pénétrait, mais à fond, qu'on savait par cœur, au moins dans quelques chants, était un charme pour l'imagination; en restant longtemps sur la même fleur, l'âme en gardait à jamais le parfum (1). Pour lire rapidement et avec fruit tous les chants d'Homère, il faut d'abord en posséder un, en expliquer les dialectes; ce long et laborieux exercice sur quelques pages est le seul moyen de posséder l'écrivain et de parcourir ensuite toute son œuvre. Gardons-nous d'une course vertigineuse en matière d'enseignement; ce n'est pas ici le cas de dire pour l'âge où l'on est sur les bancs : « Celui qui a beaucoup vu a beaucoup retenu. »

---

(1) Ces lignes étaient écrites lorsque j'en ai trouvé la confirmation dans ce passage de Michelet : « Un livre unique qu'on relit, qu'on rumine et digère, développe souvent mieux qu'une vaste lecture indigeste. J'ai vécu des années d'un Virgile, et je m'en suis bien trouvé. » (*Le Peuple*, page 60.)

Un professeur, jeune encore, mais de la vieille école, que j'avais rencontré en province et retrouvé ensuite à Paris, me fit ses confidences un jour où je le rencontrai, au beau temps des programmes de 1880. « Je n'ai qu'un moyen, me disait-il, de sauver ces jeunes intelligences qui s'épuisent dans le chaos des matières à parcourir. Je prends un chant de Virgile, lentement, analytiquement, et, quand il est bien possédé, je traverse tous les autres; une part, du moins, de l'indigeste nourriture a pu être assimilée. »

Ces polémistes, si ardents pour l'économie politique, ne la mettent pas à sa place; ils méconnaissent le but de l'enseignement secondaire classique, qui est de former le jugement et le goût dans le commerce des grands écrivains de la Grèce et de Rome, et dans l'étude de nos monuments littéraires; le beau est la voie qui conduit au bien : *Non scholæ, sed vitæ discitur.*

L'économie politique est le domaine des intérêts; les problèmes qu'elle embrasse réclament un esprit exercé, familier avec le droit et l'histoire, qui connaisse les produits et les forces de chaque pays. Sa vraie place et ses programmes sont bien là où l'administration les a placés, à savoir dans nos écoles de droit.

L'enseignement secondaire doit donner aux jeunes esprits ce que le goût et la science ont de durable et de permanent. Quelques prétentions qu'ait l'économie politique à relever de certaines lois, il lui faut bien tenir compte de tout ce que lui apporte de mobile la variété des intérêts; les barrières, çà et là, s'élèvent ou s'abaissent sous l'influence des facilités ou des obstacles que rencontre la production, sans parler des troubles passagers que la science elle-même, par ses perfectionnements et ses découvertes, apporte dans la condition des travailleurs. On se demande si de jeunes esprits seraient en état d'aborder avec quelques fruits ces redoutables problèmes, qui demandent, au préalable, une longue expérience et une forte culture. Le moraliste Xénophon, pour ce jeune âge, vaut donc mieux, quoi qu'en disent les novateurs, que l'économiste Adam Smith.

Ces observations un peu sommaires, faites au courant de la plume sous l'émotion que devait donner à un ancien la lecture du nouveau plan d'études, n'accusaient-elles pas un esprit troublé dans ses habitudes ; je puis, dans leur ensemble, les estimer fondées en lisant un livre vraiment vengeur (1). M. Francisque Bouillier avait deux fois autorité comme ancien inspecteur général, ancien directeur de l'École normale supérieure, pour juger les réformes du ministre « des destructions nécessaires ». Mettons en regard de ce livre, où la critique se fonde sur les faits et l'expérience, le chaleureux et noble écrit d'un tout jeune écrivain d'avenir, plein d'espérances, et dont les lettres et l'Université portent le deuil (2).

Écoutons ensuite les professeurs, ceux-là mêmes qui appliquent les règlements, et qui sont en mesure de juger l'arbre par ses fruits ; ils ont bien le droit d'être entendus dans leurs doléances après quelques années d'expérience (3). Je prends, dans l'ordre des lettres, deux maîtres qui ont autant de compétence que d'autorité.

« Mon successeur, a écrit M. Lebaigue, professeur au lycée Charlemagne, sera sans doute plus heureux que moi. — Éclairé par l'expérience, le nouveau Conseil comprendra, je l'espère, que *l'esprit général des réformes qui s'appliquent en ce moment est mortel au véritable enseignement classique*, et qu'il est temps d'en revenir à une tradition qui, quoi qu'on en dise, n'a rien de commun avec la routine. »

M. Legouez, professeur au lycée Fontanes, que M. Cousin m'avait si souvent recommandé comme un maître parmi les maîtres, — j'ai bien des fois reconnu sa valeur personnelle, — me semble avoir rendu un jugement sans appel.

« C'est, dit-il, dans les classes de grammaire surtout que les réformes récemment inaugurées ont produit tous leurs résultats, et, de *l'aveu général, les résultats sont funestes*. Le grec ne s'apprend pas ; le *latin* se désapprend ; le *français*, qui devait profiter le plus de la part qui lui était faite dans les nouveaux programmes, est *moins bien su qu'auparavant*. L'esprit des enfants, surchargé d'une foule de notions scientifiques, plus curieuses qu'utiles, se

---

(1) *L'Université sous M. Jules Ferry*, 1880.
(2) Albert Duruy. *L'Instruction publique et la démocratie*, 1879-1886.
(3) *Cahier des doléances de l'Université*. V. la Revue *Le Correspondant*, 25 avril 1884.

fatigue sans profit pour le développement de l'intelligence et la formation du jugement. Pour tous ceux qui pensent que notre enseignement secondaire a pour objet, non pas d'être un enseignement utilitaire et purement pratique, mais d'élever le niveau intellectuel et de préparer, par de fortes et solides études, les jeunes gens qui se destinent aux carrières libérales, *il devient urgent de pousser un cri d'alarme,* et les élections du Conseil supérieur nous fournissent l'occasion de manifester hautement nos inquiétudes et nos craintes. »

Mêmes sentiments, même langage chez les professeurs de sciences; ils n'estiment pas qu'il y ait intérêt à charger les petites classes de notions scientifiques, que la science puisse trouver quelque profit dans l'abaissement de l'enseignement littéraire.

Un professeur de mathématiques en province, M. Ferras, du lycée de Toulouse, rend compte ainsi qu'il suit à ses collègues du mandat qu'il avait reçu pour les représenter au Conseil supérieur :

« J'ai fait ce que j'ai pu pour bien m'acquitter du mandat que vous m'aviez confié en 1880, en repoussant *les innovations nuisibles aux études classiques;* car porter la main sur ces dernières, c'est, suivant moi, *porter la main sur le génie littéraire de la France.* »

M. Bernès, professeur de mathématiques au lycée Louis-le-Grand, ne déserte pas la vieille et saine doctrine :

« Restituer aux études classiques leur caractère purement éducatif; y rétablir, dès les premières années, l'effort comme élément essentiel, et partout l'unité de direction aujourd'hui compromise ; défendre notre enseignement contre les assimilations de noms, de titres, de positions, qui ne peuvent que jeter la confusion dans l'esprit des familles, et qui, par une fausse équivalence entre des études profondément inégales, *risquent d'aboutir à l'abaissement de notre enseignement national;* en un mot, *conserver à l'enseignement classique sa force, son rang et ses prérogatives:* tel est, selon moi, le but à atteindre. »

On aime à entendre, après M. Bernès, son collègue M. Vintéjoux, professeur de mathématiques au lycée Saint-Louis; chez l'un et chez l'autre, et chez les maîtres dont nous avons fait connaître les avis, l'indépendance de jugement fait grand honneur à l'Université qui les a pénétrés de son esprit. M. Vintéjoux combat vraiment en champ clos, le visage découvert ; d'une main sûre il arrache le masque de tels sophistes intéressés qui, par toutes sortes d'ornements et de captieux ambages, ont voulu voiler le but de la *réforme*. « Je pourrais dire, s'écrie-t-il, de la *révolution* opérée dans l'enseignement secondaire : je l'ai combattue de toutes mes forces. »

« Je ne crois pas que l'enseignement classique doive avoir le caractère encyclopédique et utilitaire que les réformateurs lui ont fait prendre. — Je ne crois pas que nous devions nous proposer comme but de donner à la jeunesse, par les procédés les plus rapides et les plus commodes pour elle, la plus grande somme possible de connaissances littéraires et scientifiques. — Je pense, au contraire, que nous devons nous préoccuper, avant tout, de cultiver des esprits, de fournir à l'enseignement supérieur et aux carrières libérales des jeunes gens à l'intelligence très ouverte, au jugement droit, travaillant avec méthode, bien préparés, en un mot, à poursuivre de nouvelles et longues études ; que, pour cela, nous devons soumettre de bonne heure les enfants à une bonne discipline intellectuelle, les habituer aux efforts sérieux, les seuls qui profitent à l'esprit, leur donner peu de chose à faire, mais tenir à ce que cela soit bien fait, les confier le plus longtemps possible à une direction unique, et leur inculquer de bonne heure cette idée, que le professeur est là pour les instruire et non pour les amuser.

« Par une contradiction singulière, en même temps que notre enseignement classique était amoindri et abaissé, l'enseignement spécial était accru et élevé. La durée de ses études était augmentée quand celle des études classiques était diminuée ; ses programmes perdaient leur caractère pratique et se rapprochaient des nôtres. Enfin, il était doté d'un baccalauréat qui achevait l'assimilation ; si bien qu'aujourd'hui, l'enseignement spécial, abandonnant le rôle, plus modeste, mais non moins utile, qui lui avait été assigné lors de sa création, réclame pour son baccalauréat les prérogatives attachées au nôtre, demande que son diplôme donne accès à toutes les carrières et aux grandes écoles, prétend qu'il est, lui, le véritable enseignement secondaire national, les études classiques ne devant plus intéresser à l'avenir que quelques carrières pour lesquelles certaines notions de philologie grecque et latine peuvent avoir de l'utilité. — Cette conséquence était facile à prévoir ; je l'ai signalée dans la discussion qui eut lieu au Conseil supérieur, au sujet de l'institution du baccalauréat spécial. — Quoi qu'il en soit, l'enseignement spécial obtiendra-t-il ce qu'il demande? Pour moi, je n'en ai jamais douté un seul instant. — Ce jour-là, l'enseignement classique aura vécu. »

Mais c'est chose faite à cette heure ; l'institution du baccalauréat spécial avec ses privilèges, le droit en particulier qu'il confère de se présenter aux épreuves de la licence ès-sciences, sans le diplôme de bachelier ès-lettres, c'est le coup d'État contre l'enseignement classique, préparé par les habiles pour servir les desseins du maître :

La maison est à moi, c'est à vous d'en sortir.

M. Jules Ferry se montra cependant bon prince ; revenu au pouvoir après l'interrègne de M. Paul Bert, il voulut bien maintenir le diplôme de bachelier ès-lettres, dont le physiologiste un instant ministre avait, dit-on, promis la suppression comme don de joyeux avènement. Mieux valait, — la violence n'étant pas nécessaire, — garder l'apparence des ménagements ; l'heure radicale n'était pas venue. — L'Université, que la constitution parlementaire du Conseil semblait rendre maîtresse de ses destinées, était, par le fait, aux mains des gouvernants du jour.

Que si l'on objectait aux professeurs de l'enseignement secondaire, dans cette question de la réforme des études, de rester au point de vue trop étroit de leurs habitudes scolaires, la réponse, en ce cas, viendrait avec autorité des maîtres du haut enseignement ; eux aussi soutiennent la cause des lettres, défendent en elles l'autel et le foyer des études : *pro aris et focis*. — Leurs témoignages ont été recueillis avec soin, commentés avec talent dans le travail qui me fournit tant de citations.

M. Janet, professeur de la Faculté des lettres de Paris, membre du Conseil supérieur, s'exprime ainsi au sujet de son mandat dans le Conseil :

« J'ai fait partie de la minorité, qui trouvait ces réformes *excessives* et *préjudiciables aux études littéraires*. Sans être systématiquement hostile à tout ce qui s'est fait,... je m'associerai à toutes les mesures qui auront pour objet *de relever le niveau de l'enseignement classique.* »

Et M. Couat, professeur à la Faculté des lettres de Bordeaux, aujourd'hui Recteur de l'Académie de Lille :

« On s'est trompé, semble-t-il, en organisant pour tous les lycées et collèges de France un même enseignement encyclopédique, qui tient à la fois de l'enseignement classique et de l'enseignement spécial, de ce dernier surtout. Si le niveau des études spéciales s'est élevé, du moins pour la moyenne des élèves, *les études littéraires ont excessivement faibli parmi les meilleurs*. Il y a moins de mauvais bacheliers, mais *il n'y en a presque plus de bons*. La plupart de nos candidats aux bourses de licence *ne savent eux-mêmes ni grec ni latin*. »

Il ne manquait aux novateurs que d'être désavoués par l'écrivain, professeur au collège de France, dont la haute érudition et le talent, dans les questions scolaires, a une particulière autorité. « La réforme, disent-ils, a été posée par le livre de M. Bréal (*Quelques mots sur l'Instruction publique*), et à peu près résolue par les mesures qui ont été prises depuis quatre ans. » — Il me semble bien, ainsi qu'à l'auteur du mémoire (*Cahier des doléances de l'Université*), que c'est M. Bréal, lui-même, qui répond aux assertions par la plume de l'un de ses disciples (1) :

« Le lecteur pourrait croire, d'après cela, que la réforme a été la mise en pratique des idées soutenues par M. Bréal dans son livre. — Il y a là, ce me semble, quelque confusion. — Le livre en question a provoqué une réforme. Mais cette réforme a-t-elle été dans le sens des idées de l'auteur ? Il est permis d'en douter. — On sait dans l'Université que M. Bréal, sur plusieurs points importants, a été de l'opposition, et qu'il a souvent combattu les théories des directeurs de l'enseignement secondaire. Il n'a jamais demandé qu'on remplît les *programmes des classes élémentaires de matières scientifiques*. — Il s'est toujours élevé contre ce préjugé qu'on pouvait, par une circulaire ou par un

---

(1) V. *Journal de l'Université*, 19 mars 1884.

vote, modifier utilement, du jour au lendemain, l'enseignement et les méthodes de tous les maitres dans tous les lycées et collèges. — On peut donc dire que le livre de M. Bréal a montré les défauts et les *programmes d'autrefois*. Mais je ne crois pas que les *programmes d'aujourd'hui*, ni la *manière de les imposer*, aient été conformes aux vues exprimées par M. Bréal, soit dans cet ouvrage, soit ailleurs. »

La réponse n'était pas faite pour plaire aux partisans de l'instruction spéciale à outrance; il eût été prudent de chercher ailleurs une autre autorité, lorsqu'on mit en péril les vieilles études. — On peut critiquer les opinions de M. Bréal sur telle question de méthode, sur telle pratique dont se trouve bien le génie allemand, et qui peut s'appliquer moins heureusement à l'esprit français ; on s'accorde toujours pour reconnaître son talent et son savoir. Dans les réformes qu'il propose, les études classiques restent à leur place d'honneur ; il estime seulement qu'engagées dans des voies nouvelles par un esprit de critique habilement conduit, elles donneraient au jugement des assises plus fermes et étendraient plus sûrement le savoir.

Les réformes, telles qu'on les voulait et dans l'esprit qui les inspira, ne pouvaient qu'aggraver le mal dont souffrait déjà l'enseignement classique, par suite de l'excès des programmes ; elles ont leur part dans la faiblesse des résultats constatés aux examens du baccalauréat par les professeurs des Facultés des lettres :

En province (Poitiers), au rapport de M. Hild (1), professeur à la Faculté des lettres, « sur quatre-vingt-neuf traductions d'un morceau des plus simples et des plus faciles, emprunté aux *Tusculanes*, il ne s'en est pas trouvé, à la dernière session, une seule qui fût exempte de fautes graves... C'est par des prodiges d'indulgence que nous avons pu accorder de mauvais passables à des copies renfermant jusqu'à quinze unités de fautes..... Après huit ans de dictionnaire,..... seize rhétoriciens sur vingt sont incapables de distinguer nettement les mots *agmen, acies, exercitus*, etc., d'appliquer dans une version la règle : *Puer egregia indole*, de démêler un pronom relatif et conjonctif entre deux verbes.....

---

(1) *Bulletin de la Faculté des lettres de Poitiers* (Décembre 1883).

Ce n'est pas la faute des maîtres;..... peut-être faut-il s'en prendre aux méthodes nouvelles, qui, par la suppression ou l'amoindrissement des exercices les plus astreignants de latinité, des vers et surtout du thème latin, n'invitent qu'aux demi-efforts, à l'explication superficielle, à la lecture facile et courante qui donne l'illusion du savoir plutôt que la réalité. »

On ne saurait mieux dire et avec plus de vérité; l'observation est d'un maître qui juge bien des études parce qu'il a connu les élèves.

A Paris, le rapport de la Faculté des lettres accusait un affaiblissement progressif des épreuves littéraires aux examens de la licence et du baccalauréat, depuis 1880; on peut en juger par le résumé substantiel qui a été fait de cet important document; nous en détacherons quelques lignes (1) :

« Progrès dans les langues vivantes..... En revanche, la *version latine* est d'une pauvreté déplorable. Les auteurs de lecture courante ne fournissent plus de textes assez faciles... Encore a-t-on soin de ne les point emprunter aux poètes, n'y ayant plus que très peu d'exemples d'un candidat qui sache déchiffrer un vers d'Horace et de Virgile. Malgré ces précautions, les copies sont remplies de fautes grossières... Dernièrement, sur quatre-vingt dix-neuf candidats, il ne s'en est trouvé que trois pour comprendre la locution consacrée : *Operæ pretium est.*

« La *composition française* est un peu moins mauvaise, mais bien médiocre encore... On s'est imaginé que, en les mettant dès la troisième à ce genre d'exercice, ils écriraient mieux en rhétorique. La vérité, c'est qu'ils y arrivent avec un style d'une facilité banale, et qu'ils ne savent pas mieux le fond de la langue..... L'*histoire littéraire*, il est vrai, leur est moins inconnue qu'à leurs prédécesseurs... Cependant, ils ne respectent pas l'*orthographe*, et, de ce côté, le mal est si flagrant que la Faculté s'est vue dans la nécessité de réclamer une nouvelle maîtrise de conférences, dont le titulaire serait spécialement chargé de donner et de corriger aux étudiants des compositions de français.

« En *grec*, le déclin est très sensible... Que sera-ce dans trois ou quatre ans?

---

(1) Albert Duruy. *L'Instruction publique et la démocratie*, 1879-1886, p. 243.

« Enfin, ce qui est plus grave, la *culture générale* est en pleine décadence. Les candidats savent peut-être un plus grand nombre de menues choses, ils savent moins bien les nécessaires, ils ont l'esprit moins ouvert et moins éveillé. — Ils ont plus de peine à franchir la distance qui sépare l'enseignement secondaire de l'enseignement supérieur. »

Mais il semble bien qu'avant l'épreuve, la vieille Université pouvait en appréhender les résultats ; qu'elle était fondée ensuite, la réforme une fois opérée, à répéter ce que disait tout à l'heure l'un de ses maîtres : « Le grec ne s'apprend plus, le latin se désapprend, le français est moins bien su qu'auparavant. » Une institution peut et doit s'améliorer par tout ce que lui apporte l'expérience, sous la condition, toutefois, qu'on en respecte les bases ; l'arbre est menacé dans sa vie si vous en remuez trop les racines.

VI

Ce sont précisément ces bases que n'accepte pas un jeune critique dont on a entendu un jour, en ces derniers temps, le cri de guerre contre le latin (1) ; son livre, écrit avec les séductions de style apprises sur les bancs des écoles grecque et latine, veut effacer de nos programmes l'enseignement de la langue de Cicéron. — Le rôle du latin est fini ; il n'est plus, comme au moyen âge, la langue universelle des sciences et des lettres ; les langues modernes doivent en prendre la place. Mais « il s'agit de savoir, lui a-t-on répondu, si la meilleure préparation de l'avenir est l'ignorance ou le mépris du passé, et voilà la question du latin (2). » Je ne sache pas qu'il y ait une réfutation plus éloquente. — M. Ferdinand Brunetière élève encore la question par un autre côté, en la portant sur le terrain pratique ; je n'ai jamais douté, pour ma part,

(1) *La question du latin*, par M. Raoul Frary. Paris, 1885.
(2) *La question du latin*, étude de M. Ferdinand Brunetière, *Revue des Deux-Mondes*, 15 décembre 1885.

que la guerre au latin était une manière de faire sa cour à une certaine démocratie. — N'est-ce pas une supériorité que de savoir le latin? L'esprit d'aristocratie, expose M. Brunetière, « perpétue les inégalités naturelles ou acquises : l'esprit de démocratie replace chaque génération dans un état chimérique d'égalité native. — Ce qui paraît injuste à la démocratie, c'est qu'il y ait des hommes cultivés ; que, grâce à une certaine culture, le passé continue à vivre dans le présent ; on en veut à l'antiquité d'être l'antiquité. » Et l'écrivain, dans une page de haute philosophie que je me reproche d'abréger, ajoute : « L'humanité se compose de plus de morts que de vivants. — La solidarité des nations est le lien des sociétés. — Tous les maux sont moindres pour un peuple que la perte de ses traditions. — Une civilisation vivant uniquement de ses produits manufacturés serait plus affreuse que l'ancienne barbarie. »

Et pour qu'on n'accuse pas l'écrivain d'avoir donné lui-même une portée sociale à une question d'ordre tout à fait scolaire, il suffit de détacher du livre *La question du latin* cette page, comme le dit M. Brunetière, tristement instructive : « Il est temps de précipiter les inutiles du sommet où la Révolution française les a laissés, mais où l'évolution économique du XIXe siècle doit enfin les atteindre... A-t-on le droit d'employer l'argent des contribuables laborieux à faire des parasites et des déclassés?... N'est-ce pas une injustice envers le commerce et l'industrie que d'écrémer la jeunesse au profit du barreau et de la bureaucratie?... Nous avons, par nos lois, comme par nos mœurs, maintenu la fausse hiérarchie de l'ancien régime... Il est temps de remettre les gens à leur place, de glorifier le travail fécond, d'apprendre à la jeunesse que l'aristocratie des arts libéraux n'est plus de notre siècle. »

Voilà bien un programme de niveleur en matière d'enseignement exclusivement utilitaire ; il ne s'égare pas en de vains discours ; nous le préférons, dans son langage farouche, aux artifices de cour des rhéteurs qui ont mené obliquement la campagne commandée contre l'enseignement classique. C'est dans cet enseignement que se trouve la plus sûre tradition de notre langue. M. Boissier soutient, sur la question, la doctrine du maître ; il écrit, en parlant des premières années du collège : « Il n'y a pas moyen d'aller vite quand on veut exprimer sa pensée en latin. Ce n'est pas du premier coup qu'on trouve le mot ou la tournure qui conviennent, et pendant qu'on les cherche, la réflexion a le temps de s'éveiller. Apprendre à réfléchir, c'est la première science et la plus difficile pour les enfants. Une fois qu'ils la possèdent, ils l'appliquent au français comme au latin, et *se trouvent écrire bien leur langue sans l'avoir presque apprise.* C'est ce qui est arrivé à Descartes, à Bossuet, à La Bruyère, et à tout le XVIIe siècle. »

Il semble bien qu'au point de vue scolaire, rien n'est à ajouter à ces observations pour la défense de la langue latine ; quant au système, dans son ensemble, il y a des raisons aussi pour le défendre : apprendre peu, successivement, pour mieux comprendre, ce n'est pas sans profit pour l'esprit, la simplicité concourt à la force. « Ce n'est pas toujours être un homme bien élevé, écrit M. Saint-Marc Girardin, que d'être un encyclopédiste superficiel. J'aime mieux les esprits élevés que ceux qui se répandent et se dispersent ; voilà pourquoi j'aime mieux des études restreintes et fortes que des études étendues et vagues. » Un plan d'études secondaires, il faut bien le reconnaître, ne saurait, de nos jours, présenter la simplicité des études d'autrefois ; la science, l'histoire, les langues vivantes, etc., font nécessairement partie des programmes ; il ne s'agit pas de leur disputer une place qui est leur droit, mais de marquer l'heure de chaque enseignement, de le distribuer avec mesure, en gardant, de l'auteur des *Essais* (1), dans la mesure possible, ce que sa maxime avait de sagesse : « J'aime mieux forger mon âme que la meubler. »

(1) Montaigne, livre III, chap. III.

CHAPITRE II

Concours général et Concours académique.

Concours général.
Origines historiques. — Sa fondation, sa suppression, son rétablissement. — Lauréats célèbres.
Ses avantages. — Intérêt pour les études, intérêt moral. — Le Président. — L'assemblée. — Personnages.
Ses inconvénients. — Excitation de l'orgueil ; représentation trop théâtrale ; trop d'heures enlevées au temps normal des études ; maintien cependant nécessaire. — Danger de la politique dans le choix des sujets. — Deux incidents, l'un sous l'Empire, l'autre sous la République.
Concours académique.
Lacune à combler. — Institution du concours (1864) ; pratique antérieure dans quelques Académies.
Avantages. — Classement annuel des Lycées et Collèges. — Correction des copies. — Notification des résultats. — Sûreté de direction pour les études.
Succès des Collèges. — Histoire d'un lauréat.

CONCOURS GÉNÉRAL DE PARIS.

I

L'enseignement secondaire était autrefois la grande affaire de l'Université ; aux yeux des familles il en portait le drapeau. Bien qu'aujourd'hui contesté, il en reste encore la force ; il n'a pas perdu de son importance, étant donné le vigoureux et légitime essor de l'enseignement supérieur, puisqu'il lui prépare le plus sûrement les esprits qui peuvent avec fruit recevoir ses leçons. Nous avions à garder la tradition classique dans la mesure que permettaient de nouvelles études, répondant à des temps nouveaux. — Ni les choses ni les personnes ne faisaient défaut pour chercher à résoudre le difficile problème; nous avions, en effet, l'Inspection académique, si bien en mesure, par la distinction et la compétence de ses membres, de juger des progrès ou de l'affaiblissement des études et de donner des conseils; les examens de passage dont la pratique, pour être efficace, ne laissait pas de rencontrer des obstacles; la conférence mensuelle des proviseurs de Paris, que nous avions instituée, et dans laquelle se discutaient avec un réel profit les questions d'éducation et d'études portées à l'ordre du jour (1). L'administration pouvait, en ce qui concerne l'émulation entre les élèves, garder quelque confiance dans l'ardeur studieuse qu'excitaient les perspectives, à Paris, du Concours général, en province, du Concours académique.

Institué par arrêt du Parlement du 8 mars 1746 (2), et mis en pratique l'année suivante, le Concours général ne subit pas d'interruptions pendant près d'un demi-siècle; il sombra finalement aux jours de la Terreur. Sur la demande des sections et des

(1) Dans un autre ordre d'intérêts, celui du bien-être des élèves, moins étranger qu'il ne paraît à leur activité morale, l'administration eut à se féliciter d'avoir sollicité et obtenu l'institution de la *Commission administrative* des lycées de Paris. Le résumé de ses travaux en montre l'importance; on peut le lire aux pages 395-421 des *Exposés au Conseil académique de Paris* (1862-1878). Delalain, éditeur.

(2) C'est à l'abbé Legendre, chanoine de Notre-Dame, mort en 1734, qu'on doit les dispositions testamentaires destinées à la fondation de prix de lettres et de musique qui seraient décernés de 4 en 4 ans à l'instar de ceux qui se donnaient en Grèce aux jeux olympiques. Le testament de l'abbé fut attaqué en justice, et il ne fallut pas moins de dix ans pour terminer ce litige laborieux. Les héritiers une fois déboutés de leurs prétentions, le Procureur général M. Joly de Fleury « conçut un projet qui ne dérogeait pas aux intentions du généreux chanoine, mais qui rendait sa munificence plus avantageuse aux collèges; c'était d'attribuer le legs de 2,000 livres de rente à l'Université de Paris, et de l'employer à une distribution de prix, soit de prose soit de poésie latine et française, à des étudiants ès-arts de ladite Université. »

Le Parlement accepta cette ingénieuse et libérale interprétation du testament de l'abbé Legendre, et de son côté l'Université de Paris saisit avec empressement et reconnaissance l'occasion d'offrir un précieux aliment à l'émulation de ses écoles et même de ses régents.

Les seules classes admises à concourir étaient celles de rhétorique, de seconde et de troisième. — (Charles Jourdain, *Hist. de l'Univ. de Paris*, édition in-8º, t. II, p. 268.)

sociétés populaires, la Convention ordonna (15 septembre 1795) un nouveau régime d'études; elle décida « qu'indépendamment des écoles primaires, il serait établi dans la République trois degrés successifs d'instruction : le premier pour les connaissances indispensables aux artistes et ouvriers de tous les genres; le second pour les connaissances ultérieures nécessaires à ceux qui se destinent aux autres professions de la société; et le troisième pour les objets d'instruction dont l'étude difficile n'est pas à la portée de tous les hommes de collège. » Les collèges de plein exercice, les Facultés de théologie, de médecine, de droit et des arts, étaient supprimés sur toute la surface de la République (1).

Le Concours général devait reparaître après la tourmente révolutionnaire. — Dès le 10 septembre 1803 (23 fructidor an XI), l'arrêté relatif à l'organisation des lycées, qui remplaceraient les trois Écoles centrales établies à Paris, porte en son article 13 : « Il y aura à la fin de chaque année scolaire un concours entre les élèves nationaux, pensionnaires et externes des quatre lycées de Paris, pour les grands prix de mérite. »

A la veille d'organiser dans son ensemble le corps et les écoles qui devaient être l'Université impériale (2), le Premier Consul tenait à rendre aux lycées, dès leur création, l'éclat qu'avait projeté le concours sur les collèges de Paris; nombre de ses lauréats s'étaient fait un nom dans les lettres (3); l'institution qui allait se rouvrir mettrait en lumière de jeunes talents destinés à la célébrité (4).

---

(1) V. *Histoire de l'Université de Paris*, nouvelle édition in-8°. Firmin-Didot et Hachette, 1888, t. II, p. 490.

(2) Le décret portant qu'il sera fondé, sous le nom d'Université impériale, un corps chargé exclusivement de l'enseignement et de l'éducation publique, dans tout l'empire, est daté du 10 mai 1806.

(3) Thomas, prix d'honneur, 1749 ; Delille, 1756 ; La Harpe, 1756-57.

(4) MM. Villemain, Patin, Victor Cousin, Alfred de Musset, Victor Leclerc, Jules Michelet, Drouin de Luys, Cuvillier-Fleury, etc.

M. Cucheval, professeur de rhétorique au lycée Condorcet, chargé du discours latin à la distribution des prix du Concours général (1876), avait pris pour sujet l'Histoire du concours ; le palmarès reproduit son intéressant travail.

II

Sans l'éclat que donne le concours, le seul fait des récompenses annuelles répond chez l'élève à un vrai besoin de sa nature ; le prix de fin d'année le tient en éveil, l'espérance accroît la force et empêche de sentir la fatigue. Il est bon, dès le collège, d'encourager le désir d'arriver aux sommets, de préparer le futur citoyen aux luttes de la vie. Universités de l'État, maisons religieuses, écoles libres aux divers degrés, toutes les institutions scolaires, en désaccord sur plus d'un point d'éducation, sur celui-ci sont unanimes. Leurs distributions de prix rivalisent d'éclat, elles sont partout la vraie fête des études, la joie des élèves et des familles.

Mais un éclat particulier s'attache au Concours général. On ne s'étonne pas que la première distribution de ses récompenses se fît au milieu des démonstrations de la joie universitaire, et obtint la popularité qu'elle a gardée depuis. On a raison de dire que l'Université, en conviant les autorités et les familles à sa fête annuelle, les intéresse à son enseignement et à sa renommée.

Quant aux études, le concours ne pouvait que leur donner une active impulsion ; il ne saurait être indifférent de mettre en regard, dans une lutte pacifique, nos grands établissements universitaires ; de mesurer, sur les sujets donnés pour les sciences et les lettres, ce qu'elles ont gagné de progrès et de force ; l'Université peut voir aux résultats obtenus ce que les maîtres et les élèves ont donné d'efforts, juger si elle a bien tracé elle-même la voie à parcourir ; elle ne saurait trouver un meilleur *criterium* de ses programmes.

Chaque année, nous présentions au ministre le résultat des compositions, comparé à la dernière année scolaire ; nous eûmes même à lui soumettre, par étude rétrospective, un travail d'ensemble sur les copies couronnées au concours général dans les classes de philosophie et de rhétorique de 1830 à 1864 (1).

(1) Voir l'*Appendice*.

Le concours était chaque année amélioré, régularisé dans ses pratiques (1); les facultés qui représentent particulièrement ce qu'on appelle l'enseignement moderne y occupaient une plus grande place. Pour ne parler que des langues vivantes, une épreuve orale, réglée dans des conditions particulières, indiquait, par son innovation même, le caractère pratique que devaient de plus en plus affecter leurs leçons. L'administration obtint des *Sociétés savantes* des prix complémentaires, qui venaient ajouter à la valeur des récompenses universitaires et à l'éclat de la cérémonie (2).

Sous un autre rapport, au point de vue moral, la fête laissait une impression puissante sur l'éducation; il en sera toujours ainsi tant qu'elle restera exclusivement scolaire, telle que nous l'avons connue, pénétrée des joies de l'étude, illuminée des rayons de la jeunesse, libre des passions politiques qui en altéraient le caractère. Ajoutons, si nous faisons encore appel à nos souvenirs, la présidence d'un homme illustre, qui était à elle seule un enseignement comme autorité; combien sa parole remuait les âmes lorsqu'elle rappelait les vieilles gloires de la France et invitait les jeunes à les continuer et les perpétuer! Par delà ce présent et cet avenir de la grandeur nationale, l'orateur aimait à porter, à élever son auditoire dans les régions supérieures où se trouve la source de tout devoir : Dieu, la Providence, les immortelles croyances. Une fausse science en a depuis fait justice; la politique, en signe de progrès, les a exclues des discours officiels.

Le discours du Président n'éveille donc pas toujours, comme autrefois, les émotions religieuses; la tradition du moins n'est pas rompue dans l'attrait qu'offre à la jeunesse un auditoire où l'on aime à se montrer les étrangers que signale l'éclat de leur situation politique; les représentants, dans notre pays, des sciences, des arts et des lettres, les personnages des hautes administrations,

---

(1) Le tableau d'ensemble que nous placions à la fin du palmarès mettait en regard de chaque établissement et pour chaque faculté le nombre des élèves qu'il envoyait au concours; cette pratique a été maintenue.

(2) Voir l'*Appendice*.

de la magistrature, de l'armée, pas un qui n'appelle le regard d'une noble curiosité. Une bonne fortune exceptionnelle, c'est d'avoir comme assistant d'honneur le héros que nos armes ont vaincu en Afrique; l'écolier se rappelle une page de Salluste; il a sous les yeux l'un des plus beaux types de cette race, qui, sur la même terre, fit face à saint Louis. A l'issue du Concours, notre premier soin fut de ménager au croyant, selon son désir, une pièce solitaire où il pût se recueillir; l'heure de la prière était venue. Abd-el-Kader était autant, et plus peut-être, un saint qu'un guerrier; les plus influents, les plus sévères chez les sectateurs de Mahomet sont les plus religieux; ils continuent les prophètes.

III

On m'accusera peut-être d'avoir mis quelque complaisance à décrire tout ce qu'offre d'émulation et d'intérêt l'institution du Concours général; je ne saurais me plaindre du reproche; nous serons moins suspect en venant maintenant jeter quelques ombres sur le tableau.

Le Concours général était simple autrefois, sans surcharge, comme le système d'études dont il était l'expression; il a dû se modifier et s'étendre à mesure que s'étendaient les programmes. Multiplier les prix, c'est en affaiblir le prestige; mais là n'est pas, à mon sens, l'objection capitale. Je fus frappé, dès les premières années de mon administration, des fatigues excessives et des pertes de temps qui résultaient du mode actuel du concours. Près de deux mois, et à l'époque des grandes chaleurs *(sirius ardens)*, sont absorbés par les compositions des lycées et de la Sorbonne. Dans l'intervalle, quelques leçons, mais sans attrait ni résultat profitable; pour les élèves comme pour les maîtres, le cours est de fait terminé lorsque s'ouvrent les compositions de la fin de l'année scolaire. J'eus, un jour, à entretenir de la question la Commission de l'enseignement secondaire du Conseil supérieur. M. Patin, M. Bersot, Mgr Dupanloup, en faisaient partie; on n'eût pu souhaiter d'autres juges avec une plus haute autorité scolaire. La communication reçut un sympathique accueil ; nulle objection ne fut faite au moyen que j'indiquai pour aviser au mal. Il s'agissait de ne laisser au concours, chaque année, qu'un petit nombre de facultés ; le ministre les eût désignées la veille des épreuves. Le travail eût été obligé toute l'année pour toutes les parties des études, sans atteinte aucune au principe d'émulation, et l'année scolaire eût été à peu près rendue à l'enseignement normal ; ce n'est pas trop de dix mois, dans chaque classe, pour épuiser la matière des programmes.

Quelle que fût la sympathie de la Commission, il ne pouvait y avoir lieu de donner à la communication un caractère officiel ; en dehors, au sein du monde universitaire, l'opinion eût été très hostile. Le temps est l'un des facteurs nécessaires pour toute mesure nouvelle ; l'administration a bien pour devoir d'étudier les questions longtemps à l'avance ; elle doit se garder de solliciter une réforme lorsque l'heure n'est pas venue, et de se rendre gratuitement impopulaire. On ne peut faire le bien, même le plus incontesté des vrais juges, qu'en s'appuyant au dehors sur la sympathie des parties intéressées.

Le public universitaire n'admettrait pas d'autres reproches, ceux-ci d'un caractère moral, que de bons esprits font au concours ; l'exhibition annuelle des jeunes lauréats sous les yeux des premières autorités du pays leur semble par trop théâtrale. S'il ne s'agit que d'émulation entre les collèges, ne suffirait-il pas de publier un palmarès, et d'en proclamer dans chaque lycée les noms qui l'intéressent ; on procédait ainsi pour le Concours académique, et cette pratique s'observe pour le Concours général entre Paris et la province. Mais cette surexcitation de l'orgueil, qu'on eût ainsi évitée, est précisément l'attrait du Concours général ; c'est la pompe théâtrale qui le rend si populaire ; c'est l'espérance des palmes décernées en un jour, avec tant d'éclat, qui donne au travail une dévorante ardeur et surexcite les efforts. Le concours général, sous ce rapport, est bien l'image d'un pays vaniteux, mais qui a le sentiment de la gloire.

Un vrai danger, qui échappe au public et qui tient l'administration en éveil, c'est l'action de la presse sur la jeunesse, lorsque les temps sont troublés, pour la jeter dans l'arène des partis. Un patriotisme sincère la laisserait à ses études et se garderait d'exciter les passions pour préparer une journée. Mais il faut bien reconnaître que la presse vit surtout de ce qui excite l'émotion du moment ou la curiosité; la paix des esprits ne ferait pas sa fortune, et, le journal s'il est hostile aux pouvoirs établis, fait volontiers appel, dans l'occasion, même au monde des écoles; l'opposition est toujours bienvenue dans le pays de la Fronde, qui a vu tant de révolutions surgir et tant de constitutions disparaître. L'exclusion de toute politique s'impose plus encore au gouvernement qu'à la presse dans tout ce qui touche à la vie scolaire. Demander un panégyrique à des écoliers, c'est risquer de provoquer une satire. On ne prit pas garde, sans doute, au sujet de vers latins donné au Concours de 1860; le bruit qu'on en fit nous parvint jusqu'à Rennes; songez donc au scandale! Il ne s'agissait de rien moins, sous le gouvernement impérial, que de célébrer en « vers latins » les vertus du prince Jérôme, oncle de Napoléon III et frère du Premier Empereur. Ce fut une bonne fortune, pour l'un des jeunes Brutus élevés dans nos gymnases, de brandir « *son couteau* à papier en guise de poignard contre le César oppresseur de toutes les libertés, » et de là, non pas en « latin », mais en « vers français », pour que nul n'en ignore, une véhémente satire inspirée des « *Châtiments* ». Le collégien promettait un poète; il débutait par une strophe qui lui valut son heure de célébrité.

Je ne sache pas que la philippique ait été connue, à son heure, du public qui assistait au Concours; aucune préoccupation politique ne troubla conséquemment la fête. Plus tard, il n'en fut pas ainsi.

Des séances qui menaçaient d'être tumultueuses, je ne veux en citer que deux : l'une aux jours orageux de l'Empire, l'autre aux dernières heures de la République conservatrice. Elles restent, l'une et l'autre, une date dans nos annales scolaires; elles portent deux noms qui appartiennent à deux camps bien opposés de la politique. Un ministre, très goûté de Napoléon III, et qui a gardé sa popularité sous la République, obtint du Souverain que le Prince impérial viendrait à la Sorbonne, comme Prince de la jeunesse, assister à la distribution des couronnes; c'était dans sa pensée associer, dans un amour égal de la France et des libertés publiques, l'héritier du trône et les générations qui devaient avec lui servir la fortune du pays. Mais nous n'étions pas sans crainte. Le succès de l'un de nos jeunes lauréats faisait bruit dans la presse, qui échauffait les esprits. Ce n'était pas que nos sympathies personnelles ne fussent acquises à l'un des noms les plus purs et les plus respectés de la République de 1848; un témoignage d'honneur était mérité. Mais si les acclamations étaient bruyantes et passionnées, ne sembleraient-elles pas une protestation contre le pouvoir sorti du Deux-Décembre, un outrage au jeune Prince, qui venait avec une si affectueuse confiance se mêler à nos élèves, comme étant ses condisciples? J'indique ici l'esprit et la mesure de nos instructions aux chefs d'établissements; ils auraient à recommander aux élèves de garder au concours son caractère de fête des études.

La séance s'ouvre. Un incident semble avertir que l'atmosphère est chargée d'électricité; les tambours battent aux champs : c'est l'arrivée tardive d'un maréchal, qui, à son entrée dans la salle et avant de prendre le siège qui lui est réservé, vient saluer le Prince en s'inclinant profondément. Ici des sourires contenus. Un maréchal de France s'inclinant devant un enfant, c'est au fond un sujet de raillerie pour le jeune auditoire, qui ne rencontre au dehors que la prédication de l'égalité, le sarcasme et la guerre contre le pouvoir impérial.

A l'appel du lauréat, la curiosité est hostile dans une partie notable de l'auditoire; le refus qu'il fait de venir chercher son prix eût provoqué le scandale de significatifs applaudissements, si le lecteur du palmarès, que nous avertîmes par un signe, ne se fût hâté de passer à d'autres noms. Mais l'impression était faite; tous les regards s'étaient portés vers la tribune où se trouvaient la mère et son fils, qu'elle eut soin de retenir.

L'incident fut commenté au dehors; l'Empereur en reçut une impression pénible; il dut comprendre, dès ce moment, combien il est facile de devenir et combien il est difficile de rester populaire. Au sortir de la séance, l'un de nos plus vaillants amiraux me dit avec tristesse : « Mais vos élèves sont donc républicains? » Je pus lui répondre : « Amiral, dans notre pays, les jeunes sont toujours de l'opposition; les enfants reprennent la tradition de leurs pères. »

Ainsi l'on manifestait sous l'Empire ; la politique trouvait moyen, dans une réunion d'écoliers, de donner une leçon au pouvoir ; cette maladie morale devait reparaître sous la République. Il est vrai qu'il s'agissait de protester contre le 16 mai, qui ne péchait pas cependant par un excès de rigueur ; on pouvait regretter que, dans son projet de résistance à l'avènement d'une République d'un nouveau caractère, il n'eût pas suffisamment mesuré les obstacles, l'entraînement du pays et les forces qu'il pourrait leur opposer.

Il faudrait se reporter aux journaux du temps pour voir comment on entendait préparer une journée ; les entrefilets, les nouvelles à la main se succédaient ; il n'était question que du Concours général et de l'attitude hostile qu'y prendrait une jeunesse généreuse, jalouse de protester à sa manière devant le pays contre un temps d'arrêt dans la Révolution. Cette date du jour du Concours, fréquemment répétée, devait surexciter l'opinion. Les collégiens, flattés par la publicité, pourraient bien finir par croire qu'ils ont songé eux-mêmes aux projets qu'on leur prêtait ; on pouvait tenir comme certain qu'ils ne les dénonceraient pas et ne les renverraient pas aux politiciens comme étant leur ouvrage. On cherchait un scandale ; le seul moyen de le prévenir était d'agir sur l'esprit des élèves, et je trouvai, à cet effet, le concours empressé des proviseurs et du personnel enseignant. La thèse était bien simple.

La politique au collège est chose prématurée ; le collégien, dans une distribution de prix, ne peut avoir qu'une ambition, celle de mériter toutes les sympathies par la distinction de sa tenue. Le ministre a, au concours général, deux titres particuliers pour ne rencontrer que des respects, il préside la fête et est grand-maître de l'Université.

J'eus à régler une autre difficulté d'un genre particulier ; elle nous venait des allusions et digressions politiques du professeur chargé de prononcer le discours. Ce n'était pas à l'Université, même dans le sentiment le plus honorable, d'éveiller la controverse et d'appeler les esprits en dehors de nos études. — Écoutées avec déférence, mes observations ne laissaient pas de trouver quelque résistance. Je pouvais prescrire ; une adhésion libre me semblait une solution meilleure; je pris le parti de communiquer le manuscrit du maître à l'un de ses anciens collègues, devenu inspecteur général. Les notes écrites de ce haut fonctionnaire vinrent confirmer nos observations sur les points dont nous considérions la révision comme nécessaire; sur ces deux jugements d'accord, le professeur se rendit de bonne grâce. A quelque temps de là, il était l'un de nos premiers recommandés pour la croix de la Légion d'honneur et obtenait la distinction, et c'était justice pour ses travaux. L'Université, dans ses meilleures traditions, ne connaît pas les opinions; elle ne tient compte que des services.

Après le discours de l'orateur, discours fort convenable et fort convenablement écouté, et lorsque le ministre prit à son tour la parole, combien il fallut contenir du regard le jeune auditoire, que certains agitateurs excitaient au désordre. Le plus petit incident eût soulevé un grand tumulte. Le ministre, grâce à Dieu, put prendre la parole au milieu d'un grand silence et gagna bientôt la sympathie; son allocution, sincèrement universitaire, sans allusion aucune aux luttes de la politique, avait un autre mérite; le ministre ne mettait pas en cause les plans d'études de ses prédécesseurs; les élèves n'étaient pas appelés comme confidents et juges des projets que pouvait préparer l'administration. Une aussi regrettable politique vicie, à sa source, le principe d'autorité.

Un premier écueil était franchi, le second était l'appel des lauréats. Mais la passion, contenue, pourrait désormais se faire jour sans nous inspirer de crainte sérieuse; on manifesterait, par l'acclamation ou l'abstention calculée, sur les noms des établissements dont les élèves seraient couronnés.

L'assemblée des écoliers se partageait évidemment en deux camps; nous avions, à la Sorbonne, une droite et une gauche, représentant pour chaque établissement l'opinion des familles qui en font la clientèle. La droite était la moins nombreuse; elle recevait le moins d'acclamations, n'étant applaudie que par les siens; on l'avait remarqué au discours du ministre, qu'elle avait particulièrement soutenu de ses sympathies. Les ovations enthousiastes étaient pour la gauche, pour les collèges libéraux.

En somme, l'ordre fut maintenu. L'opposition n'obtint pas ce qu'elle projetait et que redoutait le gouvernement : l'agitation d'une journée. Mais à quel prix l'ordre fut-il maintenu, et quelles préoccupations pénibles pour l'administration, à la fin d'une année, qui ne devrait apporter avec elle que de fortifiantes émotions! N'est-ce pas, d'autre part, une vraie misère publique qu'on chercherait vainement dans un autre pays, à savoir que chez nous, à un jour donné, un ministre puisse courir les risques d'une réprobation d'écoliers?

Le soir, au dîner du ministre, le président du Conseil voulut bien me remercier des mesures de vigilance qui avaient écarté une manifestation regrettable; si lui ou les siens l'oublièrent le lendemain, c'est la faiblesse inhérente aux gouvernements qui se disent conservateurs. L'opposition, qui sait, elle, défendre les siens, les glorifier quand elle arrive au pouvoir, n'eut pas le même oubli; elle ne cessa, sous toutes les formes, de harceler, de poursuivre, jusqu'à ce qu'il fût tombé, le fonctionnaire qui avait déjoué ses desseins, et maintenu, contre ses suggestions, le principe d'autorité.

CONCOURS ACADÉMIQUE.

I

Le Concours général des lycées et collèges de Paris a pu prêter matière à critique sur plus d'un point de ses applications et de son économie; le principe n'en est pas contesté: on s'accorde à reconnaître que, par l'émulation, il exerce une action salutaire sur les études. S'il en est ainsi, pourquoi ne pas étendre le bienfait aux lycées et collèges des départements? Paris, quelle que soit sa prééminence, n'est pas à lui seul toute l'Université.

Il y avait là une lacune à combler, c'est encore à M. Duruy qu'en revient l'honneur après M. de Salvandy (1). « Il y aura tous les ans, dit, en son article 1er, le décret du 28 mai 1864, un

---

(1) Voir l'*Appendice*.

concours entre les élèves des lycées et collèges de chaque Académie, ceux de Paris et de Versailles exceptés, pour les classes et facultés qui seront déterminées par un arrêté ministériel. »

« ... Si, grâce à cette institution (1), le niveau des études a monté à Paris, il est resté stationnaire dans la province. — Nos classes de province s'étiolent. — Il est de l'intérêt du peuple de ranimer la vie provinciale et de rallumer dans nos départements des foyers dont plus d'un, autrefois, a jeté un vif éclat. J'espère que l'Université pourra répondre à ce désir de Votre Majesté, en établissant dans chaque Académie un concours entre tous les lycées et collèges du même ressort, et, au-dessus de ce concours académique, un concours national entre les lauréats des prix académiques. »

Deux ans après l'institution du Concours (1864), et pour donner un nouvel essor à l'émulation, le ministre prescrivait d'apprécier comparativement les copies couronnées à Paris et dans les départements, et de marquer ainsi la place qu'occupait la province. La lecture des résultats obtenus dès 1866, faite en séance solennelle du Concours général, fut entendue avec beaucoup d'intérêt; l'opinion reçut une vive impression des succès de Montpellier (le premier rang en dissertation française, le deuxième en mathématiques élémentaires, le quatrième en discours latin). Nancy était classé le deuxième en mathématiques spéciales; Nîmes, le troisième en histoire. Et, depuis, le succès s'accentua encore. Chaque année, la province gagna des rangs dans plusieurs Facultés. Paris, dans l'ensemble, gardait les premiers rangs, mais il sentait l'aiguillon et redoublait d'ardeur pour maintenir sa prééminence.

Le ministre avait trouvé le concours institué sur quelques points de la province, il avait pu remarquer les résultats que nous avait donnés cette institution dans l'Académie de Rennes. Son adhésion ne se fit pas attendre, lorsque je demandai, avant 1864, l'autorisation d'organiser un concours académique entre les établissements importants du ressort qui se trouvaient en dehors du concours général de Paris. L'administration eut beaucoup à se louer des

(1) Rapport à l'Empereur, même date.

résultats (1). Les Commissions chargées de la correction des copies, et dont tous les membres avaient grande autorité, exposaient, dans leurs rapports annuels, l'état des études; d'un côté, les progrès accomplis, de l'autre les facultés en souffrance, et, par suite, les directions qu'elles devaient recevoir. Les chefs d'établissements étaient informés ensuite, par une circulaire, des observations qu'avait provoquées l'examen des copies; communication en était faite au personnel enseignant. — Chaque année, le classement des lycées et collèges se trouvait fait par les résultats du concours; l'émulation y trouvait naturellement son compte. C'était à qui s'élèverait et gagnerait un rang (2).

II

Deux collèges, dans la lutte avec les lycées, obtinrent plus d'une fois le premier rang pour des Facultés importantes; il advint même qu'un jour, l'un de nos collégiens obtint la deuxième nomination (prix d'honneur) dans le concours général des départements, et que je formai le projet d'aller lui porter mes félicitations dans la fête de la distribution des prix. — Un incident m'en fit un devoir; il vaut la peine d'être raconté avec quelques détails; nous y trouvons un trait de ce qu'on appelle l'autonomie communale, et l'histoire assez triste d'un lauréat.

L'évêque du lieu était un saint vieillard, l'un des rares survivants de l'Église gallicane, qui appelait les âmes à la religion par la tolérance et la charité; les partis politiques ne le trouvaient jamais sur leur chemin; respectueux des droits de l'État, il prêchait, par son exemple, la soumission aux institutions établies.

---

(1) Voir, au livre des *Exposés au Conseil académique*, diverses instructions : Enseignement du français, 1875, 1878, p. 366, 369; discours latin, 311; classes élémentaires, 388; observations, p. 390, etc.

(2) L'autorité supérieure a dû avoir de graves motifs pour supprimer le concours en 1879 dans les académies de province; elle l'a maintenu pour la comparaison à faire chaque année dans un certain nombre de facultés entre Paris et la province.

Son dévoûment bien légitime aux maisons d'éducation qu'il avait fondées lui laissait des sympathies pour l'Université de Paris, qui l'avait élevé ; le prélat me parlait volontiers de l'*alma mater* quand j'allais le voir dans son vieux palais, illustré par un grand souvenir. Les succès de notre collège, dans les concours, lui étaient un agréable sujet d'entretien ; les jeunes lauréats n'étaient-ils pas les enfants de son diocèse? *Unus pastor*, comme le disait M. Rouland à l'inauguration du lycée de Rennes, *unum ovile*. On ne pouvait trouver une autorité plus haute pour présider notre distribution de prix; le ministre donna toute son adhésion à la proposition que je lui soumis à cet effet ; c'était consacrer, dans une solennité publique, l'accord de l'État et de l'Église dans les questions d'éducation, de toutes les plus délicates pour les deux pouvoirs ; accroître, au point de vue religieux, la confiance des familles dans une maison que recommandaient déjà le renom de sa discipline et le succès de ses études.

L'évêque connaissait bien l'effet moral qu'aurait sa présidence, mais il ne déclina pas l'honneur.

Les difficultés nous vinrent là où on les attendait le moins.

Le maire, très excellent homme, du reste, dans les meilleurs termes avec l'évêque, mais jaloux gardien de ce qu'il considérait comme privilège municipal, contesta le droit de l'autorité centrale ; lui seul, écrivit-il au ministre, avait le droit de présider ou de désigner le président.

Le conflit soulevé n'avait pas de précédents ; une réponse officielle l'eût mis à néant.

Mieux valait garder le droit et porter des paroles de paix. Le Recteur irait sur le lieu du conflit ; représentant du ministre, il prendrait lui-même la présidence, au cas où M. le maire prolongerait sa résistance. Ce magistrat fit bon accueil à mes représentations ; la désignation du ministre serait respectée.

Seulement, sur l'estrade et à l'heure où la séance allait s'ouvrir, je feignis de ne pas remarquer le geste de M. le maire, qui montrait à Monseigneur le fauteuil où j'avais l'honneur de le conduire ; c'était la revanche innocente d'un privilège méconnu.

L'Évêque, sans voir le geste, — il était presque aveugle, — avait le sentiment de la comédie qui se jouait autour de lui et qui échappait au public ; il m'en dit quelques mots avec une affectueuse gaîté. Tout se passa sans incident ; les paroles du Recteur pour les autorités civiles et religieuses furent parfaitement accueillies ; la ville se montra flattée des compliments que j'adressai au lauréat en lui remettant le magnifique ouvrage, splendidement relié, que j'avais apporté pour lui de Paris.

Une autre fête devait clore la journée. Un banquet, dont M. le maire fit les frais avec grâce et libéralité, nous réunissait le soir, chez lui, avec les autorités du lieu ; les toasts se succédèrent avec entrain, et, quand vint mon tour, j'acquittai la dette de l'Université envers M. le maire et Mgr l'évêque. J'eus soin de dire ce qu'ils étaient l'un et l'autre pour le bien de la cité. Le maire applaudissait à ma glorification des vertus du prélat ; l'évêque exprimait bien haut ses sympathies pour mes compliments au premier magistrat de la cité. L'un et l'autre me remercièrent, avec effusion, de les tenir pour étroitement d'accord dans l'amour du bien. L'union était donc bien complète, et l'assistance en témoignait sa vive sympathie.

J'entends encore les applaudissements à la fin du banquet, lorsque je promis de ne pas oublier, en rentrant à Paris, le jeune collégien que j'étais venu couronner, et dont le succès était l'occasion de la fête. « Vous le regretterez bien, me dit bien bas à l'oreille le vénéré prélat ; le jeune homme dont vous voulez seconder la fortune ne vous en sera pas reconnaissant ; c'est une âme haineuse, le bien qu'on lui fait l'irrite ; c'est un ennemi de la société. »

Je ne m'arrêtai pas à cette parole, et, dès le lendemain, le ministre généreux nommait le lauréat, sur mon rapport, boursier impérial à bourse entière dans un lycée de Paris. M. le ministre rappelait, à cette occasion, « les pauvres écoliers du XVIe siècle, Amyot et Ramus, qui menaient de front leurs études et leur ménage. »

Au lycée, je ne cessai de suivre notre jeune pupille de toutes mes sympathies auprès de M. le proviseur, sans recevoir toutefois de lui aucune marque de souvenir. Seulement, à deux ans de là, au grand dîner du ministre, le jour où il venait, selon notre espérance, de remporter l'une des premières couronnes, il voulut bien me reconnaître et m'adresser quelques mots.

Mais la parole du prélat devait s'accomplir. Lorsque, après la défaite de nos armées et les victoires de la Prusse, la Commune brûla Paris et massacra les otages, le boursier impérial eut sa part dans l'œuvre criminelle; son talent d'écrivain, assure-t-on, marqua sa place dans les bureaux des insurgés. Il aurait échappé par la fuite aux poursuites des tribunaux institués à Versailles. Nous n'eûmes pas à rechercher ce qu'il était devenu; ceux qui s'étaient intéressés à l'avenir du jeune lauréat pouvaient regretter leurs illusions; peut-être regretta-t-il lui-même de s'être égaré, d'avoir suivi la voie où le boursier, Jules Vallès, devait trouver une trop bruyante célébrité.

CHAPITRE III

Internat. — **Maîtres répétiteurs** (1).

I. **L'Internat.**
L'éducation dans ses trois degrés : primaire, secondaire et supérieur.
L'internat dans les écoles secondaires.
Adversaires de l'internat : objections qu'ils lui adressent; servitude et prison, lutte entre le maître et l'élève; amertume et tristesse; régime sédentaire; excès de travail; dommage pour la santé.
Partisans de l'internat : maison bien conduite; le bien a sa vertu communicative; régularité.
Priorité qu'il faut donner à la famille : externat surveillé, demi-pension; — état actuel de la famille.
Nécessité de l'internat : comment le remplacer en cas de suppression : le tuteur; partage entre le professeur et des familles que désignerait le lycée; les institutions laïques. — La suppression de l'internat profiterait particulièrement aux maisons religieuses.
II. **Les maîtres répétiteurs.**
L'éducation; la tâche la plus difficile incombe au maître répétiteur.
Infériorité du surveillant par rapport au professeur et au ministre du Culte.
Élever la fonction du surveillant : mesures diverses, préparation à la Licence; rapprocher le surveillant du professeur; participation à l'enseignement; décret du 17 août 1853; travail du maître pour la Licence en province, à Paris; temps à donner pour le repas et l'étude; réduire la tâche matérielle, etc.
Les maîtres sous l'action incessante du chef d'établissement; le Principal est l'âme du collège.

L'école à ses deux premiers degrés, primaire et secondaire, est un prolongement de la famille; l'éducation de l'esprit et du cœur doit être, sous ce rapport, le devoir qui s'impose particulièrement au maître. Il faut que l'élève, en même temps que la science et les lettres étendent ses horizons vers les sources du bien et du beau, apprenne à chercher par lui-même où est le vrai, à exercer sa volonté; la discipline qu'il aura faite au lycée de ses facultés le servira puissamment lorsqu'il aura pris la robe virile et sera

(1) Voir ci-dessus les pages 32, 51 et suiv., 115 et suiv.

venu s'asseoir sur les bancs de l'école supérieure. — De ce jour, l'étudiant relève plus de lui-même que de ses professeurs ; on peut dire qu'il a le gouvernement de sa destinée. — Il a besoin d'être fort pour traverser sans dommage cette première période de l'apprentissage de la vie. — Contre l'attrait des plaisirs et l'influence des mauvais exemples, il a bien, pour le soutenir, l'action morale qui s'attache à un haut enseignement, l'ambition de se faire un rang dans la société par le travail et des études sérieuses ; mais combien de fois il aurait besoin de se trouver près des siens, dont il est le plus souvent séparé, de renouveler ses forces au foyer domestique.

I

Si l'absence de la famille est regrettable pour l'étudiant qui suit, arrivé à l'âge adulte, les cours de l'enseignement supérieur, n'est-elle pas plus fâcheuse pour l'élève de l'enseignement secondaire, qui, de bonne heure, vers huit ou neuf ans et jusqu'à dix-huit, c'est-à-dire dans les premières années de l'enfance et le commencement de l'adolescence, est pensionnaire au collège, et se trouve ainsi éloigné du père et de la mère, excepté aux époques des congés et pendant les deux mois de vacances annuelles.

La question est très agitée de nos jours ; elle divise les meilleurs esprits au sein de l'Université ; je ne mentionne pas en dehors les polémistes systématiquement hostiles.

Les adversaires de l'internat lui font de graves objections, les unes d'ordre moral, les autres qui intéressent la santé des élèves. — Quelle faute, disent-ils, a commis l'enfant pour être privé de sa liberté ? On lui inflige la peine de la geôle, ce qu'un philosophe appelle le *carcere duro* (1) ; la famille l'amoindrit et s'amoindrit elle-même, et s'achemine vers les mœurs américaines ; le lien moral qui devrait unir ses membres ne peut qu'en souffrir. — Et l'enfant, une fois prisonnier, sent douloureusement sa captivité ; dans le maître qui le surveille, l'avertit et réprime ses écarts, au lieu d'un

(1) M. Jules Simon, *Revue de famille*.

tuteur il n'est que trop porté à voir un ennemi, et de là une lutte sourde qui mainte fois fait explosion ; la révolte des élèves montre ce qu'il y avait de haines au fond des cœurs ; l'internat ne produit donc pas toujours ce qu'il devrait partout assurer, le sentiment de l'autorité. « Je n'oublierai jamais, dit M. Rochard, membre de l'Académie de médecine (1), les deux années d'internat par lesquelles j'ai terminé mes études. J'ai connu depuis les dures épreuves de la navigation, l'ennui des longues traversées, les calmes sous la ligne, les stations dans les colonies insalubres ; j'ai souffert de la soif, de la fièvre et des privations de tout genre ; mais rien de tout cela ne m'a laissé un souvenir aussi cruel que mes deux années d'internat. » L'écrivain ajoute, il est vrai, pour expliquer son amertume : « J'avais jusqu'alors grandi en liberté, au sein de ma famille, suivant paisiblement, comme externe, les cours d'un petit collège de Bretagne ; le contraste a dû me sembler plus pénible. »

A ces tristesses, la vie claustrale ajoute d'autres misères, et celle-ci entre autres, de toutes la plus grave dans une maison d'éducation : la contagion des mauvaises habitudes. « Une mauvaise brebis, si on ne l'écarte à temps, gâte le troupeau. » Le mal moral est plus prompt en ses ravages qu'une épidémie ; le ferment, qui se dissiperait à l'air libre, a des prises faciles sur les agglomérations d'enfants qui se pressent dans l'enceinte relativement étroite des quartiers et des cours. — Mais il n'est pas dit, heureusement, que, pour être difficile, la tâche de l'éducateur ne puisse aboutir, que le pasteur du troupeau ne puisse tourner au bien les facultés physiques et morales dont il a le gouvernement ; c'est là qu'est le problème de l'éducation ; pour le résoudre, l'esprit de dévoûment chez le maître l'emportera toujours sur les moyens habiles du plus ingénieux système.

Nous ne saurions mettre au passif de l'internat, dans le relevé de ses misères, l'excès de travail intellectuel qu'impose la surcharge des programmes ; l'externat en souffre plus encore, la vie ne pouvant être réglée aussi méthodiquement dans la famille qu'au collège. La difficulté est particulièrement sensible pour l'écolier

---

(1) Voir sa remarquable étude : *L'Éducation hygiénique et le surmenage intellectuel*. — *Revue des Deux-Mondes*, 15 mai 1887.

des classes élémentaires. — La mère, qui, à défaut de répétiteur, surveille le travail de ses enfants, doit même en prendre sa part pour que, à l'heure de la classe, la tâche soit toute prête, devoirs écrits et récitations; il faut prolonger la veillée et devancer même l'heure du lever du collège, déjà si hâtive pour le très jeune âge.
— C'est toujours à l'excès du travail et non à l'internat qu'il faut attribuer les troubles qu'apporte la vie sédentaire dans la santé des élèves; la même insuffisance d'exercices physiques se trouve imposée à l'externe comme à l'interne, par suite des exigences des programmes. Je doute fort, pour ma part, après avoir suivi de près nombre de lycées et de collèges, que les maladies y sévissent avec plus d'intensité que dans les familles; j'ai pu constater des résultats tout contraires. Généralement la santé des élèves se trouve bien d'un régime qui a ses heures marquées, trop courtes sans doute pour les jeux, trop longues pour le travail, mais enfin qui a ses heures, sa mesure, son régime alimentaire dont le menu, chaque semaine, est soumis au visa du docteur. — Les gâteaux apportés au parloir, les extras qui attendent l'enfant aux jours de congé, flattent le goût, mais sans profit pour la santé; on peut, à ce sujet, recueillir le témoignage des chefs d'établissements.

L'observation ne saurait infirmer, bien entendu, la priorité qu'il faut toujours donner en matière d'éducation à la vie de famille. L'internat ou la vie en commun a ses misères, je crois les avoir mises en suffisante lumière par le tableau que j'ai tracé (1) des devoirs du proviseur, mais il a de vrais biens à mettre en regard. La maison bien conduite, où circule un souffle moral, ne laisse pas à ceux qui y ont vécu de pénibles souvenirs; on garde, après l'avoir quittée, la mémoire des maîtres et le culte des amitiés qu'on y a contractées. — Si le mal est contagieux, le bien a aussi sa vertu communicative; la jeunesse aime les passions généreuses.
— J'ai connu plus d'un internat où les idées de respect, de religion et de devoir, l'émulation du progrès dans les études, étaient autant de courants qui entraînaient les idées malsaines. M. Francisque Bouillier (2) a décrit, en psychologue et avec un talent supérieur d'analyse, les résultats heureux qu'apporte la vie en commun

---

(1) Voir pages 33 et suiv., 45 et suiv.
(2) Voir *Revue politique et littéraire*, 15 septembre 1882.

dans une maison bien ordonnée : le respect qu'inspire la règle, la discipline qu'en reçoivent les caractères, et, par suite, la préparation à la vie sociale qui attend l'écolier après les années de collège ; nous n'avons pas vu qu'il ait perdu dans l'internat, — ce qui serait particulièrement grave, — le sentiment de la famille, qu'il rentre en étranger près de ses parents aux heures de liberté.

Mais l'internat, dans ses meilleures conditions possibles, ne saurait, je le répète, remplacer la famille ; c'est de la famille que vient toute autorité ; son influence est souveraine quand elle a le sentiment de ses devoirs ; garder l'enfant chez soi, l'envoyer comme externe dans un collège pour les heures de classe, ou comme externe surveillé ou demi-pensionnaire pour qu'il ait, après les classes, les heures d'études destinées à la préparation des devoirs, — de toutes les solutions cette dernière est la meilleure, puisqu'elle laisse aux parents, pour les affaires, l'emploi libre de la journée. — Resterait pour le soir la vie intérieure au profit de l'enfant et du père ; il est triste d'ajouter qu'à part quelques familles, elle n'est plus qu'un lointain souvenir. « On n'avait pas de ces cercles, dit un philosophe (1), nés du désœuvrement de l'esprit et de la pauvreté du cœur ; on ramenait tout au chez soi ; on y pensait sans cesse en se livrant aux affaires ; on s'y savait aimé et attendu. » — Nous sentons, à cet accent ému, qu'il s'agit d'un bien perdu, ou que ne gardent encore que quelques rares fidèles. — Même au repas du soir, qui devrait réunir tous les membres de la famille, combien, dans les grandes villes, sont dispersés par la vie mondaine ; ou s'ils sont tous présents, nous comptons plus d'une fois les invités auxquels, à son tour, on fait honneur ; c'est une fête si l'on veut, mais sans intérêt moral pour l'enfant : ce n'est pas le dîner de la famille.

L'internat reste une nécessité pour un grand nombre de parents ; il faut bien des maisons ouvertes pour abriter et élever les enfants, lorsque les parents habitent loin des villes. La nécessité est reconnue de tous ; il suffirait, nous dit-on, pour y satisfaire, de prendre exemple de ce qui se passe dans les pays voisins, où l'on ne connaît pas d'internat placé comme chez nous sous la main et

---

(1) M. Jules Simon. *Réforme de l'enseignement secondaire.*

la responsabilité d'une autorité administrative. — En Angleterre (1) nous trouvons le tuteur, en Allemagne (2) des maisons de confiance voisines du gymnase, qui se partagent les enfants par petits groupes. — Auxiliaire du maître, le tuteur aide et dirige l'élève dans sa tâche scolaire; délégué du père, il doit en avoir l'inquiète tendresse pour veiller sur l'enfant qui est toujours près de lui, former en lui l'être moral, suivre et diriger en sa croissance le jeune arbrisseau; ainsi appliqué, le système ne peut que donner d'heureux fruits, si les pupilles sont peu nombreux; on peut regretter qu'il ne soit pas à la portée de toutes les fortunes. — L'exemple de ce qui se pratique au delà des Vosges, et qui nous est cité par un maître, serait concluant, si la France était l'Allemagne, si elle avait gardé comme elle les traditions, les vieux foyers où l'éducation de l'enfant étranger à la famille est encore plus un devoir qu'un calcul d'intérêt. — On pourrait préférer, sous ce rapport, une pratique qui nous est connue, qu'il n'y a pas lieu conséquemment d'emprunter à l'étranger; c'est un maître qui en recommande l'extension avec une particulière autorité. Il s'agirait de répartir les élèves, dans les cas de suppression de l'internat, entre les professeurs de l'établissement et les institutions qui en suivent les cours; la mesure appelle des observations et commande des réserves.

L'élève ne peut évidemment que trouver profit moral et intellectuel à vivre sous le même toit et à la même table que le professeur; la famille ne saurait lui donner un meilleur tuteur; qu'il ait avec lui trois ou quatre condisciples, nous n'avons avec ce groupe que l'extension de la famille. — Mais je goûte peu, par ce que j'en ai vu, le pensionnat proprement dit, organisé chez le professeur; les règlements qui précisent sagement le nombre des élèves à recevoir ont rencontré des résistances; l'intérêt n'entend pas être limité, et, dans ce cas, ce que le maître gagne en aisance,

---

(1) Voir le système tutorial dans l'intéressant rapport de MM. Demogeot et Montucci : *L'Enseignement secondaire en Angleterre et en Écosse*, 1868, grand in-8°, p. 14-19. — Les maîtres sont pour les élèves les représentants de leurs pères, *in loco parentis*.

(2) M. Michel Bréal: *Quelques mots sur l'instruction publique en France*, in-18, p. 286. Tout le chapitre contre l'internat (p. 281-318) est à lire; il est écrit de main de maître.

il le perd en dignité. — Il faut bien ajouter que les devoirs du professeur, les obligations du maître de pension, ne vont pas toujours ensemble; la préparation de la classe, la correction des copies, qui réclament tant de temps au professeur, ne peuvent que souffrir des obligations qui lui incombent dans ses devoirs de maître de pension; ici encore l'expérience confirme la justesse des observations d'ensemble présentées par un écrivain que nous avons cité (1). — Quant aux pensionnats laïques, dont l'organisation actuelle et l'extension, au besoin, se trouveraient tout indiquées pour recevoir une partie du flot qui leur viendrait des internats supprimés, on se demande si l'internat n'aurait plus de misères parce qu'il serait sorti des collèges de l'État pour passer dans les institutions libres; si ces maisons qui, dans leur organisation actuelle, ont tant de peine à recruter convenablement leur personnel de surveillants, pourraient suffire à leur tâche avec une population devenue plus nombreuse; la question d'éducation peut sembler secondaire devant le calcul d'un bénéfice matériel. Dans ces conditions, l'héritage des internats supprimés passerait évidemment, pour la plus grande part, dans les institutions religieuses; M. Beaussire le dit excellemment dans une étude où s'affirment également son judicieux esprit et sa compétence (2); ailleurs, son livre (3) de vif intérêt sur « la liberté d'enseignement » conclut très nettement pour le maintien de l'internat dans les collèges de l'État. « Les internats, dit-il, sont nécessaires à l'Université pour répondre à la libre confiance des familles, dont elle garde et nous n'hésitons pas à ajouter, dont elle mérite les préférences au double point de vue de l'éducation et de l'instruction. Elle ne pourra y renoncer que lorsque les familles trouveront à leur disposition, dans des conditions également bonnes, également conformes à leurs sentiments et à leurs besoins, d'autres moyens d'éducation. »

On peut désirer des agglomérations moins nombreuses pour être en mesure d'y exercer une plus efficace surveillance, accroître

---

(1) M. Francisque Bouillier.
(2) *Revue des Deux-Mondes*, 1er août 1882.
(3) *La liberté d'enseignement et l'Université sous la troisième République.* In-8°, 1884, p. 132.

les améliorations matérielles qu'étend, chaque année, la sollicitude de l'administration, souhaiter qu'on puisse, lorsque les ressources suffiront et qu'on ne rencontrera pas la résistance des familles, transférer successivement les collèges à la campagne ; l'internat, c'est-à-dire l'éducation, lorsque la famille ne peut y pourvoir, s'impose toujours comme une nécessité. L'Université aurait une tâche relativement facile si elle n'avait désormais à gouverner que des externats, mais peut-elle abdiquer sa double tâche d'instruction et d'éducation, qui a ses difficultés, mais qui est son honneur, rompre avec la tradition dont elle a la garde, écarter la demande instante des parents qui veulent pour leurs enfants sa direction laïque ; peut-elle, en fait, reconnaître son infériorité en regard des maisons religieuses, qui ne renonceront jamais, en ce qui les concerne, au bénéfice moral de l'internat, — On ne saurait, à aucune époque, lui attribuer cette pensée d'abdication ; l'internat fut toujours sa préoccupation souveraine ; il suffirait, pour en juger, de se référer aux rapports et règlements divers dont n'a cessé d'être l'objet cette grave question des maîtres d'études ou répétiteurs, qui est la question morale entre toutes pour la vie intérieure du collège.

II

Les observations qui précèdent sur le régime de l'internat précisent peut-être les difficultés particulières qu'y rencontre le maître répétiteur (1) : songez donc qu'il a dans l'éducation la tâche la plus grave à remplir, tenu qu'il est, en dehors du temps des classes, de se trouver constamment, à toute heure, près de l'élève ; rapproché de lui par l'âge, il n'a pour le diriger, l'avertir, au besoin le punir, ni l'autorité du professeur, ni l'action de l'aumônier ; le professeur a pour lui l'ascendant du savoir, l'aumônier la confiance qu'inspire la foi ; l'un éclaire, inté-

(1) Ordonnances, arrêtés et circulaires : 26 mars 1829 ; 17 janvier 1839 ; 14 novembre 1844 ; 6 décembre 1845 ; 17 août 1853 ; 27 juillet 1859 ; 26 octobre 1886 ; 8 janvier, 21 février 1887 ; 11 avril 1889.

resse les esprits, l'autre remue les cœurs par le besoin de croire ; par sa fonction, vrai tuteur de l'enfance, le maître répétiteur n'aurait pas trop des deux autorités pour bien la gouverner. — C'est là un idéal que peut atteindre, dans une certaine mesure, telle institution religieuse où la règle ne sépare pas le soin d'instruire et celui d'élever, où la vocation, en matière d'intérêt, ne reconnaît que le dévoûment et le sacrifice. Nous ne saurions le demander à la maison laïque qui vit du siècle, élève les enfants pour la science, les yeux tournés vers la société humaine ; la situation actuelle des maîtres d'études ne réclame pas moins, quelles que soient les mesures, une réforme profonde.

Élever le maître en dignité, assurer ainsi son autorité près des élèves, c'est la donnée principale du problème ; le décret du 17 août 1853 qui institue les maîtres répétiteurs en remplacement des maîtres d'études, et, ce qui est mieux qu'un changement de nom, organise des conférences à la Licence pour les mettre en mesure de suppléer les professeurs, ouvre la voie à suivre pour la réforme. — La préparation à ce grade rappelle chaque jour au maître que « la fonction de répétiteur ne constitue pas une carrière, qu'il lui appartient de préparer son avenir ; » suppléer éventuellement le professeur, c'est monter au rang des maîtres, et, d'autre part, gagner par la capacité l'estime de l'élève, qu'on peut chaque jour aider dans ses études. L'institution des conférences nous donna en province d'importants résultats ; obligation était faite aux maîtres d'assister aux leçons et de présenter des devoirs ; un bulletin mensuel permettait à l'administration de suivre le travail des maîtres, d'avertir ou de féliciter. Nous pûmes, à Paris, perfectionner l'institution en divisant la conférence ; des maîtres de grande valeur furent chargés de l'enseignement littéraire : l'un avait l'enseignement du latin, l'autre du grec, un troisième du français (lettres et grammaire) ; la Faculté des sciences voulut bien pourvoir à la préparation des trois Licences, en y joignant les compléments d'expériences et de manipulations qui font partie des épreuves. — L'autorité supérieure, dans ses instructions les plus récentes (1), a gardé la tradition ; elle reconnaît hautement

---

(1) Circulaire relative aux maîtres répétiteurs, 26 octobre 1886. — Bulletin du Ministère de l'Instruction publique, tome 68, pages 755-766.

que « les élèves estiment surtout chez leurs maîtres et surveillants « les habitudes laborieuses, l'effort en vue de se faire une place « dans la lutte pour la vie, et chez eux la docilité est en raison « de l'estime. »

Les mêmes instructions prescrivent l'organisation des conférences dont le principe ne saurait trouver de contradicteurs ; elles promettent, ce qu'on n'aura pu sans doute réaliser encore, les mesures qui rendraient la conférence particulièrement efficace, à savoir : « les facilités de travail, les allègements et les satisfactions de dignité morale compatibles avec les intérêts du service. » — Donner du temps au maître pour qu'il puisse, après la surveillance du quartier, trouver le loisir de réparer ses forces, et consacrer ensuite à l'étude les heures que réclame la préparation aux grades universitaires ; réduire autant que possible les heures de surveillance matérielle, que la continuité rend importunes ; par tous les moyens possibles et en dehors de la conférence, rapprocher le surveillant du professeur ; lui ménager, ainsi que cela se pratique dans quelques lycées (1), un Cercle de lecture et de jeux qui le dispense d'aller chercher des distractions au dehors ; — toutes ces mesures et d'autres encore peuvent concourir à l'amélioration du régime des maîtres répétiteurs. Les conditions de recrutement seront plus faciles et meilleures ; la discipline, sans être moins exacte, deviendra plus aimable et pour le maître et pour les élèves. — Seulement, les plus sages réformes demandent pour réussir une main qui sache les diriger. « Le Principal d'un collège, a dit Rollin (2), en est comme l'âme qui met tout en mouvement et qui préside à tout. » — C'est vrai de la direction des études, c'est vrai surtout de l'éducation. Les maîtres répétiteurs relèvent encore plus que les professeurs de l'autorité du Principal ou Proviseur ; ils vivent de son esprit, reçoivent ses instructions pour le gouvernement des caractères ; là où l'âme du chef est passée dans le personnel, la confiance revient chez les mères si promptes à prendre l'alarme. La question des maîtres répétiteurs est, au premier chef, une question morale ; bien ou mal résolue, elle absout ou condamne dans l'Université l'institution de l'internat.

(1) Lycée de Versailles ; lycée Henri IV, à Paris.
(2) *Traité des études.*

CHAPITRE IV

Éducation physique.

I. **Exercices physiques.**
Leur nécessité; fatigue de l'étude. — Accord des médecins et des philosophes. — Les jeux au collège moins recherchés qu'autrefois; pourquoi. — Temps que nous avons connus. — M. de Laprade : l'éducation homicide.
La vie du monde et la vie du collège. — L'Université est-elle seule en cause. — Institutions libres ; leurs essais. — Ce que quelques-unes empruntent à l'Angleterre. — Devoirs qui incombent à l'Université.

II. **Éducation anglaise.**
Rapport de MM. Demogeot et Montucci. — Prépotence de l'éducation physique ; ses résultats. — Virilité, puissance anglaise. — Génie national. — Jeux divers : les régates, vraies fêtes olympiques.
Peut-on acclimater chez nous le sport anglais. — Emprunts qu'on peut lui faire. — Différence des deux peuples.

III. **Gymnastique grecque.**
Gymnastique et musique : l'âme et le corps. — Les Grecs avaient-ils une gymnastique savante. — Leur système d'éducation. — Gymnastique naturelle. — Hippocrate. — Aristote. — Galien. — Platon. — Gymnastique dégénérée : l'athlétique.

IV. **Disparition de la gymnastique platonicienne.**
Temps de violence et de guerre. — L'érudition en rétablit l'histoire. — Renaissance. Gymnastique savante en Europe, XVIIIe et XIXe siècles.

V. **Gymnastique dans l'Université.**

Premiers essais.

M. de Salvandy. — M. Fortoul. — M. le docteur Bérard.

M. V. Duruy. Organisation administrative. — Gymnastique et exercices militaires. — M. le baron Larrey. — M. le docteur Hillairet. — Œuvre de la commission de la gymnastique ; ses travaux, ses progammes.
Concours de la guerre. — Mission donnée au Recteur : M. le maréchal Niel; M. le colonel Colson. — Instructions militaires. — Tir. — Équitation.

M. J. Simon. — Exercices militaires à Compiègne. — Palmes d'officier de l'Instruction publique portées au colonel du 13ᵉ dragons. — Revue militaire à Henri IV des élèves des Lycées. — Trois ministres présents.

VI. **Bataillons scolaires.** — Ville de Paris.

I

La question des jeux et des exercices physiques dans des cours spacieuses, aussi bien ensoleillées que possible, est une suite obligée du problème dont nous venons de faire l'étude ; l'internat, comme l'externat lui-même, se lie à tout un ensemble de réformes dans la succession des exercices physiques, l'ordre et le caractère des études ; la santé et l'intelligence y sont également intéressées. — Il n'est pas de question plus agitée de nos jours, avec cette *furia* française qui n'est pas toujours la sagesse. — Pédagogues et médecins, dans leurs écrits, s'accordent pour demander que les récréations et les jeux aient plus de place dans la vie des élèves, que l'administration réduise avec mesure les heures consacrées à l'étude. Nous ne saurions contredire ni à l'une ni à l'autre proposition ; l'esprit a plus de ressort s'il a moins de surcharges ; le corps est plus vigoureux lorsqu'on n'impose pas au cerveau une trop forte contention intellectuelle. Ajouterai-je que dans les temps bien loin de nous, où j'ai fait mes premières études, nous animions de notre jeunesse les préaux entourés de cloîtres monastiques où l'on ne connaissait autrefois que la méditation et la prière : les barres, la course, le noble jeu de paume, y étaient en honneur ; aux jours de promenade, toujours bienvenus, on allait prendre aux champs et à la lisière des grands bois la force et la gaîté que donne une longue marche ; on rapportait, avec la fatigue salutaire, la provision d'air pur qui prépare le sommeil moral et réparateur. M. de Laprade, grand cœur et grand esprit, entré cependant dans la vie d'écolier à peu près vers la même époque, n'y rencontra que des tristesses ; on n'est pas maître de ses souvenirs, chacun a les siens, et je déclare bien sincèrement ne m'être jamais douté, même après avoir lu son livre, que j'avais reçu une *éducation homicide*. — Je voudrais bien ajouter, j'ai dû le dire quelque part, qu'on ne saurait, en bonne justice, mettre au compte de nos institutions scolaires l'abandon des jeux, qui marque dans un trop grand nombre de nos maisons l'heure des récréations; les *grands* surtout ne jouent pas, mais se promènent en politiques ou en philosophes; les nouvelles du jour, les évènements qui se préparent, pour quelques-uns les chances de succès aux concours des grandes Écoles, sont le côté sérieux des entretiens ; il en est qui racontent avec quelque orgueil l'abus qu'ils ont fait des libertés aux derniers jours, et projettent d'autres regrettables rencontres. — L'élève ne vit plus, comme autrefois, de la vie du collège ; le monde le suit dans cet intérieur, qu'on accuse sous tant de formes d'avoir les rigueurs de la vie claustrale ; on ne s'en douterait guère aux congés longs et répétés qui rompent la paix des études, et dont se plaignent les correspondants et les familles. — L'esprit du temps vient avant l'heure hanter ce monde d'écoliers. — Quelles joies naïves, quel amour bruyant des jeux de leur âge, — « chaque âge a ses plaisirs... », — pourraient rapporter au collège ces petits garçonnets qu'on déguisait hier en gardes françaises, promenant en vainqueur les petites fillettes, parées, elles, des atours des marquises, et cela dans des salons chargés de dorures, éclairés de mille feux, aux accords entraînants d'un orchestre conduit par Métra? Les parents sont, bien entendu, ravis du spectacle; ils ne prennent pas garde que leur tendresse s'est égarée, que l'enfant qu'on vieillit avant l'heure perd ainsi son printemps. Dirai-je encore que l'enfant trop flatté, trop adulé, que l'on craint d'avertir, bien que l'avertissement soit un devoir de la tendresse, est trop porté à prendre en dédain les observations qu'il faudra bien lui faire, lorsqu'il aura pris l'habitude de fautes qu'eût prévenues une attention plus sévère? Combien de pères sont venus conter au chef d'établissement leur excessive indulgence, le priant de remettre l'enfant, sans dire toutefois qu'ils avaient porté plainte, dans la voie du respect dû à l'autorité paternelle! Les critiques et les moralistes pourraient à cet égard s'édifier près de MM. les proviseurs.

II

Relever ces traits de mœurs, c'est dire que l'Université n'est pas seule en cause dans les questions d'éducation ; nous n'en concluons pas moins qu'elle se doit toute à la tâche dont elle a pris la responsabilité ; les difficultés à la bien remplir ne sauraient diminuer ses devoirs. L'éducation physique est au nombre de ces devoirs ; l'État ne saurait s'en désintéresser. Pour l'engager plus avant dans les voies de la réforme où il est entré, on fait bruit autour de lui du renom qu'ont acquis plusieurs institutions libres ; les unes ont simplement gardé leurs traditions ; elles remplissent et varient la journée entre l'étude et les jeux, dont les maîtres eux-mêmes donnent l'exemple ; les autres, estimant que la tradition ne saurait suffire, demandent des leçons à l'étranger ; il ne leur faut rien moins que le *sport*, l'éducation athlétique pour combattre le surmenage, la contention intellectuelle. Ce qu'on appelle le surmenage, il faut bien s'entendre, ce n'est pas en particulier le grec et le latin ; c'est l'assemblage de tous les échantillons du savoir humain dans les premières années des études, c'est l'enseignement secondaire français lui-même, si l'on veut y accumuler les sciences et les lettres modernes dans leur multiple variété. La race s'étiole, chez un peuple de tempérament ardent et nerveux, quand on ne sait mesurer les charges au poids que peuvent porter les épaules.

Pour connaître le sport, franchissons le détroit ; nous verrons ce qu'il peut chez nos voisins pour former des générations vigoureuses et de ferme moralité ; MM. Demogeot et Montucci nous sont de sûrs guides dans le rapport qu'ils adressèrent à M. Duruy en 1868 (1) ; ils y rendaient compte de la mission qu'ils avaient reçue d'exposer l'état de l'enseignement secondaire en France et en Angleterre. — On peut juger de la sagesse de leurs appréciations par ces lignes, qui méritent d'être retenues :

« Les meilleures coutumes de l'Angleterre ne sont souvent que

---

(1) *Rapport*. Paris. Imprimerie impériale, grand in-8°, p. 59.

des défauts naturels corrigés et changés en qualités. — Ce qu'il faut emprunter à cette grande nation, ce n'est pas tel ou tel usage, telle ou telle institution transplantée sans racine de son sol dans le nôtre ; c'est avant tout l'habitude salutaire, la ferme volonté de changer la barrière en échelon, la faiblesse en puissance et la défaite même en triomphe. — Peut-être est-ce là pour les peuples, comme pour les individus, le grand secret du succès. »

Telle pratique excellente, par elle-même dans un pays parce qu'elle répond dans une période donnée à ses traditions et à ses besoins, demande ailleurs, pour être appliquée, des modifications profondes ; mais on peut tempérer l'excès de dépense intellectuelle qui ruine les forces physiques sans laisser l'esprit trop en friche pour le bénéfice d'une éducation athlétique ; dans les choses scolaires ainsi que dans toute institution humaine, la sagesse est dans la mesure qui tempère l'excès des principes... Je doute qu'on puisse importer avec succès, en France, l'ensemble du système qui est encore, à cette heure, le fond de l'éducation anglaise.

Chez nos voisins, « les études se restreignent respectueusement pour faire place aux jeux athlétiques (1). Deux ou trois fois par semaine, les classes cessent à midi ; le reste de la journée est libre pour les exercices du corps. — Les autres jours même, les élèves y consacrent plusieurs heures, et ce n'est pas seulement une récréation facultative ; c'est un travail, un devoir imposé par l'usage et exigé par l'autorité (2). — L'opinion, si puissante dans les écoles publiques, attache aux distinctions athlétiques la plus haute considération. Le chef des *onze* au cricket, le capitaine des bateaux sur la Tamise, sont des personnages bien plus importants à Eton que l'élève le plus distingué dans le grand concours pour les prix de littérature et de mathématiques.

. . . .

« On nous a montré avec orgueil dans la bibliothèque d'Harrow, en face des portraits des lords Byron, Palmerston, etc., le bouclier d'honneur disputé au tir (*Shat for*), gagné pour la troisième fois par l'école d'Harrow.

---

(1) Rapport de MM. Demogeot et Montucci, p. 20.
(2) Le jeu de ballon prend une heure et demie, trois fois par semaine ; est-il bien vrai que le cricket réclame 5 heures par jour ?

« Et quelles luttes passionnées aux jours des régates (*boat-races*) ! — On s'y prépare plusieurs mois d'avance, c'est une éducation spéciale, un *entraînement*. Le genre de vie, la diète, la nourriture, sont modifiés pour les futurs concurrents ; ils mangent la chair saignante, ils s'abstiennent de vin, etc... Le jour venu, toute l'école, toute la ville, toutes les maisons rivales, tous les parents, accourent et garnissent les deux rives... Le signal est donné ; les barques à huit rames glissent et volent ;... un silence inquiet les observe. L'enthousiasme est à son comble ; il ne faut pas parler ce jour-là du flegme britannique..... La métropole tout entière devient jeune, et oublie pour deux ou trois jours la politique et les affaires... » — Nous retrouvons, à bien des siècles de distance, sur les rives brumeuses de la Tamise, l'enthousiasme qu'excitaient les jeux olympiques sous le beau ciel de la Grèce ; l'identité dans le contraste nous est expliquée à merveille (1).

« Si l'homme ne réagit pas contre une nature ennemie, il faiblit et succombe. — Grâce à son éducation physique, soutenue par une forte et simple nourriture, la jeunesse anglaise se développe avec une énergie triomphante. C'est plaisir de voir ces beaux jeunes corps, si grands et si bien faits, toutes les forces de l'homme avec la taille frêle encore de l'adolescence, les muscles si pleins et si souples, les couleurs de santé si fraîches, les poses à la fois si modestes et si fières, etc.; on surprend à sa source le flot d'une véritable et légitime aristocratie. » — L'instruction est si bien chez les Anglais une part secondaire d'une solide éducation, que l'un des professeurs justement renommés de l'école Saint-Paul, à Londres, où l'éducation intellectuelle est particulièrement en honneur, déclare que les élèves de l'institution faiblissent plus tard dans leur carrière à l'Université, après avoir donné sur les bancs de l'école les plus brillantes espérances. Il faut en chercher la cause, dit-il, dans cette circonstance, que Saint-Paul est un *externat*, et ne peut offrir à la jeunesse l'éducation gymnastique qu'on reçoit dans les autres écoles. « Les enfants remplissent un rôle important dans leur éducation mutuelle, et sans parler de l'énergie physique, compagne fréquente de la force morale, une trempe d'es-

---

(1) *L'Éducation anglaise*, par Pierre de Coubertin. — 1889.

prit virile, vigoureuse, s'acquiert bien plus sur la pelouse des jeux que dans la salle de classe. »

On s'explique parfaitement qu'une éducation si virile trempe les caractères et réponde au génie national ; elle convient à merveille à cette race maîtresse des mers, souveraine des Indes, souveraine partout par le commerce et l'industrie, qui a la double puissance de la réflexion et de la spontanéité ; mais dans quelle mesure peut-elle s'appliquer à la France? les traditions, les idées et les mœurs séparent les deux peuples bien autrement que le bras de mer qui roule ses vagues entre les deux rives. Si nous ne pouvons, par des causes diverses, prendre à l'Anglais ses prédilections et toutes ses pratiques, on peut retenir du moins ce qu'il y a d'excellent dans son principe, à savoir une culture attentive de la force. M. Jules Simon a depuis longtemps prêché cette doctrine ; il préside à cette heure une commission chargée de l'étude du problème. — L'éducation physique ne nous est pas aussi étrangère qu'on veut bien le dire ; nombre de nos jeux d'autrefois, — quelques-uns sont en honneur, — ont grand crédit chez nos voisins : ainsi la paume, le ballon, les barres, la course ; rien de plus simple que de les réorganiser et de les rendre obligatoires. Je voudrais également l'obligation pour l'escrime, l'équitation et le tir, très goûtés de notre jeunesse ; restent le canotage, ou les régates, les ralyes à pied ; ira-t-on jusqu'à la boxe? Attendons le rapport, les expériences des instituteurs libres, les essais tentés dans quelques-unes de nos maisons ; la prudence nous est commandée. Nous avons, en attendant, tout un ensemble d'exercices dont les effets sont éprouvés, qu'on peut rendre plus fréquents pour qu'ils soient plus efficaces ; personne n'en conteste les bienfaits au point de vue de la santé et de la vigueur ; j'ai nommé les exercices gymnastiques prescrits par nos règlements et entrés actuellement dans nos mœurs scolaires.

III

Le sport anglais est évidemment une gymnastique ; peu importe qu'elle diffère, dans ses pratiques, de l'art des mouvements enseignés de nos jours dans l'Europe moderne, ou de la culture du corps telle qu'on l'entendait en Grèce ; l'éducation publique atteint son but dans la variété des moyens si elle comprend, dans une juste mesure, les exercices du corps et ceux de l'esprit, et nous donne le beau spectacle que recherchait Platon, celui de la beauté de l'âme et de la beauté du corps unies entre elles dans une homogénéité parfaite. — La gymnastique naturelle suffirait-elle pour atteindre ce double but ? — Hippocrate, nous dit un professeur de philosophie de la Faculté des lettres de Caen (1), « nous conseillerait, s'il vivait encore, les exercices naturels, qui sont par cela même de tous les temps : la marche et la course, la chasse, l'équitation, la natation, et les jeux, ceux du moins qui se rapprochent de la nature par leur simplicité et leur facilité, et notamment cet excellent *jeu de paume,* qui a passionné nos aïeux comme il avait passionné les anciens, et qui n'eût pas dû nous quitter avec notre aristocratie, la veille de la Révolution (2). »

Et que pense Galien, qui est, comme Hippocrate, un médecin philosophe ? Toutes ses prédilections sont pour la gymnastique naturelle. « Les hommes d'autrefois excellaient dans tous les exercices naturels. Robustes par le fait d'une bonne constitution, ils

---

(1) V. le curieux travail de M. Chauvet, Caen, brochure in-8º, 1879 : *Ce que les anciens ont pensé de la gymnastique* — L'écrivain a résumé l'ensemble de ses études dans son savant ouvrage, *La Philosophie des médecins grecs,* in-8º, 604 pages. 1886.

(2) J'ai trouvé le jeu de paume en honneur au temps où je faisais mes études sous la Restauration ; M. le docteur Vernois (Rapport sur l'hygiène des Lycées) en a constaté l'existence, sous le second empire, aux Lycées de Pau et de Montpellier. La tradition ne pouvait se perdre à Pau : la paume fut toujours le divertissement préféré des Basques ; aujourd'hui la faveur revient partout au noble jeu.

savaient combattre non-seulement à la lutte, mais à la course, au trait, à l'arc, au disque, au chariot ; et comme ils savaient combattre, ils savaient labourer, ensemencer, moissonner, tailler les arbres, également aptes à tous les travaux qui intéressent la paix et la guerre (1). » — L'écrivain en conclut (2) que la gymnastique recommandée par les anciens est la gymnastique naturelle, faite d'exercices naturels et de jeux, bien différente en son principe de la gymnastique artificielle de nos écoles, faite de mouvements calculés, combinés et réglés en vue de procurer au corps la souplesse, l'agilité et la force. »

Rien qui ne soit vrai dans cette appréciation de la gymnastique naturelle, et c'est précisément parce qu'elle est féconde que l'art, qui vient à la suite, peut la régler et en étendre les bienfaits. — Nous avons ainsi la gymnastique savante, dont tous les exercices, — témoin la gymnastique contemporaine, — s'adressent successivement à chaque partie du corps pour le développer dans sa vigueur et son adresse. — Les Grecs l'ignoraient-ils, et s'en tenaient-ils à la gymnastique naturelle? D'où viendrait alors la place renommée qu'elle occupe dans leur système d'éducation? C'est à eux que revient l'honneur d'avoir fait de la gymnastique un cours complet de doctrines; la gymnastique contemporaine est fondée à se réclamer de ces illustres précurseurs, bien qu'on ne saurait trouver des deux parts ce qu'on appelle similitude dans l'ensemble de leurs exercices; la vie moderne est séparée de la vie antique par des différences profondes ; dans l'une et dans l'autre, quelles que soient les différences, la gymnastique ne laisse pas d'être un mode essentiel d'éducation, mais un mode qui a ses lois et un but supérieur. — « Aristote, en vrai platonicien, distingue la gymnastique hygiénique, dont l'objet est de produire la santé et la vigueur, et la gymnastique athlétique, qui nuit *également à la grâce et à la croissance du corps* (3). » — Même observation chez Galien, qui distingue deux gymnastiques : la vraie, avec son caractère scientifique qui met l'équilibre entre la santé du corps et celle de l'esprit; la fausse, dont le but est d'exagérer la force brutale;

---

(1) *La Philosophie des médecins grecs*, p. 179.
(2) *Id.*, p. 195.
(3) *Id.*, p. 175.

et celle-ci, en perdant son caractère scientifique, détournée de son but, devint à Athènes une école grossière d'acrobates et d'athlètes, et tomba à Rome dans le sang des bestiaires et des gladiateurs; pour les deux pays vint ensuite la conquête; la Grèce devint province romaine, l'empire romain fut brisé par les Barbares.

Il faut lire Platon, et après Platon, M. Jules Simon (1), son brillant interprète, pour bien comprendre le rôle de la gymnastique primitive, hygiénique, sociale et religieuse. L'éducation comprenait, nous l'avons vu, et les exercices du corps et ceux de l'esprit; les premiers, sous le nom de gymnastique, étaient consacrés à Apollon; les autres, sous celui de musique, aux muses; la musique embrassait avec elle les arts et les sciences. — On conçoit, dit très bien M. Ferry d'Esclands (2), « pourquoi Platon et les autres penseurs de l'antiquité ne comprenaient pas la prospérité d'une république privée d'une gymnastique largement entendue, formant la partie essentielle de l'éducation des enfants, des récréations de l'âge mur, des fêtes publiques et des solennités religieuses. Le dieu qui présidait aux exercices du corps et dirigeait ceux de l'esprit était en même temps le dieu de la médecine. » — C'est dans ces limites et cet esprit qu'il faut voir et comprendre la gymnastique; entre ces deux modes d'éducation, — la gymnastique et la musique, — l'une qui orne l'esprit, l'autre qui fortifie le corps, le lien est plus étroit qu'il ne semble; de l'un et de l'autre on peut dire avec Platon parlant de l'éducation de l'âme (3) : « Il se peut que l'une et l'autre aient été établies principalement pour former l'âme. »

S'il en est ainsi, et Platon le dit lui-même, la gymnastique qu'en éducation il faut pratiquer est celle qui vise à former des hommes sains et dispos, fort peu différente de l'hygiène, et non celle qui ne forme qu'à la lutte, qu'on peut appeler l'*art de renverser*. « Comme celui qui donnerait trop à la musique, dit le philosophe (4), tom-

---

(1) M. Jules Simon, *Enseignement secondaire*, in-8º, 1874.
(2) Voir l'origine et l'histoire de la gymnastique dans l'intéressant livre de M. Ferry d'Esclands : *De la gymnastique, commentaires anatomiques et physiologiques*. Un vol. in-8º, 1881, 324 pages, p. 221.
(3) *La République*, liv. III. Traduction de Victor Cousin, t. VIII, p. 177.
(4) *Id.*, liv. IV.

berait dans la mollesse, celui qui donnerait trop à la gymnastique tomberait dans la brutalité et dans la grossièreté. — En se livrant à la gymnastique même bien entendue, c'est moins au corps et à son développement qu'il faut penser qu'au perfectionnement de l'âme, dont il doit rester toujours l'instrument et le ministre. »

IV

La gymnastique ainsi entendue ne pouvait être familière aux temps où la force matérielle devait être surtout en honneur, — qu'il s'agit de repousser les invasions, de conquérir des territoires, ou de régner par le fer dans l'enceinte féodale. Il nous faut attendre jusqu'au XVIe siècle, à l'âge de la Renaissance, qui rallume le flambeau des lettres anciennes, pour nous rendre en même temps, par l'érudition, la vie antique du gymnase. Guillaume Budé, fondateur du Collège de France, semble être l'un des premiers qui se soient appliqués à faire connaître les *gymnases, bains, exercices athlétiques et saltations*, et l'érudition, depuis, ne s'est pas lassée dans ses recherches. Après les érudits sont venus les médecins, naturellement préoccupés de l'excellence de l'exercice pour la conservation de la santé, et à leur suite les hommes de pratique, les pédagogues. La France a bien une priorité en tant qu'elle recommande la réforme par les écrits de Montaigne et de Rousseau ; mais l'honneur des premières applications appartient à l'étranger : en Suisse, en Saxe, en Danemark (XVIIIe siècle); en Prusse, en Suède, dans les premières années du XIXe (1).

Nos premiers essais ne datent que de la Restauration (1816); ils portent les noms de Clias et d'Amoros, ce dernier fondateur (1829) de l'École militaire de Grenelle, transportée depuis à Joinville-le-Pont ; Triat, sous la monarchie de Juillet (1847), donne à la gymnastique une impulsion nouvelle, et en même temps que se

---

(1) Voir, pour le détail historique, le rapport (1868) de M. le Dr Hillairet, membre de la Commission de gymnastique.

constituent des gymnases, les œuvres savantes se multiplient pour en vulgariser les pratiques.

L'heure semblait venue pour l'Université d'organiser administrativement l'enseignement de la gymnastique; des essais tentés dans un certain nombre d'établissements ne reposaient pas sur des bases assez sérieuses; il fallait attendre encore; l'organisation de la gymnastique dans notre pays ne prend une vraie date historique qu'avec les ministères de M. Victor Duruy et de M. Jules Simon.

V

Avant eux, M. de Salvandy, dont l'initiative généreuse s'était portée sur tant d'intérêts universitaires, avait songé à fonder l'œuvre gymnastique. Un arrêté (en date du 21 octobre 1845) institue une Commission et détermine son champ d'études (1). La Commision est chargée :

1° De constater l'état actuel des exercices de gymnastique dans les collèges de Paris et de Versailles;

2° De rechercher les causes générales qui ont fait délaisser ou négliger les exercices;

3° D'examiner de quelle utilité il pourrait être de remettre en pratique les exercices gymnastiques;

4° Subsidiairement, d'indiquer les moyens à employer pour arriver à ce but.

Quelle fut la réponse? M. Fortoul semble l'ignorer; il n'en est pas fait mention dans son arrêté du 7 novembre 1853 instituant, sous la présidence de M. Bérard, « inspecteur général des Facultés de médecine, une Commission chargée d'indiquer les exercices de gymnastique militaire, d'équitation et de natation, les plus propres à développer les forces des enfants et à leur assurer une bonne constitution physique (2). »

(1) *Bulletin universitaire* (1845), p. 199.
(2) *Réforme de l'Enseignement du 2 décembre jusqu'au 31 décembre 1853.* 2 vol. in-8°, 1854. — 2° vol., p. 723.

Ici, du moins, nous avons une réponse, et c'est celle d'un maître, le premier dans la science des fonctions organiques, et qui fut aussi, comme M. Dumas, l'un des premiers par la parole l'art d'exposer : « Créer de la matière organisée, fût-ce celle d'un simple polype ou d'une moisissure, disait M. Bérard, est et sera à tout jamais au-dessus de la puissance de l'homme. Mais qu'on donne à l'homme une créature vivante, il la modifie, et la pétrit à son gré..... A aucune époque de la vie cette souplesse n'est plus marquée que pendant les années qui précèdent la puberté.

« L'ignorance ou la légèreté ont pu seules méconnaître les ressources qu'offre la gymnastique dans l'intérêt même de la culture intellectuelle, et ne voir qu'un amusement dans les exercices qu'elle enseigne. »

Sur ce rapport et par arrêté du 13 mars 1854, le Ministre, le Conseil impérial entendu, édicta :

« La gymnastique fait partie de l'éducation des lycées de l'Empire.

« Elle est l'objet d'un enseignement régulier, qui est donné aux frais de ces établissements.

« Les élèves, pour les exercices, sont partagés en trois catégories. »

Un programme détaillé déterminait ces exercices (1).

Enfin, par une circulaire (7 novembre 1854), le ministre pressait les Recteurs d'intervenir auprès des villes, pour obtenir leur concours dans les frais de construction de gymnases couverts, là où les ressources du lycée seraient insuffisantes.

Avec M. Duruy, la question de la gymnastique, gagnée devant l'opinion depuis le rapport de M. Bérard, se généralise ; le décret du 3 février 1869 rend la gymnastique obligatoire dans les collèges communaux, les écoles normales primaires et les écoles primaires de garçons, au même titre que dans les lycées. L'enseignement s'étend ; il comprend, outre les matières ordinaires, le maniement des armes, l'école du soldat. Le Ministre prescrit ces derniers exercices, dont nous avions fait l'essai avec succès dans les lycées de Paris ; nous demandâmes et obtînmes plus tard l'usage du *tir*,

---

(1) V. *Bulletin universitaire*, 1854, pp. 72, 94, 334.

si familier à la jeunesse dans plusieurs pays étrangers (1). Plus tard encore, un officier supérieur (2), nommé inspecteur du nouvel enseignement, reçut mission d'en surveiller la direction et les progrès, et d'assurer partout l'unité recommandée par la Commission.

L'œuvre gymnastique et militaire est l'œuvre de cette Commission, que j'aurais dû nommer tout d'abord pour lui rendre hommage ; je ne sache pas qu'aucun comité institué à cette époque se soit montré plus actif, plus laborieux, plus uni dans un commun dévoûment au pays, jusqu'au jour où elle fut dispersée parce qu'elle n'était que patriote (3).

Soit que chacun fût jaloux de justifier la confiance du Ministre, soit qu'on pressentît un prochain péril, on ne se lassait pas dans ce labeur. Le baron Larrey, membre de l'Institut, qui porte dignement un nom uni à notre histoire, présidait à la discussion des programmes ; avec lui les questions ne s'égaraient pas, on était sûr sous son autorité de l'accord des esprits.

M. le docteur Hillairet, membre de l'Académie de médecine, mérita l'honneur d'exposer nos travaux ; son rapport, publié par ordre de M. le Ministre, reste l'un des documents officiels qui consacrent et rappellent sa mémoire. Ce que les documents officiels n'ont pu dire et qu'il y a devoir de rappeler, c'est le dévoûment de la Commission à son œuvre ; les procès-verbaux de ses réunions, rédigés avec un soin remarquable par M. de Galembert, chef de bureau au Ministère, font foi de ses lumières et de la variété de ses travaux ; au dehors elle n'était pas moins active ; elle ne manquait à aucun des appels que nous lui adressions pour aller, dans les lycées et collèges de Paris, Vanves et Versailles, assister aux exercices et marquer ainsi par sa présence l'intérêt qu'elle portait à l'institution. — Aux jours de visite, surtout dans les premiers temps, le président, d'une attention toujours si déli-

---

(1) Le commandant d'un de nos bataillons de chasseurs, M. Labrune, aujourd'hui général, l'un des membres de la commission ; je garde le souvenir de son patriotique concours.

(2) M. de Féraudy. Sur le désir que je lui en avais exprimé, il réunissait deux fois par mois les instructeurs gymnastiques d'une part, et, de l'autre, les instructeurs militaires, pour assurer l'unité de l'enseignement.

(3) Voir l'*Appendice*.

cate, tenait à ce que le Recteur, qui était, disait-il, dans sa maison, fît connaître lui-même à cette jeunesse l'usage que l'on faisait ailleurs des exercices militaires, et l'avertir des devoirs qui l'attendaient. Sur un signe de l'instructeur, les compagnies inspectées faisaient cercle autour de la commission pour entendre de patriotiques paroles.

Le département de la guerre et le gouvernement des écoles étaient à cette époque aux mains de deux Ministres ardemment dévoués à leur pays et qui connaissaient le péril. Il ne pouvait déplaire au chef de l'armée que son collègue de l'Instruction publique voulût une jeunesse forte et disciplinée par la gymnastique, préparée au régiment par une éducation militaire. La mission que me donnait M. Duruy d'aller demander en son nom, pour ce dessein, le concours de la Guerre, m'était un honneur et ne pouvait être difficile. J'avais connu M. le maréchal Niel en 1858, au voyage de l'Empereur et de l'Impératrice en Bretagne, et depuis il avait bien voulu me témoigner qu'il me gardait un souvenir. — C'était un esprit des plus distingués, une âme élevée ; l'homme de guerre était à la hauteur du patriote. On connaît ses sinistres prévisions ; le maréchal ne voulait pas la guerre ; il connaissait mieux qu'un autre maréchal, celui-ci courtisan, l'infériorité de nos forces en présence des formidables armements de la Prusse, préparée de longue date pour l'invasion ; la commission du budget refusa de l'entendre, lorsqu'il vint lui exposer le danger et demander les moyens d'armer le pays. « Nous ne voulons pas, dit la commission, faire de la France une caserne ! — Prenez garde, dit le maréchal, d'en faire un cimetière. » Le mot, dit avec douleur, était prophétique.

Le maréchal avait chargé son chef de cabinet, M. le colonel Colson, de me recevoir et d'assurer à nos établissements tous les moyens d'instruction et d'inspection militaire dont pouvait disposer son département. J'eus fort à me louer de son accueil. Abord loyal, ferme parole, mâle énergie, le colonel avait toutes les qualités qui distinguent un brave ; très intelligent, très instruit des choses de la guerre, il voyait les conditions par trop inégales du duel qui allait s'engager. — Son courage n'en était pas diminué ; il fut l'un des premiers, sur le champ de bataille de Wœrth, qui tombèrent la face devant l'ennemi. Quant au maréchal, il ne vit pas l'invasion ; ceux qui l'approchaient ne doutèrent pas que la douleur n'ait hâté sa fin prématurée ; à son lit de mort, il pleurait sur son pays, qu'il jugeait hors d'état de se défendre.

Grâce au colonel et en exécution des ordres du maréchal, nous eûmes partout dans le ressort, comme nous les avions déjà à Paris, des sous-officiers chargés de former les élèves; les manèges de la cavalerie nous furent prêtés à certains jours pour l'équitation ; des officiers supérieurs durent, une fois au moins par trimestre, visiter les lycées, collèges et écoles normales primaires, pour rendre compte au ministre de la guerre de l'état de l'instruction. L'inspection militaire confirma les résultats qu'avait constatés notre Commission. Nos élèves, ainsi préparés, furent dans l'armée des auxiliaires utiles ; plusieurs conquirent l'épaulette sous le feu de l'ennemi; plus d'un nom parmi les jeunes est inscrit sur les tableaux funèbres de nos anciens élèves, dressés dans nos chapelles et marqués du néfaste millésime 1870-71.

Il n'y avait pas de motif, après la guerre et sous l'impression de nos désastres, de laisser dans l'oubli une institution qui avait fait ses preuves; l'opinion la tenait en grande faveur (1) et la considérait à bon droit comme une institution de force et d'hygiène. Nous étions à ce premier moment, trop tôt écoulé, de relèvement moral. Ce pays serait bien fort s'il gardait en durée l'intensité du sentiment qui le ranime à certains moments de son histoire. — M. le ministre Jules Simon fit du moins tout ce qui était en lui pour pénétrer les esprits ; il réunissait à un haut degré ces deux forces : la vivacité du patriotisme, l'éclat et le charme du talent littéraire. On ne pouvait mieux souhaiter pour accréditer une institution et la rendre populaire. Ce qu'il mit de conviction et d'ardeur au service de la cause se retrouve en traces affaiblies dans son beau livre sur l'enseignement secondaire (2). — La Commission redoublait de zèle, se sentant encouragée et honorée; dans une même pensée d'émulation, le chef de l'Académie se faisait un devoir de signaler tous les dévoûments, de solliciter des récompenses académiques pour ses collaborateurs, et c'est ainsi,

(1) Voir l'*Appendice*.
(2) *Enseignement secondaire*, in-8 déjà cité. — Voir aussi l'*Appendice*.

entre autres exemples, qu'il vint un jour à Compiègne, porter les *palmes d'officier de l'Instruction publique* au colonel du 13ᵉ dragons (1), ancien régiment de l'impératrice. — Ce vaillant officier, qui était mon compatriote, méritait bien la distinction; on trouverait difficilement un pareil exemple d'une instruction si ferme, acquise après quelques mois par des jeunes gens de quinze à dix-huit ans, dans les écoles de bataillon et les exercices du manège. Fantassins et cavaliers admiraient dans nos jeunes collégiens de vrais émules. Nous eûmes là une fête à la fois militaire et universitaire, lorsque la jeune troupe en armes, formant le cercle sur la place devant le château de Compiègne, ayant au centre le colonel et le recteur, je remis les palmes au colonel, au nom du Ministre de l'instruction publique, après avoir associé dans la même pensée de patriotisme l'armée et l'Université.

Ce fut une bien autre fête à Paris lorsque j'obtins de M. Jules Simon la fondation de prix annuels, destinés à récompenser dans chaque lycée et collège les élèves qui se seraient le plus distingués dans les exercices gymnastiques et militaires; les maitres recevraient eux-mêmes, pour leurs soins, une médaille et une récompense pécuniaires. Le Ministre voulut inaugurer l'institution au jour marqué; il vint au lycée Henri IV, accompagné de ses collègues de la Marine et de la Guerre (2), assister à ce que nous appelions la revue d'honneur. Chaque établissement, selon ses instructions, avait envoyé la veille au lycée tout son matériel, les armes et les guidons. Les élèves étaient tous présents à l'heure militaire, chaque établissement venu sous la conduite de ses instructeurs. — La Commission tenait autant que moi à ce qu'il n'y eût pas au dehors la *fantasia* de la curiosité publique; préservés de toute exhibition théâtrale, les élèves arriveraient plus sérieux et mieux recueillis.

Un officier supérieur commandait nos six compagnies. Après diverses manœuvres terminées par l'école de bataillon, vint le défilé devant les ministres et les officiers de leur suite, aux accords de la musique de la garde républicaine. — Fermeté des mouve-

(1) M. Barbot de Haute-Claire.
(2) M. l'amiral Pothuau. — M. le général de Cissey.

ments, sûreté des évolutions, sévérité de tenue, silence absolu dans les rangs, — on se serait cru en présence d'une vieille troupe ou plutôt d'un second bataillon de Saint-Cyr ; l'assistance était ravie et saisie de respect; dans tous les rangs on sentait le courant électrique qu'on appelle l'amour du pays. Les ministres trouvèrent des paroles émues pour féliciter cette belle jeunesse

Nous avions dans l'assistance le général Frossard, l'un des commandants du corps d'armée qui avait succombé sous le nombre aux premiers jours de la fatale guerre ; son fils était l'un de nos élèves et faisait partie du bataillon. Frappé de son émotion, je lui témoignai ma sympathie. « Je pleure, me dit-il, notre patrie mutilée, mais j'espère. »

Notre Commission de gymnastique, qui avait tant fait pour l'œuvre et qui la poursuivit encore jusqu'à l'avènement de ce que la politique a appelé, par ironie sans doute, le *grand ministère* (1), méritait peut-être quelques égards pour ses intentions et ses services; elle ne s'attendait pas au congé qui lui fut signifié. Il fallait faire *grand*, et l'on institua, à grand bruit et comme si nous n'avions jamais existé, à titre de création nouvelle, une Commission chargée d'aviser à l'*éducation militaire de la jeunesse* (2). — On savait bien que l'œuvre était faite et se poursuivait dans l'esprit d'union qui devait l'inspirer; mais quelques noms déplaisaient : un sectaire ne connait que la haine; il ignore ce qu'est le patriotisme et aime à dresser des tables de proscription.

La Commission nouvelle, si je suis bien informé, aurait trouvé pour la diviser, dès ses premières séances, les chocs contraires des passions et des doctrines; en fait, elle a cessé d'exister. Nos programmes, si laborieusement élaborés jusqu'à la dernière heure, restent la règle des écoles de tout ordre, mais la Commission, qui en suivait l'application, encourageait les maitres et les élèves, et peut-être portait avec elle l'ardeur communicative dont elle était animée, n'est plus qu'un souvenir ; il n'y a pas lieu d'en féliciter la politique.

(1) V. l'*Appendice*.
(2) Arrêté du 21 janvier 1882.

VI

Notre Commission existait encore lorsque le Conseil municipal de la ville de Paris, aux mains des autonomistes, voulut organiser pour ses desseins les bataillons scolaires. Personne ne s'y méprenait ; ce n'était là qu'un faux simulacre de patriotisme. Le Ministre de l'Instruction publique, qu'on daignait consulter, — il s'agissait d'enrégimenter les écoles primaires, — nous communiqua les statuts projetés par le Conseil.

Mes collègues étaient particulièrement compétents; les uns au point de vue scolaire, les autres sous le rapport gymnastique et militaire; l'un d'eux, officier distingué, avait apporté son concours dans le travail présenté par le Conseil municipal; rien donc, de ce côté, qui pût soulever un doute. Mais il nous sembla nécessaire de demander que M. le Ministre mît à son visa certaines précautions tutélaires : ainsi tous les commandements émaneraient de l'autorité centrale, aucun ne viendrait de la commune ; tous les officiers seraient nommés par le Ministre de la Guerre; de lui seul relèvent les diverses forces armées. — Nous aurions fait d'autres réserves, mais sans aucune chance de succès. — Ainsi dans une ville aussi théâtrale que Paris, le bataillon scolaire paradant devant la foule serait une exhibition qu'on inscrirait aux programmes des fêtes publiques. Il n'est pas bon de tourner en frivole amusement le stage, qui devrait être sérieux, des choses de la guerre. Il y a d'autres moyens, — nous en avions fait l'épreuve dans la Commission de gymnastique, — pour donner sans bruit, et à l'ombre de l'école, l'instruction militaire qui porte avec elle l'autorité et la discipline. Notre grande appréhension au fond était le danger social. Paris, toujours agité, est un foyer de révolution ; on allait dans ce milieu former une armée d'enfants qui, dans quelques années, serait adulte et pourrait tourner ses armes contre la mère-patrie. Le bataillon scolaire nous semblait une machine de guerre, entrée d'avance dans les murs et maîtresse de la place.

L'École sans Dieu, sans la doctrine du droit et du devoir, avec son Manuel civique, prépare médiocrement les âmes au dévoûment et au sacrifice; pour ma part, je ne voyais pas le bataillon scolaire à la frontière. — Les régiments *fédérés* pendant le siège me revenaient en mémoire; je songeais à ce passé, si près et si loin de nous, en entendant lecture des statuts, et le soir même, au sortir de notre réunion, j'écrivais ces lignes, qui expriment des craintes sur l'avenir :

« Qu'on ne doute pas d'une organisation rapide. Les enfants de Paris, dans nos classes populaires, sont merveilleux d'entrain et d'intelligence; ils s'assimileraient bien vite tout ce qu'il faut savoir et pratiquer pour la marche, l'évolution des files et le maniement des armes; leur bonheur sera de se donner en spectacle. M. Laisné, que j'avais recommandé à qui de droit pour l'enseignement de la gymnastique dans les écoles primaires, vint me prier d'assister un jour aux exercices des enfants dans le lycée Louis-le-Grand, mis à sa disposition à des jours marqués pour leur instruction. — Les enfants n'avaient que trois mois de leçons; je fus frappé de leur sûreté et de leur agilité; ils auraient disputé les premiers rangs aux élèves du lycée formés depuis un ou deux ans aux mêmes exercices, mais qui n'y portaient pas comme eux la passion et l'entraînement. — C'était justice de féliciter des écoliers qui avaient si bien profité de l'enseignement. Sur un signe du maître si expérimenté, M. Laisné, ils firent rapidement et militairement le cercle; ils écoutèrent avidement ce que je leur dis de la patrie et du devoir. — Au souvenir du passé, je les voyais combattre contre nous sur les barricades, si une éducation vraiment sociale n'en faisait d'avance des soldats de l'ordre et de la loi. — Le *mobile*, si redouté comme danger, fut un instrument de salut aux journées de Juin 1848. En sera-t-il de même, dans l'avenir, du *bataillon scolaire* ?

« Je crains qu'un jour, et lorsque l'enfant aura, depuis des années, quitté l'école, la Révolution ne trouve dans l'adulte l'élève qu'elle aura formé et discipliné. La société aurait alors contre elle le nombre et la force, le suffrage universel et le fusil (1). »

(1) V. l'*Appendice*.

LIVRE IX

ENSEIGNEMENT SUPÉRIEUR.

CHAPITRE PREMIER

La Sorbonne.

La Sorbonne.
I. Projets de reconstruction. — Louis-le-Grand et la Sorbonne. — Intérêt politique. — Difficultés du côté de la ville. — Sympathie de M. le Préfet de police. — Visite de LL. MM. à la Sorbonne.
II. Le vieux quartier latin. — Le jardin du Luxembourg. — Projets de mutilation. — Exode par suite des démolitions. — Le pauvre et le riche autrefois sous le même toit.
III. Plans de l'Empire abandonnés sous la République. — Projet de transfert de certains services sur les terrains du Luxembourg. — Résistance de la Faculté des sciences.
IV. Comment, sous l'Empire, M. Duruy avait pourvu aux services. — Laboratoires, constructions annexes. — Appel à l'opinion. — Avant M. Duruy, MM. Fortoul et Rouland. — Emprunts faits de nos jours à l'Allemagne.
V. Fréquentation des cours sous l'Empire. — Ce qui était fait dès ce moment pour les maîtres répétiteurs. — Organisation actuelle.
VI. Travaux artistiques : cadrans solaires, la chapelle ; travaux demandés à la ville. — Monuments de Victor Cousin, Victor Leclerc et Thénard.
La tête de Richelieu rendue à son tombeau.

I

Quand j'arrivai à Paris, à la fin de 1862, il semblait qu'il n'y eût dans la grande cité que deux questions à résoudre pour l'heure dans l'intérêt supérieur de l'Université, et que l'une et l'autre réclamaient tout le dévoûment de l'administration académique : pour l'enseignement secondaire, la reconstruction du lycée Louis-le-Grand ; pour l'enseignement supérieur, l'agrandissement et la reconstruction de la Sorbonne.

Pour Louis-le-Grand, les plans que M. le ministre Rouland m'autorisa à soumettre à la Ville eurent son approbation, et reçurent un commencement d'exécution (1). Un nouveau projet, présenté par M. le ministre Duruy, ajourna pour longtemps les travaux ; l'Association des anciens élèves combattit dans la Commission de la Chambre des députés le transfert de l'établissement dans la rue de Sèvres ; on voulait et on a obtenu que Louis-le-Grand restât au lieu où fut son berceau ; M. le Préfet de la Seine appelait cela « faire du sentiment ».

La Sorbonne était la grosse question qui dominait tout l'ensemble de l'enseignement supérieur et en préparait l'avenir ; après sa reconstruction viendraient les Facultés de droit et de médecine, l'École supérieure de pharmacie, le Collège de France, etc. Les difficultés ici semblaient d'autant moins graves que, depuis des années, les plans étaient arrêtés de concert entre la Ville et l'Université ; les intérêts à satisfaire avaient été soigneusement étudiés ; l'administration académique, la bibliothèque de l'Université, les Facultés de théologie et des lettres, offraient des dispositions convenables ; la Faculté des sciences n'avait pas à réclamer : amphithéâtres, salles de cours, de conférences et d'examens, laboratoires soit de démonstrations, soit de recherches, aucun service n'était oublié. Un ministre (M. Fortoul) était même venu avec quelque solennité, en 1855, poser la première pierre du Louvre universitaire. Un intérêt politique, à défaut d'un besoin scientifique, eût dû imposer à l'Empire l'exécution de sa promesse. Les difficultés vinrent de la Ville, peu soucieuse d'ajourner un boulevard extérieur au profit des *splendeurs du haut enseignement*. C'était là une fin de non-recevoir aussi fausse qu'imprévoyante. Le peuple des travailleurs sait très bien que c'est la science qui a mis

---

(1) V. les *Exposés au Conseil académique*. Lycées de Paris et province, p. 349.

à son service les transformations et les forces dont il dispose dans l'atelier et dans l'usine ; l'achèvement de la Sorbonne eût été, sous ce rapport, une mesure populaire. Pouvait-il être indifférent dans un milieu supérieur de témoigner par des faits à une jeunesse avide de liberté que le gouvernement portait un vif intérêt à ses études, et, à ce titre tout au moins, méritait sa sympathie.

Sous ce double aspect, la cause pouvait être défendue avec une autorité particulière par le magistrat chargé de veiller à la sécurité publique. Je fus invité à en conférer avec lui ; il déplaisait au Ministre de courir les risques d'un échec, la Ville le tenant en haut lieu suspect de poursuivre un intérêt exclusivement universitaire. Ma communication fut parfaitement accueillie. Je connaissais M. le préfet de police (M. Pietri) ; mes rapports fréquents avec lui au sujet des troubles des écoles m'avaient permis d'apprécier sa bienveillance et sa hauteur d'esprit. L'opinion lui fait maintenant une grande place. On sait, par le livre d'un diplomate, que l'Empereur n'avait pas seulement près de lui des courtisans et des flatteurs. Il ne tint pas à lui que la question des grandes Écoles ne fût résolue comme le voulaient les engagements pris et les intérêts du haut enseignement. Mais le prince, affaibli, avait perdu depuis des années l'énergie des grands desseins. M. le Préfet put me *dire* tout ce qu'il avait tenté et quelle force d'inertie il avait rencontrée ; dans une réponse *écrite*, il suffisait de témoigner de bonnes intentions ; j'en reproduis ailleurs le texte (1). On y trouverait au besoin la preuve que les intérêts de la Sorbonne et du Collège de France étaient rappelés en 1866 à toute l'attention du gouvernement.

La visite de l'Empereur et de l'Impératrice à la Sorbonne pouvait autoriser des espérances. Sur l'invitation du Ministre, j'avais fait apporter les plans qui devaient être placés sous les yeux de Leurs Majestés. Le prince m'écoutait avec d'autant plus de bienveillance que je ne lui étais pas complètement inconnu ; il m'avait été donné de lui être présenté en province, et, à Paris, de répondre à ses questions sur les sentiments de la jeunesse des écoles, dans une soirée officielle des Tuileries, où l'Université était désormais repré-

(1) V. l'*Appendice*.

sentée (1). Plus maître de lui et de ses desseins, moins emporté par l'esprit d'aventure, il se fût fait un honneur d'inscrire le nom de Napoléon III sur le monument de Richelieu ; près de la Sorbonne, un autre sanctuaire de la science, le Collège de France, garde en ses annales le nom de François Ier.

II

L'achèvement de la Sorbonne dans le périmètre qui lui était tracé eût laissé debout les vieux foyers de cette partie du quartier latin ; c'était une raison de plus pour rendre la question populaire.

Bien des pages ont été écrites sur les merveilles de Paris que nous devons au deuxième Empire. La République, et elle a bien fait, en a repris les plans pour achever nos grandes lignes. L'air et la lumière circulent à flots dans les avenues et les boulevards qui, sur tous les points, traversent et pénètrent l'immense capitale ; c'est l'hygiène et la santé à la suite ; pas un quartier où l'on ne trouve des jardins réservés, des squares pour abriter les jeux des enfants contre les dangers de la voie publique ; des œuvres d'art sont mêlées à la verdure ; toutes ces créations témoignent d'un tendre et sérieux intérêt pour les classes populaires. Il y a peut-être une ombre à ce tableau. La spéculation, qui achète si cher les terrains, veut retrouver en hauteur un prix rémunérateur des surfaces, et, de là, ces immenses constructions criblées de fenêtres en façade pour recevoir la lumière ; mais là où était une vaste cour, derrière l'édifice, les bâtiments n'ont plus qu'un étroit espace disponible, à l'air libre, ce qui est indispensable pour que ce puits de l'abîme, à chacune de ses ouvertures, entrevoie le bleu du ciel ; ce n'est pas là que l'habitant trouve l'hygiène et la santé.

La démolition du vieux Paris, qui réalisait un vrai besoin de progrès matériel, laissait un regret, du moins à cette époque, pour un bien supérieur : celui du lien, de la paix sociale. Aux vieux

(1) V. l'*Appendice*.

temps, la maison était ainsi disposée que le pauvre et le riche, à des étages divers, habitaient sous le même toit; sans être confondus, les rangs étaient rapprochés ; l'indigent était entendu dans sa souffrance; les secours montaient volontiers dans les combles. Il n'est pas bon en soi d'accuser trop matériellement la différence des classes. S'il est des quartiers, loin du centre des affaires particulières, recherchés par les familles opulentes et qui font une part de leur fortune aux travailleurs en y créant des habitations de luxe, il serait bon qu'ailleurs, partout où la chose est possible, l'ouvrier pût garder son logement et restât le voisin des chefs et des patrons du commerce et de l'industrie. La mesure était-elle possible dans les plans du Paris moderne? Une saine politique réclamait des délais, des tempéraments. J'ai été témoin des colères que souleva dans le peuple l'expropriation du vieux quartier de la Montagne-Sainte-Geneviève ; tout un monde d'ouvriers ou de mécontents devait, dans un court délai, quitter des logements peu coûteux pour aller au loin, hors de l'enceinte, chercher un asile ; l'exode n'était pas oublié lorsque la Commune, déchaînant la guerre sociale, livrait aux flammes le Paris des riches. Ici, comme en toutes choses, le temps a fait son œuvre; les habitudes sont prises. L'ouvrier qui vit en dehors des murs peut garder l'envie, cette plaie éternelle de l'humanité; mais il ne se plaint plus d'être déporté. Des communications faciles, et qui sont un agrément pour l'aller et le retour, le transportent au chantier et le ramènent ; le prix modique du voyage est compensé, et au delà, par la diminution des loyers. Paris, quels que soient ses embellissements et ses améliorations matérielles, ne lui donnerait pas l'espace libre, l'air salubre, la vie à bon marché de certaines zones de la banlieue. Seulement, à voir le flot des arrivants qui monte toujours, la vie qui de toutes parts afflue vers la capitale, la banlieue, de plus en plus habitée, continuera bientôt la grande ville : ni l'histoire ni la réflexion ne nous rassurent sur l'avenir des trop grandes capitales et les suites des agglomérations excessives.

Rappelons, puisqu'il s'agit de fixer ses souvenirs, d'autres colères maintenant oubliées. Nous sommes encore sous l'Empire. Le peuple en voulait au gouvernement qui brisait la pierre de ses dieux lares; il s'inquiétait peut-être plus encore des projets dont l'exécution prochaine lui ravirait en partie son lieu préféré de promenade, le jardin du Luxembourg. Le monde des étudiants, — disons tout le quartier latin, — faisait cause commune avec le peuple ; il n'y avait qu'un cri de réprobation et de colère contre la bande noire, qui voulait, sous prétexte d'une autre Californie, changer en maisons de rapport les poétiques allées si aimées, si fréquentées, dont chaque bosquet éveillait un souvenir. L'indignation fut un moment si vive, que je me fis un devoir d'informer notre ministre de l'émeute morale que chaque heure je voyais grossir : le gouvernement fut ainsi averti. A quelques jours de là, l'Empereur vint en personne juger les projets qui lui étaient soumis ; sur ses ordres, les plans de destruction furent considérablement réduits ; des travaux furent ordonnés pour orner, planter, canaliser, tout embellir.

Jérusalem renaît plus charmante et plus belle.

Les nouveaux plans remaniés éloignaient la spéculation ; les terrains restés libres ne trouvèrent emploi que dans la main du gouvernement (1). L'exécution dans l'ensemble ne laissa pas d'être coûteuse ; mais la dépense avait d'autres côtés fort utiles : deux quartiers étrangers l'un à l'autre s'unissaient à travers les jardins, rien n'était changé à l'admirable bassin qui se dessine au-dessous du palais, et, dans l'allée remaniée qui met en regard l'édifice de Médicis et l'Observatoire, l'art moderne a placé à ravir ses vases et ses statues au milieu des marronniers et des fleurs. Ici encore le vieux Paris est donc oublié ; le quartier latin n'avait plus à se plaindre. La *Pépinière* et ses bosquets ne sont un souvenir que dans les livres d'une génération à peu près disparue.

(1) On y a construit l'École supérieure de Pharmacie et le petit Lycée annexe de Louis-le-Grand.

III

On eût été bien avisé sous l'Empire d'achever la Sorbonne; les plans qui avaient été arrêtés ne soulevaient pas de colère comme la mutilation du Luxembourg. Construction et distribution des services dans le périmètre tracé laissaient l'ouvrier dans les vieilles maisons à l'entour qui avaient leur histoire; raison de plus, nous l'avons dit, jointe aux satisfactions de la science, pour rendre la question populaire. L'Empire la laissa pour compte à la République, qui ne repoussa pas l'héritage.

On revint donc au projet, mais en le modifiant profondément. Le temps avait marché. L'une des Facultés eût voulu pour elle seule tout le périmètre, et comme il fallait d'ailleurs, pour le partage de la dépense, obtenir le concours de la Ville, qui, jusque-là, avait fait défaut dans le projet primitif, M. le ministre Waddington, d'accord avec M. le préfet Ferdinand Duval, transférait les laboratoires de la Faculté des sciences sur le terrain du Luxembourg. C'eût été l'amorce d'un nouveau quartier; l'Université trouvait faveur en donnant satisfaction aux intérêts de la Ville. M. le ministre m'invita, ainsi que M. le Directeur de l'enseignement supérieur, à prendre jour avec M. le Préfet pour soutenir le nouveau projet auprès d'une Commission du Conseil municipal. M. le Préfet présida la réunion. La Commission entendit nos exposés avec une parfaite bienveillance; des objections furent faites; nos réponses parurent la satisfaire. L'administration, par les raisons qui lui étaient particulières, resta ferme dans les lignes que nous présentions; d'un côté, M. le Directeur des travaux publics défendit le projet au point de vue financier; de l'autre, M. le Préfet estimait qu'il était bon pour la Ville de résoudre ainsi, dans cet accord avec l'État, des questions de domaines depuis longtemps pendantes; la création, disait-il, d'un ensemble d'établissements scientifiques dans cette solitude du Luxembourg produirait un mouvement de population des plus profitables à tous les intérêts.

Pour les deux opérations, constructions à la Sorbonne et au Luxembourg, la dépense ne s'élevait qu'à 8 millions au lieu de 12 prévus dans la première étude.

Le Conseil, sur le rapport de M. Harant en date du 20 mars 1877, acceptait les deux projets.

La question semblait donc résolue; l'empêchement vint de la Faculté des sciences, que l'on voulait déplacer.

Consultés en 1874, les professeurs firent opposition, demandèrent vivement à ne pas être isolés de la Faculté des lettres et du centre des études; entendus par le Ministre en 1877, ils renouvelèrent dans le même sens leurs instances. On ne pouvait séparer les deux Facultés lorsqu'un intérêt commun demandait de les plus étroitement unir; comprend-on, disait la minorité du Conseil municipal, organe en ce sens de la pensée de la Faculté, « un étudiant de philosophie n'éprouvant pas le désir de connaître les phénomènes de la nature, ne se préoccupant ni des lois de la physique ni de celles de la biologie? D'autre part, les élèves studieux, tout en fréquentant les laboratoires et les amphithéâtres des sciences, regardent comme de leur devoir et de leur dignité de ne pas rester étrangers au mouvement littéraire, philosophique et historique qui complète leur instruction (1). »

La Faculté, ne prenait pas garde, dans ces observations si fondées, qu'elle n'avait pas à convaincre le Ministre qu'il importait d'unir les sciences et les lettres; dans l'emprunt qu'il faisait aux Universités étrangères, il eût voulu, comme elles, rapprocher les deux Facultés sous le titre de *Faculté de philosophie*. La question était de savoir s'il fallait accepter ou repousser le contrat proposé par la Ville. On ajourna; on prit patience, et on fit bien, puisque, la Ville renonçant un jour aux projets du Luxembourg et faisant droit aux réclamations du Ministre sur l'insuffisance des terrains de la Sorbonne, on a plus que doublé

---

(1) Rapport présenté par M. Harant au Conseil municipal, 20 mars 1877. Annexe, in-4° de 20 pages. — *Considérations sur le projet d'éloigner la Faculté des sciences du centre des études*, par Chasles. 6 juillet 1877, in-4°, 11 pages.

le périmètre. L'Empire n'avait pas exécuté le plan de 12 millions; 30 millions ne suffiront pas sous la République pour l'exécution du plan arrêté de concert entre la Ville et l'Université (1).

IV

Si l'Empire ne put ou ne sut réaliser les plans de l'édifice de la Sorbonne, laborieusement étudiés en vue de l'enseignement supérieur, ce n'était pas une raison de déserter la cause de cet enseignement; on pouvait pourvoir aux nouveaux besoins modestement, mais sûrement, en attendant des temps meilleurs; il suffisait de constructions légères, peu coûteuses; il n'y avait qu'à aménager de vieilles maisons, rue Saint-Jacques, appartenant à la Ville et dont l'administration académique était parvenue à empêcher l'aliénation. On pourrait y organiser un système d'études pratiques, de travaux intérieurs, qui grouperaient autour de quelques professeurs un certain nombre de disciples. M. Duruy eut l'honneur de tenter et d'accomplir cette tâche. On lui doit, indépendamment de la fondation de l'École des hautes études, les deux pavillons de la cour Gerson, particulièrement destinés aux cours supérieurs libres, la construction du laboratoire de M. Jamin (2), vrai modèle à cette époque comme outillage et aménagement de tout ce que peuvent désirer le physicien et l'électricien pour interroger et appliquer les forces de la nature; — l'immense laboratoire de chimie de M. Sainte-Claire Deville; tout l'ensemble, en un mot, d'appropriations bien entendues dans les maisons de la rue Saint-Jacques qui ont servi si heureusement jusqu'à ce jour les divers cours pratiques de la Faculté des sciences.

Cette préoccupation pour le haut enseignement ne coûtait rien à la liberté; l'autorité et la liberté étaient estimées à bon droit les deux facteurs du progrès social. M. Duruy voulait la liberté,

(1) Loi du 22 août 1880. — Convention du 30 juin de la même année.
(2) V. l'*Appendice*.

bien qu'il fût l'*un des vieux soldats de l'Université militante*, qu'on accusait si gratuitement d'esprit de monopole (1).

Succédant à M. Rouland avec le prestige de son nom d'historien, son autorité particulière comme professeur, il ne méconnaissait pas les services qu'avait rendus son prédécesseur parvenu au sommet par d'autres voies, celles de la magistrature et de la politique. Chacun d'eux eut sa tâche. M. Rouland, ancien magistrat, devenu grand-maître de l'Université, se portait garant pour elle des intérêts conservateurs que la passion avait cherché à alarmer; la confiance est la grande force morale pour un corps enseignant. L'Université savait gré au Ministre de ses constants efforts pour accroître les ressources du personnel; il y a quelque lien entre le bien-être et la dignité professionnelle. Les questions scolaires n'avaient pas été mises en oubli, mais M. Duruy se trouvait mieux en état de les reprendre et de les poursuivre. Son premier soin fut d'ordonner une enquête sur la situation de l'enseignement à tous ses degrés; les statistiques de l'enseignement supérieur, secondaire et primaire en donnent les résultats. En même temps, des missions devaient faire connaître l'état des institutions similaires à l'étranger, et mettre en lumière les lacunes que nous aurions à combler.

Pour ne parler que de l'enseignement supérieur, la part qui revient à M. Duruy dans le progrès de cet ordre d'études est considérable (2). M. Fortoul avait ouvert la voie en instituant les grandes Académies; l'institution des bibliothèques universitaires, l'organisation des conférences près les Facultés, datent de son ministère. La convocation annuelle des Sociétés savantes, à Paris, appartient à M. Rouland. M. Duruy fit plus qu'accroître ce double héritage; il laissa la voie largement tracée et surtout un mouvement d'opinion, que seconderaient après lui la passion politique et l'exemple des Universités florissantes dans le pays qui nous avait vaincus. Les commissions du budget n'auraient pas à mesurer comme autrefois les ressources et ce qu'on appelait les possi-

(1) Allocution au Conseil supérieur. — Session de juillet 1862.
(2) Voir en particulier : *Rapport à l'Empereur sur l'Enseignement supérieur 1865-1868*.

bilités financières ; elles ouvriraient à pleines mains les crédits destinés à l'expansion de la science, sous réserve de retrancher des subsides au chapitre des cultes pour affaiblir d'autant les moyens d'action des intérêts religieux. — Nous ne jugeons pas cette politique. Est-on bien assuré, du moins dans les emprunts faits à l'Allemagne, de nous être assimilé l'esprit et les forces de ses Universités. Ce grand pays, dans sa récente et formidable unité, garde en ses états une diversité d'esprits et de goûts qui fait à chacun son originalité ; rien de semblable dans notre pays ; chez nous la capitale appelle à elle et efface toutes les diversités provinciales. Une Université allemande avec ses traditions, son renom, sa vie originale, les ressources que lui créent les étudiants pour une part, ne saurait être mise en regard de nos Facultés des sciences et des lettres, plus laborieuses, il est vrai, plus vivantes qu'autrefois, mais où la vie est excitée surtout par l'administration centrale, où l'État rétribue les élèves, ainsi qu'il fait le traitement des professeurs, et assure à ce prix l'auditoire permanent (1) et sérieux des cours et des conférences. L'autonomie projetée pour les Facultés, dont on fait quelque bruit, porterait-elle quelque vertu particulière, un nouveau principe de vie? Sans y faire objection, on peut assurer, sans crainte d'erreur, que c'est de l'État, et sous son impulsion, que les Facultés de province ont reçu une vie nouvelle ; leur zèle à répandre l'enseignement, la publication de leurs travaux, leurs bulletins périodiques, sont bien leur œuvre propre ; mais l'émulation qui les anime, le mouvement et la vie, leur viennent du pouvoir ; détaché du tronc, le rameau cesserait de verdir.

V

Les Facultés eurent de tout temps à la Sorbonne de nombreux auditoires. Le nombre variait selon les cours ; tous les bancs

(1) Les Facultés professionnelles de Droit et de Médecine sont les seules qui puissent, en dehors des *boursiers*, avoir un auditoire permanent.

étaient remplis dans l'amphithéâtre des lettres aux jours marqués sur l'affiche pour tels professeurs qui avaient le renom de la parole; l'amphithéâtre des sciences avait aussi ses grands jours; ils étaient marqués du nom des maîtres que distinguaient le talent de l'exposition et la sûreté des expériences. Les cours qui avaient moins de notoriété ou d'éclat ne laissaient pas d'avoir un certain nombre de fidèles. Pas un qui ne fût fréquenté par quelques aspirants aux grades, mais cela ne suffisait pas évidemment pour donner à l'institution le caractère politique qu'on demande maintenant aux Universités. L'administration académique obtint, sous ce rapport, quelques résultats en facilitant aux maîtres répétiteurs des lycées et collèges de Paris les moyens d'assister aux cours et aux travaux des laboratoires qui les préparaient aux examens de licence; les Facultés distribuaient leurs heures, le mieux possible, dans cette intention; nous avions ainsi une classe d'auditeurs permanents avant l'institution des boursiers.

L'œuvre était donc commencée; on travaillait sérieusement et sans bruit à la Sorbonne et dans ses annexes Gerson, avant que l'enseignement supérieur fût doté somptueusement, comme il l'est aujourd'hui, de tout un système de cours intérieurs (1); ni les maîtres ne manquent aux élèves, ni les élèves aux maîtres; leçons, conférences, correction des devoirs, bibliothèques, préparent des candidats sérieux aux examens des licences et aux épreuves des agrégations; les facilités comme les instruments de travail abondent; on pourrait même signaler quelque excès dans la multiplicité des conférences et des cours. A se disperser sur tant d'enseignements, l'étudiant, s'il n'y prenait garde, courrait risque de se fatiguer sans profit sérieux; l'esprit, une fois pourvu d'une culture générale, doit, pour être maître sur quelques points, limiter son champ d'études.

Un mot maintenant sur ces murailles qui abritent l'Académie et trois Facultés avant qu'elles soient brisées par le marteau du démolisseur. Les plans de l'Empire en conservaient les pavillons et la cour qui les enserre dans le rectangle, dont l'un des côtés

---

(1) V. *Questions d'enseignement national*, par Ernest Lavisse. Un volume in-16. 1885.

est formé par la chapelle (1). Cette cour, à deux niveaux et comme deux étages, rappelle dans son ensemble quelque monument de Rome ; c'est là sans nul doute que l'architecte avait cherché son modèle. M. Cousin n'avait que des admirations pour l'œuvre de Lemercier; c'était sans doute en l'entendant, en regardant avec lui les gravures du temps, que je m'étais épris de sa passion, et que que j'avais bien des fois plaidé la cause du monument auprès du Ministre comme auprès de la Ville. Des crédits relativement importants, à des dates diverses, permirent de reconstruire les clochetons détruits, les marches vermoulues du temple, l'inscription qui rappelle la fondation du monument de Richelieu, Proviseur de Sorbonne, tout un ensemble de statues sur les deux façades au dedans et au dehors, les galeries du monument, les unes effritées par le temps, les autres détruites par les obus prussiens.

Les trois cadrans solaires, dont l'un en particulier rappelait par ses ruines une œuvre d'art, furent reconstruits avec une certaine magnificence. Le succès n'était pas sans quelque satisfaction pour l'administration, qui avait, à cet égard, trouvé bien des résistances dans une Commission nommée pour l'examen ; l'un de ceux qui se croyaient les plus compétents disait avec quelque dédain que l'ornementation sur nos vieux murs ferait l'effet d'un diamant sur un linge sale. Le public n'en jugea pas ainsi quand des divers points de Paris on venait visiter notre cour.

Nous obtenions enfin, pour l'intérieur de la chapelle, des commandes de tableaux qui devaient en voiler un peu la nudité. Un de nos amis, M. Charles Timbal (2), lié lui-même d'étroite amitié avec Hippolyte Flandrin, le peintre religieux, fut chargé du travail ; c'était un honneur d'inscrire son nom dans une basilique

---

(1) Dans les nouveaux plans, dont l'exécution est commencée, la chapelle seule est conservée.

(2) Voir la préface de M. le vicomte Henri Delaborde en tête du recueil des *Notes et causeries sur l'art*, par Charles Timbal. Un vol. in-18. Les pages du recueil ont été réunies par mon frère. « Bornons-nous, écrit à ce sujet M. Delaborde, à les présenter au lecteur, ou, — ce qui sera plus simplement encore dans notre rôle, — à laisser remplir cet office par l'ami dévoué dont les mains pieuses les ont recueillies, et qui, en rassemblant ces fragments épars, a si affectueusement voulu et si bien su s'acquitter d'une tâche à la fois douloureuse et douce. »

qui, au XVIIe et au XVIIIe siècle, avait compté tant de chefs-d'œuvre.

Aux derniers jours de notre administration, nous étions encore en instance auprès de la Préfecture de la Seine pour obtenir l'érection des statues de Laplace, Lavoisier, Descartes et Corneille, dans les grandes niches vides entre les amphithéâtres des Facultés des lettres et des sciences. Notre demande était appuyée du vœu unanime du Conseil de perfectionnement de l'enseignement supérieur.

Il fallait s'adresser à la Ville pour une œuvre qui eût été coûteuse ; un faible crédit, et pour ainsi dire d'ordre intérieur, avait permis de consacrer deux noms qui sont de la maison : Richelieu, Proviseur de la Sorbonne ; Rollin, Recteur de l'Université. Notre architecte trouva place pour leurs bustes sur les deux socles qui portaient des marbres mutilés. On ne pouvait mieux choisir ; les deux, illustres dans les affaires d'État et l'éducation de la jeunesse, gardent la porte de l'escalier de l'amphithéâtre où revit la mémoire des grands enseignements : Guizot, Cousin et Villemain.

L'un de ces maîtres, au sommet et sur les côtés d'une autre porte, a son monument élevé par l'un de ses plus brillants disciples : M. Jules Simon, ministre de l'Instruction publique en 1872, suppléant, en 1851, de M. Victor Cousin, à la Sorbonne, voulut consacrer une mémoire qui lui était chère. M. Cousin, avec son regard profond, est bien vivant dans le médaillon de Carrier-Belleuse. Des plaques commémoratives rappellent les titres, la naissance et la mort du maître, qui, dans la chaire du professeur, avait tant d'action sur les esprits et les entraînait comme un autre Abélard ; quelques lignes de son testament reproduites sur le marbre montrent que sa dernière pensée fut pour l'Université ; il lui légua sa bibliothèque. Le disciple, quelque élevée que fût devenue sa situation personnelle, s'est honoré en perpétuant ainsi la gloire du maître.

Avec ce précédent et cet exemple, l'administration avait autorité pour demander d'autres inscriptions qui rappelleraient d'autres souvenirs.

MM. les ministres Wallon et Waddington (1) accordèrent avec

---

(1) V. l'*Appendice*.

empressement les crédits qui leur étaient demandés pour consacrer deux mémoires chères aux Facultés des sciences et des lettres : les noms de MM. Victor Leclerc et Thénard, comme celui de Victor Cousin, furent perpétués par le bronze.

Rappelons, à propos de ces mémoires, et pour finir par la plus illustre en Sorbonne, que la chapelle de son fondateur rentra en possession, sous le ministère de M. Duruy, d'une précieuse relique. Comment et à quelle occasion la tête de Richelieu a-t-elle été retrouvée et remise au tombeau ? Le récit n'est peut-être pas sans intérêt.

Nous sommes sous l'Empire, en 1866 ; M. le sénateur Chaix d'Est-Ange avait fait visite à M. le ministre Duruy et l'avait particulièrement intéressé en l'entretenant de la Sorbonne. La révolution de 93 s'attaquait à tous les souvenirs ; ivre de fureur, les bras souillés de sang, elle descendait dans les tombeaux, en brisait les pierres et jetait au vent les cadavres. La tombe de Richelieu, dont le nom est inséparable des souvenirs les plus glorieux de la monarchie et de la grandeur de la France, appelait à ce titre vengeance ; après les rois, les ministres ; à Saint-Denis, on avait traîné à la voirie les restes de Henri IV ; à Paris, ce fut sans doute la même populace en délire qui prit en son linceul et dépeça les restes d'Armand de Richelieu, sur la place de la Sorbonne (1). Un marchand que l'on dit épicier, soit respect, soit curiosité, ramassa la tête séparée du tronc, et l'emporta à travers le tumulte ; la foule acharnée sur des ossements ne prit pas garde au ravisseur ; il eût payé cher l'enlèvement de sa dépouille. Une fois en sûreté et de retour au magasin, le marchand plaça la tête dans un de ses bocaux, le ferma hermétiquement et le cacha dans une armoire. L'incident ne fut pas connu ; le marchand garda son secret, n'en dit mot sous l'Empire, et ce fut seulement après la chute de la branche aînée et aux premières années du règne de Louis-Philippe, qu'un député des Côtes-du-Nord reçut la confidence du dépôt, en

---

(1) Cette version accréditée par les journaux et que j'avais acceptée de confiance ne répond pas à la réalité des faits. Le vrai est que la tête de Richelieu fut *dérobée* par un sieur Cheval, qui avait présidé à l'ouverture du tombeau. Voir les documents que j'ai réunis dans l'*Appendice*.

sollicita et en obtint l'acquisition. M. Chaix d'Est-Ange croyait savoir que la famille du député avait trouvé la tête dans son héritage. — Quelles seraient, pour l'administration, les négociations à engager pour que l'État reprît possession de la dépouille? M. Duruy voulait fortement atteindre le but; il se reposait sur la vigilance de son lieutenant, à la Sorbonne, pour les voies et moyens qui pourraient assurer le succès. M. Chaix d'Est-Ange vint de sa part, ainsi que le ministre m'en avait d'ailleurs prévenu, me donner les détails dont j'avais besoin. La négociation fut assez longue. Ce n'est pas à la famille, mais au Préfet que je m'adressai. Les Préfets avaient alors une grande autorité, une trop grande peut-être; une politique qui nous semblait imprévoyante effaçait et écartait les influences locales; les notabilités autrefois dirigeantes, les classes libérales, la bourgeoisie, étaient à l'index; on ne parlait que du peuple et du nombre, parce qu'on était maître alors du suffrage universel. Mes lettres à M. le Préfet marquaient fortement l'intérêt qu'attachait le ministre à la restitution; le gouvernement lui saurait un gré tout particulier d'un résultat qui permettrait d'effacer la profanation par les honneurs d'une fête politique et religieuse. Mes instances restaient sans réponse. Près de six mois s'écoulèrent... Un matin, de bonne heure, j'étais près du Ministre, et dans son cabinet, conférant avec lui de diverses affaires et recevant ses instructions. Une table lourdement chargée de papiers était près de nous; tout à coup, il me demanda de soulever un premier dossier, puis un second, puis un troisième, dont je lui donnais les titres pour savoir où il fallait s'arrêter. J'arrive à une caisse qu'il m'invite à ouvrir... J'avais sous les yeux un décapité, la tête longue, effilée; le crâne avait ses cheveux; de fines moustaches sur des lèvres serrées; les joues, à la peau jaunâtre, étaient des deux côtés parsemées de poils de barbe...
— « Qui voyez-vous? » me demanda le Ministre. Et je répondis : « La tête de Richelieu! » Je l'avais vue plusieurs fois au Louvre; elle semblait détachée du tableau de Philippe de Champagne.
— « Eh bien! reprit le ministre, c'est hier soir que M. le préfet des Côtes-du-Nord m'a adressé la caisse; on me remettait à quelques moments de là une lettre de ce magistrat qui m'était personnelle; il s'excusait de n'avoir pas écrit puisqu'il avait agi. »

La remise au tombeau de la tête de Richelieu fut faite avec

solennité. Une place lui fut ménagée sous le monument de Girardon. L'archevêque de Paris, assisté d'un nombreux clergé, présidait la cérémonie. L'Empereur s'était fait représenter; l'État, au premier rang, marquait sa place dans une solennité consacrée à la plus grande mémoire politique de notre pays; l'Académie française, en rangs pressés, était venue honorer son fondateur; l'Université rendait hommage au ministre qui avait reconstruit la Sorbonne, siège des grandes écoles, et où il avait voulu dormir son dernier sommeil.

La révolution de 93 n'a pas respecté ses cendres, qui devaient rester chose sacrée; elle eût dû justifier son avènement en maintenant et fortifiant une œuvre toute de grandeur nationale. A la révolution de 1870, et lorsque l'Empire tomba, nous n'avions plus que la tête de l'illustre mort. Nous eûmes cependant à la protéger contre des menaces. Que prétendaient donc les nouveaux barbares ? *Barbari*..... *Barberini*..... Une inscription commémorative sur des plaques de marbre rappelait que, sous Napoléon III, Richelieu avait été rendu au tombeau. L'indication était de rigueur; c'est une date d'histoire. L'ordre d'effacer le nom de l'Empereur nous fut intimé. — Ainsi le voulaient les précurseurs de la Commune. Le nom du tyran fut couvert et caché à tous les yeux. Il fallut bien obéir pour sauver encore une fois la tête de Richelieu, garder de la destruction son monument funéraire, l'un des chefs-d'œuvre de la statuaire française.

CHAPITRE II

Troubles dans les Écoles.

I. La Politique.
Cours libres d'enseignement supérieur (rue de la Paix); fermeture, réouverture sous un autre nom. — Opposition levée par le Conseil d'État.
Vues opposées de deux ministres : M. Rouland, M. Duruy.

II. Soirées littéraires et scientifiques de la Sorbonne.
But de leur institution ; difficultés d'organisation ; succès. — Succès particulier des conférences de sciences. — Expériences. — Résultats pour la science et la politique.
Cours libres en province ; à Paris, cours public hostile à l'Empire.

III. Cours publics.
Troubles dans les écoles : prétextes divers; la jeunesse, objectif des partis. — Scandale à l'installation d'un doyen ; desseins des agitateurs. — Mesures prises. — Désordre dans une autre École supérieure ; comment il prend fin. — Allusions politiques dans le cours d'un professeur, ovation — Par contre, professeur insulté pour avoir flétri la Terreur.
La chaire du maître doit être fermée à la politique.

IV. Congrès de Liège.
Manifestations. — Comparutions devant le Conseil académique. — Sentiments exprimés. — Jugement.

I

Ces violences n'avaient pas lieu de nous surprendre; l'opposition n'avait pas attendu Sedan pour proscrire celui qu'elle appelait l'homme du 2 décembre. Infatigable dans ses attaques, nous la trouvions jusque dans les cours publics, ardente à répandre des sentiments hostiles au gouvernement.

C'est ainsi que l'autorité dut fermer, en 1862, les cours libres connus sous le nom d'*Entretiens et Lectures de la rue de la Paix*, qu'elle avait d'abord autorisés. L'interdiction était motivée par un intérêt d'ordre public. Les professeurs aimaient à semer leurs récits, prétendus littéraires, d'allusions et de traits politiques avidement saisis; les passions qu'on soulevait dans l'auditoire étaient sans rapport avec les questions de goût et la règle des trois unités.

Après cette fermeture, le directeur se mit en instance pour ouvrir régulièrement et non plus par voie d'autorisation des *Cours supérieurs;* sa demande étant écartée, il chercha une autre voie pour rentrer dans la place, et fit une déclaration en forme pour l'ouverture d'un *externat secondaire libre.*

Mis en demeure de s'expliquer sur ses intentions, le déclarant refusa de fournir, sur le choix de ses collaborateurs et sur le caractère des cours qu'il se proposait d'ouvrir, les explications franches et loyales nécessaires pour rassurer l'autorité.

Opposition fut faite alors par le Vice-recteur le 10 octobre, opposition confirmée à l'unanimité par le Conseil départemental dans sa séance du 31, confirmée par le Conseil impérial, mais ultérieurement infirmée par le Conseil d'État.

L'échec était grave pour le gouvernement. Sous prétexte de cours secondaires, il était donc permis d'ouvrir une ou plusieurs tribunes pour affaiblir et ruiner dans l'estime publique les institutions qui étaient pour l'heure la loi du pays! Les questions de réforme sont à leur place sous la plume des publicistes ou dans les discussions d'un Parlement; mais un cours préparatoire à l'obtention d'un grade universitaire ment à son titre, si, sous prétexte d'histoire et de philosophie, il prétend moins préparer un futur bachelier qu'un démolisseur de l'Empire; c'est là, ce semble, une affaire toute de loyauté et de bonne foi.

Les cours publics recevaient ainsi un encouragement à servir d'autres intérêts que ceux de la science et des lettres.

M. Rouland, qui avait commandé l'*opposition*, ne laissait pas d'être un esprit libéral; mais son expérience de magistrat lui avait donné le sentiment particulier des périls qui menaçaient le pouvoir nouveau. — M. Duruy, de nature généreuse, passionné pour l'expansion du principe de liberté, mais plus étranger à la vie politique, et qui en jugeait à travers les enseignements de l'histoire, estimait qu'on ne saurait trop encourager les cours libres; si quelques-uns de ces cours égaraient les esprits, il appartenait à l'État d'en instituer lui-même qui appelleraient la sympathie par l'éclat du talent; le public ferait son choix. Ne pouvait-on fermement espérer que les sympathies seraient pour l'enseignement qui intéresserait le plus par la science et la doctrine, sans mettre en cause les intérêts sociaux ou politiques? C'est dans ces conditions que le Vice-recteur fut invité à organiser les *soirées scientifiques et littéraires*, qui sont une date historique dans les annales de la Sorbonne.

II

L'entreprise, au début, rencontra assez de difficultés. Les professeurs dont je sollicitais le concours ne croyaient pas au succès et me répondaient : « Étudiants sérieux, amateurs et gens désœuvrés, tous habitants du quartier latin, empressés aux leçons du jour, mais seulement pour quelques cours, ne reviendraient pas le soir s'asseoir sur les bancs de la Sorbonne; l'habitant de la rive droite se garderait d'un long voyage; il eût fallu, pour réussir, non pas l'attendre, mais aller le chercher et fonder l'institution nouvelle dans le quartier du monde élégant, près de la Bibliothèque et des grands boulevards. »

Mais rien ne vaut une libre discussion pour affaiblir l'objection et la résistance; on cède d'autant plus volontiers devant une conviction sincère et la foi dans le résultat, qu'après tout il est bon de répondre à l'appel du Ministre, de servir ses desseins, ne fussent-ils qu'une illusion généreuse. Nous pûmes bientôt annoncer au grand public un ensemble de conférences pour un premier semestre. Les sujets inscrits sur les affiches avaient par eux-mêmes un vif attrait; la plupart des maîtres étaient renommés, quelques-uns étaient illustres, d'autres moins connus devaient y trouver la célébrité. Aussi quel empressement à solliciter des cartes d'entrée! et cela de tous les quartiers de Paris, dans les classes les plus élevées; il fallut, en vue d'un succès qui s'annonçait comme exceptionnel, aviser à des mesures d'ordre. Le Ministre, pour avoir oublié de faire prévenir l'administration, ne put pénétrer dans la salle et assister à la première leçon. Et ce succès continua pendant des années ; l'assistance ne cessa de se montrer sympathique et empressée aux deux soirées hebdomadaires : l'une littéraire, l'autre scientifique. Les conférences littéraires eurent un grand éclat, sans présenter toufois un attrait supérieur dans cette chaire où les anciens avaient entendu la voix des maîtres. — Les conférences scientifiques appelaient particulièrement le public, moins familier qu'aujourd'hui avec les merveilles de la science ; elles étaient la grande nouveauté dans l'institution. — Le professeur n'était pas seulement un maître qui eût le talent de l'exposition, il abondait en procédés ingénieux pour traduire sa leçon. Ses projections au tableau, spectacle nouveau à cette époque, et que la Sorbonne a vulgarisées, intéressaient vivement le spectateur ; sur un signe du maître, la salle était plongée dans l'ombre pour que l'œil fût tout entier sur l'image qui recevait seule la lumière ; même soudaineté pour sortir des ténèbres et passer au grand éclat du jour ; l'électricité faisait les frais de cette merveille. La chose est aujourd'hui populaire ; elle est entrée, comme les projections, dans les méthodes d'enseignement. Quant aux expériences, l'administration en faisait les frais avec empressement, sans en réclamer d'avance la note facturée. Il y eut, sous ce rapport, plus d'une soirée fort coûteuse, mais le public ne se plaignait pas que l'autorité répandît à grands frais l'intelligence et le goût de la science, ce grand instrument moderne du travail humain ; les pouvoirs qui disposent du budget seraient bien tenus de mettre à son service toutes les ressources dont elle aurait besoin ; une assemblée politique n'échappe pas au courant de l'opinion.

Le Ministre fut donc vraiment libéral dans les soins qu'il donna aux soirées de la Sorbonne ; il servait la science et les lettres, accréditait l'Université en montrant tout ce qu'elle contient de forces, permettait à de jeunes talents ignorés de se mettre en pleine lumière. L'institution rendait enfin un vrai service politique ; tout ce qu'elle avait d'éclat et de succès, d'attrait pour le public, détournait vers la Sorbonne les grands courants, empressés la veille vers les réunions où la causerie littéraire n'était qu'un prétexte aux digressions politiques.

Libérale à Paris, l'administration se fit un devoir d'encourager les conférences en province. On pouvait craindre des abus, et l'on n'aurait pas une Sorbonne pour en combattre l'influence. Sur plus d'un point, le conférencier poursuivait un autre but que la vulgarisation de la science ; on voyait bien à ses portraits du passé qu'il songeait et faisait penser au présent ; ce n'était pas de la science, mais de la politique : l'allusion, le trait atteignait un ministre, s'il ne visait plus haut. Les Préfets se plaignirent d'une émancipation qui devenait arme de guerre; ici et là le gouvernement pouvait retirer la parole ; il aima mieux ne pas entendre la plainte et rester libéral.

C'était, on le voit, en province, la politique de tolérance pratiquée à Paris. Sous le régime de l'autorisation préalable, les conférenciers étaient bien avertis de n'avoir pas à faire d'excursions sur le terrain religieux et politique; mais ils n'avaient garde de déférer à l'invitation. Le public voulait, et les orateurs du moment lui servaient le fruit défendu. Il est si bon d'attaquer ce qui tient debout; la France sera toujours un pays de critique et d'opposition.

La Sorbonne a pu, dans une certaine mesure, affaiblir l'effet de ces agressions; mais que pouvait l'État contre l'esprit de certains cours publics, réguliers, inscrits à son budget, et qui réunissaient chaque semaine un auditoire d'élite? Il eût suffi, pour le succès, du savoir distingué qui avait fait un nom au professeur, des séductions de la parole et du talent. Encore s'il n'avait fait que de rares allusions ou décoché quelques épigrammes; ce n'est pas avec lui un simple épisode, mais un enchaînement régulier de leçons dans les lignes d'un plan tracé d'avance. L'histoire des premiers empereurs romains était une façon par trop transparente d'enseigner l'histoire contemporaine de la France sous le second Empire.

III

Ce cours, qui eut quelque retentissement, ne relevait à aucun titre de l'autorité académique. L'administration n'avait donc pas à remplir le devoir qui lui incombe en matière d'enseignement supérieur, celui d'avertir, de prévenir dans un intérêt d'ordre les écarts de la parole. Un enseignement public dans une chaire que l'État rétribue met le gouvernement en cause, si, désertant le terrain de la science et de la critique, le maître fait appel aux passions; la tentative de ce côté est d'autant plus périlleuse que l'auditoire est passionné, qu'il apporte dans le sanctuaire de l'étude les émotions du dehors et fait un succès à la parole qui le flatte. Nous avions grand soin de traiter avec MM. les doyens les questions de discipline des cours, d'un si haut intérêt pour les Facultés; mais plus d'une fois, soit que le maître ne fût pas enclin à entendre le conseil, soit que les excitations du dehors fussent trop puissantes, les mesures préventives n'eurent pas toujours de suffisants résultats.

Il n'était pas si facile qu'on le pense, même sous l'Empire, d'assurer la paix des études. C'est même parce que l'ordre était assuré dans la rue que l'opposition choisissait l'une de nos grandes Écoles pour agiter les esprits. Les partis politiques sont trop heureux d'avoir sous la main une jeunesse inflammable, pour la conduire à l'assaut du pouvoir. Dans le jeune âge, le désordre est une forme de l'indépendance; il est beau de protester, de réformer les abus : c'est faire acte de virilité. Les prétextes ne manquaient pas à l'émeute : ici le juge était poursuivi pour avoir été trop sévère dans les épreuves, là le professeur dont on venait troubler les cours était suspect pour ses doctrines.

Un jour on réclamait contre la décision d'un jury d'examen; on faisait le vide autour de la chaire du professeur; des cris et des menaces interdisaient la parole au praticien éminent que le

Ministre venait, dans son droit, d'appeler à une chaire de nouvelle création; l'autorité d'un nouveau Doyen était scandaleusement outragée dans la solennité de son installation, sous les yeux du Ministre et du Vice-recteur, son lieutenant. Le Ministre lui-même, et l'on connaissait cependant son esprit libéral, n'était pas respecté lorsqu'il rappelait à une jeunesse égarée que devant ses professeurs elle avait à se découvrir. Pendant l'une de ces scènes odieuses qu'avaient préparée des mains étrangères, l'émeute n'était pas seulement dans l'amphithéâtre; au dehors, mais dans l'intérieur de l'École, la foule qui n'avait pu pénétrer dans la salle, battait les portes d'un flot furieux, et cherchait à renverser, sur les dignitaires de l'estrade, le buste couronné du souverain..... Le Doyen était le médecin de l'Empereur; l'émeute les frappait l'un et l'autre de déchéance.

La force publique stationnait autour de l'École; elle n'avait garde, sans convocation du Doyen, de pénétrer dans la cour de la Faculté qui gardait de ses anciennes coutumes de fille aînée des rois, le privilège d'un sanctuaire. Mais elle barrait, défendait les rues tout autour de l'École; la circulation se trouvait interdite, et bientôt se répandait dans tout Paris la nouvelle troublante de nouveaux désordres dans le quartier Latin; les agitateurs préparaient impunément les esprits aux défaillances de l'Empire.

L'administration, ainsi que c'était son devoir, resta sur la brèche; elle ne trouva pas toujours à ses côtés, dans d'autres circonstances, tous ceux dont elle avait le droit de réclamer le concours. On tient à se ménager la faveur populaire; on prévoit qu'ailleurs sera la fortune.

Incessamment tenu en éveil, nous ne pouvions nous méprendre sur la gravité de ces manifestations; on était en droit de voir, au delà de l'apparence scolaire, un avertissement, une menace politique. La prévoyance et la fermeté purent maintes fois prévenir de mauvais desseins; pour rétablir l'ordre, diverses mesures : — la présentation de la carte d'étudiant, la limitation, avant la leçon, du nombre de places disponibles, parfois même, mais rarement, l'interruption momentanée des cours et des examens, — ramenaient de guerre lasse la paix momentanément troublée. Les élèves laborieux imposaient l'ordre aux agitateurs. On revenait donc aux études, les traces de désordre semblaient effacées, mais combien de mal s'était fait dans les esprits; le principe d'autorité était profondément atteint.

Dans une autre grande École professionnelle, et celle-ci de tempérament pacifique, d'une éducation supérieure dans le milieu où elle se recrute, moins rapprochée de la matière par l'objet de ses études, plus abstraite que positive, l'esprit de sédition soufflé du dehors parvint parfois, mais bien plus rarement, à troubler les cours; ici, comme de l'autre côté, des affiches à la main annonçaient et préparaient le désordre. Le maître *qui avait cessé de plaire* à quelques étudiants tumultueux était interrompu par des murmures; dans l'embarras d'une active mais impuissante surveillance pour atteindre les coupables, on s'ingéniait pour créer de nouveaux cours, disperser ainsi les élèves, et faire soi-même la solitude autour de la chaire mise à l'*index*. On eut besoin un jour de faire appel à la force publique; une foule insurgée envahissait l'École; le cri de la *Marseillaise* retentissait dans la cour de Cujas; le sergent de ville vint rétablir l'ordre et représenter le Droit.

La Faculté, à un autre moment, ne fût-elle pas mise en état de siège à l'occasion d'un cours d'économie politique qui venait combler une lacune dans notre enseignement national? Là n'était pas le tort du gouvernement; mais on l'accusait d'imprévoyance; il eût dû faire construire un amphithéâtre assez vaste pour recevoir les curieux avides de s'instruire. Ingénieuse en ses dénigrements, la presse avait si bien donné l'éveil, qu'à cette foule accourue de tous les points de Paris, il eût fallu pour la recevoir l'espace d'un agora antique. Or, notre salle de cours ne pouvait contenir que quelques centaines d'auditeurs, ce qui suffisait bien pour la Faculté. Mais patience, et ce beau feu va s'éteindre. L'administration décide que, provisoirement, le cours ne sera accessible qu'aux élèves de troisième année, et cela en conformité du programme des cours. La salle actuelle pourra largement suffire; l'ordre et l'intérêt vrai des études seront ainsi assurés. L'agitation n'ayant plus de prétexte, la presse se tait, la foule s'écoule; le professeur, d'un talent réel, dont l'enseignement était et eût dû rester populaire, s'afflige de sa solitude et sollicite son transfert dans une autre chaire, pour avoir des élèves qui l'écoutent. Le professeur a depuis été ministre ; il avait appris, avant d'arriver au pouvoir, ce que durent les règnes dans un pays de révolution.

Le Statut disciplinaire préparé par l'administration académique, accueilli avec empressement et félicitations par le Ministre, mais qu'on dut abandonner parce qu'il lui fallait tous les concours, eût-il suffi pour assurer le respect et la paix dans nos Facultés ? On ne pouvait y prévoir les allusions, sinon les excitations descendues de la chaire dans une pensée de liberté, d'autant plus dangereuses que la parole avait plus de talent et était plus respectée ; le maître avait tout le charme d'un esprit délicat, les grâces d'une causerie qui étincelait en mille traits ; ces dons suffisaient bien pour le renom et la popularité, sans que son arc léger, armé à la Voltaire, décochât la flèche politique. L'auditoire, ravi, marquait de ses applaudissements toute allusion aux puissants du jour, ainsi « l'apologue du cheval de La Fontaine qui veut bien la bride et le frein doré au prix de sa liberté. » C'était la vengeance du libéral, du constitutionnel contre l'autorité qui régnait après un coup de force. Mais de telles revendications, — nous l'avons dit, — sont à porter dans la presse et à la tribune ; en tout cas, la leçon est incomplète ; la liberté est chose sainte ; mais elle ne vit et ne dure qu'avec l'ordre et la paix sociales ; il eût fallu montrer à la jeunesse l'imprévu, le chaos de 1848, les journées de Juin et les menaces de 1852, qui, après la Monarchie et la République, ramenèrent l'Empire. L'ovation continuait après la leçon ; tout l'auditoire descendait, stationnait dans la cour pour acclamer le professeur et lui faire un cortège triomphal. Mais celui-ci, respectueux de sa dignité, se dérobait à l'ovation ; le cabinet du Vice-recteur d'abord et ensuite une porte sur une rue déserte le dérobaient à un triomphe dont il sentait l'amertume.

Quelques années plus tard, et dans une autre chaire de la même Faculté, la voix du professeur qui marquait les pages de la Révolution où la liberté fit place au crime et à la Terreur, sera conspuée et couverte d'outrage. La presse, cette fois, signalera le maître aux fureurs des partis, organisera l'émeute autour de la chaire ; l'administration saura le protéger, parviendra à éloigner les factieux; mais le professeur, abreuvé de dégoût, se refusa dans une nouvelle année scolaire à reprendre son enseignement.

On trouvera peut-être dans ces deux incidents de caractères divers, ici l'ovation, et là l'insulte, qu'il y a des deux parts le même avertissement pour écarter de l'enseignement public les passions et les controverses des temps présents et des choses de la Révolution. On peut enseigner le droit, la liberté, le respect des pouvoirs établis, les conquêtes de l'esprit moderne, sans descendre dans l'arène des partis; l'enseignement de l'État, pour porter ses fruits d'union et de concorde entre les citoyens, fils d'une même patrie, doit rester sur les grands sommets :

Edita doctrina sapientum templa serena.

On omet à dessein et les noms et les dates, et bien d'autres incidents de l'agitation politique qu'on s'efforçait de semer dans les Écoles; à distance, les noms et les dates s'effacent; il suffit de suivre le mouvement des idées, de voir où va le flot qui les entraîne. On s'essayait évidemment à l'assaut de l'ordre social ; à la Préfecture de police et à la Sorbonne, par des sources diverses, on voyait également le même péril; l'autorité, de plus en plus affaiblie par les fautes politiques et les progrès de l'opinion, perdait son prestige; au dedans et au dehors, l'horizon se chargeait de nuages, l'avenir était plein de menaces.

IV

Pouvait-on douter d'un péril prochain ici; la date est à citer, le nom à retenir dans les assises du Conseil académique qui eut à juger, en décembre 1865, les étudiants de Paris accusés d'avoir fait appel à l'insurrection et à la guerre civile dans la réunion du *Congrès de Liège*. Nul regret de leur conduite; appelés devant le Vice-recteur, aucun ne se défend d'avoir insulté le drapeau de la France, glorifié la Terreur et le drapeau rouge; les propos qu'on leur impute ne sont pas repoussés comme calomnieux : « Dieu, c'est le mal; la propriété, c'est le vol. — Il y a un congrès que nous hâterons de tous nos efforts, et qui sera d'une autre nature que celui de Liège. Il se tiendra dans les rues, celui-là ; et nos fusils concluront. »

Rien n'y manque ; drapeau rouge et doctrine, c'est le prologue de la Commune.

Un seul des prévenus reconnait la compétence du Conseil académique, mais seulement pour des actes accomplis en France et non à l'étranger; tous les autres déclarent ne relever à aucun degré du Conseil et pas même d'un tribunal français ; si l'un d'eux consent à des explications devant la Commission préparatoire, c'est pour les aggraver par l'attitude et la violence du langage; on semble menacer le Conseil d'un autre tribunal. Nous retrouverons, plus tard, quelques noms des accusés dans les rangs de la Commune ; aux jours sanglants de la nouvelle Terreur, en mai 1871, deux des membres les plus éminents du Conseil tomberont, héroïques victimes, sous les coups des fédérés (1).

L'un d'eux, pourtant, avait tout fait dans le Conseil pour écarter l'affaire et la reporter à d'autres juges. Le talent de la parole et la science du jurisconsulte le servaient également auprès d'une assemblée qui eût volontiers éloigné le calice ; la cause, de gravité exceptionnelle, et politique et sociale, lui semblait dépasser l'ordre scolaire. Mais l'action disciplinaire, indépendante de l'action criminelle, ne suit-elle pas, à l'étranger comme en France, le magistrat, le professeur, l'étudiant ; la surveillance de la conduite de l'étudiant, au dehors comme au dedans de l'École, n'est-elle pas un devoir et l'un des droits inhérents aux attributions de l'autorité académique? Ces considérants, invoqués par le Président, furent agréés par le Conseil.

Le jugement qui intervint excluait les étudiants de l'Université de Paris. L'arrêt fut confirmé, le 26 décembre, par le Conseil impérial, avec exclusion temporaire des autres Académies : le Conseil académique de Paris n'avait pu prononcer que pour sa juridiction.

---

(1) M. Bonjean, président de chambre à la Cour de Cassation ; Mgr Darboy, archevêque de Paris.

Les étudiants portèrent requête devant le Conseil d'État pour excès de pouvoirs contre l'une et l'autre décision ; un décret impérial rendu en Conseil d'État, le 14 août 1866 (1), rejeta la requête.

L'arrêt, en dehors de la cause, est un document de premier ordre pour la jurisprudence universitaire ; il confirme sur tous les points les délibérations du Conseil académique de Paris, qui, le premier, et en un lumineux exposé de la matière, avant de juger les étudiants, avait affirmé pour le Conseil le droit de juridiction disciplinaire. La requête prétendait que ce pouvoir avait cessé d'appartenir aux Conseils ; la loi du 15 mars 1850, le décret du 9 mars 1852 et la loi du 19 juin 1854 sur l'Instruction publique les en auraient dépossédés.

Cet écueil du procès de Liège fut donc heureusement franchi ; le Conseil, dont le Ministre avait réclamé le concours, frappa les étudiants, mais sans excès dans la peine ; l'arrêt tenait compte de la jeunesse et n'interrompait que pour un temps l'accès aux grades qui ouvrent l'entrée des carrières libérales.

(2) Voir *Bulletin administratif,* année 1866, tome VI, pages 206 à 210.

CHAPITRE III

Administration. — Enseignement supérieur libre.

I. **Conseil des Doyens.**
Tribunal de famille ; son utilité, son action morale. — Un étudiant appartenant à l'Internationale ; doctrine patriotique en Allemagne.
II. **Paix apparente dans les Écoles.**
Affaiblissement sous l'Empire du principe d'autorité ; l'agitation vient des meetings. — La jeunesse des Écoles accusée de bourgeoisie.
III. **Jugement d'une thèse sous l'Empire.**
Principe des Écoles ; droits du Conseil académique. — Thèse traduite devant le Conseil. — Droit du Ministre. — Comment la difficulté eût pu être prévenue. — Décision prise.
IV. **Enseignement supérieur libre.**
Du principe de liberté ; application possible sans qu'il y eût conflit. — Jurys mixtes : Regrettable institution. — Les partis extrêmes en présence ; trouble social des deux côtés. — La paix publique est dans le respect et dans la mesure.

I

Il fallait un tribunal institué par la loi, d'un caractère aussi élevé que le Conseil académique, pour juger dans une cause aussi grave que le Congrès de Liège. Les cas de fraude dans les examens, les scandales sur la voie publique, d'autres faits exceptionnels prévus par les statuts, lui étaient nécessairement déférés après avis ou jugement des Facultés. Mais il nous avait semblé, et c'était l'avis de MM. les Doyens, qu'il y avait lieu, pour l'autorité de la discipline, d'instituer un *tribunal de famille* composé des chefs des établissements d'enseignement supérieur, et entendant à ce titre les causes intéressant également l'ordre dans tous ces établissements ; aucune juridiction n'était pour cela ni suspendue ni dessaisie. L'action sur les étudiants pouvait être plus marquée ; c'était là du moins un intérêt moral à poursuivre. La mesure eut toute l'approbation du Ministre ; elle ne laissa pas de donner des résultats.

Sans aller jusqu'au Conseil, combien de fois l'affaire fut-elle déférée à cette assemblée par le Recteur ; combien de fois la justice elle-même se dessaisit-elle de contraventions et de délits pour les livrer au jugement des Facultés et de l'Administration ? L'autorité universitaire en était accrue ; les étudiants ne se plaignaient jamais d'éviter ainsi la publicité de l'audience et d'avoir à répondre aux juges qui représentaient le mieux pour eux l'autorité paternelle.

Un avertissement sévère, que tempérait un accent de tristesse, suffit quelquefois à ramener des esprits égarés. Si l'on se heurtait à d'incurables folies, le sermon était évidemment frappé d'impuissance. Je me souviens, entre autres, d'un étudiant compromis dans maints procès politiques : c'était le fils d'un ancien député, patriote et libéral, que j'avais connu. Les conseils, l'avertissement de l'Administration devaient tirer de ce fait une nouvelle autorité. Mais les exemples que nous trouvions dans la famille étaient du vieux temps où l'on aimait la terre des aïeux ; les jeunes en ont fait justice : « Tous les peuples sont frères... Dieu et la patrie ne sont plus que des devises pour les musées, bonnes à inscrire près des vieilles armures. » L'étudiant souriait avec dédain, quand on lui montrait, au delà du Rhin, la jeune Allemagne des Universités, élevée dans la haine de *l'ennemi héréditaire*. Celle-ci songeait aussi à une grande patrie ; mais c'était la grande Allemagne, celle qui unirait dans son sein tous les enfants de la race germanique. Des deux doctrines, autant l'une est vide, fausse, divise un peuple et sème la révolution, autant l'autre est pleine, vraie, unit par la concorde et fait une grande nation. La jeunesse en France, celle qu'on était parvenu momentanément à créer, n'a pas reçu de ses maîtres, sur les bancs de l'École, la décevante doctrine ; c'est du dehors que lui étaient venues les idées subversives, par les prédications utopistes du journal, de la brochure, du livre et les passions des réunions publiques. La politique égare si facilement les esprits! N'avons-nous pas vu, après l'invasion de 1870, quelques-uns de ceux que nous respections comme des maîtres, et qui n'avaient pas pour la passion politique l'excuse de l'âge, se consoler de la perte de l'Alsace-Lorraine? La liberté, écrivaient-ils, reconquise par l'expulsion d'une dynastie, valait bien deux provinces. — Non, et même si cette liberté ne devait pas se changer en une autre servitude autrement oppressive, rien ne doit consoler le citoyen lorsque la patrie est mutilée. Il n'y a de relèvement pour un pays qu'à la condition d'aspirer de tous ses vœux, de concourir de toutes ses forces à la reprise de ses frontières et à la reconstitution de son unité nationale.

II

On voit que la politique nous poursuivait jusque dans le conseil des Doyens. Et maintenant comment expliquer le calme profond qui régnait dans les Écoles, à part toutefois un scandale dans la Faculté des Lettres; la République avait donc, sous ce rapport, une vertu qui manquait à l'Empire?

La réponse a été faite quelque part:

« L'opposition est sans motif quand il n'y a plus d'autorité. »

La République, dans les premiers temps après l'Empire, gardait en héritage, maintenait, bien qu'affaibli, le principe d'autorité; au désordre répondait la répression.

Depuis que la République conservatrice est au tombeau, les écoles ne sauraient être le foyer de l'agitation; les assises de la révolution sont dans les meetings.

Il faut s'entendre cependant. Qu'un professeur attardé de notre temps dans les vieilles doctrines montre dans le Jacobin l'ennemi de la liberté, on l'interrompt par des cris pour lui interdire la parole. Mais laissons le temps faire son œuvre, et sur une question de morale générale, étrangère aux partis, — à une époque toute récente, — l'autorité supérieure ne se sentira pas la force de maintenir le droit du maître qui combat l'athéisme avec autant d'éclat que de mesure ; les étudiants indignés auront vainement protesté contre la violence ; des politiciens étrangers les dominent de leurs clameurs ; ils sont venus en nombre pour opprimer, et, avec eux, le droit est passé du côté de la force. — La jeunesse a pu juger que c'est l'esprit de révolution qui avait exploité autrefois ses passions généreuses, qu'elle n'avait été qu'un instrument qui a fait son temps, et qu'il faut désormais briser. N'est-elle pas sortie des rangs de la grande et de la petite bourgeoisie, et, à ce titre, plus que suspecte ; un meeting signalait aux vengeances populaires *les privilégiés, fils de bourgeois ventrus, qui auraient à passer sous le niveau égalitaire.* C'est bien d'être en République, mais à condition que, de politique qu'elle était, la République devienne sociale ; pour l'utopiste et l'agitateur, elle ne saurait être qu'une étape vers une ère nouvelle.

La jeunesse des Écoles se gardait-elle au moins sous l'Empire des doctrines qui la menaceraient elle-même sous la République comme caste privilégiée ; mais, dès ce temps, le matérialisme était en faveur près de nombre d'esprits : les uns, de bonne foi et au nom de la science, le réputaient pour la vérité ; les autres y trouvaient par politique un moyen commode pour détruire, et ainsi, des deux parts, l'opinion courante n'était pas faite pour relever le principe d'autorité.

Ici nous revenons encore, non devant le tribunal de famille des Doyens, mais devant l'assemblée officielle du Conseil académique. Il ne s'agit pas, comme au Congrès de Liège, d'un outrage public au drapeau, d'un appel aux armes contre un gouvernement établi, mais d'une doctrine qui les met l'un et l'autre en cause, en ruinant les principes mêmes sur lesquels repose l'ordre social.

III

Ainsi le Conseil avait été appelé, en 1868, à juger une thèse soutenue devant une École professionnelle ; le candidat, en infirmant la liberté, confondait à dessein l'aliéné et le criminel ; il niait absolument le libre arbitre, en faisant de tout acte un résultat fatal, comme la pierre qui tombe obéit aux lois de la pesanteur ; l'attaque ne pouvait être plus directe contre le principe de la morale et l'autorité des lois pénales. L'État, gardien de la loi sociale, pouvait-il consacrer par un diplôme une pareille doctrine ; n'y avait-il pas lieu pour l'étudiant de choisir un autre sujet et de subir de nouvelles épreuves? Dans une société bien ordonnée, les Écoles sont instituées pour enseigner, avec la science, les principes d'ordre et de justice ; les tribunaux, au nom de la justice, répriment les atteintes à l'ordre social. La science est et doit rester libre ; mais, dans l'enseignement professionnel, dans l'*acte scolaire* qui le traduit, l'étudiant est tenu à certains respects ; le diplôme garantit aux yeux du public la valeur des études, l'État qui le délivre a bien le droit de s'assurer que la loi sociale qu'il représente n'y est pas mise en cause. Il y a donc lieu, dans la thèse comme dans la soutenance, d'écarter les questions étrangères aux choses scolaires, et dont la solution, dans certain sens doctrinal, serait un péril pour la paix publique. Le Conseil académique avait frappé, dans les étudiants du Congrès de Liège, l'outrage aux lois, le scandale commis sur la voie publique ; dans le domaine de l'École, il ne pouvait y avoir impunité pour les doctrines. Le Ministre en appelait au Conseil.

« Le Conseil, tribunal scolaire, écrivait-il, a des attributions spéciales qui ne se retrouvent pas dans les autres juridictions ; il est surtout appelé par la nature même de ses intérêts, des principes supérieurs d'éducation confiés à sa vigilance, à sauvegarder les intérêts moraux du corps, à éloigner de lui tout ce qui pourrait compromettre l'autorité morale du professeur, et ainsi à juger des doctrines exposées dans une thèse, en tant que ces doctrines portent atteinte aux principes de l'ordre social et de la morale publique. . . . . »

On ne pouvait mieux exposer la raison même, la doctrine d'État qui met au profit de la société, dans les mains et sous l'autorité du ministre, toutes les grandes écoles dont l'enseignement prépare la jeunesse aux carrières libérales du pays.

Le droit du ministre, en ce qui le concerne, ne serait pas contesté ; nous n'avions à ce sujet aucune inquiétude, mais s'il avait fallu quelque énergie dans l'affaire du Congrès de Liège pour écarter les fins de non-recevoir, et cependant sur des *questions de fait;* le président s'attendait à de bien autres résistances *sur des questions de doctrine;* le Conseil eût volontiers, dans l'espèce, déclaré son incompétence. L'un de ses membres, à tempérament généreux, d'une autorité particulière comme magistrat dans une cour souveraine, toujours sur la brèche au nom de la liberté, et qui devait expirer sous les balles des fédérés, défendit la liberté sans limites ; il reconnaissait au ministre, Grand-Maître de l'Université, le droit d'annuler la thèse, mais il se refusait à éclairer sa décision par un jugement préalable du Conseil. J'eus à combattre cette doctrine ; j'invoquai le principe même de liberté, pour laisser au tribunal qu'avait institué la loi de 1850, et dont les droits reconnus dans les anciens décrets avaient été affirmés par le Conseil d'État en 1866, l'autorité d'une décision qui ne pouvait dépendre du jugement d'un seul. Le Conseil se rendit aux observations du président ; il conclut qu'en jugeant au fond, il remplissait son mandat tutélaire, et donnait à la cause toutes les garanties de justice. Mieux eût valu n'avoir pas à le saisir de la question. Les lois scolaires sont bien faites ; il eût suffi d'en observer la lettre et l'esprit pour prévenir la difficulté.

Il est dit, en effet, dans l'article 41 du statut du 9 avril 1825 : « Pour chaque thèse, le Doyen désigne un Président parmi les professeurs devant lesquels elle devra être soutenue. Le Président examine la thèse en manuscrit ; il la signe, et il est garant tant des principes que des opinions qui y sont émises, sous le rapport de la religion, de l'ordre public et des mœurs. »

Prévenu des affirmations d'une thèse tout en dehors des études de l'École, et qui renversaient les fondements de la morale publique, le Vice-Recteur, selon son droit, en eût interdit la soutenance, et porté la cause devant le ministre ; le refus de diplôme est prévu d'autre part dans les certificats d'aptitude.

Quelles mesures prendre pour l'avenir ; l'administration n'avait sans doute qu'à appliquer les règlements ; mais il fallait aviser à ce que cette application fût réelle. Les thèses étaient bien signées du Président ; mais, en raison de leur nombre, elles n'étaient signées que pour la forme. L'administration s'entendit avec le Doyen pour que désormais lecture préalable en fût faite avant le visa du Doyen et du Vice-Recteur, et, depuis ces mesures, aucun incident ne s'est produit.

Le sujet de la thèse était bien l'un des signes du temps ; le candidat en reconnaissait lui-même le caractère *très extra-médical*, bien qu'il la soutînt en vue d'un diplôme professionnel ; mais il était assuré de la faveur qui s'attachait quelque part aux doctrines agressives de l'ordre social.

On ne pouvait trouver, en bonne justice, que, dans l'espèce, l'autorité supérieure fît preuve de rigueur en invitant le candidat à chercher un autre sujet pour recevoir le diplôme de docteur après de nouvelles épreuves ; l'État a un droit souverain de défense dans le domaine qui lui est propre ; il a également pour devoir de préserver ses Écoles de tout désordre matériel et d'y assurer la haute moralité des études.

IV

Une thèse comme celle dont nous venons d'exposer le but regrettable, et qui avait échappé à l'attention des juges, devenait un instrument de combat dans les mains des adversaires de l'Université : on oubliait la répression pour mettre en cause l'enseignement officiel. Il eût été et si simple et si juste de réclamer le principe de liberté pour l'enseignement supérieur au même titre qu'on l'avait obtenu pour l'enseignement secondaire, parce que c'est un principe, et qu'il y avait engagement du législateur (1). La loi de 1850, qui avait été une conquête pour la liberté dans l'enseignement secondaire, laissait l'État en possession des grades, sans qu'il y eût plainte et réclamation. L'institution des *jurys mixtes* en matière d'enseignement supérieur ne pouvait s'expliquer que par la faiblesse ou l'imprévoyance. Les jugements pour la collation des grades seraient désormais rendus par des professeurs de l'État et des Facultés libres ; nous eûmes des soins à prendre pour assurer sans

(1) Art. 85 de la loi du 15 mars 1850 : « Jusqu'à la promulgation de la loi sur l'enseignement supérieur. »

choc ce bizarre et délicat mécanisme. De part et d'autre, on nous sut gré du bon accord de concours qu'il importait d'assurer; le jury mixte ne donna lieu à aucune espèce de difficulté; mais les partis restaient en présence et à l'état de guerre par suite d'une concession regrettable. Un homme d'État non suspect, dont le nom reste attaché à la loi de 1850, apprit avec regret l'adoption de ces dispositions. « On nous donne plus que nous ne demandons. » — L'État, jusqu'alors respecté dans son domaine, devait y rentrer tôt ou tard. Ce partage de ses droits ne pouvait être qu'une usurpation éphémère. Un ancien ministre appuya de son expérience les craintes qui furent exprimées plus d'une fois au sein du Comité des Inspecteurs généraux de l'enseignement supérieur; la prévision était facile pour quiconque avait vu avec impartialité la lutte des partis. Il suffisait de lire quelques-unes des brochures enflammées, d'entendre ou de recueillir les prédications violentes qui se faisaient au sein du Congrès catholique. Les excès de plume et de parole dont j'ai pris note dans cette année 1875, qui est celle de la loi (12 juillet) sur la liberté de l'enseignement supérieur, sous l'inspiration d'un dogme nouveau, expliquaient, sans la justifier, la réaction que nous traversions. Quelques fougueux dans la foi voulaient que l'Église fût tout et maîtresse dans l'État; d'autres, violents en politique, voulaient supprimer l'Église.

C'était alors un mot d'ordre pour les prédicateurs en renom de battre en brèche les lois sorties de la révolution, ce qu'on appelait le droit moderne. On usait sous la République de licences qu'on ne se fût pas permis sous l'Empire : revendication du baccalauréat, direction des Écoles spéciales, réforme du Code civil, tels étaient les sujets inscrits au programme. L'enseignement dans toutes ses directions doit être soumis au contrôle de l'Église; il s'agit de déposséder l'État. — Aujourd'hui, on réclame à bon droit contre la suppression des Facultés de théologie catholique que rétribuait l'État; mais l'Église faisait-elle œuvre de sagesse politique en refusant de les reconnaître, comme suspectes de gallicanisme? M. Guizot disait en 1850 : « La lutte n'a pas pris fin; c'est un temps d'arrêt; ce n'est pas la paix. » Les Dupanloup et les Darboy n'étaient pas entendus lorsqu'ils réclamaient contre les violences; à l'heure actuelle, on outrage encore leur mémoire.

L'enseignement peut être religieux, sans cesser d'être national. Quelle force eût gagnée l'Église en acceptant pour sa part cette patriotique parole de M⁵ʳ Darboy à la tribune du Sénat en 1868 : « L'État doit veiller à ce que l'éducation soit et reste nationale ! »

C'est la doctrine même de Royer-Collard (1) : « L'instruction et l'éducation politique appartiennent à l'État et sont sous la direction supérieure du Roi. »

Par contre, en 1874, l'ultramontanisme exprimait ce qu'il appelait la vraie doctrine : « L'Église ne consentira jamais à renier ou à dissimuler son droit souverain de diriger l'éducation entière de ses enfants (2). »

« Ce n'est pas à César, est-il dit ailleurs, mais bien à ses apôtres
« et à leurs successeurs que Jésus-Christ a dit : « Allez, enseignez
« toutes les nations. »

« Depuis quatre-vingts ans, les fléaux à combattre sont : « La
« Révolution, l'Université et l'État. »

Imprudents, qui ne voulez pas de l'État, vous ouvrez la porte à la révolution, qui ne veut pas de la foi ; vous méconnaissez ces deux œuvres du génie de l'Empereur au sortir de la Révolution : le Concordat, qui a établi la paix religieuse ; l'Université, qui a fondé l'enseignement national, en pratiquant le respect des vérités religieuses.

L'intérêt de l'État est que l'enseignement soit national ; l'intérêt de l'Église est que l'enseignement soit religieux. Des deux parts, les forces devraient s'unir ; la Révolution fait son œuvre en les divisant, en accusant l'un de césarisme, en flattant l'autre et glorifiant l'athéisme.

La vérité sociale est dans un milieu de sagesse, en dehors des partis ; l'État doit aspirer à ce but supérieur : reconnaître tous les droits qui sont l'œuvre du temps, des évolutions des idées, respecter toutes les forces sociales dont le concours est nécessaire au bien public.

Les partis eux-mêmes n'auraient-ils pas intérêt à laisser en dehors de leurs débats ces principes supérieurs tutélaires de tout

---

(1) Royer-Collard, 1817, chez Destange, 1870.
(2) Projet de loi sur la liberté de l'enseignement supérieur. 1874, Lecoffre.

état social ; leur dissidence sur des faits secondaires ne les laisserait pas moins rivaux, et la lutte serait tout au profit du progrès. Mais ils cesseraient alors d'être des partis ; ils ne remueraient pas les passions qui sont l'âme des luttes sérieuses, et pourraient perdre l'appui de la jeunesse, cette précieuse auxiliaire, puisqu'elle est passionnée et reçoit l'ardeur communicative ; nous avons vu ce qu'ils en ont fait comme instrument de leurs desseins ; nous revenons encore ici à la politique.

LIVRE X

POLITIQUE ET RÉVOLUTION.

I. **L'Empire.**
Dangers qui le menacent. — Politique de l'Empereur. — L'Italie : MM. de Cavour et de Bismarck. — En France, la presse libérale. — Le Mexique. — Les problèmes insolubles.
Le plébiscite. — Suffrage universel. — Étapes de l'Empire.
La Prusse. — Ignorance des comités de la guerre. — Illusions d'un Général. — Affolement des boulevards. — Aux premiers revers, manifestations révolutionnaires. — Sedan.

II. **Révolution du Quatre septembre 1870. — Paris pendant le siège.**
Journée du 4 septembre. — Un peuple en délire.
Investissement de Paris (19 septembre). — Le général Trochu. — Défense de la place. — L'Université. — M. Jules Favre au retour de Ferrières.
Plaintes insensées; le gouvernement accusé d'affamer Paris. — L'ennemi à combattre, c'est le bourgeois.
Bombardement. — On se réfugie dans les caves. — La Sorbonne, objectif des projectiles — Le Muséum. — Protestation des corps savants.
Armistice (28 janvier 1871).

III. **Le 18 mars.**
Le parti de l'ordre vaincu dans Paris — Canons transportés à Montmartre. — Le 18 mars. — Le gouvernement se retire à Versailles.
Le Vice-Recteur reste à la Sorbonne. — Dangers qui le menacent. — Avertissement donné par M. Magnabal. — Départ le 27. — Aspect des environs de Paris. — Accueil du Ministre.

IV. **Deux mois à Versailles. — Paris pendant la Commune.**
Bulletins. — Angoisses. — Le régiment venu de Bitche. — Ville-d'Avray. — Saint-Cloud brûlé par les Prussiens. — Longueurs du siège. — Batteries de Montretout. — Entrée de l'armée dans Paris, 21 mai. — Convois des prisonniers à Versailles. — Visite à Vanves, le 25 mai.

V. **Un jour à Paris (26 mai).**
Laissez-passer par le premier train officiel. — Aspect de Paris. — Gare Saint-Lazare. — Incendies sur la rive droite. — Un Prussien sur le quai. — La Sorbonne délivrée.

VI. **Sept années encore dans l'Administration.**
Divers Ministres.

I

La jeunesse ardente qui se livre aux mains des partis est souvent dans notre pays l'avant-garde de la Révolution; en voyant les passions et les colères que lui inspirait l'appel fait à des sentiments généreux, on avait le droit de craindre pour la paix publique; aux dernières années de l'Empire, bien des esprits jugeaient sa chute prochaine, sans entrevoir cependant les terribles épreuves que nous aurions ensuite à traverser dans les deux fléaux sanglants de la guerre étrangère et de la guerre civile.

Autrement redoutable que la jeunesse des écoles, une presse ardemment hostile, par des voies diverses, poursuivait le même dessein, le renversement de l'Empire; les libéraux et les révolutions faisaient campagne contre la dynastie; les bombes d'Orsini avaient même averti, dès les premiers temps, Napoléon III, que le prince eût à se rappeler les serments de l'ancien conspirateur.

Ces serments coûteront cher à la France; la guerre d'Italie (1859) ouvre les difficultés qui ont préparé la chute de l'Empire et provoqué ensuite une coalition contre notre pays follement libérateur, à la suite de son chef. « L'attachante et énigmatique figure du souverain qui présidait alors aux destinées de notre pays, nous dit le tout récent livre de M. Thouvenel, se trouve éclairée par cette correspondance d'un reflet singulier (1). Il est impossible de ne pas reconnaître que ce prince, *qui avait vu* si juste dans les affaires intérieures de la France, perdait pour ainsi dire contenance quand il tournait son regard voilé du côté de l'Italie. La question italienne a bien été le secret de la politique de Napoléon III. » L'Empereur était tout cœur pour l'Italie; les souvenirs l'unissaient à elle comme un Roméo à une autre Juliette; « l'Empereur, disait le général Cialdini, est plus Italien que Français. » Il faut bien dire

---

(1) Le *Secret de l'Empereur*, correspondance officielle et inédite échangée entre M. Thouvenel, le duc de Gramont et le général comte Cialdini (1860-1863). 2 vol. in-8º.

aussi que dans la question de la péninsule (l'*Italie libre*, telle qu'il la voulait, *des Alpes à l'Adriatique*), il trouvait moyen d'appliquer son utopie périlleuse, le principe des nationalités ; dans sa politique imprévoyante, il laissait à la poussière des archives, comme instruments du passé, les sages traditions de notre diplomatie sur le maintien, en ce qui nous concerne, des petits États et l'équilibre européen. Fataliste, penseur solitaire, laissant là l'histoire et la réalité pour le roman et la chimère, confiant en la fortune pour le soin d'achever ce qu'une politique avisée eût dû seule préparer, il n'était que trop servi et excité dans ses desseins sur l'Italie par une partie importante de la presse libérale. Nul doute que le prince ne crût servir la grandeur de son pays en poursuivant ces deux idées fixes : la revanche des traités de 1815 et la constitution des grandes nationalités. Deux hommes de génie, MM. de Cavour et de Bismarck, égarèrent le songeur. Nous devions, comme dernier mot de cette diplomatie, perdre notre frontière du Rhin, deux provinces entières qui étaient notre bouclier par leur vaillance et leur sentiment national, trouver en retour sur nos flancs, préparées par nos mains, deux nationalités puissantes, unies et armées contre la France.

Notre politique au moins fut-elle plus prévoyante après la guerre d'Italie, et bien avant qu'elle eût produit ses fatales conséquences ? La France, en 1862, gardait le prestige du traité de Paris (1856) ; elle avait une prépondérance incontestée en Europe ; la sagesse commandait de veiller, de garder nos foyers pour être maître des évènements ; on eût pu prévenir l'écrasement du Danemark (1864), tendre la main à l'Autriche et empêcher Sadowa (1866) ; mais on poursuivait ailleurs, et bien loin de la France, une autre chimère, la grande idée du règne, — disaient les flatteurs, — la fondation d'un empire latin au Mexique pour fermer la route à l'invasion des États-Unis. La sanglante aventure dispersa et ruina nos forces ; il eût fallu les trouver intactes, au jour de notre propre péril, pour repousser le flot germanique.

En parlant de l'Italie et du Mexique, surtout de l'Italie où l'Empereur trouva également résistance, un *non possumus* près de Pie IX et de Victor-Emmanuel pour résoudre, comme il l'entendait, la question romaine, on cite une anecdote, — est-elle vraie, est-elle fausse? — qui ne laisse pas de montrer en son jour ce que la politique impériale avait d'impossibilités. C'était un soir, dans les dernières années de l'Empire, dans une réunion intime aux Tuileries ; on jouait aux petits papiers, la question était ainsi posée :

« Quelle est votre occupation favorite ? » — L'empereur aurait écrit : « Chercher la solution des problèmes insolubles. » Et l'auteur du *Rêve d'Empire*, M. Paul Gaulot, qui publie la correspondance de Napoléon III et de Bazaine, — c'est pour le Mexique le livre de M. Thouvenel pour l'Italie, — prend texte des *problèmes insolubles* pour écrire :

« N'est-ce pas Napoléon III qui chercha à protéger les intérêts de la France en arrêtant l'essor de la Russie dans la mer Noire et dans la Méditerranée, sans vouloir cependant livrer cette mer à l'Angleterre? N'est-ce pas lui qui combattit l'Autriche pour permettre à l'Italie de faire son unité, et qui empêchait cette même unité en maintenant les États de l'Église?... N'est-ce pas lui que nous allons voir au Mexique entreprendre une expédition destinée à barrer la route aux États-Unis, sans pour cela vouloir entrer en guerre avec cette redoutable puissance (1) » ?

Ainsi engagée dans la politique étrangère, l'autorité impériale ne pouvait, avec ses témérités, que voir au dehors décroître son prestige ; trouverait-elle au dedans pour la soutenir l'énergie des forces qui avaient suscité son avènement? — Mais les années mêmes de paix et de prospérité qu'elle donna au pays éloignaient de plus en plus le besoin d'un pouvoir personnel, et le pouvoir mis en cause par le progrès de l'opinion libérale cherchait lui-même, par la voie des décrets (2), une base intermédiaire entre l'autorité et la liberté ; on étendait le contrôle du Corps législatif et la responsabilité du souverain ; nous n'avions, à ce compte, ni l'Empire de 1852, ni la Monarchie parlementaire de 1830. — Nous arrivons ainsi à travers ces reconstitutions jusqu'à cette fatale année de 1870. — Si le plébiscite rendu à cette époque n'effaçait pas les imperfections des décrets, il avait tout au moins la vertu de renouveler le pouvoir du Prince par une nouvelle acclamation populaire. Le pays, avide de repos, et qui se voyait

---

(1) V. le journal *La Liberté*, 10 mai 1889.
(2) 24 novembre 1860. — 25 juin 1863.

encore menacé, sentait le besoin d'affermir sur sa base le pouvoir qui en était la garantie. En 1852, on s'était porté avec entraînement au scrutin pour acclamer un sauveur; en 1870, c'était la crainte d'un danger qui ralliait une majorité encore immense autour d'un nom qui symbolisait pour elle le maintien de la paix publique. Mais le prince, depuis quelques années gravement atteint dans sa santé, avait perdu la force qui lui eût permis de voir tout par lui-même, de juger les dangers toujours croissants du dedans et du dehors : à l'heure fatale, il se trouva aux mains d'un ministre utopiste, comme lui-même, enivré de sa parole, tour à tour flatteur du pouvoir et courtisan de la faveur populaire.

Je devais assister à la ruine de l'Empire et voir ensuite l'avènement de la troisième République.

Tout le règne extérieur est passé sous mes yeux. Je puis en rappeler quelques dates; elles marquent le passage de l'Empereur et de l'Impératrice dans les villes où j'avais à leur présenter les membres du corps enseignant.

Le Prince-Président arrivait à Bordeaux en octobre 1852, et le pays acclamait en sa personne l'héritier de Napoléon. Fatiguée de la révolution, la France réclamait l'autorité.

En août 1858, l'Empereur et l'Impératrice traversent la Bretagne au milieu des flots pressés d'une population enthousiaste. La guerre de Crimée et le traité de Paris confirmaient la paix promise au banquet de Bordeaux. Personne, si ce n'est le souverain, ne songeait à la guerre d'Italie, qui portait dans ses flancs le trouble des consciences religieuses au dedans, au dehors l'unité de l'Allemagne et de l'Italie, et avec elles toutes les ruines que nous avons vues, d'autres encore à l'état de menaces.

De 1858 au 14 juillet 1866, date de l'arrivée à Châlons de l'Impératrice et du Prince impérial, l'opposition a singulièrement pris des forces; l'Empire s'est d'autant affaibli; en fait, l'opinion est malade, et l'on ne sent pas dans les foules le mouvement de sympathie qu'eût méritée l'Impératrice par sa grâce attentive, le jeune Prince par le charme et la simplicité de son maintien.

Deux ans encore, et le 10 mai 1868, nous sommes à Orléans; la réception de l'Empereur et de l'Impératrice, tout en étant convenable, me laisse l'impression d'hommages *officiels*.

Un an plus tard, à Chartres, le 9 mai 1869, mon impression est plus triste encore. Des sections de pompiers un peu grotesques étaient venues sur le champ d'Exposition, mandées par M. le Préfet; mais à leur défilé, et lorsque Leurs Majestés se retirèrent à leur tour, escortées des *Cent-Gardes*, on aurait dit la fin d'une représentation théâtrale; le peuple était là en curieux, il n'était pas sympathique, et c'est lui qui fait les fêtes publiques.

Je retrouvais donc en province, à la veille de l'année terrible, non l'ardeur familière à Paris pour combattre et user ce qui dure, mais une lassitude dont le pays n'avait pas conscience et qui serait, à un moment donné, une force pour l'opposition. Le plébiscite donnait à la dynastie un nouveau baptême populaire; mais invoquer le remède, n'était-ce pas confesser ses craintes ou accuser sa faiblesse? Rien n'est moins sûr que le suffrage universel; instrument de salut dans une grande crise, il devient un danger dès qu'il échappe aux mains du pouvoir; les partis s'en emparent à leur tour. On le vit bien aux jours d'épreuves; le plébiscite de 1870 fut lettre morte au 4 septembre; le deuxième Empire disparaît à Sedan comme le premier à Waterloo. Un pays moins fiévreux, moins affolé, n'eût pensé qu'à recueillir ses forces; il serait temps, s'il y avait lieu, de changer de forme de gouvernement, lorsque tout le pays aurait fait face à l'ennemi; la Prusse après Iéna n'a pas abandonné le roi parce qu'il avait été vaincu.

Mais à Paris, la Révolution souhaitait la guerre, non qu'elle voulût y prendre part; la patrie lui est moins chère que la fraternité des peuples : elle y voyait un danger pour l'Empire. Dirai-je qu'une partie de la jeunesse de nos écoles se désintéressait d'une lutte qui, ailleurs, était une cause nationale pour les élèves des Universités allemandes.

La candidature du prince de Hohenzollern, stratagème préparé contre la France, inquiétait gravement ceux qui voulaient y réfléchir. Dans les Conseils du gouvernement, le parti de la guerre n'avait pas la majorité, et cependant on ignorait les rapports du colonel Stoffel, très explicites sur le formidable armement de la Prusse; on croyait aux assurances du maréchal Lebœuf que rien ne manquait pour entrer en campagne. J'ai le souvenir bien présent de toutes les anxiétés qu'on se confiait à voix basse dans les régions du pouvoir. Et pour que rien ne manquât à l'égarement de notre pays, les Comités de la guerre, à l'exemple de leur chef, ignoraient l'armement qui devait les écraser sous la discipline et le nombre. L'un de mes amis et anciens condisciples, commandant l'artillerie du 5ᵉ corps (M. S. Hery Liédot), me prit en pitié lorsque je lui fis part de mes craintes ; ce que j'avais lu de la portée du canon prussien n'était que trop vrai ; le Général eut les deux cuisses emportées à Sedan, avant d'avoir atteint la ligne où les pièces françaises pouvaient répondre au feu de l'ennemi.

Ainsi, dans l'armée même comme à la tribune, on partait pour Berlin *le cœur léger*. Le pays ne voulait pas, il redoutait la guerre ; l'Empereur lui-même, quoiqu'il ait pu être égaré par le plébiscite, avait le pressentiment du péril. Une influence regrettable tout à ses côtés prévalut auprès de lui. Depuis longtemps il avait perdu l'énergie, et son corps usé par les souffrances lui serait un déplorable instrument dans les fatigues d'une campagne ; physiquement, il était sans énergie, moralement, sans espoir, lorsqu'il prit le train à Saint-Cloud avec le Prince impérial pour la suprême aventure. Son abattement fut très remarqué de ceux qui assistèrent au départ.

Qu'y avait-il de vrai dans les affolements nocturnes du boulevard à la nouvelle de la déclaration de guerre ? Les groupes d'hommes et de femmes avinés sur des voitures et des chars, qui criaient « à Berlin ! » et qui traversaient une multitude affolée, n'étaient pas les manifestants d'un grand peuple. Les témoins de la scène qui se pressaient sur les trottoirs en recevaient une impression pénible. En revenant de ces saturnales, j'allai voir le départ de nos régiments. Le gavroche était là, comme ailleurs, pour manifester. Quand cet admirable 3ᵉ grenadiers de la garde sortit de la caserne du Louvre : « Rapporte-nous, cria un voyou, la binette à Bismarck. » Voilà bien le gamin de Paris. Au retour, le soldat vaincu n'entendait que les cris : « A bas les traîtres et les capitulards. » J'avais bien eu, avant le départ, le sentiment profond que c'était la Révolution qui faisait cortège à nos régiments.

Dès nos premiers revers, ce fut la Révolution qui se montra menaçante; l'émeute soulevée au 10 janvier 1870, à la mort tragique de Victor Noir, avait pu être réprimée; mais, depuis, l'agitation était permanente. Les boulevards où l'on criait naguère « à Berlin! » étaient maintenant couverts des mêmes agitateurs. Derrière les escadrons de cuirassiers qui fendaient la foule pour la disperser, on n'entendait que les cris « à la frontière! » Nos pauvres soldats mourant sur le Rhin n'étaient pas leur souci; le gouvernement était l'ennemi qu'il fallait combattre et détruire. Il fallait user les forces qui nous restaient, rendre l'ordre impossible; la garde municipale n'avait plus une heure de repos ni la nuit ni le jour; elle ne connaissait plus la caserne et couchait sur les places et dans les édifices publics. Un peuple qui se livre ainsi aux partis, doit connaître toutes les épreuves.

II

La Révolution était faite moralement par la presse et les réunions publiques, lorsque le désastre de Sedan acheva la défaite de nos armées; à cette nouvelle, l'émeute envahit le Corps législatif, proclame la déchéance de l'Empereur; un groupe de députés, une heure après, proclame la République à l'Hôtel de ville, sans trouver de résistance. Telle fut la journée du 4 septembre; elle mettait fin au pouvoir impérial pour le livrer à la multitude. Un peuple peut briser un trône dans sa colère, mais on ne lui pardonne pas d'oublier l'ennemi. La journée qui suivit est un douloureux souvenir pour tout homme qui aime son pays. C'était le lundi des ouvriers; la Révolution avait donné le signal de la joie; ce peuple qu'elle égarait fêtait la délivrance. Le travail était suspendu, même au fort de Châtillon, qui tombait aux mains des Prussiens avant d'être achevé; Châtillon, qu'on eût pu défendre, était la clef de Paris. Mais il était si patriotique de gratter des murs ornés de l'aigle, de démolir les enseignes qui portaient les armes impériales, et d'inscrire sur les édifices les trois formules de la République! Croirait-on que des gardes nationaux revenant du Corps législatif, après le renversement du gouvernement, avaient orné de lauriers, en signe de victoire, le canon de leurs fusils! Jamais peuple ne fut moins soucieux du lendemain, et ne se livra plus inconsidérément à une joie frivole; c'était un crime, pour le triomphe d'une opinion, d'oublier à ce degré la patrie.

Mais l'envahisseur ne perdait pas une heure; il marchait sur Paris en laissant des armées autour de Metz et de Strasbourg. Les campagnes voisines affluaient vers la grande cité avec les femmes, les enfants et les troupeaux; les familles qui n'étaient retenues par aucun intérêt, et qui avaient des ressources prenaient à grande vitesse les voies ferrées pour aller chercher ailleurs un asile; les marins accouraient dans nos forts pour défendre le navire (1) en détresse. Dans cet investissement de Paris condamné à toutes les douleurs d'un siège, tout ce qui reste dans Paris sera-t-il uni dans un sentiment filial de la patrie; la Révolution aura-t-elle désarmé, prendra-t-elle en pitié la cité malheureuse? A la question, deux dates sont là pour répondre : la journée du 31 octobre 1870 et la journée du 18 mars 1871. Les fédérés, vaincus le 31 octobre, sont les maîtres le 18 mars et proclament la Commune. Il fallait bien, lorsque la paix se faisait avec l'ennemi, déchaîner la guerre civile.

Le Gouvernement de la défense nationale avait donc à combattre, dans l'intérieur de l'enceinte et sur les remparts, l'ennemi du dedans et l'ennemi du dehors.

Dès le 19 septembre, l'investissement est complet; nous sommes renfermés dans Paris; le siège commence.

Le général Trochu, qui commande la place, laisse croire autour de lui qu'il a un plan pour la délivrance; personne ne l'égale en discours. Sa proclamation aux Parisiens, le jour où il prit le commandement, était déjà d'un rhéteur; rien ne manque aux épreuves. La défense de Paris est aux mains d'un Olivier militaire. Pouvait-on rompre le cercle de fer qui nous enveloppait? Nous eûmes quelques journées glorieuses, celle du Bourget, de l'Hay, de Champigny; mais il fallait toujours revenir, et, comme le portait le bulletin cliché de l'état-major, on rentrait *en bon ordre sous la protection*

---

(1) La Ville de Paris a pour armes un vaisseau : *Fluctuat nec mergitur.*

des forts. Les *sorties torrentielles*, dont le général connaissait d'ailleurs l'inanité, étaient des concessions obligées ; pour garder la paix dans le milieu affolé, il fallait bien ménager au volcan l'issue d'une vaine fumée. Ce jour-là, certains bataillons de Belleville, crieurs avinés des carrefours, fanfarons de la *sortie*, mais soucieux avant tout de garder leurs personnes en vue d'une République sociale, revenaient fuyant à toutes jambes en apercevant l'ennemi. Il est juste de tenir compte au Général des difficultés sans nombre que lui suscitait cette partie de la population, dont toutes les aspirations étaient révolutionnaires. On ne l'eût pas écouté sans révolte, s'il eût reconnu tout ce que la situation avait de grave ; le siège ne pourrait longtemps encore se prolonger ; la place serait tenue de se rendre après des souffrances noblement supportées. Le populaire ne connaît et ne veut entendre que des flatteurs ; l'avocat qui écrit après l'entrevue de Ferrières : « *Pas un pouce* de notre territoire, *pas une pierre* de nos forteresses, » connaît bien son esprit de vanité. Le Paris assiégé avait là, pour se distraire et s'exalter, l'affiche qui donnait en gros caractères ces mensongères paroles ; le Paris d'autrefois, sous le premier Empire, avait pour se glorifier la lecture des *Bulletins de la Grande Armée*.

Une autre occupation, c'était de chercher, le soir, dans le rayon d'une fenêtre ouverte, un signal, un télégraphe optique, qui avertissait l'ennemi ; les versions absurdes circulaient dans la foule. J'entendais au carrefour de Buci, un soir où les obus pleuvaient sur Paris, des groupes affairés accuser Trochu de cacher les *bœufs* dans les catacombes pour affamer le pauvre peuple. — D'autres égarés, au retour de la tranchée où ils avaient fait la *noce* aux dépens du bourgeois, disaient bien haut, avec quelque impudence, que le Prussien n'était pas leur affaire : « Notre coup de fusil sera pour le bourgeois, l'exploiteur. » M. de Bismarck connaissait bien l'état psychologique de la ville assiégée, et quand Jules Favre vint traiter à Versailles des conditions de l'armistice, demandant surtout qu'on laissât ses armes à la garde nationale, le vainqueur l'avertit du péril..... Avis superflu ! L'ambitieux de la faveur populaire voulut à tout prix la retenir, sous réserve, plus tard, de demander pardon de sa faute à Dieu et aux hommes. Cette garde nationale restée en armes a fait la Commune et incendié Paris ; il a fallu toute une armée pour reprendre la capitale sur un peuple égaré.

Cependant le siège de Paris se prolongeait; la journée de Coulmiers n'avait été qu'un éclair dans la nuit sombre. Les honnêtes gens faisaient merveille pour la défense; notre ancien ministre, M. Duruy, suivi de son fils Georges, était aux remparts. Des vieillards allaient au combat. Les ambulances, partout organisées sous la main de femmes animées des saintes ardeurs de la patrie et de la charité, prodiguaient leurs soins aux blessés.

L'Université avait sa part dans la défense. Dès le 2 août, le Ministre avait décidé la suppression de toutes les distributions de prix. Pour la première fois, depuis 1815, le Concours général serait privé de la fête annuelle dans la grande salle de la Sorbonne. Le 9 août, ordre était donné (1) aux doyens, directeurs, proviseurs, de mettre leurs hommes de peine à la disposition de la compagnie franche, qui, sous l'autorité du général Chabaud de Latour, recrutait des terrassiers pour les fortifications de Paris. « Tous les hommes fournis par l'Université, écrivait le 16 août au vice-recteur le doyen de la Faculté des sciences, se montrent pleins de zèle. Outre les lycées, nous avons reçu les contingents de l'École de pharmacie et de l'Observatoire. J'avais hier 72 hommes, aujourd'hui 75. — 75 hommes, qu'est-ce que cela? Ce n'est rien et c'est beaucoup. Quand on voit des savants illustres et parmi eux un vieillard de quatre-vingt-quatre ans, le vénéré M. Chevreul, conduire leurs petites brigades sur nos remparts, on prend une juste idée du dévoûment qui associe toutes les âmes, tous les rangs, toutes les classes dans un même sentiment d'horreur contre l'invasion prussienne. » — M. le doyen s'égarait, hélas! dans son patriotisme, en attribuant *à tous* les sentiments qui l'animaient, et qu'il voyait autour de lui.

Nos établissements s'étaient transformés en casernes, en stations d'équipement et en ambulances (2); les offrandes pour les blessés avaient été nombreuses; les Facultés et les lycées, indépendamment de leur personnel, avaient mis à la disposition de la défense toutes les ressources de leur laboratoire. Ce que fit alors l'Université devant l'invasion se trouve rappelé dans une note du vice-

---

(1) V. *Bulletin adm.*, 1870, p. 418.
(2) *Id.*, 1871, p. 12.

recteur, en date du 14 décembre ; le Ministre en ordonna l'insertion au *Bulletin administratif* (1).

L'ennemi ne put forcer l'enceinte ; mais il pouvait attendre, dans ses positions inexpugnables où toutes les ressources de la vie lui étaient assurées, le moment où Paris assiégé aurait mangé son dernier pain de paille et de son. A cette heure fatale, marquée par le Germain, philosophe et barbare, commença le bombardement. « Au lieu du javelot de ses ancêtres, écrivait M. de Quatrefages, le Prussien nous envoyait ses obus à longue portée. » Dès le 5 janvier, l'École normale, les lycées Corneille, Saint-Louis, Descartes, les Écoles de droit et de médecine, l'Observatoire, le Muséum, toutes ces retraites paisibles de la science où le Germain était venu entendre nos professeurs, recevaient ses projectiles; la nuit du 6 au 7 fut terrible pour la Sorbonne ; la coupole de Richelieu servait de point de mire à l'ennemi. J'ai compté jusqu'à dix-sept obus qui déchirèrent l'église ou éclatèrent dans la cour ; on pouvait, d'un moment à l'autre, être écrasé par une chute de muraille; il nous fallut, avec le savant M. Renier, conservateur de la bibliothèque, organiser dans les caves tout un ensemble d'appartements à l'abri de la bombe, qui nous servaient d'asile pour la nuit. Au jour, chacun remontait et reprenait dans les bureaux le travail de la veille. — Le feu de l'ennemi cessait d'ordinaire pendant le jour pour reprendre la nuit avec plus d'intensité, sans doute parce que dans la nuit la terreur est plus grande, et qu'il est plus difficile d'aviser aux périls. — On vécut ainsi jusqu'à l'armistice (2), si c'est vivre que d'être enfermé dans un cercle de batteries qui vomissent la mort, au milieu d'une population qui souffre des douleurs de la faim.

Les corps savants ne manquèrent pas de protester ; ainsi l'Académie des sciences, dans sa séance du 9 janvier 1871, signalait le bombardement du Muséum comme indigne d'un peuple civilisé ; réunie le 25 janvier, la Société de botanique, au siège de ses séances, *dans sa bibliothèque et ses herbiers où tant de botanistes allemands avaient été fraternellement accueillis,* exprimait des plaintes indignées sur l'acharnement des armées allemandes ; le

---

(1) V. *Bulletin adm.*, 1871, p. 9.
(2) *Id.*, 1871, p. 18 (Muséum).

meurtre des femmes et des enfants sans défense, disait-elle, protestait aussi au nom de l'humanité contre une barbarie scientifique organisée (1). Mais la barbarie des Prussiens s'efface dans l'histoire devant le crime de la Commune qui devait incendier Paris (2).

III

Les épreuves ne sont donc pas finies ; après les souffrances du siège viennent les douleurs de la guerre civile. La Révolution, vaincue au 31 octobre, attendait sa revanche. L'armistice venait d'être signé le 28 janvier ; l'armée allemande, aux termes du traité, occupait, en signe de sa victoire, l'avenue des Champs-Élysées et la place de la Concorde (1er février). C'est le moment de faire échec au gouvernement ; l'heure est bien choisie pour le patriotisme. Sous prétexte de soustraire aux Prussiens les canons et les mitrailleuses de la place Wagram, la garde nationale les enlève de force et les emmène sur les hauteurs de Montmartre et de Belleville, et, lorsque le gouvernement veut les reprendre, les forces dont il dispose, nos fragments de régiments qu'envahit dans leur marche la foule enveloppante des femmes et des enfants, gagnés, démoralisés par l'émeute, battent en retraite devant les

---

(1) Société de botanique. *Bombardement du Muséum*, brochure in-8°.
(2) M. Baudrillart, membre de l'Institut, Inspecteur général des bibliothèques, a rendu compte au Ministre de l'Instruction publique des pertes éprouvées en 1870-71 par les bibliothèques publiques de son département. Il est triste de reconnaître que les pertes pour Paris ne sont pas toutes au compte des Prussiens pendant le siège qu'ils firent de la capitale ; les plus graves, celles qui sont irréparables, nous vinrent, au rapport de M. l'Inspecteur général, de la Commune révolutionnaire ; c'est elle qui, pendant sa domination, brûla les bibliothèques de l'Hôtel-de-Ville et du Louvre. « Combien peu s'en est fallu, ajoute-t-il, que les pertes n'aient été de beaucoup dépassées! On frémit à l'idée que presque toutes nos richesses de bibliographie et d'art pouvaient disparaître d'un seul coup avec notre Bibliothèque nationale et notre musée. Les mains sacrilèges qui ont incendié tant de nos édifices publics et de nos plus précieux dépôts de livres ont trop réussi à rendre immense la part du mal. »

insurgés. Le parti de l'ordre est vaincu dans Paris. Deux généraux, Lecomte et Clément Thomas, ancien commandant de la garde nationale, sont assassinés. La force est passée désormais du côté des fédérés ; le Comité central est le maître, le 18 mars ; c'est l'avènement de la Commune. Le gouvernement, le lendemain, se retire à Versailles pour être en mesure de garder autorité sur la France, et de reprendre Paris sur les insurgés après avoir réorganisé l'armée.

Les administrations d'un caractère exclusivement civil n'eurent pas pour l'heure à quitter Paris ; le Ministre, en ce qui concerne l'Académie, nous approuva pleinement de vouloir rester à la Sorbonne, les questions universitaires devant rester étrangères aux passions des désordres civils ; confiance naïve ; la Révolution ne connaît pas le respect ; héritière des traditions, la Commune ouvrit bientôt de force, en matière d'écoles primaires, la voie exclusivement laïque où s'engagerait, dix ans plus tard, le législateur.

Nous ne fûmes pas témoin de ces violences ; il nous fallut, bien peu de jours après le départ de l'administration centrale, quitter Paris, à notre tour, sous peine d'être arrêté et gardé sous les verroux comme otage. Dès le samedi soir, 26 mars, M. Magnabal, chef des services matériels, qui fut vraiment mon sauveur, m'avait envoyé son frère pour m'avertir du péril ; le délégué qui avait pris possession du Ministère au nom du Comité venait de le mander pour lui faire la déclaration suivante : « Tous les services du Ministère, avait-il dit, étaient centralisés à la Sorbonne ; ordre, en conséquence, avait été donné d'arrêter le Recteur. — La Sorbonne s'agitait également contre le Comité en vue des élections municipales ; un pareil état de choses devait cesser par l'arrestation des fonctionnaires. » — Le délégué voulait bien croire, sur l'assurance de M. Magnabal, que l'accusation n'était pas fondée, et ne pas signer l'ordre d'arrestation ; mais une autorité supérieure pourrait bien *donner cet ordre, et un bataillon pourrait avant dix heures* (le soir même) *envahir la Sorbonne...* (1). — Des deux griefs, l'un n'était pas sérieux, le vice-recteur n'étant resté à Paris que pour s'occuper d'écoles et informer le Ministre dont il tenait les pouvoirs ; l'accusation absurde et d'autant plus dangereuse, c'était de prendre parti dans les questions d'élections. — Mais il eût été vain

---

(1) Je reproduis le texte de la déclaration écrite par M. Magnabal.

de se défendre, insensé de braver un danger. Aurais-je le temps de m'y dérober? Les heures m'étaient comptées. Je passai la nuit à mettre mes papiers en ordre et à préparer mon départ; ma courageuse compagne m'y aidait de tout son pouvoir, impatiente de me voir en sûreté. — Avant le lever du jour, une voiture qui se trouvait en station, près l'Odéon, me conduisit près de la barrière de la porte de Versailles; là, descendant aux premières lueurs de l'aube, marchant à petits pas, un livre sous le bras, je passai sans être inquiété devant le poste des fédérés, dont une partie cuvait son vin. Et lorsque j'eus franchi la barrière, que j'eus laissé derrière moi la ligne des remparts au pouvoir des insurgés, je me trouvai en pleine solitude. Un chant d'oiseau, signal du printemps, faisait contraste par ses notes joyeuses avec les tristesses des champs déserts et dévastés; le soleil s'élevait à l'horizon, éclairant de ses feux la Babylone qui devait connaître toutes les extrémités des choses humaines : pendant le blocus, la famine, les obus de l'ennemi, et, à cette heure, ce qu'il y avait de plus odieux, les horreurs de la guerre civile, le règne d'une autre Terreur.

J'arrivai enfin à Clamart, où je pris place dans le train qui venait de Paris pour se rendre à Versailles. Mais Clamart est sous le feu des forts occupés par les insurgés; il faut aller plus loin pour se sentir libre. A Bellevue, le train rencontre le premier poste de l'armée régulière; la gendarmerie, toujours aux postes du péril et de l'honneur, est l'avant-garde du gouvernement qui doit reconquérir Paris. Jusqu'à Versailles, ce sont ensuite les débris des régiments sortis de la capitale; à leur aspect, on se reprend à l'espérance. Mais les jours d'épreuve seront encore longs et douloureux.

Je revoyais à Versailles mon frère et sa famille. Le Ministre me reçut avec une grande bonté; il m'approuva vivement de venir à Versailles pour continuer près de lui l'œuvre administrative interrompue à Paris. Il me sut un gré tout particulier des mesures que j'avais prises au départ pour être renseigné chaque jour sur l'état de nos écoles, et donner aux chefs d'établissements les instructions et les avis que la situation exigeait; les lycées et les Facultés m'enverraient chaque jour un de leurs secrétaires, et sur les informations recueillies, je serais ainsi en mesure de donner à mon chef, à l'heure du Conseil, un bulletin résumant nos faits scolaires, et présentant de plus l'état et le mouvement des esprits dans Paris.

Le ministre n'avait pas seulement à s'inquiéter de la capitale ; il veillait sur toute l'Université pour prévenir ailleurs d'autres égarements. Si quelqu'un, au nom de la République et s'autorisant du principe de liberté, avait le droit de combattre l'insurrection victorieuse, d'en appeler contre elle aux forces morales du pays, c'était, à tous les titres, l'homme politique qui avait le gouvernement de l'instruction publique, écrivain, conférencier, journaliste, député, toujours sur la brèche dans le livre et à la tribune ; on eût pu seulement trouver ses illusions trop généreuses. Le principe est l'affaire d'un philosophe ; l'homme d'État a moins de confiance, il hésite davantage, parce qu'à travers la liberté, il entrevoit la licence. M. Jules Simon pouvait du moins attester une foi que son passé ne laissait pas suspecte ; sa parole en recevait, en dehors du talent, une nouvelle autorité. On ne saurait trop rappeler son instruction aux Recteurs (28 mars), lettre morte pour les violents, trop oubliée des modérés, et qui fait grand honneur à l'Université et à la philosophie : « Nous avons contracté, en acceptant le sacerdoce de l'enseignement, l'obligation de garder une extrême réserve dans nos actes et dans nos paroles..... Ce que l'État nous demande en nous appelant dans ses chaires, c'est de lui élever des générations d'honnêtes gens. »

IV

Je ne pouvais que m'inspirer, pour ma part, de cette belle page écrite en pleine guerre civile, dans les instructions que j'adresserais aux chefs d'établissements du ressort ; elle répondait pleinement à mes convictions et pratiques personnelles.

En ce qui concerne Paris, mes communications au Ministre étaient quotidiennes ; à relire ces bulletins, on suivrait au jour le jour les convulsions de la grande cité, plus affolée que criminelle.

Les vrais criminels, c'étaient les misérables qui venaient dans nos lycées réclamer, pour les enrôler, les élèves en état de porter les armes. Le proviseur du lycée Saint-Louis, M. Joguey, eut en particulier à repousser leurs injonctions; son attitude devant leurs menaces fut admirable de fermeté et de courage. La jeunesse est un dépôt sacré dont le proviseur ne doit compte qu'à la famille. Les gens de la Commune, au dernier jour de leur règne, se vengèrent de l'Université en arrêtant l'un des nôtres, M. le proviseur du lycée de Vanves, commandant de l'Hôtel de ville au 31 octobre, M. Chevriaux, qui les avait repoussés de la salle Saint-Jean, en tête des *bataillons des mobiles* de l'Indre. Il fut conduit à Mazas comme otage, transféré ensuite le 23 mai, à la Roquette, pour être fusillé. Il dut son salut à l'entrée de l'armée dans Paris, et encore, dans sa fuite, risquait-il d'être fusillé comme un Versaillais par les insurgés, ou comme un insurgé par les Versaillais (1).

Nous eûmes, jusqu'à la dernière heure, une vie tourmentée. Autour de nous, la province était pacifiée; le courrier s'expédiait avec régularité; des divers points du ressort académique, les nouvelles qui nous parvenaient attestaient, dans nos maisons, la régularité du travail, dans les esprits le réveil des sentiments conservateurs. Paris seul était le sujet des préoccupations pénibles, Paris, qu'il fallait reprendre sur les insurgés après l'avoir défendu contre les Prussiens : l'invasion avait ses douleurs; l'insurrection était un déshonneur pour le pays.

Les deux mois que nous passâmes à Versailles furent plus longs que des années; on comptait les heures par des angoisses. Que deviendraient les chers êtres qu'on avait laissés derrière soi et qui tenaient à garder le foyer? A quels excès pourrait se porter une population égarée par le poison des doctrines, qui avait renié la patrie, et renversait la colonne Vendôme aux applaudissements du Germain, dont le monument d'airain rappelait la défaite? Ceux qui venaient à Paris nous disaient que, même dans certains quartiers conservateurs, Versailles était accusé de rigueur. La Commune, après tout, ne faisait que se défendre; le coupable était le Ver-

---

(1) Voir l'éloquente notice sur M. Chevriaux, par M. Bouillier, membre de l'Institut.

saillais qui lui faisait subir les rigueurs d'un siège. Le Paris le plus sain avait le délire et la fièvre obsidionale. Tous les récits s'accordaient sur ce point que les markes allemands circulaient dans la foule. Qui les avait ainsi répandus à pleines mains?

Un jour, pourtant, nous oubliâmes Paris pour ne penser qu'à l'Alsace-Lorraine. Le régiment qui avait défendu Bitche et qui était rentré en France, avec les honneurs de la capitulation, venait de dresser sa tente sur la grande avenue, en face du lycée. Ce fut une fête pour la colonie universitaire, casernée au lycée, de faire visite au régiment ; on se montrait la bannière que les dames lorraines avaient brodée de leurs mains en souvenir de la France. Bitche était le pays natal de la femme d'un de nos proviseurs (1) et de son frère, le brave commandant Lochner, qui nous avait gardé contre la Commune le fort du Mont-Valérien. Le colonel accepta pour le corps d'officiers le punch offert par l'Université ; la musique du régiment était sous nos fenêtres et répondait à nos toasts par ses harmonies. Glorifier l'armée qu'ailleurs on insultait, c'était reprendre à son compte l'honneur du drapeau.

Mais les tristesses de l'exil nous reprenaient vite, soit qu'on restât dans la ville, soit qu'on parcourût les environs de Versailles. Ville-d'Avray, Saint-Cloud surtout, étaient le lieu de mes promenades. De Saint-Cloud on voyait Paris. Il semblait que revoir la cité, c'était hâter sa délivrance. Nous étions à Saint-Cloud, près de la Lanterne de Diogène, au jour où le Ministère des finances était livré aux flammes. Des papiers enflammés, sortis de l'incendie, tombaient à nos pieds apportés par le vent. Et en même temps, les obus des forts d'Issy avertissaient les curieux d'avoir à se garer derrière les talus pour éviter les projectiles. Nous avions traversé le rond-point enveloppé de défenses qui avaient abrité un parc d'artillerie ; l'ennemi, pour n'être pas gêné dans sa vue, avait coupé sur pied plusieurs rangs de tilleuls. Les arbres séculaires gisaient sur le sol ; la sève printanière qui gonflait les branches était débordante ; on eût dit qu'ils vivaient encore et que la terre n'eût pas à leur envoyer de sucs nourriciers.

Après le parc, il y avait d'autres ruines. Et d'abord, toute la cité de Saint-Cloud et ses riches villas en étage sur le coteau.

---

(1) M. Baric, proviseur à Henri IV.

On n'a pas l'idée d'une pareille destruction. Les rares habitants que je rencontrai dans la villa incendiée racontaient que le matin, au jour de l'armistice (il n'y avait plus lieu conséquemment à aucune vengeance de guerre), on leur avait donné quelques moments pour vider les lieux et emporter ce qu'ils avaient de plus précieux. A l'heure militaire, les compagnies chargées de l'incendie pétrolèrent avec soin les maisons au dedans et au dehors, mirent ensuite le feu, qui fit son office, et de toute la riante cité il ne resta plus que des murs croulants. Du château assis au pied du parc, il ne restait aussi que des pans de murs; les tableaux, les tentures et tous les objets d'art avaient été déménagés avec soin avant l'incendie, et portés sur les fourgons qui les conduisaient en Allemagne.

Il n'y a pas un peuple comme le Germain pour garder la rapacité de ses aïeux; il est encore tel que l'a décrit Tacite; la guerre doit porter des profits. Il a cette autre supériorité sur le Gaulois qu'il garde la haine. C'est à peine si les ruines de Saint-Cloud, que l'on voit encore, éveillent chez quelques-uns la colère et rappellent l'invasion; mais en Allemagne, où l'on n'oublie pas, on garde les murs restés debout ou croulants d'Heidelberg, pour que le pays ne pardonne jamais à l'*ennemi héréditaire* qui a détruit cette merveille et incendié le Palatinat.

Saint-Cloud me faisait penser à Châteaudun, également incendié; mais Châteaudun, du moins, était coupable de s'être défendu. D'Orléans, repris par les Prussiens, l'Inspecteur d'Académie m'adressait un rapport d'un douloureux intérêt sur les actes de déprédation, de rapacité et de vengeance commis par l'ennemi (1).

Mais il fallait oublier l'ennemi, rentrer à Versailles, pour ne penser qu'à la guerre civile. Quelles nuits et quels jours! La nuit, le silence était à chaque instant rompu par les batteries de Montretout; le jour, on allait partout recueillant des nouvelles sur les avaries du siège et les rencontres de l'insurgé sous les murs de Paris; triste revanche des jours de l'invasion!

(1) Voir *Bulletin de l'instruction publique*, Loiret. — Juillet 1871. — Rapport de l'Inspecteur d'Académie au Recteur.

L'armée entra dans Paris par surprise, le 21 mai, mais ce fut pour combattre encore ; la bataille *intra muros* ne dura pas moins de sept jours. Nous avions, dès le 23 mai, le spectacle des égarés qui avaient pris Paris pour livrer la France à la Révolution. — On se rendait en foule sur les grandes avenues pour voir arriver les canons de Montmartre repris sur les fédérés, que le Parisien, curieux et léger, au lendemain de notre exode, visitait comme en pèlerinage. M. Thiers attendait nos soldats devant la grille de la Préfecture ; les vaincus de Sedan avaient à leur tour des prisonniers, mais ces prisonniers étaient des enfants de la mère-patrie. Les fusilleurs des otages, les pétroleurs, les gamins et les petites filles, tous les mains liées, se pressaient en troupeau au milieu des baïonnettes ; et ce qu'il y avait de plus triste, dans cette masse égarée, pas un regret, pas un regard contrit, rien que la colère et l'irritation de la défaite. La foule accourait des deux côtés de la chaussée, répondant aux menaces par des imprécations. Dante Alighieri n'a pas vu le sinistre cortège ; il en eût fait le plus lugubre tableau de sa *Descente aux enfers : Excidat illa dies œvo !*

La dernière bataille n'était pas livrée que j'obtenais, le 24 mai (1), un laissez-passer pour visiter le lycée de Vanves. Après avoir perdu son proviseur, le malheureux établissement devait connaître d'autres misères. Placé entre le fort d'Issy et les remparts de la cité, il avait reçu les obus de Paris et de Versailles ; on se battait à coups de canon à travers ses murailles. J'eus à constater la dévastation. L'architecte qui m'accompagnait dressa les devis ; le Ministre, agréant mes propositions, demanda et obtint un crédit de 470,000 francs (2) pour la restauration des bâtiments et la réfection du mobilier. Quelle tristesse encore pendant le voyage de Versailles à Vanves ! Sur tout le parcours, nous ne trouvions que des ruines ; les murailles des jardins et des enclos restées debout étaient percées de meurtrières ; les Prussiens les avaient partout ménagées pour combattre à l'abri de tout retour offensif. Ils n'avaient pas seulement la stratégie savante, mais la connaissance exacte, le plan topographique, la statistique des ressources. Des

---

(1) Voir *Appendice*.
(2) Loi du 25 août 1871.

poteaux indicateurs marquaient la place et la direction des compagnies et des régiments ; l'armée était là, sans crainte, dans sa conquête ; elle occupait, hommes, canons et chevaux, tout un pays depuis longtemps étudié et dont les sentiers lui étaient chose familière ; par les siens, plus encore que par les leçons de géographie, le Prussien connaissait à merveille notre terre hospitalière. Ce que je constatais de précision sous ce rapport dans les bas-fonds de Sèvres et de Viroflay, je le voyais ensuite sur les hauteurs de Clamart. Nous en étions à mi-chemin de Versailles à Vanves, que notre pensée se détournait des Prussiens pour aller encore vers les insurgés ; une détonation formidable se faisait entendre, et, vers la hauteur du Panthéon, on voyait une colonne de fumée. On nous dit, avant le retour, que les fédérés avaient mis le feu à une poudrière des terrains vagues du Luxembourg.

Après Vanves, un autre laissez-passer me fut accordé le 25 mai, et, cette fois, pour aller à Paris. J'étais impatient de revoir ma chère compagne, qui, pendant le siège et sous la Commune, avait gardé notre foyer avec tant de courage. Je n'ignorais pas que la Sorbonne avait été plusieurs fois menacée.

V

Le premier train *officiel* qui soit parti de Versailles me reçut, le 26 mai, ainsi que d'autres chefs de service ; les heures nous étaient comptées ; nous devions revenir le même jour au point de départ.

Le train marchait lentement sur tout le parcours après Saint-Cloud, plus lentement encore sur le pont d'Asnières, dont le tablier arraché par les boulets pendait dans le fleuve ; à droite, à gauche, les ruines croulantes marquaient les camps des fédérés tombés sous les coups du Mont-Valérien. Une autre impression de deuil nous attendait à Paris ; il était huit heures, nous étions au 26 mai ; c'est l'heure et l'époque où d'ordinaire la grande cité a un charme incomparable; la toilette des rues est faite comme celle d'un salon; les glaces reflètent dans les magasins ces mille objets qui appellent le regard pour tenter la bourse; on se presse sur les trottoirs, mais d'un mouvement alerte et joyeux, sans crainte des voitures qui déjà remplissent la chaussée; dans les squares, aux avenues, aux boulevards, dans les jardins publics, le gazon est plus frais, les fleurs sortent de leurs pétales, les feuilles ont déchiré leurs bourgeons et sont plus épanouies qu'à la campagne : *vere novo*..... C'est le printemps de Paris : on ne trouverait pas ailleurs un plus radieux concert et comme un hymne de l'art et de la nature. Mais où sommes-nous? Comment reconnaître Paris en sortant de la gare Saint-Lazare? Les rues sont désertes, tout au plus quelques rares passants au regard consterné; rue Scribe, rue Auber, place de l'Opéra, des soldats autour d'une tente; les feux de la veillée vont s'éteindre. Nous sommes dans une ville prise d'assaut après un long siège..... L'incendie brûlait encore le long des deux rives de la Seine : à la Grande Chancellerie de la Légion-d'Honneur, au Conseil d'État, à la Caisse des Dépôts et Consignations, dans la rue du Bac, au Palais des Tuileries, à la Sainte-Chapelle et à l'Hôtel-de-Ville. Sur le quai (rive droite), en face des bâtiments du Conseil d'État, un étranger que je reconnus parfaitement, — j'avais eu l'occasion de le recommander au ministre, — et qui était entré dans nos rangs pour nous trahir au jour du péril, détourna la tête comme s'il était surpris; je pouvais attester que le Germain était resté dans nos murs, qu'il suivait l'agonie d'un grand peuple dans les convulsions de la guerre. Ses yeux restaient fixés sur les flammes qui couraient encore autour du pavillon de l'*Horloge* (1); une lueur sinistre y éclairait les lettres fatidiques : *Liberté — Égalité — Fraternité*. L'inscription, au lendemain de l'incendie, était ironique et sanglante.

Les heures furent courtes à la Sorbonne; j'avais tant besoin d'affection pour me consoler des longues tristesses, tant à apprendre sur tous les périls qu'avait courus l'Académie, plusieurs fois visitée par les émissaires de la Commune, et qu'on avait marquée pour l'incendie! Notre maison universitaire venait à peine d'être délivrée des insurgés qui étaient venus y chercher asile contre l'armée ren-

---

(1) Voir l'*Appendice*.

trant à Paris ; j'y trouvai et remerciai le Commandant libérateur qui était devenu notre hôte, et qui est resté notre ami (1).

On se battait encore du côté de la Bastille et du Père-Lachaise ; le lendemain même, un obus venu du grand cimetière parisien avait mis en péril, à la Sorbonne, M. le professeur Jamin, au moment où il sortait de son laboratoire.

VI

Le soir même, je rentrais à Versailles avec l'impression pénible des ruines fumantes de Paris incendié, mais aussi avec la joie intime d'avoir revu le foyer de la famille et le cabinet de travail, qui me seraient pleinement rendus l'un et l'autre dans quelques jours. — Les deux mois d'exil, longs et douloureux, prenaient fin ; l'ordre était rétabli.

Maintenu dans les fonctions rectorales par la confiance du ministre, je les ai gardées encore huit années sous l'autorité de huit de ses successeurs, de 1871 à 1879. Dans cette période, et particulièrement aux premiers jours, la défense sociale, le relèvement du pays, furent la grande préoccupation des hommes qui se succédèrent au pouvoir ; l'Université, pour sa part, resta ferme dans sa voie ; elle avait bien son rôle, et d'ordre supérieur, en gardant, comme elle l'a fait jusqu'à la dernière heure, les principes permanents d'éducation. — Les partis qui s'agitaient en dehors pouvaient poursuivre un but politique en convoitant le portefeuille de l'Instruction publique ; mais il faut bien reconnaître, après avoir vu de près les actes quotidiens de la vie administrative, que, dans cette période, les ministres que la presse accusait le plus de pensées ou de projets de réactions faisaient preuve à leur honneur d'un véritable esprit de justice. — Ainsi, pour prendre des exemples, M. le vicomte de Cumont, d'origine et de tradition essentiellement royalistes, pouvait être suspect d'excès d'ortho-

---

(1) M. le commandant Barat, aujourd'hui colonel du 96e territorial (Dordogne).

doxie et de prosélytisme; personne, au contraire, ne déplorait plus que lui que l'esprit de parti mêlât la religion à la politique; religieux, sans doute, mais de nature libérale, il entendait que chacun fût respecté dans le domaine sacré de la conscience. M. de Fourtou, M. Brunet, et d'autres encore, en particulier, dont on connaissait les attaches monarchistes, ne virent dans l'autorité qu'une condition de l'ordre social; leur foi politique laissait parfaitement aux fonctionnaires la liberté de leurs opinions; ici encore, le respect du for intérieur est une condition même de l'ordre public. — Plus libre qu'eux des liens du passé, moins suspect même que M. Wallon, bien qu'on lui dût la proclamation légale de la République, M. Bardoux, qui aimait à se réclamer de la République, à l'exemple de M. Waddington, dont il suivait les traces, ne pouvait être accusé d'être un homme de combat... Si l'autorité et la liberté avaient chance d'être également maintenues, on pouvait espérer le succès avec son talent et ses intentions honnêtes; mais quand le flot monte, ce ne sont là que de faibles digues. M. Bardoux, libéral et modéré, fut emporté par les passions politiques; avec lui finit la vieille Université; la politique des écoles allait recevoir une orientation nouvelle; d'autres hommes devaient arriver au pouvoir pour servir et répandre, convaincus ou sceptiques, des doctrines nouvelles.

J'aurais dû peut-être ne pas étendre le recueil de ces *notes* au-delà du jour de ma retraite (1); si j'ai eu tort de les prolonger jusqu'à l'heure présente, voici mon excuse: on aime à suivre, aux jours de repos, l'institution qu'on a servie de tout son dévoûment au temps de l'activité; sa bonne ou sa mauvaise fortune ne saurait nous trouver indifférent, et, pour estimer les faits à leur prix, on n'est pas plus mauvais juge parce qu'on n'est plus dans l'action et que la lutte se voit d'en haut, du sommet d'une colline.

Il me reste à tracer les lignes générales de tout le récit dans lequel se meuvent les *Notes et Souvenirs:* la conclusion viendra ensuite comme moralité des faits.

(1) Voir l'*Introduction* et l'*Appendice*.

LIVRE XI

PÉRIODES SCOLAIRES. — RÉSUMÉ.

Trois époques.
Leur durée, leurs caractères.
I. **1830-50.**
Charte de 1830. — Principe de liberté : Lois de 1833, 1850, 1875. — Loi de 1833. — Enseignement primaire. — Difficultés pour l'enseignement secondaire.
II. **1850-70.**
Loi de 1850 ; dispositions regrettables ; on pouvait les éviter. — Doléances des instituteurs laïques. — Réaction : loi de 1854. — Monarchie de Juillet. — Craintes du Roi. — Attrait des écoles libres pour les classes supérieures. — Ce qui arriva sous l'Empire. — Divisions politiques. — L'union devrait se faire au sein de l'école. — Paix sociale.
III. **1870-1889.**
Deux époques dans cette période. — Aucun trouble dans la première ; questions de programmes ; loi de liberté de l'enseignement supérieur.
Caractères de la seconde : question religieuse. — Hostilité. — Campagne ouverte à propos de la collation des grades. — Nouvelle législation d'enseignement primaire. Doctrine d'État en matière d'école : laïcité.

Les temps que nous venons de parcourir peuvent, au point de vue scolaire, se diviser en trois époques, comme nos évolutions politiques (1).

La première s'ouvre en 1830, à l'avènement de la Monarchie de Juillet, et nous donne, dès 1833, pour l'*école primaire*, la loi libérale qui est le signe et l'honneur du règne ; elle est marquée, pour l'*enseignement secondaire*, par les longs débats de l'Université et du clergé, agités incessamment par la presse, portés par intervalles à la tribune.

La seconde commence sous la République par la loi de 1850, traité de paix apparent qui, temporairement, mit fin à la lutte ; elle mesure toute la durée de l'Empire jusqu'à sa chute en 1870.

(1) V. l'*Appendice*.

La troisième, de 1870 à 1889, s'ouvrant conséquemment sous la troisième République, n'a rien qui ne rappelle, en ses premières années, l'esprit de liberté de la seconde époque; mais dans une seconde phase jusqu'à nos jours, après la défaite des partis conservateurs, il n'est question que de souveraineté de l'État. — C'est tout un système de gouvernement qui, à partir de 1879, prend l'école publique comme instrument politique, la reconstitue sur des bases nouvelles, sans tenir compte de la commune et de la famille, par un ensemble de lois et de mesures successives toutes hostiles à l'esprit religieux : la trilogie laïque, gratuite et obligatoire y tient le premier rang.

En fait, dans ces trois époques, nous ne trouvons oppression et servitude qu'aux dernières années de la République. — L'Université, passionnément accusée de monopole de 1830 à 1848, pratiquait la tolérance et s'inspirait de la liberté; la loi de 1833 est l'œuvre d'hommes d'État qui furent, comme professeurs, les gloires de l'Université.

Ces hommes eurent leur part avec M. Thiers dans la loi de 1850, qu'on ne saurait comprendre si l'on veut y voir une œuvre purement scolaire ; la question sociale au temps de troubles que traversait le pays préoccupait les esprits éminents chargés de la préparer. — La faveur pouvait se porter avec excès vers l'Église, qui est une école d'autorité, lui ménager une influence dont il pouvait être fait abus, et qui ne saurait porter de fruits là où elle serait suspecte. La loi une fois rendue, nous avons vu, au cours de ce récit, quel soin prit le gouvernement d'en corriger les excès, d'écarter toute prépotence, de s'appliquer à étendre son influence sans atteinte nulle part au principe de liberté.

I

1830-1850. — La charte de 1830 met fin théoriquement au monopole universitaire institué par le décret de 1808 ; il doit être *pourvu par une loi*, dit la charte, et dans le plus bref délai possible, à la *liberté d'enseignement*. C'est sur ce terrain que s'engage la lutte des doctrines, et que le principe de liberté est successivement codifié sous la Monarchie et la République, dans les trois ordres d'enseignement :

1° 1833, — l'Enseignement primaire ;
2° 1850, — l'Enseignement secondaire ;
3° 1875, — l'Enseignement supérieur.

La première de ces lois est la charte modèle ; la loi organique qu'il eût fallu maintenir dans ses dispositions générales ; le droit de l'État et la liberté de conscience y sont également consacrés sans dommage aucun ni pour l'État ni pour l'Église ; l'accord se fit sous l'inspiration de ce principe supérieur, souverainement moral, que l'enfant avant tout appartient à la famille. Les grands esprits du temps, les politiques et les philosophes, avaient préparé l'œuvre et la secondaient de leur autorité. La loi une fois promulguée, des instructions mémorables en marquèrent le but et l'esprit, tracèrent particulièrement le devoir de l'instituteur, devoir humble et obscur si l'on veut, mais qui avait sa grandeur morale. Le maître d'école n'entrait pas alors dans le jeu des partis ; on vivait sous le régime censitaire ; quatorze années encore, trop promptes à s'écouler, nous séparaient de la Révolution et du suffrage universel.

Dans cette situation, l'État n'avait que profit moral à l'organisation des écoles ; il pouvait se faire quelque honneur, au lendemain d'une révolution, d'attacher son nom à tout un ensemble de mesures qui fondaient sur des bases alors incontestées le régime de l'éducation populaire.

Nous sommes loin de trouver le même accord lorsqu'il s'agit ensuite d'instituer le régime de liberté pour l'enseignement secondaire. L'Université se trouve directement en cause. La campagne engagée contre elle est de nature tout agressive ; on l'accuse dans ses tendances et ses doctrines ; sous toutes les formes, elle est coupable des misères morales dont souffre le pays :

> Un mal qui répand la terreur...

Le droit à la liberté pouvait se défendre parce que de sa nature il est le droit, et qu'il était par surcroît inscrit dans la charte de 1830. — Il n'y avait pas lieu d'attaquer des rivaux avec violence ; la passion jouait un rôle trop ardent dans la controverse pour ne pas être suspecte; nombre de ceux qui réclamaient la liberté n'y cherchaient en fait qu'un monopole pour leur doctrine. « Nous sommes pour la liberté quand nous sommes dans l'opposition; devenus maîtres, nous sommes contre elle parce que c'est notre principe. » Je puis parler avec quelque vérité de ces temps troublés et si loin de nous. Tour à tour professeur, proviseur, recteur au lendemain de la loi de 1850, il m'a été donné de juger dans ces situations diverses combien les attaques étaient imméritées. On peut assurer qu'à part un très petit nombre d'écarts, le personnel était tout à ses devoirs; l'éducation religieuse, dont on reprochait l'oubli à l'Université, gardait dans les internats la place et l'attention prescrites par les règlements et que réclame la confiance des familles. Les partis, même les meilleurs, ne savent pas le mal qu'ils font à leur cause avec la passion et la colère; on les accuse de prendre la liberté comme un masque pour appeler à eux les influences et gagner le monopole de la confiance publique; ainsi s'explique, entre autres causes, l'insuccès des projets de loi de liberté d'enseignement secondaire qui vinrent échouer à la tribune (1).

II

1850-1870. — Il ne fallait pas moins que le bris d'un trône, l'avènement d'une République (1848), pour préparer la loi de liberté (2), et aboutir ensuite au traité de paix qu'on appelle la loi de 1850 (pour l'enseignement primaire et secondaire), sorte de concordat entre l'Église et l'Université, des deux parts loyalement accepté au nom de la liberté et de l'idée religieuse. — La loi, malheureu-

---

(1) 1836-1841. — 1844-1847.

(2) « L'enseignement est libre. La liberté d'enseignement s'exerce selon les conditions de capacité et de moralité déterminées par les lois et sous la surveillance de l'État. »

Ces conditions, dès l'année suivante, étaient formulées dans le projet dont M. Jules Simon fut le rapporteur. On arriva ensuite à la loi de 1850.

sement sur plus d'un point, portait des dispositions regrettables ; ainsi la dislocation des grandes Académies (1) ne devait pas trouver place dans une loi d'union et de paix ; une pareille mesure témoignait d'un sentiment hostile à l'Université, dont on semblait vouloir énerver l'action et l'autorité au profit d'une force rivale ; le droit d'ouvrir école avec la lettre d'obédience (2), quelque haute garantie qu'elle présente, était une exception fâcheuse, une atteinte au principe d'égalité ; en matière d'enseignement, la preuve de capacité doit toujours être produite. — L'École libre n'avait nul intérêt aux dispositions restrictives qui limitent le droit d'inspection en ce qui concerne l'enseignement à des cas tout exceptionnels (3) ; l'expérience ne tarda pas à montrer quelles difficultés peuvent se produire. — Il est bon, il est utile d'unir le temple et l'école ; la saine culture de l'enfance, le respect et l'obéissance, et par suite les progrès mêmes de l'enseignement, sont à ce prix ; mais le lien doit se faire surtout par les mœurs, l'exemple et l'autorité de la famille. — La loi doit soigneusement éviter que dans l'esprit qui l'inspire l'École puisse être présentée comme une dépendance du presbytère (4) ; ce fut le thème de la guerre incessante que firent les partis hostiles à toute idée religieuse. La *Ligue*, en particulier, se montrait ardente à jeter l'esprit de haine entre le prêtre et l'instituteur. Le clergé l'eût-il désarmé en redoublant de modération et de prudence? C'est plus que douteux ; mais les congrégations qui le représentent en matière d'enseignement eussent fait acte de bonne politique et de sagesse en modérant elles-mêmes le mouvement d'opinion qui, spontanément ou par suite d'agissements, lui mettait successivement en mains les écoles importantes tenues par des laïques ; le gouvernement recevait, en 1861 (5), les doléances qui lui venaient de toutes les Aca-

---

(1) Article 2 de la loi du 15 mars 1850 : « Il sera établi une académie dans chaque département. »

(2) Art. 40. — Les lettres d'obédience tiendront lieu de brevet de capacité aux institutrices appartenant à des congrégations religieuses vouées à l'enseignement et reconnues par l'État.

(3) Article 21.

(4) Article 44 de la loi.

(5) V. le mémoire : *Concours ouvert entre les instituteurs primaires communaux en 1861*. Ministre, M. Rouland.

démies, et, dès 1864, le ministre (1) proposait entre autres mesures, à l'Empereur, l'extension de la gratuité dans l'intérêt des écoles laïques; — la question religieuse n'était pas en cause.

La réaction administrative ne s'était pas fait attendre. Le pouvoir, après la tourmente, et lorsqu'il sentit sa force, avait reconstitué son action par l'organisation des grandes Académies; la loi de 1854 lui rendait l'autorité qu'avait affaiblie, en la dispersant, la petite Académie départementale. L'État peut bien, en un jour de péril et s'il s'agit d'un intérêt social, consentir à une diminution de pouvoirs; mais, le péril passé, il rentre en son domaine, reprend avec usure ce qui lui a été enlevé. Il faut voir le pays tel qu'il est, avec ses préjugés et ses souvenirs; si la société civile croit apercevoir, dans un progrès trop marqué des sociétés religieuses, une atteinte quelconque à ses intérêts temporels, elle se met en garde et la paix est troublée. — Le roi Louis-Philippe, religieux et non voltairien, comme on se plaît à le dire, ne cessa de protéger, d'honorer la religion, mais il la voulait, à bon droit, en dehors des partis; d'esprit très libéral, il se montra cependant fort défiant, assure-t-on, du principe de liberté dans l'enseignement secondaire; craignait-il qu'en souvenir du passé, la Compagnie célèbre dont la disgrâce avait marqué les derniers jours de la Restauration ne portât dans ses écoles une fois rouvertes l'esprit de sa foi politique, qu'elle se montrât peu favorable à une dynastie issue d'une révolution? Voyait-il affluer dans l'École libre, affranchie désormais de toute entrave, les influences de la naissance et de la fortune appelées par l'attrait de la religion, cette garantie supérieure de tout ce qui est ordre et élément conservateur, et l'Université, d'autre part, délaissée même par les familles des hauts fonctionnaires de l'État ambitieuses de voir élever leurs enfants dans un milieu d'élite? C'est le spectacle qu'en province nous avons eu sous l'Empire. — Un pays aussi profondément divisé que la France se retrouve même avec ses divisions au sein de l'École; chez nous plus qu'ailleurs, elle aurait besoin d'être neutre sous le rapport des partis. Si nous ne pouvons invoquer, comme le peuple vainqueur, *Dieu, le roi et la patrie*, à défaut du roi, il nous reste, pour unir les enfants dans une foi commune, les idées souveraines

---

(1) M. Duruy. Rapport à l'appui de la statistique de 1863.

que toute école publique ou libre doit répandre, l'idée religieuse et l'amour du pays. Gardons l'école de toute politique, c'est le pire des fléaux. Nous n'avons pas encore, quand aurons-nous les mœurs de la liberté? — Un État qui sait gouverner, et par son autorité commande le respect, laisse à toutes les forces leur légitime essor ; elles vivent sans conflit sous son patronage ; elles n'abusent pas de leur faveur, ne s'irritent pas de leur faiblesse ; pour toutes il doit y avoir protection tant que la loi est respectée ; la liberté n'a pas la tyrannie pour lendemain. Pour échapper à l'oppression, l'établissement que vous fermiez tout à l'heure emporte ses pénates à l'étranger, et met sous ses yeux les plaies saignantes de la France.

La loi ne 1850, en ses premières années, porta ses fruits de paix sociale; la loi de 1854, sans s'écarter de ce but supérieur, vint la modifier dans un esprit d'autorité et de sentiment national; on pouvait amender encore la loi de 1850, de manière à écarter tout grief de prépotence et d'esprit de parti. — La vraie liberté n'aurait qu'à gagner à ce que l'autorité devint plus forte. — Ainsi l'administration rectorale, reconstituée, agrandie par la loi de 1854, donna ses soins, comme c'était son devoir, à l'affermissement et au développement régulier des écoles de l'État; nul ne peut l'accuser d'avoir méconnu jamais ce qui était dû aux écoles libres; elle se fit un étroit devoir de maintenir et de protéger partout, dans toutes les écoles, le respect de la conscience et le maintien de la paix religieuse. — On peut juger, à l'heure actuelle, à quel degré y étaient intéressées la concorde et la paix du pays.

III

1870-1889. — La période scolaire de la République se partage en deux époques :

La première de 1870 à 1879, la seconde de 1879 jusqu'à l'heure actuelle (Juillet 1889).

La première continue, sans trouble aucun pour les consciences, les périodes précédentes; on y reprend et agite sous bien des formes les questions intéressantes d'études et de programmes, mais pour le principe même de liberté dont nous résumons les phases, rien à signaler de nature à en altérer l'esprit ; c'est la République même, en 1875, qui couronne l'édifice en matière de liberté scolaire par la loi de l'enseignement supérieur. — L'Empire avait mis la question à l'étude, mais elle ne devait aboutir que sous la troisième République. Ici encore les partis s'unirent dans la pensée qui devait les rapprocher, la libre diffusion des doctrines, sous la réserve qu'elles ne mettraient en cause ni le droit politique ni le droit social. Mais il eût fallu laisser à l'État ce qui est son domaine, le droit régalien : « la collation des grades. » Les Universités libres d'enseignement supérieur auraient à payer cher, plus tard, une immixtion politique. L'institution des jurys mixtes fut plus qu'une faute ; l'État, fort de son droit et de la tradition, devait bientôt réagir. M. le ministre Waddington proposait, en 1876, et c'était bonne justice, de restituer à l'État la collation des grades, et de soumettre d'ailleurs les écoles publiques et libres aux mêmes règles d'études, aux mêmes conditions d'âge et de grades. La collation des grades par les Facultés des sciences et des lettres n'avait pas gêné l'essor des Écoles secondaires libres, sous l'empire de la loi de 1850 ; les Facultés de droit et de médecine n'avaient pas besoin d'un élément étranger pour juger avec une haute équité les candidats des Écoles d'enseignement supérieur. L'épreuve faite dans le domaine de l'enseignement secondaire devait suffire, en dehors du principe, pour repousser l'innovation ; M. de Falloux, dont le nom reste attaché à la loi de 1850, en apprenant que le Sénat maintenait le jury mixte, malgré l'approbation que la Chambre des députés venait de donner au projet de M. Waddington, ne dissimula pas son regret ; dans son expérience du pays et des choses de l'État, il ne doutait pas des nouveaux orages, des dangers que pouvait encourir le principe même de liberté dans le mouvement politique qui emportait le pays.

Cette loi de l'enseignement supérieur, rendue en 1875, maintenue par le Sénat en 1876, rouvrait l'arène de la lutte ; l'institution des *jurys mixtes*, à tort peut-être, semblait bien une inspiration de parti, une main-mise sur les droits de l'État. Il eût été politique d'accepter la proposition du gouvernement ; on eût ainsi écarté le prétexte d'un retour offensif qui s'étendrait plus loin et mettrait en cause le régime institué par la loi de 1850. Parvenus au pouvoir, les partis qui ont combattu connaissent peu la mesure, et se souviennent trop de la lutte.

Ici commence la seconde époque. Nous sommes arrivés au 4 février 1879. La République conservatrice avait vécu. Fort de la majorité à la Chambre des députés, M. Jules Ferry, devenu ministre de l'Instruction publique, est sûr de flatter sa passion la plus ardente en reprenant en matière scolaire le cri de guerre de Gambetta, qui l'avait ralliée en 1877 dans la lutte générale politique. L'école religieuse, et avec elle le clergé, les congrégations, ont soutenu les modérés, les monarchistes, dans les élections ; l'école religieuse reste le foyer de la réaction ; c'est l'école religieuse qu'il faut infirmer ou détruire directement ou obliquement, selon les cas, pour assurer l'avenir de la République. Sur ce terrain, tous les groupes de la République uniront leurs efforts et suspendront leurs luttes. M. Jules Ferry sera le digne héritier du maître. La question religieuse, dont son avènement est le signal, se poursuit lorsqu'il est descendu du pouvoir ; ce n'est que justice de lui laisser pour une très grande part l'honneur de la campagne scolaire, qu'il a ouverte, et poursuivie sans merci ; les derniers engagements sont marqués du nom de M. Goblet, ardent et résolu comme M. Ferry, fécond en ressources, de passion étroite et violente, qui répond si bien aux passions haineuses de la majorité.

Je relève les dates de cette campagne froidement résolue, de stratégie savante, ardemment conduite ; il en est peu qui ne marquent une étape vers l'État souverain, une revanche sur la liberté :

1° *Enseignement supérieur et secondaire.* Projet de loi. L'article 7.

2° *Enseignement supérieur et secondaire.* Lois existantes. Décrets. Fermeture des congrégations non autorisées.

3° *Enseignement secondaire des filles.* Lycées et collèges. (Loi du 21 décembre 1880.)

4° *Enseignement primaire.* Gratuité. (Loi du 16 juin 1881.) Obligation. (Loi du 16 juin 1881.) Laïcité. (Loi du 30 octobre 1886.)

La République, en 1848 et en 1850, a pu ignorer les congrégations, laisser à tous les citoyens le droit d'enseigner sous des conditions d'âge, de capacité et de moralité; mais elle peut à cette heure en avoir quelque regret. — Les congrégations n'ont-elles pas inspiré le projet des jurys mixtes, qui est l'usurpation du domaine de l'État? Il y a moyen de se défendre à l'avenir contre leur immixtion. Une loi nouvelle est proposée (il ne s'agit pas seulement d'une restitution légitime); elle porte en outre cet article 7 qui est au fond toute la loi : « Nul ne sera plus admis à participer à l'enseignement *public* ou *libre*, ni diriger un établissement public de quelque ordre qu'il soit, s'il appartient à une congrégation religieuse non autorisée. » Ainsi les congrégations seront expulsées, c'est le moyen sûr d'écarter leur ingérence... Le Ministre croyait, sans doute, faire preuve de modération en apportant ce projet aux Chambres; au vote du Sénat qui le repousse, il répond par des décrets fondés sur la *législation existante;* le vieux droit monarchique pour lui n'est pas périmé, la République témoignera de sa force en y faisant appel; les portes des congrégations qui n'obéiront pas aux décrets seront brisées, les religieux expulsés *manu militari*. Voilà bien l'entrée en campagne; il fallait oser, être résolu; maître du terrain, on est bien sûr désormais de le parcourir sans arrêt, et d'arriver au but étapes par étapes.

C'est bien d'avoir proscrit les congrégations non autorisées; on saura atteindre par d'autres voies les congrégations autorisées, coupables comme les premières de répandre un esprit religieux qu'on trouve hostile à la République. M. le ministre eut encore l'honneur, sur ce point plus délicat, de continuer la campagne. Dans un pays de suffrage universel, le gouvernement a pour premier devoir de répandre à flots la lumière; l'instruction primaire sera désormais laïque, gratuite et obligatoire. Gratuite, elle sera par le fait universelle et surtout égalitaire, sans qu'on ait à dresser une liste humiliante d'indigents; un pareil résultat ne saurait être trop onéreux et vaut mieux qu'un budget en équilibre. Obligatoire, il s'impose aux familles oublieuses d'un devoir sacré, l'éducation de l'enfance. Laïque enfin, et c'est le grand but du gouvernement, laïque en son esprit, dans ses programmes et ses livres, laïque plus tard dans son personnel, il forme l'enfant aux aspirations de la République, écarte sous le nom de neutralité et de liberté les idées religieuses ; les écoles de l'État ne connaissent que la raison et la science. L'enseignement religieux pourra bien trouver asile dans les écoles libres, mais on compte que les dévots et les monarchistes qui les fondent ou les entretiennent se lasseront de leurs sacrifices. Que si la ferveur des familles persiste, les plus violents, qui ne sont pas encore au pouvoir, ont bien fait entendre qu'ils sauraient les fermer. Dans la voie révolutionnaire, on ne saurait s'arrêter ; un conseil municipal, qui prétend à la domination de la France, a proposé d'expulser toutes les communautés et de les dépouiller de leurs biens. On voit que nous sommes dans la grande tradition jacobine.

L'esprit religieux, les congrégations, c'est toujours l'ennemi que l'on poursuit. Je voudrais bien faire honneur à la République du soin qu'elle met à répandre l'instruction secondaire et primaire des jeunes filles. L'institution laïque en face du couvent, c'est très bien comme émulation et concurrence ; un Ministre libéral l'a recommandée et popularisée autant qu'il a été en lui sous l'Empire. Nous appelons cela un progrès scolaire ; mais ce n'est pas un but si vulgaire que le gouvernement veut atteindre. Au début, pour les écoles laïques de garçons, on invoquait la neutralité ; il est bien entendu maintenant que l'institution a pour devoir de former de bons républicains ; les lycées, collèges et écoles laïques de filles veilleront à les dégager dans le jeune âge des croyances que perpétue la femme au foyer de la famille.

La laïcité, la persécution de l'idée religieuse, c'est à ce double point de vue qu'il faut se placer pour juger l'œuvre scolaire de 1879 à 1886 ; c'est l'œuvre politique du gouvernement.

La campagne, à part l'art. 7 et les décrets, s'est faite surtout sur le terrain de l'enseignement primaire, en vue du suffrage universel ; c'est cette campagne que nous cherchons surtout à résumer, écartant à dessein les questions d'enseignement secondaire et supérieur, malgré leur intérêt ; l'opinion publique aujourd'hui est toute à l'émotion de voir l'éducation du peuple livrée sans contrepoids à un parti de sectaires.

Il est bien entendu que le gouvernement, dans notre nouvelle législation scolaire, a fait justice des vieux rouages qui fonctionnaient dans une loi de liberté ; l'école libre tombe désormais sous le pouvoir juridique de Conseils et de Comités qui représentent particulièrement par leur composition l'esprit et l'intérêt du pouvoir.

A cette heure et après le vote du 30 octobre 1886, le travail d'un demi-siècle est emporté par le vent des révolutions ; mêlées à la politique, les questions d'école en suivent fatalement les courants. La guerre nous revient après un régime de paix, la guerre la plus triste, faite à la conscience, qui n'abdique pas devant la force.

1850, notre point de départ, n'était pas un règne de monopole ; un esprit de tolérance survivait dans l'Université aux ordonnances de 1828 rendues contre ses plus redoutables rivaux ; on était loin d'admettre et de pratiquer la maxime qui résume les principes jacobins aujourd'hui en si grand honneur : « L'individu n'est rien, l'État est tout (1). »

L'État, en vertu de ce principe, ne saurait admettre en dehors de lui des forces qu'il n'a pas créées et qui ne vivent pas de son esprit ; il n'est que conséquent avec lui-même s'il traite les congrégations en ennemies, fondées qu'elles sont pour accréditer des croyances. Incrédule, il n'autorise comme enseignement dans ses écoles que les doctrines de la raison ; pour la morale, il s'en

---

(1) « La patrie, dit Robespierre, a le devoir d'élever ses enfants. Elle ne peut confier ce dépôt à *l'orgueil des familles*. » — « Les enfants appartiennent « à la République avant d'appartenir à leur famille, s'écrie Danton ; c'est « dans les écoles nationales que l'enfant doit sucer le lait de la République. » — Grégoire, de son côté, écrit : « Il faut que l'éducation nationale s'empare de l'enfant qui naît. » — Il faut consulter Saint-Just pour avoir les détails de cette instruction que donnera la République *substituée à la mère ;* on verra quelle en est la tendresse : « Les enfants sont élevés depuis 5 ans jusqu'à 10 ans pour la patrie. Ils sont revêtus de toile dans toutes les saisons. Ils couchent sur des nattes et dorment 8 heures. Ils sont nourris en commun et ne vivent que de raisins, de fruits, de légumes, de pain et d'eau. » — M. René Goblet, il faut le reconnaître, n'édicte aucune de ces dispositions dans la loi nouvelle ; mais il refuse au père de famille le droit de faire élever ses enfants dans la foi qui lui est sacrée, et fait revivre ainsi la tradition jacobine : « L'enseignement civique, obligatoire, que portent les programmes, c'est l'enseignement du principe républicain. » Il ne fallait donc pas déclarer en présentant la loi que l'école serait *neutre*, pour dire ensuite, lorsqu'on est sûr de la majorité, qu'on l'instituait obligatoire en vue d'une *propagande politique*. Un moraliste, même indulgent, pourrait qualifier de tels agissements avec quelque sévérité.

réfère au *Manuel civique*, qui formule les droits du citoyen ; ni la commune, ni la famille, ne sauraient intervenir ; droit et liberté sont de vains mots quand il s'agit pour un pays d'assurer son unité nationale.

Il n'y a pas deux États, a-t-on dit, un État laïque et un État congréganiste ; l'État est nécessairement laïque dans ses services publics. Sans contredire le principe, on peut demander si le service de l'école n'est pas d'ordre particulier, quel intérêt laïque aurait à souffrir de l'élément religieux, dont l'inspiration doit être le respect des puissances établies ; — que si l'École publique est laïque dans son personnel comme dans son enseignement, du moins n'en fermez pas la porte au ministre des cultes pour l'éducation religieuse que réclamerait la famille ; vous la tenez ouverte, il est vrai, au gymnaste, mais ce n'est pas la même chose pour la conscience. La société et l'État ne sauraient se confondre lorsqu'il s'agit de traditions et de croyances. L'État a pour devoir supérieur, qui domine sa souveraineté, de protéger tout ce qui a droit au respect, de montrer quelque bienveillance aux écoles libres qui, sans méconnaître ce que réclame un enseignement national, sont pénétrées de l'esprit religieux, chères à ce titre à un grand nombre de familles, et qui offrent ainsi des garanties de paix sociale. Ici, sur les hauteurs de la doctrine, ce n'est pas l'État, mais la société, qui domine ; la distinction du *congréganiste* et de la *congrégation* devient byzantine ; l'État cesse d'être le régulateur des consciences ; *les catholiques ne sont pas hors la loi*, ainsi que le voudrait un député ; une majorité tyrannique n'invoque pas l'*égalité* sous des dehors trompeurs pour condamner ce qu'elle appelle la minorité à la servitude (1).

Mais le principe jacobin l'a emporté ; la minorité violente en

---

(1) Le vote de la loi Goblet est apprécié ainsi qu'il suit par le journal *La Liberté*, un des organes modérés des doctrines républicaines (30 octobre 1886) : « La majorité concentrée de la Chambre, obligée de démentir une à une toutes les doctrines libérales, a bu le calice jusqu'à la lie ; elle a terminé (jeudi 26) le vote automatique de la loi sur l'enseignement primaire. Quand on a proclamé le résultat du scrutin sur l'ensemble, un député de la droite a crié : *Vive la Liberté !* La gauche a répondu : *Vive la République*. C'est le même cri que poussèrent les Montagnards lorsqu'ils arrachèrent de la Convention apeurée la fameuse loi de Prairial qui allait leur permettre de tenir la guillotine en

temps de révolution impose les votes dans une assemblée politique. La loi de violence et de haine marque une étape nouvelle de la République. Quelle sera la durée de son règne? Il finira sans doute comme tout ce qui est fondé sur l'iniquité; mais quelles ruines il laissera après lui, quel trouble dans les esprits, et combien le pays encore plus divisé! Reviendrons-nous à l'apaisement, à la « concentration » dont on nous a donné l'exemple, mais qui cette fois serait en dehors des partis, l'unité étroite de tous les modérés, la vraie *ligue du bien public* contre la violence et la haine? Les partis abusent trop, quand ils viennent au pouvoir, de leur règne d'un moment, et provoquent ainsi la réaction et la lutte; à l'expansion ambitieuse de l'école religieuse répond un jour la prépotence officielle de l'école exclusivement laïque. — Le respect du droit pour tous est le vrai signe de la force et promet la durée. Cette leçon d'équité et de mesure se trouve peut-être dans toutes les notes qu'on vient de lire et en est la moralité.

Un mot encore avant de conclure une dernière fois, de faire un dernier appel à l'union de toutes les forces morales dans la défense du droit et de tous les intérêts légitimes.

Cette loi de discorde et de haine, jetée à travers un pays qui aurait tant besoin d'union, aggrave encore le péril social dont il nous faut parler.

permanence. — La loi qui vient d'être votée porte l'empreinte de tout ce qui se fait aujourd'hui. C'est un vrai sabre de bois. Pendant cinq ans on ne pourra pas remplacer les congréganistes décédés par des laïques, ou laïciser à la demande des communes. Voilà pour les garçons. — Quant aux filles, la laïcisation reste suspendue. Cette impuissance est la conséquence logique de l'état général du pays, où une minorité audacieuse impose des lois que le sentiment public réprouve. »

LIVRE XII

CONCLUSION.

I. **Danger social.**
Société malade : progrès du mal. — Il ne suffit pas d'ouvrir des écoles. — Paris, ville-lumière. — Criminalité, suicide.

II. **Causes de ce danger.**
Absence de respect; le respect dans ses rapports avec l'idée religieuse. — Pas de famille sans respect. — La science, l'éducation, dans leur rapport avec la religion. — Athéisme scientifique ; ses résultats. — Psychologie et physiologie.
L'acte libre. — Science et morale spiritualistes.
Apogée des siences naturelles. — La science aux mains des politiciens.
Impatience et rébellion. — Progrès de la science attestés par l'Exposition de 1889. — Dangers de l'infatuation. — Le roi Guillaume à l'Exposition de 1867. — M. Dumas, M. Le Play.

III. **Voies de salut.**
Retour à l'ordre moral. — L'ordre nécessaire pour la République comme pour la Monarchie. — Lien religieux. — La famille. — Éducation : devoirs de l'État, ses droits. — On peut sans oppression retenir la religion dans son domaine. — Enseignement national.
Questions secondaires des programmes.
Politique d'union et d'apaisement ; dangers au dedans et au dehors.
Objections à cette politique ; tableau de la situation présente.
Le salut viendra de l'excès du mal. — Mobilité du pays ; relèvement. — Le suffrage universel. — Tempête religieuse et morale. — Espérance.

I

S'il était vrai que la santé morale d'un pays se mesure au prestige de l'autorité qui est en haut dans le pouvoir, à la force qui est en bas dans la famille, notre fin de siècle serait bien malade, quelque rayonnement que projettent sur elle les merveilles de la science et les splendeurs de l'art. — Jamais peut-être, aux temps que nous avons connus, le pouvoir, dominé par les exigences des partis, ne remplit plus faiblement ses devoirs de défense sociale; jamais la jeunesse, avide de liberté, si l'on excepte une élite, ne fut plus impatiente de la règle et ne quitta plus hâtivement le foyer pour chercher au dehors l'indépendance et le plaisir. — Sans mettre en regard comparativement les épreuves que nous avons traversées depuis 1830, on peut affirmer de toute certitude que le péril social a grandi, qu'à l'heure présente il n'est pas plus un vain mot que le spectre rouge de 1871, que la criminalité s'est accrue en regard des progrès scolaires (1).

Le fait ne met pas l'instruction en cause; seulement on peut en inférer qu'il ne suffit pas, ainsi que le pensait un philosophe, d'ouvrir des écoles pour fermer les prisons; à la culture de l'esprit doit répondre une forte éducation de l'âme. Il faut qu'étroitement unies, l'instruction et l'éducation assurent également le progrès intellectuel et le sentiment plus profond des devoirs; il faut que l'école trouve au dehors de saines influences pour répandre son action morale.

II

Il n'est pas de ville en France plus instruite que Paris, où le savoir soit mis plus libéralement, sous toutes les formes, à la portée des classes populaires; mais il n'en est pas non plus où la jeunesse rencontre plus d'images et entende plus de propos sensuels, apprenne davantage par la caricature à railler tout ce que la vieille morale entourait de respect; le petit théâtre, le café-concert étincelant de mille feux, avec leurs exhibitions et leurs chants, — ailleurs que dans la capitale devenus de plus en plus populaires, — ne sont pas faits pour l'inviter au travail; les meetings qui retentissent de violences et de haines doivent lui inspirer, si elle y assiste, des sentiments hostiles à une société fondée sur l'injustice, oppressive

(1) V. *Appendice*.

des déshérités. — De saines lectures corrigeraient ces influences ; le livre, et particulièrement le roman-feuilleton, qui circulent dans toutes les mains, y auraient leur part bienfaisante. — Il importerait de montrer à ceux qui souffrent les institutions de prévoyance publiques ou privées, toutes pénétrées du sentiment de leurs misères, du besoin qui s'impose de les soulager, toute une croisade d'efforts généreux, une véritable émotion du bien, honneur de notre temps, qu'on ne saurait trop faire connaître (1). — Pour ce qui est des mœurs, l'écrivain, sous prétexte de traduire le réel, se garderait de mettre en scène des perversités empruntées aux plus abjects milieux, ou dont sa seule imagination a créé les tableaux ; le conteur, chez un peuple voisin, cherche surtout à charmer, à pénétrer le cœur des vertus de la famille ; chez nous, trop souvent, il veut étonner et cherche le succès dans la description du vice et du désordre. — Dans un tout autre milieu que les meetings, la réclame est pour la jouissance que donne la fortune ; l'argent, à quelque prix qu'il s'acquière, est la grande puissance du jour. — Ajoutons que pour Paris, — cette grande agglomération humaine, foyer de ce qui est grand et généreux, mais sentine en même temps de tous ceux qui ont un passé à cacher ou qui espèrent y continuer impunément une vie de désordre —, le récit incessant qu'apporte le journal des délits et des attentats ne laisse pas d'agir sur certaines natures peu résistantes pour le bien ; ainsi s'explique chez elles la précocité du mal. — Le nombre des crimes augmente, et en même temps celui des suicides : la vie humaine n'est plus le dépôt sacré. — Si la jouissance des biens de ce monde est le but suprême et que là s'arrête toute destinée, la vie, ni pour autrui ni pour nous-mêmes, ne saurait être quelque chose de sacré ; rien n'empêche de la supprimer chez les autres, lorsqu'elle nous est un obstacle pour nos convoitises et nos désirs, et notre propre existence devient sans objet ; nous pouvons également sans crime y mettre fin, lorsque notre conviction est bien faite qu'elle ne saurait se prolonger qu'à travers la souffrance et la misère.

Le respect n'est pas de source humaine ; il vient d'un sentiment religieux. — La religion, chez tous les peuples civilisés, préside à la naissance de l'enfant et consacre l'autorité paternelle... Le père

(1) M. Maxime Ducamp : *Paris bienfaisant.*

se rattache à Dieu. Le matérialisme, en supprimant Dieu, détruit le principe du respect. — Il n'y a plus de famille dès que cesse le respect; l'obéissance est sans motif lorsqu'il n'y a pas raison de commander. Ni dans l'État, ni dans la famille, nous ne saurions trouver de respect, si l'homme est affranchi de toute loi, de toute règle morale, ne reconnaît que la matière, et cherche dans les appétits la satisfaction et la fin de la vie.

Ici vient la question de l'éducation, son action heureuse ou délétère, selon l'esprit qui l'inspire. — Vrai ou faux, l'athéisme scientifique a pour effet inévitable d'abaisser la nature humaine; l'homme étant dépourvu d'origine divine, la terre n'étant plus un lieu de passage vers une région supérieure, rien ne saurait nous intéresser que l'instinct, la matière, tout ce qui est le propre de l'animalité.

La vraie science, disent les naturalistes pour expliquer l'homme, doit s'attacher à la nature matérielle, rechercher quelles sont ses lois et conditions physiologiques; plus elle s'engage dans cette voie expérimentale, plus l'acte humain lui semble commandé par des conditions héréditaires ou d'irrésistibles instincts; l'homme, en ces cas rares et que l'on voudrait généraliser, n'a pas de responsabilité puisqu'il n'est pas libre. — A nos yeux, ce que perd la liberté est loin d'être un profit pour la dignité humaine.

Nous avons bien une autre science qui reste animée du souffle spiritualiste; l'observation et l'expérience, qu'elle admet parfaitement dans la sphère qui leur est propre, n'effacent pas les traits profonds qui distinguent nos deux natures; l'homme reste à l'état de créature, mais de créature morale qui relève d'un Dieu créateur et Providence.

Malheureusement le premier courant l'emporte pour l'heure; l'homme se déifie lui-même et écarte les causes supérieures, à mesure que son génie découvre et met à notre usage les forces de la nature. C'est, d'autre part, une bonne fortune pour les politiciens de s'autoriser de la science pour supprimer Dieu, combattre toute influence religieuse dans l'éducation de la jeunesse; la République, telle qu'ils la conçoivent, dégagée de tout surnaturel, n'aura pas à craindre le retour des vieilles doctrines; les jeunes générations élevées sur ses genoux, et non sur ceux de l'Église, auront appris à regarder l'homme comme cause et fin de sa destinée. Ces idées-là, accréditées par l'école et qu'un souffle extérieur répand sur tout le pays, expliquent le désordre sous toutes les formes dont nous souffrons, le pessimisme dans les esprits raffinés, chez un trop grand nombre l'égoïsme, l'impatience de ce qui gêne, de ce qui est hiérarchie et discipline, l'inclination malheureuse à prendre le parti de la rébellion contre l'autorité, l'envie, et, — c'est triste à dire, — cette plaie particulière des démocraties, qui s'attaque à toutes les supériorités et supprime les élites, et enfin, aux derniers degrés de l'échelle sociale, cette fureur du crime toujours croissante avec l'horreur du travail, l'habitude du vice et les excitations de l'alcoolisme, sans parler de la Révolution, nous menaçant impunément de la guerre sociale.

Faits et causes sont bien connus. La prison punit, mais elle ne corrige pas, elle n'amende pas, témoin le flot incessant des récidivistes. Il faut la maintenir, garder les justes sévérités du Code criminel; mais le salut est à une autre source, ne le cherchons pas ailleurs que dans le retour à l'ordre.

Nous reprendrons une dernière fois l'ensemble de nos solutions.

Disons, en attendant, qu'on peut opposer à nos craintes le brillant tableau du progrès que, dans tous les ordres variés des applications du génie humain, la France du centenaire de 1789 met sous les yeux du monde convié aux fêtes de son Exposition universelle. — Il y a là bien des grandeurs dont un pays peut se glorifier; les triomphes de l'art et de la science peuvent être estimés une première revanche des défaites subies par les armes, mais en pensant toujours aux provinces perdues... Sans y contredire, sans prétendre que nous valons moins que nos aïeux (1), que l'heure de la décadence est venue, nous ne saurions oublier que le roi Guillaume, en 1867, admira notre Exposition; les grandeurs dont il était témoin ne détournaient pas nos yeux de ce qui faisait notre faiblesse et lui donnaient une force contre l'imprévoyance et la mobilité (2). La leçon devrait être retenue; le peuple savant et artiste n'a pas à s'infatuer; l'invasion le menace encore, il reste

---

(1) *Ætas nos tulit pejores avis.*
(2) Voir l'*Appendice*.

en présence d'un ennemi que le succès irrite, implacable en sa haine, tenace en ses desseins, et qui ne reconnaît de droit que dans la force.

III

Monarchique ou républicaine, une société ne saurait vivre en dehors des principes qui en sont la sève; dans l'État et dans la famille, elle a besoin de respect. Si le respect n'est pas au foyer, vous ne sauriez le trouver dans l'État. Que le foyer soit honoré, le père respecté, que les croyances et les traditions s'y perpétuent : l'enfant, devenu homme, les transmet à son tour; le foyer garde son autel. Sans lien religieux, il n'y a pas de famille. Dans la vie on revient toujours à la famille; elle est l'asile sacré du souvenir et de l'espérance. On n'aura pas quitté la maison paternelle comme l'oiseau qui s'enfuit de son nid pour l'oublier à jamais, dès qu'il aura senti les forces de ses ailes. L'éducation de la famille, l'école qui doit en être le prolongement, préparent au respect dans l'État. L'intérêt, comme le devoir de l'État, est de seconder les forces sociales dont il est lui-même la résultante et la plus haute expression : la religion, l'armée, l'éducation et la magistrature. Et nous entendons par religion tout ce qui est croyance et tradition dans les régions spirituelles (1).

La religion ne doit être qu'un instrument de concorde et de paix. Rien n'est plus facile à l'État que de ramener le prêtre aux pied des autels, s'il tentait par des ingérences de se mêler aux intérêts politiques et civils; il n'est pas besoin pour cela de persécuter et de jeter le trouble dans les consciences religieuses. Montrez-vous forts en cessant d'opprimer; la liberté est le droit du père de famille, il faut la rétablir dans toute son autorité. Laissez l'école en particulier à son devoir social, rouvrez-la aux

(1) V. l'*Appendice*.

saines influences que la passion a écartées sous le nom trompeur de neutralité ; gardez la vieille morale ; les *Manuels* de nos Confucius ne remplaceront pas l'Évangile ; éloignez la politique ; une éducation nationale peut honorer le passé dans ce qu'il a de glorieux, et faire aimer à la jeunesse les grandeurs des temps modernes. Voilà l'essentiel. Dans un ordre secondaire, bien qu'il ait son intérêt, l'opinion ne fera pas résistance aux tempéraments qu'on apporterait dans les programmes ; les surcharges qu'ils ont reçues, sous prétexte de progrès, excèdent les forces de l'enfant ; l'instruction accumulée fatigue sans laisser de durables traces. Mais avant tout, le grand intérêt, l'intérêt social, c'est que l'enfant sorte de l'école avec le sentiment du respect, plus pénétré qu'en y entrant de ses devoirs envers la société et la famille, avec la vive passion, qui est de son âge, pour tout ce qui est grand, noble et généreux.

L'école, l'éducation publique, sous ce rapport, a sa place et son rôle dans le concours d'efforts qui doivent avoir pour effet de moraliser et de relever notre pays.

Cette politique de paix et d'apaisement rendrait bientôt la santé au pays, donnerait confiance aux intérêts en souffrance, rouvrirait les sources du travail et de la fortune publique ; elle serait le salut de la société et de la République. Mais, pour la pratiquer, il faudrait l'union des partis sur les questions générales de défense nationale et d'ordre public, où tous peuvent s'entendre, excepté celui qui porte le drapeau de l'anarchie. L'appel que les pouvoirs publics feraient aux esprits modérés des deux Chambres rallierait dans le pays les forces morales dont le concours est nécessaire pour faire face au danger.

Nos divisions et l'instabilité qu'elles perpétuent, l'affaiblissement moral et numérique de la famille (1), la faiblesse devant l'étranger, uni dans ses haines et ses convoitises contre notre existence nationale, sont le péril à l'intérieur devant les violents qui montent à l'assaut de l'ordre social.

Est-il moyen de suivre les voies de justice, lorsqu'on s'en est, à dessein, écarté, pour pratiquer une politique qui a créé précisément le péril ?

---

(1) Voir l'*Appendice*.

L'expérience apporte ses tempéraments et ses calculs. L'auteur des décrets et des lois scolaires est venu ces jours derniers à la tribune (1) parler de paix religieuse comme le premier besoin du pays; bien que venue du côté où elle était le moins attendue, la parole mérite d'être retenue comme hommage au sentiment public. Seulement on n'exprime aucun regret, et l'on maintiendra la politique qui a jeté le trouble dans les consciences; l'opposition a pu répondre logiquement par le cri de guerre (2) qui avait inspiré l'article 7. — Mais ici, quel anachronisme et quelle fausse évocation on fait du passé, lorsqu'on voit dans la résistance à l'oppression les combats d'autrefois, ce qui fut entre des partis ennemis, mais également ardents pour leur foi, le temps de la guerre religieuse ; avec le pouvoir sceptique ou sectaire, armé comme il l'est, s'il ne tient pas compte du droit, je vois d'un côté la servitude. Ce n'est pas sérieusement qu'après le XVIIIe siècle, après la Révolution et tout un siècle accompli depuis, au sein d'une société profondément démocratique en ses idées, on peut avoir à craindre une prépotence sacerdotale; le pouvoir moral de l'Église, dont le propre intérêt est de se mouvoir au pied des autels, ne saurait mettre en péril les droits à jamais affranchis de la société civile. — La paix peut donc se faire, la paix religieuse, la paix sociale ; elle est commandée ; c'est aux hommes de bonne volonté de la préparer, de la chercher en dehors des partis, de telle sorte qu'elle ramène l'union par l'accord sagement politique des droits et des intérêts.

Mais on objecte encore : le tableau, que vous avez tracé vous-même des iniquités et des violences, tout chargé de points noirs, est plein de menaces. La société est en péril dans ses conditions morales; les convoitises et les appétits mettent en cause son existence matérielle; il est peu d'heures où le tocsin des grèves ne vienne menacer la paix publique, où dans le trouble du jour on ne craigne encore pour le lendemain, le pouvoir étant de plus en plus affaibli dans ses moyens et ses devoirs de défense sociale; en un mot, la Révolution n'est encore qu'au milieu de sa course fatale, elle la suivra jusqu'à l'abime.

(1) Chambre des Députés. — Séance du 6 juin 1889.
(2) Chambre des députés. — Séance du 8 juin 1889.

Nos pères ont combattu vos pères ;
Nos enfants combattront vos enfants.

Mais nous n'avons pas dit que nous ne verrions pas d'autres ruines; en ce cas, le salut viendra de l'excès du mal et d'un retour à la justice; ce pays si mobile s'arrête dans ses entraînements; l'histoire nous le montre, en ses grandes crises (1), se retenant par sa mobilité même avec une singulière énergie et échappant au péril. Qu'un cri d'alarme sorte des entrailles du pays, que le suffrage universel, maître de nos destinées, appelle et groupe pour la défendre les esprits et les cœurs qui préfèrent la France aux passions des partis; l'acclamation populaire vaut mieux que l'épée libératrice dont personne n'entrevoit l'éclair. — Il faut que l'effort vienne de nous-mêmes, qu'un souffle nouveau dissipe les nuages et dégage le ciel. Que si un souffle ne peut suffire, vienne au besoin, comme au temps de la décadence romaine, une tempête religieuse et morale que nous trouvons décrite dans une admirable page (2). Revenons au dieu que cherchait l'antiquité, et dont la pensée, en nos jours de grandeur, est l'âme des temps modernes. Renaître au droit, à la liberté, reprendre possession de l'idée divine, du respect qu'on a pratiqué, laisser le champ stérile des questions du jour, exclusivement politiques, pour chercher à résoudre, dans la mesure du possible, les questions sociales qui sont l'intérêt permanent des masses populaires, rapprocher par la concorde les classes que la violence voudrait séparer, voilà le but supérieur vers lequel doivent tendre tous les généreux efforts; telles sont, maintes fois indiquées au cours du récit, les voies qui conduiraient au relèvement. Se tourner vers l'avenir réparateur, y croire fortement, c'est le moyen de le préparer en attendant les œuvres. — On reviendra à l'ordre après les épreuves. — Je termine donc ces notes par le ferme appel à l'espérance qui est le dernier mot de la préface (3).

(1) Voir l'*Appendice*.
(2) Martha : *Les moralistes sous l'Empire romain*, 1872, p. 254. — Voir le chapitre : Prédication de la morale populaire : « La philosophie ne pouvait relever le monde de cette universelle déchéance. Pour purifier cette vaste et profonde corruption, il fallait un souffle plus puissant et comme une tempête morale et religieuse. »
(3) Voir l'*Introduction*.

APPENDICE

APPENDICE

INTRODUCTION

Lenteur dans la carrière. — Intérêt public : lettre de M. de Fourtou.
Mobilité des gouvernements ; esprit des Français.
Égarement des doctrines.
La religion et la morale. — Paroles d'un grand chef arabe.
Metz et Strasbourg.

Lenteur dans la carrière. (V. *Introduction*, p. II.) — **Intérêt public. — Lettre de M. de Fourtou.**

Les notes et citations que réunit l'*Appendice* avaient, sur nombre de points, un caractère trop *personnel* pour trouver place dans le texte du récit ; on les eût même complètement écartées si, publiées par extraits et comme pièces justificatives, elles ne présentaient un double intérêt.

Il peut être curieux d'y relever des dates, de marquer ainsi une série d'étapes à travers l'instruction publique. — Là, comme ailleurs (1), la carrière autrefois était lente à parcourir ; il y avait peut-être quelque avantage à gravir lentement les degrés de la hiérarchie ; le temps n'est pas un facteur indifférent pour l'expérience et l'autorité.

La note ensuite s'efface dans ce qu'elle a de *personnel*, si, du témoignage adressé au fonctionnaire, on s'élève à l'administration qui le soutient et l'encourage ; l'unité de sentiments et de conduite, dans la mobilité des gouvernements, est alors tout à l'honneur de l'Université.

Les ministres que j'ai connus gardaient les traditions au milieu des orages de la politique ; on peut en juger par la lettre que l'un d'eux, invoquant de communs souvenirs, m'adressait à une date récente (19 juin 1886). Je suis heureux d'en citer un passage ; l'accent est des plus généreux ; elle est signée de M. de Fourtou.

« . . . .

---

(1) « Les avancements dans la diplomatie, jadis, étaient lents, réguliers, et, lorsque la faveur y présidait, ce n'était que dans une étroite mesure. On n'arrivait pas de primesaut aux situations les plus hautes sans avoir fait ses preuves, sans une laborieuse initiative. » (M. de Rothan, *Souvenirs diplomatiques*.)

« — C'est pour moi, d'ailleurs, un charme inexprimable que de me retrouver dans un échange de sentiments affectueux avec mes anciens et éminents collaborateurs du Ministère de l'Instruction publique. — Nous gouvernions ensemble ce grand département dans un temps où la préoccupation du juste, du vrai, du beau et du bien, était l'inspiration souveraine de toutes les décisions, et nous pouvions nous rendre l'un à l'autre cette justice, que nous n'avons jamais obéi dans notre conduite qu'aux suggestions les plus pures de la conscience et du devoir.

« Ces souvenirs ne s'effacent pas, et laissent entre les hommes qu'ils unissent des sentiments d'attachement dont je vous envoie, pour ma part, la bien cordiale expression. »

Formes mobiles de gouvernement. (V. *Introduction*, p. IV.) — Esprit des Français.

Machiavel traduit à sa manière le *novis rebus studens* appliqué au Gaulois dans le portrait qu'il fait des Français : « Le Français oublie tout de suite, ne prévoit jamais l'avenir, et ne vit que dans l'heure présente. »

L'image n'est que trop fidèle pour ceux qui ont traversé l'année terrible, et voient la place où furent les Tuileries.

« Je m'imagine toujours », a dit Voltaire, à plus de deux siècles plus tard, « quand il arrive quelque grand désordre, que les Français seront sérieux pendant six semaines. — Je n'ai pas pu encore me corriger de cette idée. »

De nature toujours mobile, le Français ne garde pas plus la colère que l'enthousiasme ; malheureusement, il n'a pas dans la résistance, à moins qu'il ne soit sous une main de fer (1), la furie qu'il porte dans l'attaque ; dans sa colère, sur un mot, sur un cri, il fait une révolution dont il n'a cure le lendemain ; « il élève des statues, dit encore Voltaire, et prend plaisir à les renverser. »

Sa grande passion, celle dont il a le culte qui survit depuis la Révolution, c'est l'égalité en haine des privilèges. — Rien de mieux quant au privilège ; l'égalité devant la loi ne trouve pas de contradicteurs. Mais l'inconséquence, — elle tient à la tradition et surtout au caractère, — est de rechercher les honneurs, de vouloir une place à part, de tendre la main vers les dignités, d'usurper même des titres nobiliaires pour sortir de la foule ; les hochets de la vanité font douter des mœurs républicaines. — L'égalité est donc plus dans sa passion que dans ses mœurs ; notre histoire, depuis la Révolution, démontre bien que nul peuple n'a plus besoin d'un maître pour diriger les volontés ; soit tradition monarchique, soit absence de tempérament, soit fatigue de l'anarchie qu'il a déchaînée, il tend le cou sous la Terreur, acclame ensuite le général victorieux qui brise la Révolution, rétablit l'ordre par l'autorité ; à ce

---

(1) Jules-César a eu raison de dire : *Nam ut ad bella suscipienda Gallorum alacer et promptus est animus, sic mollis et minime resistens ad calamitates perferendas mens eorum est.*

peuple, il faut une idole; nous avons vu son affolement d'un jour pour un poète, un tribun et un soldat qui ont su le flatter.

Ainsi léger, vaniteux, démolisseur, avide d'autorité, voilà un portrait qui n'est pas flatté; mais en a-t-on tracé toutes les lignes?

« Partout où il y a des coups d'épée à donner et à recevoir, je parierais, dit Michelet, qu'il y a un Français (1). »

Voilà le peuple batailleur, amoureux en même temps d'éloquence : *Gallia duas res industriosissime persequitur, virtutem bellicam, et argute loqui.* (*Oratio pro Fonteio.*) — Ce peuple ne va pas d'ordinaire guerroyant que pour les causes généreuses; sous la main qui sait le conduire il fait merveille, et semble l'instrument de la volonté divine, selon le mot justement répété : *Gesta Dei per Francos.* « Cette nation va en grand, écrit quelque part Bersot, et s'il y a quelque chose qui soit la poésie, avec sa force et ses faiblesses, avec son feu éclatant et ses défaillances désespérantes, certainement ce peuple est poète, poète dans l'action, poète écrivant ses pensées avec son sang qu'il a répandu dans tout l'univers. »

Voilà bien le soldat de l'humanité; défenseur des faibles, au service de toutes les causes généreuses par la plume, la parole et l'épée; bruyant et tapageur, c'est vrai, il rappelle par ce côté ce que Tite-Live a dit des Gaulois : *Gens nata in vanos tumultus;* mais dans cette instabilité qui est sa faiblesse, quel besoin de progrès l'agite toujours, quelle ardeur toujours prête au dévoûment et au sacrifice; ce qu'on appelle l'héroïsme lui mérite une place d'honneur parmi les nations.

Égarement des doctrines. (V. *Introduction*, p. VI.)

« C'est à la science qu'appartient le soin d'assainir les esprits, d'exprimer en termes énergiques et simples les vérités fondamentales sur lesquelles repose toute la société, et qui sont plus nécessaires encore à une société démocratique qu'à toute autre. »

Ainsi s'exprimait l'*Avertissement* placé en tête des petits traités par l'*Académie des Sciences morales et politiques*. Le chef du pouvoir exécutif avait demandé à l'Académie de concourir à la défense des principes sociaux attaqués par des publications de tout genre.

Le péril, de ce côté, est plus grand qu'en 1848; le spiritualisme, dont le gouvernement demandait alors le concours, a lui-même à cette heure besoin de se défendre. L'anarchie répand à flots ses journaux à bon marché, et avec eux le poison des mauvaises doctrines; l'intérêt des travailleurs n'est qu'un prétexte dans les réunions publiques pour exciter les violences et faire appel à la *guerre sociale*.

Dans l'École, la guerre à Dieu; dans les meetings, la guerre à la société; des deux parts la même doctrine négative qui est le *credo* de l'anarchie.

Écoutons l'anarchiste Hermann Steimacher, accusé d'avoir assassiné, à

---

(1) *Introduction à l'histoire universelle*, in-8, p. 52 (1831).

Vienne, un agent de la politique secrète. Le président lui demande ce qu'il a à dire pour sa défense, et voici sa réponse :

« Je ne crois pas en Dieu, et cela par la simple raison qu'il n'y a pas de Dieu ; c'est ce que je vais prouver. »

On dirait une page écrite par tel membre du Conseil municipal de Paris.

« Mais la doctrine n'a aucun rapport avec le procès, » fait observer le président, et Steimacher aborde une autre thèse qui doit l'absoudre du crime ; il met en cause la propriété.

« Eh bien ! je parlerai de la propriété. Nous autres, anarchistes, nous faisons une différence entre la propriété indispensable et celle qui ne l'est pas (1). »

On va plus loin depuis Hermann ; toute propriété est condamnée quels qu'en soient l'usage et la forme, et, pour en faire justice, l'instrument de destruction est la dynamite.

La société est donc dûment avertie ; c'est au gouvernement d'aviser : *Caveant consules.*

La religion et la morale. — La religion chez les Arabes. — Paroles d'un grand chef. (V. *Introduction*, p. VI.)

L'Arabe féodal a le même sentiment que le républicain Washington sur la place que la religion doit avoir dans un État. Un grand chef, contemporain du maréchal Bugeaud, interrogé, lors de l'expédition de Tunisie, sur les dangers d'une guerre sainte en Tunisie et en Algérie, répondit :

« Nous refuserions de nous soumettre à des impies qui ne croient plus à un Dieu.

« Or, puisque vous avez supprimé les prières publiques, puisque vous avez chassé les ministres de votre religion, puisque vous avez banni l'instruction religieuse de vos écoles, pouvez-vous dire que vous croyez à un Dieu ?

« Vos plus dangereux amis, ce ne sont point les Turcs, ce sont les hommes qui portent atteinte aux traditions des peuples et aux croyances religieuses, seules bases solides des nations. »

Je relève ces belles paroles dans un journal de Paris (21 juin 1882) ; Bossuet et Leibnitz ne tiendraient pas un autre langage.

Notre regrettée cité de Metz. (V. *Introduction*, p. VII.)

La citadelle lorraine est devenue pour nous une menace. — M. de Bismarck l'a dit au Reichstag : *La France s'étend devant nous, devant les portes d'attaque de Metz.*

Et je ne parle pas de Strasbourg, cette autre clef de nos frontières, arrachée par le fer aux flancs de la mère-patrie ; mon impression douloureuse en traversant, il y a deux ans, l'Alsace, répond bien au sentiment de M. J.-J. Weiss : *Sans le Rhin, il n'y a plus de France possible.*

---

(1) V. le journal *le Soleil*, 16 juin 1885.

LIVRE Ier.

I. — **Paris** : École normale. Son rétablissement par M. de Frayssinous. — Sa première installation au lycée Louis-le-Grand. — Ses premières promotions. — Cours que suivaient les élèves à la Sorbonne : MM. Guizot, Cousin et Villemain.
L'instruction secondaire sous le gouvernement de Juillet.
II. — **Angoulême** : Collège d'Angoulême. - Ses élèves. — Legs Chabrefy.
L'instruction primaire: L'instituteur de la Charente.
Célébrités charentaises contemporaines. — MM. Michelet et Duruy à Angoulême.
Description de l'Angoumois.
III. — **Besançon** : Collège royal de Besançon. — Départ. — Lettre de M. le préfet Touransin.

Paris. — École normale. — Pourquoi et dans quel esprit M. de Frayssinous rétablit l'École normale. (V. p. 2.)

L'École désignée sous le nom d'*École préparatoire* ne reprit son nom d'*École normale* qu'après la révolution de Juillet ; l'ordonnance, en date du 6 août 1830, fut rendue par Louis-Philippe d'Orléans, duc d'Orléans, lieutenant-général du royaume. — Elle ne fut transférée, du collège du Plessy dans le nouvel établissement de la rue d'Ulm, que le 6 novembre 1847. — M. de Salvandy, ministre de l'Instruction publique, présida l'inauguration. M. Dubois présenta, dans un remarquable rapport, l'histoire de l'École, et dit, en particulier, comment et pourquoi Mgr de Frayssinous rétablit, en 1826, l'institution destinée à former des professeurs.

« Au bout de quatre ans (après la suppression de l'École), la vue des périls dont le gouvernement lui-même était menacé, la domination toujours croissante d'un parti qui dépassait de bien loin *les prudentes et nationales maximes de la religion de Bossuet,* effrayèrent l'évêque d'Hermopolis ; l'Université lui parut alors *une défense,* et, une école, la seule et féconde source de recrutement, la seule et solide garantie de l'unité de direction. »

Ordonnance du roi relative aux écoles secondaires ecclésiastiques.

En voici le texte :

« — Du 16 juin 1828.

« CHARLES, par la grâce de Dieu roi de France et de Navarre, à tous ceux qui la présente verront, *salut :*
« Sur le compte qui nous a été rendu :
« 1° Que parmi les établissements connus sous le nom d'*écoles secondaires ecclésiastiques,* il en existe huit qui se sont écartées du but de leur institution

en recevant des élèves dont le plus grand nombre ne se destine pas à l'état ecclésiastique ;

« 2° Que ces huit établissements sont dirigés par des personnes appartenant à une congrégation religieuse non légalement établie en France ;

« Voulant pourvoir à l'exécution des lois du royaume,

« De l'avis de notre Conseil, nous avons ordonné et ordonnons ce qui suit :

« Art. 1er. — A dater du 1er octobre prochain, les établissements connus sous le nom d'*écoles secondaires ecclésiastiques,* dirigées par des personnes appartenant à une congrégation religieuse non autorisée, et actuellement à Aix, Billom, Bordeaux, Dôle, Forcalquier, Montmorillon, Saint-Acheul et Sainte-Anne d'Auray, seront soumis au régime de l'Université.

« Art. 2. — A dater de la même époque, nul ne pourra être ou demeurer chargé, soit de la direction, soit de l'enseignement, dans une des maisons d'éducation dépendantes de l'Université, ou dans une des écoles secondaires ecclésiastiques, s'il n'a affirmé par écrit qu'il n'appartient à aucune congrégation religieuse non légalement établie en France.

« Nos ministres secrétaires d'État sont chargés de l'exécution de la présente ordonnance, qui sera insérée au *Bulletin des Lois.*

« Donné en notre château de Saint-Cloud, le 16 juin de l'an de grâce 1828, et de notre règne le quatrième.

« *Signé :* Charles.

« Par le Roi,

« Le pair de France, garde des sceaux, ministre secrétaire d'État au département de la Justice.

« *Signé :* C. Portalis. »

La nouvelle École normale. — Son berceau à Louis-le-Grand.
(V. p. 9.)

Les premiers commencements de l'École normale renaissante furent rudes. Reléguée dans les combles d'un pavillon du lycée Louis-le-Grand, elle fut ensuite transférée au Plessis, dépendant du même établissement, où elle avait sa vie propre.

Humble était le berceau ; on y logeait à grand'peine une promotion annuelle de vingt à vingt-six élèves pour les deux sections (sciences et lettres) ; la carrière serait ensuite lente à parcourir et avec un bien faible salaire pour ceux-là mêmes que le talent mettait au premier rang. — Ni les duretés des temps présents, ni l'éloignement de l'espérance n'affaiblirent les courages ; l'École, dès ses premières années, donna à l'Université des maîtres qui lui firent honneur.

APPENDICE.   415

Premières promotions de l'École. (V. p. 9.)

Bien que peu nombreuses, les premières promotions de l'École (1826, 1827, 1828) ont marqué honorablement leur place dans l'Université à tous les degrés de la hiérarchie (1).

Administration supérieure.

M. Vacherot, directeur des études à l'École normale supérieure; M. Dumaige, chef de division (instruction secondaire) au Ministère; M. Chéruel, inspecteur général. — 2 recteurs.

Inspection académique.

5 inspecteurs : M. Anquetil, à Versailles; M. de Lens, à Angers, etc.

Faculté des Lettres de Paris.

M. Berger, professeur d'éloquence latine.

Facultés des Lettres et des sciences dans les départements.

Lettres : 4 doyens et professeurs, M. Roux, à Bordeaux; M. Nicolas, à Rennes, etc.
Sciences : 4 doyens et professeurs.

Proviseurs dans les départements.

4 proviseurs : M. Foncin, à Marseille; M. Mouillard, à Lyon, etc., etc.

Lycées et collèges de Paris.

8 professeurs dont 2 pour la philosophie, 1 pour l'histoire, 3 pour les lettres, deux pour les sciences.
Aux noms que nous avons particulièrement cités, il convient d'en ajouter d'autres.
MM. Mallet, de Lens, et Benard, connus par leurs publications philosophiques; M. Benard, condisciple de M. Vacherot, poursuit encore ses travaux d'érudition tenus en grande estime à l'Institut. — M. Anquetil a marqué sa place au premier rang comme traducteur d'Horace en vers français. — Les mémoires présentés par M. Dupré à l'Académie des sciences ont été remarqués. — Au collège Sainte-Barbe, M. Guirard a laissé le souvenir d'un pédagogue; il y dirigeait le petit collège, sous l'autorité d'un chef habile et ferme, M. Dubief; ses grammaires lui avaient fait ailleurs une notoriété pour les premières études.

(1) Promotion de 1826 : 21, dont 13 pour les lettres et 8 pour les sciences; de 1827 : 19, dont 14 pour les lettres et 5 pour les sciences; de 1828 : 26, dont 15 pour les lettres et 11 pour les sciences.

La Sorbonne. — Cours de MM. Cousin, Guizot et Villemain.

En dehors de son enseignement supérieur, l'École suivait plusieurs des cours de la Sorbonne, et entre autres ceux de MM. Cousin, Guizot et Villemain.
« Les trois cours font merveille, écrivait M. Sainte-Beuve (*Lettres de jeunesse*), surtout pour l'esprit qu'ils propagent et le mouvement qu'ils impriment. »
M. Cousin écrit lui-même (*Introduction à l'Histoire de la philosophie*. — *Avant-propos*) :
« Il n'est pas aisé, dans nos jours d'abaissement et d'affaissement intellectuel, de se faire une idée de la noble ardeur qui enflammait alors le génie français dans les lettres et dans les arts. — L'esprit public faisait des chaires de M. Guizot et de M. Villemain et de la mienne de véritables tribunes. Depuis les grands jours de la scholastique du XIIIe siècle, il n'y avait pas eu d'exemples de pareils auditoires dans le quartier latin. — Deux à trois mille personnes, de tout âge et de tout rang, se pressaient dans la grande salle de la Sorbonne. »

L'instruction secondaire sous le gouvernement de Juillet.

L'instruction secondaire était, à cette époque, la grande force de l'Université; elle ne fut jamais plus florissante. Simple dans ses programmes à l'École normale comme au lycée, elle était autrement féconde que l'encyclopédie imposée maintenant à des enfants; sous l'inspiration du maître on devenait libéral, tolérant, loin d'être irréligieux et persécuteur.
Un publiciste (1) de nos jours a pu dire avec vérité :
« Les idées libérales vivaient et poussaient dans l'Université en face de la Religion, qui n'empiétait pas sur les attributions du professeur. On nous préparait à ne nous effrayer de rien et à avoir de l'indulgence pour tous. On n'avait point surchargé nos programmes, comme on le fait aujourd'hui, et on nous laissait nous spécialiser dans nos études favorites. Nous sortions du collège avec une instruction générale suffisante, et une instruction spéciale assez forte pour nous permettre de suivre utilement la carrière de notre choix. »

L'instituteur de la Charente. (V. p. 16.)

Il y avait devoir, en province, pour celui qui enseignait et tenait en même temps une plume, de vulgariser la loi de 1833 dans l'esprit qui l'avait inspirée; la revue hebdomadaire (*l'Instituteur de la Charente*) répondait à ce besoin. Le *Conseil royal* voulut bien approuver la publication; le ministre l'encouragea de ses souscriptions dans les Académies de Bordeaux et de Poitiers.
J'avais reçu mission, auparavant, d'inspecter les écoles primaires d'une sec-

---
(1) M. Jules Richard, *Souvenirs d'un vieux potache*.

APPENDICE. 417

tion importante du département, et j'en tirai grand profit pour mon instruction pratique. — Mes rapports furent bien accueillis ; M. Cousin me félicita d'y avoir insisté sur la nécessité de créer une inspection au chef-lieu de chaque arrondissement; la chose est faite après des années; nous n'aurions pas à regretter l'attente si l'esprit des premiers temps avait survécu.

Collège d'Angoulême. — Ses élèves. (V. p. 15.)

Le collège d'Angoulême n'était pas sans crédit pour ses études; il a formé un bon nombre d'élèves distingués; — plusieurs sont parvenus à la célébrité; — je relève les noms qui me sont particulièrement connus : MM. Bouilland, Gaudichaud, Firmin Laferrière, Hillairet, Abadie, les Sazerac de Forge, Matthieu Bodet, Edmond Sereniaud, Babinet de Rencogne et Edmond Texier.

Un mot sur ce dernier, qui parvint, avec son condisciple Albéric Second, à se faire une place dans le journalisme parisien. Il essaya d'abord de la poésie. — En 1835, il publiait un volume de vers sous ce titre : *En avant!* — Se souvenant du maître qui lui avait dit plus d'une fois qu'à moins de vocation réelle, lorsqu'on n'avait pas de fortune, il fallait prendre la poésie comme ornement de la vie et non comme but d'une carrière, il lui dédiait l'une de ses compositions :

> Et puis je pense à vous, qui m'avez dit souvent
> De laisser là les vers, et de jeter au vent
> Les feuillets un à un détachés de mon livre.

En fait, il suivit le conseil, laissa la muse et son idéal, et, poursuivant le réel, il devint publiciste.

Prix au collége. — Legs Chabrefy. (V. p. 24.)

Les prix de fin d'année concouraient, avec les examens publics, à stimuler l'ardeur studieuse; nous étions reconnaissants à M. de Chabrefy d'avoir inscrit le collège dans son testament pour des récompenses annuelles. Le legs qui porte son nom est resté l'un de mes souvenirs d'enfance. — Je désire être inscrit à côté de lui comme donateur de l'établissement où j'ai été successivement élève, professeur et proviseur. — Si mes conditions sont acceptées, chaque année, en mémoire de mes prix d'honneur (1825 et 1826), les deux premiers lauréats de rhétorique et de philosophie recevront une médaille d'or sur laquelle seront gravés leur nom et le millésime.

Célébrités charentaises contemporaines. (V. p. 17.)

MM. Bouillaud, Abadie, Hillairet, Gaudichaud, La Ferrière, ne sont plus; nous avons perdu ces chers compatriotes.

M. Bouillaud m'honorait de son amitié depuis le jour où, dans la presse locale à Angoulême, aux premiers temps de la monarchie de Juillet, j'avais soutenu sa candidature à la députation ; à Paris, sous l'Empire, nous eûmes pour nous rapprocher de plus près les liens étroits de la confraternité universitaire.

MM. Abadie et Hillairet furent mes élèves sur les bancs du collège ; j'étais alors leur très jeune professeur ; à cette époque si éloignée remonte notre affection, qui grandit avec les années.

Un buste en bronze rappelle, dans la galerie de l'Académie de médecine, les traits du praticien ; une des salles de l'hôpital Saint-Louis porte son nom. On doit espérer que l'Institut (Académie des Beaux-Arts) voudra perpétuer, par le bronze ou le marbre, l'image de l'architecte de la grande basilique de Montmartre.

Quant à M. Bouillaud, sa statue en bronze, œuvre d'un enfant d'Angoulême (1), s'élève dans la cité non loin de la statue de Marguerite, sœur de François Ier..., née dans la grande tour du château. — C'est M. le docteur Vulpian, professeur à l'École de médecine, ancien doyen comme M. Bouillaud de cette Faculté, comme lui membre de l'Institut, qui présida l'inauguration (le 16 mai 1885), au nom de l'Académie des sciences. — « Nous venons aujourd'hui, dit-il, rendre hommage à l'une des gloires de la médecine française. » — Après lui, M. La Boulbène, délégué de la Faculté de médecine, et et M. Henri Roger, délégué de l'Académie de médecine, succédèrent à M. le maire Ballanoy, qui avait ouvert la cérémonie. — M. le docteur Bessette, médecin à Angoulême, fut entendu avec le même intérêt que les autres orateurs ; il avait bien le droit de porter la parole, c'est à lui que revient l'honneur du projet de souscription qui a fait élever la statue. — La ville doit lui être reconnaissante d'avoir rappelé, après son hommage à M. Bouillaud, une autre gloire charentaise, celle-ci plus oubliée, M. le botaniste Gaudichaud, membre de l'Académie des sciences dès 1836. — J'ai connu M. Gaudichaud. J'eus la bonne fortune, étant à l'École normale, d'entrer en rapport avec mon compatriote. — Je n'ai pas le souvenir d'un accueil plus affectueux, d'un homme plus simple et plus modeste ; douce et mesurée d'ordinaire, sa parole s'animait et prenait l'accent de la passion du savant lorsqu'il exposait sa doctrine sur l'anatomie et la physiologie végétale.

M. Firmin Laferrière. (V. p. 17.)

Mes rapports avec M. Gaudichaud étaient, comme on dit, de passage ; ils prenaient fin, naturellement, lorsque je quittai l'École. De durables amitiés m'attendaient en province ; je mets au premier rang celle qui me lia avec M. Firmin Laferrière dans le pays d'Angoumois ; notre affection mutuelle ne se ressentit pas de l'absence dans le long voyage qu'il fit, lui aussi, à travers l'Université. Avocat renommé au barreau d'Angoulême, il aspirait à de

---

(1) M. Verlet, prix d'honneur dans l'une des dernières expositions au palais de l'Industrie.

APPENDICE. 419

plus hautes destinées; il quitta notre ville, en 1832, pour prendre place dans le barreau célèbre de Bordeaux, où M. Dufaure tenait le premier rang. Là, travailleur infatigable, il sut se ménager des heures pour continuer, après les consultations et la plaidoirie, les études de l'*Histoire du Droit français*, qu'il avait commencée à Angoulême. Le premier volume de cette histoire fut publié en 1836. M. le procureur général Dupin signala l'ouvrage à l'attention de la première magistrature du pays. M. Laferrière ne pouvait souhaiter le suffrage d'un plus éminent juriste; ses convictions spiritualistes l'avaient mis en rapport avec un philosophe, M. Cousin; je lui fis connaître l'historien M. Michelet; le droit, l'histoire et la philosophie sont la trame du livre de M. Laferrière; l'écrivain se trouvait encore encouragé par les hommes qui les représentaient avec le plus d'éclat. On ne s'étonnera pas que M. de Salvandy, ministre de l'Instruction publique, si attentif aux mérites qui pouvaient être un honneur pour l'enseignement, ait créé, en 1837, pour l'auteur de l'*Histoire du Droit*, un cours de droit administratif à la Faculté de Rennes; le succès ne pouvait être douteux; M. Laferrière apportait, dans la nouvelle chaire, une grande et ferme érudition et un rare talent de parole. Ce fut encore M. de Salvandy qui, dans son second ministère, en 1846, retrouvant M. Laferrière en pleine possession de la renommée comme juriste et professeur, l'appela aux fonctions d'inspecteur général des Facultés de droit, en remplacement de M. Giraud. Les révolutions sont fatales à la science comme aux autres intérêts d'un pays. — Les fonctions d'inspecteur général des Facultés de droit furent supprimées en 1848; en attendant qu'elles fussent rétablies, M. Laferrière occupa temporairement deux situations d'une inégale importance, la première celle de conseiller d'État, la seconde celle de recteur de l'Académie départementale de Seine-et-Oise. — Cette dernière, d'ordre essentiellement administratif, explique peut-être la mission qui lui fut donnée, en 1854, d'administrer comme délégué du Ministre l'Académie régionale de Toulouse; j'incline surtout à croire que M. Fortoul voulut témoigner, par un grand exemple, de l'importance scientifique et littéraire qu'il attachait à l'organisation des grandes Acamies. M. Laferrière venait au pays de Cujas avec sa double autorité d'inspecteur général des Facultés de droit et de membre de l'Institut. — Son mandat rempli, il revint à Paris, se livrant désormais tout entier à ses chères études sans qu'aucun incident en vînt troubler le cours. Mais ses heures étaient comptées; il n'eut pas le temps, quel que fût son labeur, d'achever l'*Histoire du droit*, qu'il avait refaite sur des bases nouvelles. La science du droit, la famille et l'amitié eurent à pleurer sa mort, le 14 février 1861; trois discours furent prononcés sur sa tombe : par M. Dumas, au nom du Ministre de l'instruction publique, par M. Giraud au nom de l'Institut, par M. Vallette au nom des Facultés. — Un autre hommage attendait l'éminent Charentais; son buste en marbre fut inauguré dans la chambre des avocats d'Angoulême, le 10 décembre 1876, avec un véritable éclat; c'est la place qu'il eût choisie lui-même *dans son vieux culte pour la patrie absente* (1).

(1) Ces mots sont de M. Laferrière lui-même dans une lettre qu'il écrivait à M. le

M. Mathieu Bodet. (V. p. 17.)

Historien et philosophe dans les questions de droit, M. Firmin Laferrière tenait en grande estime notre ami, M. Mathieu Bodet, qui est un vrai juriste en affaires. Reçu docteur à la Faculté de Paris, M. Mathieu acheta, en 1846, une charge d'avorat au Conseil d'État et à la Cour de cassation; la sûreté de son jugement et de ses connaissances fut très appréciée dans l'un et l'autre tribunal, et lui valut l'honneur (1842-1865), d'être élu, par ses collègues, président du Conseil de l'Ordre. Les mêmes qualités devaient appeler sur lui l'attention de ses concitoyens. C'est en 1848 que les électeurs de la Charente l'appelèrent à représenter le département à la Constituante, en 1849 à la Législative; il renonça à son mandat, en 1852, après les décrets du 22 janvier qui dépouillaient les princes d'Orléans. Nous le retrouvons encore à la Chambre après les élections de 1871 et de 1876; grâce à ses connaissances spéciales il y est nommé rapporteur, puis président de la Commission du budget, succède ensuite, le 20 juillet 1874, à M. Magne, comme ministre des finances. Le portefeuille passait, le 10 mai 1875, aux mains de M. Léon Say. On ne dit pas que, dans cette courte période, le budget de l'État ait souffert dans aucun de ses intérêts; M. Mathieu Bodet a su marquer sa place entre deux hommes de particulière compétence; nous avons pour le juger, indépendamment de sa gestion, le livre qu'il a écrit sur les finances (1) après être sorti du pouvoir. Collaborateur aux recueils de jurisprudence, il a gardé son activité d'écrivain, et apporte son tribut aux revues économiques dans les questions qui lui sont familières; il est encore un conseiller d'affaires fort goûté dans les sociétés d'affaires et notamment le *Crédit foncier*.

Société archéologique et historique de la Charente.

C'est un honneur pour un pays de trouver, au service de ses gloires locales, une Compagnie comme la *Société archéologique et historique de la Charente*. Cette Société a été fondée, en 1844, par l'érudit bibliothécaire M. Eusèbe Castaigne, et, depuis cette époque, ses collègues, s'inspirant de son exemple, ont rivalisé de zèle pour mettre en lumière notre province dans son histoire, ses arts, ses monuments; bien des noms sont à relever parmi les travailleurs, ceux de MM. Charles de Chancel, l'abbé Michou, Sénemaud, Biais, Lièvre, le docteur Gigou, Gellibert des Seguins, Babinet de Rencogne, Zadisg Rivaud,

---

bibliothécaire E. Castaigne. M. Léridon s'en empare heureusement dans l'éloge qu'il prononça en qualité de bâtonnier de l'ordre : « M. Laferrière, se souvenant de son séjour au milieu de nous, a consacré *à notre droit coutumier de l'Angoumois* des pages qui attestent la sincérité de ce qu'il appelait *son vieux culte pour la patrie absente* » — (Voir l'éloge, par M. Henri Leridon. In-8. Angoulême, 1877, 50 pages.) C'est un travail tout à fait remarquable.

(1) *Les Finances françaises de 1870 à 1878.* Deux vol. in-8.

Paul Sazerac de Forge, etc. — Je voudrais avoir le temps de mener à bonne fin, sur leurs traces, la *galerie de nos hommes célèbres*, que j'avais commencée avant la fondation de la Société ; il m'importerait particulièrement de mettre la dernière main à mon histoire de *Marguerite d'Angoulême*, cette poétique figure, au XVIe siècle, d'une âme troublée par la lutte de la raison et de la foi.

La société archéologique ne fait pas seulement connaître l'Angoumois par ses publications; le *musée* qu'elle a ouvert dans une des salles de l'Hôtel de ville s'ajoute à son œuvre écrite. — On ne peut que la féliciter d'avoir consacré par un buste la mémoire de M. Eusèbe Castaigne, son fondateur, par un portrait et un médaillon le souvenir de MM. Gellibert des Seguins et Babinet de Rencogne, ses continuateurs. Grâce à sa diligence, le prosateur Balzac et le physicien Coulomb ont leur buste dans le musée ; Coulomb est l'œuvre de M. Raoul Vernet, jeune artiste angoumois plein d'avenir. — En attendant les autres bustes, qui seraient nombreux et feraient un groupe glorieux, la ville se ferait honneur en dressant des tables de marbre ou de bronze qui rappelleraient, pour chaque siècle, les personnages célèbres de la province ; ces tables seraient distinctes pour les comtes, les évêques, les hommes de guerre, les écrivains; bien des noms sont à citer pour toutes les productions de l'esprit ; mentionnons-en seulement quelques-uns : le moraliste La Rochefoucauld ; les poètes François Ier, Marguerite, les Saint Gelais, Rastier de la Péruse ; le jurisconsulte Jean Faber, le statuaire Jacques d'Angoulême ; l'horticulteur La Quintinie, l'ingénieur de Montalembert, les chirurgiens Goursaud et Morand, les historiens annalistes Thevet, de Corlieu, Rivet de la Grange, Vinet. — Quant aux hommes de guerre, ils sont légion, depuis les Taillefer, Sansac, héroïque lieutenant de François Ier jusqu'à l'amiral Besson et aux Rivaud, Laboissière et tant de généraux que la Charente a donnés à la Révolution et à l'Empire.

M. Michelet et M. Duruy à Angoulême. (V. p. 19.)

Chef de la section historique aux archives du royaume, M. Michelet reçut mission, en 1835, d'inspecter les Bibliothèques et Archives des départements du sud-ouest. Angoulême était compris dans sa tournée. — Ni la ville, ni le département, n'avaient alors ni archiviste, ni société savante pour le renseigner ; je lui remis, sur sa demande, une note sommaire des principaux documents qui se trouvaient à la mairie et à la préfecture; cette note, bien imparfaite, est mentionnée dans le rapport qu'il a fait de sa tournée (1).

C'est au cours du même voyage qu'il visita avec M. Duruy, son ancien élève, les monuments et vieilles maisons de notre cité ; il a inscrit plus tard ses souvenirs dans son livre : *Origines du Droit français* (1837) ; — j'y relève d'abord quelques lignes d'un vif intérêt sur les devises, cris d'armes :

(1) Rapport au ministre de l'Instruction publique. (Août-septembre 1835, in-4, 24 pages.)

« A Bourg-en-Bresse, sur le tombeau de Marguerite d'Autriche, enterrée près de son époux Philibert, qu'elle pleura si longtemps, on voit la devise de cette princesse : *Fortune, infortune, fortune.* »

Puis l'historien juriste écrit :

« — Chez une autre veuve, dans la maison de Louise de Savoie, mère de François Ier, à Angoulême, on lit encore ces deux devises placées dans sa bibliothèque : *Libris et Liberis*, mes livres et mes enfants : *Ferendum at Sperandum*, souffrir mais espérer (1).

« — On voit partout sur la chapelle si curieuse et si mondaine des Saints-Gelais à Angoulême : *Spero*, j'espère. »

Cette maison dont parle M. Michelet, et que j'habitais, est située à l'extrémité de la rue François Ier; un bâtiment carré en forme de tour termine l'un des côtés de l'édifice donnant sur la cour et le jardin. — Au dernier étage se trouve une pièce avec plafond chargé de dessins et de devises, lieu évident de retraite pour la méditation; on y accède, comme dans le donjon féodal, par un escalier de pierre. M. Michelet a pensé ingénieusement à la mère de Marguerite et de François en lisant *Libris et Liberis*; mais Louise de Savoie avait-elle une autre demeure que le château lorsqu'elle venait de Cognac à Angoulême ?

Description de l'Angoumois. (V. p. 24.)

L'Angoumois, tel que je l'ai décrit, n'avait pas encore été ravagé par le phylloxéra; la vigne a maintenant à peu près disparu, et, sans la vigne, comment reconnaître le pays riant de François Ier, de sa sœur Marguerite, et de Saint-Gelais? Que la science, poursuivant ses recherches et ses essais, parvienne à repeupler les coteaux de verts cépages, elle sera deux fois bénie : l'Angoumois retrouvera la fortune perdue et l'ornement de ses collines. La vigne charentaise, la vendange charentaise, c'est le plus vivant souvenir de mon enfance ; d'autres plus jeunes, et longtemps après moi, ont eu la poétique vision de la terre natale. Un enfant d'Angoulême, M. Mallat de Bassilan, dont le père, esprit ingénieux, fut un de mes bons camarades de collège, a, ces jours derniers, peint comme en un tableau l'heureux temps, autrefois, des vendanges dans notre pays; je revois comme lui « vendangeurs et vendangeuses, la guignette en main, échelonnés le long des coteaux charentais et s'entr'appelant joyeusement. Sur les routes poudreuses cheminaient, au pas lent des bœufs, les charrettes chargées de cuves remplies de raisin ; une enivrante odeur de vin doux flottait dans les petits villages, s'exhalant des pressoirs. » (V. le *Roman d'un Rayon de soleil*, Mallat de Bassilan, de la Bibliothèque nationale, p. 244, in-8º, 1885.)

(1) Octavien de Saint-Gelais (1466-1502) appelait sa ville natale un *second paradis :*

Adieu, Cognac, le second paradis,
Chasteau assis sur fleuve de Charente.

L'Angoumois du XVIe siècle revit en traits bien curieux dans cette page d'Étienne Pasquier :

« Je suis enfin arrivé à *Cognac*, je veux dire un pays de promission. Il ne faut plus qu'on me solemnise notre Touraine pour le jardin de la France ; il n'est pas en rien comparable à cestuy, ou, s'il est jardin, cestuy est un *paradis terrestre*. Je ne vis jamais telle abondance de bons fruits : grosses pavies, auberges, muscats, pommes, poires, pesches, melons les plus sucrins que j'aye jamais mangez..... Je vous ajouterai saffran et truffes, avec cela bonnes chaires, bon pain, bonne eau le possible, et, ce qui est *une seconde âme de nous*, bons vins tant blancs que clairets, qui donnent à l'estomach, rien à la teste ; grosses carpes, brochets et truites en abondance. Cette grande rivière incongnue, qui passait au *travers de l'ancien paradis terrestre, s'est transformée en celle de Charente*, laquelle, depuis la ville d'Angoulême jusqu'à Saint-Savinien (1), est bordée de prez, et pour n'être malfaisante comme votre Loire, jamais ne déborde que pour abreuver les prairies quand elles se trouvent altérées. »

Le paysage *dans son ensemble*, d'Angoulême à Saint-Savinien, est le trait général du tableau ; Étienne Pasquier ne le met pas sans plaisir sous nos yeux ; mais le vrai charme pour lui, quelque peu païen et sensuel, si l'on prend ses admirations à la lettre, c'est de décrire la variété et l'abondance des produits savoureux de cette petite partie de l'Angoumois appelée *pays de Champagne;* il craint toutefois que le *semblable ne lui advienne qu'à ce grand guerrier Hannibal, quand il se perdit* IN DELICIIS CAMPANIS.

Lettre de M. Tourangin, préfet du Doubs. (V. p. 28.)

En quittant Besançon, je remerciai M. Tourangin, préfet du Doubs, de l'accueil que j'avais trouvé dans sa famille.

M. Tourangin me répondit (30 novembre 1842) ; il venait de voir M. Villemain :

« Lorsque j'ai reçu la lettre par laquelle vous m'annoncez que vous quittez Besançon pour Angoulême, j'en ai éprouvé un double sentiment. J'ai regretté vivement de voir cesser des rapports qui m'avaient été si agréables, et je me suis réjoui de vous voir placé selon vos convenances et vos affections.

« Aujourd'hui que je vous ai perdu, je me reproche de n'avoir pas joui comme je l'aurais pu du charme et des avantages de votre société ; mais, abandonné au torrent des affaires, j'ai agi dans cette circonstance comme dans beaucoup d'autres, j'ai ajourné, sans me rappeler que le temps passe rapide-

---

(1) Si nous voulons des détails sur quelques points du parcours, lisons entre autres les lettres-patentes d'Amboise (1516), qui décrivent avec tant de grâce la ville et les horizons d'Angoulême. — L'un de mes plus chers amis, M. Zadig-Rivaud, maire de la ville, jeta pour moi sur la toile la cité *assise en haut lieu, environnée de toutes parts de bon, doux et plaisant pays.* Le tableau m'a suivi partout ; il surmonte la table de travail où j'écris mon voyage à travers l'Université.

ment, que les choses en ce monde sont mobiles, et que je me trouve ainsi perpétuellement renfermé dans un cercle d'espérances et de regrets. . . . .
. . . .

« Pendant mon séjour à Paris, j'ai vu deux fois M. Villemain. Je lui ai parlé de vous, et j'ai éprouvé un véritable bonheur de le voir pénétré de votre mérite et de l'entendre parler de ses bienveillants projets pour votre carrière dans la partie administrative de l'enseignement. Je n'ai pas besoin de vous dire que j'ai fait connaître au Ministre, de la manière la plus explicite, les sentiments d'estime et d'affection que vous m'avez inspirés. — Permettez-moi de vous en renouveler ici l'expression.

Agréez, etc.

« *Signé :* V^{or} Tourangin. »

M. Tourangin a laissé comme préfet, et notamment à Lyon, le souvenir d'un administrateur de premier ordre.

Devenu sénateur sous l'Empire, il avait une grande autorité dans les Commissions ; son expérience y était fort consultée. A Paris, diverses affaires nous mirent en rapport ; chaque fois, M. Tourangin témoigna au vice-recteur autant d'empressement et de sentiments gracieux qu'il avait montré de bienveillance au professeur de philosophie de Besançon. Dans nos souvenirs de la Franche-Comté, un ami commun, M. Ch. Levesque, ancien professeur de philosophie à la Faculté, n'était jamais oublié.

APPENDICE.   425

LIVRES II ET III

Angoulême : Rappel à Angoulême. — Collège royal. — Nomination. — Lettre de M. Villemain. — Son rapport au roi (1843) sur l'instruction secondaire. — Défense de l'Université par M. Cousin : ses lettres.
II. — **Bordeaux** : Nomination au collège royal de Bordeaux : une lettre de M. de Salvandy. — Nomination à Toulouse : lettre du recteur de l'Académie de Bordeaux.
III. — **Toulouse** : Promotion : lettre de M. Giraud. — Conseil académique : M. le Premier Président Piou. — L'instruction laïque. — Prestation de serment. — Droit d'inspection. — Nomination à Bordeaux : lettre de M. Féral, président du Conseil général.
IV. — **Bordeaux** : Départ de Toulouse : lettre de M. Fortoul. — Le clergé à Bordeaux. — Sociétés savantes. — Doctorat. — Nomination à Rennes.

Lettre de M. Villemain. (V. p. 31.)

C'est à M. Villemain que je dois mon entrée dans l'administration, mes deux nominations de censeur des études (9 septembre 1842), de proviseur ensuite (25 août 1843) ; en m'appelant aux fonctions de censeur, il m'écrivait :

« Paris, le 9 septembre 1842.

« Monsieur,

« Par arrêté du 9 de ce mois, je vous ai nommé censeur des études, et je vous ai chargé en même temps du cours de philosophie au Collège royal d'Angoulême.

« Les souvenirs honorables que vous avez laissés à Angoulême m'ont déterminé à vous y rappeler. Je suis convaincu que votre influence sera très utile au Collège royal, et que, censeur et professeur, vous aimerez à contribuer à la prospérité d'un établissement auquel vous avez été si longtemps attaché.

« Recevez, etc...

« *Signé* : VILLEMAIN. »

Rapport au roi sur l'instruction secondaire. (V. p. 38.)

Le rapport au Roi sur l'instruction secondaire, par M. Villemain, en 1843, fut un véritable événement universitaire ; j'exprimai mon sentiment sur cette publication dans plusieurs articles de la presse locale.

M. Danton, chef du cabinet, m'écrivit au nom de M. le ministre :

« Paris, 28 mars 1848.

« Monsieur,

« Je vous remercie beaucoup de votre premier et excellent article sur le rapport de M. Villemain; je l'ai montré à M. le ministre, qui en a été très content, et qui me charge de vous faire ses remerciments les plus empressés. »

A quelques jours de là, M. le chef de cabinet écrit encore :

« Paris, 1ᵉʳ avril 1843.

« M. le ministre me charge de vous faire de nouveaux compliments pour votre second article, et j'y joins tous les miens. Vos articles sont bien écrits, bien nets, très sagement pensés ; aucun professeur n'a payé dans cette occasion, au ministre, un plus généreux tribut ..

« Veuillez agréer, etc...

« *Signé :* DANTON. »

Lettres de M. Cousin (V. p. 32.)

Le rapport au Roi sur l'instruction secondaire était la préface politique des débats qui retentirent dans nos deux Assemblées. M. Mérilhou, à la Chambre des Pairs (15 mai 1843), avait fait justice des accusations passionnées dirigées alors contre l'Université par les partisans de la liberté d'enseignement. Je rendis compte des débats, et traitai des doctrines philosophiques particulièrement en cause.

M. Cousin voulut bien m'adresser ses compliments :

« Paris, 26 juin 1843.

« Mon cher Mourier,

« Je veux vous remercier de votre aimable et excellent article. Il est sage et ferme, comme la philosophie doit l'être. Vous me paraissez également propre à l'enseignement et à l'administration. Ce sera à vous d'en décider.

« Mille amitiés bien sincères.

« *Signé :* V. COUSIN. »

L'amitié de M. Cousin ne me fit jamais défaut ; je la trouvai gracieusement empressée lorsque, nommé, en 1861, vice-recteur de l'Académie de Paris, je vécus près de lui sous l'antique toit de la Sorbonne. Nous avions souvent de longs entretiens sur les choses de l'enseignement ; on apprenait beaucoup en pédagogie en l'écoutant. Il n'était pas toujours question de pédagogie ; l'ami de Salvator Rosa avait les tendresses de cœur ; le foyer désert lui était une tristesse. Nous avions et garderons le secret de ses peines domestiques.

Je ne relève de l'une de ses lettres que ces quelques lignes :

« Cannes, 17 mars 1866.

« Cher Mourier,

« ... Chaque année ajoute à mon goût de la paix et ne diminue pas trop mon goût du travail. Je vous rapporterai un nouveau volume de fragments.

« Je pars le 1ᵉʳ août.

« A vous de cœur.

« *Signé :* V. COUSIN. »

M. Cousin parlait avec sérénité de sa fin qu'il pressentait prochaine. Son âme platonicienne, respectueuse de la foi, avait le flambeau des immortelles espérances. Je ne lui ai vu une pénible émotion que le jour où il vint dans mon cabinet me donner lecture de son testament. « L'Université m'a fait le peu que je suis. »

M. Cousin mourut à Cannes en 1867 ; on rapporta ses restes à Paris. L'administration me fit un grand honneur en m'invitant à lui rendre hommage au nom de l'Académie de Paris. Ceux qui ont regretté les paroles d'espérances chrétiennes prononcées sur sa tombe n'ont pas connu les préoccupations du penseur aux dernières années de sa vie. La philosophie ne lui semblait pas le port assuré où l'homme trouverait le repos ; le récit qui nous a été fait des entretiens de philosophie aux Eaux-Bonnes (1) sur les problèmes religieux, et que l'on dit puisé à des sources sûres, semble exprimer à ce moment la situation réelle de son âme. « La nécessité du surnaturel, disait-il, éclate à chaque pas, » et voyant passer trois pauvres montagnards, il les donnait comme exemple du besoin impérieux de la foi : « Ont-ils le temps de sonder les plis et replis des questions philosophiques ? En auraient-ils d'ailleurs la force intellectuelle ? »

Lettre de M. de Salvandy. (V. p. 39-48.)

Je dois à M. de Salvandy ma promotion au provisorat du Lycée de Bordeaux (10 septembre 1846) ; c'est de lui que je tiens deux distinctions, la croix de chevalier (25 septembre 1845), les palmes d'officier d'instruction publique (même date) ; ma nomination d'officier d'Académie remontait à 1840 ; elle était signée de M. Cousin.

On ne s'étonnera pas que le nom de M. de Salvandy revienne plus d'une fois dans ces notes et souvenirs ; ainsi je ne résiste pas au plaisir de reproduire, bien que ne m'étant pas personnelle, une lettre tout intime de cet homme de bien qui me semble mettre en lumière ce que sa nature avait d'élevé, de tendre et de généreux ; je dis ailleurs ce qu'il était comme administrateur, on saisit avec bonheur l'occasion de saluer une mémoire qui vous est chère ; le culte *des morts* est une revanche morale de l'ingratitude que *les vivants* ont trop souvent rencontrée comme bienfaiteurs. Si le triste don d'oublier pour se dispenser de reconnaissance est un des vices de la nature humaine, les révolutions y ajoutent encore en éveillant toutes sortes de passions mauvaises, l'envie, l'orgueil, l'ambition malsaine qui convoite à tout prix et l'argent et les honneurs. Forcé de fuir après le 24 février comme tous les ministres du roi Louis-Philippe, M. de Salvandy souffrait dans son exil à Jersey des bassesses humaines ; « on ne respectait pas en lui l'homme à terre qui, debout, n'avait fait de mal à personne et qui fit du bien à beaucoup. » C'est à mon frère, la veille son chef de cabinet, qu'il fait la confidence de ses amertumes en même temps qu'il le

(1) P. Reynaud, *Le Christianisme et M. Cousin*. (V. le *Correspondant* 10 juin 1881.)

remercie de son souvenir. M. Carnot, son successeur, ne trouve qu'hommage sous sa plume, et c'était justice : le nouveau ministre, homme de bien, fermait sa porte aux délateurs. Faut-il ajouter qu'il est touchant de voir le proscrit s'inquiéter des affaires qu'il avait résolues ou laissées pendantes (1) ; l'image de la patrie était toujours devant ses yeux. « La plus insupportable des douleurs, a dit M. le secrétaire perpétuel de l'Académie française, est celle de l'exil, dont les grandes âmes ne veulent pas qu'on les console (2). »

Voici la lettre de l'exilé :

« Jersey, 22 mai.

« Mon cher Monsieur Mourier,

« J'attendais une occasion pour vous dire combien vos témoignages de fidèle affection, sans me surprendre, m'ont touché. J'étais bien sûr qu'il en serait ainsi, et c'était justice ; car au milieu de cette catastrophe soudaine et terrible, j'ai été bien occupé de vous. Je saurai gré toute ma vie à M. Carnot d'avoir détourné de vous le courant d'une réaction qui semble vouloir tout briser. Maintenant qu'il a pu vous apprécier, je suis tranquille. Ce sera un grand bonheur pour moi de vous savoir assuré dans la position que tant d'années d'inépuisable dévouement et d'infatigables services vous avaient acquise. Dans les actes émanés du département, je n'ai pas remarqué un esprit de contradiction à celui qui vous a maintenu, même quand des erreurs de fait ont été commises comme dans la question des *indemnités littéraires*, où elles étaient nombreuses, et même dans la question des *bourses*, le rapport général du ministre a été remarquable en ce qu'il n'adressait aucun reproche au passé. J'ai regretté que dans le changement relatif aux *salles d'asile*, que j'approuve, on ait paru innover en fondant une maison que j'avais fondée... Je voudrais savoir si M. Carnot a su que son *École d'administration* est une pensée qui m'avait occupé, sur laquelle j'avais appelé les délibérations de la *haute commission des études de droit*, mais que fais-je ! je m'occupe encore de cet ordre d'intérêts ! Je me surprends encore à bâtir quand le sol tremble jusqu'aux extrémités de la terre. C'est une maladie d'esprit de s'occuper toujours de cette pauvre France pour laquelle j'ai vécu, et qui, en retour, envoie des indignités à mon exil. C'est dans la hiérarchie des bassesses humaines un degré nouveau, de n'avoir pas respecté l'homme à terre qui, debout, ne fit mal à personne et qui fit du bien à beaucoup. Il y a des compensations ; vous me les avez fait sentir, je vous en remercie. Partagez avec les vôtres mes tendres vœux, et croyez à mon bien sincère attachement. »

Quel accent navrant en parlant du pays ! M. de Salvandy pourrait dire encore aujourd'hui : *Pauvre France!*

---

(1) V. le livre publié en 1848 : *Projets de loi présentés dans les sessions de 1847 et 1848*. Un vol. in-8, 611 pages.

(2) M. Camille Doucet. Séance de l'Académie, 15 novembre 1888.

Départ pour Toulouse. — Lettre du recteur de l'Académie de Bordeaux.

Appelé au rectorat de Toulouse (10 août 1850), sur la proposition des inspecteurs généraux, le proviseur du Lycée de Bordeaux reçut de M. le recteur la lettre dont voici la teneur :

« Bordeaux, le 19 août 1850.

Monsieur le proviseur,

« Je vous prie d'accueillir à la fois mes regrets de vous voir éloigné d'un établissement que vous avez contribué plus qu'aucun de vos prédécesseurs à rendre prospère, auquel j'étais uni par tant de douces sympathies, et aussi mes félicitations d'un choix qui vous permettra de déployer, sur un théâtre plus important, les qualités que vos collaborateurs et moi avons si souvent admirées, et qui vous ont concilié l'estime et l'affection générale.

« Agréez, etc.

« Pour le recteur en tournée :
« *L'inspecteur délégué,*
« *Signé :* Valat. »

Promotion. — Lettre de M. Giraud. (V. p. 56.)

J'eus l'honneur d'une promotion l'année suivante (31 octobre 1851) ; M. le ministre Giraud m'en donnait avis en ces termes :

« 3 novembre 1851.

« Monsieur le Recteur,

« J'ai l'honneur de vous envoyer ampliation d'un décret en date du 31 octobre dernier, par lequel M. le Président de la République vous a, sur ma proposition, nommé Recteur de 1re classe.

« J'ai saisi avec plaisir l'occasion de vous faire obtenir ce légitime avancement, qui prouve l'estime de l'autorité supérieure pour votre personne et vos services.

« Recevez, etc.

Signé : « Giraud. »

La promotion s'explique par diverses circonstances et notamment par l'attention qu'apportait l'éminent chef de division, M. Lesieur, directeur du personnel, aux intérêts des Académies. Ainsi, en octobre 1850, il mettait sous les yeux de M. le ministre les rapports du recteur sur diverses affaires, et chargeait un chef de bureau du soin de m'écrire :

« M. le ministre est enchanté, il reçoit des compliments de toutes parts de cette nomination...

« ... Il a bien justifié son avancement... Mais dites-lui bien de ne pas compromettre cette belle position ; qu'il ne soit que Recteur, l'homme de la loi. *Qu'il ne connaisse pas la politique.* »

Ainsi, dès ce temps, l'autorité supérieure entendait que l'Université se consacrât exclusivement aux devoirs scolaires, et ne *connût pas la politique*.

M. de Salve, inspecteur d'Académie. — Lettre de M. Giraud.

M. Giraud m'avait précédemment (15 mai) recommandé M. de Salve, nommé Inspecteur d'Académie. M. de Salve était un parent de M. de Rémusat; ses mérites lui ont valu plus tard le Rectorat de l'Académie d'Alger. La lettre de M. le Ministre était des plus bienveillantes pour le Recteur de Toulouse.

« Permettez-moi de vous demander pour lui vos bons conseils et une direction affectueuse. Vous êtes un de nos plus éminents Recteurs, et personne mieux que moi n'a pu apprécier les qualités qui vous distinguent. Je félicite M. de Salve d'être appelé à faire ses premières armes sous un homme tel que vous.

« Veuillez agréer, avec l'hommage de mes sincères sentiments, le témoignage de ma considération la plus distinguée.

« *Signé*: Ch. Giraud. »

M. de Salve fut pour moi un précieux collaborateur ; actif et de jugement sûr, il instruisait parfaitement les affaires. Ses services lui méritèrent ultérieurement une nomination aux fonctions de recteur ; l'Académie d'Alger fut placée en bonnes mains sous sa direction.

Toulouse. — Conseil académique. — Lettre de M. le Premier Président.

La région de Toulouse était l'une des plus tourmentées du Midi ; la tâche qui incombait au Recteur n'était pas sans difficultés. Je fus soutenu dès les premiers jours par tout le concours du conseil académique.

M. Piou, le premier président de la Cour d'appel, était l'un des membres de ce conseil. Il voulut bien m'accuser en ces termes réception de sa nomination :

« Toulouse, 2 mai 1852.

« Monsieur le Recteur,

« J'ai reçu la lettre par laquelle vous m'avez fait l'honneur de m'annoncer que M. le ministre de l'instruction publique avait bien voulu me nommer membre du Conseil académique de la Haute-Garonne.

« Je suis très sensible à cette distinction qui me permet de m'associer, dans une faible mesure, aux services que vous rendez chaque jour à l'instruction publique dans ce département.

« Veuillez agréer, etc.

« Le premier président,
« *Signé :* Piou. »

L'instruction laïque. — Écoles normales primaires. (V. p. 51.)

M. le premier président faisait écho, évidemment à son insu, aux craintes exprimées par un homme d'État, libéral célèbre, dans la *commission d'enseignement* (1849), dont nous n'avons connu que bien des années après les délibérations, par la publicité donnée à ses procès-verbaux. L'accord s'explique par ce fait que l'*instruction primaire*, dans ses rapports avec la *question sociale*, préoccupait tous les esprits ; était-elle réellement une cause de péril pour la société, et dans l'affirmative quelles mesures prendre pour la diriger, et en faire, au contraire, un instrument de salut contre la démagogie ? M. Thiers eût voulu, si la chose était possible, qu'elle passât tout entière entre les mains du clergé. Il est curieux de rappeler ses objections à l'instituteur *laïque* au moment où les nouvelles lois scolaires viennent de lui remettre *exclusivement* la direction des *écoles publiques*, en fermant la porte de l'école à tout enseignement religieux. Ses défiances et ses alarmes sont autrement vives que celles qu'exprimait M. Piou au sein du conseil académique de Toulouse :

« Que vois-je dans chaque commune ? Un laïque qui sera toujours mécontent de la position qui lui est faite, avec un traitement moins élevé que le curé, dont il n'a pas la résignation, parce qu'il n'a pas comme lui la foi ; il estime qu'il n'est pas assez rétribué, et, par conséquent, il a dans le cœur la haine d'une société qu'il estime égoïste et injuste à son égard... »

Voilà pour l'instituteur laïque, quant aux écoles normales primaires, qui les préparent, M. Thiers en eût désiré la suppression... Je retrouve dans les *procès-verbaux* les objections graves qui furent présentées au conseil académique de Toulouse :

« Songez-y bien, en effet, à ce que vous faites avec ces écoles. *La charrue rend humble* ; elle tient l'esprit dans des habitudes d'obéissance et de respect, et voilà que vous prenez de tout jeunes gens à cette charrue, pour les placer pendant deux ou trois ans dans vos écoles normales. Là leurs passions s'éveillent ; elles s'excitent mutuellement, et bientôt les sujets même les meilleurs deviennent détestables. Et comment pourrait-il en être autrement ? »

M. Thiers dit admirablement les vertus humbles attachées au labour, les visées ambitieuses que l'instruction peut éveiller, mais comment empêcher le besoin de savoir, arrêter le flot qui porte vers les villes l'habitant des campagnes ? Le phénomène est plutôt social que scolaire. Les philosophes de ce temps, les Cousin, les Jouffroy, les Guizot, les Rémusat, et d'autres encore, voulaient un lien entre l'école et le presbytère. On s'étonne qu'un politique aussi expérimenté que M. Thiers, connaissant comme lui les mœurs du pays, ait pu proposer, comme remède, de mettre les écoles rurales entre les mains des curés de village. Le parti catholique, dans la commission, se garda d'accepter un *monopole* qui s'est rendu odieux ; il ne demanda en la matière que la liberté, et la liberté eût suffi au clergé sans qu'il y eût besoin de *disloquer* l'Université ; c'est la grande faute de la loi de 1850.

Il y avait erreur, du reste, à dire que l'*instituteur laïque* était fatalement un *anti-curé* ; l'école normale qui le préparait et dans les conditions où elle fonctionnait n'était pas faite pour lui inspirer une telle aversion. Le séminaire laïque que M. Thiers avait en Provence sous ses yeux était, nous dit-il, animé d'un mauvais esprit, bien que confié aux soins d'un ecclésiastique ; nous devons le croire sur parole. Je puis seulement affirmer, d'autres recteurs de ce temps porteraient probablement en ce qui les concerne le même témoignage, que les écoles normales administrées par des laïques et dont j'ai eu la tutelle dans diverses Académies, ont généralement formé des maîtres dignes d'élever la jeunesse. L'administration, il est vrai, veillait sur les établissements avec un soin jaloux pour les préserver des néfastes influences ; elle avait pour devoir d'y répandre l'esprit d'union et d'écarter les souffles de haine. On peut craindre qu'il n'en soit pas ainsi aujourd'hui, et que par l'effet même de la loi de laïcité, l'instituteur, devenu plus que jamais l'un des facteurs de la politique, ne soit l'*anti-curé* que l'homme d'État redoutait prématurément en 1849.

Droit d'inspection. — Écoles secondaires. (V. p. 97.)

La loi même du 15 mars 1850, qui fondait et réglementait la liberté dans l'enseignement secondaire, prévoyait le droit d'inspection sur l'enseignement des écoles libres. L'article 21, quelles qu'en soient les dispositions restrictives, n'en édictait pas moins ce qui suit : « L'inspection ne peut porter sur l'enseignement que pour vérifier s'il n'est pas contraire à la morale, à la constitution et aux lois. » C'est bien l'inspection pour des cahiers et des livres, et même des leçons que le maître peut rendre prudentes en présence de l'inspecteur, mais elle ne saurait atteindre l'esprit, la doctrine de la maison.

Toulouse. — Prestation de serment. (V. p. 74.)

La prestation de serment ne donna lieu à aucun autre incident ; elle s'accomplit dans toutes les écoles sans difficultés. L'obligation était absolue.

Un arrêté du ministre (23 avril 1852), rendu en exécution de l'article 14 de la Constitution et conformément au décret du 8 mars, portait que dans le délai d'un mois, à partir du 1er mai, les fonctionnaires et divers employés relevant du département de l'*instruction publique* prêteraient le serment prescrit par la Constitution.

On ne relève pas ces dates sans tristesse. Ce n'est pas sur l'airain qu'on doit les inscrire conformément à l'*ukase* d'un préfet de la Haute-Garonne. Il suffit du sable pour recevoir la trace éphémère de nos Constitutions, le vent de Révolution les disperse bien vite comme des feuilles d'automne.

Nomination à Bordeaux. — Lettre de M. Féral, président du Conseil général. (V. p. 77.)

Appelé par décret du 11 septembre 1852 au rectorat départemental de la Gironde, je reçus les meilleurs témoignages de tout le personnel universitaire et du conseil académique. M. Féral, l'un des membres de ce Conseil et président du Conseil général, m'écrivit :

« Verfeil, 21 septembre 1852.

« Monsieur,

« J'apprends votre nomination dans la Gironde. Permettez-moi, sans consulter vos désirs, de vous en exprimer mes plus profonds regrets. Je veux vous les écrire avant de vous les porter moi-même à Toulouse. Peut-être vous avez désiré rejoindre des amis laissés dans une Académie où votre nom était resté tout en honneur. Mais c'est aux dépens de ceux qui l'étaient devenus à Toulouse, et qui ne pourront vous oublier jamais. Laissez-moi croire que j'ai parmi eux une petite place.

« Vous avez, en deux ans, parmi nous, réparé tant de mal et fait tant de bien que les hommes qui songent à l'état moral de notre pays vous le verront quitter avec vive douleur.

« C'est nous surtout, asssociés à une partie de vos travaux, ou qui du moins tâchons de vous y aider par une si parfaite communauté avec vous d'opinions, de sentiments et de pensées, qui pourrons comprendre la perte que fait notre Académie. Je le sais si bien que je n'ose vous féliciter, ou je le ferais de mauvaise grâce, d'une nomination qui, peut-être, réalise tous vos vœux.

« Mais au moins, veuillez agréer, Monsieur, l'assurance de mon attachement sincère et de mon dévouement absolu.

« *Signé :* G. Féral. »

Nomination à Bordeaux. (V. p. 77.)

M. le Ministre m'informa de ma nomination à Bordeaux par la lettre suivante :

« Paris, 13 septembre 1852.

« Monsieur le Recteur,

« J'ai l'honneur de vous annoncer que, par décret en date du 11 septembre courant, rendu sur ma proposition, le Prince-Président de la République vous a nommé Recteur de l'Académie de la Gironde (1re classe), en remplacement de M. Ruelle, qui reçoit une autre destination.

« Contraint par des nécessités administratives de vous éloigner d'un département où vous avez rendu des services que j'apprécie, je fais un nouvel appel à votre expérience et à votre dévouement, en vous confiant la direction d'une Académie dont vous connaissez l'importance. Les souvenirs si honorables que vous avez laissés à Bordeaux comme Proviseur du Lycée vous désignaient naturellement au choix du Gouvernement.

« *Signé :* Fortoul. »

P. S. (*De la main du ministre.*) « Je suis heureux de pouvoir dire moi-même à M. Mourier que je compte sur son dévouement à Bordeaux autant que j'ai eu à me louer de ses services à Toulouse (1). »

Nomination de membre de l'Académie des sciences, belles-lettres et arts de Bordeaux.

Le nouveau recteur trouva, en rentrant à Bordeaux, les sympathies universitaires dont il avait eu tant à se louer comme proviseur ; un nouveau lien l'attacha bientôt à la cité. Sur le rapport de l'un des membres éminents de l'Académie il fut appelé (2 mars 1854), dans les termes les plus bienveillants, à faire partie de l'Académie. Il devait recevoir plus tard le même honneur près des Sociétés de Nantes et d'Angers.

L'Université et le clergé à Bordeaux.

L'Académie universitaire resta dans les meilleurs termes avec l'autorité politique et l'autorité religieuse ; M. le préfet témoignait de la situation, en ce qui le concernait, dans son rapport au Conseil général (1855). Mgr l'archevêque rendait hommage, de son côté, à la direction morale que recevait la jeunesse dans nos maisons. Son instruction pastorale sur *la part que le clergé doit prendre à l'instruction primaire,* et sa lettre (21 janvier 1854), consacrée à Rome chrétienne, mentionnent les établissements d'instruction publique comme d'utiles instruments de bien dans la province. *L'instruction pastorale* fut reproduite par le *Journal de l'instruction publique ;* on voit que la paix, l'harmonie de l'école et de l'église était dans la politique de ce temps ; un esprit sincère, libéral, n'avait pas à s'en plaindre.

Doctorat. — Rapport de M. le doyen Perennès. (V. p. 92.)

Informé, quelque temps après le voyage de MM. Dumas et Laferrière à Bordeaux en 1854, que le rectorat dans les grandes Académies qu'il s'agissait de constituer ne serait confié qu'à des docteurs, je préparai hâtivement deux thèses, et je les soumis en juillet, même année, à la Faculté des lettres de Besançon.

M. le doyen Perennès, dans le discours de rentrée des Facultés (15 novembre 1854), s'exprime ainsi sur la soutenance :

(1) M. le Ministre, quand je vins le voir à Paris, m'expliqua l'énigme des *nécessités administratives.*

« L'année dernière, à pareille époque, je signalais les difficultés que présentent les épreuves du Doctorat, même pour les aspirants dont on ne peut mettre en doute ni le talent ni l'instruction. L'examen qui a eu lieu pour ce grade au mois de juillet dernier a montré comment on pouvait en triompher. Il est vrai que le candidat n'était ni un étudiant ni un simple aspirant d'enseignement; c'était un ancien professeur de philosophie, un fonctionnaire éminent de l'Université. Les théories qu'il nous a fournies, fruit de longues et consciencieuses études sur Platon et sur Leibnitz, ont paru remarquables par la solidité et l'érudition, la justesse des jugements et la simplicité précise du style. Le parti que l'auteur a su tirer d'un manuscrit de Leibnitz récemment découvert y ajoutait un intérêt de nouveauté. Dans la séance d'argumentation, le récipiendaire a prouvé qu'il unissait à une connaissance approfondie de la matière une remarquable facilité d'élocution.

« La faculté n'a pu que le féliciter de la manière brillante dont il avait soutenu ses thèses; elle tient à honneur d'avoir été choisie par un candidat aussi distingué pour lui conférer le grade de *Docteur*, dont elle l'a jugé digne *à l'unanimité.* »

M. Charles Levêque, aujourd'hui professeur de philosophie au Collège de France et membre de l'Institut, était au nombre des juges.

LIVRE IV

I. — **Rennes** : Nomination à Rennes : lettres de M. le ministre Fortoul et de M. Jules Simon. — *Enseignement supérieur* : Écoles préparatoires à l'enseignement supérieur des sciences et des lettres à Nantes et à Angers. — Intérêt qu'attachait le ministre à la création de ces écoles; ses lettres. — Observations dans ces deux villes sur le certificat d'études dépourvu de privilèges.
Légion-d'Honneur : Promotion.
Administration : Réunion des recteurs à Paris : circulaire du ministre.
Union des inspecteurs avec leur chef : lettre de M. l'inspecteur Hanrion.
II — M. le ministre Rouland.
Enseignement primaire : Salles d'asiles ou écoles maternelles. — Asiles modèles à Angers et à Napoléonville.
Enseignement secondaire : Le ministre inaugure les nouveaux bâtiments du lycée de Rennes. — L'archevêque de Bordeaux bénit la chapelle du lycée de Saint-Brieuc. — Crédits pour ces constructions. — M. Gustave Rouland directeur du personnel.
Administration : Mesures diverses; approbation du ministre. — La politique dans l'école.
Légion-d'Honneur : Promotion.
Départ de Rennes : Lettres.
III. — **Bordeaux** : Installation du recteur par M. Dumas.
Lycée de Bordeaux : Distribution des prix.
Rentrée des Facultés.
Installation de M. le recteur de Wailly par M. Dutrey.
L'Université et le clergé dans l'Académie de Bordeaux; lettre de Mgr l'évêque de Périgueux.

Nomination à Rennes. — Lettres de M. Fortoul et de M. Jules Simon.
(V. p. 97.)

M. Fortoul me notifia, en ces termes (25 août 1854), le décret qui m'appelait à Rennes :

« Monsieur le Recteur,

« Je m'empresse de vous annoncer avec une véritable satisfaction que, sur ma proposition, et par décret du 22 de ce mois, l'Empereur vous a appelé aux fonctions de Recteur de la nouvelle Académie de Rennes.

« Votre expérience administrative et les services que vous avez rendus me donnent la certitude que vous ne resterez point au-dessous des conditions exigées désormais pour l'exercice du Rectorat. Je me félicite d'avoir pu conserver, dans le personnel des Recteurs des nouvelles Académies, un fonctionnaire aussi dévoué aux intérêts de l'enseignement.

Signé : « Fortoul. »

M. Jules Simon, l'un des illustres fils de la Bretagne, fit au nouveau Recteur le plus sympathique accueil ; il lui écrivait :

« 11 Septembre 1854.

« Monsieur le Recteur,

« On m'apprend que vous êtes mon Recteur ; c'est bien le moins que je vous fasse mes très humbles compliments. Vous allez vous trouver, à Rennes, au milieu de ma famille et de mes amis, et j'espère que vous vous acclimaterez à notre Bretagne.

. . . .

« Mille affectueux compliments.

Signé : « J. SIMON. »

Écoles préparatoires à l'enseignement supérieur à Nantes et à Angers. (V. p. 104 et 107.)

M. le ministre me soutint et m'encouragea de son plus actif concours dans les négociations que j'engageai avec les villes de Nantes et d'Angers, pour la création d'Écoles préparatoires. Quelques extraits de ses lettres peuvent faire juger de toute sa sollicitude pour le développement de l'enseignement supérieur.

Après sa lettre du 21 février 1855, il m'écrivait :

École supérieure à Nantes.

« Paris, le 31 mars 1855.

« Monsieur le Recteur,

« J'ai l'honneur de vous transmettre ampliation d'un décret en date du 30 mars, par lequel l'Empereur, sur ma proposition, a créé dans la ville de Nantes une École préparatoire à l'enseignement supérieur des sciences et des lettres.

. . . .

« C'est à votre zèle, Monsieur le Recteur, à votre habile et intelligente activité qu'il a été donné de provoquer la création de la *première École préparatoire* à l'enseignement supérieur des sciences et des lettres. J'aime à vous féliciter de ce succès, et je me plais à compter sur vos soins pour me permettre de faire procéder à l'installation du nouvel établissement dès le 1er mai prochain. La ville de Nantes ne peut manquer d'apprécier l'empressement avec lequel le gouvernement de Sa Majesté vient de lui prouver le prix qu'il attache aux nouveaux sacrifices qu'elle s'est si généreusement imposés. Elle aura hâte, j'en suis convaincu, de voir inaugurer une École dont l'enseignement répondra d'une manière si heureuse aux besoins scientifiques de sa population.

« Veuillez, Monsieur le Recteur, me tenir au courant de l'état des travaux entrepris, de manière à ce que je puisse procéder sans délai à l'organisation du personnel de la nouvelle école. Vous voudrez bien en réunir immédiatement les éléments.

« Recevez, etc.

Signé : « FORTOUL. »

Inauguration de l'École.

L'École fut inaugurée la même année par le Recteur, 3 novembre 1855.

Le livret de la séance contient le discours du Recteur, de M. Favre, maire de Nantes, et de Ach. Comte, directeur de l'École.

École supérieure à Angers.

La création de l'École supérieure d'Angers me coûta d'assez longs efforts ; il ne convient pas, après le succès, de rappeler les difficultés que l'on a rencontrées. A Paris, le ministre ; à Angers, M. le préfet Vallon, appuyaient l'administration académique, l'un de l'autorité qui appartient au gouvernement, l'autre de son influence sur les autorités locales. Un inspecteur d'Académie aussi capable que dévoué, M. de Lens, se multipliait et suscitait les bonnes influences pour notre cause.

M. le ministre m'écrivait, à la date du 27 mars 1855 :

« Monsieur le Recteur,

« J'ai reçu le rapport en date du 20 mars courant par lequel vous me faites connaître les excellentes dispositions de la ville d'Angers pour la création d'une École préparatoire à l'enseignement supérieur des sciences et des lettres.

« Je vous remercie, Monsieur le Recteur, de cette communication. Je ne puis que vous louer de votre zèle, et je ne saurais assez vous encourager à poursuivre des négociations qui seront, je n'en doute pas, couronnées d'un succès aussi complet que celui que vous avez obtenu près de la ville de Nantes. Grâce à votre intelligente activité, il aura été donné à l'Académie de Rennes d'être la première à posséder des établissements dont la création, vous le savez, est l'objet de toute ma sollicitude.

« Recevez, etc.

Signé : « FORTOUL. »

Il m'écrivait encore le 14 juin 1855 :

« Monsieur le Recteur,

« J'ai reçu le rapport par lequel vous me faites connaître que le Conseil municipal d'Angers, par sa délibération du 2 juin courant, a voté le crédit nécessaire pour la création, dans cette ville, d'une École préparatoire à l'enseignement supérieur des sciences et des lettres.

APPENDICE.   439

« J'apprécie, Monsieur le Recteur, tout ce qui est dû dans cette affaire à votre active sollicitude, et je vous félicite de ce nouveau succès. Je donnerai des ordres pour la préparation du travail de création de la nouvelle école aussitôt que vous m'aurez transmis la délibération du Conseil municipal.

« Recevez, etc.

Signé : « Fortoul. »

Création de l'École. — 7 juillet 1885.

Enfin, l'école est créée par décret du 7 juillet; M. le ministre le notifie :

« Monsieur le Recteur,

« J'ai l'honneur de vous transmettre ampliation d'un décret en date du 7 juillet et par lequel l'Empereur, sur ma proposition, a créé dans la ville d'Angers une École préparatoire à l'enseignement supérieur des sciences et des lettres.

. . . .

« Je désire que les cours de l'École préparatoire à l'enseignement supérieur des sciences et des lettres puissent s'ouvrir en même temps que ceux de l'École de Nantes. C'est à votre activité que ces deux villes importantes devront d'être les premières, avec la ville de Rouen, à profiter des avantages réservés aux grands centres auxquels il n'a pu être donné de devenir sièges de Facultés. Je vous félicite de ce succès, de votre zèle pour le développement de l'enseignement supérieur dans votre Académie.

« Recevez, etc.

Signé : « Fortoul. »

L'École d'Angers fut inaugurée le 7 février 1856, et, le même jour, je rendais compte de la cérémonie. L'essentiel était de tracer nettement, à son origine, la voie que suivrait l'enseignement.

M. le ministre m'accusa en ces termes réception de mes rapports :

« Paris, 19 février 1856.

« Monsieur le Recteur,

« Je vous remercie des détails que vous m'avez transmis sur l'inauguration de l'École préparatoire à l'enseignement supérieur des sciences et des lettres d'Angers, et je vous félicite des soins que vous avez pris pour donner à cette cérémonie toute la solennité désirable. J'ai appris avec la plus grande satisfaction les témoignages de profond intérêt donnés au nouvel établissement par les divers représentants de l'autorité et par toute la partie intelligente et éclairée de la population d'Angers. Vous voudrez bien remercier particulièrement Mgr l'évêque et M. le Préfet de l'empressement qu'ils ont mis à seconder mes intentions, en assistant à cette solennité. Je regrette l'accident qui vous a privé de la présence de M. le maire, mais je suis reconnaissant à cet honorable magistrat des sentiments de vive sympathie qui ont été exprimés en son nom.

« J'ai lu avec un grand intérêt le discours dans lequel vous avez si bien interprété la pensée du gouvernement de l'Empereur, en faisant comprendre l'utilité et la haute portée d'une institution qui est destinée à satisfaire aux véritables besoins du pays. Ces paroles, prononcées avec une entière conviction, auront, j'en suis persuadé, la plus heureuse influence pour le succès de la nouvelle école. Déjà les premières leçons, auxquelles je vous loue d'avoir su imprimer une excellente direction par les sages conseils que vous avez donnés aux professeurs, ont été accueillies avec la plus grande faveur.

« Ce premier succès, dans lequel l'attrait de la nouveauté a sans doute une certaine part, ne saurait se démentir si l'enseignement, en se fortifiant de plus en plus, répond complétement au but de l'institution, et je fonde, à cet égard, les plus grandes espérances sur votre constante et active intervention.

« J'aurais vivement regretté que la difficulté soulevée par M..... me mît dans la nécessité de remplacer ce professeur; mais en présence d'exigences inacceptables, il n'y avait pas à hésiter. J'ai appris avec satisfaction que M..... avait renoncé à ses prétentions, et je vous charge de remercier M. le préfet du nouveau concours qu'il m'a prêté en cette circonstance.

« Recevez, etc.

Signé : « Fortoul. »

Traitement des professeurs. — *Fondation de bourses pour les élèves. Certificats.*

M. le ministre Rouland, après M. le ministre Fortoul, suivit avec intérêt la fortune des deux Écoles; l'une et l'autre, quelle qu'ait été la pensée du décret, n'étaient et ne pouvaient être que des *athénées;* les certificats qu'elles avaient à délivrer n'étaient qu'*honorifiques;* elles ne constituaient pas un titre qui eût une valeur officielle, soit pour une école de haut enseignement, soit pour l'admission en qualité d'ingénieur dans une usine ou un atelier. C'était bien de ce chef un obstacle à leur création, une objection à la dépense annuelle assez lourde qu'elles imposeraient à la commune. L'espérance d'obtenir des auditeurs qui paient, en qualité d'étudiants, un droit d'inscription, était une chimère. Mais l'assiduité aux cours, en cette qualité, assure une intruction sérieuse, et par cette considération, je demandai et obtins à Angers la création d'un certain nombre de bourses, instituées aujourd'hui près des Facultés, pour la licence et l'agrégation. A Nantes et à Angers, le succès de l'enseignement s'est maintenu; dans les deux cités, les Conseils municipaux n'ont refusé aucun des crédits que l'administration a sollicités, soit pour les collections et l'outillage scientifique, soit pour élever le traitement des professeurs. On pouvait appliquer à ces établissements, mais en lui donnant plus d'étendue, le mot de M. Villemain, en 1843 (1), sur les collèges royaux : *Établissements à perte ou plutôt à noble profit intellectuel et mo-*

ral. C'était un profit intellectuel pour la population de vivre, aux heures de loisir, dans le commerce des lettres et de suivre la science dans ses applications ; c'était un profit moral pour l'Université d'entrer directement en rapport avec le grand public par l'enseignement de ses professeurs. Les maîtres d'élite qui le distribuaient ne furent pas inférieurs à leur tâche.

Les observations faites, les réclamations des villes de Nantes et d'Angers, au sujet des privilèges qu'il y aurait lieu de réserver aux *diplômés* des nouvelles écoles, me semblaient fondées ; c'était une faute de ne pas les accueillir, le gouvernement, plus tard, a été mieux avisé pour les *diplômés* de l'enseignement spécial.

Rappelons, pour clore cette note, que plusieurs des professeurs de Nantes et d'Angers, appelés à Paris par avancement dans les chaires supérieures des lycées, y ont justifié le renom qu'ils s'étaient fait dans les deux écoles ; l'un d'eux, M. Gidel, est actuellement proviseur du lycée Louis-le-Grand.

Promotion. — Légion-d'Honneur. — Croix d'officier. — Lettre du ministre. (V. p. 108.)

La création des deux écoles supérieures de Nantes et d'Angers n'est pas étrangère à la promotion du Recteur dans l'ordre de la Légion-d'Honneur ; le ministre lui notifie la distinction par la lettre suivante :

« Paris, 12 août 1855.

« Monsieur le Recteur,

« Je suis heureux que Sa Majesté ait bien voulu récompenser, par cette haute distinction, les constants efforts que vous consacrez aux grands intérêts qui vous sont confiés.

« Recevez, etc.

Signé : « FORTOUL. »

Réunion des recteurs à Paris. — Circulaire du ministre. (V. p. 109.)

La circulaire du ministre (15 avril 1856) mentionne le travail fait, d'après ses instructions, dans l'Académie de Rennes :

« 19 avril 1856.

« C'est pour moi un devoir de consigner ici, comme dans un ordre du jour, le nom d'un fonctionnaire qui a, sur tous les points que je viens d'indiquer, entièrement accompli mes prescriptions. M. Mourier, Recteur de l'Académie de Rennes, n'a pas perdu un moment pour préparer la solution des principales questions que j'avais posées dans les conférences d'octobre. Par sa féconde activité, il en a heureusement résolu quelques-unes ; et, dans une suite de rapports spéciaux pleins d'intérêt et d'une remarquable précision, il a traité presque tous les points qui avaient été recommandés à la sollicitude de l'administration académique. » (*Réforme de l'Enseignement*, publication Dupont, t. II, p. 1222.)

Union du recteur et des inspecteurs d'Académie. — Lettre de M. l'inspecteur Hanriot. (V. p. 110.)

Le bien ne saurait se faire dans une Académie sans l'actif et loyal concours des Inspecteurs ; chacun d'eux à sa place, sur les points distincts du ressort, assure l'exécution des instructions du Recteur, et signale les faits qui intéressent le service. J'ai toujours eu à me louer d'avoir vécu avec eux dans une union étroite, et le souvenir qu'ils en ont gardé, de leur côté, m'a toujours été précieux. L'un des rares survivants, le seul pour l'Académie de Rennes, hier professeur de Faculté, me rappelait en 1885 les temps écoulés (1854-1861) ; il m'écrivait :

« Poitiers, 1er juin 1885.

« Monsieur le Recteur,

« J'ai été très touché de votre lettre si pleine de bienveillance et qui me rappelle des souvenirs dont je ne saurais me détacher. Au sein même des grandeurs de Paris, vous-même peut-être avez-vous parfois reporté votre pensée vers ces temps lointains de Rennes, où vous dirigiez d'une main si ferme et à la fois si douce, au milieu de difficultés et de prétentions de tout genre, à une époque encore mal assise, les intérêts multiples de votre Bretagne universitaire. Vos sept inspecteurs, tous dévoués de cœur à leur chef, dont ils éprouvaient l'inépuisable bonté, et dont ils admiraient chaque jour, pour ainsi dire, la rare et vaste perspicacité administrative, n'avaient qu'à se laisser guider, et tout marchait à merveille. Nous allions à Rennes pour ces sessions ou plutôt ces *conciles provinciaux de l'enseignement*, comme vous disiez, où tant d'éclat et d'utilité se mêlait à tant d'aimables distractions. C'était le temps de M. de Lens, de M. Malaguti, de M. Ach. Comte et de son évêque, du brave M. Amiard, du digne M. Piche, de l'excellent Châteauneuf avec ses révoltes que vous savez éteindre, de M. Arrondeau dans son nid paisible de Vannes, du savant doyen Martin, et de M..... surtout, qui, bon gré mal gré, avait été obligé de partager sa couronne.

« Rien, Monsieur le Recteur, ne me fera oublier cet âge héroïque de l'Académie de Rennes, et l'*art grec* y est lui-même impuissant.

« Je suis, Monsieur le Recteur, avec un profond respect, votre très fidèle et très dévoué serviteur.

Signé : « HANRIOT. »

J'ai trouvé plus tard, à Paris, cette collaboration dévouée de MM. les inspecteurs d'Académie ; je relève *alphabétiquement* quelques noms sans prétendre mesurer leurs services : MM. Anquez, Boutan, Deltour, Gréard, Fernet, Garsonnet, Lachelier, Manuel promus ultérieurement à l'inspection générale ; MM. Bos, Beaujean, Courgeon, Chévriaux, Dubief, Perrens membre de l'Institut, etc.

Salles d'asile. — Progrès moral et numérique. — Remise de médailles. (V. p. 120.)

La presse *locale* faisait grand accueil au récit des fêtes qui intéressaient l'Université et particulièrement les salles d'asiles. A Paris, M. E. Rendu, si dévoué à cette dernière œuvre, en secondait la direction avec autant de distinction, de talent pédagogique que de dévouement; son journal, l'*Ami de l'Enfance*, a rendu, sous ce rapport, d'éminents services. La remise de la médaille à la sœur Marie-Ambroise (de Napoléonville) fut racontée, avec tous ses détails, dans l'*Ami de l'Enfance* (août 1857, p. 200).

« Cette cérémonie vient d'avoir lieu sous les auspices de M. Mourier, Recteur de l'Académie de Rennes, l'un des hauts fonctionnaires de l'Université auxquels l'institution des salles d'asile est le plus redevable..... Dans un discours aussi remarquable par l'élévation de la pensée que par l'élégance de la parole, M. Mourier a fait ressortir les précieux avantages qui doivent découler de l'institution des écoles maternelles; puis, au milieu de l'émotion et des applaudissements de l'assemblée, il a remis, aux mains de la sœur Marie-Ambroise, la médaille qui reproduit si heureusement l'image gracieuse de la douce protectrice de l'enfance. »

L'*Ami de l'Enfance* avait, l'année précédente (1), rendu compte d'une cérémonie semblable qui avait eu lieu à Angers.

« M. le Recteur Mourier, en quittant le siège de son Académie pour venir présider la cérémonie de la remise de la médaille à Mme Mahieu, directrice depuis vingt ans de l'une des salles d'asile d'Angers, a donné une preuve nouvelle de l'infatigable ardeur avec laquelle il encourage les progrès et les efforts généreux à tous les degrés de l'enseignement.....

« C'est au milieu de ce nombreux concours que M. Mourier a pris la parole.....

« L'hommage rendu au ministre dont l'initiative avait imprimé à l'œuvre des salles d'asile une si vive impulsion, la pensée, noblement exprimée par l'orateur, qu'une haute sollicitude continuera de veiller sur le développement de l'institution, ont provoqué, dans l'assemblée entière, des applaudissements sympathiques. Nous nous unissons, pour notre part, de tout notre assentiment aux regrets comme aux espérances dont M. Mourier s'est rendu l'éloquent interprète. »

Le progrès moral et numérique des salles d'asile de l'Académie de Rennes, à cette époque (1855) et les années suivantes, est rappelé dans un remarquable article : *Écoles maternelles*, publié, en 1882 (1), dans le *Dictionnaire de Pédagogie*.

. . . .

« Mais nulle part le progrès ne fut plus activement poursuivi que dans l'Académie de Rennes. Si la situation des départements de Maine-et-Loire,

---

(1) 1856, page 200. — *Dictionnaire de Pédagogie de l'enseignement primaire*, sous la direction de M. Buisson, page 1868. (Voir texte p. 1868.)

Mayenne, Loire-Inférieure, Ille-et-Vilaine, était à peu près satisfaisante, celle des Côtes-du-Nord, du Morbihan, du Finistère, laissait beaucoup à désirer. Une vive opposition y était faite aux progrès de l'instruction. Le département des Côtes-du-Nord comptait 10 salles d'asile publiques et 41 libres; celui du Finistère, 11 publiques et 87 libres; celui du Morbihan, 8 publiques et 3 libres. Mais presque tous ces établissements n'étaient, en réalité, que des garderies, où la malpropreté était à son comble. Quelques-uns seulement méritaient leur titre de salles d'asiles. M. Mourier, qui devait plus tard diriger l'Académie de Paris, commençait sa longue et fructueuse carrière de Recteur. Chargé de la province la plus arriérée de la France, il parvint, avec le concours de la déléguée, Mme Néve-Marguery, à transformer la plupart de ces garderies en asiles, dont quelques-unes devinrent des établissements modèles. M. le comte Rivaud, préfet des Côtes-du-Nord, adressait, à son instigation, des instructions aux maires de son département (17 mars 1857) en vue de provoquer la création d'asiles partout où il y avait possibilité de le faire; il insistait pour que, dans toutes les communes, des comités locaux de patronage fussent institués et fréquemment convoqués. »

J'aime à remercier l'auteur de cet article, M. Albert Durand, secrétaire-adjoint de l'Académie de Paris, mon ancien secrétaire, de la bienveillance de son souvenir. J'avais reconnu en lui, dès les premiers jours, son intelligence, ses habitudes laborieuses, sa loyauté de caractère et surtout son amour du bien pour le bien lui-même, en dehors de tout calcul. Ma confiance était commandée, elle n'a jamais été trompée. Mon affection et mes vœux le suivent naturellement dans sa carrière; il en parcourra dignement les degrés. L'administration académique fait un cas bien mérité de son travail, de son intelligence des affaires. Directeur de la revue *L'École maternelle*, et collaborateur au *Dictionnaire de Pédagogie*, M. Durand a pris rang dans la presse universitaire.

Lycée de Rennes. — Reconstruction du lycée. — Inauguration par le Ministre : 6 juin 1859. (V. p. 121.)

M. Rouland, ministre de l'instruction publique et des cultes, vint à Rennes, en juin 1859, présider à l'installation de Mgr Saint-Marc, en qualité d'archevêque, et poser ensuite la première pierre du nouveau lycée. Cette dernière solennité se fit en présence du nonce, de l'archevêque, des évêques et de toutes les autorités.

M. le ministre prononça un discours qui eut un grand retentissement dans le pays et qui se terminait ainsi :

« Messieurs, je remercie profondément la ville de Rennes du concours si empressé qu'elle donne à l'État pour la construction du lycée impérial. Je remercie de tout mon cœur toutes les autorités, qui, par leur présence et leurs sympathies, fortifient l'œuvre à laquelle je viens présider.

« Et permettez-moi surtout de rendre un hommage mérité au zèle, à l'esprit juste et bienveillant, au dévoûment modeste et incessant de votre Recteur; il est de ces hommes de bien qui rallient autour d'eux l'estime et l'affection universelle, et qui savent parfaitement servir le gouvernement de l'Empereur en le faisant aimer de tous. »

Après le ministre, dit le *Journal d'Ille-et-Vilaine*, le Recteur et le Maire ont pris tour à tour la parole, au milieu des marques unanimes de la sympathie de leur auditoire.

— Au sortir du lycée, Mgr le nonce, Mgr l'archevêque, M. le préfet, tous les hauts fonctionnaires, ont suivi Son Excellence au palais universitaire, où le brillant cortège a été reçu par MM. les doyens et professeurs en robe. »

« Le soir il y a eu dîner chez le Recteur de l'Académie. LL. Ex. Mgr le nonce, Mgr l'archevêque, NN. SS. les évêques de Saint-Dié, de Saint-Brieuc, du Mans, Mgr Robiou, M. le Premier Président, M. le général de division, M. le préfet d'Ille-et-Vilaine, M. Deujoy, conseiller d'État; M. le maire, M. G. Rouland, directeur du personnel et du secrétariat; MM. les préfets de Vannes, Saint-Brieuc, Laval; M. le procureur général, M. Hamille, chef de division; MM. de Piré, Duclos, députés; MM. les doyens, du droit, des sciences et des lettres; M. Aussant, de l'école secondaire de médecine; M. le vicaire-général Combe, M. le curé de Toussaint, M. l'abbé Fournier, M. de la Roserie, secrétaire de S. Ex.; M. le proviseur et plusieurs autres invités notables, se sont assis à la table de M. Mourier.

« Pendant le repas, l'excellente musique du 8e d'artillerie, gracieusement envoyée par son colonel, a exécuté divers morceaux. Au dessert, un toast porté par M. le recteur à Mgr le nonce et à S. Ex. M. le ministre, et les réponses de M. Rouland et du nonce, ont eu un véritable succès d'émotion.

« Les salons de l'Académie se sont ensuite ouverts à une foule d'invités et à tout le corps enseignant, heureux d'approcher de Son Excellence.

« Nous le redirons, certain que personne ne nous accusera de flatterie : M. Rouland a conquis ici une immense sympathie. Accessible à tous, affectueux, désireux de savoir les moindres détails intéressant le gouvernement, Son Excellence a fait dire ce mot heureux :

« Il n'est pas seulement le ministre de l'instruction publique et des cultes,
« *il est le ministre de l'Empereur.* »

Lycée de Saint-Brieuc. — Inauguration de la chapelle par S. Ém. le cardinal-archevêque de Bordeaux. (V. p. 122.)

Nous transcrivons du livret de la cérémonie, publié par les soins de la ville, le passage de l'allocution du prélat répondant aux remercîments du Recteur.

« Avant de répandre sur cet édifice les bénédictions que l'on réclame de mon ministère, je veux vous dire, Messieurs, combien je suis heureux de l'événement qui, en m'amenant au milieu de vous, m'y place entre deux anciennes et chères connaissances : votre digne évêque, qui m'a intimé la dure obligation de ne plus parler de lui, — et un Recteur que j'ose citer comme une des illustrations de notre Aquitaine. J'ai vu M. le Recteur à l'œuvre, à Bordeaux. Il y a été successivement Proviseur et Recteur, et il a laissé, parmi nous, des regrets qui sont un beau titre de gloire pour une vie tout entière. »

M. le maire prit ensuite la parole pour témoigner des bons rapports de la ville et de l'Université :

« Hommage particulier à vous, Monsieur le Recteur, et à tout le personnel académique, que vous avez toujours si bien secondé, jaloux de prouver à notre ville que vous ne séparez pas vos intérêts des nôtres, comme elle ne sépare pas les siens de ceux de l'Université. »

Lycées de Rennes et de Saint-Brieuc. — M. Gustave Rouland. — Crédits. (V. p. 113.)

Il convient de rappeler, à propos des lycées de Rennes et de Saint-Brieuc, l'attention vigilante et éclairée de M. Gustave Rouland, directeur du personnel, pour tous nos intérêts universitaires. Laborieux, esprit droit et ouvert, il se fit bientôt une main sûre dans les questions d'affaires, et servit fort heureusement le ministre ; la confiance paternelle ne s'était pas égarée. Les Recteurs de ce temps ne sauraient oublier le concours qu'ils trouvaient près de lui pour plaider, auprès du ministre, la cause des établissements qui avaient besoin des subsides de l'État ; j'en garde, pour ma part, un reconnaissant souvenir ; l'administration académique lui doit, le succès de ses incessantes demandes de crédits pour Rennes, Saint-Brieux, Nantes, Angers, Orléans, Bourges et nombre encore d'autres lycées et collèges, dans les Académies de Paris et de Rennes.

La politique dans l'école. — Interdiction de brochures politiques. — Esprit qu'on entretenait. (V. p. 123. 124 et 128.)

Brochure politique. — Interdiction dans les écoles publiques. — Lettre approbative de M. le Ministre. — Propagande dans les écoles libres.

M. le ministre m'approuvait de fermer nos écoles aux controverses du dehors sur les questions religieuses ou politiques ; il m'approuvait d'avoir retiré, pour cause d'abus, l'*autorisation provisoire* que j'avais donnée à M. l'abbé *** pour exercer les fonctions de maître d'étude dans un de nos collèges.

M. l'abbé avait distribué à ses élèves un livre de polémique sur la question romaine ; c'était mêler l'enfance à des controverses qu'elle doit ignorer : que les enfants restent unis sur les bancs dans le sentiment général de la morale sociale ; ils ne connaîtront que trop tôt les divisions qui séparent leur famille.

Lettre de M. le Ministre.

« Paris, le 2 mars 1860.

« Monsieur le Recteur,

« J'approuve la mesure par laquelle vous avez retiré à M. l'abbé..... l'autorisation provisoire d'exercer les fonctions de maître d'étude au collège de Vannes.

« En distribuant, comme il l'a fait, aux élèves placés sous ses ordres, des ouvrages relatifs à un débat qui doit leur demeurer étranger, M. l'abbé..... a gravement manqué à ses devoirs de maître, en même temps qu'il enfreignait les règlements. Ainsi que vous le rappelez très justement, du reste, la loi interdit expressément dans nos établissements universitaires l'introduction de tout livre non revêtu de l'approbation du Conseil impérial de l'Instruction publique. Les livres dont il s'agit n'ont point obtenu cette sanction indispensable, et je vous remercie d'avoir bien voulu répondre à mes intentions en adressant à MM. les inspecteurs d'Académie de votre ressort des instructions qui leur rappellent le texte même de la loi.

« Recevez, etc.

Signé : « ROULAND. »

M. Rouland, en tant que ministre des Cultes, venait, dans une pensée d'apaisement, d'adresser une circulaire aux évêques; il s'y attachait à faire « la part légitime de la vénération profonde que le clergé doit au chef de l'Église catholique, qui siège au Vatican, et du respect et de la fidélité au Souverain de la France, qui règne aux Tuileries. »

J'eus à signaler, ailleurs, des agissements politiques dans les écoles libres ; mais nous n'avions pas, avec la loi en vigueur, l'autorité suffisante pour intervenir. La propagande politique se faisait par les entretiens et les influences morales de l'éducation, que le texte légal le plus formel ne saurait atteindre.

Que le clergé reste dans l'Église. (V. p. 128.)

Telle était la politique de M. Rouland, qu'on appelle *gallican ;* telle n'est pas la doctrine qu'exposait, il y a quelques jours, un écrivain de talent.

« Le clergé, dit M. Drumont en son livre *La Fin d'un monde* (1888, p. 117), avait presque adopté la thèse soutenue par la bourgeoisie voltairienne et philippiste, que le prêtre doit rester dans son Église, qu'il ne doit communiquer avec le dehors qu'en mettant une plaque sur la rue avec cette inscription : *Sonnette pour les Sacrements,* thèse imbécile, car, lorsque le prêtre ne sort plus de son Église, l'esprit chrétien sort de la société. » — Est-ce bien la thèse en faveur sous Louis-Philippe ? le clergé ne fut-il pas à cette époque plus militant que jamais, par les mandements, la polémique et les livres, témoin la lutte engagée contre l'Université ? — Quant à la controverse religieuse, elle remonte au temps où, dans la chaire chrétienne, la voix d'un Lacordaire éclairait des lumières de sa doctrine les questions sociales ; c'était bien dans l'Église qu'avait surgi un jour l'école de Lamennais, qui remua tant d'esprits ; l'apôtre, en lui, avait précédé le tribun ; son premier mot avait été l'autorité, le dernier la Révolution. Le clergé n'était donc pas resté étranger au mouvement des esprits ; seulement on servait intelligemment sa cause en l'écartant, autant que possible, de l'arène des partis. Le prêtre, l'homme de Dieu, l'homme de tous, gardera près de l'autel l'autorité de son caractère.

Si la Révolution, avec calcul, prit texte à Paris, en 1831, d'une cérémonie religieuse pour mettre à sac l'archevêché, que dire de ces populations rurales en Angoumois qui vinrent assiéger une église dans laquelle le maître-autel était orné d'un tableau représentant des épis et des raisins ? C'était le symbole, leur disait-on, des dîmes et des agriers ; le clergé s'unissait à la noblesse pour appeler de ses vœux le retour des *privilèges*.

Il faut avoir vécu en ces temps, et aujourd'hui jeter les yeux autour de soi pour juger que le clergé a tout intérêt à s'écarter de la politique ; c'est à ce prix seulement que l'esprit chrétien peut rester dans la société civile.

L'Université pour sa part dans l'éducation générale des esprits était invitée à se garder des questions politiques qui troublent et divisent ; les ministres dont le passage aux affaires est le plus marqué ont suivi la voie de M. Rouland ; une pratique qui a pour elle l'autorité d'un magistrat, d'un historien et d'un philosophe, doit répondre aux vrais intérêts d'un pays.

Légion-d'Honneur. — **Promotion.** (V. p. 122.)

Les lettres citées au cours du texte et dans l'appendice expliquent, peut-être, le témoignage dont le ministre honora l'un de ses lieutenants auprès du chef de l'État.

C'est l'Empereur qui, dans son voyage en Bretagne, en 1858, et au moment de son départ de Rennes, donne de sa main la croix de Commandeur au Recteur de l'Académie, en lui exprimant toute sa satisfaction. M. Rouland avait bien voulu le proposer pour cette distinction ; la note à l'appui, qui me fut ultérieurement remise, valait à elle seule les insignes.

En voici les termes, d'une bienveillance vraiment excessive :

« M. Mourier, Recteur à Rennes, l'un des hommes les plus distingués, les plus intelligents et les plus dévoués à l'instruction publique, — il connaît à fond le pays, entretient les meilleures relations avec l'administration et le clergé, gouverne le monde universitaire de la Bretagne avec une grande intelligence des idées sociales et politiques, — mérite la haute faveur de Sa Majesté. »

La distinction devait recevoir un prix particulier de l'accueil que lui ferait l'opinion ; des témoignages qui m'étaient adressés, j'ai dû surtout retenir les félicitations de M. Dutrey, Recteur de l'Académie de Bordeaux, ancien inspecteur général, l'un des vétérans justement respectés de l'Université.

APPENDICE. 449

M. le Recteur m'écrivit :

« Paris, le 12 septembre 1858.

« Mon cher collègue,

« J'attendais que le *Moniteur* confirmât la bonne nouvelle connue à Paris, depuis quelques jours, pour vous adresser mon compliment sincère et très affectueux. Je suis trop votre ami et trop de l'Université pour ne pas me réjouir de la distinction qui vient de vous être accordée, et qui honore le Rectorat. Déjà, depuis longtemps, vous l'honorez par votre administration et vous vous êtes fait des droits aux vives sympathies de vos collègues. Je n'ai pas oublié qu'il y a un an, vous avez été un des premiers à me féliciter d'une faveur qui devait être un pressentiment de celle dont vous êtes aujourd'hui l'objet. Je suis ici enfoncé, depuis une quinzaine, dans les fatigues de l'agrégation et j'ai pris une large part au deuil qu'a causé, dans l'Université, la mort si imprévue du pauvre Caÿx.

« Agréez, etc.

Signé : « DUTREY. »

Départ de Rennes. — Lettres de M. le Maire, de Mgr l'évêque de Saint-Brieuc, et de M. le Premier Président de la Cour impériale de Toulouse. (V. p. 134.)

M. Ange de Léon, maire de Rennes, m'écrivit, le 7 mars, en apprenant ma nomination au Rectorat de Bordeaux :

« Rennes, 7 mars 1860.

« Monsieur et cher Recteur,

« J'avais hier Conseil municipal, et je suis heureux de vous rapporter les sentiments de reconnaissance que ces Messieurs exprimaient unanimement pour la facilité de vos rapports, l'amabilité de vos manières et le service important que vous nous avez rendu en ménageant, avec S. Exc. le ministre de l'Instruction publique, le traité qui nous permet de reconstruire une partie du Lycée. Tous approuvent M. le ministre de vous donner cet avancement que vous méritez si bien, mais tous regrettent aussi de voir finir nos excellentes relations.

« Vous savez, Monsieur et cher Recteur, que personne n'éprouve ces sentiments plus que votre affectionné et dévoué serviteur.

Signé : « ANGE DE LÉON. »

Je reçus de Mgr de Saint-Brieuc, que j'avais connu à Bordeaux, la lettre suivante :

« Saint-Brieuc, 2 mars 1861.

« Monsieur le Recteur,

« En apprenant, il n'y a encore que quelques heures, votre nomination à Bordeaux, le premier sentiment a été un sentiment de joie, parce que j'avais cru comprendre plusieurs fois que vous aviez de l'affection pour une ville où vous aviez laissé de nombreux amis.

« A la réflexion, en me repliant sur moi-même, sur ceux qui m'entourent, j'éprouve un peu de tristesse. C'est vous dire que je suis convaincu que nous perdrons au change, et beaucoup. J'aime à me persuader que Mme Mourier jouira, sous le beau ciel du Midi, d'une meilleure santé. Ce sera pour vous une nouvelle consolation, et veuillez bien lui dire que cette pensée est l'une des premières qui se sont présentées à notre esprit à la nouvelle de votre changement.

« Vous voyez par là que le cœur, en cette circonstance, fait trop grande sa portion et oublie un peu trop vite que notre bien réel s'opposait à votre départ.

« J'ai l'honneur d'être, etc.

Signé : « Guillaume-Élisée. »

Je recevais d'autres témoignages, et entre autres celui de l'un des hommes qui honorent le plus la Bretagne, que M. Dufaure a appelé, à la tribune, un grand magistrat. M. Piou, Premier Président à la Cour d'appel de Toulouse, n'avait pas oublié le Recteur qu'il avait connu en 1850, 1851 et 1852, au Conseil académique de Toulouse ; il lui écrivait :

« Toulouse, 3 mars 1864.

« Mon cher Recteur et ami,

« Vous êtes bien heureux de revenir dans l'une des plus belles villes, dans l'un des plus beaux pays de France. Comment vous dire que j'ose à peine me réjouir de ce qui cause, en ce moment, votre satisfaction ? Je deviens presque votre voisin, mais je ne vous trouverai plus à Rennes, où votre présence m'a été si agréable et si douce! Les rares visites que je pourrai vous faire à la dérobée, en traversant Bordeaux, ne vaudront jamais pour moi les jours, les semaines que j'ai passées à côté de vous. C'est dans un esprit d'abnégation complète que je vous adresse mes félicitations, dont la plus grande part est pour Mme Mourier. Je suis néanmoins certain d'une chose, c'est que vous n'entendrez pas le sifflet de la locomotive qui doit vous entraîner vers Bordeaux sans accorder quelques regrets à un pays qui aimait en vous les qualités qui le distinguent, sans vous promettre de garder le souvenir de tant d'hommes qui s'accordaient à ne parler de vous que dans les termes de la plus haute estime.

« Agréez, etc.

Signé : « Piou. »

Installation de M. Mourier dans les fonctions de recteur de l'Académie de Bordeaux (1) par M. Dumas, sénateur, inspecteur général de l'enseignement supérieur, membre de l'Institut. (1er juin 1861.) (V. p. 142, 148.)

La cérémonie eut un grand caractère; une nombreuse et brillante assemblée remplissait l'amphithéâtre. Sur l'estrade, on remarquait : S. Ém. Mgr le cardinal Donnet, archevêque de Bordeaux, sénateur; M. le général Daumas, commandant la division militaire, sénateur; M. de Mentque, préfet de la Gironde; M. Raoul Duval, procureur général près la cour de Bordeaux; M. Castéja, maire de Bordeaux, les professeurs des Facultés et du Lycée revêtus de leur robe et de leurs insignes.

Après la lecture des actes, M. l'Inspecteur général déclare, « au nom de S. Exc. M. le Ministre de l'Instruction publique et des Cultes, M. Mourier installé dans les fonctions de Recteur de l'Académie de Bordeaux, » et l'invite à prendre place à sa droite.

Les premiers mots de son discours sont pour M. Dutrey et le récipiendaire.

« Bordeaux n'oubliera pas l'éminent Recteur qui vient d'être appelé à faire partie des conseils du Ministre : juste et naturelle récompense d'une carrière consacrée au culte des lettres, aux intérêts de l'Université et au service de la jeunesse. M. Dutrey laisse parmi vous ces longs souvenirs et ces sympathies durables qui sont comme une dette que chacun acquitte avec regret envers un homme dont tout le monde ici apprécie le cœur droit, le jugement ferme, l'esprit délicat, et le commerce aimable.

« Si quelque chose pouvait adoucir la peine que l'Académie de Bordeaux a dû ressentir en perdant un chef si digne de sa confiance, c'est de le voir remplacé par un fonctionnaire qui revient au milieu des siens, rappelé par leur vieille et inaltérable affection. M. Mourier reprend, au sein de sa famille universitaire et à sa tête, une place pour laquelle il était désigné par le vœu de tous. En le nommant Recteur de l'Académie de Bordeaux, S. Exc. M. le Ministre de l'Instruction publique a pu croire qu'il obéissait à l'expression d'un vote émané d'une sorte de suffrage universel, tant son choix a été ratifié par l'assentiment unanime.

« Et ce n'est point une séduction de l'opinion ou une surprise de l'autorité qui vous valaient, Monsieur le Recteur, cet accueil doublement empressé à Bordeaux et à Paris.

« A Bordeaux, chacun vous connaît : il y a trente-cinq ans que vous faisiez, non loin d'ici, à Angoulême, les premiers pas dans la carrière de l'enseignement, et vous n'entriez à l'École normale qu'après avoir donné et acquis la preuve que vous obéissiez à une vocation sérieuse.

« En sortant de l'École normale, vous retourniez au milieu des vôtres.

---

(1) V. le livret de ces cérémonies, *Discours du président et du recteur*. In-8, 42 pages. Gounouilhiou, imprimeur. Bordeaux.

Plein de reconnaissance pour le Lycée d'Angoulême, qui vous avait ouvert la route, c'est à lui que vos premiers soins étaient consacrés. Là, votre enseignement, grave, sérieux, mais élégant et flexible, a passé tour à tour de la philosophie aux lettres, des lettres à la philosophie, de Platon à Cicéron, de Corneille à Leibnitz, et il a laissé dans les souvenirs des nombreuses générations qui en ont été favorisées ces bienfaisantes impressions que l'âme recueille, conserve, et retrouve persistantes comme ces parfums qui embaument l'air longtemps encore après que l'encens qui les engendre a cessé de brûler dans les vases sacrés.

« A Paris, on ne pouvait pas tarder à reconnaître en vous cet ensemble de dons naturels et de qualités acquises qui forment l'administrateur éminent. De même qu'on vous avait fait parcourir tous les degrés de l'enseignement, on vous essayait dans toutes les fonctions administratives, et, à chaque épreuve, voyant votre autorité grandir, la confiance de l'Université devenait plus entière ; aujourd'hui, elle est sans bornes.

« Depuis longtemps, Monsieur le Recteur, votre place était marquée à la tête d'une grande Académie, et plus particulièrement de celle-ci, où le retentissement de vos utiles services et l'insigne estime dont vous êtes entouré rendraient tous les cœurs sympathiques à l'Université, que vous y représentez, si sa cause avait besoin d'être gagnée.

« Puisse l'Académie de Bordeaux jouir longtemps des lumières éprouvées, de l'expérience consommée, et de la passion du bien qui guident et animent son Recteur. »

L'orateur n'oublie pas de préciser la part qui doit être faite à l'autorité et à la liberté dans les choses d'enseignement ; il faut reproduire ses émouvantes paroles :

« Les devoirs de l'homme sur la terre sont divers. Que les semences destinées à préparer leur accomplissement soient diverses aussi. L'éducation privée l'accoutume trop à s'occuper de lui-même ; il est utile que l'éducation publique, sous l'égide de l'État, l'initie aux règles que la vie sociale impose, comme il est bon que, sous celle de la religion, il considère notre passage sur la terre et les épreuves que nous traversons sous un aspect consolant, en vue de l'avenir qui nous attend dans un monde meilleur.

« Livrez la jeunesse du pays à l'éducation privée, elle en sortira molle et égoïste ; le ressort de l'émulation, l'orgueil du drapeau, lui auront manqué ; mettez-la toute aux mains de l'État, le régime de ses établissements, aujourd'hui paternel, deviendra trop abstrait, trop impersonnel, et dans son impartialité administrative qui classe chacun à son rang, il fera perdre à nos enfants cette confiance aimable qui protège si bien les premiers pas, même de ceux que la nature a le moins favorisés ; remettez-les tous aux soins du clergé, ils demeureront trop loin des intérêts pratiques dont la culture nous est confiée en ce monde, le plus vif de leur attention, le plus délicat de leur intelligence et de leur âme étant réservés aux intérêts à venir.

« Tout est donc bien dans ce concours libre, mais réglé, des trois systèmes. Les institutions privées apprennent à ne pas dédaigner, pour l'enfance et la jeunesse, ces soins un peu individuels qui rappellent ceux du père de famille. L'éducation de l'État, plus impartiale, maintient l'émulation des intelligences et le niveau des efforts à la hauteur qui convient à une mâle éducation. Enfin, les établissements fondés par le clergé rappellent, par leurs pieux recueillements, à tous les maîtres de la jeunesse, qu'ils ont aussi charge d'âmes, et qu'il ne suffirait pas de doter la patrie d'une jeunesse vigoureuse, lettrée, savante, si elle n'était aussi morale et religieuse.

« Mais si les familles ne peuvent pas se passer d'auxiliaires, elles ne doivent pas s'effacer cependant; il n'appartient ni à l'industrie privée, ni au clergé, ni à l'État, de les remplacer dans les devoirs de l'éducation publique. »

— M. Dumas termine ainsi son discours :

« Messieurs les Inspecteurs, Messieurs les Doyens, Messieurs les Professeurs des facultés de théologie, des lettres et des sciences, Monsieur le directeur et Messieurs les professeurs de l'École de médecine, continuez, en attendant, à seconder les efforts de l'Université, qui constate avec satisfaction les résultats de plus en plus profitables de votre enseignement, la prospérité toujours croissante d'un lycée qui en est la féconde pépinière.

« Et vous, Monsieur le Recteur, en confiant à votre zèle ardent pour le bien public les plus chers intérêts d'une cité particulièrement aimée de S. M. l'Empereur, qui a voulu prononcer dans ses murs les paroles les plus retentissantes de son règne, le chef de l'Université vous ramène sur un grand théâtre, pour que de grandes choses y soient accomplies; il compte sur votre initiative et sur votre persévérance : comptez toujours sur son appui.

« Messieurs, l'Académie de Bordeaux a été cruellement frappée dans ces dernières années. Elle a perdu Rabanis, qui a laissé parmi vous des souvenirs si chers, et au comité des inspecteurs généraux des affections si durables ; Laferrière, une des gloires de l'Université, qui a disparu d'entre nous comme frappé par la foudre ; Denjoy, dont la mort non moins soudaine a laissé ici, à Paris, en France, un si grand deuil ; Laurent, qui parmi les premiers chimistes du monde a inscrit son nom aux premiers rangs : que notre dernière parole soit pour eux, et que l'hommage public que nous rendons à leurs chères mémoires soit une consolation pour leurs familles désolées. »

— Le discours du Recteur est reproduit au livret de la cérémonie.

Lycée de Bordeaux. — Distribution des prix (1) (17 août 1861).
(V. p. 149.)

Le Recteur présida la distribution des prix du lycée le 17 août 1861 ; après son allocution, M. le professeur Caublot, chargé du discours, exprima ainsi les sentiments du personnel pour les deux Recteurs :

« Mais à peine ce coup douloureux nous avait-il frappés, qu'une nouvelle heureuse venait tempérer l'amertume de nos esprits. Un Recteur dont une

(1) V. le palmarès du lycée : *Allocution du Recteur*. In-8. Gounouilhou, imprimeur, Bordeaux.

ville avait déjà apprécié l'esprit et le cœur, qui, lui aussi, nous avait été enlevé, mais qu'une longue absence n'avait pu nous faire oublier, était rendu à notre affection ; il nous revenait avec le prestige d'une autorité plus étendue et de distinctions glorieuses noblement conquises; mais sa bienveillance n'avait point changé ; il reprenait sa place à la tête de l'Académie, bon, affectueux, comme nous l'avions connu toujours ; la chaîne de nos traditions, longtemps interrompue, renouait sans effort, et il nous semblait que nous ne l'avions jamais perdu. »

Rentrée des Facultés (1) (16 novembre 1861). (V. p. 149.)

Il faut rapprocher de la séance du 1er juin 1861 celle du 16 novembre (même année) ; entre ces deux dates se place la nomination au vice-rectorat de l'Académie de Paris (11 novembre).

Le Recteur, appelé dans une autre résidence, remercie les Facultés et la ville de leur accueil ; il emportera avec lui le souvenir ; les Facultés expriment à leur tour le sentiment que leur inspire une séparation imprévue ; toutes rappellent la solennité présidée par M. Dumas.

École de médecine.

M. le docteur Gintrac, directeur de l'École de médecine et de pharmacie, appelée à devenir bientôt une Faculté, parle ainsi au nom de ses collègues :

« Les villes aussi ont compris qu'il était de leur devoir, à bien des titres et surtout dans l'intérêt des populations et du service des hôpitaux, de prendre des décisions favorables à la prospérité des Écoles de médecine. Au premier rang de ces cités intelligentes, il faut placer Bordeaux. Grâces aux dispositions bienveillantes et libérales de son administration municipale, nous avons obtenu les accroissements de local et les constructions qu'une perspective de Faculté aurait pu faire désirer. Dans les nouveaux bâtiments de l'École de médecine sont venus s'installer des salles de dissection salubres, des laboratoires de chimie et de pharmacie parfaitement disposés, un vaste musée anatomique, une collection de matière médicale, un arsenal de chirurgie, une bibliothèque de six mille volumes, un salon de lecture où sont réunis des tableaux et des gravures permettant à l'élève d'éclairer et de fixer par le regard des détails descriptifs difficiles à comprendre, et qui, sans ce secours, se gravent moins profondément dans la mémoire.

« Voilà, Messieurs, ce que pour notre part nous avons réalisé dans la période septennale à peine écoulée. Une circonstance mémorable est venue marquer d'un éclat inespéré l'accomplissement de l'œuvre que nous avions entreprise. Naguère, nous étions réunis dans cette enceinte pour une imposante céré-

---

(1) V. le livret, Séance de rentrée, in-8, 87 pages : *Discours des Doyens et du Recteur.* Gounouilhou, imprimeur, Bordeaux.

monie. Un chef nouveau était donné à l'Académie de Bordeaux ; et permettez, Monsieur le Recteur, que je ne mentionne pas votre installation sans rappeler les sentiments de vive sympathie qui ont accueilli votre retour parmi nous. Nous n'avions pu perdre le souvenir de votre bienveillance, de votre esprit conciliant et éclairé, et de cette activité prudente et judicieuse qui est le premier élément d'une administration habile et féconde. A ces sentiments s'ajoute aujourd'hui, la nouvelle du moment l'explique assez, l'expression d'un vif et profond regret. M. le Ministre avait confié la présidence de cette solennité à un haut dignitaire de l'Université, chez lequel on admire le génie qui étend l'horizon de la science, et cette éloquente parole qui sert si merveilleusement une vaste intelligence. C'était précisément celui qui, à l'époque indiquée en commençant, avait conçu pour l'École de médecine de Bordeaux une brillante destinée. Aussi, Messieurs, apprendrez-vous sans étonnement que l'illustre M. Dumas a voulu constater par lui-même les transformations, les agrandissements que nous avons obtenus. Accompagné de M. le Recteur, il a visité en détail toutes les parties de notre édifice si régulièrement complété ; il a examiné avec intérêt nos diverses collections ; et nous ne pouvons qu'exprimer une vive et profonde reconnaissance pour les témoignages réitérés de satisfaction d'un juge aussi compétent. C'était une précieuse récompense de nos efforts, et c'est un efficace encouragement de persévérer dans la voie des améliorations et du progrès. »

Faculté de Théologie.

Les mêmes sentiments sont exprimés par M. l'abbé Sabathier, doyen de la Faculté de théologie :

« Ma tâche serait terminée, Messieurs, si plus tôt l'occasion m'avait été offerte d'exprimer publiquement les sentiments qui nous ont été inspirés par le grave événement récemment survenu dans l'Académie de Bordeaux.

« C'est avec la peine la plus vive que nous avons vu s'éloigner de nous M. Dutrey ; mais nous n'osions guère nous avouer nos légitimes regrets, sachant que notre chef, si justement considéré et aimé, recevait la récompense due à ses éminents services, et que son départ ramenait à notre tête M. Mourier, et avec lui toutes les qualités sociales, toutes les vertus personnelles, tout le savoir élevé, et enfin tous les talents administratifs de son prédécesseur.

« Ces lignes, Messieurs, étaient écrites, lorsque, il y a quelques heures à peine, le *Moniteur* est venu m'apprendre que nous avions à subir les douloureuses épreuves d'une autre séparation.

« Vous n'avez paru, Monsieur le Recteur, au milieu de nous, que pour légitimer toutes nos espérances. Vous allez nous quitter ; mais c'est pour recevoir à votre tour la juste récompense de vos travaux, et trouver, dans un poste plus solennel, un aliment plus large à votre activité si intelligente et si féconde.

« Daignez donc me permettre de vous offrir, au nom des professeurs de la Faculté de Théologie, et les plus sincères félicitations et les plus affectueux et respectueux regrets.

« Vous laissez, Monsieur le Vice-Recteur de Paris, dans le rectorat de l'Académie de Bordeaux, et dans le Corps des fonctionnaires qui la composent, une double empreinte qui jamais ne s'effacera. »

Faculté des Sciences.

M. Abria, doyen de la Faculté des sciences, rappelle en termes heureux la séance du 1er juin, la pensée de décentralisation intellectuelle exposée par M. Dumas, le respect de la Faculté pour le Recteur qui va s'éloigner et qui était chargé de l'appliquer.

Il commence ainsi son exposé annuel des travaux de la Faculté :

« En prenant la parole pour vous rendre compte des travaux de la Faculté des Sciences pendant l'année scolaire que nous venons de parcourir, je ne saurais oublier que le fonctionnaire éminent dont nous connaissions déjà le zèle et la bienveillance, et que nous avions vu avec joie revenir dans une Académie dont il avait dirigé l'un des départements principaux, vient d'être placé, par la confiance du Ministre, à la tête du premier Rectorat de l'Empire. Permettez-moi, Monsieur le Vice-Recteur de l'Académie de Paris, de joindre ici, aux félicitations publiques de la Faculté des sciences sur votre récente et flatteuse promotion, l'expression des regrets qu'elle éprouve de se séparer de vous. Pendant la courte durée de votre administration, vous lui avez continué l'affectueuse sympathie à laquelle l'avait habituée votre digne prédécesseur M. Dutrey. Des relations momentanément interrompues s'étaient renouées sans effort, et nous espérions qu'elles seraient de longue durée. Si nous ne pouvons désirer qu'elles se rétablissent, nous en conserverons du moins le souvenir, certains que, de votre côté, vous garderez la mémoire de votre court passage au rectorat de Bordeaux.

« A votre installation, Monsieur le Recteur, se rattache, et nous le rappelons ici avec bonheur, la présence à Bordeaux d'un de nos savants les plus éminents, qui, au milieu des dignités dont l'a revêtu la confiance de l'Empereur, se souvient toujours, et se souvient avec orgueil du jour où il fut appelé à une des chaires de la Sorbonne. En l'écoutant de nouveau, ses anciens élèves retrouvaient, dans ce langage précis et imagé, ces vues nettes et fécondes, ces pensées élevées qui découlaient de source, pour ainsi dire, lorsqu'il les entretenait des phénomènes et des lois de la chimie moderne. Le sujet était pourtant bien différent ; mais le génie sait se jouer des difficultés, et nous avons entendu M. le vice-président du Conseil impérial de l'Instruction publique, qu'on aurait pu croire absorbé par l'étude de questions scientifiques d'un ordre tout spécial, nous exposer, avec un égal bonheur de pensées et d'expressions, l'influence de la décentralisation intellectuelle, les efforts du pouvoir pour la maintenir là où elle existe, pour la développer, s'il est possible, là où elle est seulement en germe, et la nécessité pour tous ceux qui s'intéressent à l'avenir de notre patrie de s'associer à cette œuvre difficile et généreuse. La création des établissements d'enseignement supérieur a eu pour but de la faciliter, et quoique la tâche des professeurs de Faculté dans ce labeur commun soit bien modeste, leurs efforts constamment renouvelés aboutiront, il faut l'espérer, à quelques heureux résultats. Cette pensée m'a soutenu dans l'accomplissement du devoir que les règlements m'imposent, et vous engage aussi, j'en suis assuré, à me prêter l'attention bienveillante dont j'ai besoin, et dont j'espère ne pas abuser. »

Faculté des Lettres.

Après le savant vient le lettré ; on entend M. Dabas, doyen de la Faculté des lettres, d'un commerce si assidu avec nos grands écrivains classiques, formé comme eux à l'école la plus pure des anciens, et pénétré de leur souvenir ; sa parole en recevait l'émotion empreinte encore dans ces lignes, inspirées d'Horace, et que son accent semble encore animer :

« Que de choses j'aurais eu à vous dire, après un intervalle d'un an !

« Je vous aurais parlé, d'abord, et vous m'auriez écouté sur ce point avec intérêt, du Chef éminent et regretté que notre Académie s'est vu enlever durant le cours de cette année scolaire ; puis, du Recteur aimé qui le remplace, allais-je dire, et qui est venu nous dédommager de sa perte. Mais puis-je dire encore qu'il le remplace, quand une nouvelle, qui nous laisse entre la joie d'une haute récompense pour lui et la tristesse d'une autre séparation pour nous, nous apprend à l'instant qu'il nous est enlevé à son tour ? Au moment où nous allions remercier la Bretagne de nous l'avoir rendu, en lui rappelant qu'il lui avait été seulement prêté, et que nous étions en droit de lui dire, comme Horace au vaisseau de Virgile : *Tibi creditum debes,* voilà que le vaisseau universitaire nous arrache encore une fois le cher dépôt, et va le porter plus loin, aux rives avares de la Seine, sans que nous puissions désormais lui dire avec espoir : *Reddas precor.* Au moins lui dirons-nous : *Serves incolumem ;* et puisqu'il emporte nos espérances, qu'il sache qu'il emporte aussi nos regrets et nos affections. »

Facultés — Travaux de l'enseignement supérieur à Bordeaux pendant l'année scolaire 1860-1861. (V. p. 149.)

Le livret de la séance de rentrée ne reproduisait pas seulement le rapport des doyens ; l'administration académique, s'inspirant de la loi de juin 1854, y avait fait inscrire les travaux personnels des professeurs de l'enseignement supérieur (1) ; c'est la mesure qui, bien des années après, fut généralisée par l'autorité supérieure. Ces travaux avaient fait l'objet de publications spé-

(1) V. pages 83 à 87 du livret.

ciales, ou avaient été édités par les Sociétés savantes de la ville : *Actes de l'Académie de Bordeaux, — Société des Sciences physiques et naturelles, — Société d'Agriculture, — Conseil d'hygiène;* plusieurs avaient été présentés à l'Institut ou envoyés pour lecture aux *Comités des Sociétés savantes* réunis, à Paris, par le Ministre de l'Instruction publique.

A l'heure actuelle, les Facultés de Bordeaux ont une place d'honneur dans le mouvement intellectuel des Universités provinciales; *les Annales de la Faculté des Lettres* sont particulièrement remarquées.

Bordeaux. - Installation de M. le recteur de Wailly par M. Dutrey, inspecteur général de l'enseignement supérieur (25 janvier 1862) (V. p. 149.)

J'étais en pleine activité dans mes fonctions de Vice-Recteur de l'Académie de Paris, lorsque M. de Wailly reçut l'investiture comme Recteur des mains de M. Dutrey, inspecteur général de l'enseignement supérieur, dans la séance solennelle du 25 janvier 1862. L'un et l'autre parlèrent dignement des études classiques, et rappelèrent avec bienveillance le nom de celui qui en avait eu plusieurs fois la garde à Bordeaux ; M. de Wailly n'eut à son adresse que des compliments flatteurs, lui qui avait tant de titres pour accroître l'héritage; on verra, par un court passage de son discours, qu'en prenant l'administration, il ne s'ingénia pas à rejeter dans l'ombre son prédécesseur.

1º *Discours de M. Dutrey.*

Ancien recteur de l'Académie, où il avait laissé un profond souvenir, ami intime de M. de Wailly, M. Dutrey devait porter dans cette solennité, avec l'autorité de son caractère, le sentiment particulier d'une fête universitaire.

Le prédécesseur de M. de Wailly ne fut pas oublié :

« L'accueil empressé et sympathique, dit M. le Président, qu'a trouvé à Bordeaux M. Mourier, quand il est venu naguère avec un accroissement considérable d'autorité et d'influence reprendre le poste qu'il avait si dignement occupé avant la nouvelle organisation des Académies, donne la mesure des regrets qu'il laisse en le quittant. Le souvenir de cet accueil, témoignage si honorable, a dû, je n'en doute pas, compter parmi les titres qui ont jeté sur lui le choix du gouvernement quand il s'est agi de pourvoir au vice-rectorat de Paris, qu'une mort douloureuse à toute l'Université rendait tout à coup vacant. »

Et nous lisons ce qui suit à la fin du discours :

« Je n'ajouterai qu'un mot : après l'honneur d'avoir dirigé l'Académie de Bordeaux, après la consolation de l'avoir laissée, en la quittant, aux mains habiles et sûres d'un successeur qui y retrouvait son œuvre, ses affections et la confiance de tous, je lui dois encore aujourd'hui une joie inespérée, la joie d'être appelé à remettre le soin de la gouverner à un ami qui ne peut qu'en accroître l'éclat et la prospérité. »

2° Réponse de M. de Wailly.

M. de Wailly répondait :

« Et ce qui m'effraie le plus au lieu de me rassurer, c'est l'exemple même de mes prédécesseurs, qui ont si bien réussi près de vous et que vous avez, à leur départ, accompagnés de regrets si vifs et si mérités.

« L'un, en effet, n'était pas, comme je suis, un étranger pour vous. Quand il prit possession du rectorat que je vais occuper à sa place, il revenait dans ces murs précédé d'une réputation d'habileté justement acquise à Rennes, dans une Académie moins importante sous certains rapports que la vôtre, mais plus difficile peut-être à manier. Il se présentait en outre comme une vieille connaissance; vous aviez pu l'apprécier de longue date, vous l'aviez vu à l'œuvre, vous saviez tous la fermeté intelligente qui lui faisait aborder de front les difficultés qu'il n'avait pas l'espoir de résoudre, par les ménagements d'un esprit délié, toujours fécond en ressources ; vous saviez aussi la prudence conciliante qui l'aidait au besoin à trancher l'obstacle, pour en triompher plus sûrement, et qui n'était que de la modération sans jamais dégénérer en faiblesse.

« Telles étaient, Messieurs, les qualités solides et brillantes que vous aimiez à trouver dans M. Mourier. Ce sont celles aussi qui vous l'ont fait perdre ; ce sont celles qui l'ont désigné naturellement au choix de Son Excellence, quand il a fallu remplacer en Sorbonne l'administrateur éminent, le savant distingué, notre regretté collègue dans l'inspection générale. »

LIVRES V, VI ET VII

I. — Nomination à Paris.
M. Rouland. — Lettre du ministre. — Lettres diverses : MM. Guignaut, Ch. Lévêque, Dumas, Joguey, Abadie. — Comité des inspecteurs généraux.
M. Duruy. — Promotion à l'inspection générale. — Voyage de l'impératrice en Champagne : une note.
M. Jules Simon ministre de la République. — Maintien du vice-recteur.

II. — Enseignement primaire.
M. Duruy : Son œuvre. — Lettres : Brevets de capacité.
Libelle d'un chef d'établissement contre un culte reconnu par l'État. — Lettre de M. de Fourtou ; un témoignage.
Principe de la loi morale dans quelques écoles : ni Dieu, ni maître. — Dieu pour Proudhon et les positivistes.
Les nouvelles lois scolaires : Francs-maçons, la Ligue : MM. Léon Gambetta, Jules Ferry. — M. Paul Bert le vrai précurseur.
Laïcisation. — Neutralité. — Rapports de l'Église et de l'État. — M. Jules Simon. — M. Thiers. — Neutralité impossible. — L'idée démocratique.
Excès de production. — Le modelage. — La loi n'est pas démocratique. — Prête-nom. Bataillon scolaire.

III. — Enseignement secondaire des filles.
Note de l'Empereur adressée à Lacépède. — Meurs de faim ou vis de honte. — Hystérie. — Curiosité malsaine. — Le théâtre.
Enseignement secondaire spécial. — Revision de cet enseignement : vœux du Conseil académique — Les écoles centrales : M. Taine.

Nomination de vice-recteur à Paris. — Lettres de témoignages.
(V. p. 149 et 151.)

Lettre de M. le Ministre Rouland.

Le Ministre me notifiait officiellement en ces termes ma nomination au Vice-Rectorat de l'Académie de Paris :

« Paris, 18 novembre 1861.

« Monsieur le Recteur,

« J'ai l'honneur de vous informer que l'Empereur vient de vous appeler, sur ma proposition, aux fonctions de Vice-Recteur de l'Académie de Paris. En vous confiant ce poste important, Sa Majesté a bien voulu vous donner une preuve de sa confiance, et je suis personnellement heureux d'une décision qui me donnera pour collaborateur un homme dont je connais depuis longtemps tout le zèle et le dévouement.

Signé : « ROULAND. »

Par une lettre particulière, il m'invitait à venir immédiatement conférer avec lui des intérêts qui lui sont confiés.

« Mon cher Recteur,

« Voici donc votre carrière toute tracée, et votre esprit restera tranquille sur ce qu'il convient de faire. J'ai été très heureux de vous donner un nouveau témoignage d'estime et d'affection. Vous serez très bien accueilli ici par le monde parisien. La province a le droit de cité, et l'habitude s'en est faite.

Signé : « ROULAND. »

L'accueil fut des plus bienveillants ; on peut en juger par les diverses lettres que nous allons reproduire. J'avais la bonne fortune de retrouver à Paris mon ancien directeur à l'École normale supérieure, devenu l'un des secrétaires perpétuels de l'Institut. La lettre par laquelle je l'informai de ma nomination fut accueillie avec une particulière bienveillance. Voici sa réponse :

« Paris, le 11 décembre 1861.

« Le Secrétaire perpétuel de l'Académie des Inscriptions et Belles-Lettres.

« Cher Recteur et ancien Ami,

« Ne jugez pas par la date de cette lettre le sentiment que m'a inspiré la vôtre. Je ne puis dire que je m'y attendisse, car j'étais loin de penser que je me laisserais prévenir. Je ne regrette plus toutefois d'avoir tardé de suivre mon premier mouvement, à la nouvelle de votre nomination, puisque le retard m'a valu un souvenir si bon et si cordial. Je sais, du reste, mieux que personne, les précieuses compensations que vous apporterez à l'Académie de Paris de la perte si sensible et si imprévue qu'elle a faite. Si je ne vous ai pas vu à l'œuvre, j'ai souvent été flatté du bruit de vos succès dans l'administration, et j'en ai pris ma part, non pas d'honneur, mais de joie.

« Venez donc, mon cher Recteur, je serai heureux de vous retrouver, et ma femme ne sera pas moins charmée de faire la connaissance de Mme Mourier. Elle est bien sensible à votre souvenir.

« Mille amitiés dévouées.

« *Signé :* GUIGNAUT. »

L'un de mes meilleurs amis, M. Charles Lévêque, me souhaitait la bienvenue, et m'annonçait l'accueil que je recevrais de M. Victor Cousin.

« Bellevue, 21 novembre 1861.

« Mon cher Ami,

« Je viens de lire dans la *Gironde* le remarquable, le brillant discours par lequel vous avez ouvert l'année scolaire de l'enseignement supérieur à Bordeaux. J'y admirais une élévation, un éclat, une fraîcheur plus frappante que jamais, lorsque tout à coup j'ai rencontré cet alinéa où se répand une fois de plus ce que j'appellerai le trésor de votre amitié pour moi. Comment voulez-vous que je vous remercie? En vous embrassant bien fort quand vous serez ici. C'est tout ce que je pourrai dans le présent. Pour l'avenir, j'espère qu'il m'apportera des occasions de déployer toute mon affection dévouée. Ma ville natale paie par une perte sensible le couronnement de votre belle carrière; toutefois, et quoi qu'elle en souffre, elle vous doit de s'en réjouir.

« J'ai dit adieu avant-hier à M. Cousin, qui partait pour Cannes, où sa gorge endolorie le force à partir l'hiver. Il m'a dit qu'il se réjouissait fort de vous avoir pour voisin à son retour, et qu'il espérait bien que vous viendriez souvent chez lui causer philosophie, littérature et instruction publique.

« Tous ici nous comptons sur votre zèle ardent et éclairé, et sur votre crédit pour enlever la construction de la nouvelle Sorbonne, que je regrette maintenant d'avoir quittée, puisque vous deviez y venir.

. . . .

« Je pense que vous ne tarderez pas à arriver à Paris.

Signé : « Ch. LÉVÊQUE. »

Le Vice-Président du Conseil de l'Instruction publique, M. Dumas, qui m'avait honoré de tant de bontés à ma récente installation de Recteur à Bordeaux, m'adressa le billet suivant, bien cordial dans sa brièveté :

« Cher Monsieur,

« M. le Ministre ne m'a pas permis de parler avant le *Moniteur*. Je ne veux pas être trop en retard après qu'il s'est fait entendre.

Signé : « DUMAS. »

Comité des Inspecteurs généraux.

Je trouve encore la main et la pensée de M. Dumas dans le procès-verbal du Comité des Inspecteurs généraux de l'enseignement supérieur, dont il avait la présidence; je venais d'être nommé membre de ce Conseil.

Le procès-verbal porte ce qui suit :

« 21 janvier 1862.

« Le Comité, s'associant à la pensée de Son Excellence M. le Ministre de l'Instruction publique, qui a voulu faire profiter l'Académie de Paris de la longue expérience de M. le vice-recteur Mourier, accueille dans son sein, avec la plus vive sympathie, un fonctionnaire qui a laissé dans les plus importantes Académies de l'Empire le souvenir des services les plus importants et des attentions les plus profondes et les plus durables. »

Le témoignage de M. Dumas, de M. Guignaut et de M. Lévêque m'était précieux auprès des Facultés; je pus juger par l'accueil de M. Victor Leclerc, doyen de la Faculté des lettres, des sentiments qui m'attendaient.

Mais il fallait inspirer confiance au personnel de l'enseignement secondaire ; les lycées et collèges de Paris et de l'Académie sont particulièrement la charge qui s'impose au Vice-Recteur. L'un de mes anciens camarades, M. Gaillardin, professeur d'histoire au lycée Louis-le-Grand, d'une grande science en histoire, qu'a par deux fois consacrée le grand prix Gobert, d'une grande autorité comme caractère, m'accréditait sans me prévenir auprès de ses collègues ; je savais que MM. les Proviseurs auraient confiance dans mon dévouement aux institutions universitaires. L'un d'eux, M. Joguey, proviseur du lycée de Reims, plus tard proviseur à Paris (lycée Saint-Louis), esprit des plus délicats, tout à fait distingué dans les questions d'éducation et d'études, dont la plume forte et éloquente de M. Bouillier a retracé plus tard la carrière, m'écrivit une lettre que je tiens à reproduire :

« Reims, le 11 décembre 1861.

« Monsieur le Recteur,

« J'ai lu avec un vif empressement le compte-rendu que vous avez bien voulu m'adresser, et je viens de le mettre dans notre salle de lecture à la disposition des fonctionnaires du lycée. Ces Messieurs y trouveront, comme moi, dans le noble langage que vous avez tenu et dans l'expression des sympathies que vous avez laissées à Bordeaux, des motifs de plus de se réjouir du choix qui vous a placé à la tête de l'Académie de Paris.

« Agréez, etc.

Signé : « JOGUEY. »

Cette nomination à Paris était l'occasion pour un ancien élève de rappeler à son maître que le collège d'Angoulême avait été le commencement de sa carrière ; condisciple de MM. Albéric Second, Edmond Texier et Hillairet, M. Paul Abadie, membre de l'Institut, l'architecte de la basilique du Sacré-Cœur à Paris et de tant de monuments religieux en province, m'écrivait :

« Mon cher Recteur,

« J'étais élève au collège d'Angoulême quand vous avez eu le **Prix d'honneur**.

« J'étais encore là quand, pour la première fois, vous êtes monté dans la chaire de professeur, et j'ai été de vos premiers disciples.

« J'ai été, depuis, de vos amis, fier et glorieux de votre amitié.

« Aujourd'hui, je suis de ce collège le restaurateur au point de vue matériel, comme vous en avez été le restaurateur au point de vue de la science.

« L'animation de la matière n'est nullement étrangère aux sciences, aux lettres et à la philosophie.

. . . .

« A vous de cœur toujours.

Signé : « P. ABADIE. »

Je devais retrouver à Paris d'autres sympathies. Ma gratitude rappelle particulièrement quelques noms : M. A. du Mesnil, directeur de l'Enseignement supérieur, appelé depuis au Conseil d'État par suite de ses éminents services ; MM. Bouillaud et E. Saisset, l'un et l'autre membres de l'Institut. Mon compatriote M. Bouillaud était l'un des grands noms de la Faculté de Médecine ; nos rapports affectueux étaient de vieille date, mon arrivée à Paris ne pouvait qu'en resserrer les liens. Je n'avais pas d'ami plus dévoué que M. E. Saisset, professeur à la Faculté des Lettres ; sa mort prématurée fut un deuil pour la philosophie spiritualiste, qu'il représentait par la parole et par ses écrits.

Successeur de M. Rouland. — M. Duruy. (V. p. 153.)

Je devais désirer, dans un pareil milieu, rester longtemps sous l'abri d'une haute administration vigilante et paternelle ; la confiance dont M. Rouland honorait le nouveau Vice-Recteur de l'Académie de Paris ne se montrait pas moins vive qu'elle l'avait été pour le Recteur des Académies de Bordeaux et de Rennes. Mais l'instabilité du Pouvoir exécutif était notre grande misère ; songez donc, ainsi qu'en a été faite la statistique, que « depuis le vote de la dernière Constitution, en quatorze ans, nous avons eu vingt ministères, plus de deux cents ministres ». J'ai connu, pour ma part, en tant que Recteur, de 1850 à 1879, vingt et un Ministres qui ont eu en mains le portefeuille de l'Instruction publique (1).

Dans mes fonctions à Paris, je n'eus qu'un temps relativement court, dix-huit mois seulement, à relever de l'autorité de M. Rouland ; le Ministre-Sénateur passait, en vertu de la politique (23 juin 1863), à la vice-présidence de la Haute-Assemblée.

En perdant M. Rouland, je trouvai heureusement, et comme succession d'héritage, auprès du nouveau ministre M. Duruy, la confiance et les encourageantes bontés que peut souhaiter un chef de service ; pour l'un et pour l'autre, les preuves sont inscrites à bien des pages dans le texte du récit ainsi que dans l'Appendice.

La bienveillance de M. Duruy s'accusait par les meilleures satisfactions, lorsque j'avais à lui rendre compte du service ; il voulait bien m'en donner un témoignage officiel le 24 décembre 1864.

Le décret rendu sur sa proposition, qui me conférait le titre d'Inspecteur général honoraire, était ainsi libellé :

« M. Mourier, Vice-Recteur de l'Académie de Paris, membre du Comité des Inspecteurs généraux de l'Enseignement supérieur, est nommé Inspecteur général honoraire. »

---

(1) Le premier de ces ministres est M. de Parieu (1850), le dernier M. Bardoux (1879).

Les vingt et un sont ainsi répartis : trois sous la deuxième République, neuf sous l'Empire, neuf sous la troisième République.

APPENDICE. 465

Un an plus tard, 3 janvier 1866, nouvelle promotion : j'étais nommé Inspecteur général honoraire de l'*Enseignement supérieur*.

M. le Ministre me notifiait la distinction par la lettre suivante :

« Paris, 7 janvier 1866.

« Monsieur le Vice-Recteur,

« J'ai l'honneur de vous adresser ci-joint ampliation d'un décret en date du 3 janvier courant par lequel l'Empereur, sur ma proposition, vous a nommé Inspecteur général honoraire de l'Enseignement supérieur.

« Je suis heureux, Monsieur le Vice-Recteur, d'avoir pu attirer sur vos longs et honorables services l'attention de Sa Majesté, et de vous transmettre un nouveau témoignage de sa haute bienveillance.

« Recevez, etc.

Signé : « V. DURUY. »

M. Duruy voulut enfin m'honorer d'un témoignage particulier auprès de l'Impératrice, lorsque je fus invité à me rendre à Châlons pour lui présenter le Corps enseignant, lors de son voyage en Champagne avec le Prince Impérial ; la note remise à Sa Majesté, et dont copie me fut ultérieurement communiquée, rappelait, par l'excès de bienveillance, la note de M. Rouland lorsque l'Empereur visita la Bretagne ; j'en détache seulement les lignes relatives aux temps que nous venions de traverser : « Il a été très énergique dans les derniers troubles des Écoles. »

— Les cinq Ministres qui succèdent à M. Duruy passèrent comme des ombres ; son vrai successeur est M. Jules Simon, au 4 septembre 1870. Le ministre de la République nous est cher, comme MM. Rouland et Duruy, ministres de l'Empire ; notre maintien dans les fonctions actives est de sa part un témoignage qui vaut bien une promotion : les appétits et les ambitions personnelles, colorés de prétextes politiques, furent écartés par son ferme esprit de justice.

Enseignement primaire. — Brevets de capacité. — Lettre de M. Duruy. (V. p. 152, 153.)

M. Duruy a laissé une trace profonde dans les trois degrés d'enseignement ; l'instruction primaire en particulier occupe son activité ; sa main est marquée dans tout ce qui intéresse l'extension et la direction des écoles ; il encourageait les Recteurs à lui faire des communications fréquentes sur l'état du service ; leurs rapports étaient l'objet de son attention ; c'est ainsi qu'il écrivait à l'un d'eux :

« 3 décembre 1864.

« J'ai lu avec intérêt le rapport que vous m'avez fait l'honneur de m'adresser au sujet des opérations des commissions chargées de délivrer les certificats

30

de capacité pour l'instruction primaire dans les départements de votre ressort.

« Plusieurs des faits que vous signalez, et quelques-unes des observations auxquelles ils donnent lieu, peuvent être de nature à intéresser le corps enseignant. Je vous prie, en conséquence, de vouloir bien rédiger un extrait de votre travail, sous forme de note, pour être inséré dans le *Bulletin administratif*. — Acte vous en sera envoyé.

. . . .

Libelle d'un chef d'établissement contre un culte reconnu par l'État. — M. de Fourtou. (V. p. 154-156.)

Une société de libres-penseurs, à Paris et sous l'Empire, fondait des écoles qui avaient pour mot d'ordre d'écarter le nom de Dieu de leur enseignement; c'était la négation même de toute instruction religieuse, et, sous ce rapport, la violation de la loi alors en vigueur (1). Plus tard, sous la République, de la négation muette on passe à l'attaque violente; un chef d'établissement, dans le ressort, écrit et publie une brochure qui répand le sarcasme sur un culte reconnu par l'État; il fallut bien le déférer au tribunal compétent. L'affaire coûta des soins; elle vint en appel devant le Conseil supérieur. Le Ministre, qui, par le talent et le caractère, avait toute autorité dans la poursuite, soutint fortement le Recteur; l'inculpé eut toute liberté pour se défendre; il se reconnut l'auteur du libelle; le jugement sanctionna la plainte, qui n'était que trop légitime (2).

Le ministre, en toute circonstance, témoignait sa confiance à l'Administration académique; il adressa un jour au Vice-Recteur une coupe de Sèvres en témoignage de satisfaction. On mentionne le don pour avoir le plaisir de reproduire la lettre qui l'accompagnait :

« 11 mai 1874.

« Mon cher Recteur,

« Par arrêté en date d'hier, je vous ai attribué une coupe d'Urbino de la manufacture de Sèvres.

« Vous savez quels sont mes sentiments (3) de haute et affectueuse estime pour vous. Je suis heureux de vous en transmettre un témoignage et vous prie d'en agréer de nouveau la très affectueuse assurance.

« De Fourtou. »

La coupe de Sèvres (4) n'est pas le seul témoignage que j'ai reçu de mes

(1) V. le texte, p. 154.
(2) V. le texte, p. 156.
(3) M. de Fourtou veut bien nous conserver les mêmes sentiments lorsqu'il n'est plus ministre. (V. *Appendice*, introduction, p. 410.)
(4) Je n'acceptai pas une autre coupe qui me fut offerte lors de la dissolution de la Commission de gymnastique. (V. *Appendice*, livre VIII, Gymnastique, p. 497.)

chefs; je leur dois bien des ouvrages qui sont l'honneur de ma bibliothèque;
M. Jules Simon est au premier rang des donateurs.

Principe de la loi morale. (V. p. 173.)

La science, telle qu'on l'entend dans les loges maçonniques et l'école matérialiste, ne reconnaît pas de principe moral; un Dieu vengeur et rémunérateur serait sans objet. « Il n'y a pas plus de mérite ou de démérite à être vertueux ou pervers qu'à être borgne ou boiteux. » (Voir la lettre de M. le sénateur Naquet au *Journal des Débats*.)

Ni Dieu, ni maître. (V. p. 173.)

M. Hovelacque, président du Conseil municipal de Paris, s'emparait de la formule à l'inauguration de la statue de Diderot, en répondant à l'Allemand Büchner, auteur du Code du matérialisme :

« Le *XIX° siècle* est venu formuler l'enseignement philosophique de Diderot dans les quatre mots qui résument si bien toute sa pensée. » (Voir le rapport de M. Eugène Rendu; fête scolaire des écoles chrétiennes libres, 5 août 1886, brochure in-8°.)

Négation de Dieu par Proudhon et l'école positiviste. (V. p. 173.)

« Dieu, a dit Proudhon, n'est qu'une hypothèse plus ou moins ingénieuse pour expliquer ce qui existe.

« Pourquoi reculer si loin la question? Vous avez devant vous la matière savante et intelligente, pleine de sève et de force sous l'œil du ciel; son Éternel défie toutes les contradictions; son existence est la réalité la plus forte que nous ayons, puisqu'elle est la preuve de notre existence.

« Pourquoi quitter cette terre, sur laquelle nous nous tenons si fermes, de laquelle nous avons la plus solide certitude, pour aller reporter dans le vague et dans l'éther ce qui est en nous et autour de nous? Est-ce que la nature et ses forces vives ont rien qui blesse notre dignité et notre orgueil? Quant à moi, le *Mens agitat molem* de Virgile m'a toujours semblé la formule la plus énergique de la divinité, et tant que l'on n'aura pas trouvé ce Dieu tant discuté, tant cherché, sous la pile de Bunsen ou au fond d'une cornue dans une opération chimique, alors je persisterai dans mes erreurs, et je ne considérerai pas un essai de spiritualisme comme une chose plus sérieuse qu'un cerf-volant dans les nuages que ferait voler un enfant. »

Pour l'école positiviste, la question ne fait pas de doute. « La croyance en Dieu, dit l'un des adeptes dans la salle Gerson, est désormais incompatible avec l'exercice des hautes fonctions publiques. » — Un membre du Conseil municipal répond à l'un de ses collègues, demandant quelle sera dans l'école la place de l'enseignement religieux : « Nous ne nous occupons pas de ces sottises. Que l'enfant s'arrange avec Dieu, s'il croit à Dieu. » — Un autre, portant la parole dans une distribution de prix, disait aux enfants : « Dieu n'existe pas pour les socialistes. La notion de Dieu est la raison de toutes les erreurs sociales. La génération nouvelle ne doit connaître ni Dieu, qui est le tyran, ni le prêtre, qui est l'agent de la servitude. » On ne veut plus de Dieu, ni de la Providence, ni de la prière, ni d'aucune religion. (Mgr Dupanloup : l'*Athéisme et le Péril social*, page 63.) « La question, dit l'*Avenir national*, n'est pas ici entre la religion catholique et la religion protestante, mais entre les libres-penseurs et les sectateurs de toutes les religions positives. » Ainsi que le remarque le vaillant et éloquent évêque d'Orléans, ce n'est pas seulement le Christianisme, c'est « Dieu, Dieu lui-même qu'on veut chasser du monde entier, de la raison, de la science, de la conscience, de la société. En un mot, le monde sans Dieu, l'homme sans âme, l'éducation sans croyance, la société sans religion : *Extinctis diis, extincto Deo, successit humanitas.* » (*Revue médicale*, 15 février 1860.)

Ainsi le matérialisme supprime Dieu, supprime l'âme, et, avec elle, l'immortalité; j'en trouve la nette formule dans les *Réflexions d'un socialiste* que nous devons rappeler. (Voir journal *le Travail*, numéro 9, 2 mars 1862, Karl. Morel.)

M. Léon Gambetta à la Sorbonne et en Normandie. — Apothéose en Sorbonne. — Il s'agit de combattre la superstition. (V. p. 174.)

A la Sorbonne, dans la chaire du haut enseignement, à la place où Jouffroy et Cousin ont parlé de la divine morale, le dictateur invite les maîtres héritiers de leurs doctrines à changer leurs idées.

Courses triomphales en Normandie. (V. p. 174.)

Pour les ruraux de la Normandie, debout et bouche béante devant les tréteaux où il est monté, son boniment est plus vulgaire, mais toujours dans le sens de la bonne nouvelle. « Nous donnerons à vos enfants une instruction dégagée des superstitions. » La superstition, c'est l'idée religieuse. Et pour qu'il n'y ait pas de doute sur le but que l'on poursuit, c'est le gouvernement lui-même qui, quatre ans après la promulgation, et lorsqu'il s'agit d'en déterminer les conditions organiques, déclare, par l'organe du Ministre de l'Instruction publique et des Cultes, que l'école doit faire justice des superstitions. Pour que nul n'en ignore, le discours a été affiché dans toutes les communes de France. Il n'est question, il est vrai, que du Christianisme ; mais la ruine de la foi chrétienne, dans la pensée des sectaires, doit entraîner toutes les croyances, sous toutes les formes, au *surnaturel* que la science ne saurait admettre. Condorcet reconnaîtrait le plan d'éducation qu'il proposait, sous la première République, le 21 avril 1792 : « Un plan d'éducation, disait-il à l'Assemblée législative, ne peut admettre aucune sorte d'instruction religieuse; l'*athéisme pratique* en est le vrai fondement. Les religions sont pernicieuses, il faut les proscrire, et la proscription doit s'étendre sur ce qu'on appelle la *religion naturelle.* »

Le cléricalisme, c'est l'ennemi. — M. Jules Ferry en Normandie.
(V. p. 167.)

Président du Conseil, dans son voyage à Lillebonne (octobre 1883), M. Jules Ferry, à l'exemple de Gambetta, poursuivait dans le cléricalisme ce qui lui semblait l'esprit de superstition; il répondait en ces termes au Maire qui demandait le concours du gouvernement pour l'amélioration des écoles de la commune :

« Il faut achever et perfectionner les écoles et particulièrement celles des *petites filles*, qui seront les mères des générations futures, lesquelles seront plus heureuses et meilleures que nous, parce qu'elles auront été nourries à *une source plus généreuse*. Les générations à venir pourront faire ce que nous n'avons pu accomplir nous-mêmes. »

M. Gambetta s'était fait le précurseur de l'école laïque. Si la forme chez M. Jules Ferry était moins agressive, le *cléricalisme* à détruire, l'école *laïque* à universaliser, pour l'un et pour l'autre la thèse était la même.

M. Jules Ferry trois fois ministre ; son œuvre s'est achevée dans le même esprit ; la ligue, la maçonnerie. (V. pp. 168, 184, 256.)

M. Jules Ferry fut appelé trois fois au pouvoir (4 février 1879, 14 novembre 1881; — 30 janvier 1882, 7 août 1882; — 21 février 1883, 20 novembre 1883). Il dura plus de trois ans comme Ministre; dans le perpétuel *devenir* des cabinets, c'est relativement un assez long règne. La fortune s'explique par une capacité que personne ne conteste et l'énergie qu'il met au service des passions de la majorité. Son œuvre s'est poursuivie dans le même esprit; elle est organique dans toutes ses parties, grâce à la loi complémentaire de M. Goblet. Le Ministre ne refuse pas, d'ailleurs, de reconnaître ce qu'il doit à la Maçonnerie et aux Loges dans la poursuite de ses desseins; ainsi la Maçonnerie à Toulouse lui souhaite la bienvenue et le félicite de soutenir avec un courage persistant une lutte difficile contre les éternels ennemis de la société civile; la nouvelle loi, lui dit le Président de la Ligue, est *un peu à nous*. On ne renie pas de tels collaborateurs : « J'ai peut-être fait quelque bien, répond M. Ferry, au Ministère de l'Instruction publique, mais le plus grand bien que j'ai fait, ça été de me souvenir de M. Macé et de la Ligue d'enseignement. » M. Ferry a mieux fait que se souvenir, il a écrit la loi sous la dictée des Loges.

Quant à la Ligue, il lui fallait une passion bien ardente pour se parer du mensonge en vue du but qu'il s'agissait d'atteindre; *aujourd'hui*, a dit le

Président, *nous pouvons mentir*. Chez nos aïeux, une Compagnie célèbre fut frappée d'une impopularité qui dure encore; on ne lui pardonnait pas, quels que fussent son dévoûment et ses vertus, ses équivoques, ses *distinguo*. Sa casuistique est cependant quelque chose d'innocent, en regard du mensonge reconnu par certains politiciens comme bonne arme de guerre; le sens moral et l'esprit de révolution ne vont pas toujours de concert.

Laïcisation : ses mérites célébrés à la Chambre des députés. — Ce qu'elle est en réalité. — Comment M. Paul Bert est le vrai précurseur. (V. p. 184.)

L'esprit laïque par opposition à l'esprit religieux, telle est l'inspiration des nouvelles lois scolaires; le gouvernement ne manque pas de l'invoquer, bien assuré du succès, lorsqu'il veut trouver une majorité, réunir, *concentrer*, comme on dit, sur un terrain commun les deux gauches séparées ailleurs par des dissidences profondes. Un député, M. Blanc, qui se dit *Allobroge*, président, comme doyen d'âge, la séance d'ouverture des débats parlementaires (11 janvier 1887), a rappelé en vrai Nestor ce passé d'union pour inviter ses collègues à la concorde; il s'est gardé de remarquer que la question de laïcité qui les unit à la Chambre est précisément celle qui divise le pays en deux fractions ennemies, et livre à l'arbitraire ce que nous avons de plus sacré, les droits de la conscience.

« Rien de sérieux ne peut-être fait, dans les réformes à accomplir, sans une majorité de gouvernement; choisir de préférence celles qui sont réalisables, *sans causer de froissement;*

. . . .
puis voter avec cet ensemble dont l'admirable exemple a été donné dans la LOI DE LAÏCITÉ. »

La loi d'oppression méritait bien l'unanimité. Songez donc : la loi de *laïcité*, c'est une autre *prise de la Bastille*.

« Nous aussi, s'écrie triomphalement M. Blanc, nous aussi, troisième République, *par l'immortelle loi de l'enseignement primaire*, nous avons fait tomber les *bastilles* où les religieux du passé enfermaient le peuple dans *l'ignorance et la superstition*. »

L'orateur eût bien dû nous dire que ces bastilles de 1833 et de 1850 avaient été élevées par des historiens et des philosophes : MM. Guizot, Cousin, Thiers et Rémusat. Quant à l'immortelle loi, un écrivain non suspect à la République lui en eût montré les parties périssables. La laïcisation à l'état de système et de succès par la force est précisément la faute de nos gouvernants du jour; la pensée en remonte à M. Paul Bert, esprit haineux, autoritaire et matérialiste, qui exerça une influence néfaste sur Gambetta et lui donna ses formules. Nous trouvons à ce sujet, dans une revue anglaise (*Contemporary Review*), une très intéressante étude sous ce titre : LA SCIENCE DE PAUL BERT DANS LA POLITIQUE. C'est une page d'histoire contemporaine; Mme Juliette Adam l'a écrite d'une main virile, avec le sentiment d'un cœur généreux :

APPENDICE. 471

« Gambetta devait à Paul Bert toutes ses formules de politique scientifique..... Gambetta soutenait, admirait, développait, avec sa merveilleuse faculté d'assimilation, tous les projets de Paul Bert à propos d'*instruction publique.*

« C'est Paul Bert qui nous a lancés dans les voies de l'instruction à outrance, sans essais successifs d'acclimatation pour tant de semences nouvelles.

« . . . .

« Il n'admettait pas une instruction donnée autrement que par ses moyens, selon ses programmes, et sa préoccupation était de briser tous les moules qui n'avaient pas sa marque personnelle. *De là sa haine contre les établissements d'éducation religieuse.*

« . . . .

« *Paul Bert est le véritable inspirateur de l'article 7, des décrets du 30 mars,* d'une politique à laquelle il a sans cesse manqué ce qui a manqué à ses expériences, le succès.

« . . . . »

M. Jules Ferry ne fut donc que l'exécuteur des hautes œuvres commandées par Paul Bert et les Loges Maçonniques Le fait, en ce qui concerne le politicien scientifique, méritait d'être mis en lumière. Mlle Juliette Adam n'avait pas à s'enquérir du Comité qui eut à préparer le projet de loi portant l'article 7 ; l'opinion publique se montre assez indifférente aux agents secondaires, et ceux-ci, dans la matière, croient pouvoir laisser au Ministre toute responsabilité.

Persécution contre un culte. — M. Thiers. — M. Jules Simon. — Neutralité. (V. p. 184, 187.)

« Quand je vois, a dit M. Thiers à la tribune (1), qu'on s'acharne contre un culte, qu'on le prend en haine, je n'appelle pas cela de la *philosophie ;* je dis que c'est un *esprit de secte,* aveugle, étroit, mesquin, indigne de la véritable philosophie. »

« Conscients ou inconscients, a dit un écrivain philosophe, les politiciens qui veulent ruiner l'idée religieuse sont les ennemis de la France (2). »

Sans aller jusque-là, on peut affirmer que ce pays ne saurait retrouver la victoire et le relèvement sous le drapeau de l'athéisme.

M. Jules Simon est, comme M. Thiers, de la grande école libérale, et comme lui il en défend les principes. Son discours sur l'article 17 de la loi sur l'instruction primaire, dans la séance du Sénat (17 mars 1886), serait tout à citer ; il s'agit dans cet article de fermer les portes des écoles publiques aux instituteurs et aux institutrices congréganistes. On comprend le parti qu'un ora-

---

(1) Séance du Corps législatif, 4 décembre 1867.
(2) V. l'étude de M. Étienne Lamy : *La politique religieuse.* (*Revue des Deux-Mondes,* 15 janvier 1887.)

teur comme M. Jules Simon devait tirer de cet outrage à l'égalité, de cette violation des droits de la conscience, d'une proposition vraiment scandaleuse acclamée cependant par la majorité, qui proclame la neutralité religieuse et autorise l'intervention politique.

« Les congréganistes, nous dit-on, n'observent jamais la neutralité au point de vue religieux ; ils ne chercheront jamais à faire aimer la République ; au point de vue religieux, nous voulons la neutralité ; au point de vue politique, nous voulons l'apostolat ; les congréganistes ne nous donneront jamais ni l'un ni l'autre.

« — Pour ma part, j'estime que vous avez tort quand vous pensez que le maître d'école doit être neutre en religion et apôtre en politique. »

Et ici vient l'irrésistible démonstration que la neutralité est impossible :

« Quiconque serait neutre serait nul. Le maître ne peut pas être neutre. D'ailleurs mettez un livre quelconque dans la main d'un enfant, et la neutralité est violée.

« J'ajoute que je ne veux pas de cette neutralité, c'est une chose déshonorante ; ou ce maître a une croyance et il la cache ; ou il n'en a pas, et alors quel est donc cet homme qui prétend former des hommes sans avoir une conviction ? »

Mais on veut faire de cet homme un professeur de morale.

C'est impossible, répond le philosophe. « Il peut apprendre la morale aux enfants, mais en leur inculquant certains enseignements, certains principes, comme on leur apprend à marcher et à lire. — Il faut que l'éducation du foyer se continue dans l'école. »

L'idée démocratique. (V. p. 157.)

On peut trouver singulière l'idée prétendue démocratique qui, sous prétexte d'affranchir le peuple, prive la commune et le père de famille du droit d'exprimer un avis au sujet de l'école publique qui répondrait le mieux à leurs vœux ; ce droit en pareille matière est la première des libertés. — Il est peu démocratique d'accroître avec excès, au nom de la gratuité, des dépenses de luxe qui atteignent les plus humbles, d'élever un palais là où le caractère modeste de la maison scolaire ne réclame que l'air, l'espace, des salles et des cours bien aérées, toutes les conditions d'une saine hygiène. — C'est là une très fausse idée des vrais intérêts populaires. On songe, sans vouloir établir d'analogie, à cette grande patricienne dont on célèbre à bon droit l'esprit de charité, et qui en fait une application si erronée. C'est bien de réunir et d'élever des orphelins sous un local qui lui est cher ; mais avaient-ils besoin de l'édifice, élevé à grands frais, où la vue des voûtes grandioses, de l'écusson et des armes sculptés, le luxe et les splendeurs de l'art, ne sauraient les préparer au combat pour la vie qu'ils auront un jour à soutenir ?

Excès de production. — Diplômés sans emplois. — Trop de cabarets.
(V. p. 167.)

Cet excès de production vient d'être dénoncé par le Ministre de l'instruction publique lui-même; une note insérée au *Journal Officiel* prévient les 6.428 aspirants instituteurs et les 12.741 aspirantes institutrices qui se sont adressés au Ministre, qu'il ne peut rien faire pour eux, et qu'ils doivent avoir recours aux Préfets, afin d'avoir leur part des 8 ou 900 vacances qui peuvent exister.

« Le stock des pédagogues en quête d'emploi, écrit la *Liberté*, augmente considérablement ; il était, au 31 octobre 1886, de 19.169 individus des deux sexes, tandis qu'il ne montait qu'à 14.722 le 31 octobre 1885.

« Ces chiffres ne comprennent pas le département de la Seine, où, suivant la déclaration du Directeur de l'enseignement primaire, il y a 7,000 postulants ou postulantes pour 55 places d'adjoints et 20 sous-directrices d'écoles maternelles à pourvoir en 1887 (1). Dans tous les pays et dans tous les temps, on a considéré l'existence des déclassés dans la société comme une calamité publique. La République est le premier gouvernement qui travaille à en augmenter le nombre. C'est même, paraît-il, un principe ; car dans un rapport adressé au Ministre de l'Instruction publique, un *Inspecteur général* constate avec amertume *que les écoles normales n'ont pas encore assez d'institutrices.* »

« Étonnez-vous, dit un autre journal, *de voir laïciser à tour de bras* jusqu'aux salles d'asile des mioches. Il faut bien des places pour cette armée d'affamés, ces 19.169 diplômés des deux sexes qui crèvent de faim sur leurs brevets. »

Cette poussée gouvernementale vers les diplômes tient de la folie; un autre organe de publicité n'est que trop fondé à dire :

« Voilà sur le pavé, en quête de la situation la plus modeste, des milliers d'individus qui bientôt ne seront que des *révoltés*. A qui la faute ? — A ceux qui, sous prétexte de *progrès*, ne font que pervertir les esprits, et qui s'imaginent travailler au bonheur du pays en laissant la terre en jachère et en prenant par la main les fils de laboureurs et d'ouvriers pour les jeter, sans moyens d'existence, sur le pavé des villes. »

---

(1) Le *Bulletin officiel municipal de la ville de Paris* (mai 1889) publie une statistique effrayante, qui accuse un bien grand excès de candidatures diplômées pour les emplois scolaires :

« Au commencement du mois de mars dernier, il y avait plus de *deux mille postulants* pour les fonctions de début dans les écoles officielles de Paris (garçons), et plus de *six mille postulantes* pour les écoles de filles.

« Pendant le mois, il y a eu *six* nominations d'instituteurs et *quatorze* nominations d'institutrices. En sorte qu'à l'heure actuelle, il y a plus de *huit mille* candidats diplômés qui attendent des places, sans compter ceux qui ont grossi la liste depuis le commencement du mois. »

L'une de ces jeunes déclassées s'est jetée dernièrement à la Seine ; heureusement on a pu la retirer avant que l'asphyxie fût complète.

Un journal du matin (13 février 1877) explique en ces termes la triste aventure :

« Le mirage de l'instruction publique l'avait aveuglée. Elle avait ses diplômes, tous ses diplômes. Alors elle s'est dit qu'après avoir obtenu tous les titres exigés, elle n'avait qu'à se présenter pour obtenir un emploi. Elle s'est présentée, et tout ce qu'il a été possible de lui dire pour la consoler, c'est qu'il y en avait quelques milliers dans son cas, et qu'il n'est pas possible d'inventer des écoles pour les institutrices en quête de situation.

« Cet incident est la conséquence même des exagérations d'aujourd'hui. Garçons et filles sont imperturbablement détournés des *travaux manuels*. Elles rêvent des situations officielles, et c'est ainsi que les ouvrières, ou plutôt les filles d'ouvriers émigrent vers la ville. Elles rêvent d'être des demoiselles,... et ne jettent plus que des regards de dédain sur leurs compagnes, les filles de leur âge qui travaillent de leurs mains... »

Rien de plus vrai. Les mœurs publiques sont pour quelque chose dans cette fièvre de déclassement qui travaille la société ; mais le gouvernement a-t-il fait son devoir d'avertir et de retenir ? Étudiants et étudiantes, ont-ils été assez mis en garde contre l'ambition des diplômes ?

Écoutons maintenant un ardent ami de l'instruction populaire, qui s'attriste, lui aussi de cette marée montante de *déclassés* :

« Nous regorgeons, écrit M. Jules Simon dans le journal *le Matin* (29 décembre 1886), de déclassés et de déclassées. Il n'y en a jamais tant eu que depuis qu'il n'y a plus de classes. Il y a les déclassés bacheliers et les déclassés qui ont échoué au baccalauréat. Ceux qui échouent sont des ânes et il leur reste quelquefois assez d'esprit pour le reconnaître. Beaucoup de ceux qui réussissent sont des ânes aussi, mais ils ne le reconnaissent pas. Ils sont les plus malheureux des déclassés et les plus nuisibles. C'est la même chose pour les filles. Celles qui ont le brevet d'institutrices, et qui sont incapables de tenir une école, forment un régiment dans lequel on sait l'algèbre. On ne sait pas y être modeste ; on sait rarement y être aimable. C'est ce régiment qui fournit aux Ministres l'occasion de faire un gros mensonge tout en disant la vérité. Quand on leur dit : Vous chassez les institutrices congréganistes et vous ne savez pas par qui les remplacer, ils répondent : J'ai mon régiment. Par malheur, c'est un régiment qui n'est pas mobilisable. »

Quelle vérité ! Combien est vivante cette étude de mœurs tracée par l'écrivain philosophe :

« Ce qui a perdu la noblesse sous l'ancien régime, c'est que tout le monde se faisait noble. On n'envie pas moins aujourd'hui, quoiqu'on envie autre chose. Cherchez bien ce qu'il y a au fond de l'instruction intégrale. Ceux qui la demandent pour leurs enfants ne savent pas ce que c'est que l'algèbre ; ils ne pensent pas qu'il soit nécessaire d'être bon algébriste pour être bon ébéniste. Ce qu'ils veulent, c'est que leurs enfants puissent monter, monter et toujours monter ! Cela fait qu'il n'y a plus personne en bas, et que personne ne peut se tenir en haut. Ces ennemis forcenés des bourgeois n'ont qu'une pensée, c'est de faire souche de bourgeois. »

Nos gouvernants se croient sans doute démocrates en travaillant à un universel déclassement ; l'instruction, et une certaine instruction à outrance pour que personne ne soit en bas, c'est la pire des politiques. Flatter et toujours flatter, c'est-à-dire toujours tromper, c'est peut-être le moyen de régner un jour, mais au prix d'un périlleux avenir.

Cette politique toutefois a des apparences généreuses ; elle s'adresse en somme à l'esprit, elle éveille des ambitions qui pour quelques-uns sont satisfaites ; sortir du rang par l'effort, mériter et conquérir une position supérieure, ce n'est pas se déclasser, mais monter à son rang.

Mais que dire de cette autre flatterie, jalouse celle-ci de complaire aux goûts matériels et de laisser à cet effet toute liberté aux cabarets ; des hommes soucieux de la santé et de la moralité publique auraient maintenu entre les mains des Préfets le droit d'autoriser après enquête l'ouverture des débits de boissons et d'en prescrire au besoin la fermeture. Mais c'est là une considération d'ordre secondaire en regard de ce suprême intérêt : populariser les gouvernants, faire du mastroquet affranchi et reconnaissant un courtier d'élections. Aussi les Préfets sont-ils invités, sous le ministère de M. Ricard, à accorder, dans la plus large mesure, l'autorisation d'ouvrir des cabarets ; toute restriction disparaît en 1880, la liberté est désormais complète. La statistique permet de juger les résultats ; les chiffres relevés par le journal des *Débats* nous donnent 422.300 cabarets au 31 décembre 1885. C'est en dix ans, ajoute le publiciste, une augmentation de près de quatre-vingt mille débits de boissons. Quel triste progrès ! C'est à chercher le hameau ou village qui n'ait son foyer d'infection.

L'école saurait-elle remédier à ce mal ? En admettant qu'elle suivît le cabaret dans sa progression, qu'elle fût partout pénétrée de saines doctrines, elle resterait l'asile de l'enfant ; le cabaret avec ses excitations appellerait l'adulte.

Le modelage. (V. p. 161.)

La loi du 28 mars 1882 sur l'enseignement primaire obligatoire porte en son article premier, comme objets de l'enseignement dans toutes les écoles, les *éléments du dessin, du modelage et de la musique*.

La loi du 30 octobre 1886 sur l'organisation de l'enseignement édicte très sagement que « des règlements spéciaux, délibérés en Conseil supérieur de l'instruction publique, détermineront les règles d'après lesquelles seront réparties, entre les *diverses sortes d'écoles*, les matières fixées par la loi du 28 mars. »

C'est ainsi qu'est intervenu le décret du 18 janvier 1887 ayant pour objet l'exécution de la loi organique ; l'administration y distingue très justement les matières de l'instruction primaire *élémentaire* et celles de l'instruction primaire *supérieure* ; pour les écoles *élémentaires* le *modelage* disparaît, l'article premier est heureusement modifié en ces termes : les *éléments du dessin, du chant et du travail manuel (travaux d'aiguille) dans les écoles de filles;* le *modelage* retrouve sa vraie place avec le dessin géométrique et le dessin d'ornement dans les écoles *primaires supérieures*. — Entre autres matières *nouvelles*, il faut mentionner *le travail du bois et du fer pour les garçons ; la coupe et l'assemblage pour les filles.*

Nous verrons dans le prochain chapitre que ce n'est pas dans ces dispositions qu'il faut chercher l'intérêt des lois nouvelles : l'obligation et la gratuité dans la loi de 1882, la laïcité dans la loi de 1886; M. Ferry et M. Goblet ont poursuivi le même dessein politique.

Le prête-nom. (V. p. 156.)

Nous avons plus d'une fois rencontré le *prête-nom* dans les questions d'ouverture d'école, et nous l'avons toujours énergiquement repoussé. — L'administration ne saurait admettre qu'une personne en situation par ses grades de faire une déclaration parfaitement régulière, dont les antécédents ont toute l'honorabilité désirable, se prête à une fiction, et laisse à d'autres mains que les siennes la direction d'une maison d'éducation; une pareille pratique n'est pas moins qu'une violation formelle de la loi et une tromperie pour les familles.

Le bataillon scolaire. (V. p. 185 et 317.)

Le bataillon scolaire dans les écoles primaires considéré non en lui-même, mais dans l'esprit qui l'a fondé, émancipe la jeunesse lorsque l'heure n'est pas venue; demandez aux maîtres s'il pénètre l'enfance des principes de respect et d'obéissance qui sont l'âme d'une maison d'éducation. — Le petit bonhomme qui a trop souvent entendu crier sur la voie publique : *Ni Dieu ni maître*, entend bien ne relever que de lui-même ; il a quelque droit de se faire une haute idée de sa personnalité, invité qu'il est à venir parader devant les autorités aux jours des fêtes nationales. — (V. pages 311 à 317 et l'Appendice, p. 498.)

L'éducation des filles. — Note de l'Empereur adressée à Lacépède.
(V. pp. 205, 209.)

On connaît la note adressée par l'Empereur à Lacépède au sujet de l'organisation de la maison de Saint-Denis (Légion-d'Honneur) :

« Il faut commencer par la religion dans toute sa sévérité. N'admettez à cet égard aucune modification.

« Élevez-nous des croyantes et non pas des raisonneuses. La faiblesse du cerveau des femmes, la mobilité de leurs idées, leur destination dans l'ordre social, la nécessité d'une constante et perpétuelle résignation et d'une sorte de charité indulgente et facile, tout cela ne peut s'obtenir que par la religion charitable et douce.

« Presque toute la science qui sera enseignée dans l'école de la Légion-d'Honneur doit être celle de l'Évangile. Je désire qu'il en sorte non des femmes très agréables, mais des femmes vertueuses, — que leurs agréments soient de mœurs et de cœur, non d'esprit et d'amusement ; que les élèves fassent chaque jour des prières régulières, entendent la messe et reçoivent des leçons sur le catéchisme. — Cette partie de l'éducation est celle qui doit être la plus soignée. »

La note de Lacépède porte la date du 15 mai 1807 ; toute une révolution s'est accomplie depuis dans les idées et les mœurs ; la science a désormais sa place dans l'éducation des filles ; — mais ce n'est pas une raison d'en exclure l'idée religieuse ; — je la préfère à la croisade prêchée en Normandie.

La thèse de l'empereur peut, en apparence, être excessive, mais la vérité permanente à travers les âges, c'est le rôle de la femme dans la famille ; l'éducation qui la prépare aux pratiques et aux devoirs de la maternité répond aux aspirations de sa nature et aux besoins de la vie sociale.

Meurs de faim ou vis de honte. (V. p. 211.)

Toutes les enquêtes faites par des écrivains autorisés, comme M. Maxime du Camp, dans un sincère amour de la vérité, attestent le résultat que nous signalions tout à l'heure en mentionnant l'excès de production (1) ; telle information qu'il serait délicat de reproduire dans les détails établit que, dans les *pensions laïques* de Paris, les places au pair, c'est-à-dire seulement pour la nourriture et le coucher, tendent à devenir la règle. — Une institutrice, parlant des sous-maîtresses, de la nécessité où elles se trouvent de réduire de plus en plus leurs appointements, conclut par de telles paroles : « Les sous-maîtresses qui tournent mal sont les seules qui désormais pourront se tirer d'affaire. »

— Comment s'étonner, puisqu'il y a un trop-plein de jeunes diplômées, qu'il s'établisse des agences, au dire de la même information, qui exportent la *marchandise brevetée*? Mieux vaut s'exiler, gagner son pain honorablement à l'étranger que de *mourir de faim* ou de *vivre de honte*.

Hystérie. — Curiosité malsaine. (V. p. 212.)

Un autre publiciste (2), rendant compte d'une discussion à l'Académie de Médecine, écrit, d'après des renseignements dont je décline la responsabilité :

« Dans l'enseignement officiel, on se fait un malin plaisir de provoquer chez les jeunes filles une curiosité malsaine qui développe en elles des affections nerveuses. Voilà la cause de la névrose anémique et chlorotique dont les médecins se plaignent. Il est impossible que l'on ne revienne pas avec le temps aux procédés moraux d'enseignement.

(1) V. p. 167 et *Appendice*, p. 473.
(2) V. le journal *la Liberté*, 2 octobre 1886.

« Si cette réaction salutaire ne se produisait pas, la *société périrait dans un accès d'hystérie;* mais, de toute façon, la laïcisation aurait étrangement débilité la génération qui va venir. »

Démoralisation par le théâtre.

Si l'on peut révoquer en doute cette démoralisation des jeunes filles par les leçons de l'école, il faut bien reconnaître que certaines représentations théâtrales auxquelles on les convie sont peu propres à les édifier.

« Un amateur de paradoxes radicaux, nous dit un écrivain (1), peut prétendre que la pudeur n'est qu'une des formes de la superstition. C'est la thèse de la Convention. Le conventionnel Baraillon voulait que l'on enseignât aux fillettes de l'école primaire les secrets les plus délicats de la femme. »

. . . .

Nous n'en sommes pas encore là, bien que plagiaires de la Révolution, sur plus d'un point qui touche l'éducation de la jeunesse, mais on peut, sans songer à mal, atteindre le but par des voies détournées et qui ne manquent pas d'agrément. Les représentations que le théâtre de l'Odéon consacre aux enfants des écoles laïques sont un de ces moyens d'enseignement. Une discussion curieuse s'est élevée à ce sujet au sein du Conseil municipal de Paris (*Autorité*, 14 mars 1886), ce Conseil qui a expurgé le bon La Fontaine, auquel on fait dire :

> Petit poisson deviendra grand,
> Pourvu qu'on lui laisse la vie.

Il s'est bien trouvé un Conseiller dans les idées du vieux temps qui a osé dire que *Tartufe*, le *Barbier de Séville*, le *Dépit amoureux*, n'étaient pas un bon enseignement pour de jeunes filles, et ne rappelaient en rien *Esther* et *Athalie* représentées à Saint-Cyr sur le théâtre de Mme de Maintenon. Le colloque s'est fermé sur cette judicieuse sentence de M. le Préfet de la Seine : « Notre devoir n'est pas de cacher aux enfants les passions, mais de leur montrer quelle direction elles doivent prendre. » Voilà qui est dit. Le théâtre de Molière et de Beaumarchais, école de mœurs pour les jeunes filles. M. le Préfet pouvait-il mieux confondre les radicaux qui lui font la guerre, et prouver qu'il est bien dans le mouvement ?

Enseignement secondaire spécial. (V. p. 229.)

L'enseignement secondaire spécial, qu'on pouvait dès l'origine estimer trop étendu, à raison des besoins particuliers à desservir, semble au contraire avoir perdu d'année en année son caractère pratique à mesure qu'on a remanié les programmes.

(1) Le journal *la Liberté*, 2 octobre 1886.

APPENDICE. 479

Le Conseil académique s'est nombre de fois occupé de la question, et a notamment formulé des vœux dans les quatre sessions de 1870, 1873, 1874, 1877, pour la révision des matières d'enseignement.

Année 1870.
(*Séance du 24 juin.*)

A la suite d'une discussion sur la situation de l'enseignement secondaire spécial, telle qu'elle a été présentée par un inspecteur de l'Académie, le Conseil académique déclare apprendre avec satisfaction :

« Que l'administration se préoccupe des mesures qui auraient pour effet de fortifier cet enseignement et de lui faire produire les résultats possibles ; que sa sollicitude à cet égard répond aux préoccupations du Conseil. »

Année 1873.
(*Séance du 7 novembre.*)

Le Conseil académique émet l'avis qu'il y a lieu de se préoccuper :
1º De la révision des programmes de l'enseignement secondaire spécial ;
2º Du recrutement des élèves ;
3º Des examens de passage d'une classe à l'autre ;
4º De l'instruction et de la direction à donner aux professeurs ;
5º Enfin, de la révision des règlements sur les examens de fin d'études.

Année 1874.
(*Séance du 14 novembre.*)

Le Conseil académique exprime les vœux ci-après :
1º Que l'autorité supérieure veuille bien faire examiner et réviser les programmes de l'enseignement secondaire spécial, qui sont beaucoup trop étendus ;
2º Que la partie scientifique de ces programmes soit remaniée et considérablement réduite ;
3º Que ces programmes soient dressés en vue de trois années d'études seulement, au lieu de quatre ;
4º Qu'une corrélation exacte soit établie entre les programmes des examens de fin d'études et les programmes des trois années de cours.

Année 1877.
(*Séance du 1er décembre.*)

Le Conseil académique, convaincu, comme dans les sessions précédentes, par les communications diverses que lui a faites l'administration, que la trop grande généralisation de l'enseignement secondaire spécial a été une mesure regrettable, qu'il eût importé de concentrer ses forces sur un petit nombre de points, et particulièrement dans les centres commerciaux et industriels, qu'en tout état, l'entreprise ne peut donner de résultats que là où le personnel est capable, le matériel scientifique complet et bien organisé ; les examens d'entrée et de passage convenablement sévères ;

Exprime le vœu que l'autorité supérieure complète les mesures qu'elle a prises en 1875 pour les examens du diplôme d'études, et que les programmes, sous ce rapport, soient un guide pour les professeurs et pour les élèves.

Le Conseil estime que l'enseignement recevra ainsi une impulsion plus sûre, et que les élèves des lycées et collèges se présenteront dans des conditions meilleures de succès.

Les écoles centrales. — M. Taine. (V. p. 222.)

Pour éclairer l'opinion et se diriger lui-même dans les questions que soulevait l'institution de l'enseignement secondaire spécial, M. Duruy prescrivit les plus sérieuses enquêtes sur les pratiques des pays étrangers ; il ne trouvait pas de modèles dans les *écoles centrales* de la première République. Les projets ambitieux ne manquèrent pas à cette époque ; n'allons pas au-delà des intentions ; en fait, la Révolution n'avait fait que des ruines dans l'enseignement. M. Taine a décrit magistralement la situation (1) :

« Avec les biens des émigrés, la Révolution a confisqué les biens de toutes les Sociétés locales ou spéciales, ecclésiastiques ou laïques, églises et congrégations, Universités et Académies, écoles et collèges, hospices et hôpitaux, même les biens des communes.

« ..... L'ancien patrimoine des pauvres est réduit de moitié ou des deux tiers.

« ..... Sous le cri des misérables qui implorent en vain des secours, des soins et un lit, on entend une plainte plus sourde, mais plus vaste, *celle des parents qui ne peuvent plus donner d'instruction à leurs enfants, filles ou garçons, aucune instruction, ni la secondaire, ni la primaire.*

« ..... Plus maltraité que l'assistance publique, l'enseignement public n'a recouvré aucun débris de sa fondation. Partant, dans les derniers temps du Directoire et même dans les premiers temps du Consulat, *l'enseignement est presque nul en France.* — Pendant les intermittences de la Terreur, avant le 13 vendémiaire, avant le 18 fructidor, les écoles particulières repoussent, mais ce n'est que par place ; sitôt que *le jacobin* revient au pouvoir, il les écrase avec insistance, *il veut être seul à enseigner.* — L'institution d'État par laquelle il prétend remplacer les établissements anciens et les établissements libres ne fait figure que sur le papier. Il a installé et décrété une *école centrale* par département ; ce n'est guère, pour tenir lieu de huit ou neuf cents collèges, d'autant plus que ces nouvelles écoles sont mal entretenues, mal outillées, que le plan des études y est mal agencé, que *l'esprit des études est suspect aux parents.*

(1) *La Constitution de la France en 1800.*

« C'est bien pis pour l'enseignement primaire; les communes ne peuvent l'entretenir. — D'autre part, comme l'instruction doit être *laïque et jacobine*, presque partout l'instituteur est un laïque de rebut, un jacobin déchu. Les familles se détournent de lui; — c'est qu'en 1800, jacobin et vaurien sont devenus deux mots synonymes... — Les pères aiment mieux pour leurs fils l'ignorance pleine que l'instruction malsaine.

« ..... Plus profond et plus universel encore s'élève un autre soupir, celui des âmes en qui subsiste ou se réveille le regret de leur culte aboli et de leur église détruite. »

(*Revue des Deux-Mondes*, 15 mars 1889, pp. 260-263.)

LIVRE VIII

I. — Enseignement secondaire classique.
Ce que cet enseignement présente de supérieur dans l'intérêt de la science : hommage d'un physiologiste.
Réforme des études, discipline ; lettre de M. Duruy ; rapport du vice-recteur sur les études en 1868. — M. Jules Simon poursuit la réforme ; ses instructions. — Rapports de M. Patin et de M₉ʳ Dupanloup. — Le gymnase français et le gymnase allemand : Mémoire de M. l'inspecteur Deltour lu au Conseil académique. - Concours général. — Prix des sociétés savantes. — Mouvement des études de 1830 à 1863.
Concours académique : lettre du ministre. — Concours entre les départements : M. de Salvandy.

II. — Éducation physique.
Gymnastique. — M. Duruy, premier promoteur. — Œuvre poursuivie par M. Jules Simon.
Promenades : Paris, la province. — Maisons de campagne. — Le collège à la campagne.
Commission de gymnastique instituée par M. Duruy ; une nouvelle commission : M. Paul Bert.
Encore les bataillons scolaires : le suffrage universel et le fusil.

Enseignement secondaire classique. — Ce que cet enseignement présente de supérieur dans l'intérêt de la science ; hommage d'un physiologiste. (V. p. 236.)

Les questions de réformes n'ont pas cessé d'être agitées depuis la bifurcation de M. Fortoul ; on sait combien de ministres ont mis à l'étude la révision du programme ; les noms de MM. Victor Duruy et Jules Simon doivent être particulièrement retenus pour ce qui a été fait et tenté jusqu'à l'avènement de M. Jules Ferry. C'est de son règne que datent les programmes de 1880 mis eux-mêmes en cause. Après une suffisante épreuve, une Commission est à l'œuvre pour en juger les résultats ; quelles que soient ses propositions, il importe de nettement établir que les amis de l'enseignement classique n'ont pas contesté la place que la science doit occuper dans l'éducation de la jeunesse ; ils veulent seulement qu'on la mesure aux besoins et aux forces des jeunes esprits ; ils prétendent avec quelque raison que la culture littéraire intéresse la science. Dans l'année même (1879) qui ouvrait l'ère d'une nouvelle Université, le plus ardent apôtre des sciences expérimentales (1) rendait aux lettres un hommage qui de sa part ne saurait être suspect. Président de la distribution des prix au lycée Fontanes, il disait aux élèves :

« Il ne suffit pas que nos jeunes citoyens aient, pour emprunter l'expression du vieux moraliste, « la tête bien pleine et bien faite », il faut qu'elle soit habituée à regarder en *haut ;* il faut que l'éducation allume dans les

---
(1) M. Paul Bert.

âmes le désir ardent de la science pour quelque but élevé ; il faut que le *sursum corda* frémisse au fond de tout enseignement ; il faut que le *culte du beau*, que le *respect du non utile*, que l'*amour de l'idéal*, imprègnent fortement les jeunes esprits.

« Or, à ce résultat nécessaire peut seule conduire une haute culture littéraire. L'*étude des lettres seule* peut produire ce désintéressement sublime qui fait apprendre, réfléchir, s'émouvoir, pour la pure satisfaction de savoir, de comprendre, de jouir ou de pleurer. Elle seule amène l'esprit à cette *hauteur* où il embrasse les horizons de la science elle-même, pour en admirer l'étendue sans limite ; elle seule lui montrera ce qu'il y a de grand dans la science.

« ..... On a dit peut-être avec quelque raison qu'avec les lettres *seules* on ne forme qu'une nation de *rhéteurs ;* mais prenons garde que des études scientifiques exclusives *ne préparent* une nation de *contre-maîtres.* »

Études et discipline. — Réformes. — Lettre de M. Duruy. — Rapport du vice-recteur. (V. p. 254.)

M. Duruy précéda M. Jules Simon dans les questions de discipline et d'études ; la statistique de l'instruction secondaire qu'il fit dresser est une page à consulter pour qui veut juger sa sollicitude. On n'y trouve pas ses lettres particulières aux Recteurs ; la bienveillance des instructions expliquerait, à défaut du devoir, leur empressement pour en assurer l'exécution fidèle. Ainsi il écrit à l'un d'eux :

« Juillet 1868.

« Mon cher Recteur,

« Je vous envoie le dossier des réformes disciplinaires. Vous le trouverez bien maigre.

« Votre Académie étant, grâce à votre zèle si intelligent et si dévoué, celle où l'expérience a été faite de la manière la plus complète, je voudrais qu'il vous fût possible de parcourir ces pièces et le résumé qu'on a fait, avec mes annotations, enfin la partie du rapport à l'Empereur où il était question de ces réformes, puis de me donner votre avis. . . . .

« Nous ne devons pas perdre de vue que le problème est résolu en *droit*, sinon partout en *fait*, pour l'*enseignement spécial*, et par conséquent qu'il y a convenance, dans les maisons où cet enseignement se développe, à placer l'enseignement technique sous le même régime. »

Viennent ensuite les détails d'application.

Le Vice-Recteur soumit au Ministre le résumé du dossier disciplinaire ; il lui présenta ensuite, conformément à ses instructions, un extrait, avec rapport à l'appui, dans lequel étaient formulées les réponses des lycées et collèges aux questions posées dans la Statistique de l'Instruction secondaire.

Le rapport, en date du 25 août 1868, *imprimé* à titre de document administratif, est trop long pour être reproduit ; j'en extrais seulement quelques passages :

« 1° *Récréations.*

« C'est à l'unanimité et presque par acclamation que les lycées et les collèges votent pour des récréations plus longues et plus nombreuses. Si quelques opposants disent *non*, c'est qu'ils craignent le dérangement que tout changement amène. Quelques établissements ont déjà fait la réforme.... La grande majorité demande *plus de mouvement pour le corps et de repos pour l'esprit.*

« MM. les Proviseurs de Paris, avec lesquels j'avais eu soin, *dans nos réunions mensuelles*, de traiter cette question et toutes celles que pose la Statistique, s'étaient montrés unanimes pour la réforme qui vous préoccupe. Mais ils s'étaient associés en même temps à l'observation que je leur présentais sur la nécessité de changer le caractère des récréations : se borner à les multiplier sans y mêler des exercices, des jeux gymnastiques, ce serait étendre le mal signalé par la plupart des chefs d'établissement ; une récréation dans laquelle les élèves ne se rapprochent que pour la *conversation*, ainsi que cela se pratiquait dans les cours des grands et quelquefois des moyens, est pleine de dangers. Il y a lieu de voir, particulièrement à Paris, si l'on ne pourrait, pour les jours de promenade, s'entendre avec les Compagnies de Chemins de fer, obtenir des réductions de prix qui permettraient de transporter, sans de trop grandes dépenses, des divisions entières en pleine campagne, bien en dehors de la banlieue, dans les forêts de l'État ou à un site renommé.

. . . .
. . . .

« 2° *Durée des classes et des études.*

. . . .

« La plupart des lycées et un grand nombre de collèges demandent le maintien des classes de deux heures pour la division supérieure des lettres ; on ne renoncerait pas volontiers à la grande étude du soir pour les quartiers des grands. — Les professeurs des Sciences n'admettent pas qu'on réduise le temps de leurs classes, à moins qu'on ne place les interrogations à d'autres heures....

. . . .

« Je concluais ici, comme sur beaucoup d'autres points, qu'il faut se garder de procéder par mesures générales, qu'il convient de faire des essais ; que l'essai doit être tenté là où il offre chance de succès ; mais que partout il convient de donner des instructions pour la nature et l'étendue des devoirs, de telle sorte qu'ils n'excèdent ni la force moyenne, ni l'intelligence des élèves ; qu'ils soient courts comme les leçons ; que les classes soient bien préparées ; une classe d'une heure et demie, avec un bon professeur, peut être féconde ; les classes courtes ou longues, avec des maîtres insuffisants, sont à peu près stériles.

. . . .

« *3° Récitation. — Dictée. — Rédactions. — Cartes.*

« Ce qui me semble avoir mis en cause la récitation, c'est le temps excessif qu'elle prend sur la classe ; il suffirait d'en réduire la durée pour écarter toute objection. La récitation, qui se fait au quartier, serait l'objet de soins plus attentifs ; elle recevrait en classe la direction du professeur.

« La dictée, qu'il s'agit de remplacer par des textes autographiés, offre un réel intérêt comme exercice propre à exciter l'attention. L'élève, tenu d'écouter à l'intonation, à l'expression, aux intervalles de la parole, pénètre le sens du texte ; la dictée, sous un autre rapport, dans les classes de grammaire et au delà, est un exercice utile d'orthographe ; les lycées de Paris en demandent le maintien.

« Sans supprimer la dictée, on pourrait la réduire : donner par intervalles des textes autographiés pour les versions grecques et latines ; le devoir des élèves serait singulièrement facilité par un texte correct.

« La plupart des lycées et collèges comprennent bien la perte de temps qu'entraînent de longues rédactions, et ne demandent le maintien de ce travail qu'en lui fixant des limites. — Qu'on évite les rédactions continues portant sur toutes les parties du cours, qu'on les exige seulement pour telle partie bien choisie dans chaque numéro du programme.

« Quant aux *cartes*, peu d'établissements traitent la question. L'abus sur ce point est facile à éviter. « Si les cartes ne sont que des croquis », en classe des lignes rapidement tracées sur le tableau noir, à l'étude, sur le cahier, des divisions tracées à main levée pour l'orthographie, le tracé des bassins, quoi de plus pratique et de plus utile !

« *4° Vers latins.*

« Je remarque, en relevant les votes, que 28 lycées sur 76 admettent volontiers qu'à partir de la seconde, le vers latin cesse d'être obligatoire ; à Paris, où l'on est porté à conserver dans son ensemble le système des études classiques, tous les lycées ont demandé le maintien des vers latins comme *obligatoires;* Versailles et Rollin seuls les admettaient comme *facultatifs* pour la rhétorique et la seconde.

« La grande crainte de l'Université, je ne dis pas à Paris, mais dans la province, c'est que les déserteurs des vers latins passent, non pas à l'histoire ni aux langues vivantes, mais aillent recruter les institutions libres. Cette crainte est beaucoup plus marquée pour le grec. En réfléchissant bien, on se rassure, et on a confiance que le caractère facultatif donné au vers latin *dans les classes supérieures* laisserait à l'Université toute sa force, et ne l'atteindrait pas dans le sérieux de ses études.

« Pour le *grec*, les votes des lycées et collèges se présentent autrement.

« Je ne compte que 9 lycées sur 75 qui admettent que le grec puisse être facultatif, et la plupart avec certaines réserves. 53 collèges sur 146 croient que l'étude du grec pourrait être facultative. Mais il faut dire que nombre d'entre eux se déclarent, comme c'est en effet, incompétents, que plusieurs ne veulent le grec facultatif qu'en rhétorique, que tous enfin demandent qu'il ait sa place, soit dans un baccalauréat complet, soit dans un baccalauréat ordinaire, avec prime pour celui qui en subirait l'épreuve avec succès.

« Ici, bien plus encore que pour le vers latin, la grande crainte de la province, c'est que l'enseignement libre, qui était autrefois si inférieur à l'Université dans l'enseignement du grec, ne prenne sur elle, dans l'opinion et devant les familles, une supériorité littéraire et n'affecte d'être le dépositaire des grandes traditions classiques.

« 5° *Baccalauréat*.

« Je ne trouve pas un lycée qui admette *deux* baccalauréats ès-lettres, l'un restreint, l'autre complet. Ces deux diplômes obtenus dans des conditions différentes conféreront-ils les mêmes droits ? ou bien, en quoi différeront ces droits ? Certaines professions libérales ne seront-elles ouvertes qu'au baccalauréat complet ? Ce n'est pas probable. Alors qui songera aux matières facultatives ? Les élèves ne portent déjà que trop peu d'intérêt aux matières qui ne sont pas représentées dans les programmes du baccalauréat ; nombre de collèges demandent à ce point de vue que les langues vivantes, pour avoir leur sanction, aient leur place dans les épreuves du grade. Bien peu d'élèves s'inquiéteront, dit-on, d'être plus ou moins bacheliers, et de là un abandon inévitable, dans les classes, des matières facultatives ; on ajoute, avec quelque raison : « L'élève coupera toute branche qui ne portera pas de fruits au « baccalauréat restreint. »

« 6° *Vœux*. — *Enseignement spécial*.

« Inutile d'ajouter au résumé précédent des observations et des vœux que tous les professeurs de tous les collèges acceptent avec reconnaissance l'amélioration du matériel, l'avancement sur place, l'intervention mesurée et progressive de l'État dans le budget des collèges communaux, des écoles normales secondaires, etc.

« Quant à *l'enseignement secondaire spécial*, tous les collèges se montrent très disposés à l'établir et à lui consacrer une partie de leurs ressources et de leur personnel ; mais c'est un enseignement dont la direction, dans la pratique, ne saurait être trop recommandée à la vigilance des chefs d'établissement et des Inspecteurs d'Académie, pour qu'il soit approprié aux besoins des localités, que les élèves y soient bien groupés par forces, que des examens de passage assurent la bonne distribution des études, et qu'enfin des résultats pratiques, sensibles, donnent à cet ordre d'enseignement le crédit qu'il doit obtenir auprès des populations, habituées à ne connaître et à n'estimer que les études classiques. »

Études. — Réformes. — M. Jules Simon. — Rapport de M. Deltour.
(V. pp. 236-254.)

M. Jules Simon reprit les questions que M. Duruy avait mises à l'étude ; les solutions qu'il proposa, et entre autres la suppression du vers latin et du thème grec, etc., furent portées après lui devant le Conseil supérieur ; M. Patin, Doyen de la Faculté des Lettres, fut nommé rapporteur (1). Pour juger le débat, il importe de mettre en regard du substantiel rapport et les instructions du Ministre, et le livre que nous avons bien des fois cité, la *Réforme de l'Enseignement secondaire*. Le projet qu'il recommande, après M. Victor Cousin, et selon la méthode allemande, d'organiser des études inférieures, de telle sorte qu'elles puissent offrir un enseignement complet à ceux qui ne doivent pas suivre la filière complète des études, ne trouva pas de contradicteurs. « Dans cet enseignement, dit M. Victor Cousin, on a mis tout ce que les élèves ne seront jamais forcés d'apprendre, alors même qu'ils n'iraient pas plus loin ; parmi les notions, je vois figurer à bon droit l'histoire, la géographie générale et nationale. »

Le Conseil académique de Paris, à la même époque, inscrivait à son ordre du jour les mêmes questions d'études ; ainsi M. Deltour, Inspecteur d'Académie, lisait, dans la séance du 27 novembre 1872, un intéressant travail qu'il avait préparé, à la demande du Président, sur le gymnase allemand comparé au Lycée français (2). M. l'Inspecteur Chevriaux était invité d'autre part à rendre compte du système d'études mis en pratique dans les écoles Monge et Alsacienne, dont l'esprit novateur était fort remarqué.

Concours général à Paris. — Mouvement des études de 1830 à 1863.
(V. pp. 271 et suiv.)

J'eus à faire connaître au Ministre quel avait été le mouvement des études de 1830 à 1863 dans les classes de Philosophie et de Rhétorique, autant qu'on pouvait l'apprécier par les copies couronnées au Concours général. J'instituai à cet effet une Commission pour se partager ce délicat travail. Elle était ainsi composée (les noms feront juger de sa compétence) :

Philosophie :   MM. Caro et Janet, professeurs à la Faculté des Lettres.
Histoire :   Wallon,   id.
   Brissaud, professeur au lycée Charlemagne.
Discours latin :   Berger, professeur à la Faculté des Lettres.
   Nisard, inspecteur d'Académie.
Vers latins :   Mézières, professeur à la Faculté des Lettres.
   Caboche, inspecteur d'Académie.

(1) Mgr Dupanloup, évêque d'Orléans, lit un rapport sur les questions du baccalauréat.
(2) *L'enseignement secondaire classique en Allemagne et en France.* In-8, 1880.

Mon rapport résuma leurs observations ; je le reproduis à ce titre et comme souvenir historique de nos études secondaires :

« La Commission a porté dans ce travail un soin laborieux auquel c'est justice de rendre hommage ; elle signale à votre attention, Monsieur le Ministre, dans la période de trente-trois ans qu'elle avait à parcourir, des fluctuations et des différences de niveau très marquées pour nos études classiques.

« Mais un fait capital et qu'il convient de signaler tout d'abord, c'est qu'il y a une concordance absolue entre les Commissions chargées d'examiner les copies de Philosophie et de Discours français et celles de Discours latin, de Vers latins et de grec, sur la désignation des phases d'abaissement et des phases de progrès. Il y a eu solidarité en quelque sorte entre les différentes Facultés pour le mouvement ascensionnel comme pour la décadence.

« Quant à l'Histoire, sa marche et ses fluctuations sont restées indépendantes du mouvement des autres études. Quand les autres Facultés fléchissent, elle, au contraire, se relève, et réciproquement.

« Voici Monsieur le Ministre, le résumé analytique des conclusions présentées par chacune des Sous-Commissions dans la réunion générale que j'ai présidée. M. le professeur Brissaud, dont je trouve le zèle et les avoir toujours prêts, tenait la plume comme Secrétaire. »

PHILOSOPHIE.

La Commission a distingué quatre périodes.

De 1830 à 1840, confusion dans les doctrines philosophiques, et en même temps style qui manque de simplicité, de justesse et de rigueur.

De 1841 à 1852, solidité des doctrines, justesse des esprits, précision du style. C'est dans cet intervalle que les résultats de l'enseignement philosophique ont été le plus abondants et le plus soutenus.

De 1852 à 1858, déclin rapide, faiblesse extrême.

A partir de 1859, la renaissance des études philosophiques est très sensible ; quelques copies révèlent des intelligences nourries de fortes études. Les meilleures copies de cette dernière période atteignent déjà le niveau de la période 1841-1852.

DISCOURS LATIN.

Quatre périodes.

De 1830 à 1837, années de fluctuation.

De 1838 à 1848, l'essor est pris, et, avec quelques inégalités, se soutient jusqu'en 1853 ; le point culminant serait 1844-1845. 1851 et 1852 sont encore années heureuses.

De 1853 à 1857, abaissement très sensible ; 1856 est le point le plus bas.

A partir de 1857, le discours latin est dans une période d'ascension ; 1860 marque jusqu'ici le point culminant,

VERS LATINS.

Les alternatives de bien et de mal correspondent assez exactement aux quatre périodes précédentes.

De 1830 à 1836, progrès constants, copies sages et nettes, développements sobres.

De 1836 à 1839, un temps d'arrêt; quelques incorrections, et moins de mesure dans les développements.

De 1839 à 1849, il y a une veine de compositions heureuses; le chiffre des vers témoigne que cette Faculté a pris possession du goût des élèves. On trouve dans ces devoirs une latinité qui vient assez directement des anciens, une heureuse culture d'esprit, un certain art de donner au développement des idées de l'agrément et de la fermeté tout à la fois.

De 1849 à 1860, décadence. Les élèves pensent en français; l'expression manque de poésie, de latinité et de propriété. Des développements sans mesure quand le sujet y prête; s'il est difficile, la gêne se fait sentir et la prose paraît. Enfin la quantité n'est plus respectée.

A partir de 1860, il y a un retour du vers latin; les copies sont plus sobres et plus nettes; les mouvements et les souvenirs rappellent davantage la poésie latine.

Par rapport à la période de décadence, la Sous-Commission fait la réserve suivante : « Les matières, dans cette période, ont été en général plus difficiles; elles mettaient moins vite et moins sûrement les élèves sur le terrain du vers latin, elles offraient moins d'ouverture pour les développements, les souvenirs et l'imitation. Cette difficulté est d'autant plus grande pour les élèves d'aujourd'hui que, sans avoir moins d'esprit, ils sont plus jeunes et ont moins su de latin. La Commission présente cette réserve comme une circonstance atténuante. »

VERSION ET THÈME GRECS.

La Sous-Commission a procédé en rapprochant, par chaque année, la copie du 1er prix et celle du 8e accessit. De ce rapprochement, elle a tiré des conclusions qui distinguent aussi quatre périodes dans la variation du niveau des études grecques. Dans chacune de ces périodes, la Sous-Commission a constaté l'étroite connexion de la version grecque et du thème grec.

De 1830 à 1843, il y a en général une assez grande distance entre le 1er prix et le 8e accessit.

Les moyennes des plus élevées se trouvent dans la période de 1843 à 1848, qui offre une série remarquable de bonnes copies dans les deux Facultés.

Le concours en thème grec ayant été interrompu de 1849 à 1852, les compositions des lauréats en thème grec de 1853 à 1859 témoignent d'un notable affaiblissement, et cet affaiblissement est sensible aussi dans les dernières compositions de version grecque pendant cette période.

Les quatre dernières années, 1860-1863, offrent, au contraire, moins d'écart entre les deux places extrêmes dans les deux Facultés ; ce qui semble indiquer que les élèves envoyés au concours constituent une élite de force plus égale que dans les années précédentes.

DISCOURS FRANÇAIS.

Quatre périodes. — La plus mauvaise est la première, 1830-1840. Les copies sont remplies de phrases vides et de déclamations banales. De 1840 à 1849, le niveau s'élève, c'est une série de bonnes compositions dont quelques-unes même sont excellentes. De 1849 à 1858, le discours français fléchit, quoique pourtant il ne tombe pas aussi bas qu'entre 1830 et 1840. A partir de 1858, il y a une reprise sensible. Pendant cinq années de suite (1858-1862), on trouve des compositions très senties, sagement et habilement écrites.

La Sous-Commission ajoute que le progrès des études historiques dans les Lycées a désormais préservé le discours français de deux écueils, la banalité et la déclamation, défaut où il tombait si souvent autrefois. Ce progrès de l'histoire permet maintenant aux jeunes gens de mettre des faits positifs à la place de considérations vagues ; leurs copies ont une plus grande apparence de solidité et de maturité.

HISTOIRE.

Ici, les périodes de progrès et de déclin se déterminent tout autrement que dans les autres Facultés. Cette différence tient surtout à la diversité des programmes qui ont régi l'enseignement historique de 1830 à 1863. La Sous-Commission a dû tenir compte de ces conditions toutes spéciales : aussi a-t-elle fait porter sa comparaison sur les deux phases du Concours général qui correspondent aux deux programmes divers imposés à l'enseignement de l'histoire en rhétorique. La première de ces deux phases s'étend de 1833 à 1852 ; la seconde, de 1852 à 1863.

La première, malgré l'uniformité du programme, présente des variations dans le mérite des copies couronnées. Ce mérite, assez soutenu de 1833 à 1842, décline très sensiblement de 1842 à 1852. Dans ces dix années, le savoir est défectueux, les appréciations hasardées, la disposition incertaine et le style très inégal.

De 1852 à 1863, c'est-à-dire du régime du premier programme à celui du second, il y a une élévation très marquée, non seulement pour le savoir, mais aussi et surtout pour la composition. La disposition est plus claire, la subordination des faits de détails aux faits généraux mieux marquée, les préambules et les conclusions mieux établis, le style plus égal et plus formé. Les prix les plus distingués de la première période sont loin de valoir ceux de la seconde pour l'ampleur du développement et pour l'élégance soutenue de la forme. Il y a dans cette seconde période cinq années très heureuses, 1854, 1858, 1860, 1862, 1863 ; nous y trouvons la copie qui se distingue dans l'ensemble des trente années de concours, celle de 1860.

APPENDICE. 491

En résumé, Monsieur le Ministre, la Commission conclut qu'à la suite des alternatives que je viens d'avoir l'honneur de signaler à votre Excellence, le niveau actuel du concours général n'a rien que de rassurant pour l'avenir des études dans nos Lycées. Dans les facultés mêmes (discours latin, vers latins) qui ont le plus fléchi, et sans dissimuler qu'on est encore loin d'avoir gagné le terrain perdu, elle signale un premier réveil, un retour marqué au goût des Lettres latines. Pour les autres facultés, elles sont toutes depuis 1857-1860 dans un mouvement ascensionnel qui, pour l'histoire, remonte à 1852, et depuis va s'élevant par un progrès sensible. »

Concours général. — Prix des sociétés savantes. (V. p 275.)

Le prix de la *Société de l'Histoire de France*, destiné à encourager la jeunesse des Lycées et des Collèges à l'étude des monuments de notre histoire, était fondé lorsque nous vînmes à Paris; l'administration obtint ultérieurement d'autres fondations importantes :
1º Prix de l'Association pour l'encouragement des *études grecques;*
2º Prix de la Société de géographie pour la *géographie;*
3º Prix de l'Association scientifique destiné aux études suivantes : *mathématiques, — physique, — chimie.*

Un prix exceptionnel est décerné en rhétorique au nom du chef du gouvernement; le *prix de l'Empereur* est depuis 1870 le *prix du président de la République.*

Le Concours académique était chaque année l'objet d'un rapport étendu ; M. le Ministre suivait ainsi la marche de l'enseignement secondaire.

Je reproduis à ce sujet son accusé de réception du 29 juin 1868 :

« 29 juin 1868.

« Monsieur le Vice-Recteur,

« J'ai lu votre circulaire relative aux résultats du dernier concours académique, et cette communication, dont je vous remercie, m'a beaucoup intéressé. Depuis longtemps, j'apprécie vos efforts persévérants pour vous tenir bien renseigné sur toutes les affaires de l'Instruction publique dans votre ressort.

« Recevez, etc.

« DURUY. »

**Concours général entre les départements. — M. de Salvandy :
son œuvre.** (V. p 282)

L'institution du concours général entre les collèges des départements remonte à 1838; M. de Salvandy, qui en eut l'idée et en fit le premier essai (1), écrivait aux Recteurs (16 juillet) :

(1) V. *Bulletin universitaire*, 1838, p. 304.

« Le concours général établi entre les collèges royaux de Paris et de Versailles a surtout pour effet de constater la force comparative des études dans chacun de ces établissements, et d'entretenir une salutaire émulation entre les maîtres et les élèves. Les collèges royaux des départements sont restés jusqu'à présent dans une sorte d'isolement dont il importe de les faire sortir ; ils doivent prendre une part active au mouvement qui tend à élever constamment le niveau des études. Le plus sûr moyen d'apprécier le progrès de l'instruction dans chaque collège, c'est d'en juger par comparaison.

« Telle est la considération qui m'a engagé à décider que, cette année, les sujets de composition du prix pour les facultés les plus importantes seraient les mêmes que ceux du concours général. »

M. Villemain, succédant à M. de Salvandy, ne crut pas devoir renouveler l'essai. « La mesure, écrit-il aux Recteurs (1) (27 juin 1839), a rencontré plusieurs difficultés dans son exécution. Le conseil en a délibéré, et tout en appréciant les avantages qui résultent toujours de tout ce qui tend à exciter de plus en plus l'émulation parmi les élèves, il a été d'avis qu'il n'y avait pas lieu de renouveler cette année l'essai de l'année dernière. » — Par une circulaire ultérieure (1er juillet) (2), M. le Ministre se réservait l'emploi « des mesures anciennes prescrites qui peuvent constater la direction et le résultat des études dans chaque établissement, et assurer au travail et au talent de quelques élèves distingués une récompense spéciale. — Je désire, ajoutait-il, que dans chacune des facultés suivies par les élèves de philosophie, mathématiques spéciales, rhétorique, seconde et troisième du Collège royal ou des collèges royaux de votre Académie, la matière de la dernière composition me soit adressée, avec les copies des quatre élèves classés les premiers dans ladite composition. »

Le concours était donc supprimé après un seul essai ; M. Duruy le rétablissait à vingt-quatre ans d'intervalle ; il estimait sans doute que l'administration devait maintenir ce que l'institution a d'encouragement puissant pour les études, écarter par la surveillance les difficultés dont on ferait encore objection après lui au sujet de la sincérité des épreuves.

Sur ce point comme sur d'autres questions administratives, on peut relever entre les deux ministres plus d'une affinité ; l'un et l'autre, de nature généreuse, ont ardemment poursuivi le progrès des études, et se sont montrés animés de l'esprit de justice pour tous, non moins que de dévoûment à l'Université. — Je regrette qu'une main attentive n'ait pas recueilli dans une publication spéciale les règlements, circulaires et instructions émanés de l'administration de M. de Salvandy, ainsi que cela s'est fait si justement pour l'œuvre administrative (3) de M. Duruy ; le ministre du roi, par son activité et sa passion du bien, annonçait le ministre de l'Empereur.

(1) V. *Bulletin universitaire*, p. 131.
(2) *Id.*, p. 134.
(3) *Ministère de M. Duruy : de 1863 à 1869*. 2 vol. gr. in-8 ; le 1er, 932 pages, le 2e, 716 pages. — Nous avons déjà cité un autre recueil : *Ministère de M. Fortoul :*

Le recueil eût relevé et rapproché les documents épars dans le *Bulletin* et les volumes des circulaires, tout ce qui a été fait pour les sociétés savantes, les comités historiques, le Muséum, l'École des Chartes. Dans cet ordre d'intérêts supérieurs, la création de l'École française d'Athènes fait particulièrement honneur au Ministre; la République lui a emprunté son projet de fonder une École d'Administration.

L'enseignement supérieur universitaire lui doit l'institution des commissions des hautes études pour le Droit et la Médecine. — Création de chaires, création de Facultés, perfectionnement de mode dans les divers concours, suppression pour le baccalauréat des Commissions d'examen qui n'appartenaient pas aux Facultés, d'autres mesures encore, témoignent de sa sollicitude pour l'enseignement supérieur.

L'enseignement secondaire lui doit la création de plusieurs collèges royaux; dans le statut et les règlements d'études nous trouvons les questions traitées encore après son passage aux affaires : langues vivantes, histoire, mathématiques accessoires, enseignement spécial, gymnastique. — Maîtres d'études. — École normale secondaire.

M. de Salvandy continua l'œuvre de la loi de 1833 dans l'enseignement primaire : extension de l'Inspection pour surveiller le service, création d'une direction supérieure pour l'animer et l'unifier; instructions aux Écoles normales pour faire en sorte que la dernière année soit une préparation au brevet supérieur, ce sont autant de mesures propres à élever le niveau de l'enseignement. — Mentionnons comme signe des temps les recommandations du Ministre pour qu'il n'y ait aucune distinction dans l'École entre les indigents et les payants; suivons-le de toute notre sympathie dans les instructions qu'il ne cesse de répéter pour propager l'œuvre des salles d'asile, si utile aux classes populaires.

En attendant ce recueil, qui réunirait les actes de son administration (15 avril 1837, — 31 mars 1839; — 1er février 1845, — 24 février 1848), nous avons le volume dont il a donné lui-même les matériaux et qui a été publié en janvier 1848, à la veille de la Révolution de février (1); le relevé des titres en indique le haut intérêt.

Projets de loi présentés dans les sessions de 1847 et de 1848.

I. Budget du Ministère de l'Instruction publique pour l'exercice 1848. — Rapport au roi.

II. Projet de loi et exposé de motifs sur l'enseignement et l'exercice de la médecine, et sur l'enseignement de la pharmacie.

III. Projet de loi et exposé de motifs sur l'enseignement du droit.

du 2 décembre 1851 jusqu'au 1er juillet 1856. In-8; 1er vol , 914 pages; 2e vol., 1311 pages — *Ministère de M. Cousin* : du 1er mars au 28 octobre 1840. In-8 de 892 pages.

(1) Grand in-8 de 611 pages.

IV. Projet de loi et exposé de motifs sur la liberté d'enseignement en matière d'instruction secondaire.

V. Projet de loi et exposé de motifs sur l'instruction primaire.

VI. Projet de loi et exposé de motifs sur la constitution du Conseil royal de l'Université. — Appendice.

Nouveau projet de loi sur la médecine et la pharmacie (5 janvier 1848). — Organisation de l'administration centrale.

Éducation physique. — M. Jules Simon continue l'œuvre de M. Victor Duruy. (V. pp 311-313.)

L'un des plus curieux chapitres du livre, *Réforme de l'Enseignement secondaire*, est consacré à la gymnastique. Ce que l'écrivain raconte avec charme, le Ministre l'accomplit avec une ardente activité. M. Jules Simon reprit en mains la tâche poursuivie par M. Duruy; seulement, l'œuvre n'était pas aussi imparfaite qu'il a pu le croire; je ne parle, bien entendu, que de ce qui m'est connu, l'Académie de Paris. Nous avions, en effet, dans tout le ressort, avant que M. Simon vînt au pouvoir, des gymnases couverts munis de leurs appareils, des maîtres spéciaux de gymnastique, puis, à Paris, des sous-officiers de la garde; dans les départements, des instructeurs des garnisons pour les exercices militaires (1); tout ce personnel faisait son devoir. « Il est évident, écrit l'ancien Ministre, qu'on n'avait pas obéi à sa première circulaire; on commençait l'an dernier à donner suite à la seconde très doucement, très partiellement, parce que l'Université ne se dérange pas facilement de ses usages. — M. Mourier, le Vice-Recteur, me donnait pour cela, comme pour beaucoup d'autres choses, un concours très actif, et avec des Proviseurs tels que MM. Joguey et Denis, j'étais bien sûr du succès (2). »

L'attention de l'Administration s'était portée sur d'autres questions qui intéressent l'éducation physique.

PROMENADES AUTOUR DE PARIS.

A Paris, les promenades également recommandées par M. Duruy et par M. Simon ne laissent pas de présenter des difficultés.

S'agit-il de visiter les *Musées* : nulle promenade n'offre plus d'agrément et ne saurait être plus instructive; mais les visites ne peuvent se faire utilement que par petits groupes, et le jeudi seulement ; et pour chaque groupe il faut un guide, un maître qui ait autorité. Le choix et le nombre des guides

---

(1) Voir mes *Exposés au Conseil académique de Paris* (1862-1878), pages 343, 441. — Voir aussi la note dont j'ai donné lecture à la commission de gymnastique (24 avril 1878) : *Enseignement de la gymnastique dans l'Université.* Un vol. in-8, imprimerie nationale, 1878, 221 pages.

(2) *Réforme de l'enseignement secondaire*, p. 153.

sont une double difficulté; le temps manque aux professeurs et les dévoûments se fatiguent.

Nous eûmes moins de peine à organiser par intervalles les excursions *topographiques;* quant aux promenades *pittoresques,* elles avaient leurs difficultés. Il faut aller loin de Paris pour échapper à la banlieue. Les transports sont, il est vrai, faciles, et les bords de la Seine, par exemple, offrent à la vue le charme des horizons, mais ils peuvent avoir trop de gaîté et même de licence; qui nous eût dit qu'un *escadron volant,* dans une attitude peu décente, au pied des hauteurs de Saint-Cloud, attendrait nos élèves pour les accueillir par des lazzi à mesure qu'ils sortaient des bateaux et abordaient la rive? La promenade n'eut pas ce jour-là le résultat moral qu'on avait espéré. Mais on était dans la banlieue; il eût fallu aller plus loin.

PROMENADES DANS LA PROVINCE.

Les promenades présentent sous ce rapport moins de difficultés pour les Lycées des petites villes de province, mais pourtant elles réclament pour servir également la santé de l'âme et du corps la sollicitude du chef d'établissement; les plus sages instructions administratives sont lettre-morte sans le concours de son activité. J'ai connu des Directeurs, et entre autres un Principal de Collège, M. Ducluzeau, à Compiègne, fonctionnaire aussi dévoué qu'habile, qui était vraiment ingénieux pour tenir la jeunesse sans cesse en éveil; c'était, après la classe, dans l'intervalle des études, la culture du jardin, aux jours de promenade, la visite aux usines, aux châteaux, aux lieux historiques, etc.

MAISON DE CAMPAGNE.

A défaut de ces moyens, par eux-mêmes excellents, et sans y renoncer, je recommanderais volontiers une mesure d'application sûre, en toute saison efficace, mais qui, dans l'état actuel de nos mœurs universitaires, n'aurait pas, dans les premiers temps, le don de plaire; chaque Lycée urbain devrait avoir sa maison de campagne avec prairies et jardins, bois de haute futaie, cours plantées et promenoirs à l'abri où le mauvais temps ne pourrait suspendre les jeux variés. D'ailleurs, pour varier les plaisirs, la maison des champs serait l'objectif ordinaire des promenades; les élèves ne pourraient en rapporter que de saines impressions et de bons souvenirs. Dans les Académies que j'ai administrées, j'ai trouvé quelques Lycées pourvus de maisons de campagne, et je m'y suis appliqué à unir des liens les plus étroits possibles le Collège urbain et sa maison des champs; je n'ai atteint qu'imparfaitement mon but. L'Université m'a semblé rebelle à une pratique familière aux institutions ecclésiastiques et dont elles ont droit de se louer.

LE COLLÈGE A LA CAMPAGNE.

Ce défaut de sympathie explique peut-être la tradition qui, dans notre pas, y maintient le Collège *intra muros;* dans ces derniers temps, où tant de Lycées ont été reconstruits ou créés, il eût été fort simple d'en transférer quelques-uns à la campagne, de prendre exemple sur les gymnases de l'étranger, enveloppés et riants de verdures, dont les tours et bastions, comme en Angleterre, dominaient au loin un rustique paysage. Mais on ne peut rien sans les mœurs; maîtres et élèves, et on peut ajouter les familles, tiennent au Collège urbain.

Le succès du Lycée de Vanves ne saurait être une objection; l'idée qui l'a fondé explique sa fortune. Quelle mère n'eût été touchée des soins qu'on prenait de disposer, à quelques kilomètres de Paris, d'un ancien pavillon de prince, où ses enfants prendraient leurs ébats dans un parc splendide, au milieu d'un radieux paysage, protégés dans leur santé par un régime approprié à leur âge et l'air vivifiant des coteaux, préservés dans leur moralité par ce fait que, n'ayant que des condisciples de leur âge, ils échappaient aux dangers des mauvais conseils et des mauvais exemples? Le petit Collège se trouvait par surcroît être une maison modèle; l'Administration le dota successivement d'un manège, d'une piscine, de deux gymnases, l'un couvert, l'autre en plein air, etc., etc. On ne peut s'étonner que les familles aient un jour demandé que leurs enfants, que servait admirablement un pareil régime, fussent autorisés à parcourir à Vanves le cycle entier de leurs études; c'est ainsi que le Collège d'enfants, qui ne comprenait à l'origine que des classes de grammaire, réunit maintenant tous les cours de l'enseignement classique. Vanves, en tant que Collège d'enfants, avait un chiffre de population nécessairement inférieur à celui que présente naturellement le Collège de plein exercice.

La fortune de Vanves aura fait illusion aux fondateurs du Lycée Lakanal à Fontenay. Lakanal, admirablement situé dans la banlieue la plus riante de Paris, organisé comme lui dans les meilleures conditions d'hygiène et de bien-être, mériterait à tous égards la confiance des familles; mais il serait à peu près vide sans le contingent des boursiers.

La grande ville, comme on le voit, jusqu'à cette heure du moins, est le lieu préféré pour les maisons d'éducation.

Si un établissement présentait les deux avantages d'être à la fois Collège urbain et Collège rural, c'est bien l'immense maison de Versailles; ni l'espace, ni l'horizon des châteaux, des parcs et des forêts, ni un personnel de maîtres distingués, ne lui font défaut; on n'a pas même reculé devant les dépenses qu'a nécessitées la création d'un petit Collège. Versailles n'a pu jamais, quoi qu'on ait fait, atteindre à la fortune d'un Lycée de Paris. L'Administration académique put s'autoriser d'un pareil exemple pour combattre la proposition qui fut faite, sous le ministère de M. Duruy, de créer un Lycée à Saint-Germain; autant eût valu fermer celui de Versailles.

Quant à Janson de Sailly, dont la création a rencontré à l'origine tant de résistance, et qui avait cependant un avenir si assuré, il ne peut être question de le présenter comme un Collège rural, bien qu'il touche au Bois-de-Boulogne; la vaste et riche agglomération de Passy n'est qu'un prolongement, un nouveau quartier de Paris.

Nouvelle commission de gymnastique. — M. Paul Bert.
(V. p. 311 et 315.)

L'Administration me maintint, après l'admission à la retraite, dans les fonctions de membre de la Commission de gymnastique. Le Sous-Secrétaire d'État m'écrivit au nom du Ministre :

« Paris, 1er février 1879.

« Monsieur le Recteur,

« J'ai l'honneur de vous informer que, par arrêté en date du 29 janvier, je vous ai confirmé dans vos fonctions de membre de la Commission centrale de gymnastique et des exercices militaires.

« Je sais que vous avez pris la part la plus active aux travaux de cette Assemblée, et que vous avez rendu ainsi de précieux services à mon Administration ; votre concours est trop utile pour que j'y renonce.

« Je suis heureux, d'ailleurs, de saisir l'occasion de vous donner un nouveau témoignage de mon estime.

« Agréez, Monsieur le Recteur, l'assurance de ma considération la plus distinguée.

« Pour le Ministre de l'Instruction publique,
des Cultes et des Beaux-Arts,
« *Le Sous-Secrétaire d'État,*
Signé : « Casimir Périer. »

La Commission fut remaniée en janvier 1882 ; je reçus en particulier la lettre suivante de M. Paul Bert, le nouveau venu dans le grand Ministère :

« Paris, le 21 janvier 1882.

« Monsieur,

« J'ai l'honneur de vous annoncer que la mission qui avait été confiée à la Commission de gymnastique prend fin à la date de ce jour.

« Je sais, Monsieur, que vous avez pris une part active aux travaux de cette Commission. Vous avez rendu ainsi d'utiles services à mon Administration. Je tiens à vous en remercier et vous prie d'accepter, en témoignage de ma gratitude, une coupe de la manufacture de Sèvres.

« Recevez, Monsieur, l'assurance de ma considération la plus distinguée.

« *Le Ministre de l'Instruction publique et des Cultes,*
Signé : « P. Bert. »

Il n'y avait pas lieu d'accuser réception d'un pareil congé ; on n'eut garde de réclamer la coupe de Sèvres, qui eût été le prix d'un service. L'abstention, sous ces deux rapports, était une question de dignité.

M. Jules Ferry avait trouvé la Commission de gymnastique tout entière à son œuvre et l'avait respectée. C'est même sous son Ministère que la Commission avait révisé le *Manuel* (1) (2e édition), sur les propositions d'une Sous-Commission que j'avais l'honneur de présider. Les procès-verbaux témoigneraient au besoin de l'intelligente ardeur apportée dans l'étude de toutes les questions ; c'est sur l'invitation de l'Administration que je fis le rapport (2) sur la création d'une ou de plusieurs Écoles normales civiles de gymnastique pédagogique et d'exercices militaires, en prenant particulièrement exemple dans les pratiques de Stockholm et de Berlin. La Commission, bien évidemment, ne faisait pas de politique ; la gymnastique, telle qu'il faut la comprendre, comme une œuvre sérieuse, est d'intérêt national. La Commission n'avait cessé de bien mériter ; on lui devait en toute justice la continuation de son mandat ; le premier soin de M. Paul Bert fut de dresser une liste de suspects.

Encore les bataillons scolaires. — Le suffrage universel et le fusil.
(V. pp. 185, 317 et 476.)

La crainte exprimée au sujet du bataillon scolaire peut sembler singulière après la confiance que nous inspirait la revue militaire au Lycée Henri IV ; la différence s'explique : — ce que l'Administration faisait sans bruit dans ses Collèges n'avait qu'un but, l'intérêt national. — En instituant une jeune milice formée dans ses écoles et qui serait animée de son esprit, le Conseil municipal pourrait bien se préoccuper moins de l'étranger que de nos dissensions civiles. On avait vu pendant le siège de Paris un parti anarchiste, uniquement soucieux de la guerre sociale, vainqueur à moitié pendant la nuit du 30 octobre 1870, devenu maître au 18 mars 1871, succombant deux mois après, et qui, pour venger sa défaite, incendiait Paris et assassinait les otages. Et depuis, malgré la clémence et l'amnistie, au retour de Nouméa, il n'a été question que de revanche non contre le Prussien, mais contre le bourgeois. Le Conseil a dû songer au service que pourrait rendre le bataillon scolaire le jour où le pays serait en présence d'une nouvelle Commune ; l'armée n'hésiterait-elle pas à tirer sur les enfants du peuple formés en rempart devant les insurgés ?

Cette crainte ne m'était pas surtout personnelle, j'en ai retrouvé l'expression dans nombre de feuilles publiques. — Un publiciste, dont les articles sont justement remarqués (3), écrivait le 21 octobre 1883 :

« La ville réserve toutes ses faveurs aux petits enfants qu'elle élève gratuitement dans l'admiration obligatoire du Conseil municipal et de leurs augustes familles. A eux le bouton et la vareuse qui y tient ; à eux le pantalon et le béret, qui complète l'uniforme ; à eux le fusil ; à eux la gloire et l'honneur de figurer dans les fêtes publiques et peut-être dans les plus mauvais jours de notre histoire.

---

(1) *Manuel de gymnastique et des exercices militaires.* Imprimerie nationale, 1880.
(2) Séance du 29 octobre 1881.
(3) M. Jules Richard.

APPENDICE. 499

« Tandis qu'on laïcise les hôpitaux et les maîtres d'école, on militarise les moutards, mais seulement les moutards qui sucent le lait de M. Bert. Ceux qui sont élevés au biberon de la liberté doivent rester des petits pékins.

« Jadis, on avait armé les *grands* des Lycées et Collèges de Paris ; je me rappelle avoir vu, il y a dix ans, un petit bataillon composé de 250 Lycéens manœuvrant à la Saint-Cyrienne dans la cour d'Henri IV ; c'était superbe, et c'était là un vrai bataillon scolaire. De celui-là, il n'en faut plus, c'était un bataillon de fils de bourgeois ; donc, il faut l'écraser. Mais vive le bataillon de la primaire ! Vivent les pupilles de l'émeute !

« S'il n'est pas très politique de prédire la guerre civile, il n'est pas impolitique de la prévoir. J'ai entendu raconter par un général, aujourd'hui commandant un corps d'armée, homme froid, résolu et peu sentimental, que sa brigade fut, le 18 mars, entourée, sur la place de la Bastille, par une nuée de femmes et d'enfants qui cherchaient à pénétrer dans les rangs des soldats pour les désarmer et les entraîner. Il eut beaucoup de peine à sortir de ce mauvais pas. Que pourrait faire un bataillon de la ligne auquel on opposerait un bataillon scolaire, un jour où le peuple, remplissant le plus sacré de ses devoirs, se mettrait en insurrection et sous la protection de l'enfance ?

« Je persiste donc de plus en plus à considérer les bataillons scolaires comme un danger. Du moment où l'on en écarte les écoles libres, où l'on n'y admet pas les enfants des Lycées, où l'on ne les recrute que parmi les enfants des classes primaires et des écoles communales, c'est qu'on se méfie des autres enfants, c'est qu'on a l'intérêt de remplir un but spécial et caché.

« Il me semble que la gymnastique, le bâton, l'escrime, suffisent à développer le corps des enfants du peuple. Cette restauration en grand de l'école *des enfants de Mars* (1), des petits séides de Robespierre, est donc fâcheuse et absolument contraire aux théories de l'Évangile récent selon saint Ferry, Ministre, outre qu'elle blesse le principe d'égalité, et crée, dès le premier âge, des catégories, des rivalités et des haines. »

Ailleurs, le même écrivain nous dit ce qu'était l'École de Mars :

« Barrère, Robespierre, se mirent à l'œuvre avec Carnot, Lebas et Poissard.

« Chaque district emmena six enfants de seize à dix-sept ans, choisis parmi les enfants des Sans-Culottes, à l'École Mars, pour y recevoir une *éducation révolutionnaire*.

« En quelques mois, 3,200 enfants furent réunis dans la plaine des Sablons. »

Le bataillon scolaire descend donc en droite ligne de la première Révolution ; la Ligue et le Conseil municipal en ont trouvé l'institution dans les Archives sanglantes ; l'une et l'autre en voudraient le complément par l'organisation du bataillon d'adultes. M. le Président de la Ligue s'est engagé, on l'a vu, envers les enfants de Mouthiers (2).

(1) 13 prairial an II.
(2) Voir p. 185.

Quant au Conseil municipal, dans la séance du 10 juin 1886, il a entendu M. Humbert, qui a rapporté une pétition de diverses sociétés de tir demandant à faire figurer un *bataillon d'adultes* à la revue des bataillons scolaires du 14 juillet.

M. le Rapporteur demande au Conseil d'émettre un avis favorable, les bataillons *d'adultes* constituant un intermède naturel *entre les bataillons scolaires et l'armée*. Aucune œuvre, ajoute-t-il, ne peut être *plus sympathique au Conseil ;* car, dans l'avenir, *elle permettra la suppression, sans danger pour la patrie, des armées permanentes.*

Les conclusions du rapport sont adoptées ; le Conseil n'hésite pas : *l'armée permanente* lui est une gêne dans son patriotique dessein d'organiser *une nouvelle Commune ;* le bataillon d'adultes suffirait pour contenir et repousser l'ennemi au-delà des frontières.

Il faut espérer que la réflexion et le danger feront justice de ces chimères.

APPENDICE 501

LIVRE IX

I. — Administration.
Inspecteurs d'Académie : traitement. — Réception des grands corps de l'État ; réclamation accueillie (1865). — Réception du Corps universitaire au premier jour de l'an (1868).

II. — Enseignement supérieur.
Les Universités. — Facultés à la Sorbonne. — Faculté théologique de Paris ; l'archevêque de Bordeaux demande instamment le maintien de sa faculté ; sa lettre.

III. — Bâtiments de la Sorbonne.
Reconstruction. — Constructions provisoires. — Monuments et inscriptions : Victor Cousin, V. Le Clerc, S. Thénard. — Ornementation de la cour d'honneur.
Tête de Richelieu rendue au tombeau.

Inspection académique : augmentation de traitement. — Réception aux Tuileries. — Lettre du ministre. (V. p. 322.)

L'administration académique obtint dès les premières années la situation pécuniaire qu'elle sollicitait pour ses collaborateurs ; le corps des Inspecteurs à Paris méritait à tous égards, dans l'échelle des traitements, le rang que lui donnent moralement sa distinction et l'importance de ses services.

La bienveillance du Ministre pour les intérêts ne se montrait pas moins vive en ce qui concerne la dignité du corps universitaire ; ainsi les observations que lui soumettait le Vice-Recteur (13 juin 1865) éveillaient particulièrement son attention ; il y était dit que l'Université ne se trouvait pas inscrite au *Moniteur* dans la *liste des grands corps de l'État invités aux réceptions des Tuileries*, que le corps académique cependant, aux réceptions du premier jour de l'an et dans les réceptions officielles, a une place marquée par les décrets. — Il devait y avoir oubli, mais l'oubli était très remarqué à Paris et dans la province.

Le ministre répondait (31 juillet 1865) que la réclamation avait été accueillie.

« Monsieur le Vice-Recteur,

« Je suis heureux de pouvoir vous annoncer qu'il sera fait droit à la juste observation que vous m'avez fait l'honneur de m'adresser à la date du 13 juin dernier.

« Son Exc. M. le grand Chambellan m'a fait savoir en effet que M. le Vice-Recteur de l'Académie de Paris sera compris dans la catégorie des fonctionnaires admis aux réceptions officielles de la Cour, et prendra, sur la liste, le rang qui lui est attribué par ses fonctions.

« Agréez, etc.

Signé : « Duruy. »

Réception du corps universitaire au premier jour de l'an 1868. — Lettre du ministre.

L'affluence du personnel fut très nombreuse au 1er janvier 1868; elle fut remarquée par l'Empereur.

M. le Ministre Duruy en exprimait sa satisfaction au chef de l'Académie dans la lettre suivante :

« Monsieur le Recteur,

« A la réception qui vient d'avoir lieu aux Tuileries de toutes les autorités civiles et militaires, l'Empereur a remarqué l'affluence nombreuse des membres de l'enseignement supérieur et des professeurs de nos Lycées et Collèges qui s'étaient joints au Corps académique.

« C'était l'Université de Paris, venant au nom de l'Université de France tout entière, témoigner de sa respectueuse reconnaissance pour la sollicitude du Souverain en faveur de tous les ordres d'enseignement et des hommes éminents ou dévoués qui le représentent.

« J'ai été personnellement heureux de ce concours inaccoutumé, et je vous prie de charger MM. les Doyens, Proviseurs et Directeurs, d'adresser à mes anciens collègues mes plus vifs remercîments.

Signé : « Duruy. »

Les Universités. — Leur nombre excède-t-il les besoins ? — Le haut enseignement avant la Révolution. (V. pp. 142 et suiv., 330 et suiv.)

Le groupement des Facultés de tout ordre en *cinq ou six grandes Universités* était prévu dans le projet d'organisation de l'enseignement supérieur préparé par M. Waddington ; le Ministre, pour être mieux assuré d'animer les grandes écoles d'une vie nouvelle, en diminuait le nombre et y portait toutes les ressources. Des foyers de lumière vraiment actifs intéressant un pays où la Révolution a supprimé la province ; c'était la pensée même de la loi de 1854, étendue et plus énergiquement appliquée. — Considéré en lui-même, le projet pouvait répondre aux vrais besoins du haut enseignement, mais il eût rencontré d'énergiques résistances dans les intérêts locaux ; on peut en juger par les ardeurs de la lutte engagée au sujet du transfert tout récent de la Faculté de droit de Douai dans la ville de Lille devenue chef-lieu académique. — Cette situation étant donnée, la seule question à poser est de chercher dans quelle mesure nos Facultés instituées, dans quinze Académies, peuvent rendre de réels services ; sur cette question, l'un des écrivains les plus érudits en matière d'Universités étrangères, M. Bréal, est très affirmatif. Nous relevons de son livre (1), qui dans des sens divers a remué l'opinion, ces lignes pleines de confiance :

(1) *Quelques mots sur l'instruction publique en France*, 1886, 4° édit., p. 370.

« On a dit qu'il fallait grouper nos quinze Facultés des Lettres et des Sciences en cinq ou six grandes Universités, qui, par la richesse de leur personnel enseignant, par le nombre des élèves, deviendraient l'équivalent des Universités allemandes. Nous craignons qu'ici encore on ne se fasse des illusions dangereuses. Remarquons d'abord que pour un grand pays comme la France, quinze Facultés des Lettres et des Sciences n'ont rien d'excessif. L'Allemagne, — l'Autriche mise à part, — en possède actuellement dix-neuf et songe à en augmenter le nombre. — Il faut toujours y regarder à trois fois avant de supprimer un centre intellectuel, si modeste qu'il soit. »

M. Bardoux, qui eut à examiner la question comme ministre, n'hésita pas à se prononcer contre toute suppression de Facultés. — « Peut-être, dit-il (1), eût-il été préférable de ne pas disperser nos forces; mais, en premier lieu, il ne nous a pas été possible jusqu'ici d'apprécier sérieusement les services que peuvent nous rendre les Facultés des Sciences et des Lettres, les seules, à vrai dire, qui soient mises sérieusement en cause; en second lieu, ce n'est pas au lendemain du jour où les villes nous montrent un empressement presque sans limites que nous pouvons y répondre par quelque acte de dépossession. Assurons d'abord aux Facultés les moyens de travail qu'elles n'ont pas cessé de réclamer; permettons-leur d'avoir des élèves, et après leur avoir fait attendre pendant de si longues années les améliorations les plus humbles, sachons attendre sans trop d'impatience les résultats de nos libéralités toutes récentes.

« A l'étranger d'ailleurs toutes les Facultés sont-elles également constituées, toutes placées dans de grands centres ? »

Rien de plus sage que ces observations; la suppression d'un centre intellectuel eût été une faute; l'administration n'a pas multiplié les foyers au-delà des traditions et des besoins; elle a tenu compte du passé. Le livre de M. Liard (2) sur *l'enseignement supérieur*, puisé aux sources, philosophiquement ordonné, ménage des surprises à ceux qui croiraient que les grandes institutions scolaires datent de la Révolution; la France en 1789 ne comptait pas moins de vingt-deux Universités.

Un autre livre qu'il faut citer, celui de M. Albert Duruy, l'*Instruction publique et la Révolution* (3), couronné par l'Académie française, fait connaître l'état à cette époque des écoles de tout degré, et rappelle à bon droit le témoignage de M. Guizot au sujet du haut enseignement. « Avant 1789, écrit l'éminent historien, il y avait en France une grande et active concurrence entre tous les établissements particuliers, toutes les congrégations savantes, littéraires, religieuses, qui s'occupaient d'instruction publique. Cette concurrence était très active, très efficace, et c'est à cette concurrence qu'ont

---

(1) *Statistique de l'enseignement supérieur*, 1878, p. LXVII. — Ce beau travail est l'œuvre de M. le directeur Du Mesnil, aujourd'hui conseiller d'État, continué avec une si intelligente ardeur par ses successeurs, MM. Albert Dumont et Liard.

(2) *L'Enseignement supérieur en France*, in-8, 1879, 1er vol,

(3) In-8, 1882.

été dus en grande partie les bienfaits du système d'éducation de cette époque et sa vitalité, cette vitalité énergique qu'il a manifestée à différentes époques. »

Dans ce mouvement généreux, il y avait sans doute de nouvelles directions à donner, des efforts à régulariser ; en dehors des sociétés savantes, l'enseignement proprement dit, les Facultés et les Collèges réclamaient des réformes dont l'heure était venue. — Mais réformer n'est pas détruire, et, malheureusement, la Révolution, désertant une œuvre qui a besoin de tout le calme des esprits, prise de vertige, jeta bas toutes les institutions scolaires comme souvenirs de l'ancien régime ; l'instruction publique ne pouvait échapper au régime de terreur qui frappait tout l'ordre politique, et couvrait le pays de sang et de ruines (1).

Faculté de théologie catholique. – Paris. (V. p. 332.)

La Sorbonne réunissait trois Facultés, elle n'en a plus que deux actuellement : les Lettres et les Sciences. — Les Facultés de théologie catholique ont été rayées du budget à partir de 1885 (loi de finances, 21 mars). — Le résultat pouvait être prévu. Dépourvues de l'institution canonique, les Facultés de l'État n'avaient en quelque sorte qu'un caractère profane ; les évêques, dans plusieurs diocèses, leur avaient enlevé toute autorité en obtenant du Saint-Siège l'institution de commissions sacerdotales avec droit de conférer les grades de bachelier et de licencié en théologie ; le diplôme de docteur ne pouvait être obtenu qu'à Rome. — Mgr Maret, évêque de Sura, doyen de la Faculté de théologie de Paris, s'employa activement sous l'Empire pour faire cesser cet état de choses (2) ; les négociations engagées échouèrent en 1858 sur un point resté en discussion ; il s'agissait du droit, pour le gouvernement, de révoquer les professeurs pour cause politique ; la curie romaine opposa un refus formel à la proposition. — M. Rouland était à cette époque Ministre des cultes. On reconnaît bien dans cette réserve la politique prudente qui maintenait l'Église dans son domaine pour être mieux en mesure d'en défendre les intérêts dans ce qu'ils ont de légitime. — L'État ne saurait faire les frais d'un enseignement qui lui serait hostile ; la révocation qu'il demandait à titre

---

(1) L'enseignement supérieur en France est exposé dans la statistique de 1889, qui paraît à cette heure. Le lecteur y trouve parfaitement décrit l'organisme des grandes écoles, l'état des progrès qu'une administration active et habile a pu réaliser depuis 1878, grâce aux ressources croissantes du budget.

On consultera de plus avec grand intérêt deux publications du ministère : 1º *L'Enquête sur l'enseignement supérieur ;* 2º le *Recueil des lois et règlements sur l'enseignement supérieur*, 4 vol. in-4.

M. A. de Beauchamp a recherché et rassemblé tous les documents officiels qui intéressent cette section importante du service.

(2) Voir sa brochure : *Les Facultés de théologie. — Le projet de bulle de 1858 et la liberté de l'enseignement supérieur*. In-8, 19 pages, 1875.

de droit n'eût pu être prononcée qu'après une information qui en aurait garanti la justice.

Sous la République, en 1874, M. le doyen fut autorisé à reprendre la question auprès du Saint-Siège, lorsqu'il vint à Rome demander l'approbation des Constitutions capitulaires du chapitre de Saint-Denis: la loi sur la liberté de l'enseignement supérieur vint l'année suivante (12 juillet 1875) ranimer son zèle et surtout éveiller ses craintes.

Il ne pouvait être douteux que dans les futures Universités catholiques, les prédilections du Saint-Siège seraient pour les Facultés de théologie relevant exclusivement de son autorité (1), et que les Facultés de l'État se trouvaient ainsi mises en cause par la loi même de la liberté d'enseignement supérieur; l'Église admet difficilement qu'un corps chargé d'enseigner ses doctrines soit gêné par le lien qui l'unit à l'État politique. — Les Facultés de théologie catholique de l'État, même avec l'institution canonique, ne sauraient prétendre au crédit qui attend les Facultés de même ordre dans une Université catholique.

M. le doyen croyait exagérer ses craintes lorsqu'il écrivait :

« Les Facultés de théologie doivent-elles disparaître devant la liberté de l'enseignement supérieur? Qui oserait l'affirmer? L'État peut-il abandonner ces Facultés qu'il a fondées, qu'il a dotées, qu'il a placées, conformément à la tradition et à la sagesse des siècles, à la tête de son Université, comme un grand symbole de l'union de la foi et de la raison, de la religion avec la science ? — L'État, la France, ont l'intérêt le plus élevé, le plus précieux, à conserver les rapports officiels qui existent encore avec l'Église... Où mènerait la séparation complète de l'État d'avec l'Église? et l'abolition des lois qui régissent leurs rapports?... Les intérêts de l'ordre moral, l'intérêt politique, exigent que l'édifice entier des rapports de l'Église avec l'État soit conservé avec un soin jaloux. La suppression des Facultés de théologie serait une brèche à cet édifice qui en présagerait la ruine totale. »

Faculté de théologie catholique. — Bordeaux. — Lettre de l'archevêque.

La suppression des Facultés de théologie était à l'ordre du jour des assemblées politiques dès 1876 ; Mgr Donnet, archevêque de Bordeaux, me pria de témoigner près du Ministre en faveur de la Faculté. — Il m'écrivit :

(1) Nous lisons dans les feuilles publiques (juillet 1889) : « Le Saint-Siège vient d'accorder à la Faculté théologique de l'Université catholique de Paris l'institution canonique.

« Cette décision a été communiquée aux professeurs et aux étudiants de cette Faculté par le recteur, Mgr d'Hulst, en présence du cardinal-archevêque, dans la grande salle de l'Université.

« Le cardinal a ensuite remis leurs diplômes aux nouveaux gradés et aux lauréats, puis a reçu dans la chapelle le serment des nouveaux gradés. »

« Bordeaux, 24 juillet 1876.

« Monsieur le Recteur,

« Je m'empresse de vous associer à la pénible impression qu'a fait naître dans mon cœur le rapport de la Commission du budget demandant la suppression de la Faculté de théologie. Je réponds aux allégations de M. le rapporteur dans une lettre à S. Exc. M. le ministre contenue sous ce pli.

« Vous n'oublierez pas, dans cette circonstance, Monsieur le Recteur, les intérêts d'une cité qui conserve de vous un si fidèle souvenir. Vous n'oublierez pas le vieil archevêque dont la respectueuse amitié vous est acquise, j'en ai la certitude; vous nous appuierez de toute l'influence que vous assurent auprès de M. le Ministre votre position élevée, vos talents administratifs et votre caractère.

« Agréez, etc.   *Signé :* « DONNET. »

C'était un devoir de répondre à l'appel du vénéré prélat; l'ancien Recteur de l'Académie de Bordeaux avait pu apprécier l'esprit aussi religieux que libéral de la Faculté, il ne pouvait oublier le cordial empressement en toute circonstance de l'archevêque pour l'Université; M. le ministre Waddington accueillit mon témoignage avec une parfaite bonne grâce.

Reconstruction de la Sorbonne, du lycée Louis-le-Grand ; agrandissement du collège de France, des Facultés de droit et de médecine. — Lettre de M. le préfet Pietri. (V. p. 321.)

L'Empire n'a pas eu l'honneur de reconstruire la Sorbonne; il entoura seulement d'une grande pompe la cérémonie oratoire où fut posée la première pierre du Louvre universitaire (en 1855); les projets de M. le ministre Fortoul ne trouvèrent pas près de l'administration de la ville de Paris le concours financier dont ils avaient besoin et qui n'a pas fait défaut sous le gouvernement de la République.

M. le ministre Rouland, pour éviter un échec personnel, m'autorisa à reprendre les négociations; j'aurais à y intéresser M. le Préfet de police, qui avait particulièrement la confiance de l'Empereur. La reconstruction de la Sorbonne, du lycée Louis-le-Grand, l'agrandissement des Facultés de droit, de médecine, du collège de France, figuraient au programme; la lettre explicative (15 novembre 1866) que j'adressai à ce magistrat pour défendre la cause de nos établissements du quartier latin, liée elle-même aux intérêts supérieurs de la politique, reçut le meilleur accueil; M. le Préfet me répondit :

« 19 novembre 1866.

« Monsieur le Vice-Recteur,

J'ai lu avec un vif intérêt la lettre par laquelle vous me signalez les améliorations dont le quartier des Écoles est susceptible, celles notamment qu'appelle et qu'exige depuis longtemps l'état de nos grands établissements universitaires : la Sorbonne, le Collège de France, l'École de médecine.

« J'ai eu l'honneur de vous dire déjà et je me plais à répéter qu'en ce qui me concerne, vous êtes en droit de compter sur mon désir de coopérer le plus activement qu'il me sera possible à la réalisation de projets d'une aussi haute et aussi immédiate utilité.

« Veuillez agréer, Monsieur le Vice-Recteur, l'assurance de ma haute considération.

Signé : « Pietri. »

Constructions provisoires. — Laboratoire de M. Jamin. (V. p. 327.)

Si l'Empire n'a pas élevé la nouvelle Sorbonne, que réclamaient particulièrement les enseignements scientifiques, il eut, du moins, pour répondre aux besoins, en attendant de somptueux édifices, un ministre passionné pour le bien, infatigable dans son appel à l'opinion, dans ses demandes de crédits aux Chambres. L'Université doit à M. Duruy les laboratoires provisoires construits en baraquements sur les terrains disponibles de la Sorbonne ou agencés dans les maisons en bordure de la rue Saint-Jacques, en regard du collège Louis-le-Grand ; les dispositions prises dans les bâtiments Gerson en vue des cours libres, l'institution de l'École des hautes études, le Laboratoire de physique, qui existe encore, et dont voici l'inscription :

Fondé en 1867 par S. E. V. DURUY, Ministre de l'Instruction publique.

Coulomb.	F. Savart.
Gay-Lussac.	François Arago.
A.-M. Ampère.	Aug. Fresnel.
L.-J. Thénard.	J.-B. Biot.
Dubourg.	

Baron Haussmann, *Préfet.*
Ad. Mourier, *Vice-Recteur.*
H. Milne-Edwards, *Doyen.*

L'inscription devait être rappelée ; elle porte une date à l'honneur du ministre, homme de lettres, qui servait et secondait si activement le progrès des sciences appliquées.

Sorbonne. — Monuments et inscriptions : **Victor Cousin, V. Leclerc, J. Thénard.** (V. p. 332.)

Les bâtiments de la nouvelle Sorbonne (façade monumentale sur la rue des Écoles) viennent d'être inaugurés avec éclat (1) ; la belle cour actuelle d'hon-

(1) Le *Paris illustré* (22 juillet 1889) nous donne à ce sujet un curieux interwiew, comme on appelle maintenant un colloque, de M. Maurice Darrès :

« Comme j'exprimais mon regret de la disparition de *cette grande cour de la*

neur du monument de Richelieu n'a pas encore été atteinte par les démolisseurs ; les monuments qui la décorent (Victor Cousin, V. Leclerc et J. Thénard) seront sans doute conservés dans les dispositions nouvelles.

C'est M. Jules Simon qui a voulu consacrer la mémoire de M. Victor Cousin aux lieux mêmes où son éloquente parole avait laissé des échos qu'il avait su faire revivre.

Le procès-verbal de l'inauguration du monument, reproduit en plaquette sur parchemin et remis avec médaille d'argent aux assistants, porte ce qui suit :

« Aujourd'hui mercredi, 26 novembre 1873, à midi, a été inauguré le monument élevé dans la Sorbonne à

VICTOR COUSIN,

Professeur d'histoire de la philosophie à la Faculté des lettres de Paris,

en mémoire du legs qu'il a fait de sa bibliothèque et de ses collections à l'Université par codicille de son testament (15 octobre 1863).

« M. Thiers étant Président de la République,

« M. Jules Simon, Ministre de l'Instruction publique, des Cultes et des Beaux-Arts ;

« M. Calmon, Préfet de la Seine ;

« M. Lheureux, Architecte ;

« M. Barthélemy Saint-Hilaire, Conservateur de la Bibliothèque Cousin.

« Étaient présents et ont signé :

« MM. Mignet, membre de l'Académie française ; Patin, secrétaire perpétuel et doyen de la Faculté des lettres ; C. Giraud, membre de l'Académie des Sciences morales, inspecteur général de l'Enseignement supérieur ; Mgr Maret, doyen de la Faculté de Théologie ; L. Renier, membre de l'Académie des Inscriptions et Belles-Lettres, conservateur de la Bibliothèque de l'Université ; C. Bersot, membre de l'Académie des Sciences morales, directeur de l'École normale supérieure ; P. Janet, membre de l'Académie des Sciences morales, etc. ; Ch. Lévêque, membre de l'Académie des Sciences morales ; Lheureux, architecte du Ve arrondissement ; Carrier-Belleuse, sculpteur ; A. du Mesnil, directeur de l'Enseignement supérieur ; Paul Boulet, inspecteur honoraire, secrétaire de l'Académie de Paris ; A. Mourier, inspecteur général de l'Enseignement supérieur, Vice-recteur de l'Académie de Paris ; B. Saint-

---

vieille Sorbonne que tout le monde connaît et admire, il a eu un mot bien caractéristique d'architecte tout à ses mesures, à ses chiffres : « Cette cour, mais je n'y « touche pas ; je lui laisse les mêmes proportions ; *je démolis seulement les bâti-* « *ments qui l'entourent.* »

On ne conservera que la chapelle. Le Conseil municipal avait bien songé à y établir la bibliothèque ; mais, outre que les dispositions de l'édifice faisaient obstacle à cette transformation, les descendants du cardinal auraient protesté ; ils entendaient maintenir leurs droits testamentaires de célébrer dans la basilique toutes les cérémonies religieuses de leur famille : baptêmes, mariages, offices des morts.

Hilaire, conservateur de la Bibliothèque Cousin, membre de l'Académie des Sciences morales; Jules Simon, ministre de l'Instruction publique, des Cultes et des Beaux-Arts, membre de l'Académie des Sciences morales et politiques.

« Le monument se compose d'un motif principal ou médaillon sculpté en marbre blanc, avec cadre en marbre violet. Deux palmes en bronze accompagnent ce médaillon, et le tout se détache sur un fond de marbre rouge. Au-dessous des bandeaux reliant les corniches d'attache de la porte est une frise en marbre rouge avec table en marbre blanc dans laquelle on lit le nom de Victor Cousin.

« A droite et à gauche de la porte, sont des tableaux en marbre rouge avec couronnement et inscriptions relatant : celui de gauche, la biographie de Victor Cousin ; celui de droite, le paragraphe du testament qui lègue sa Bibliothèque à l'Université. »

Inscription placée à gauche de la porte (côté du prolongement de la cour) :

« Né à Paris, le 28 novembre 1792. Décédé à Cannes le 14 janvier 1867. Professeur d'histoire de la philosophie à la Faculté des Lettres de Paris, membre de l'Académie française et de l'Académie des Sciences morales et politiques, ministre de l'Instruction publique. »

Inscription placée à droite de la porte (côté de l'église) :

« Je lègue à l'Université, à laquelle je dois le peu que je suis, le meilleur de ma très humble fortune, à savoir : ma bibliothèque, mes collections d'art, d'autographes et de gravures historiques.
            (Codicille du testament du 15 octobre.)

« Monument élevé le 26 février 1873. M. Jules Simon, ministre de l'Instruction publique et des Beaux-Arts. »

Monuments V. Leclerc et L. J. Thénard. (V. p. 133.)

Ces monuments, dont j'ai obtenu ultérieurement l'érection, sont conçus dans le même style que celui de M. Victor Cousin. Ils portent l'un et l'autre le médaillon des deux doyens, et ornent les deux grandes portes à l'intérieur de la cour.

Voici l'inscription de M. V. Leclerc :

« V. LE CLERC,

« Né en 1789, décédé en 1865. Membre de l'Institut, doyen de la Faculté des Lettres. A donné sa bibliothèque à l'Université. — Monument érigé à sa mémoire en 1876. M. Henri Wallon étant ministre. »

L'inscription de M. L.-J. Thénard porte ce qui suit :

« L.-J. THÉNARD,

« Né en 1777, décédé en 1857. Membre de l'Institut, doyen de la Faculté des Sciences, chancelier de l'Université. — Monument érigé à sa mémoire en 1877. M. W.-H. Waddington étant ministre. ».

Cadrans solaires. — Plaques de marbre. — Clochetons. — Statues autour de l'église. — Bustes dans la cour. — Statues projetées.

Notre cour d'honneur reçut encore d'autres compléments pour son ornementation ; grâce aux crédits importants que nous sollicitâmes et qui nous furent ouverts, l'administration put faire placer sur les portes des plaques de marbre indicatives des divers services que réunit la Sorbonne. — Un artiste habile procéda à la réfection des cadrans solaires. Les clochetons inscrits au plan de l'Église dans le dessin que possède la bibliothèque de V. Cousin, mais qui n'avaient pas été construits, furent élevés ; les marches du temple furent refaites ; une nouvelle inscription orna le fronton du monument.

La ville, de son côté, pour achever l'œuvre de Lemercier, entoura le dôme des pots de feu en pierre portés au plan de l'architecte, orna la façade qui donne sur la place de la Sorbonne de quatre statues : Gerson, Pierre Lombard, Saint-Thomas-d'Aquin et Bossuet ; elle mit au fronton celles de Moïse et d'Élie d'une part, de l'autre celles de Saint-Pierre et de Saint-Jean. — Le portail de la façade intérieure avait déjà ses statues : la Religion, la Théologie, les Sciences et la Philosophie.

Les deux bustes que nous fîmes placer sur les socles de l'entablement, à droite et gauche de la porte de l'Académie, représentent le Proviseur en Sorbonne, Richelieu, qui a fait élever le monument en 1642, et le vénéré Rollin, qui fut Recteur de l'Université de Paris.

Aux derniers jours de mon administration, j'étais en instance auprès de la ville pour obtenir qu'elle élevât, dans les niches ouvertes entre les amphithéâtres des sciences et des lettres, les statues de Laplace, Lavoisier, Descartes et Corneille ; la demande, qu'appuyait de son vote unanime le Comité de perfectionnement de l'enseignement supérieur, fut agréée par M. le ministre ; la ville lui fit en principe bon accueil.

Richelieu. — Violation de sa sépulture. — Sa tête retrouvée, remise au tombeau. (V. p. 333.)

Nous réunissons dans cette note les principaux faits relatifs à la violation de la sépulture du cardinal, à l'enlèvement qui fut fait de sa tête en 1743, rendue en 1816 au tombeau.

APPENDICE

Comité historique des arts et monuments (1846).

Le *Bulletin archéologique* du Comité (tome IV, p. 154) porte ce qui suit :
..... M. François Grille, bibliothécaire d'Angers, correspondant, fait savoir que la tête (le crâne) du cardinal de Richelieu est aujourd'hui en la possession de M. Armès fils, député des Côtes-du-Nord. Quand le tombeau du cardinal de Richelieu fut violé, en 1793, dans l'église de la Sorbonne, un épicier s'empara de cette tête et la garda longtemps chez lui, dans une armoire. Mais comme sa femme en avait peur, il se détermina à s'en défaire, et la vendit ou la donna à M. Armès père. A la Restauration, M. Armès l'offrit au duc de Richelieu, alors ministre ; le Ministre ne répondit pas. Depuis lors, cette précieuse relique resta entre les mains de M. Armès fils.

M. le comte de Montalembert exprime le vœu que cette tête soit replacée dans le tombeau remarquable du cardinal de Richelieu, qui décore le croisillon méridional de la chapelle de la Sorbonne. Cette chapelle a été bâtie par le cardinal ; il n'y a donc pas de place plus convenable pour ce dernier reste du grand ministre que son propre tombeau, entièrement vide aujourd'hui.

Le comité s'associe à ce vœu, et il prie M. le ministre de faire les démarches nécessaires pour que la tête du cardinal de Richelieu revienne au tombeau de la Sorbonne. Il appartient au Ministre de l'Instruction publique de faire réintégrer cette tête dans la chapelle de la Sorbonne, qui est l'église de l'Académie de Paris.

M. Fortoul, ministre (1854).

M. de la Villegille, secrétaire du Comité des Travaux historiques, expose (12 mars 1866) l'intention qu'eut M. Fortoul, en 1854, de faire restituer à l'État la précieuse relique :

Dans le courant de l'année 1854, l'attention de M. Fortoul, alors ministre de l'Instruction publique, fut appelée sur le fait de la conservation de la tête de Richelieu. M. Fortoul voulait que son possesseur la restituât, et comme j'avais eu quelques relations avec M. Armès (nous demeurions alors l'un et l'autre dans la même maison, rue de Seine, n° 31), je fus chargé de la réclamation. Dans l'espoir qu'une autre intervention rendrait la négociation plus facile, je m'adressai à M. Darasse, banquier, intime ami de M. Armès, et il fut convenu que je lui écrirais une lettre qu'il communiquerait à l'ancien député des Côtes-du-Nord. Voici la copie de ma lettre à M. Darasse :

« ..... Le Ministre de l'Instruction publique et des Cultes a été informé récemment que M. Armès, ancien député des Côtes-du-Nord, avait en sa possession une partie de la tête de Richelieu. Le Ministre a pensé qu'il y aurait convenance à rendre au tombeau de ce grand ministre le seul reste qui ait échappé aux profanations de 1793. Il m'a chargé de faire connaître ce désir à M Armès ; et il espère d'autant plus le voir accueillir qu'il a su qu'après la Restauration, M. Armès père avait offert cette portion de crâne au duc de

Richelieu, alors ministre des affaires étrangères, proposition qui n'eut pas de suite, j'ignore pour quel motif.

« Je sais, Monsieur, que vous êtes en relation avec M. Armès. Voudriez-vous avoir l'obligeance de lui écrire à ce sujet ? Je vous en serais très reconnaissant, etc., etc.

Signé : « DE LA VILLEGILLE.

« Paris, 18 août 1854. »

M. Darasse écrivit, comme je l'en priais, et quelques jours après, il me communiquait la réponse de M. Armès. Elle était ainsi conçue :

« A M. J. Darasse, à Paris.

« Plouriot, 23 août 1854.

« ..... Je vous renvoie la lettre que M. de la Villegille vous a écrite, et que vous avez bien voulu me communiquer.

« Comme dans toutes les histoires d'ici-bas,

Toujours un peu de vérité
Se mêle au plus grossier mensonge.

« Ainsi l'on a dit que mon père, se trouvant à Paris lors de la profanation du tombeau du cardinal de Richelieu, s'était procuré la tête de cet homme illustre, on ne savait comment ; qu'après la Restauration, il l'avait proposée au duc de Richelieu, etc. Rien de cela n'est vrai.

« En 1793, mon père était ici, où il remplissait, comme votre serviteur, les fonctions de maire. Ce qui est vrai, le voici : mon oncle, l'abbé Armès, qui habitait le plus ordinairement Paris, et se fournissait depuis plusieurs années dans le magasin d'un sieur Cheval, marchand de bonneterie, je crois, rue de la Harpe, s'y étant présenté après 1793 pour y faire quelque emplette, celui-ci tira de l'un des rayons de marchandises un carton en tout semblable aux autres, fit entrer mon oncle dans une pièce voisine de son magasin, et là, lui montra la tête du cardinal. Il lui raconta alors qu'ayant été chargé de présider à la destruction de son tombeau, il avait profité d'un moment où, les ouvriers étant sortis pour prendre leur repas, il s'était trouvé seul dans l'église de la Sorbonne, pour s'emparer de cette partie de la tête et d'un morceau de linceul, les avait cachés sous son manteau et emportés chez lui. Mon oncle, qui en avait obtenu de lui l'autorisation, amena plusieurs fois chez M. Cheval quelques amis curieux de voir la précieuse relique qu'il possédait. Un jour que mon oncle y était retourné seul, M. Cheval lui dit : *Je crains d'être arrêté et déporté comme ardent révolutionnaire ; j'ai vu que vous attachiez du prix à la tête du cardinal de Richelieu ; je n'en ferai rien ; veuillez l'accepter.* Mon oncle refusa d'abord ; mais M. Cheval lui ayant dit que s'il persistait dans son refus, il en ferait cadeau à quelque autre personne, mon oncle céda aux instances qui lui étaient faites et devint ainsi possesseur de la tête du cardinal.

« En 1820, lorsque nous habitions Brest, une dame de Kerouard demanda à mon père s'il consentirait à lui abandonner cette tête, qu'elle se proposait d'offrir à M. le duc de Richelieu. Mon père refusa, et c'est là ce qui a, sans doute, fait croire qu'il l'avait proposée, ce qui est inexact.

« A l'époque de la Révolution de 1848, j'ai remis la tête du cardinal entre les mains d'une personne sûre, qui l'a conservée depuis lors. Mon intention n'est pas de m'en dessaisir, quant à présent, et surtout pour la voir enfermer dans un tombeau. C'est, à mon avis, une idée malheureuse, car, une fois la pierre du tombeau scellée, ce sera comme si cette tête n'existait pas. Si, un jour, j'en fais don au gouvernement, ce sera gratuitement. Mais vous trouverez sans doute comme moi que cela demande réflexion. Nous en causerons à première vue. Veuillez, en attendant, exprimer à M. de la Villegille mon regret de ne pouvoir céder, en ce moment, au désir de M. le Ministre de l'Instruction publique, S'il connaissait mes motifs, je pense qu'il serait le premier à les approuver, etc., etc.

« *Signé :* A. ARMÈS. »

La phrase : « Si j'en fais don au gouvernement, ce sera gratuitement, » répond à l'offre que M. Fortoul m'avait chargé de faire à M. Armès, de concession de livres en échange de la tête. Je n'avais pas cru devoir parler de cet arrangement dans ma lettre, mais j'en avais entretenu verbalement M. Darasse, et celui-ci avait fait part de cette proposition à son ami.

Lorsque je communiquai cette réponse à M. Fortoul, celui-ci déclara qu'il ne renonçait pas à son projet, « qu'il lui fallait absolument cette tête! » J'ignore si postérieurement il a tenté quelque démarche dans ce but, mais je ne le pense pas.

Le Comité de la langue, de l'histoire et des arts de la France est resté complètement en dehors de cette affaire et n'en a eu aucune connaissance.

Paris, le 12 mars 1866.

Le secrétaire du Comité des travaux historiques et des Sociétés savantes,

Signé : DE LA VILLEGILLE.

M. Duruy, ministre (1866). — M. le Préfet des Côtes-du-Nord.
M. Armès.

Sur le désir qu'en exprima M. Duruy, en 1866, l'administration académique insista auprès de M. le Préfet des Côtes-du-Nord (1) pour qu'il voulût bien seconder auprès de M. Armès les intentions du gouvernement ; M. Armès, en répondant à ce magistrat, expose avec détail les circonstances par suite desquelles sa famille est en possession de la dépouille :

---

(1) M. le Préfet rappelait la lettre que je lui avais adressée, lorsqu'à un an de date il m'écrivait à son tour (11 août 1867) : « Permettez que dans l'intérêt du lycée où sont élevés les enfants du pays qui vous a rendu la tête du cardinal de Richelieu, je recommande à tous votre bienveillance.

« N..... »

« Plouriot, 11 octobre 1866.

« Monsieur le Préfet,

« J'ai l'honneur de répondre à la lettre du 9 de ce mois, par laquelle vous me demandez quelques détails sur la manière dont la tête du cardinal de Richelieu est tombée entre les mains de Nicolas Armés, mon oncle. Ces détails, que j'ai recueillis de sa bouche, ne contiennent, j'ai le regret de vous le dire, rien d'aussi dramatique que ce que les journaux, à diverses reprises, se sont plus à raconter sur ce fait.

« Mon oncle, qui, avant la Révolution, habitait Paris depuis quelques années, avait pour fournisseur un sieur Cheval, bonnetier, demeurant rue de la Harpe ou rue Saint-Jacques, à peu de distance de la Sorbonne. Quelques mois après la violation du tombeau du cardinal, mon oncle, ayant été faire une emplette chez M. Cheval, celui-ci le pria, sans lui dire pourquoi, de passer avec lui dans son arrière-boutique. Là, au milieu d'un assez grand nombre de cartons remplis de marchandises et rangés sur des étagères, il en prit un, qu'il ouvrit et qui contenait le masque du cardinal, ainsi qu'un morceau du linceul dans lequel le corps entier avait été enseveli. Mon oncle lui ayant demandé comment cette relique se trouvait en sa possession, M. Cheval lui dit qu'ayant été chargé de présider à l'ouverture du tombeau du cardinal, il avait profité du moment où les ouvriers sous ses ordres s'étaient un moment absentés pour aller prendre leur repas, pour enlever le masque du cardinal, et couper précipitamment avec son couteau un morceau de son linceul; qu'il avait caché le tout sous son habit, l'avait porté chez lui, et avait eu soin de se retrouver sur les lieux au moment du retour des ouvriers, et d'arranger les choses de manière qu'ils ne s'aperçussent pas de la soustraction qu'il venait d'opérer.

« Depuis lors, mon oncle demanda à diverses reprises, à M. Cheval, l'autorisation, qui lui fut accordée, de faire voir à quelques amis la tête du cardinal.

« Un jour, après le 9 thermidor, mon oncle étant retourné chez M. Cheval, celui-ci lui dit qu'il craignait beaucoup, à cause de ses opinions révolutionnaires bien connues, d'être inquiété et peut-être même contraint de quitter la France; qu'il le priait en conséquence d'accepter la tête du cardinal de Richelieu, tête dont il lui avait paru faire beaucoup de cas. Mon oncle ayant fait quelques difficultés pour accepter cette offre, M. Cheval insista et lui dit : *C'est à vous que je désire la donner; ne faites pas de façons; si vous me refusez, je l'offrirai à quelque autre, je suis décidé à m'en défaire.* Mon oncle finit par accepter, et, quelques années après, il la donna à mon père, chez qui je l'ai vue depuis mon enfance.

« Je dois ajouter, pour expliquer la couleur brune qu'a maintenant la tête du cardinal, couleur qu'elle n'avait pas dans le principe, que mon père, s'étant aperçu, vers 1812 ou 1813, que des insectes l'avaient attaquée, la confia à un sieur Hamon, pharmacien à Rennes, ville qu'il habitait à cette époque, en le priant de faire ce qu'il jugerait nécessaire pour arrêter les ravages de ces insectes, et que c'est à un vernis, malheureusement coloré, que ce pharmacien eut recours.

« Voilà, Monsieur le Préfet, dans toute sa simplicité, le récit que vous m'avez demandé. Je pense qu'en fouillant dans les archives de la ville de Paris, il serait possible de retrouver des traces de la mission confiée à M. Cheval, et la preuve de l'exactitude des détails que je viens de vous donner. N'ayant jamais vu écrit le nom de M. Cheval, je ne vous en donne peut-être pas la véritable orthographe.

« Veuillez agréer, etc.

Signé : « A. ARMÈS. »

Note du secrétaire général sur les assertions de M. Armès.
(6 novembre 1866.)

C'est après avoir reproduit tous les procès-verbaux que le bureau des Travaux historiques de la ville de Paris exprime son opinion sur les assertions de M. Armès :

« Je pense qu'en fouillant dans les archives de la ville de Paris, il serait possible d'y trouver des traces de la mission confiée à M. Cheval (de qui M. Armès oncle tenait la tête du cardinal), et la preuve de l'exactitude des détails que je viens de vous donner. »

Les recherches dont il s'agit ont été faites immédiatement, et, sans donner des résultats aussi précis que l'espérait M. Armès, elles n'en ont pas moins jeté quelque jour sur la question.

C'est aux archives de la Préfecture de la Seine et de la Préfecture de Police qu'ont été trouvées les pièces les plus explicites; les archives de l'Empire ne renferment rien qui ait trait à la violation des tombeaux de la Sorbonne. Ces pièces, que le service historique a fait transcrire, ne contredisent point le récit de M. Armès; il paraît même assez probable que les choses ont dû se passer ainsi qu'il les raconte.

Il résulte, en effet, du procès-verbal de l'enlèvement des cercueils de la Sorbonne, en date du 19 frimaire, an II, que les citoyens Dubois, Hébert et Grincourt, commis audit enlèvement, ont appris du citoyen Saillard, commissaire de la section, que l'avant-veille (17 frimaire), « un particulier dont il ne se rappelle pas le nom, mais chargé d'ordre du Département, était venu requérir un commissaire de l'accompagner à la Sorbonne pour fouiller ledit caveau ; qu'il l'avait fait ouvrir, puis refermer, *sans en rien emporter.* »

Intact jusque-là, le tombeau fut ouvert de nouveau, le 19, puis refermé, pour être réouvert les 20, 21, 22 et 23 frimaire. Les cercueils en furent extraits et déposés dans l'église de la Sorbonne. Pendant ces quatre jours, une heure fut accordée « pour le dîner des ouvriers » ; et les procès-verbaux ne mentionnent pas le fait d'une surveillance quelconque exercée durant cette interruption de travail, tandis qu'ils constatent, à la fin de chaque vacation, la fermeture de l'église, la remise de la clef au citoyen Denoyelle, chargé de la garde des cercueils. Ils ne disent pas non plus que les opérations d'exhumation aient eu lieu à huis clos. Par conséquent, le public, ou tout au moins les « patriotes », au nombre desquels paraît avoir été le citoyen Cheval, l'un des plus ardents de la section des Thermes, a pu pénétrer dans l'église et commettre la soustraction racontée par M. Armès.

On ne pouvait s'attendre à rencontrer dans des pièces officielles la trace d'un *vol* de la nature de celui que le sieur Cheval dit avoir commis. Les commissaires préposés à l'exhumation, en supposant même qu'ils aient eu connaissance du fait, se fussent bien gardés de le consigner dans leurs procès-verbaux, surtout s'il avait pu être imputé à un défaut de surveillance. Tout ce qu'on pouvait espérer raisonnablement de constater, c'était la possibilité du vol, par conséquent la vraisemblance du récit.

Or, soit que le « particulier » qui a visité les tombeaux le 17 ait été le sieur Cheval lui-même, et qu'il ait opéré la soustraction, de complicité avec le commissaire Saillard; soit que ledit sieur Cheval ait profité de l'heure d'interruption donnée aux ouvriers durant les vacations des 20, 21, 22 et 23 frimaire, le fait tel que le raconte M. Armès n'a rien que de vraisemblable, et les procès-verbaux d'exhumation tendraient plutôt à l'établir qu'à l'infirmer.

Paris, le 6 novembre 1866.
Le chef du bureau des travaux historiques,
Signé : L. TISSERAND.

Vu :
Le chef de section,
Signé : Charles READ.

Inhumation des restes du cardinal dans l'église de la Sorbonne.
(15 décembre 1866.)

Les archives de la ville donnent ensuite le procès-verbal parfaitement exact de l'inhumation des restes du cardinal dans l'Église de la Sorbonne; le voici dans toute sa teneur :

Paris, le 15 décembre 1866.

Le 15 décembre 1866, en présence de S. Exc. M. Victor Duruy, ministre de l'Instruction publique, commandeur de la Légion-d'Honneur, etc.; de M. Charles Robert, conseiller d'État, secrétaire général du Ministère de l'Instruction publique ; de M. Mourier, vice-recteur de l'Académie de Paris; de NN. SS. Dubreuil, archevêque d'Avignon; Buquet, évêque *in partibus* de Parium ; Landriot, évêque de La Rochelle; Meignan, évêque de Châlons; Lavignès, évêque de Nancy ; Hugonin, évêque nommé de Bayeux ; M. le duc de Richelieu, Mme la marquise de Jumilhac, MM. Armand et Marcel de Jumilhac, etc. ;

Ont été inhumés sous le monument dû au ciseau de Girardon, pendant que l'église retentissait de chants expiatoires et funèbres, les restes recouvrés du cardinal-ministre Richelieu. Cette inhumation a été faite par Mgr Georges

Darboy, archevêque de Paris, grand aumônier de l'Empereur, assisté de Mgr Henri-Louis-Charles Maret, évêque de Sura, doyen de la Faculté de théologie de Paris. Ces restes consistent dans la partie antérieure de la tête, suffisamment conservée pour représenter le *facies* du grand homme, et un morceau de linceul. Les os de la face sont revêtus de leur peau et montrent encore des cheveux, les poils de la barbe, les dents. L'orbite des yeux laisse encore apercevoir les paupières desséchées. Enfin la structure générale de ce précieux fragment, quand on le compare aux portraits authentiques que nous avons du grand cardinal, ne laisse aucun doute sur sa vérité, puisqu'on retrouve les lignes de cette puissante tête.

Le détenteur de ces restes, qui s'est décidé à les rendre à la France, était M. Armès, ancien député, et habitant Plouriot (Côtes-du-Nord). Dans une lettre au Préfet de ce département, datée du 11 octobre 1866, l'honorable M. Armès raconte comment la tête de Richelieu est venue en la possession de sa famille, et y est restée de si longues années. Cette tête a été donnée à son oncle, M. Nicolas Armès, habitant Paris pendant la Révolution, par un sieur Cheval, bonnetier de la rue de la Harpe ou de la rue Saint-Jacques. D'après son dire, le sieur Cheval avait présidé à l'ouverture du tombeau du cardinal, et profité de l'absence des ouvriers à l'heure de leur repas pour dérober la partie antérieure de la tête et un morceau de linceul. Ces objets restèrent placés dans un carton de l'arrière-boutique du sieur Cheval, jusqu'après le 9 thermidor. Alors, le citoyen Cheval, craignant d'être inquiété à cause de ses opinions révolutionnaires, pria M. Nicolas Armès de se charger des restes du cardinal, et ainsi ils entrèrent en sa possession, passèrent plus tard en celles de son frère et de son neveu.

La vérification faite du récit du sieur Cheval, au moyen des recherches dans les archives de la Ville et de la Préfecture de police, tend plutôt à en établir la vérité qu'à l'infirmer, ainsi qu'il est dit au dernier paragraphe des documents ci-dessus, — comme il est constaté par une note émanant du chef du bureau des Travaux historiques, et portant la date du 6 novembre dernier :

« En effet, quoique le sieur Cheval ne soit pas nommé parmi les commissaires chargés, par le Directoire départemental, le 18 frimaire, an II, de visiter les tombeaux de la Sorbonne, il n'en résulte rien contre la véracité de cet individu ; car, d'après les procès-verbaux, dès le 17, un premier commissaire avait été nommé, qui, ce jour-là même, se transporta à la Sorbonne, et fit ouvrir le tombeau du cardinal. Le nom de ce premier commissaire n'est pas rapporté; mais, tout bien pesé, il semble qu'il ne peut être que le sieur Cheval, qui, ce jour-là ou même les jours suivants, pendant le repas des ouvriers, eut toute facilité pour commettre cette soustraction.

« Les procès-verbaux d'exhumation constatent aussi que tous les corps qui étaient dans les trois caveaux de l'église de Sorbonne ont été, après qu'on les eut retirés de leurs bières de plomb, déposés dans deux grandes fosses ouvertes par les ouvriers dans deux caveaux: celui qui est à gauche en entrant dans l'église, sous la chapelle actuellement de Saint-Joseph, et celui qui est situé dans la chapelle Richelieu. Des fouilles faites par ordre de Mgr l'évêque de Sura, dans ces deux caveaux, ont amené la découverte d'un grand nombre d'ossements qui doivent être ceux des membres de la famille Richelieu, énumérés et désignés dans les procès-verbaux, et ceux des Docteurs dont les noms y sont portés.

« Ainsi, il paraît certain que les autres parties du corps du cardinal de Richelieu sont encore dans les caveaux de la Sorbonne, mêlés et confondus avec les ossements des membres de sa famille.

« Le soin pieux que S. Exc. M. le Ministre de l'Instruction publique a mis à recueillir et à rendre à leur sépulture les restes de Richelieu sont dignes d'une âme généreuse et d'un historien qui comprend et honore toutes les gloires de la France.

« La Faculté de Théologie a été heureuse de contribuer aux hommages rendus au Fondateur de la Sorbonne, à son plus illustre et plus grand Proviseur.

« M. le Vice-Recteur et MM. les Doyens et Professeurs des Facultés des Lettres et des Sciences se sont associés avec empressement à ces hommages. »

APPENDICE 519

LIVRES X, XI ET XII

I — Exode à Versailles.
Ordre d'arrestation du vice-recteur. — Deux mois à Versailles. — Permis de venir à Vanves et à Paris. — Pavillon de l'horloge.

II. — Épilogue moral.
Périodes scolaires. — Relèvement après les crises. — Affaiblissement moral et numérique de la famille. — Le pouvoir politique et le pouvoir religieux. — L'éducation religieuse dans l'école. — Criminalité.

III. — Retraite.
Motifs de la retraite. — Observation d· M. Bersot. — Lettres diverses : MM. Bardoux, Jules Simon, Dumas, Gréard, au nom du Conseil départemental.
Mesures qui accompagnèrent la retraite. — Titres honorifiques : Membre du Comité consultatif d'enseignement, Président de la Commission centrale des bibliothèques académiques, place maintenue dans diverses commissions.

Ordre d'arrestation. — Exode à Versailles. (V. p. 372.)

M. Magnabal, chef des Services matériels au Ministère de l'Instruction publique, actuellement Inspecteur général honoraire, présente, ainsi qu'il suit, dans une note écrite à Versailles le 28 mars 1871, les intentions qui lui avaient été notifiées au ministère à Paris, au sujet du projet d'arrestation du Vice-Recteur :

« Le samedi soir 25 mars, à huit heures et demie, M. Magnabal fut mandé par M. le délégué. Ce dernier lui affirma que tous les services du Ministère étaient centralisés à la Sorbonne ; qu'en conséquence un ordre avait été donné d'arrêter le Recteur ; qu'à la Sorbonne on s'agitait également contre le Comité en vue des élections municipales, et qu'un pareil état de choses devait cesser par l'arrestation de M. Mourier.

« M. Magnabal donna l'assurance que les services ministériels n'allaient en aucune façon à la Sorbonne.

« Malgré cette réponse, M. le délégué répéta que l'état de choses devait être vrai ; que sur l'affirmation contraire de M. Magnabal il voulait bien croire les assertions de ce dernier et qu'il ne signerait pas l'ordre d'arrestation. Il ajouta qu'une autorité supérieure pourrait bien le donner et qu'un bataillon pourrait bien, avant dix heures, envahir la Sorbonne. »

Je ne voulais pas publier cette note sans faire un nouvel appel aux souvenirs de M. Magnabal, et voici quelle est sa réponse (24 mai 1889) :

« Plusieurs des citoyens qui ont vécu au Ministère pendant la Commune me sont bien inconnus tant par leur nom que par leur personne. Il en est cependant que je ne puis oublier, entre autres celui qui était venu l'un des premiers, et qui me fit appeler un soir à huit heures, pendant que les autres soupaient, pour me dire qu'on lui réitérait l'ordre de faire *arrêter le Recteur*, de tâcher de vous prévenir parce qu'il pourrait bien se faire qu'un bataillon se rendit à la Sorbonne avant dix heures pour *procéder à cette arrestation*. Comme je ne pouvais moi-même sortir, je vous envoyai mon frère pour vous informer de ce projet. — Le délégué de la Commune qui me donna cet avis se nommait *Pagès-Lepicier*. Il est mort depuis, à ce que je crois. - C'est lui qui était venu prendre possession du Ministère au nom du Comité. »

Permis de venir à Vanves et à Paris. (V p. 378.)

Cette note de M. Magnabal indique assez la nécessité de quitter la Sorbonne ; il fallait bien, puisque j'étais averti, éviter le sort qui attendait M. Bonjean, mon infortuné collègue au Conseil académique. — L'exode dura deux mois ; les Versaillais étaient des proscrits. — Au jour de la délivrance, je reçus les permis de circuler dont il n'est pas sans intérêt de reproduire les textes.

Ainsi j'étais autorisé à aller à Vanves pour voir où en étaient les ruines du lycée :

« Versailles, 24 mai 1871.

« Laissez passer et circuler librement Monsieur Mourier, recteur de l'Académie de Paris, se rendant à Vanves (mercredi, 24 courant).

« *Le général délégué aux fonctions de Préfet de police*,

Signé : « Valentin. »

Pour aller à Paris et revenir le même jour à Versailles, je reçus les deux permis dont voici la teneur :

« Versailles, 25 mai 1871.

« *Cabinet du ministre de l'Instruction publique.*

« Le Secrétaire général du Ministère de l'Instruction publique et des Cultes atteste que M. Mourier, vice-recteur de l'Académie de Paris, a reçu mission de se rendre à Paris pour y visiter la Sorbonne, les Facultés, les Lycées, et veiller aux mesures de préservation qui concernent ces établissements.

Signé : « Saint-René Taillandier. »

« Versailles, 25 mai 1871.

« *Pouvoir exécutif.* — *Présidence du Conseil des Ministres.*

« Je prie MM. les généraux de l'armée de Versailles et tous les officiers sous leurs ordres de laisser circuler librement M. Mourier, vice-recteur de l'Académie de Paris, porteur du présent, se rendant de Versailles à Paris, et revenant à Versailles.

« *Le représentant du peuple,*
Signé : « B. Saint-Hilaire. »

« Vu :
« *Le général, Préfet de police,*
Signé : « Valentin. »

C'est en rentrant à Paris que je vis les Tuileries encore en flammes et entre autres le Pavillon de l'Horloge.

Pavillon de l'Horloge. (V. p. 380.)

Le bâtiment avait résisté à l'incendie ; on eût pu le restaurer, garder à l'art l'œuvre de Philibert Delorme ; la politique ne voulut pas laisser debout le souvenir de la demeure des rois. M. Meissonnier l'a fixé sur la toile la veille de la démolition. — Le regard traverse les fenêtres béantes de la salle des Maréchaux, où brillent encore en traits d'or les mots *Honneur et Patrie,* pour s'arrêter au char triomphal de la cour du Carrousel.

Le vers du poète se lit au bas du tableau :

Gloria majorum per flammas usque vitescit.

Périodes scolaires. (V. p. 383.)

Les périodes scolaires de 1830 à 1889 se partagent en quatre époques si l'on veut, les mêmes par les changements de gouvernement.
1º De 1830 à 1848. — Monarchie de Juillet.
2º De 1848 à 1851. — Deuxième République.
3º De 1852 à 1870. — L'Empire.
4º De 1870 à 1889. — Troisième République.

Il n'est pas une de ces époques où, dans le choc des opinions, il ne s'agisse avec une passion plus ou moins vive d'autorité et de liberté, de forces rivales qui voudraient pour elles l'éducation de la jeunesse. Des deux côtés, nous rencontrons des opinions extrêmes ; la vraie politique, la paix religieuse, est dans la doctrine supérieure qui protège également, au nom de l'État, la liberté de penser philosophique et les droits de la conscience religieuse ; ainsi la loi de 1833, qu'on peut donner en exemple, ne rencontra que des respects près des croyants et des philosophes ; l'instruction primaire en reçut une impulsion féconde. On ne pensait pas alors, comme en ces dernières années marquées par l'avènement d'une politique de parti, que le progrès de l'enseignement primaire pouvait être intéressé au régime de la neutralité. Les nouvelles lois scolaires ont rouvert l'arène des luttes, et ont porté l'inquiétude au foyer de la famille.

Relèvement après les crises. (V. p. 405.)

L'histoire nous montre dans plus d'une page le pays qu'on croyait perdu sortant du tombeau comme Lazare, ranimé par les épreuves d'une vie nouvelle : ainsi après la guerre de Cent-Ans, après les guerres religieuses, après la Révolution.

Quant à sa mobilité, dont nous ne voulons pas faire une vertu, elle est un moyen d'échapper aux sectaires. L'athéisme farouche n'est pas fait pour durer chez un peuple léger, indifférent aux dogmes, mais réfractaire au matérialisme; on peut en juger par son culte des morts. La haine des religieux dont on voudrait le pénétrer aujourd'hui peut-elle être plus violente que sous la Terreur? Et cependant, dix ans après les journées sanglantes, la foule, qui avait vu, sans protester, le sac des églises, la déportation des prêtres, suivi le char triomphant de la déesse Raison aux mains, disait-on, d'une impudique, se jetait à genoux sur les pas d'un vieillard pour recevoir ses bénédictions. Ce vieillard était le père des fidèles, le gardien, pour ceux qui croient, des vérités divines.

L'œuvre des grands Jacobins fut emportée par un élan de repentir et de foi ; celle des petits Jacobins, leurs obscurs plagiaires, prévaudra-t-elle contre le besoin de l'infini inhérent à la nature humaine ? — L'exemple était bon à citer pour fortifier les esprits qui, dans les misères du présent, veulent garder l'espérance.

Affaiblissement moral et numérique de la famille. (V. p. 401.)

Un pays est menacé dans son avenir quand sa population ne suit pas le mouvement progressif des peuples voisins. La population de la France a besoin pour doubler de 150 ans, l'Allemagne de 55, a écrit M. de Treitschke, ardent ami de la Prusse, de son état guerrier; un Alsacien, resté Français de cœur, M. Ch. Grad, député au Reichstadt, n'infirme pas ce calcul, et nous avertit du péril dans une savante étude (1). Les causes de ce considérable écart dans le mouvement de la population au-delà et en-deçà des Vosges doivent être multiples; il se peut que chez nous les charges annuelles croissantes et les revenus d'autre part de plus en plus affaiblis arrêtent aujourd'hui le progrès de la nativité dans les classes moyennes (2) ; le roi Guillaume,

---

(1) M. Charles Richard examinait il y a deux ans, dans la *Revue des Deux-Mondes*, quelles seraient les conséquences de ce mouvement vers la fin du XIXe siècle. En 1900, l'Allemagne comptera 80 millions d'habitants, l'Italie 60, l'Autriche 70, la Russie 121, la France 44. Pour le directeur des bureaux statistiques de la ville de Paris, ce qui progresse chez nous, c'est notre déchéance.

(2) Nous sommes, par contre, en tête des nations pour le chiffre de la dette publique : France, 35 milliards; Russie, 19; Angleterre, 13; Italie, 11; Autriche, 10; Allemagne, 9. Inutile d'ajouter que la France vient aussi des premières pour la charge et l'impôt par tête. Dans cette situation, la valeur des terres subit une dépréciation excessive.

avant la guerre, expliquait la différence par des causes morales. M. Dumas et M. Le Play accompagnaient le Souverain au Champ-de-Mars, dans sa visite à notre Exposition de 1867. « Tout ce que je vois, dit-il en *français* à M. Dumas, est très beau; mais votre nation est sans demain, elle n'a pas d'enfants. » Et dans une autre visite, cette fois aux égouts, dont il admirait les dispositions, le roi, se tournant vers les officiers de sa suite, leur dit en *allemand* : « Oui, c'est très beau, mais ils n'ont pas de mœurs. » M. Dumas n'entendait pas l'allemand ; il demanda à M. Le Play, familier avec cette langue, ce que disait Sa Majesté. « Ce n'est pas flatteur pour nous, répondit M. Le Play : le roi dit que nous n'avons pas de mœurs. » — C'était sous une forme plus raide le même mot qu'au Champ-de-Mars ; ce fut en 1870 le mot d'ordre de l'invasion. L'Allemagne était l'épée de Dieu qui venait châtier Sodome et Gomorrhe.

Si nous étions moins légers, nous n'aurions pas besoin de la visite d'un empereur pour nous rappeler, au milieu des splendeurs de notre Exposition de 1889, les dangers qui nous menacent, et ceux qui nous viennent de nous-mêmes et non de la coalition ennemie. Qu'on en juge par les résultats officiels du mouvement de la population en 1888.

Naissances légitimes et mariages, tout diminue ; seul, le chiffre des divorces ainsi que celui des naissances naturelles présente une augmentation.

Sans l'appoint des naissances naturelles, dit encore la statistique, la population française diminuerait.

D'année en année, le chiffre des naissances diminue.

La statistique constate que la province la plus religieuse et la plus monarchique de la France est celle où les naissances sont les plus nombreuses, et où les lois morales en matière de mariage sont les mieux respectées. Le résultat, pour ne parler que des lois morales, peut appeler l'attention sur les conséquences de la neutralité de l'École.

Le pouvoir politique et le pouvoir religieux. (V. pp 397, 402 et suiv.)

Les *notes* qu'on vient de lire répètent, sous toutes les formes et à chaque pas d'une longue carrière, qu'en matière d'enseignement, il n'y a aucun profit à une lutte entre le pouvoir civil et le pouvoir religieux ; l'expérience commande donc l'accord des deux intérêts dans ce que chacun a de légitime ; la raison politique apporte les mêmes conseils en dehors des partis. C'est à ce point de vue supérieur que s'est placé un publiciste de grand talent, M. Henri Fouquier, dans les lignes qu'il vient d'écrire et que je suis heureux de reproduire à l'appui de mes conclusions personnelles :

« La réconciliation est parfaitement conforme à l'esprit de l'Église et à la politique traditionnelle de la curie romaine. La papauté, théoriquement, ne connaît ni des origines, ni des formes des pouvoirs civils. République, empire, royauté, suffrage universel ou restreint, droit héréditaire, cela lui est tout un. » — « Mon royaume n'est pas de ce monde, » a dit Jésus...

« Il y a péril égal à vouloir que l'Évangile soit républicain ou monarchiste,

« L'expérience a été faite depuis dix-huit ans : et ceux-là mêmes qui avaient pris à la lutte une part active reconnaissent, pour la plupart, qu'une suspension d'armes est nécessaire...

« On a dit qu'un peu de philosophie éloignait de la religion, que beaucoup de philosophie y ramenait... Ce qui est certain, c'est que beaucoup de philosophie politique enseigne le respect des religions. »

L'éducation religieuse dans l'école primaire. — Criminalité.
(V. pp. 185 et suiv., 398 et suiv.)

A la question politique au premier chef des rapports de l'État et de l'Église se lie chez nous, comme conséquence, à raison de nos traditions et de nos mœurs, la question morale entre toutes, celle de l'esprit qui doit animer l'école; il y a longtemps que, sur l'une et sur l'autre, notre conviction est faite. Mais nous recevions peut-être de ce qui nous entoure une impression trop vive, nous aurions jugé autrement si la vue eût été plus étendue, si l'horizon n'eût été fermé par les habitudes prises de la pratique administrative. L'objection tombe devant les réflexions d'un écrivain non suspect (1), puisqu'il est philosophe; nos doléances sur les misères de l'école sans Dieu sont d'un accent bien faible près des cris d'effroi que lui arrache le spectacle de la précocité du vice et du crime à Paris; son tableau des jeunes criminels met à nu le *trou béant fait dans la conscience humaine* par la suppression des croyances;... qu'on en juge par ces quelques traits :

« On se souvient encore du sinistre Gamahu, d'Abadie, de ces chefs de bande aux allures de Fra Diavolo, qui étaient capitaines *à vingt ans*, comme les volontaires de 92.

« La criminalité française est devenue plus nombreuse dans les villes parmi ces pâles voyous... Et les plus hardis, ceux qui acceptent dans leurs coups l'hypothèse de l'assassinat avec le plus de désinvolture, les plus cyniques aussi à l'instruction, *ce sont les plus jeunes.*

. . . .

« A Paris et dans les grandes villes, *à Paris*, surtout, *l'éducation du peuple est mauvaise*, l'éducation se fait par la discipline et l'exemple de la famille, par le milieu, par la rue même, *par l'École et par l'Église*. Je n'hésite pas, *tout philosophe que je suis*, à écrire le grand mot : l'Église.

. . . .

« A quinze ans, il n'y a plus d'enfant, plus d'autorité et plus de respect.

« Le bien-être est moralisateur, mais l'étalage du luxe excite l'envie, et la rue apprend à l'obtenir sans travail, ceci est vrai surtout pour les filles.

. . . .

« Après la maison, l'atelier et la rue, il y a l'école. L'école est insuffisante. Le grand vice de l'école, aujourd'hui, avec ses prétentions à la raison pure,

---

(1) M. Henry Fouquier, *Figaro*, 20 juillet 1889.

c'est que, supprimant un degré d'éducation, elle commence trop tôt à vouloir faire des citoyens. Mais c'est vouloir empêcher le petit Gustave de voler les pommes du verger voisin en lui lisant la profession de foi du vicaire savoyard. »

Motifs de la retraite. — Observation de M. Bersot. — Lettres diverses : MM. Bardoux, Jules Simon, Dumas, Gréard, au nom du Conseil départemental. (V p 284.)

La situation et la fonction de Vice-Recteur étaient l'objet de convoitises ardentes. « Il y a longtemps, me disait M. Bersot, Directeur de l'École normale supérieure, qui me témoignait quelque amitié, que votre place est demandée; je vous honore d'avoir fermé l'oreille à des attaques malveillantes. J'ai été heureux en mainte circonstance d'exprimer mon sentiment personnel sur votre administration. » L'honorable Directeur ignorait que j'avais, de mon côté, témoigné hautement de son caractère et de ses services lorsqu'il était menacé.

Mon parti fut bien vite pris. Il y a des heures où *l'épuration* est un moyen de gouvernement; la sagesse, en ce cas, est de s'exécuter. Je compris, après un entretien avec le Ministre, qu'on faisait campagne active contre son lieutenant, qu'il n'avait pas la force pour le défendre, qu'une politique nouvelle le menaçait lui-même et convoitait son portefeuille (1), et je demandai à être relevé de mes fonctions. La supplique ne pouvait qu'être agréée; elle écartait toute difficulté en laissant à l'Administration l'honneur d'une apparente résistance; le Ministre voulut bien m'exprimer les meilleurs sentiments, et m'écrivit ensuite :

« 17 janvier 1879.

« Mon cher Recteur,

« C'est avec peine que je me sépare de vous.

« Depuis treize mois j'ai pu vous voir à l'œuvre.

« Je n'ai trouvé en vous que du dévoûment uni à une rare intelligence des hommes et des affaires. L'Université reconnaissante vous inscrit sur son livre.

« J'ai pu, en faisant signer le décret à M. le Maréchal, lui dire que je prenais toutes les mesures possibles pour améliorer votre situation.

« C'est avec cœur que j'ai pris ces dispositions, tenant jusqu'à la dernière heure à utiliser votre précieuse expérience.

« Adieu, mon cher Recteur; je vous serre affectueusement la main.

Signé : « BARDOUX. »

M. Simon, Sénateur, mon ancien Ministre, avait l'obligeance de m'adresser en même temps son témoignage :

(1) M. Jules Ferry succédait à M. Bardoux le 4 février 1879.

« Mon cher Recteur,

« J'apprends ce matin par l'*Officiel* que vous êtes remplacé par M. Zevort sans que rien ait pu me faire prévoir que cette décision allait être prise. Je ne puis vous laisser quitter l'Administration de l'Académie de Paris sans vous remercier du concours habile, énergique et cordial que vous m'avez donné pendant trois années difficiles, et de la bonne amitié que vous m'avez conservée depuis.

« Veuillez présenter mes respects à Mme Mourier, et me croire votre bien sincèrement dévoué.

Signé : « Jules SIMON. »

Un bien précieux témoignage, celui qui couronna ma carrière, vient de M. Dumas, Secrétaire perpétuel de l'Académie des sciences, membre de l'Académie française, ancien Vice-Président du Conseil supérieur.

« Paris, 19 janvier 1879.

« Mon cher Recteur,

« Je ne puis voir sans tristesse l'Université se séparer de l'un de ses meilleurs serviteurs. Votre carrière, que j'ai suivie presque dès ses débuts, vous a maintenu si constamment en dehors de la politique qu'on pouvait espérer que vous échapperiez à ses vicissitudes. Elle a été si pleine et si dévouée, vous avez donné tant d'exemples de sagesse, de modération et d'impartialité, de justice et de fermeté que les vrais amis de l'Université n'ont qu'un vœu à former, c'est de vous voir remplacé par un autre vous-même.

« Vous emporterez dans votre retraite les regrets de tous ceux qui vous ont connu, de tous ceux qui ont été placés sous votre juridiction. On savait que vous aviez le respect sincère de tous les droits, uni à la bienveillance naturelle la plus sympathique pour toutes les situations.

« Vous avez traversé avec honneur des temps difficiles, et vous conservez en sortant de la Sorbonne toutes les affections qui vous avaient salué lorsque vous y êtes entré.

« Croyez bien, mon cher Recteur, que je n'ai rien oublié des circonstances qui m'ont appelé plus d'une fois à me réjouir avec vous des progrès que vous faisiez dans la carrière, et que je retrouve au moment où vous entrez dans la retraite, au fond de mon cœur, les sentiments avec lesquels j'ai si souvent salué vos succès.

« Agréez, mon cher Recteur, l'assurance de mes profonds regrets, avec celle de toutes mes sympathies.

Signé : « DUMAS. »

Le Conseil départemental de la Seine avait reçu mes adieux. M. le Secrétaire, Inspecteur général, Directeur de l'Instruction publique, m'écrivit au nom du Conseil :

« Paris, le 22 janvier 1879.

« Monsieur le Recteur,

« A l'ouverture de la séance du Conseil départemental, j'ai remis à M. Desmazes, Président, la lettre que vous m'avez fait l'honneur de m'adresser.

« M. Desmazes en a donné lecture, et les termes dans lesquels elle était conçue ont fait sur le Conseil une impression profonde.

« Le Président, se rendant ensuite l'interprète d'un sentiment unanime, a rappelé que, depuis près de vingt ans, vous dirigez les travaux de la compagnie avec une autorité de vues, un esprit de sagesse et de conciliation qui ne pouvaient qu'être proposés en exemple à celui qui aurait l'honneur de vous succéder dans cette haute magistrature.

« Le Conseil a décidé que l'expression si heureusement rendue de ses regrets serait insérée au procès-verbal.

« Veuillez agréer, Monsieur le Recteur, l'expression de mon respectueux dévoûment.

Signé : « GRÉARD. »

Mesures qui accompagnèrent la retraite. — Titres honorifiques: Membre du Conseil consultatif d'enseignement, Président de la Commission centrale des bibliothèques académiques, et maintenue dans diverses commissions.

Nous omettons à dessein d'autres et nombreux témoignages pour mentionner les bienveillantes dispositions que prit le Ministre à l'égard du fonctionnaire entré dans la retraite.

Voici le libellé du *décret du 16 janvier 1879* :

ARTICLE PREMIER.

M. Mourier (Adolphe-Auguste-Corneille), Vice-Recteur de l'Académie de Paris, Inspecteur général de l'Enseignement supérieur, est admis, sur sa demande, à faire valoir ses droits à une pension de retraite.

ART. 2.

M. Mourier est nommé Recteur et Inspecteur général honoraire.

En cette qualité il continuera à faire partie du Comité consultatif de l'Enseignement public.

Signé : Maréchal DE MAC-MAHON.
Par le Président de la République,
Signé : A. BARDOUX.

La lettre officielle de M. le Ministre (18 janvier), transmissive du décret, portait ce qui suit :

« Monsieur le Vice-Recteur,

« J'ai l'honneur de vous informer que, par décret en date du 16 de ce mois, M. le Président de la République vous a admis, sur votre demande, à faire valoir vos droits à une pension de retraite.

« Ce n'est pas sans un réel sentiment de regret que je me sépare d'un fonctionnaire dont j'ai été à même d'apprécier les qualités d'esprit et de caractère. J'ai voulu, du reste, maintenir autant qu'il était en moi les liens qui m'ont permis jusqu'ici de recourir à votre expérience et à vos lumières.

Je suis donc heureux de vous informer que, par une mesure exceptionnelle, le Président, en vous conférant l'honorariat comme Recteur et comme Inspecteur général, vous a conservé, sur ma proposition, le titre et les prérogatives de membre du Comité consultatif.

« Recevez, Monsieur le Vice-Recteur, avec la nouvelle expression de mes sentiments d'estime personnelle, l'assurance de ma considération la plus distinguée.

Signé : A. « BARDOUX. »

A la même date, et sur la proposition du Directeur de l'Enseignement supérieur, j'étais appelé à la présidence de la Commission centrale des bibliothèques et collections universitaires (1) instituée par arrêté du 16 janvier; M. le Ministre m'écrivait :

« Monsieur le Recteur,

« J'ai l'honneur de vous informer que, par arrêté du 16 janvier courant, je vous ai nommé Président de la Commission centrale des Bibliothèques et collections académiques.

« Vous voudrez bien voir dans cette nomination un nouveau témoignage de ma confiance en votre dévoûment et de mon désir de vous voir continuer à l'Université le concours dévoué dont le souvenir doit lui être présent.

« Recevez, Monsieur le Recteur, etc.

Signé : « A. BARDOUX. »

Un arrêté (29 janvier) me maintenait comme membre de la Commission de gymnastique.

Il ne me coûte pas de dire que le successeur de M. Bardoux, bien que politiquement hostile aux traditions d'un vétéran de l'Université, n'infirme pas, cependant, en ce qui le concerne, les actes et les intentions de son prédécesseur; divers arrêtés et lettres laudatives maintiennent le Vice-Recteur honoraire dans les Commissions dont il faisait précédemment partie (gymnastique, cours pratique des salles d'asile, examen des livres destinés aux écoles publiques). Cette situation devait disparaître dans le court et violent passage de M. Paul Bert aux affaires. De nouvelles Commissions, révisées et expurgées, cessèrent de comprendre un nom qu'on ne tenait pas pour suspect sous l'administration de M. Duruy; il fallait bien montrer sa force en qualité de proscripteur.

---

(1) La Commission centrale mérite une place dans l'historique des mesures diverses qui ont reconstitué et agrandi l'enseignement supérieur. Ses travaux pour le règlement des bibliothèques, ses examens annuels des candidats aux fonctions de bibliothécaire, témoignent de son intelligent et laborieux concours à cette partie importante du service.

INDEX

INDEX DES NOMS CITÉS

A

ABADIE, p. 18, 417, 418, 460, 463.
ABD-EL-KADER, p. 276.
ABRIA, p. 456.
Mme ADAM (Juliette-Lamber), p. 470, 471.
ALPHAND, p. 92.
AMOROS, p. 308.
AMPÈRE, p 5, 6, 48, 507.
ANQUETIL, p. 9, 415.
ANGE DE LÉON, p. 449.
ANQUEZ, p. 442.
ARGENTOLLE (Général d'), p. 131.
ARMÈS, p. 511, 512, 513, 514, 515, 516, 517.
ARTAUD, p. 92.
AUSSANT, p. 445.

B

BABINET DE RENCOGNE, p. 417, 4 0, 421.
BACH, p. 10.
BARAT (Colonel), p. 381.
BARBOT DE HAUTE-CLAIRE (Colonel), p. 314.
BARDOUX, p. 169, 170, 382, 464, 502, 519, 525, 527, 528.
BARIC, p. 376.
BARTHÉLÉMY SAINT-HILAIRE, p. 192.
BASTIEN LEPAGE, p. 161.
BASTIER DE LA PÉRUSE, p. 18, 25, 421.
BAUDRILLART, p. 371.
BAZAINE, p. 362.
BEAUCHAMP (de), p. 504.
BEAUSSIRE, p. 171, 294.
BÉNARD, p. 10, 415.
BÉNARD (Docteur), p. 298, 300, 310.
BERGER, p. 10, 11, 415, 487.
BERNÈS, p. 262.
BERSOT, p. 276, 411, 508, 525.
BERT (Paul), p. 210, 236, 264, 460, 470, 471, 497, 498, 528.
BESSET (Docteur), p. 418.
BEUDANT, p. 48.
BIAIS, p. 420.
BILLAUT, p. 132.
BISMARCK, p. 208, 359, 361, 365, 368, 412.

Blanc (Charles), p. 470.
Blanqui, p. 173.
Bodet (Mathieu), p. 18, 45, 417, 420.
Boissier (Gaston), p. 20, 245, 248, 269.
Boissonade, p. 6.
Bonjean (Président), p. 346, 520.
Bos, p. 442.
Boucly (Président), p. 115.
Bouillaud (Docteur), p. 417, 418, 464.
Bouillier (Francisque), p. 171, 291, 294, 375, 463.
Boulet (Paul), 508.
Boutan, p. 442.
Bréal (Michel), p. 253, 265, 266, 293, 502.
Brissaud, p. 487.
Brizeux, p. 130.
Brunet, p. 382.
Brunetière (Ferdinand), p. 268, 269.
Bugeaud (Maréchal), p. 48, 49.
Buisson, p. 174, 175, 444.
Buquet (Mgr), p. 516.
Burnouf, p. 20.

C

Caboche, p. 487.
Calmon, 508.
Camp (Maxime du), p. 81, 211, 399.
Carnot, p. 428.
Caro, p. 146, 195, 196, 256, 487.
Carrier-Belleuse, p. 332, 508.
Casimir Périer, p. 497.
Castaigne (Eusèbe), p. 17, 420, 421.
Castéja, p. 451.

Caublot, p. 451.
Cavaignac, p. 51.
Cavour (de), p. 359, 361.
Cayx, p. 449.
Chabaud-Latour (Général de), p. 369.
Chabrefy (de), p. 24, 413, 417.
Chaix d'Est-Ange, p. 333, 334.
Chalamet, p. 204.
Chancel (Charles de), p. 420.
Charonnat, p. 160.
Chauvet (Emmanuel), p. 305.
Chéruel, p. 10, 11.
Cheval, p. 333, 512, 514 à 517.
Chevalier (Auguste), p. 9.
Chevalier (Michel), p. 9.
Chevreul, p. 369.
Chevriaux, p. 375, 442, 487.
Cialdini (Général comte de), p. 360.
Cissey (Général de), p. 314.
Claretie, p. 222.
Clias, p. 308.
Colombel, p. 103, 104, 105.
Colson (Colonel), p. 298, 312.
Combe (Vicaire-général), p. 443.
Comte (Ach.), p. 104, 438.
Comte (Auguste), p. 174.
Couat, p. 265.
Coubertin (Pierre de), p. 303.
Cournot, p. 96.
Cousin (Victor), p. 6, 7, 26, 37, 38, 39, 58, 146, 165, 174, 175, 187, 202, 213, 223, 226, 236, 247, 250, 254, 273, 307, 319, 331, 332, 413, 416, 417, 419, 425, 426, 427, 431, 462, 468, 470, 482, 487, 493, 501, 507, 508, 509, 510.

CROUSEILHES (de), p. 67.
CUCHEVAL, p. 273.
CUISSARD, p. 105.
CUMONT (Vicomte de), p. 256, 381.
CUVILLIER-FLEURY, p. 12, 273.

D

DABAS, p. 457.
DARASSE, p. 511, 512, 513.
DARBOY (Mgr), p. 346, 355, 356, 517.
DARRÈS (Maurice), p. 508.
DAUMAS (Général), p. 451.
DELABORDE (Vicomte Henri de), p. 331.
DELPIT (Albert), p. 210.
DELTOUR, p. 20, 442, 482, 487.
DEMOGEOT, p. 293, 298, 301, 302.
DENIS, p. 494.
DENJOY, p. 445.
DESMAZES, p. 526, 527.
DONNET (Mgr), p. 61, 86, 121, 431, 505, 506.
DOSQUET (Mlle), p. 159.
DOUDAN, p. 195.
DROUIN DE LUYS, p. 273.
DRUMONT, p. 447.
DUBIEF, p. 415, 442.
DUBOIS (Citoyen), p. 515.
DUBOIS, p. 2, 15, 48, 106, 413.
DUBREUIL (Archevêque), p. 516.
DUCLOS, p. 445.
DUCLUZEAU, p. 495.
DUFAURE, p. 169, 450.
DUMAIGE, p. 10.

DUMAS (J.-B.), p. 79, 88, 89, 91, 142, 143, 147, 148, 224, 225, 310, 397, 419, 434, 451, 453, 454, 455, 456, 460, 462, 519, 523, 526.
DU MESNIL, p. 91, 464, 503, 508.
DUMONT, p. 91, 503.
DUPANLOUP (Mgr), p. 183, 199, 201, 214, 276, 355, 482, 487.
DUPIN, p. 418.
DUPRÉ, p. 9, 415.
DURAND (Albert), p. 444.
DURUY, (Victor), p. 19, 27, 141, 153, 158, 199, 202, 219, 225, 226, 227, 252, 254, 282, 298, 301, 309, 310, 312, 319, 320, 326, 327, 328, 333, 334, 336, 337, 369, 388, 413, 421, 464, 465, 482, 483, 491, 492, 494, 496, 501, 502, 507, 516, 528.
DURUY (Albert), p. 261, 267, 503.
DURUY (Georges), p. 369.
DUTREY, p. 136, 139, 436, 448, 449, 451, 455, 456, 458, 459.
DUVAL (Ferdinand), p. 325.
DUVAUX, p. 236.

F

FALLOUX (de), p. 390.
FAUCHER (Léon), p. 73.
FAUCONNEAU-DUFRESNE, p. 74.
FAVRE, p. 104, 438.
FAVRE (Jules), p. 357, 368.
FÉRAL, p. 433.
FÉRAUDY (de), p. 311.
FERNET, p. 442.
FERRAS, p. 262.

FERRY (Jules), p. 57, 167, 168, 174, 178, 184, 195, 205, 236, 240, 261, 391, 460, 469, 476, 497, 525.

FÉRY D'ESCLANDS, p. 307.

FEUILLET (Octave), p. 213.

FEUTRIER (Mgr), p. 2.

FLANDRIN (Hippolyte), p. 331.

FONCIN, p. 415.

FORGE (Anatole de la), p. 160.

FORTOUL, p. 77, 78, 80, 81, 82, 91, 94, 95, 96, 97, 100, 108, 112, 113, 118, 298, 309, 319, 320, 328, 419, 425, 434, 436, 438, 439, 440, 441, 492, 511, 513.

FOUQUIER (Henri), p. 523, 524.

FOURIER, p. 250.

FOURNIER (Abbé), p. 445.

FOURTOU (de), p. 156, 382, 409, 466.

FRANCHOMME, p. 18.

FRARY (Raoul), p. 268.

FRAYSSINOUS (Mgr de), p. 2, 413.

FROSSARD (Général), p. 315.

FUSTEL DE COULANGES, p. 256.

G

GAILLARD, p. 48.

GAILLARDIN, p. 10, 11, 463.

GALEMBERT (Baron de), p. 311.

GAMBETTA, p. 167, 181, 182, 205, 247, 460, 468, 469.

GARSONNET, p. 42, 96, 442.

GATTREZ (Abbé), p. 41.

GAUDICHAUD, p 17, 417, 418.

GAULOT (Paul), p. 362.

GELLIBERT DES SÉGUINS, p. 420, 421.

GIBON, p. 6.

GIGON (Docteur), p. 420.

GINTRAC (Docteur), p. 454.

GIRAUD (Ch.), p. 56, 418, 425, 429, 430, 508.

GLACHANT, p. 247.

GOBLET (René), p. 169, 184, 391, 394, 395, 469, 476.

GOUSSET (Mgr), p. 79.

GRAD (Ch.), p. 522.

GRAMONT (Duc de), p. 360.

GRÉARD, p. 442, 519, 525, 527.

GRILLE (François), p. 511.

GRINCOURT (Citoyen), p. 515.

GUÉRARD, p. 415.

GUÉROULT, p. 47.

GUIGNIAUT, p. 6, 460, 461.

GUILLAUME (Mgr Élisée), p. 450.

GUIZOT, p. 6, 7, 61, 64, 146, 165, 236, 332, 355, 413, 416, 431, 470, 503.

H

HAMILLE, p. 445.

HANRIOT, p. 110, 436, 442.

HARANT, p. 326.

HAUSSMANN, p. 92, 507.

HÉBERT (Citoyen), p. 515.

HERBETTE, p. 9.

HERMANN-STEIMACHER, p. 411.

HERVÉ, p. 81.

HILD, p. 266.

HILLAIRET, p. 18, 298, 308, 311, 417, 418, 463.

HOHENZOLLERN (Prince de), p. 364.

HOVELACQUE, p. 467.

HUGONIN (Mgr), p. 516.

HUMBERT, p. 508.

J

JAMIN, p. 250, 327, 381.

JANET (Paul), p. 171, 203, 209, 264, 487, 508.

JANNET (Claudio), p. 178.

JOGUET, p. 375, 460, 463, 494.

JOUBERT, p. 173.

JOUFFROY, p. 6, 21, 26, 29, 37, 39, 174, 431.

JOURDAIN (Ch.), p. 68, 69, 70, 71, 214, 272.

JUMILHAC (de), p. 516.

JURIEN DE LA GRAVIÈRE, p. 144.

K

KEROUARD (Dame de), p. 512.

L

LABORDERIE (de), p. 11.

LABOULBÈNE (Docteur), p. 418.

LABRUNE (Général), p. 311.

LACÉPÈDE, p. 205, 476, 477.

LACHELIER, p. 442.

LACORDAIRE, p. 12.

LAFERRIÈRE (Firmin), p. 17, 19, 417, 418, 419, 420, 434.

LAISNÉ, p. 317.

LAMENNAIS, p. 130.

LAMY (Étienne), p. 471.

LANDRIOT (Mgr), p. 516.

LANJUINAIS, p. 224.

LAPRADE (de), p. 46, 298.

LARREGUY, p. 18.

LARREY (Baron), p. 298.

LATOUR (Antoine de), p. 9, 10, 12.

LAURENT, p. 39.

LAVISSE, p. 114, 146, 330.

LEBAIGUE, p. 261.

LEBŒUF (Maréchal), p. 364.

LE CLERC (Victor), p. 6, 11, 273, 319, 333, 462, 501, 507, 509.

LEFÈVRE, p. 9.

LEGENDRE (Abbé), p. 272.

LEGLUDIC, p. 160.

LEGOUVÉ, p. 24, 217.

LEHUÉROU, p. 10, 11.

LEMAIRE, p. 6.

LENS (de), p. 10, 103, 110, 117, 118, 415, 438.

LE PLAY, p. 397, 523.

LERIDON, p. 420.

LEROUX (Adrien), p. 178.

LEROY-BEAULIEU (Paul), p. 160.

LÉVÈQUE (Ch.), p. 20, 82, 424, 435, 460, 462, 508.

LHEUREUX, p. 508.

LIARD, p. 91, 503.

LIÉDOT (Général S. Hery), p. 365.

LIÈVRE, p. 420.

LOCHNER (Commandant), p. 376.

M

MABLIN, p. 6.
MACÉ, p. 469.
MAGNABAL, p. 359, 372, 519, 520.
MAGNE, p. 420.
MAHIEU (Mme), p. 443.
MALLAT DE BASSILAN, p. 422.
MALLET, p. 10, 415.
MANUEL, p. 442.
MARET (Mgr), p. 504, 508, 517, 518.
MARGUERIN, p. 226.
MARIE-AMBROISE (Sœur), p. 443.
MARTHA, p. 405.
MARTIAL (Mgr), p. 122.
MARTIN (du Nord), p. 69.
MASSON, p. 9.
MATHIEU-BODET, p. 18, 45, 417, 420.
MAURIAL, p. 21.
MEIGNAN (Mgr), p. 516.
MEISSONNIER, p. 521.
MENTQUE (de), p. 451.
MERILHOU, p. 38.
MÉZIÈRES, p. 487.
MICHELET, p. 6, 10, 17, 19, 30, 140, 259, 273, 411, 413, 418, 421, 422.
MICHON (Abbé), p. 420.
MIGNET, p. 508.
MILNE EDWARS, p. 507.
MONTALEMBERT (Comte de), p. 511.
MONTUCCI, p. 293, 298, 301, 302.
MORREN, p. 9.
MOUILLARD, p. 415.
MOURIER (Athénaïs), p. 18, 48, 331, 373, 427, 428.

N

NAQUET, p. 407.
NETTEMENT (Alfred), p. 149.
NÈVE-MARGUERY (Mme), p. 444.
NICOLAS, p. 9, 415.
NIEL (Maréchal), p. 298, 312.
NISARD, p. 487.
NOIR (Victor), p. 366.

O

ORSINI, p. 360.

P

PAGÈS-LEPICIER, p. 520.
PAILLERON, p. 210.
PAPE-CARPANTIER (Mme), p. 159.
PARIEU (de), p. 429, 464.
PASTEUR, p, 39, 138.
PATIN, p. 136, 140, 255, 273, 276, 482, 487, 508.
PÉCLET, p. 48.
PÉRENNÈS, p. 434.
PÉRIER (Casimir), p. 497.
PERRENS, p. 442.
PERRET (Abbé), p. 41.
PERROT (G.), p. 20.
PERSIGNY (de), p. 57, 169.
PIETRI, p. 66, 321, 506, 507.
PINAUD, p. 9.
PIOU (Président), p. 58, 74, 430, 431, 450.
PIRÉ (de), p. 445.
PORTALIS (Comte), p. 2, 273.

POTHUAU (Amiral), p. 314.
PRESSENSÉ (de), p. 169.
PRUDENT (Émile), p. 18.

Q

QUATREFAGES (de), p. 370.

R

RABANIS, p. 451.
RABAUD DE MONVALIER, p. 184.
RAOUL-DUVAL, p. 451.
READ (Charles), p. 516.
RÉMUSAT (de), p. 430, 431, 470.
RENAN, p. 130, 222.
RENDU (Eugène), p. 185.
RENIER (Léon), p. 370, 508.
REYNAUD, p. 427.
RICARD, p. 475.
RICHARD (Jules), p. 416, 498.
RICHARD (Charles), p. 522.
RICHELIEU (Duc de), p. 516.
RIVAUD (Zadig), p. 19, 423.
RIVAUD (Comte), p. 444.
ROBERT (Charles), p. 516.
ROBIOU (Mgr), p. 445.
ROCHARD (Jules), p. 212, 290.
ROLLAND (le Président), p. 222.
ROSELLI, p. 119.
ROSERIE (de la), p. 445.
ROTHAN (de), p. 321, 409.
ROULAND, p. 95, 97, 100, 112, 113, 121, 124, 126, 128, 129, 132, 134, 142, 148, 149, 224, 225, 248, 249, 251, 252, 285, 319, 320, 328, 336, 337, 387, 436, 440, 444, 445, 446, 447, 448, 460, 461, 464, 465, 504, 506.
ROULAND (Gustave), p. 436, 445, 446.
ROUSSET (Camille), p. 210.
ROUX, p. 9, 415.
ROYER-COLLARD, p. 165, 356.

S

SABATHIER (Abbé), p. 455.
SAINTE-BEUVE, p. 248, 416.
SAINTE-CLAIRE DEVILLE, p. 327.
SAINT-HILAIRE (Barthélemy), p. 508, 521.
SAINT-MARC (Mgr BROSSAIS DE), p. 121, 444.
SAINT-MARC GIRARDIN, p. 136, 137, 140, 223, 270.
SAISSET (Émile), p. 464.
SALVANDY (de), p. 2, 29, 30, 39, 48, 80, 223, 224, 225, 298, 309, 413, 419, 425, 427, 428, 482, 491, 492, 493.
SALVE (de), p. 430.
SAY (Léon), p. 420.
SAZERAC DE FORGE (Hippolyte), p. 18, 19, 417.
SCHŒLCHER, p. 174, 194.
SECOND (Albéric), p. 18, 417, 463.
SÉE (Camille), p. 215, 217.
SÉNEMAUD (Edmond), p. 417, 420.
SIMON (Jules), p. III, 8, 23, 86, 130, 153, 158, 171, 173, 191, 194, 217, 254, 255, 264, 289, 292, 298, 304, 307, 309, 313, 314, 332, 374, 386, 436, 437, 460, 465, 467, 471, 472, 474, 482, 483, 487, 494, 508, 509, 519, 525, 526.
SONGEON, p. 183.

T

TAILLANDIER (Saint-René), p. 520.
TAINE, p. 222, 460, 480.
TAXIL (Léo), p. 178.
TEXIER (Edmond), p. 15, 417, 463.
THÉNARD, p. 319, 333, 501, 507, 509, 510.
THIERRY (A.), p. 17.
THIERS, p. 58, 378, 384, 431, 432, 460, 470, 471. 508.
THOUVENEL, p. 360, 362.
TIMBAL (Charles), p. 331.
TISSERAND, p. 516.
TOCQUEVILLE (de), p. 37, 214, 247.
TOURANGIN, p. 28, 413, 423, 424.
TRANCHAU, p. 118, 159.
TREITSCHKE (de), p. 522.
TROCHU, p. 367, 368.
TROGNON, p. 12.

V

VACHEROT, p. 10, 11, 171, 415.
VALAT, p. 429.
VALBERT, p. 203, 207.
VALENTIN, p. 520, 521.
VALETTE, p. 419.
VALDÈS (Jules), p. 287.
VALLON, p. 106, 438.
VAN DER ENDE, p. 177.
VATIMESNIL (de), p. 223.
VAULABELLE, p. 224.
VAUX (Baronne de), p. 158.
VERLET (Raoul), p. 418, 421.
VERNOIS (Docteur), p. 305.
VILLEGILLE (de la), p. 511, 512, 513.
VILLEMAIN, p. 6, 7, 24, 31, 37, 38, 39, 42, 146, 236, 247, 273, 322, 413, 416, 424, 425, 426, 440, 492.
VINTÉJOUX, p. 262, 263.
VULPIAN (Docteur), p. 418.

W

WADDINGTON, p. 90, 325, 333, 382, 389, 502, 506, 510.
WAILLY (de), p. 149, 248, 436, 458, 459.
WALLON (Henri), p. 333, 382, 487, 509.
WEISS (J.-J.), p. VI, 412.

Z

ZEVORT, p. 526.

TABLES

TABLE ANALYTIQUE

Académies. — Les Académies départementales, 54 et suiv.; — Toulouse, 55; — Bordeaux, 76. — Les Académies régionales, 94 et suiv.; — Rennes, 95; — Bordeaux, 135. — Le vice-rectorat de Paris, 151 et suiv.; — le conseil académique, 352, 353, 478 et suiv., 486. (V. *Administration, Inspection, Université.*)

Administration. — Études administratives, 29; — le devoir d'un administrateur, 133; — l'administration dans les troubles des Écoles, 336 à 346; — union du Recteur et des Inspecteurs, 442; — le traitement des Inspecteurs d'Académie, 501. (V. *Avancement, Inspection, Université.*)

Agriculture. — L'enseignement agricole, 164 et suiv.

Angoulême. — La vie à Angoulême vers 1833, 16, 17 et 18; — MM. Michelet et Duruy à Angoulême en 1835, 19, 421; — l'Université d'Angoulême, 20; — fondation du collège royal en 1840, 20, 417; — ses annales, ses examens, legs Chabrefy, 23 et 24, 417; — départ d'Angoulême, regrets, 22, 423; — l'Angoumois, description, 24; — retour à Angoulême, 31, 425; — nouveau départ, 40.

Anjou. — L'Anjou, 130; — École de médecine à Angers, 102, 103; — la politique en Anjou vers 1860, 131. (V. *Province.*)

Aquitaine. — La terre d'Aquitaine, 40; — la région *entre deux mers* : la Dordogne et la Garonne, 41; — la situation politique en Aquitaine vers 1860, 148. (V. *Bordeaux et Province.*)

Article 7. — Pensée de proscription dans l'article 7 et les décrets, 238, 392. (V. *Congrégations, Neutralité, Politique.*)

Athéisme. — L'école sans Dieu et l'athéisme, 172, 467; — la libre-pensée, 177; — athéisme scientifique, 400; — égarement des doctrines, vi, 411. (V. *Neutralité, Religion et Morale.*)

Aumôniers. — L'enseignement religieux, 37; — la religion au Lycée de

Bordeaux, 41 et suiv.; — principes religieux dans l'éducation, 118. (V. *Clergé, Éducation, Religion et Morale*.)

AVANCEMENT. — Lenteur dans la carrière, II, 409. (V. *Administration*.)

BACCALAURÉAT. — Le baccalauréat spécial, 229; — le baccalauréat classique, 233; — il n'a pas toujours été la terreur des familles, 251; — épreuves du baccalauréat, 267; — vœux relatifs au baccalauréat, 486.

BATAILLON. — Le bataillon scolaire et le bataillon d'adultes, 185, 317, 476, 498; — les exercices militaires dans les lycées, 312; — les prix d'exercices militaires et de gymnastique, la revue d'honneur, 314; — les bataillons scolaires de la ville de Paris, 316 et 317, 498; — le fusil, 498.

BIFURCATION. — Le plan d'études de 1852, 78 et suiv.; — la bifurcation, 247. (V. *Plan d'études*.)

BORDEAUX. — L'Aquitaine, 40; — Bordeaux, la cité, les habitants, 41; — le provisorat passe en des mains laïques, 41; — l'éducation par les lettres, la discipline, l'enseignement scientifique, la religion, 41, 42; — le petit collège, 43 et suiv.; — le maréchal Bugeaud au lycée, 48 et suiv.; — Bordeaux et Toulouse, 54, 55; — la situation à Bordeaux en 1852, 77; — visite de M. Dumas, 88, 142, 148; — départ pour Rennes, 92; — retour à Bordeaux, 134, 135; — la reconstruction du lycée, 141; — nomination de Vice-Recteur à Paris, 149. (V. *Province*.)

BRETAGNE. — Le pays breton, 92, 130; — résistance à la politique de concorde et d'union, 97; — la colonie de Rennes, 99; — voyage de l'Empereur, 122; — le Breton monarchique, catholique et soldat, 122; — la politique en Bretagne vers 1860, 127 et suiv.; — Académie de Rennes, 97, 436 et suiv. (V. *Province*.)

BREVET DE CAPACITÉ. — Rapport du Vice-Recteur en 1864, 159, — lettre du ministre, 465; — excès de production de diplômes, 167, 473.

CENSEUR. — Les devoirs du censeur, la discipline, les études, l'action à exercer, 32; — le censeur et les maîtres répétiteurs, 33; — le censeur et le proviseur, 33 et suiv. (V. *Discipline, Éducation, Maître répétiteur, Professeur, Proviseur, Religion et Morale*.)

CLERGÉ. — Sa part dans l'éducation de la jeunesse, 3; — souci qu'il doit avoir de s'isoler de la politique, 3; — droits de l'État en matière d'enseignement, 4; — lutte entre le clergé et l'Université, 36 et suiv.; — le pouvoir temporel, 123; — l'École n'est pas l'Église, 165; — « le cléricalisme, c'est l'ennemi », 167, 181, 409; — séparation de l'Église et de l'État, 177; — l'Église et la liberté de l'enseignement supérieur, 354 et suiv.; — le clergé et la loi de 1850, 387 et suiv.; — le clergé doit rester dans l'église, 307, 402, 447, 523. (V. *Aumônier, Religion et Morale.*)

COLLÈGE. — Le professeur, 14, 15, 22, 23, 26 et suiv.; — les élèves, 15, 22, 23, 24; — la famille, VI, 26, 27; — les professeurs et les maîtres, 34; — les notes, 35; — les récréations, la gymnastique, les jeux, 36; — les études, 137, 241, 242, 246; — les programmes, 244, 254, 483 et suiv.; — le collège à la campagne, 495. (V. *Enseignement secondaire, Éducation, Discipline, Censeur, Internat, Proviseur, Religion.*)

COMMISSION DE GYMNASTIQUE. — Ses travaux, 311 et suiv.; — sa dispersion, 497; — la commission nouvelle, 315, 497. (V. *Gymnastique.*)

CONSEIL DE PERFECTIONNEMENT. — Enseignement spécial, p. 225.

COMMISSION DES BIBLIOTHÈQUES. — Institution de la commission et nomination du président, 528.

COMMUNE A PARIS (La). — Le 18 mars 1871, 371; — le gouvernement à Versailles, 372; — dangers qui menacent le Vice-Recteur, son départ, 373, 519; — deux mois à Versailles, 375; les convois de prisonniers, 378; — visite à Vanves, puis à Paris, aspect désolé, 379 et suiv., 520 et suiv. — un Allemand devant le pavillon de l'Horloge incendié, 380, 521. (V. *Politique, Révolution, Siège.*)

CONCOURS ACADÉMIQUE. — Fondation, heureux résultats, 115, 282; — origines, 283; — ses avantages, 284; — anecdotes, 285 et suiv.; — l'œuvre de M. de Salvandy, 491.

CONCOURS GÉNÉRAL. — La situation sous M. Rouland, 248; — les origines du concours général, 271; — ses avantages, 274; — les inconvénients qu'il peut avoir, 276; — la politique au concours général, 278 et suiv.; — mouvement des études de 1830 à 1863, 487; — prix des Sociétés savantes, 275, 491.

CONFÉRENCES PÉDAGOGIQUES. — Les conférences des inspecteurs, 116; — les conférences d'instituteurs, 159. (V. *Retraite pédagogique.*)

CONFÉRENCES HEBDOMADAIRES POUR LES MAITRES RÉPÉTITEURS. — Leur nécessité, 116; — leur organisation, 296.

CONFÉRENCES MENSUELLES POUR LES PROFESSEURS. — Elles sont un cours de pédagogie appliquée, 34; — action du proviseur, 33 et suiv.

CONGRÉGATIONS. — L'école congréganiste, 59; — l'instituteur congréganiste, 61; — les écoles de filles, 62; — la Sœur, 62; — droit de l'État en matière d'inspection des Écoles libres, 65 et suiv.; — les Pères Jésuites, 68 et suiv.; — les congrégations en 1860, 99; — ouverture d'un petit séminaire, 124; — l'article 7, les décrets, 238, 392. — Les jurys mixtes, 300. (V. *Clergé, Religion, Université.*)

CONSEIL ACADÉMIQUE. — Le Recteur au conseil académique, 57 et suiv.;

union avec le conseil, 77 ; — le jugement du conseil académique de Paris dans l'affaire du Congrès de Liège, 346 ; — jugement d'une thèse sous l'empire, 352 ; — le droit du conseil, 354. — Conseil académique de Toulouse, 430. (V. *Académie, Administration, Inspection, Recteur.*)

Conseil des doyens. — Tribunal de famille, son action morale, 348. (V. *Facultés.*)

Conseil supérieur. — La loi du 27 février 1880, 237 ; — changement dans sa composition, section permanente, 237.

Cours libres. — Les cours libres de la rue de la Paix, 336 ; — fermeture, réouverture sous le nom d'externat secondaire libre, 337 ; — opposition levée par le Conseil d'Etat, 337 ; — les conférences en province et la politique de tolérance, 340. (V. *Liberté d'enseignement.*)

Cours normaux d'institutrices. — Le cours de Juilly et autres, 158.

Cours publics. — Les soirées de la Sorbonne et les cours libres, 338 à 340 ; — troubles dans les écoles, 341. (V. *Cours libres, Liberté d'enseignement.*)

Discipline. — Le maître répétiteur, le censeur, le proviseur, 32, 33 et suiv. ; — la discipline dans les maisons religieuses, 36 ; — discipline au lycée de Bordeaux, 41, 42 ; — la discipline souffre dans les temps d'agitation, 51 ; — la discipline dans l'enseignement secondaire, 483. (V. *Censeur, Éducation, Maîtres répétiteurs, Professeur, Proviseur, Religion.*)

Écoles d'enseignement supérieur. — Écoles de Nantes et d'Angers, 102, 107, 437 et suiv. (V. *Enseignement supérieur, Facultés.*)

Écoles maternelles. — Les écoles maternelles de Bretagne, 119 ; — progrès moral et numérique, récompenses, 443 ; — le cours pratique des salles d'asile, Mme Pape-Carpantier, Mlle Dosquet, 158 et suiv.

École normale primaire. — Loi du 15 mars 1850, 58 ; — l'éducation à l'École normale, 86 et suiv. ; — les Écoles normales et les cours normaux en 1861, 158 ; — enseignement dans les Écoles normales, 160 ; — la direction laïque, 432.

École normale supérieure. — Sa fondation, sa fermeture, son rétablissement en 1826, 2, 413 ; — ses quatre âges, 2 ; — comment l'ordonnance de 1828 fut interprétée à l'École, 4 ; — anecdotes, 4, 5 et suiv. ; — les maîtres, 6 et suiv. ; — L'École dans le tableau de *la France* par Michelet, 6 ; — l'esprit de l'École, son rôle social, 7, 8 et suiv. ; — l'École installée au lycée Louis-le-Grand, puis au Plessis, 9, 414 ; — les premières promotions, les amitiés, 9, 10, 415 ; — laborieux apprentissage de la vie professionnelle, 13. (V. *Professeur.*)

TABLE ANALYTIQUE   545

ÉCOLE PRIMAIRE. — Ce que doit être l'école, III ; — ce que quelques-uns voudraient qu'elle fût, IV ; — les libéraux de la Restauration n'avaient pas la pensée de l'école *laïque*, 3 ; — droits de l'État en matière d'enseignement, 4 ; — l'école laïque, gratuite, obligatoire, 58 et suiv. ; — les instituteurs, 60 ; — l'école et l'émigration vers les villes, 83 et suiv. ; — l'école et le presbytère, 86 ; — l'école chrétienne, 118 ; — instruction égalitaire, 119 ; — les livres, 123 ; — la politique dans l'école, 123, 124, 128, 446 ; — les écoles de Paris en 1861, 154 ; — la vie des champs, 161 ; — l'école de village, 162 ; — l'école n'est pas l'Église, 165 ; — Luxe dans les constructions, 240 ; — l'instruction laïque, 431. (V. *Discipline, Éducation, Gratuité, Laïcité, Obligation, Religion.*)

ÉCONOMIE POLITIQUE. — L'enseignement de l'économie politique, 260.

ÉDUCATION. — L'éducation au collège, 22, 23, 32 et suiv. ; — l'éducation dans les maisons religieuses, 36 ; — éducation par les lettres au lycée de Bordeaux, 41, 42 ; — éducation par la religion au petit collège, 44 ; — en matière d'éducation, les améliorations matérielles ne peuvent suffire, 44, 45 ; — l'éducation est un sacerdoce, — l'éducation laïque, 59 ; — l'éducation à l'école primaire, 85, — à l'École normale, 86 et suiv. ; — l'éducation morale, 139 ; — l'éducation dans l'école neutre, 186 et suiv. ; — l'éducation du foyer doit se continuer à l'école, 192 ; — l'éducation est la tâche la plus difficile pour le maître répétiteur, 293 ; — éducation physique, 299 et suiv. ; — « l'éducation homicide, » 299 ; — ce qu'on peut emprunter à l'éducation anglaise, 304 ; — l'éducation chez les Grecs, 305 ; — l'athlétique, 307 ; — la gymnastique, 309 et suiv. ; — l'éducation dans ses rapports avec la religion, 400 ; — l'éducation religieuse et la criminalité, 524. (V. *Athéisme, Censeur, Clergé, Conférences, Discipline, Exercices physiques, Famille, Filles, Gymnastique, Incrédulité, Pédagogie, Politique, Professeur, Proviseur, Religion et Morale, Science, Université.*)

ENSEIGNEMENT PRIMAIRE. — Était, dès 1830, le souci des pouvoirs publics, 15 ; — la loi de 1833, son esprit, 15, 16 ; — création de l'*Instituteur de la Charente*, 16 ; — les lois sur l'enseignement primaire, 391 ; — le modelage, 475. (V. *Agriculture, Article 7, Économie politique, Franc-maçonnerie, Gratuité, Laïcité, Liberté d'enseignement, Libre-pensée, Lois, Manuels, Neutralité, Obligation, Université.*)

ENSEIGNEMENT SECONDAIRE. — 1. *Enseignement classique* : Études des langues anciennes, 137 ; — l'enseignement classique dans ses rapports avec la question religieuse, 241 ; — la laïcité dans l'enseignement secondaire, 242 et suiv. ; — les programmes d'enseignement, 244 et suiv. ; — vers latin et thème grec, 255 ; — l'enseignement secondaire sous le gouvernement de juillet, 416 ; — rapport au roi, 426 et suiv. ; — ce que l'enseignement classique a de supérieur, 482 ; — études et réformes, rapport du Vice-Recteur, 254, 483 et suiv.

35

II. *Enseignement spécial :* Le cours de français au lycée de Bordeaux avant l'apparition de *l'enseignement spécial*, 43 ; — mémoire sur l'enseignement spécial, 118 ; — la loi du 21 juin 1865, 220 ; — ses antécédents, 221 ; — la Révolution, 222, 480 ; — les étapes successives, 223 ; — l'application de la loi nouvelle, 224 et suiv. ; — école de Cluny, examens, 225 ; — difficultés dans la pratique, 226 et suiv. ; — les progrès réalisés, 227 ; — la situation actuelle, 228 ; — le baccalauréat spécial, 229 ; — l'enseignement secondaire français, 231 ; — vœux du Conseil académique de Paris, 478 et suiv., 486. (V. *Baccalauréat, Bifurcation, Censeur, Collège, Concours, Histoire et Géographie, Internat, Langues, Plan d'études, Professeurs, Proviseur, Sciences, Université.*)

ENSEIGNEMENT SUPÉRIEUR. — Loi de 1854, 388, 389 ; — loi du 19 juillet 1875, 390. (V. *Article 7, Baccalauréat, Doyens, Facultés, Jurys mixtes, Université.*)

EXERCICES PHYSIQUES. — Nécessité des exercices physiques, 299 à 307 ; — les jeux au collège, 300 ; — la gymnastique grecque, 305 ; — la gymnastique, 309 et suiv. ; — récréations, 484 ; — l'œuvre de M. Duruy continuée par M. J. Simon, 494 ; — promenades, maison de campagne, 495. (V. *Éducation, Gymnastique.*)

FACULTÉS. — La gratuité de l'enseignement supérieur, 101, 143 ; — comité consultatif, auditoire des facultés, 114 ; — le gouvernement et les facultés, 148 et suiv. ; — constructions de laboratoires à la Sorbonne, 328 ; — emprunts faits de nos jours à l'Allemagne, 328 ; — la fréquentation des facultés, 330 et suiv. ; — troubles dans les écoles, 341 ; — Congrès de Liège, 345 ; — le conseil des doyens, 348 ; — paix apparente dans les écoles, 350 ; — jugement d'une thèse sous l'empire, 351 ; — enseignement supérieur libre, 354 et suiv., 390 et suiv. ; — les cours de MM. Cousin, Guizot, Villemain à la Sorbonne, 6, 416 ; — les facultés de Rennes, 100 ; — de Bordeaux, 454, 505 ; — de Paris, 504. (V. *Doyens, Comité de perfectionnement, Écoles d'enseignement supérieur, Liberté d'enseignement.*)

FAMILLE. — La religion et la famille, VI ; — droits de la famille, 26, 394, 472 ; — relâchement de la vie de famille, 28, 63 ; — le petit collège et la famille, 44 ; — la famille rurale, 46 ; — droit et liberté du père de famille, 65 ; — le vœu des familles doit être consulté en matière religieuse, 157, 243 ; — la famille et l'école neutre, 186 ; — la femme dans la famille, 189, 201, 202, 240 ; — la paix du ménage et l'éducation des enfants, 204 ; — l'internat des lycées et la famille, 292 ; — il ne peut y avoir de famille sans le respect, 399 ; — la liberté est le droit du père de famille, 402 ; — affaiblissement moral et numérique de la famille, 523 et suiv. (V. *Éducation, Religion, Science.*)

FILLES. — Écoles primaires en 1850, 61 ; — l'éducation de la femme et les lycées de filles, 63 ; — les cours secondaires sous l'administration de M. Duruy, 199 ; — la circulaire du 30 octobre 1867, 200 ; — l'opinion de Cousin, 202 ; — la lettrée chrétienne, 202 ; — la loi de 1880, 203, 391 ; — la place de la science dans la société moderne, 206 ; — l'enseignement des filles jugé par un Allemand, 208 ; — préventions, 209 ; — la ligue d'émancipation des femmes, 210 ; — les diplômes, 211 ; — la vigueur du corps, la paix de l'âme, 212, 213 ; — précieuses, émancipées, déclassées, anémiques, sceptiques, 209 à 213 ; — la femme de l'Écriture, 214 ; — le relèvement de la femme, 216, 217 ; — ce qu'il faut espérer, 218 ; — le but des sectaires, 240 ; — l'éducation des filles, 205, 393, 476 ; — excès de production de diplômes, 473 ; — « meurs de faim ou vis de honte » ; hystérie, curiosité malsaine, 477 ; — démoralisation par le théâtre, 478. (V. *Éducation, Famille, Religion, Lycées de filles.*)

FINANCES. — Excès dans les dépenses scolaires, 45, 240 ; — la gratuité de l'enseignement supérieur, 101, 148 ; — la gratuité et les finances, 157. (V. *Gratuité.*)

FRANCHE-COMTÉ. — Aspect de la Franche-Comté, 25 ; — mouvement intellectuel en Franche-Comté, 28. (V. *Province.*)

FRANC-MAÇONNERIE. — La morale des positivistes, 178 ; — les socialistes et l'Être suprême, 179 ; — le commandement des Loges, 180 ; — les lois scolaires, 180, 181, 469 ; — l'école des maçons, 182 ; — la maçonnerie extérieure, la ligue de l'enseignement, 183. 469 ; — le petit sou des écoles laïques, 184 ; — le bataillon scolaire et le bataillon d'adultes, 185, 316 ; — l'armée laïque, 188. (V. *Gratuité, Laïcité, Lois, Obligation.*)

GRATUITÉ. — L'instruction gratuite, 46, 58 ; — la gratuité de l'enseignement supérieur, 101, 148 ; — la gratuité absolue, 157, 391 ; — la loi sur la gratuité, 240 ; — la gratuité dans l'enseignement secondaire, 242. — (V. *Franc-Maçonnerie, Laïcité, Obligation, Politique.*)

GYMNASTIQUE. — La gymnastique dans l'Université, 308 et suiv. ; — les premiers essais, 309 ; — la commission de gymnastique et ses travaux, 311, 466 ; — M. Bérard, le baron Larrey et le docteur Hillairet, 310 ; — le concours du ministre de la guerre, 312 ; — tir et équitation, 314 ; — revue d'honneur, 314 ; — la commission nouvelle, 315. (V. *Commission, Éducation, Exercices physiques.*)

HISTOIRE ET GÉOGRAPHIE. — Enseignement de l'histoire, 27 ; — l'histoire et la géographie au lycée de Bordeaux, 43, 137 ; — mouvement des études d'histoire, 490. (V. *Enseignement secondaire.*)

INCRÉDULITÉ. — L'esprit religieux est le garant du respect, 44 ; — la famille et l'instruction religieuse, 45 ; — l'enfant libre, à seize ans, de suivre sa voie comme croyant ou incrédule, 45 ; — l'école en 1850, 61 ; — religieux et incrédules, 157 ; — le doute avant l'évidence, 186 ; — « ni Dieu ni maître », la négation de l'école positiviste, 173, 467. — (V. *Athéisme, Laïcité, Religion.*)

INSPECTION. — Droit de l'État dans l'inspection des écoles libres, 65, 432 ; — les ménagements à garder, 97 ; — les deux inspections annuelles, 114 ; — l'inspection et les conférences, 116 ; — ouverture d'un petit séminaire, 124 ; — M. Rouland et l'inspection, 128 ; — importance de l'inspection à Bordeaux, 136 ; — le rôle de l'inspection, 140 et suiv. ; — l'inspecteur général Laferrière, 418 et suiv. (V. *Administration, Liberté d'enseignement.*)

INTERNAT. — Le rôle du proviseur d'un lycée, 33 à 36, 45 à 47 ; — l'internat, 288 et suiv. ; — objections des adversaires, 289 et suiv. ; — raisons des partisans, 290 ; — sa nécessité, 292 ; — les maîtres répétiteurs, 288 ; — les exercices physiques, 299 et suiv. — (V. *Enseignement secondaire.*)

JOURNAUX. — L'*Instituteur de la Charente*, 46, 416 ; — articles dans la presse locale, 38 ; — un journaliste fils de professeur, 72.

JURYS MIXTES. — La liberté de l'enseignement supérieur, les jurys mixtes, 354, 390 ; — le trouble social, 355 et suiv. ; — congrégations et jurys mixtes, 392. — (V. *Facultés, Liberté d'enseignement.*)

LAÏCITÉ. — L'instituteur laïque, 58 et suiv. ; — la laïcité de l'école, 171 et suiv. ; — laïcisation, 184, 470 ; — la foi d'un côté, l'indifférence de l'autre, 204 ; — la loi sur la laïcité, 240, 391 ; — la laïcité dans l'enseignement secondaire, 243 ; — le vote de la loi du 30 octobre 1886, les conséquences, 394 ; — l'instruction laïque, 431 ; — la politique dans l'école, 123, 124, 128, 446. (V. *Franc-Maçonnerie, Gratuité, Manuels, Neutralité, Obligation, Politique, Religion.*)

LANGUES VIVANTES. — Les langues vivantes au lycée de Bordeaux, 43, 137 ; — les langues vivantes sous M. Duruy, 253 ; sous M. Simon, 255. (V. *Enseignement secondaire.*)

LATIN. — Les études classiques, 136 et suiv. ; — le latin ; M. Rouland, 248 ; — M. Duruy, 252 ; — M. Simon, 254 ; — vers latin et thème grec, 255, 485, 489 ; — suppression du latin, 138, 268 ; — pourquoi il faut le conserver, 270. (V. *Enseignement secondaire.*)

LIBERTÉ D'ENSEIGNEMENT. — La liberté d'enseignement respectée, 154 ; — dangers qui la menacent, 155 et suiv. ; — jurisprudence, 156 ; — prête-nom, 156 ; — liberté de s'imposer pour la fondation d'écoles où la religion soit enseignée, 185 ; — l'enseignement supérieur libre, 354, 390 ; — les jurys mixtes, les partis extrêmes en présence, 354, 390 ; — la paix publique est dans le respect et dans la mesure, 356 ; — Louis-Philippe et le principe de liberté d'enseignement, 388 ; — la loi sur la liberté de l'enseignement supérieur, 390. (V. *Administration, Congrégations, Inspection.*)

LIBRE-PENSÉE. — L'école des libres-penseurs, 177 ; — libelle d'un chef d'établissement contre un culte reconnu par l'État, 154, 156, 466. (V. *Athéisme.*)

LOIS. — *La loi :* La loi peut assurer la liberté et l'autorité, 70.

Loi de 1833 : Son esprit, 15, 157, 243, 383 ; — elle reste la charte modèle, 385.

Loi de 1850 : Son esprit, 56 ; — conséquences pour l'école laïque, 60 ; ses dispositions regrettables, on pouvait les éviter, 387.

Loi de 1854 : Réaction contre la loi de 1850, 98, 388 ; — esprit d'autorité et de sentiment national, 389.

Lois nouvelles : Les lois nouvelles, 165 ; — leur dessein et leur but, 167 ; le commandement des Loges, 180 ; — la gratuité et l'obligation, 184 ; — la laïcité, 240, 391. (V. *Enseignement primaire.*)

LYCÉE. — (V. *Collège, Éducation, Enseignement secondaire, Proviseur.*)

MAITRES RÉPÉTITEURS. — Action que le censeur doit avoir sur les maîtres répétiteurs, 32, 33 ; — affection du maître pour les élèves, 44, 45 ; — indiscipline coupable d'un maître, 52 ; — la question des maîtres répétiteurs à Rennes, 115 et suiv. ; — maîtres auxiliaires, 116 ; — les conférences pour les maîtres répétiteurs, 116, 296 ; — les maîtres répétiteurs et l'internat, 288 et suiv. ; — leur rôle d'éducation, 292 et suiv. ; — améliorations possibles. — (V. *Censeur, Discipline, Éducation, Proviseur, Religion.*)

MANUELS. — Manuel d'instruction civique, 64 ; — la morale civique, 171 ; — le manuel obligatoire, 177 ; — il formule les droits du citoyen, 395 ; — il ne saurait remplacer l'Évangile, 463. — (V. *Laïcité.*)

NEUTRALITÉ. — Neutralité de l'école, 119 ; — la lettre circulaire d'un chef d'établissement, 155 ; — le vœu des familles doit être consulté en matière religieuse, 157 ; — l'instituteur homme politique, 170 ; — l'école sans Dieu, 172, 241 ; — comment la neutralité est pratiquée dans les pays étrangers, 174 ; — la neutralité en France, 176 ; — la franc-maçonnerie, 178 ; — danger de l'état de choses actuel, 185 ; — fausse neutralité, 190 ; — vraie neutralité, 192 et suiv. ; — la neutralité dans les écoles de filles, 189 ; — le christianisme et l'éducation de la femme, 190 ; — ni le maître ni l'élève ne peuvent être neutres, 191 ; — l'idée religieuse, 184, 187, 389, 393, 471 et suiv., — la liberté est le droit du père de famille, 402. (V. *Laïcité, Religion.*)

Nominations. — Professeur à Angoulême, 14 ; — Agrégé, 21 ; — professeur à Besançon, 21 ; — professeur et censeur à Angoulême, 31 ; — proviseur à Angoulême, 34, 39 ; — chevalier de la Légion-d'Honneur, 39 ; — officier de l'instruction publique, 427 ; — proviseur à Bordeaux, 40, 427 ; — recteur de la Haute-Garonne, 53, 429 ; — recteur de la Gironde, 77, 433 ; — le doctorat, 91, 434 ; — recteur de l'Académie de Rennes, 92, 436 ; — officier de la Légion-d'Honneur, 108, 411 ; — Commandeur, 448 ; — recteur de l'Académie de Bordeaux, 134, 449 et suiv. ; — vice-recteur à Paris, 149, 461 et suiv. ; — inspecteur général honoraire, 464, 527 ; — président de la commission des bibliothèques, 528.

Obligation. — L'instruction obligatoire, 46, 58 ; — l'obligation et la gratuité, 157 ; — le manuel civique, 64, 171, 177 ; — la loi sur l'obligation, 240, 391. (V. *Gratuité, Laïcité, Neutralité.*)

Paris. — V. livres V et suivants, et *Commune, Siège, Sorbonne.*

Pédagogie. — La science et l'art de l'éducation, 47 ; — la mesure dans l'instruction, 139 et suiv. ; — l'éducation, 44, 59, 85. (V. *Éducation, Religion.*)

Périodes scolaires. — Les quatre périodes, de 1827 à 1889, 383, 521.

Petit collège. — Création d'un petit collège à Talence, 43 ; — l'importance du petit collège ; on a généralisé l'institution, 44. (V. *Collège, Enseignement secondaire.*)

Philosophie. — Enseignement de la philosophie, 26 ; — doctrine spiritualiste : c'est celle de l'Université, 37 et suiv. ; — mouvement des études de philosophie, 488. (V. *Enseignement secondaire.*)

Plan d'études. — Le plan d'études de 1852, la bifurcation, M. Fortoul, 78 et suiv. ; — M. Rouland, 248 ; — M. Duruy, 252 ; — M. Simon, 254 ; — plan d'études de 1874, 256 ; — les réformes en 1880, 257 ; — les programmes encyclopédiques, 258 et suiv. ; — jugement porté par des membres de l'Université, 260 et suiv. ; — réforme du plan d'études, 483 à 487. (V. *Enseignement secondaire.*)

Politique. — Formes mobiles du gouvernement ; esprit français, iv, 410 ; — la politique en 1848, 48 et suiv. ; — dangers de la politique de parti, 71 ; — un courant conservateur, 74 ; — Napoléon III et l'Université, 95 et suiv. ; — la politique d'union ; chacun dans son droit, 113 ; —

l'apogée du règne de Napoléon III, 122 ; — la politique dans l'école, 123, 124, 128, 446 ; — la question romaine, 123, 127 ; — la politique de M. Rouland, 128 ; — le devoir d'un gouvernement, 133 ; — les Universités allemandes avant 1870, 147 ; — neutralité politique, 168 et suiv. ; — la politique au Concours général, 278 et suiv. ; — le maréchal Niel en 1870, 312 ; — la patrie mutilée, 314 et 315 ; — la reconstruction de la Sorbonne et du lycée Louis-le-Grand, 320 ; — la révolution de 1870, 335 ; — signes précurseurs, troubles dans les écoles, 336 et suiv. ; — politique de tolérance, 340 ; — la chaire du professeur doit être fermée à la politique, 340, 345 ; — la doctrine patriotique en Allemagne, 349 ; — affaiblissement du principe d'autorité sous l'empire, les meetings, 352 ; — la paix publique est dans le respect et dans la mesure, 356 ; — politique et révolution, 360 et suiv. ; — le pouvoir politique et le pouvoir religieux, 397, 402, 523.

PRESTATION DE SERMENT. — Difficultés à l'occasion de la prestation de serment, 74, 432. (V. *Administration, Politique.*)

PRÊTE-NOM. — L'administration n'accepte pas les prête-nom ; ses motifs, 156, 476. (V. *Administration, Inspection, Liberté d'enseignement.*)

PROFESSEUR. — Le maître et les élèves, 14 ; l'esprit de la jeunesse, courant d'idées généreuses, 15 ; — chaleur communicative d'un inspecteur général, 15 ; — agrégation de philosophie en 1841, 21 ; — devoirs du professeur, 26 et suiv., 29 ; — rapports des professeurs et des maîtres, 34 ; — conférences et réunions, 34 et 35 ; — affection du maître pour les élèves, 44, 45 ; — pédagogie et « cuistres », 47. (V. *Censeur, Collège, Éducation, Enseignement secondaire, Maître répétiteur, Plan d'études, Proviseur, Religion.*)

PROVINCE. — Vie intellectuelle en province vers 1833, 16, 17, 18 ; — célébrités charentaises contemporaines, 417 ; — l'Angoumois et la Franche-Comté, 24 ; — mouvement intellectuel en Franche-Comté, 28 ; — l'Aquitaine, 40 ; — la révolution de 1848 à Bordeaux, 50 et suiv. ; — Bordeaux et Toulouse, 54, 55, 77 ; l'approche de 1852, 74 ; — le 2 décembre et le lyrisme d'un préfet, 74 et 75 ; — émigration de la province vers Paris, 83 ; — l'entrée du Prince Président à Bordeaux, 92 ; — l'Anjou, le Maine et la Bretagne en 1854, 97 ; — la colonie de Rennes, 99 ; — l'Empereur en Bretagne, 122 ; — la politique en province vers 1860, 127 et suiv. ; — la cité de Metz, 412. (V. *Angoulême, Anjou, Aquitaine, Bordeaux, Bretagne, Franche-Comté, Rennes, Toulouse.*)

PROVISEUR. — Le rôle du proviseur, 33, 34 ; — rapports entre les professeurs et les maîtres, 34 ; — conférences hebdomadaires, 34 ; — réunions mensuelles, 34 ; — lecture des places, des notes, assistance aux classes et aux études, 35 ; — visites à l'infirmerie, à la cuisine, au réfectoire,

35 ; — les récréations, la gymnastique, les jeux, 36 ; — l'éducation doit être le grand souci du proviseur, 45. (V. *Censeur, Collège, Éducation, Enseignement secondaire, Exercices-physiques, Maîtres répétiteurs, Professeur, Plan d'études, Religion, Science.*)

QUESTION SOCIALE. — La question sociale, VI, VII ; — la politique en province vers 1860 et la question sociale, 131. — (V. *Politique, Révolution.*)

RECTEUR. — Mission du recteur, 55 ; — la loi de 1850, 56 ; — situation du recteur à Toulouse, 57 ; — le recteur au Conseil académique, 57 et suiv. ; — le recteur de Bordeaux en 1852, 77 et suiv. ; — union du recteur avec le Conseil académique, la magistrature et le clergé, 77, 110, 442 ; — rapports avec le lycée, 78 ; — avec les représentants de l'enseignement primaire, 83 et suiv. ; — réunion des recteurs sous la présidence du ministre, 108, 441 ; — l'instituteur sous l'autorité du recteur, 169. — (V. *Académie, Administration, Inspection, Nominations, Province, Proviseur.*

RELIGION ET MORALE. — L'idée religieuse, III ; — la religion et la science, V, 172, 412 ; — la religion et la famille, VI ; — l'enseignement de la philosophie, 26 et suiv. ; — les doctrines de l'Université, 37 ; — religion au lycée de Bordeaux, 41, 42 ; — l'instituteur religieux, 58 ; — l'esprit chrétien dans les écoles de 1850, 61 ; — l'idée de Dieu, la religion d'État, 63 ; — morale civique et morale religieuse, 64 ; — la religion et la politique, 71, 172 ; — la religion sous Louis-Philippe, 72 ; — l'école chrétienne, 118 ; — instruction morale, 139 ; — instruction religieuse dans une école libre de Paris, lettre-circulaire, 155 ; — l'école n'est pas l'église, 165 ; — neutralité religieuse, morale civique, 171 ; — morale indépendante, 173 ; — « ni Dieu ni maître », 173, 467 ; — écoles du dimanche, 176 ; — la morale philosophique, 195 ; — la lettrée chrétienne, 202 ; — la morale scientifique, 205 ; — l'enseignement peut être religieux sans cesser d'être national, 356 ; — à la culture de l'esprit doit répondre l'éducation de l'âme, 398 ; — le respect dans ses rapports avec l'idée religieuse, 399 ; — la religion ne doit être qu'un instrument de concorde et de paix, 402 ; — le pouvoir politique et le pouvoir religieux, 307, 402 et suiv., 523 ; — l'éducation religieuse et la criminalité, 185, 398, 524. (V. *Éducation, Famille, Filles, Politique, Science.*)

RENNES. — V. livre IV.

RETRAITE. — Les motifs, 525 ; — les témoignages reçus, 525 et suiv. ; — le décret, 527 ; — après la retraite, I, II, 382, 528. (V. *Recteur.*)

RETRAITE PÉDAGOGIQUE POUR LES INSTITUTEURS. — Réunions à Angers en 1857, 117. (V. *Conférences, Éducation, Pédagogie, Religion, Science.*)

RÉUNIONS MENSUELLES DES PROFESSEURS. — Leur institution à Angoulême et à Bordeaux, leur organisation, leurs résultats, 34 et 35. (V. *Conférences, Collège, Éducation, Religion.*)

RÉVOLUTION. — Esprit de révolution, v, vi, vii ; — Ordonnance de 1828, 2 et 3 ; — révolution de 1830, 3 ; — action délétère des révolutions, 8 ; — le clergé, 3 ; — l'Université, 3, 15, 23 ; — le professeur, l'enseignement, la famille, 26, 27 et suiv. ; — les doctrines, 28 ; — la politique, 29 ; — mort du duc d'Orléans (1842), fâcheux présages, 29 ; — la révolution de 1848, 48 et suiv. ; — les hommes de désordre, 58 ; — le Deux-Décembre 1851, 74 ; — « l'*Empire, c'est la paix* », 92 ; — suffrage universel, 133 ; — la Révolution de 93 et la tête de Richelieu, 333 et suiv. ; — la révolution de 1870, 335 ; — un étudiant appartenant à l'Internationale, 349 ; — égarement des doctrines, v, 411 ; — le suffrage universel et le fusil, 498, 499. (V. *Question sociale, Politique.*)

RICHELIEU. — La tête de Richelieu rendue au tombeau de la Sorbonne, 333 et suiv., 510 et suiv. (V. *Sorbonne.*)

SCIENCE. — La philosophie et la science, 26, 37 ; — l'enseignement scientifique au lycée de Bordeaux, 42, 43, 137 ; — l'éducation et la science, 177 ; — les dangers du matérialisme, 192 ; — la place de la science dans la société moderne, 206 ; — excès dans la part faite à l'enseignement scientifique par les nouveaux programmes, 258 et suiv. ; — la science dans son rapport avec la religion, 400 ; — science et morale spiritualistes, le progrès, 401 ; — la science aux mains des politiciens, 401 et suiv. (V. *Politique, Religion.*)

SIÈGE DE PARIS. — Les boulevards en juillet 1870, 365 ; — les premiers revers, et le 4 septembre, 366 ; — investissement de Paris le 19 septembre 1870, 367 ; — l'Université, 369 ; — le bombardement, 370 ; — l'armistice du 28 janvier 1871, le 18 mars 1871, 371. (V. *Commune.*)

SORBONNE. — Projets de reconstruction, 320, 506 ; — intérêt politique, 321 ; — le quartier latin et le Luxembourg, plans successifs, 323 et suiv. ; — projets de transfert des services de la faculté des sciences au Luxembourg, 325 ; — les projets échouent, 326 ; — mesures prises pour assurer les services, 327 ; — laboratoires créés, 328, 507 ; — constructions annexes, 329 ; — la fréquentation des cours, 330 et suiv. ; — décorations, monuments inscriptions, 331 et suiv., 507 ; — les soirées littéraires de la Sorbonne, 338 et suiv. ; — la Sorbonne pendant le siège, 381 ; — les cours de MM. Cousin, Villemain, Guizot à la Sorbonne, 416. (V. *Académies, Conseil académique, Facultés, Recteur.*)

SUFFRAGE UNIVERSEL. — Le scrutin de 1852 et celui de 1870, 362, 363 ; — le suffrage universel et le fusil, 498. (V. *Politique.*)

Toulouse. — Rectorat, aspect de la ville, vie intellectuelle, vie politique, 55; — état des services au départ pour Bordeaux, 76. (V. *Province*.)

Travaux manuels. — L'importance des travaux manuels, 160; — la vie des champs, 161.

Université. — L'enseignement et l'éducation dans l'Université, iv; — la vocation, v; — la science d'aujourd'hui, vi; — l'Université se montrait fière d'avoir à diriger la jeunesse, 15; — accusations portées par la Compagnie de Jésus, 3; — le collège, rôle de l'Université, 23; — préoccupations de M. Jouffroy au sujet de l'Université, 26 et suiv.; — lutte entre le clergé et l'Université, 36 et suiv.; — les doctrines de l'Université, 37; — ses professeurs, 47; — droits de l'État en matière d'inspection, 65; — la loi peut assurer la liberté et l'autorité, 70; — l'Université et le Prince Président, 79 et suiv.; — l'Université et le clergé à Bordeaux, 434; — projet de créer des Universités, 89 et suiv.; — ce que l'Université doit à M. Fortoul, 95 et suiv., 100; — la politique d'union, chacun dans son droit. 113; — rapprochement avec le clergé, 121; — M. Rouland et l'Université, 128; — le respect est une des traditions de l'Université, 136; — les Universités de province, 142, 502; — la vieille Université finit en 1879, 156; — le relèvement après la guerre de 1870, 381.

Voies de salut. — Union des forces morales, vi; — espérance, vii, 405; — le progrès est en dehors des partis extrêmes, 65; — vœu d'apaisement, 396; — la politique de paix et d'apaisement serait le salut de la société, 482 à 405, 522.

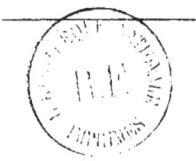

TABLE GÉNÉRALE

Introduction . . . . i à viii

LIVRE I. — École normale et Professeur.

Chap. Ier. — École normale (1827-1829). . . . . 1 à 13
Chap. II. — Angoulême : Professeur (1829-1841) . . . . . 14 à 21
Chap. III. — Besançon : Professeur (1841-1842) . . . . . . 22 à 30

LIVRE II. — Proviseur.

Chap. Ier. — Angoulême : Censeur (1842-1843); Proviseur
   (1843-1846). . . . . 31 à 39
Chap. II. — Bordeaux : Proviseur (1846-1850) . . . . . . 40 à 53

LIVRE III. — Recteur. (Académie départementale.)

Chap. Ier. — Toulouse : Recteur (1850-1852). . . . . 54 à 75
Chap. II. — Bordeaux : Recteur (1852-1854) . . . . 76 à 93

LIVRE IV. — Recteur. (Académie régionale.)

Chap. Ier. — Rennes (Ministère de M. Fortoul) : Recteur
   (1854-1856). . . . . 94 à 110
Chap. II. — Rennes (Ministère de M. Rouland) : Recteur
   (1856-1861). . . . . 111 à 134
Chap. III. — Bordeaux : Recteur (Février-novembre 1861). 135 à 150

LIVRE V. — Vice-Recteur à Paris.

Chap. Ier. — Paris : Vice-Recteur (1861-1879)........	151 à 165
Chap. II. — Enseignement primaire............	166 à 196
§ 1. — Les nouvelles lois scolaires; neutralité politique.......	166 à 171
§ 2. — Neutralité religieuse.......	172 à 174
§ 3. — Neutralité dans les pays étrangers.	174 à 176
§ 4. — Neutralité en France......	176 à 177
§ 5. — Ses origines...........	178 à 185
§ 6. — Ses conséquences.........	185 à 196

LIVRE VI. — Enseignement secondaire des filles.

Chap. Ier — Enseignement secondaire des filles.....	197 à 218
§ 1. — M. Duruy............	199 à 202
§ 2. — Les cours libres.........	202 à 207
§ 3. — Préventions favorables.....	207 à 209
§ 4. — Préventions contraires.....	209 à 213
§ 5. — Intérêt auquel répond l'enseignement des filles.......	213 à 216
§ 6. — Conclusion...........	216 à 218

LIVRE VII. — Enseignement secondaire spécial.

Chapitre Unique. — Enseignement spécial........	219 à 233
§ 1. — Loi du 28 juin 1865.......	219 à 220
§ 2. — Ses antécédents avant la Révolution............	220 à 222
§ 3. — Ses antécédents depuis la Révolution............	222 à 224
§ 4. — L'application de la loi......	224 à 228
§ 5. — La situation actuelle......	228 à 233

LIVRE VIII. — Enseignement secondaire classique.

Chap. Ier. — Enseignement classique...........	235 à 270
§ 1. — Lois scolaires..........	236 à 241
§ 2. — Enseignement classique.....	241 à 244

TABLE GÉNÉRALE 557

§ 3. — Programmes d'enseignement . . 244 à 247
§ 4. — Les réformes en 1880. . . . . . 247 à 257
§ 5. — Question du latin. . . . . . . 257 à 268
§ 6. — Conclusion. . . . . 268 à 270

Chap. II. — Concours général et Concours académique . . 271 à 287

Concours général.

§ 1. — Origines historiques . . . . . . 271 à 273
§ 2. — Ses avantages . . . . 274 à 276
§ 3. — Ses inconvénients. . . . . . . 276 à 282

Concours académique.

§ 1. — Lacune à combler. . . . . 282 à 284
§ 2. — Avantages . . . . 284 à 286
§ 3. — Succès des collèges. . . . . . 286 à 287

Chap. III. — Internat; maîtres répétiteurs. . . . . 288 à 297

§ 1. — L'internat . . . . 289 à 295
§ 2. — Les maîtres répétiteurs. . . . . 295 à 297

Chap. IV. — Éducation physique . . . . 298 à 318

§ 1. — Exercices physiques . . . . . . 299 à 300
§ 2. — Éducation anglaise . . . . . . 301 à 304
§ 3. — Gymnastique grecque. . . . . . 305 à 308
§ 4. — Disparition de la gymnastique
　　　　 platonicienne . . . . 308 à 309
§ 5. — Gymnastique dans l'Université. . 309 à 315
§ 6. — Bataillons scolaires. . . . . . 316 à 317

LIVRE IX. — Enseignement supérieur.

Chap. Ier. — La Sorbonne . . . . 319 à 335

§ 1. — Projets de construction. . . . . 319 à 322
§ 2. — Le vieux quartier Latin. . . . . 322 à 324
§ 3. — Plans de l'Empire abandonnés par
　　　　 la République . . . . 325 à 327
§ 4. — Laboratoires, constructions et
　　　　 annexes. . . . . 327 à 329
§ 5. — Fréquentation des cours. . . . . 329 à 330
§ 6. — Travaux artistiques. . . . . . 331 à 335

Chap. II. — Troubles dans les écoles . . . . 336 à 347

§ 1. — La politique . . . . 336 à 338
§ 2. — Soirées littéraires et scientifiques. 338 à 340

§ 3. — Cours publics	341 à 345	
§ 4. — Congrès de Liège	345 à 347	
Chap. III. — Enseignement supérieur libre	348 à 357	
§ 1. — Conseil des doyens	348 à 350	
§ 2. — Paix apparente dans l'école	350 à 351	
§ 3. — Jugement d'une thèse	351 à 354	
§ 4. — Liberté d'enseignement	354 à 357	

LIVRE X. — Politique et Révolution.

Chapitre Unique. — Politique et Révolution	359 à 382
§ 1. — L'Empire	360 à 366
§ 2. — Révolution du 4 septembre ; le siège	366 à 371
§ 3. — Le 18 mars 1871	371 à 374
§ 4. — Deux mois à Versailles ; Paris pendant la Commune	374 à 379
§ 5. — Le 26 mai 1871 à Paris	379 à 381
§ 6. — Sept années encore dans l'administration	381 à 382

LIVRE XI. — Résumé (1827-1889).

Chapitre Unique. — Périodes scolaires	383 à 396
Trois époques :	
§ 1. — 1830-1850	384 à 386
§ 2. — 1850-1870	386 à 389
§ 3. — 1870-1889	389 à 396

LIVRE XII. — Conclusion.

Chapitre Unique. — Conclusion	397 à 405
§ 1. — Danger social	397 à 398
§ 2. — Causes de ce danger	398 à 402
§ 3. — Voies de salut	402 à 405

APPENDICE . . . . 407 à 528

TABLES :

Index des Noms cités. . . . . 529 à 538
Table Analytique . . . . 541 à 554
Table Générale. . . . . 555 à 559

www.ingramcontent.com/pod-product-compliance
Lightning Source LLC
Chambersburg PA
CBHW071015240426
43661CB00073B/2231